国家清史编纂委员会·文献丛刊

清末立宪运动史料丛刊 ⑦

主编 胡绳武

副主编 牛贯杰 戴鞍钢

立宪团体 上卷

尚小明 编

山西人民出版社

本书获中国人民大学"中央高校建设世界一流大学（学科）和特色发展引导专项资金"支持

"十二五"国家重点图书出版规划项目

国家清史编纂委员会出版委员会

主　　任　　戴　逸

执行主任　　马大正　崔建飞

委　　员　　卜　键　朱诚如　成崇德　郭成康
　　　　　　潘振平　徐兆仁　邹爱莲

学术秘书　　赫晓琳　李　岚

《清末立宪运动史料丛刊》出版工作委员会

主　　任　　贾新田　胡彦威

副主任　　姚　军　梁晋华

统　　筹　　蒙莉莉

委　　员　（以姓氏笔画为序）

王新斐　冯灵芝　史美珍　刘小玲　吉　昊

李　靖　李　鑫　张小芳　张志杰　何赵云

杜厚勤　张彦彬　柳承旭　武　静　郝文霞

贺　权　贾登红　崔人杰　阎卫斌　傅晓红

翟丽娟　蔡咏卉　魏美荣

总序

戴逸

二〇〇二年八月，国家批准建议纂修清史之报告，十一月成立由十四部委组成之领导小组，十二月十二日成立清史编纂委员会，清史编纂工程于焉肇始。清史之编纂酝酿已久，清亡以后，北洋政府曾聘专家编写《清史稿》，历时十四年成书。识者议其评判不公，记载多误，难成信史，久欲重撰新史，以世事多乱不果。中华人民共和国成立后，中央领导亦多次推动修清史之事，皆因故中辍。新世纪之始，国家安定，经济发展，建设成绩辉煌，而清史研究亦有重大进步，学界又倡修史之议，国家采纳众见，决定启动此新世纪标志性文化工程。清代为我国最后之封建王朝，统治中国二百六十八年之久，距今未远。清代众多之历史和社会问题与今日息息相关。欲知今日中国国情，必当追溯清代之历史，故而编纂一部详细、可信、公允之清代历史实属切要之举。编史要务，首在采集史料，广搜确证，以为依据。必藉此史料，乃能窥见历史陈迹。故史料为历史研究之基础，研究者必须积累大量史料，勤于梳理，善于分析，去粗取精，去伪存真，由此及彼，由表及里，进行科学之抽象，上升为理性之认识，才能洞察过去，认识历史规律。史料之于历史研究，犹如水之于鱼，空气之于鸟，水涸则鱼逝，气盈则鸟飞。历史科学之辉煌殿堂必须屹然耸立于丰富、确凿、可靠之史料基础上，不能构建于虚无缥缈之中。吾侪于编史之始，即整理、出版"文献丛刊"、"档案丛刊"，二者广收各种史料，均为清史编纂工程之重要组成部分，一以供修撰清史之用，提高著作质量；二为抢救、保护、开发清代之文化资源，继承和弘扬历史文化遗产。清代之史料，具有自身之特点，可以概括为多、乱、散、新四字。一曰多。我国素称诗书礼义之邦，存世典籍汗牛充栋，尤以清代为盛。盖清代统治较久，文化发达，学士才人，比肩相望，传世之经籍史乘、诸子百家、文字声韵、目录金石、书画艺术、诗文小说，远轶前朝，积贮文献之多，如恒河沙数，不可胜计。昔梁元帝聚书十四万卷于江陵，西魏军攻掠，悉燔于火，人谓丧失天下典籍之半数，是五世纪时中国书籍总数尚不甚多。宋代印刷术推广，载籍日众，至清代而浩如烟海，难窥其涯涘矣！《清史稿·艺文志》著录清代书籍九千六百三十三种，人议其疏漏太多。武作成作《清史稿艺文志补编》，增补书一万零四百三十八种，超过原志著录之数。彭国栋亦有《重修清史艺文志》，著录书一万八千零五十九种。近年王绍曾更求详备，致力十余年，遍览群籍，手抄目验，成《清史稿艺文志拾遗》，增补书至五万四千八百八十种，超过原志五倍半，此尚非清代存留书之全豹。王绍曾先生言："余等未见书目尚多，即已见之目，因工作粗疏，未尽钩稽而失之眉睫者，所在多有。"清代书籍总数若干，至今尚未能确知。清代不仅书籍浩繁，尚有大量政府档案留存于世。中国历朝历代档案已丧失殆尽（除近代考古发掘所得甲骨、简牍外），而清朝中枢机关（内阁、军机处）档案，秘藏内廷，尚称完整。加上地方存留之档案，多达二千万件。档案为历史事件发生过程中形成之文件，出之于当事人亲身经历和直接记录，具有较高之真实性、可靠性。大量档案之留存极大地改善了研究条件，俾历史学家得以运用第一手资料追踪往事，了解历史真相。二曰乱。清代以前之典籍，经历代学者整理、研究，对其数量、类别、版本、流传、收藏、真伪及价值已有大致了解。清代编纂《四库全书》，大规模清理、甄别存世之古籍。因政治原因，查禁、篡改、销毁所谓"悖逆"、"违碍"书籍，造成文化之浩劫。但此时经师大儒，联袂入馆，勤力校理，尽瘁编务。政府亦投入巨资以修明文治，故所获成果甚丰。对收录之三千多种书籍和未收之六千多种存目书撰写详明精切之提要，撮其内容要旨，述其体例篇章，论其学术是非，叙其版本源流，编成二百卷《四库全书总目》，洵为读书之典要、后学之津梁。乾隆以后，至于清末，文字之狱渐戢，印刷之术益精，故而人竞著述，家娴诗文，各握灵蛇之珠，众怀昆冈之璧，千舸齐发，万木争荣，学风大盛，典籍之积累远迈从前。惟晚清以来，外强侵凌，干戈四起，国家多难，人民离散，未能投入力量对大量新出之典籍再作整理，而政府档案，深藏中秘，更无由一见。故不仅不知存世清代文献档案之总数，即书籍分类如何变通、版本庋藏应否标明，加以部居舛误，界划难清，亥豕鲁鱼，订正未遑。大量稿本、抄本、孤本、珍本，土埋尘封，行将澌灭；殿刻本、局刊本、精校本与坊间劣本混淆杂陈。我国自有典籍以来，其繁杂混乱未有甚于清代典籍者矣！三曰散。清代文献、档案，非常分散，分别庋藏于中央与地方各个图书馆、档案馆、博物馆、教学研究机构与私人手中。即以清代中央一级之档案言，除北京中国第一历史档案馆所藏一千万件以外，尚有一大部分档案在战争时期流离播迁，现存于台北故宫博物院。此外，尚有藏于沈阳辽宁省档案馆之圣训、玉牒、满文老档、黑图档等，藏于大连市档案馆之内务府档案，藏于江苏泰州市博物馆之题本、奏折、录副奏折。至于清代各地方政府之档案文书，损毁极大，但尚有劫后残余，璞玉浑金，含章蕴秀，数量颇丰，价值亦高。如河北获鹿县档案、吉林省边务档案、黑龙江将军衙门档案、河南巡抚藩司衙门档案、湖南安化县永历帝与吴三桂档案、四川巴县与南部县档案、浙江安徽江西等省之鱼鳞册、徽州契约文书、内蒙古各盟旗蒙文档案、广东粤海关档案、云南省彝文傣文档案、西藏噶厦政府藏文档案等等分别藏于全国各省市自治区，甚至清代两广总督衙门档案（亦称《叶名琛档案》），被英法联军抢掠西运，今藏于英国伦敦。清代流传下之稿本、抄本，数量丰富，因其从未刻印，弥足珍贵，如曾国藩、李鸿章、翁同龢、盛宣怀、张謇、赵凤昌之家藏资料。至于清代之诗文集、尺牍、家谱、日记、笔记、方志、碑刻等品类繁多，数量浩瀚，北京、上海、南京、广州、天津、武汉及各大学图书馆中，均有不少贮存。丰城之剑气腾霄，合浦之珠光射日，寻访必有所获。最近，余有江南之行，在苏州、常熟两地图书馆、博物馆中，得见所存稿本、抄本之目录，即有数百种之多。某些书籍，在中国大陆已甚稀少，在海外各国反能见到，如太平天国之文书。当年在太平军区域内，为通行之书籍，太平天国失败后，悉遭清政府查禁焚毁，现在中国，已难见到，而在海外，由于各国外交官、传教士、商人竞相搜求，携赴海外，故今日在外国图书馆中保存之太平天国文书较多。二十世纪内，向达、萧一山、王重民、王庆成诸先生曾在世界各地寻觅太平天国文献，收获甚丰。四曰新。清代为传统社会向近代社会之过渡阶段，处于中西文化冲突与交融之中，产生一大批内容新颖、形式多样之文化典籍。清朝初年，西方耶稣会传教士来华，携来自然科学、艺术和西方宗教知识。乾隆时编《四库全书》，曾收录欧几里得《几何原本》，利玛窦《乾坤体义》，熊三拔《泰西水法》、《简平仪说》等书。迄至晚清，中国力图自强，学习西方，翻译各类西方著作，如上海墨海书馆、江南制造局译书馆所译声光化电之书，后严复所译《天演论》、《原富》、《法意》等名著，林纾所译《茶花女遗事》、《黑奴吁天录》等文艺小说。中学西学，摩荡激励，旧学新学，斗妍争胜，知识剧增，推陈出新，晚清典籍多别开生面、石破天惊之论，数千年来所未见，饱学宿儒所不知。突破中国传统之知识框架，书籍之内容、形式，超经史子集之范围，越子曰诗云之牢笼，发生前所未有之革命性变化，出现众多新类目、新体例、新内容。清朝实现国家之大统一，组成中国之多民族大家庭，出现以满文、蒙古文、藏文、维吾尔文、傣文、彝文书写之文书，构成为清代文献之组成部分，使得清代文献、档案更加丰富，更加充实，更加绚丽多彩。清代之文献、档案为我国珍贵之历史文化遗产，其数量之庞大、品类之多样、涵盖之宽广、内容之丰富在全世界之文献、档案宝库中实属罕见。正因其具有多、乱、散、新之特点，故必须投入巨大之人力、财力进行搜集、整理、出版。吾侪因编纂清史之需，贾其余力，整理出版其中一小部分；且欲安装网络，设数据库，运用现代科技手段，进行贮存、检索，以利研究工作。惟清代典籍浩瀚，吾侪汲深绠短，蚁衔蚁负，力薄难任，望洋兴叹，未能做更大规模之工作。观历代文献档案，频遭浩劫，水火兵虫，纷至沓来，古代典籍，百不存五，可为浩叹！切望后来之政府学人重视保护文献档案之工程，投入力量，持续努力，再接再厉，使卷帙长存，瑰宝永驻，中华民族数千年之文献档案得以流传永远，沾溉将来，是所愿也！

二〇〇四年

序言

胡绳武

清末立宪运动是一场全国性的政治运动。这场运动历时9年（1903—1911），波及除内外蒙古、青海、西藏之外的全国22个行省（内地18个省、东北三省和新疆），对辛亥革命前后的中国政治、经济、社会和思想文化均产生过重要的影响。这场运动的人和事，自宣统年间以来不断地有国内外学者们进行研究和评议。由于研究者的立场与观点不同，对这场运动的人和事的评议自然是见仁见智的。但研究者们一致感到研究立宪运动的困难之一在于史料相对缺乏。中华人民共和国成立后，国家重视对近百年历史的研究，在中国史学会的主持下，曾出版过一套《中国近代史资料丛刊》。这套资料的出版对中国近代史的教学与研究曾产生了很好的推动作用，但这套资料丛刊却没有把立宪运动包括在内。

有关立宪运动的文献资料，除1979年中华书局出版过一部《清末筹备立宪档案史料》外，尚无一套比较完整的立宪运动文献资料丛刊，这给中国近代史的教学与研究带来一定的影响。为此，中华书局编辑部于1986年曾拟定编辑一套《立宪运动》的文献资料，作为《中国近代史资料丛刊》的续编出版，并邀请我作为这套文献资料丛刊的主编。我当时因为正在撰写《辛亥革命史稿》，无力承担此项工作而加以婉拒。当时中华书局近代史编辑室的主任陈铮向我表示这项工作可在《辛亥革命史稿》完成以后再着手进行，并希望我能将此项工作接受下来。当时我的研究生程为坤讲师也希望我将这项工作接受下来，并表示愿意全力帮助我完成文献资料的搜集与整理工作。这样，我就终于将此项工作接受下来，并开始注意有关立宪运动文献资料的搜集工作。1990年以后，《辛亥革命史稿》的撰写工作虽然已经完成，程为坤却已出国留学，我又年近七十，无力单独承担，此项工作遂告中断。其后，我曾争取与中国人民大学图书馆古籍整理研究所合作，希望继续完成这套资料的搜集与整理工作，后因故再次中断。已经搜集却又未经整理的有关立宪运动的文献资料只好堆积存放。

2002年国家清史纂修工程启动后，清史编纂委员会主任戴逸教授动员我组织力量，将《立宪运动》这套文献资料的整理工作作为国家清史纂修工程文献整理项目之一继续下去，争取完成。我考虑到早在1986年即已接受中华书局近代史编辑室委托，承担《立宪运动》的主编工作，中途虽因客观原因中断，但我内心总觉得对学术界和出版社欠了一笔账，不免感到内疚，现在有机会将这套《立宪运动》作为清史文献项目之一列入计划，这是给我完成上世纪中断了的《立宪运动》这套文献资料的一个极好机会，遂于2004年向国家清史编纂委员会正式提出申请，并于2005年获得通过，正式立项。

这套《清末立宪运动史料丛刊》总的要求是，能够较为全面地反映这场运动的发展全貌，对该运动发生的历史背景、酝酿与兴起、发展和声势、它与民主革命运动及清廷预备仿行立宪的关系、立宪团体、立宪派人士的思想与活动，以及该运动对于中国近代社会历史所造成的影响诸方面，均得到合乎实际的说明。

以往《中国近代史资料丛刊》的编辑方法大致有三种：一是按资料的类型进行整理编辑，如《太平天国》；二是按事件发展进行编辑，如《辛亥革命》；三是二者结合，如《第二次鸦片战争》。本套文献资料大体依照第三种形式，从以下八个方面对相关资料进行搜集、整理与编辑：一、立宪运动的酝酿与发动；二、立宪派与革命派的论战；三、清廷的预备仿行立宪；四、立宪团体；五、国会请愿运动；六、资政院；七、各省谘议局；八、有关立宪运动的外文资料。谘议局文献的选编范围涉及12个行省，即顺直谘议局、奉天谘议局、吉林谘议局、山西谘议局、山东谘议局、江苏谘议局、浙江谘议局、福建谘议局、广东谘议局、江西谘议局、湖南谘议局、四川谘议局。参加本项目的成员及分工如下：中国社会科学院近代史研究所李细珠研究员（立宪运动的酝酿与发动、福建谘议局），清华大学马克思主义学院王宪明教授（立宪派与革命派的论战、有关立宪运动的外文资料），首都师范大学历史系迟云飞教授（清廷的预备仿行立宪），北京大学历史系尚小明教授（立宪团体、国会请愿运动、山西谘议局、山东谘议局），中国人民大学历史学院牛贯杰副教授（资政院、湖南谘议局、广东谘议局），北京师范大学历史学院邱涛副教授（顺直谘议局），中国社会科学院法学研究所孙家红副研究员（奉天谘议局、吉林谘议局），上海图书馆上海科学技术情报研究所高洪兴研究员（江苏谘议局），广东警官学院法律系沈晓敏教授（浙江谘议局），中山大学历史系廖伟章教授（广东谘议局），南昌大学历史系黄志繁教授（江西谘议局），四川大学城市研究所何一民教授（四川谘议局）。

值得说明的是，这套文献资料丛刊立项伊始，清史编纂委员会考虑到我年事已高，故建议增加一位项目主持人，我们经过商议，聘请复旦大学历史系戴鞍钢教授为主持人。项目进行期间，他审阅了700余万字的文稿，并提出具体的修改意见，帮助我承担了不少审阅初稿的任务。牛贯杰副教授承担了大量烦琐沉重的学术辅助工作。清史编纂委员会文献组的王汝丰教授、出版组孟超编审对本项目给予了特别的关心与指导。没有他们的帮助，很难相信这套文献资料丛刊能够如期完成，在此表示诚挚的谢意。同时，山西人民出版社的领导也给予了特别的关注，编辑们付出了辛勤的努力，在此一并致谢。

当然，囿于种种因素，我们不可能将22个行省的谘议局文献全部搜求于内，只选择性地摘取了12个行省的相关文献，这些省份涵盖了沿江沿海、中原腹地、京畿重地与清王朝的龙兴之地——吉林与奉天两省。此外，我们对各省谘议局文献的选编原则以谘议局本身文献为主，因此，规模方面无法做到整齐划一，而且数量各有不同。这些不足和局限，衷心期待学术界进行批评和补正。

2014 年 10 月

凡例

一、本文献为类编资料，资料来源均在正文结尾处标明。

二、本文献按照立宪运动发生、发展的脉络分为三十卷，各卷内容为：第一卷，立宪运动的酝酿与发动；第二卷，立宪派与革命派的论战；第三至六卷，清廷的预备仿行立宪；第七至八卷，立宪团体；第九至十卷，国会请愿运动；第十一至十二卷，资政院；第十三卷，顺直谘议局；第十四至十五卷，奉天谘议局；第十六至十七卷，吉林谘议局；第十八卷，山西谘议局；第十九至二十卷，山东谘议局；第二十一至二十二卷，江苏谘议局；第二十三卷，浙江谘议局；第二十四至二十五卷，福建谘议局；第二十六卷，广东谘议局；第二十七卷，江西谘议局；第二十八卷，湖南谘议局；第二十九卷，四川谘议局；第三十卷，有关立宪运动的外文资料。

三、文献史料如有原名，一律沿用；如没有原名，则由整理者自行拟定，文中注明。

四、资料原文所用繁体字，在不会造成歧义的情况下改为通行简化字。某些具体人名、地名不在此限。异体字、通假字尽量保持文献原貌。

五、本书在纂辑过程中，对清末惯用的一些字词，悉仍其旧，如"豫备立宪"、"豫算"、"筹画"、"画一"、"澈底"、"坐次"、"帐目"、"缕晰陈之"、"详晰"、"人材"、"发见"、"札覆"、"叠次"、"身分"、"省分"、"择尤"等。文中还有许多反复出现的字词属于此种情形，不在此一一列举。

六、文献资料均由编者标点、分段与校勘。错别字用（ ）标出，并于〔 〕中标明正确字，脱字以【 】标明，衍字以〈 〉标明，无法辨识文字和原公文中故意省略之字，均以□标示。

七、原稿繁体竖排，今改为简体横排。原稿中"左"、"如左"、"左列"、"右"、"如右"、"右列"等文字均保留原貌，一律不作改动。

八、为便于读者更好地利用资料，整理者对有必要加注的地方一律加注，以脚注标明。

整理说明

一、本辑收录有关清末立宪团体的各种文献,分为六编:第一编,帝国宪政会;第二编,政闻社;第三编,预备立宪公会;第四编,粤商自治会;第五编,直省谘议局议员联合会;第六编,其他立宪团体,包括宪政公会、宪政研究会、湖北宪政筹备会、八旗宪政会、贵州宪政预备会等。

二、资料来源主要包括三大类:第一类为各团体的出版物,如政闻社所出《政论》,预备立宪公会所出《预备立宪公会报》、《预备立宪公会章程题名表》和《宪志日刊》,粤商自治会所出《粤商自治会函件初编》,直省谘议局议员联合会所出《直省谘议局议员联合会报告书》、《各省议员联合会通告书》等。第二类为当时各大报所载有关资料,如《申报》、《大公报》、《时报》、《中外日报》、《中国日报》、《国民公报》、《中兴日报》等。第三类为相关人物的记载,如《康有为全集》、《梁启超年谱长编》、《张謇日记》、《郑孝胥日记》等。

三、凡录自报刊的资料,均大体按刊登时间先后排列,并于每条后注明出处。

四、所录文字原无标题者,或原有标题但与所录文字内容不相符者,均另拟标题,并以注释说明。

五、原稿文字错讹、脱落之处,均经仔细校勘。错别字用( )标出,并于〔 〕内标明正确字。脱字以【 】标明,衍字于〈 〉内标明。无法识辨文字以及原公文中故意省略之字,以□标示。异体字、通假字尽量保持原样。

六、原稿多为繁体竖排,今改为简体横排。原稿中"左"、"如左"、"左列"、"右"、"如右"、"右列"等等文字均保留原貌,一律不作改动。

七、第二、三两编先由北京大学历史系研究生马赛屏搜集整理,再由尚小明补充、审定,研究生韩策、姜静等也参与了部分资料的录入及初校工作。全编由尚小明最后编定。

尚小明

2016 年 7 月 1 日

目 录

上 卷

第一编　帝国宪政会

通告各埠从新订定国民宪政党党旗函	康有为	001
中华帝国宪政会歌四章	康有为	002
致谭张孝书	梁启超	003
与夫子大人书（节录）	梁启超	004
谕保皇会檄	军政府	006
保皇会再灭之可骇		010
保皇会改名打电之无耻		011
海外亚美欧非澳五洲二百埠中华宪政会侨民公上请愿书	康有为	011
与梁启超书（节录）	康有为	025
保皇党徐勤致刘士骥函稿		027

刘士骥之笔记⋯⋯⋯⋯⋯⋯⋯⋯⋯⋯⋯⋯⋯⋯⋯⋯⋯⋯⋯⋯⋯⋯⋯⋯⋯ 028
伍鸿进等致列位宪政党同志义兄书⋯⋯⋯⋯⋯⋯⋯⋯⋯⋯⋯⋯⋯ 029
告帝国宪政会⋯⋯⋯⋯⋯⋯⋯⋯⋯⋯⋯⋯⋯⋯⋯⋯⋯⋯⋯ 欧 032
保皇康党之末路⋯⋯⋯⋯⋯⋯⋯⋯⋯⋯⋯⋯⋯⋯ 诛妖寄稿 033
美洲宪政会倡办海军捐公启⋯⋯⋯⋯⋯⋯⋯⋯⋯⋯⋯⋯⋯⋯⋯ 038
代美国宪政会请开国会折⋯⋯⋯⋯⋯⋯⋯⋯⋯⋯⋯⋯ 康有为 038
旅美帝国宪政会呈涛郡王代奏速开国会请愿书⋯⋯⋯⋯⋯⋯⋯ 041
美洲中华帝国宪政会上洵郡王请愿速开国会书⋯⋯⋯⋯⋯⋯⋯ 044
美洲必时毕埠来电⋯⋯⋯⋯⋯⋯⋯⋯⋯⋯⋯⋯⋯⋯⋯⋯⋯⋯⋯ 047
纽约中华帝国宪政会致时报馆电⋯⋯⋯⋯⋯⋯⋯⋯⋯⋯⋯⋯⋯ 047
致各埠书⋯⋯⋯⋯⋯⋯⋯⋯⋯⋯⋯⋯⋯⋯⋯⋯⋯⋯⋯ 康有为 048
梁启超年谱长编（节录）⋯⋯⋯⋯⋯⋯⋯⋯ 丁文江、赵丰田 049
帝国宪政会⋯⋯⋯⋯⋯⋯⋯⋯⋯⋯⋯⋯⋯⋯⋯⋯⋯⋯ 张玉法 065

第二编　政闻社

一、酝酿与成立

梁启超等酝酿发起政闻社经过⋯⋯⋯⋯⋯⋯ 丁文江、赵丰田 079
复杨度书⋯⋯⋯⋯⋯⋯⋯⋯⋯⋯⋯⋯⋯⋯⋯⋯⋯⋯⋯ 康有为 100
与梁启超书⋯⋯⋯⋯⋯⋯⋯⋯⋯⋯⋯⋯⋯⋯⋯⋯⋯⋯ 康有为 101
复梁启超函⋯⋯⋯⋯⋯⋯⋯⋯⋯⋯⋯⋯⋯⋯⋯⋯⋯⋯⋯ 杨度 101
创办政闻社之主义及其源流⋯⋯⋯⋯⋯⋯⋯⋯⋯⋯⋯ 徐佛苏 106
政闻社举行成立式⋯⋯⋯⋯⋯⋯⋯⋯⋯⋯⋯⋯⋯⋯⋯⋯⋯⋯ 107
政闻社开会纪事⋯⋯⋯⋯⋯⋯⋯⋯⋯⋯⋯⋯⋯⋯⋯⋯⋯⋯⋯ 108
记梁任公先生逸事⋯⋯⋯⋯⋯⋯⋯⋯⋯⋯⋯⋯⋯⋯⋯ 徐佛苏 114
政闻社开幕之武剧⋯⋯⋯⋯⋯⋯⋯⋯⋯⋯⋯⋯⋯⋯⋯ 冯自由 115

政闻社员大会破坏状	太炎	116
东报纪政闻社开会之怪象		119
与任弟书	康有为	120

二、组织与人事

政闻社社约	121
政闻社社员简章	122
政闻社职员简章	123
政闻社职员执务规则	124
《政论》章程	126
发起人蒋智由辞选为总务员及常务员事	127
政闻社职员名籍	128
政闻社首次增派职员	129
政闻社二次增派职员	130
光绪三十三年十一月补选驻东京干事	130
光绪三十四年二月新增职员	131
光绪三十四年六月新增职员	131

三、宗旨与主张

政闻社宣言书	宪民	132
《政论》序	蒋智由	140
变法后中国立国之大政策论	蒋智由	141
政治上之监督机关	宪民	145
驳《政闻社宣言书》	龙腾	154
政党之必要及其责任	马良	163
政闻社总务员马良等上资政院总裁论资政院组织权限说帖	168

四、筹谋与活动

政闻社全体恳亲会……………………………………………………………… 185
对于铁路借款事件质问政府书………………………………… 蒋智由 186
政闻社社员为苏杭甬铁路事会议………………………………………… 187
东京政闻社致国民拒款会电……………………………………………… 188
致绥卿蜕广两公书……………………………………………… 梁启超 188
政闻社欢迎总务员马相伯先生大会……………………………………… 190
致任公宗兄书………………………………………………… 梁兆南 191
神户华侨欢迎马相伯先生大会…………………………………………… 192
政闻社开职员会于江户……………………………………………………… 193
政闻社新年恳亲会纪事……………………………………………………… 193
政闻社上海披露会纪事……………………………………………………… 195
政闻社为二辰丸事致粤督电………………………………………………… 199
上海两广同乡会集议辰丸记事…………………………………………… 199
光绪三十四年五月第一次例会…………………………………………… 200
政闻社与国会期成会………………………………………………………… 200
致任公蜕庵两先生书………………………………………… 张嘉森 201
政闻社致北京宪政编查馆电……………………………………………… 201
政闻社社员公饯湖南国会请愿代表……………………………………… 202
政闻社致粤督赈灾电………………………………………………………… 202
筹办《大江日报》与江汉公学……………………………………………… 203
密谋倒袁……………………………………………………………………… 218

五、遭禁与解散

革除政闻社社员法部主事陈景仁职上谕………………………………… 224
查禁政闻社上谕……………………………………………………………… 225

政闻社通告全体社员	225
解散政闻社之原因	226
政闻社谕拿原因	226
严治政闻社详闻	227
《江汉日报》被封	228
封禁《江汉日报》之电文	228
西报论政府无意立宪	229
致蒋观云先生书　　　　　　　　　　　　　　梁启超	230
致蒋观云先生及社中诸君书　　　　　　　　　梁启超	231
致蒋观云先生及社中诸同志书　　　　　　　　梁启超	231
致蒋观云先生及学习馆诸公书　　　　　　　　梁启超	232
与梁启超书　　　　　　　　　　　　　　　　康有为	233
政闻社解散之实情　　　　　　　　　　　　　太　炎	233

第三编　预备立宪公会

一、章则、职员及会员

1. 章　则

预备立宪公会简章	236
预备立宪公会董事会规则	239

2. 职　员

预备立宪公会职员（一）	240
预备立宪公会职员（二）	241
预备立宪公会职员（三）	241
预备立宪公会举定宣统元年新董事	242
预备立宪公会举定会长	243

3. 会　员

预备立宪公会会员题名表 … 243

光绪三十四年历次董事会议决加入会员名单 … 250

预备立宪公会会员题名表 … 254

二、历次重要会议

1. 成立大会

预备立宪公会开成立会纪事 … 268

郑孝胥第一次开会报告词 … 269

伍光建第一次开会演说词 … 271

2. 年例大会

预备立宪公会广告各会员 … 272

预备立宪公会第二次大会纪事 … 272

预备立宪公会戊申年例大会 … 273

预备立宪公会广告各会员 … 275

预备立宪公会己酉年例大会 … 276

3. 新年大会

本会新年大会 … 277

预备立宪公会新年大会广告各会员 … 278

预备立宪公会庚戌新年大会议决案 … 278

预备立宪公会新年大会广告 … 279

预备立宪公会辛亥新年大会并补行上年常会 … 279

4. 董事会议

光绪三十四年十一月新董事会第一次常会 … 280

光绪三十四年十二月新董事会第二次会议 … 281

宣统二年正月董事会提议意见书及议决案 … 282

三、书刊编辑出版活动

1. 会　报

《预备立宪公会报》简章 ································· 283
《预备立宪公会报》序 ························ 阳湖　孟昭常　284
会员林子有君与驻办孟庸生君书 ························· 285
毛丰山为订阅公报事来函 ································· 286
本报改定体制序 ································ 孟昭常　287
售报简章 ··· 288
《预备立宪公会报》改名《宪志》定期四月在北京出版广告 ····· 289
预备立宪公会京事务所住址已定期发行《宪志》改为
　　逐日刊布广告 ······································· 290
《宪志日刊》定期出版广告 ······························· 290
《宪志日刊》序例 ······························ 孟昭常　291
送阅《宪志日刊》 ······································· 294

2. 书　籍

郁怀智论公民教科书急宜编纂书 ··························· 294
复郁怀智书 ··· 295
本会出版广告 ··· 295
孟昭常《地方自治制纲要》序 ····························· 298
孟昭常《地方行政制度》序 ······························· 299
郑孝胥《公民必读》序 ··································· 300
《公民必读》出书广告 ··································· 301
《公民必读》二编七月中旬出版 ··························· 302
出版部各省订购书籍记数 ································· 302
二月上旬出版部各省订购书籍记数 ························· 304
二月中旬出版部各省订购书籍记数 ························· 304
三月上旬出版部各省订购书籍记数 ························· 305

九月中旬出版部各省订购书籍 ………………………………… 305
十月下旬出版部各省订购书籍 ………………………………… 306

四、商法草案编辑活动

1. 编辑商法草案活动的发起
致商务总会、商学公会论商约书 ……………………………… 306
致商务总会、商学公会讨论商法草案书 ……………………… 308
商学公会复函 …………………………………………………… 310
商务总会复函 …………………………………………………… 310
编辑所成立报告各会员书 ……………………………………… 311
编辑所成立致商务总会、商学公会书 ………………………… 312
上海商务总会致各埠商会拟开大会讨论商法草案书 ………… 313

2. 第一次商法讨论会
商法特会第一日纪事 …………………………………………… 315
商法特会第二日记事 …………………………………………… 316
孟昭常临时代表本会为商业特别会演说词 …………………… 317
各省商会来函登记 ……………………………………………… 319
江西商务总会致上海预备立宪公会函 ………………………… 320

3.《商法调查案》的编辑
各省埠商会公鉴 ………………………………………………… 321
《商法调查案》成书广告各商会 ……………………………… 321
《商法调查案》叙例汇录 ……………………………………… 322
《商法调查案理由书》叙例 …………………… 秦瑞玠 322
《商法调查案理由书》序 ……………………… 郑孝胥 326
《商法调查案浅说》序 ………………………… 孟昭常 327
《商法调查案》问答 …………………………… 孟昭常 328
讨论《商法调查案》意见书 …………………… 秦瑞玠 332
欢迎日本实业团演说辞 ………………………… 孟昭常 336

4. 第二次商法讨论会

《商法调查案》讨论会纪事 …………………………………… 337
预备立宪公会报告商法编辑情形 ……………………………… 338
《商法调查案》编辑员陈述意见 ……………………………… 339
商法讨论案议事录 ……………………………………………… 340
商法讨论会第二日会场纪事 …………………………………… 341

五、国会研究与请愿

1. 国会请愿函电

预备立宪公会提议国会请愿 …………………………………… 344
上海预备立宪公会覆自治会书 ………………………………… 345
上宪政编查馆王大臣电 ………………………………………… 346
再上宪政编查馆王大臣电 ……………………………………… 347
预备立宪公会致请愿国会代表电 ……………………………… 347
预备立宪公会覆代表团函摘录 ………………………………… 348
致各界书 ………………………………………………………… 348
代表团来书 ……………………………………………………… 349
复代表团书 ……………………………………………………… 350

2. 国会研究所

三月十五日本会常会纪事 ……………………………………… 350
十九日本会董事会议案 ………………………………………… 351
本会通告全体会员 ……………………………………………… 352
预备立宪公会致各团体函 ……………………………………… 352
国会研究所第一次第二次议案 ………………………………… 353
国会研究所第三次议案 ………………………………………… 355
国会研究所第六次议案 ………………………………………… 356
国会研究所第七次议案 ………………………………………… 357
国会研究所第八次议案 ………………………………………… 358

六月初十日研究所第九次会议 …………………………………………… 358
国会研究所推举起草员 ………………………………………………………… 359

六、筹议谘议局活动

预备立宪公会上民政部书 ……………………………………………………… 359
本会复湖北谘议局创办所书 …………………………………………………… 360
再复湖北谘议局创办所书 ……………………………………………………… 361
原起草员议复本会书 …………………………………………………………… 361
湖北谘议局创办所原书 ………………………………………………………… 364
预备立宪公会为谘议局选举方法敬告四川陕甘新疆云贵旅沪绅商 ………… 367
上海预备立宪公会为各省谘议局筹办处设立通信部广告 …………………… 368
上筹办处论同城州县选举书 ………………………… 预备立宪公会 稿 368
江苏旅沪议员发起预备会 ……………………………………………………… 370
本年八月致各省谘议局函 ……………………………………………………… 370
本会广告各会员函 ……………………………………………………………… 371
本会广告 ………………………………………………………………………… 372

七、附设法政讲习所

上海预备立宪公会附设法政讲习所广告 ……………………………………… 372
预备立宪公会法政讲习所毕业记事 …………………………………………… 373
预备立宪公会附设法政讲习所广告（一） …………………………………… 374
预备立宪公会附设法政讲习所广告（二） …………………………………… 375
预备立宪公会附设法政讲习所广告（三） …………………………………… 375
预备立宪公会附设法政讲习所广告（四） …………………………………… 376

八、其 它

预备立宪公会立案 ··· 376
预备立宪公会致各处教育会论各地方亟宜遍设宣讲所书 ········· 孟昭常 稿 377
会员寄稿 ··· 379
敬告同邑诸父老昆季议办农会书 ························ 秦其增 稿 380
秦君最近来函 ··· 381
预备立宪公会招集各会员举哀 ·· 382
本会会员在事务所举哀 ··· 382
十月二十七日全体会员为大行太皇太后大行皇帝举哀辞 ············ 383
会长郑孝胥述哀辞 ·· 384
补记十月间预备立宪公会与湖北教育总会电信往来事 ············· 385
预备立宪会等致宪政馆电 ··· 386
江苏各团体公饯端督颂答词汇录 ····································· 386
致各会员书 ·· 387
预备立宪公会沪事务所迁移广告 ······································ 388
郑孝胥日记（节录） ··· 388
张謇日记（节录） ··· 404
啬翁自订年谱（节录） ··· 405
祝预备立宪分会之成立 ·· 选 405

第一编　帝国宪政会

通告各埠从新订定国民宪政党党旗函

光绪三十二年十一月

康有为

今改会名为国民宪政党。国民二字，可合大众，吾党不用，后必有人用之。诸君试再思之，有佳名胜此者，吾当相从也。旗亦当更改。旧三色旗，乃法国革命旗，今国民宪政，可不用此，今郑重订定之。中国为文明第一古国，以中为号，孔子于道取中也。以人道言，圆周无边，一中同长。运举天地，而中有定点。《易》言天玄而地黄，《礼》言黑与白谓之文，赤与白谓之章，运量天地，命沓文明，则宜采于是矣。旗式如左：

外为一圈，玄色，取周于天地也。《易》所谓天玄苍苍者，其正式也。中为一点，黄色，取于中土也。《易》所谓黄中通理，正位居体，可畅于四肢也。圆用白色，圈外四方四角用赤色，所谓黑与白谓之文，赤与白谓之章，极文明之义也。旗之内外大小相配，如外圈用三百六十分（即三尺六寸），则中点用七十二分即七寸二分，或三十六分。大约当其圈十分之一，或五分之一。其方边不必保留，用切面体，当圆边四边之边处，而以所余之四角着色可也。吾谓此旗制也，其大无外，其小无内，其中有恒，其文有笔，亦可谓至矣。

国家清史编纂委员会文献丛刊《康有为全集》第八辑，中国人民大学出版社2007年版，第233页

中华帝国宪政会歌四章

康有为

惟天生民兮，赋才与权。俾自营卫兮，群族乃存。
合群之道，众议是遵。舍私从公，宪政攸传。

惟诸圣之救民兮，除苦患而求乐利。虽君长之爱民兮，岂如吾民之自治。
虽一人之仁圣兮，未若合众之智。好恶从之众兮，自大公而无偏毗。

我有议院，总章合宫。我尊尧舜，天下为公。
选贤与能，众议是从。国人皆曰，是协大同。
孔子作春秋，君民在法中。名分各当，宪政之宗。

惟列国之安荣兮，赖宪法之制定。散四万万人则愚兮，合四万万人则圣。
宪法立兮，君民同庆。骋民献于明堂兮，惟抗议之中正。

睹中华之复旦兮，飏龙旗而莫竞。

国家清史编纂委员会文献丛刊《康有为全集》第十二辑，中国人民大学出版社2007年版，第393页

致谭张孝书

光绪三十二年十月廿六日

梁启超

张孝我兄惠鉴：惠书敬悉。允续筹诸同学之费，感甚！惟现在续来者已又有一人，曰陈霞轩。合前，现共十人矣。汇款来时，能多汇四百更善。若实拮据，只得由弟东挪西补以足之也。

又据君勉来书言，兄有函，欲续派五人专学银行，现其人已得，专待兄款，且有一人已先自来者。兄力究能及此否耶？乞切定示知，俾定行止。

又舍弟学费不知尊处能稍为接济否？舍弟久无书来，不知何故也。

顷内地转机颇多，袁、端皆极力欲与吾党联络，长者有更改会名之举，此实大事。一党之消长系其名，一更必能大推广于内地，政党基础从兹立矣。此请大安。弟名心叩。十月廿六。君勉两函并付上。

方志钦主编：《康有为与保皇会——谭良在美国所藏资料汇编》，天津古籍出版社1997年版，第129页

与夫子大人书（节录）

光绪三十二年十一月

梁启超

一、此书专为一重大之事而发，今请先言此事，乃及其他事。我国之宜发生政党久矣，前此未有其机，及预备立宪之诏下，其机乃大动。弟子即欲设法倡之于内，而秉三云欲东来就商，是以姑待之。秉三等到三日，而先生拟改会名之信到，寄彼商榷，彼谓宜用帝国宪政会之名，前函电已陈及矣。近数日间，复会商条理，大略粗具，今陈请采择。

一、东京学界人数日众，近卒业归国者，亦遍布要津，故欲组织政党，仍不得不从东京积势。东京中最同志而最有势力者莫如杨皙子度（湘潭人，孝廉，顷新捐郎中），其人国学极深，研究佛理，而近世政法之学，亦能确有心得，前为留学生会馆总干事，留学生有学识者莫不归之。数年来与弟子交极深，而前此以保皇会之名太狭而窘，且内之为政府所嫉，外之为革党所指目，难以扩充，是故不肯共事。今闻我会已改名，距跃三百（东京一部分人皆然），故弟子邀秉三与彼同来神户，熟商三日夜。以下所陈者，皆此三日夜所商者也。

一、海外存此旧会而海内别设新会，新旧两会名分而实合，始分而终合。所以必须合之故，自无待言。所以必须分者，一则以我海外之事，万不能令内地人知，万不能令内地人与各埠直接通信。二则改名之事，必须宣布（在《时报》及《丛报》宣布）。宣布之后，人人知帝国立宪会即旧日之保皇会，推行内地，究有不便，故不如改名而另立一会。其会拟名曰宪政会，而海外之会则为帝国立宪会。

……

写至此，忽接纽约《维新报》，知保皇会改名事既已宣布。何不用帝国之名，而用国民之名耶？岂赶不及耶？窃以为及今改之，未为晚也。又报告文及章程，属登《新民报》中，窃以为此文及章程万不能用。其章程非章程之体制，不过会中之布告耳。（章程体制当如会中宪法，然所以定一会之组织法也。）此不必论。其报告文则弟子有大不谓然者：东西各国之言政党者，有一要义，曰党于其主义，而非党于其人。此不刊之论。而我今日欲结党，亦必当率此精神以行之者也。今此次报告文全从先生本身立论，此必不足以号召海内之豪俊也。夫结党之宗旨，必欲收其人为先生之党，此何待言；然有其实，不必有其名，且惟不居其名，乃能获其实。此用兵之道，不可不察也。夫先生既标此主义以号召天下，天下之人悦先生之主义而来归焉，则党于此主义者，即其党于先生者也。然其人则自以为先生之倡此主义而党先生也，非以主义由先生所倡而后党此主义也。因先生倡此主义而党先生，则其言曰某人倡此主义，吾亦同此主义，而因相与为党耳。而在此主义之中，其可以领袖统率者，舍先生无他人，则虽欲不推戴先生，而安可得也。（秉三、皙子、观云辈所以不能不相谋拥戴先生者，正以此也。）惟不矜莫与争能，惟不伐莫与争功，今此次报告文，若自矜其能而伐其功，此最足以先天下之望也。为海外人言，不妨如此，若在内地，必不可行，此弟子所以欲别撰一文也。弟子别撰一文，其大意欲揭三大纲：一曰上崇皇室，二曰下扩民权，三曰中摧不负责任之政府。即就此三义而畅发之，不必述自己之历史，而人亦孰不知之者。就此立论，先生谓何如？将来先生复皙子之信，则东京（即）〔暨〕上海之豪俊，能归心与否，将自此系焉。鄙意以为宜畅发"党于主义不党于人"之义，大约自陈政见如此。今诸君既与我同，而欲推我统率，我虽无似，又安敢辞？自今以往，惟尽瘁以忠于此主义，尽瘁以忠于本党，冀无负诸君推举之诚意云云。如此措词，似为最合。板垣、大隈等之对于会员，其就职演说，大率用此语，不可不仿之。

录自丁文江、赵丰田编：《梁启超年谱长编》，上海人民出版社1983年版，第369—375页

谕保皇会①檄

军政府

　　天运丙午纪元四千六百零五年□月□日，中华国民军政府檄曰：尔保皇会，实汉奸康有为所建设，本以海外华侨未明内事，而爱国之心未灭，故假名于满洲国主以相诱惑，其实借资行贿，为一己开复原官之地而已。前康有为始至美洲，旅资既尽，思藉训蒙以糊口，适坎拿大华侨欲设商会，问计于康有为，康因以保皇会变易之。是时海外之视内地，如隔十重云雾，其为康有为所愚弄，亦无足怪。然自戊戌以至今岁，已阅十年，彼满洲国主，生存如故，未闻日服毒剂，而藉康有为之一丸一散以救济之。尔保皇会诸人，亦可知其诈矣。人非至愚，空费资财以饱他人之欲壑，此何为者？康有为前以保皇为名，谓其君日日服玻璃粉，危在旦夕，至今十年，其言不验。且既言保皇，则不得不反对太后，彼满洲政府中有一人与康有为势不两立者，欲求开复原官，尚非容易，况国主之母，现在垂帘创政者乎？在康有为，亦知此计至拙，不可久长，而见闻已熟，猝难更变。欲言皇不须保，则为自食前言，深恐同会中人，知其诡诈，此实无可如何之事。适会满洲政府，昌言立宪，立宪之名，可以规定主权，而亦不与太后有碍，此正康有为所利用者。近日乃欲于保皇会上，附加国民宪政会之名称，恐见识未到者，又为彼辈愚弄，是用谆谆告诫，使尔辈自知之。

　　尔保皇会中人，亦知康有为为何如人耶？前在广东以改削时文为业，自称圣人。后入北京，与翁同龢相识，摇唇鼓舌，大言时务，遂得翁同龢之保举，以工部主事，参预朝政。尔等知工部主事是何官阶？不过一六品司官而已。梁启超本一举人，赏加六品顶戴。此两人之官衔，不过如是，后在美洲，康、梁皆自称内阁大学士。尔等须知：大学士者，乃宰相之别名，官阶一品，至贵至尊，其去主

---

① 原注："保皇会即新改之国民宪政会"。

事、举人，真若云泥之隔。满洲政府之制，从无以主事骤升大学士者，又大学士须从翰林出身，从无以举人为大学士者。此等规则，尔等或未深晓，但康有为生平诈伪无赖之事，尔等应亦略知一二矣。昔康有为初中举时，与人争为西樵局董，而旧例局董须用进士为之，乃与其人讼于潘衍桐前，有为不胜，怒夺局董钤记以归。潘衍桐怒，命取索缚之。今日之称大学士者，犹是昔时惯技。彼知尔辈愚蒙，冒此官衔，以相煽惑，尔等诚实商人，堕其术中，深可悲悯。试思康、梁二人，若果是大学士，其官远在公使、领事之上，何以康、梁到美洲时，公使、领事不于车栈迎接耶？至梁启超至美国时，曾以银圆二百，买美国兵队之欢迎，此不过出钱雇工而已，凡有富人，皆可为之，尔等不应受其欺诳也。梁启超又用美国人福近卜为维新军大将军，无论康、梁二人官阶甚小，本无遣将受钺之权，且大将军官位，尚在督抚之上，非奏明满洲国主，接奉上谕，断不能私相授受。今梁启超与福近卜特立一合同而已。大将军非公司、商贾之类，岂容以一纸合同，为其证据乎？尔等昔在内地，当亦曾看戏矣，有头戴冕旒、身穿祖服者出，群相指曰：此是皇帝，此是丞相，此是元帅，此是都督。及戏毕散场，此等皇帝、丞相、元帅、都督，不过一最贱之脚色而已。康、梁为此，与演戏何异？尔等若以保皇会捐，与犒赏优人一例，亦无不可；若信其可行实事，则未免大愚矣。又康有为初至香港，曾造一衣带诏，云其主遣有为出洋求救。尔等试思，衣带诏之名，非出于《三国演义》耶？古今密诏不少，岂必皆在衣带。在康有为之意，以为尔等素未读书，惟《三国演义》，必曾一览，故借此名以相欺耳。幸而今日军装，皆用枪砲，若如五十年前之兵法，康有为亦可欺尔等曰：皇上曾赐我青龙偃月刀矣。日本伯爵胜海舟，曾问康有为云：忠义勤王，我所深爱，尔若以诏示我，我当为尔外援。康不能出衣带诏。胜海舟骂曰：吾以尔为忠臣，乃泥棒耳。南洋侨人邱炜萲亦问康有为云：尔所言衣带诏，究竟何在？康不能答，但云此是至宝至贵之物，若一出示，恐尔神魂失措，震惊而死。此等妄言，非视人为小儿耶？邱炜萲已悟康之欺己，而尔辈至死不悟，真所谓大愚不灵者。

又康有为在南洋时，商人欲与一见，须行三跪九叩首礼。若拜盟称弟子者，出二百圆为贽见，便可免礼。彼自谓以平等待人，今行此礼，所谓平等者何在？若康有为是天降圣人，如耶苏基督之例，又岂以二百银圆，可免跪拜乎？此等诈伪敛钱之术，稍有知识，不难窥破。试思保皇会之敛钱，复与此等何异。尔等挂名于保皇会中，何益于己身，何益于天下。不如施舍乞匄，救济孤穷，尚可称慈善事业也。康有为之诳尔等曰：皇帝至圣至仁，虽大彼得、华盛顿，不能望其项背。振兴中国，非光绪皇帝不可。尔等纳捐最多者，他日复辟以后，或为尚书，或为侍郎，或为总督，或为巡抚，皆可由我指名题请。尔等不知情伪，无端受其欺罔，不思所谓光绪皇帝者，若果仁圣，何以甲午一战，败于日本。当此时，尚未有太后训政之事，或战或和，皆由独断。而乃丧师蹙地，一败不振，亦何赖于仁圣乎？若彼所谓太后者，果欲废立，或欲囚之瀛台，何以庚子西迁之日，四顾无人，不能设法逃出。此尚可称仁圣否？若果仁圣，安有卖官鬻爵之事？则尔等以捐钱而思高位，必不可望。若但计捐资多寡，以为授官之差次者，是乃昏庸劣主所为，与科场关节，亦有何异？然则彼光绪皇帝，不过一贩卖举人之主试，而康有为者，为其居间过付而已。科场关节，犹未见有失信者，恐保皇会之关节，尚不能如科场之确实可凭也。试思庚子汉口之役，本唐才常为其主谋，康有为不过以资财相助耳。若康有为果欲保皇，应悉取所有，以助唐氏，乃先后所付不过五万，唐才常败后，又为康之门人席卷而去。乃反藉抚恤之名，为第二次募捐之举，毕竟汉口死事诸人之裔，曾得其半文酬谢否？康有为无信至此，而谓保皇会纳捐之券，遂可为尔等入官之文凭乎？况康有为少年之事，亦尔等所明知。前因狎妓饮酒，无资可偿，为妓所迫，追入轮船舢板之内。其人无赖至此，岂有一言足信？尔等商场贸易，尚须诚实可信者，方肯交钱割货，况国家大事耶？康有为前在印度，偶以资斧不继，求贷于梁启超，梁启超惟以二百圆与之。后知电汇印度，非五百圆不可，乃以五百圆与之。康、梁师弟之间，名为亲若骨肉，犹且悭吝如是，若果得志，师弟尚视如仇敌，况捐资入会之人乎？尔等观康有为之前事，可以知康有为之用心，无论称为保皇，称为立宪，总之假借虚名，以肥一己而已。

前满洲派五大臣出洋考察政治，梁启超曾为端方办差，康有为亦与彼辈通信，又以所有交结京员，所费无算。凡在满洲朝廷者，已交口同声，称康、梁为忠诚义士，特不敢言之于西太后耳。无何康所交通之太监，为袁世凯所发觉，见其书中密语，有尊皇废后之词，自此京员钳口，不敢一语及康有为。数年心力，败于一旦。试思康、梁所行之贿，果于何处得之，非保皇会之积款耶？保皇，保皇，保主事、举人之原衔而已，与彼所谓皇者何与？于尔等保皇会员何与？尔辈深受其愚，一捐保皇，已不可悔，何必再捐国民立宪会耶？康、梁资财已尽，而又自悔保皇之名，复以立宪欺诈尔等。试思满洲国主，本非华人，乃一野蛮腥膻之鞑子耳。立宪者，规定君民之权限，使之各不相侵，何益于满洲鞑子。彼政府以民气不驯，群思革命，欲借立宪之名以消弭之，而行事正与立宪相反，凡所施为，适自便其鞑子专制而已。纵使康有为为满洲政府之一员，尚不能实行立宪，况海外孤臣，流离失所者耶？康有为告尔等曰：今政府已预备立宪矣，此皆我保皇会倡导警觉之功，自今以后，我与尔辈，皆立宪时代之伟大政党也。欲成政党，不可无资财以为运用，故尔等当复倡捐，或开银行，或通航路，非专为贸易计也，当取其余赢以资政党也。尔等寄居异国，为白种所陵侮，乍闻斯语，岂不为之心动。不思满洲政府，以内忧外患之交迫，无可如何，而悬此虚名以期安靖，自不得不然之势。其能警觉倡导者，皆内地绅士与留学归国之徒耳，于保皇会何与？绅士、学生，未尝无实行立宪之意，乃满洲政府则反之，惟欲利用此名，以成八旗专制之势，故部院官制，纷纷改革，独无一语及于国会。内地绅士，明习法令，通晓政治，十倍尔等，尚不能得一议员之位，况尔等生长外洋，素与政界绝远者耶？或以财政艰难，不得不有求于尔等，要之意在募捐，岂有权利与尔。尔等不信，试观南洋张振勋氏。张振勋之报效政府也，不为不多，然政府所以相酬者，惟一侍郎之虚衔。小小政权，尚不得与，名虽侍郎，其实不如一在任之巡检、典史。他日报酬尔等，亦不过此，岂有议员政党之可期乎？须知满洲政府，于官衔名位，原无爱惜，最爱惜者，乃是实职实权。若尔等有渴望立宪之心，彼政府正可因势利导，一二甘言，使尔心醉，倾家破产，所不惜焉。迟之又久，而议员卒不可望，政党卒不可成，尚书、侍郎之告身，仅取一醉，斯时追悔，亦无及已。尔等不望立宪则已，若望立宪，则尔等之资财，必有两次被人诈取，其第一次即康有为，其第二次即满洲政府。天下虽豪华挥洒之徒，饮食起居，日费万金而无所惜，若为人所诈取，能无邑邑于心乎？人亦有言，哑口吃黄连，说不出苦。尔等若信康有为之虚词，他日下场，必至此境，可逆料也。今当明示尔等，凡人当爱其国，亦当爱其故乡，此尔等所明知。今之满洲，非我同种，明亡以后，我中国已为满洲并吞，此皇非我之皇，此宪非我之宪。尔等果热心祖国，爱慕乡里，当驱逐满洲国主，使出北京，以我中国之人，自为民主，自立之宪法，方得身为国民，免受外人逼迫。惟此一策，可以救济中国，保卫身家，其余种种妖言，皆不足听。尔等迷途未远，速宜悔悟。

我中华国民军政府，现已略具规模，尔等若知去就，亟应见几而作。若狐疑未决，认贼作父，他日革命成后，非但不加保护，仍当从重治罪。若云身在海外，可免刑诛，生为异域之人，死为异域之鬼，亦有何乐？尔等虽离乡最久者，不过三、四十年，父老犹存，亲属尚在，祖宗坟墓，并未迁移，岂有不思返本者。若听信莠言，沉迷不悟，始则丧失资财，终则见摈祖国，幕府为尔代思，亦当流涕。特颁此檄，婉转晓谕，孰去孰就，尔自思之。此檄。

《天讨》（《民报》临时增刊），中国开国纪元四千六百零五年四月二十五日（1907年4月25日）

保皇会再灭之可骇

美国《檀山新报》云，保皇会前者因会事日就衰败，已为海内外志士所攻击，会众从而解体，马扁亦不可得，故康圣人欲改用新会名，藉为收拾人心，维持私利之计。始改名国民宪政会，本报笑彼拾人牙慧，又笑彼皇降而为民，保皇会众更形羞怒，康圣异常焦急，即飞函再改称帝国宪政会。吾思三皇为皇，五帝为帝，皇而改帝，已降级矣。盖保皇行事，无不趋逐下流，竟世不尚进步，即是一端，可见其无意识，无操守。呜呼，海外亚丁，今日已醒，任汝将保皇二字千易万易，终难遂汝康圣所给求，抑亦断难饱汝康圣所给求也。吾前文曰，只闻有灭国灭种，未闻灭会，今保皇一灭而为国民宪政，再灭而为帝国宪政，执此以观，不特灭会之奇闻，盖灭而又灭矣。谨赠一联曰：堪笑保皇妖会灭，请看革命义军兴。

《中国日报》，丁未年正月初九日（1907年2月21日）

保皇会改名打电之无耻

（北京）清政府于新正接墨西哥保皇会公电云：保皇会久倡立宪，共知爱国忠君，裨益至大。立宪谕布五洲，会众联欢，元旦举大祝典。擢名帝国宪政会，图强祖国。乞代奏。又接乌约保皇会朱梦醒等电云：立宪诏定，上下共守，中国永存。两宫和好，皇上加安，不须言保。商等欢幸而释积忧，遵旨以讲宪政，君民同乐。今改保皇会为帝国宪政会，恭祝中华大清帝国万岁，皇太后皇上万岁。乞代奏。

《中国日报》，丁未年正月廿二日（1907年3月3日）

海外亚美欧非澳五洲二百埠中华宪政会侨民公上请愿书

康有为

呈为内讧外侮，同忧国危，乞立开国会而行立宪，撤阉宦，除满汉而一中华，迁新都而图民和，裁督抚而重州郡，经营辽蒙回藏而防边增部，大营海军而举国为兵，制铁铸械、造船牧马，罢全国各税而令地方自治，助国饷，以民力抗外而令民举议员，办外交以救危局，舆论协同，公上请愿书，乞为代奏事。

窃维国势抢攘，乱（气）〔氛〕日滋，内外交讧，危机待发。夫以五千年文明之国，四万万神明之胄，二万里膏腴之域，苟能图治，强大莫有比焉。乃若一旦而沦于波兰，参于印度，同为奴隶，并作牛马，念之伤心，思之流泪。商民等生于中土，旅于外国，日受凌辱，目击危亡，未有不日扼腕而唏嘘，同怒发而忧愤者也。乃者朝廷非不略为变法矣，比之畴昔守旧之政，岂不大异，而天下滋忧、士民怀疑者，诚以举大事在实心而不在空文也。曩者戊戌变法，其日至浅而事至简矣，而天下犁然归心，强敌耸然惊动者，以皇上真有救民之实心也。今屡言立宪，期诸必行，庶政公诸舆论，而政府行政，压制殆有甚焉。以举国拒借外款，而朝廷必抑舆论而行之，岂不与立宪之政大反哉，此天下所以不信朝廷也。且今世变至亟，外敌日张，又岂戊戌之可比，一旦祸发旋踵，岂能待朝论纷呶之定乎？昔宋人议论未定，而金人兵已渡河，亦可为殷鉴矣。商等诚恐诚惧，人有同心，忧国愤切，开会请求，凡二百余埠之地，数十余万之人，博谘极辨，舆论同协。伏惟明诏有庶政公诸舆论之言，大哉王言，至公至平，是用不避斧钺，合词上请，以救危局。

商民等所请愿者，凡十一事：

其一曰，立开国会以实行立宪也。中国政教之原，皆出孔子之经义。孔子作《春秋》以定名分，君不曰全权，而民不为无权，但称其名而限其分，人人皆以名分所应得者，而行之保之，君不夺民分，民不失身家之分，则自上而下，身安而国家治矣。宪法之义，即《春秋》名分之义也，中国数千年之能长治久安，实赖奉行经义，早有宪法之存。惜经义之名分，以教宗话言奉之，而未尝立国会，以誓盟守之，渝盟则殛之，故汉、唐、宋、明，二千年来，宪法若有而若无，以是政治逊于泰西，而大势沦于危弱。今大地各国皆已改行立宪，苟不改者，则身弑国亡，如俄及波斯，今事汲汲，而法大革命之已事可证矣。此其成效得失，天下咸知，无待赘言。在明诏已许行之矣，所以迟迟者，或疑于民智未开，资格未至耳。夫以中国之大，四万万人之众，学校之盛，当讲求新学之殷，通于中外之彦，殆不可数计，而谓区区数百议员，竟无此资格之人才，此不独厚诬中国，自贬人才，亦无此理矣。夫以变法之日浅，阅历之难，办事之艰，人才或乏，若夫徒发空言，兼取中外，从多取决，岂患乏才。即有严苛之论，谓通才仍乏，岂合四万万人公举数百之人才而多数取决者，其见闻知识，乃不如政府数人之明耶？夫今政府诸臣之才否，非民等所能妄为毁誉，如诸臣多未游历各国，未遍阅行省郡县边徼，以亲贵清流之故，多不解民俗农工商矿之百业，凡此数事，皆举议员应有之人，而政府诸臣皆实未经，则政府诸臣虽可颂为上圣大贤，或真能清忠公正，而实不能免即聋从昧，虽有苏、张之舌，无能为政府诸臣解矣。夫以中国之奇大，危险之极势，而付之寥寥数聋昧者之手，如以巨舰驾洪涛，乘逆风潮，而以瞽人为舵师，其事可谓出奇。乃不谓其人才不足，举政府而不设置之，又不谓待他日有治国之资格，人才足而后设政府，何乃于以全国才人公谋国政，而独责以才不足与？此商民等隐笑大奇而不可解者也。夫立宪不过空文耳，苟无国会守之，则亦如教宗之经义耳。故商民等以为，真欲救国，必先立宪；真欲立宪，必先开国会。欲定宪法之宜否，与其派一二不通语文之大臣，游历考查，不如合国会之民，献千数百英彦之才而公定之。且今朝论纷呶，忧忿蹙蹙，凡责任内阁，内外官制，皆不能定。若夫经营海军及辽蒙回藏诸边，皆切要之图，而巨大之费，亦无从筹。若一开国会，则人民有选举之权，即有担任税务之责，司农无事，仰屋而忧，而经武营边及举行新政，自强至易。夫不开国会之害如彼，立开国会之利如此，然则何事迟疑徘徊而不立行耶？商民等请下明诏，决定时期，立开国会，首为请愿者一也。

其二请愿，曰尽裁阉宦也。《礼》曰：刑人不在君侧。诚以辱人贱行，身体伤残，知识愚陋，心志险诐，不可以在左右。故古者唾壶虎子，皆用士人，况于伺中朝之事变，执椒房之枢机，有手握王爵而口衔天宪者矣。中国古无宦官，自汉武游后宫而始设，于是常侍亡汉，天策亡唐，魏监亡明，其祸患亦至极矣。遍考欧美各国，自突厥外，既无阉人之刑，更无宦官之事，而我国有之，万国常以为笑柄，讥为野蛮，岂可以号称五千年文明礼义之邦，而宫廷有此奇耻大辱哉？夫施之实政，则汉、唐、明之烈祸如此；考之名誉，则欧美亚之讥如彼。夫宫廷仆役，岂患无人，无论我朝宫女无多，不待假阉寺以为防戒，假如古者后宫三千，亦何难雇用宫婢以供使令。即如今者德、奥之主，宫婢二千，岂不顾而乐之。然则何事冒累朝祸患之辙，犯万国野蛮之诮，而必用刑人哉？若以其服役多年，辛勤可念，放出不能自养，则或给田宅以报其勤，或赐长俸以终其身。今以数百万从龙之兵，犹可一旦裁撤旗、绿，况于区区数千奔走之宦监乎？伏乞立下明诏，尽裁阉寺，以清君侧而雪国耻，所关非细故也。若仍虑诸阉无以为养，则除其有职事者放出外，其余赏给内外诸王公大臣。夫诸阉亦人也，令其等于寻常仆隶，不得复以阉监为名，以渐淘汰。彼知无恃，能以忠勤事主，自可得食，否则弃逐亦无可恨。惟永垂严禁，宫廷不得再用阉人，本原一清，余自易举。民间若有自阉者，科以不孝之罪，加以因刑。如此则放之易行，养之易给，而数千年大辱大祸之政体扫荡廓清，比于武事，祸患永绝，令名大新，天下后世，无不颂我皇太后、皇上之圣明，岂不懿哉！此商民等之请愿二也。

其三请愿，曰尽除满、汉之名籍，而定国名曰中华也。古今中外治国亲民之道，皆务在熔铸而合同之，然后能相亲相爱，团成一群。若故为别异，则永不合同，而难于亲爱，不合不亲，斯乖忌生而祸衅作。夫天下之大患，岂有甚于内讧者哉！内讧者，一日而土崩瓦解，尤非外患之可比也。今德人迫波兰人之为德语，而萨谛尼王意大利乃自舍其国语，而从佛罗炼士之意大利正语，皆期于易统一之也。今革命之说纷纭，皆起于满、汉之别异。夫汉乃刘氏之朝号，仅与李唐、赵宋、朱明同科，刘氏亡则汉不存，改玉改步，易姓易朝，已往之迹久矣，与今中国人无与。及国朝入关定鼎以来，同为清朝，一朝之时，不能容两朝号，曰汉固无可解，即满洲本国故号，已为清朝，应同除去。乃昔误法金元之失策，不知上师北魏之宏规，仍存满、汉之名籍，致生今日之内讧，商民等私窃忧之。乃者明诏亦既大询群臣，谋及此义，裁去数百年之旗绿矣。然满、汉之名籍一日不除，则人民猜嫌之心一日不去。方当外侮交迫，而先教国人以内讧，甚可忧危，且尤非所以熔铸一群之意也。昔北魏文帝起自北代，衣冠文字并改华俗，帝室既改拓跋为元姓，其九十六大姓，并赐汉姓，如侯莫陈崇改姓陈，纥狄于改姓于，库狄连改姓连，今北魏之朝虽久改，而其子孙繁衍于中国，此其明效也。国朝久统中夏，悉主悉臣，一切礼文，皆从周、孔，久为中国之正统矣。俱为中国，何必内自离析，所以生讧衅乎？且中国昔阻于交通，环我封疆，多为朝贡小蛮，故以天下自居，只有朝号而无国号。今环球百国，舟车大通，亦既并为列国，绝非畴昔闭关之可比。夫万物皆有定名，而以立国之大，乃反无定名，则措施有所不便，甚不可也。今中国之名，出于诸经，中华、华夏之名，著于诸经史传记，而大清者，但为本朝之号，与前代唐、宋、元、明对耳。朝代有易，而国号无改。朝代如一人之名，别于祖父，但与前朝示别异；国号如一姓之号，垂于奕祀，当对异姓而作殊称。今外交之国书，尚称大清，是以对待前朝者而对待外国，犹人之有名而无姓也。夫天下惟极野蛮生番，乃有名无姓，岂可以文明之中国而有类此乎？此其所以重为日本人笑也。其与欧美交通之书，译者皆译为支那，故寡斯消。夫支那之名字，乃印度人称我之名，而晋、唐译佛经者写成之，或作真丹，或为震旦，今日本人写支那为我国号，欧、亚调音，略皆从同。考印度及南洋诸蛮，与西班牙、南美及欧洲大陆诸国，亦皆称我为支那，或称支尼基那，除英音曰猜那稍远，要皆支那转音，相去至近。夫各国东西相远数万里，而音何以相近哉？名从主人，必从我出。考支那之音，实从诸夏、诸华译出，支诸那华，其音至近。昔者春秋诸国，以文明别异于诸蛮夷，故称诸夏，亦曰诸华，所谓内诸夏而外夷狄，遍见春秋传及诸传记，繁多不胜引，犹今欧土诸国自矜为欧人也。字母之张真中诸，皆为转音，而诸夏诸华，亦称中国，故又合中华为一名，中诸支，以音转而写殊，亦犹支那、震旦之殊，猜那、基那之转耳。统译音之沿革，由诸华而中华，由中华而支那，特写异耳。故对外之名，通为中国，周前多为诸夏、诸华，汉、唐后多作中华，今折衷其名义，环球圆土，实无中之可言。夏为禹朝，亦不能为国之永号，若沿汉、唐后二千年之旧名，又协于欧、亚支那之音转，既未尽失中国之本义，以花为国，亦欧人所艳称，考之古经之大义，质之万国之通译，定国名曰中华，莫不允协。伏乞下廷议，删除满、汉名字籍贯，而正定国名，即永名曰中华国，上自国书官书，莫不从同。自满、汉及蒙、回、藏既同隶一国，并当同为中华国人，不得殊异。其满人并赐汉姓，俾合同而化，永泯猜嫌，则团合大群，以强中国，莫善于此。商民等所请愿者三也。

其四请愿，曰营新都于江南，以宅中图大也。夫王者都畿，为民所止，吸力愈大，文明更繁。英之伦敦，法之巴黎，万国动观，亦既觇止，然各都之吸集民众，实视得地与否。德之柏林，当道光十年，人民仅六万，至今仅数十年，人数遂过三百余万，为大地都会第三矣，以得地而便工商使也。俄大彼得之大变法也，迁都于临海之圣彼得境，大便工商运业而国强；日本之复王政也，亦迁都近于海之江户而盛强；西班牙马得理京，凭连冈而无水，不便工商走集，故昔虽霸有南美，而京邑蕞尔陋小，为人所轻视，则宅京之失地利故也。西班牙之筛非故回京，近海广陆，易集工商，班人不知迁都之则繁荣难滋。盖建都之时，或因拒敌控险致然，遂永为后世之累矣。我燕京之能久建千年，实因金、辽、元、明，便控于辽漠之故，盖据乱世凭险之都，非升平世阜民之地也。且飞沙积雪，盛暑祁寒，其地其时，皆于人民不便，尤非繁盛工商所宜也。夫工商不盛，而欲与伦敦、柏林、巴黎争吸集之广，而盛文明之业，必不能也。且今中国之人民及生产力，皆在长江流域为多，而万国竞争之通衢，皆注于太平洋海为盛，若辽、蒙皆僻处边壤，既无内争，即非要他，无待于神京之控御也。今维新伊始，营筑甚多，凡百举动，皆当为千万载之远图，而不得徇目前之小计也。以我幅员之广，人民之众，财力之富，当为大地霸国，则宅京图大，必当顾视全球，内之当思收长江万里之精华，外之当思争太平洋海之权利，近之可便全国士夫及工商之走集，远之当争伦敦、柏林、巴黎、纽约之繁荣，如是乃为长治久安计也。然则统而计之，地利可凭长江巨海之宜，天时适在不寒不暑之候，土脉膏腴，人民秀灵，舍江南无与比矣。夫武汉虽土中，而远于海；金陵虽旧都，而隘于山；杭州则愈狭而太偏矣。窃谓吾国人民四万万，当铁路大通之日，若新京得地利之宜，非度宏规而大起，令可容二三千万众者，不可以为京师，然则规此宏图，择其地宜，当有在矣。窃谓内凭苏州，以握江南之胜地；外临上海，以控太平洋之通衢；北界江阴，以收长江之利赖；南襟大湖，以吸水泽之秀气。周方纵横，约二百余里，规为新都，每三里辟马车之坦途，每三十里辟一电车铁轨之通道，凡大学、公园、博物院一切建置，皆择胜地，而虎丘、无锡，皆置行宫。道路既通，人民争集，乃裁府县守令之官，行各国都市之制，先设保厘大臣经营之，割分区市，令人民选举之，计不三年，繁盛已不可思议。今北京秽沟久积，其害养生，客馆崇塽屹峙，尤滋国耻，亦不可不改图矣。若营新都，皇上以时幸巡，止辇图治，俟百度皆举，乃定迁都，或如俄制，分驻两京，皆为其便。昔成周营治，宅丰镐而卜涧瀍，东汉、唐、明皆并建两都以成繁盛，况今者营新京邑，凭控江海，因于天时，雄视大地，以吸全国之人庶，而肇文明之新光，岂有此哉！乞下廷议，定营江南新都，商民等所请愿者（五）〔四〕也。

其五请愿，曰裁去元、明督抚之制，而复唐、宋州郡之法，俾行政之分治可精密，而中央之集权可实行，必分治极其分，集权极其集，而后庶政可举也。商民等闻议更官制者累年矣，商民等久旅外国，日观各国政体，盖未有国会未开，督抚犹存，而可言责任内阁、厘定官制者，故商民等皆窃笑之，以其本末颠倒，皮不存而毛何傅也。昔者一统卧治，政体虽谬，亦无大病。若今万国竞争，而财政兵政，不统于一，坐令督抚各自为政，无论兵饷大柄之倒持也，乃至派遣游历数臣，游费区区，亦分求于诸督抚之凑集，令外国人大笑而不解其故，其他大事之窒碍，不待问也。昔曾国藩、左宗棠名臣，舍身家以为国，而为争养兵、争拨款之故，以石交而起戈矛。甲午、庚子之难，调各省之兵，衣服器械皆不一，逡巡不进，情形可笑，此实万国所绝无，而非常大可怪笑者也。即以美国联邦之治，民事则各邦自主，若兵、财二政，亦统于华盛顿政府，未有我国号称统一，而各督抚自私其疆，自专百政，如别为国，西人、日人致诮吾为十八国。夫方今万国交迫，合中国全国之力，犹虑不给，而可分为十八国乎？夫兵、财不统于一，而可得身臂之使乎？夫各省总督，多有才望重臣，如李鸿章、左宗棠者领之，而谓各部臣能指挥之乎？如部臣各为政府，而度支部不能统一调度财政，陆军部不能统一调度（学）〔军〕务，农商部不能统一调度农商政，所有一切兵财学法百政，皆各统一于督抚，而布政、提学、提法诸臣，不能上达诸部，诸部不能下达诸使，咽喉中哽，呼吸不灵，诸部臣所管领者，只有文书册籍，或仅建言而已，此与一胥吏何异。是有俾斯麦、张居正之才亦无所施，而何责任内阁之可言乎？商民等窃观德国联邦之治，各侯国或市府，多以数百数十里之地，而各能治军数万，筹饷数千万者，分治愈细，略如吾之州县故也。至大者莫如普国州郡，亦仅比吾一府而已。今以吾一省之大，数千万之众，乃有一督抚为上达、下达之官，欲为政之精密，何可得也。且凡地方之治，其权贵多者，其举事易集；其工商盛者，其文明易发。观欧土之小国，如丹麦、荷兰、比利时，仅以数百万人立国，而其中君相咸备，世爵如麻，士夫如鲫，故其工商之精，学校之盛，文明之丽，遂能比各大国之都会。吾三代侯国，正可推也。吾国自去封建而为州郡，文明一降矣。自立州郡而集权督抚，一省之中，惟省会繁丽，自余郡县，皆朴僿鄙野，器物粗恶，百物不备，文明不启，以比欧土一切，适成反比例。推此而言，欲文明之速开，工商之繁盛，几有非每县升为侯国不为功。令每县之中，公卿大夫数十，士则无数，苟如此，其举事未有不易，其工商未有不盛，文明未有不启者也。吾昔台湾，设官仅卅，长官仅道府耳；今日本治之，设官三千，县僚百余而台治。今纵以（五）〔吾〕国太大，不能令县为自治之国，亦当复汉、唐、宋之旧，画州郡为行政最大之区，以太守刺史为藩镇牧伯至高之官，遍设群僚，如今各省诸司，号称卿大夫，崇高其阶，盛增其属，令分治极精详，虽不能比欧土，犹庶几于望治也。考唐时全国三百余州，宋疆偏小而分州四百余，知州长官多亲王宰相为之；今吾全国仅二百余府，仅及宋州之半，正宜令其为独立行政之区也。宜画定各府直隶州界，其闲散者并之，其冲繁者增之，如宋制。且有直隶县，其县不隶于州，而隶于吏部焉，今可仿行之。请定全国行政二区，上达于国者用古制，定名曰州；下达于民者，定名曰县。其极大之县，下统于州；其极大之州，若各省首府，可名为府。其州、府长官，照顺天、奉天府尹例，府名之为尹，州名之为牧，大者皆加尚侍京卿衔，小州则领御史衔，体制事权，一如今各省巡抚；或皆给巡抚衔，视秩高下，加以行守试等之名别；或以王公、大学士领州以重之。其大县直隶京部者，与州郡皆为差官，无品，亦以王公、京卿、御史领之。其各县隶于诸州者，加崇其位，名为政长，大者比道，小者比府，除妙选名士外，即选今道府班充之；其州郡遍设诸司，如今行省，位比道府，以道府班充之；其各县遍设诸司，位比今同、通，以今同、通州县班充之。诸司亦听长官征举京僚及士庶充之，皆为差官，不设品，升转各从原秩，如唐、宋然。汉时大县令，秩千石，如今三品。考日本县知事，仅降各部大臣一级，每县设官百余。考于日本县制设官之多，与秩之崇，可知其得失。今所升改，尚远不能比之也。各省督抚，皆可尽裁，其事权散归于布政、提学、提法、农商诸司，以上达于各部，由本部奏派指挥之。各州府尹、牧，与布政诸司，平行不相属。乃分内地十八省为东西南北中五部，如直隶、山东、山西、陕西为北部，江、浙、江西、安徽为东部，河南、两湘为中部，闽、广为南部之类。五部设大臣于京师以分领之，如英国苏格兰、阿尔兰大臣参入政府例，州县之吏治选举皆统焉，略如各国内部之制。夫所以必分五部者，以中国土地太大，实非一人所能统理，每部略领三四省，则适与欧土大国同，而后可得而理也。其督抚之制，重权兼统，可行之于远边，若辽、蒙、回、藏，可设四督经略之。其下设官体制，仿英之印度总督可也。其滇、桂要防，则设边防大臣数人以统兵权，募工商，事开垦，办交涉，画沿边诸州，听其节制，事权如唐制节度使诸州之比，必若此乎，而后民政边防，可得而详治也。《诗》曰：无田无田，维莠骄骄。今之行省督抚，虽有贤能，而精力亦难及远，故民治不能举，莠出骄矣，能不芟刈而改良乎？商民等请裁督抚，而以州府为行政区长，请愿（六）〔五〕也。

其六请愿，曰京师设辽、蒙、回、藏四部大臣，而于辽、蒙、回、藏多设大官重镇以经营之，而多开校导以华俗也。方今国势久弱，诸边辽阔，强邻窥伺久矣，慢藏海盗，狡焉思启。夫中人家少有财宝而无守卫，则大者劫，小者窃，况辽、蒙、回、藏数万里金矿之地，而数十年绝无兵卫之守，无富教之图，是自弃其地，自弃其民也。直布罗陀一峡耳，英、班争十七年；难施蔑士沙自卜诸小城耳，德、法争之数十年。皆竭无数之人命国帑，而争此尺寸之土。法、德界延斜仅百余英里，至今两国屯兵，各三十余万以守之，况于辽、蒙、回、藏，寥寥恢恢，三千万方里之地，三倍于华夏，几等于全欧，而沿边无兵，疆内无治，岂非绝怪大异之事哉！若谓二百年旧制，安平已久，无庸多事于更张，岂知万国大通，俄、英、法、日骤强而迫近，皆在此数十年之中，而为夙昔所无者。习于轻罗羽扇，岂知大雪已飞；惯于山园席眠，岂知虎罴环至。以列强之界在比邻，日相窥伺，试问尚得以百年前之小番跳梁，远荒无人者比之乎？近年东辽几变为俄人之疆，西藏几属于英人之土，亦既动魄惊心，谈而色变矣。乃若法窥滇、桂之境，俄扰蒙、回之边，边吏飞电，警报日闻，亦阅二三十年矣。在强敌绘图遣吏，苦心经营，日月弥深，伏患弥甚。昔英人之久规缅甸也，事机已熟，则五日而举其全国矣，可不畏哉！夫吾国所以能苟延性命于乱世者，岂有他哉？不过以国土太大，一时难吞之故耳。若既削小，则亦高丽、缅甸耳，彼鲸鲵之于鱼虾何有焉。闻吾国士大夫私谈，乃竟有谓中国太大难治者，不知从何有此亡国人蠢愚至极之言，乃知所以弃诸边而不修，良有以也。昔以中国汉、唐文物之全力，而西北番小丑，若匈奴、吐蕃南犯，尚无以拒之；如宋之弱小，倾国力，极人才，尚不能拒一西夏，无论辽、金矣。若辽、蒙、回、藏、滇、桂有失，俄、德、英、法之四面环来，实中国自古未有之奇祸，不审朝廷何以待之。前事已大失矣，于今及早经营，亡羊补牢，或犹未晚，过是时乎，恐后欲为之而悔无及也。今新疆、东三省已久改行省矣，闻朝议亦有改蒙、藏为行省之议，岂不较胜。然内地行省之制，已极不善，坏中国久矣，而谓区区仅议改省，遂可救危亡之大变乎？台湾何尝不改为行省哉？而今为何国之疆域也？朝议之意识粗疏如此，无论改省实事，尚未易办，即此空言，而其为卖国鬻疆之媒，已令人适适惊矣。盖昔者鼾睡未醒，一切不理，犹可言也，若今知忧边备，而亦以改行省至粗疏之议，朝廷误以为起死还生之神方圣药而力行之，则辽、回、蒙、藏三千万里之地，一去而不可复得也。夫一切之行，皆有方针，针指既误，则毫厘千里。夫行省之制大谬，上出于元世，既久误中国为贫弱僿野矣，尚不知变，而以为救死之方，则买药煮汤，负薪燃火，备极辛勤，药未饮而人先死。今之议改行省者，何以异此。今且勿言未改行省之不可，何不以桂、滇久成行省之边防论之。永昌、腾越者，通缅之衢也，腾越之成兵一营，仅数百不练之卒；永昌以北，千里荡荡，殆类无人，兵备器械皆无，仅有狪獠野农茅屋萧条而已。于是野人之山千余里，暗入于英而不知，缅北境地，无一华人考察英人之举动者。桂边龙州，驻有重兵矣，然以广西一省，边界已二千余里，口凡七十余，而以此万余不练之卒，无继备之兵守之，缓急请命于隔数千里之督抚，铁路既无，即调强兵，亦何时能赴。若滇边益无重镇严备，而一切请命于二千里外之督抚，即在省会，亦无器械。边省辽远，名士才人，多不愿往，故官场贫愚蒙陋，尤乏人才，缓急有事，无铁路以致之，幸敌未大犯耳，若真掩袭，恐亦如缅甸耳。以云、桂久为行省，然荒芜闭陋尚如此，况辽、蒙、回、藏之尤荒旷者哉？盖行省之制最荒疏，本出蒙古，尤与列国竞争之道相反，其坏中国事久矣。其原因甚多，不暇细数，然国人习而不知，今且不可行之内地，况欲行之于补救危急之辽、蒙、回、藏哉？今将欲新整顿之，非采集万国经营藩属及新地之法，而一变以中国之教俗政化，不能为功。夫今所谓开为行省者，朝论盖欲郡县而内之云尔。日人之经营台湾也，其法至密矣。英之经营印度，法之经营安南，荷之经营爪哇，俄之待波兰也，其制至严酷，奴隶牛马其人，而非吾今欲子弟其民之意也。英之待加拿大、澳洲，德之待联邦，则以同种而听其自治，而辅导引进之，或收其兵权、杂税权焉。美之营辟新地也，则纯以自治之法行之，而长吏主其大政焉。吾之辽、蒙、回、藏，当分别其宜，以日、美为法，而略采印度之制，其庶几可也。夫吾行省之制，督抚兼统一切，于内地大不善，而施之远边，有全权以举事，乃有威力以抗敌，亦非尽不可行者，故宜裁之于内地，而反适用于远边。英之印度，日之台湾，荷兰之爪哇，其长官之威权，颇有类于吾督抚而过之，同此意也。然统吾行省官制之谬，则在于下之民治太疏，上之大官太少，选用卑轻，而政权不分。如一省而兼有督抚，则兵、民、财、刑大小各政，皆集于总督一人，虽巡抚无权，而何有诸司也。夫以万数千里之地，而大小诸政皆集于一人，假令得才，其精力必不逮，而丛脞疏漏，不可言矣。夫以防地之重且密，岂可容少疏漏者乎？千金之堤，溃于蚁穴，况一非其人，则大局立败，今内地各省，此害已大，况于经营防边之新地哉？此政权不分之害也。今蒙、藏未改行省之制无论也，假使将来改定行省，必如新疆之疏旷，浩浩万里，仅设一巡抚，有事权能出奏者。夫巡抚吏民之事，已丛繁不可算，何能专心防边练兵乎？夫治一地，无权贵重臣主之，则呼吸不灵，举措维艰，故大官太少，设官太少，乃中国官制之大害也。凡无地方自治者，仅借一二有司之力，于修路、开学、卫生、警察、图籍，一切民治，必不能举。边远苦寒，才人已不愿往，而今以道府大僚，方面千里，而捐班可至，资望极轻，上之不能通于朝廷，如徐世昌之请借千万而事不能举，下之不能调用人才，如岑春煊之能旦夕保荐张鸣岐为广西巡抚，于名士才人，皆不能招致，而事不能办，此资太卑而选太轻之害也。夫日本一县，地至小也，知事亦至闲散矣，而其阶资，仅降政府大臣一级，上与各部次官同等。夫次官者，吾侍郎也，以知县与侍郎同阶，则是岂不可反覆其故哉？况于边防之重乎？窃谓经营新疆、东三省，用内地重州郡之制，裁道设府，加巡抚衔名，开府以重事权；即至疏阔，以道改巡抚，开府办事，并设诸司，专治民事。设经略大臣总之，兼设诸司，如一国然，以节制诸巡抚，而界限分明，不理民事，如新疆以伊犁为长驻地，而仍周年分驻各边，分巡各镇。其各府各县，皆有地方自治会、参事会以佐之。其县改名曰道，其长即升为道班以重之。采用美制，募人民能开新市、新乡、新厂、新路、新矿者，皆许以自治权，大则有司以官力营助，小则地方公议行之。经略大臣诸司以兵为重，而拓垦、募工、通商、查边诸司，皆听其辟举中外名士人才充之，苟得其才，不次超擢，此采用印度总督之制也。西藏、蒙古，语文不通，自治之制，只可半行，令其举修路、开学、警察诸制，但官用监督耳，采英治南洋大小霹雳吉朗之法行之。西藏地太旷辽，请分前藏、后藏、巴塘三省，设三巡抚，其下分立诸道，道下分立诸厅，道、厅之治地与民，宜析至极小，而官宜极尊，乃足调度控制而得人才。其法、学诸司，全藏置一，仍复独立，以通上下。每道厅下有判官、税官、学官、警官，与内地州县同，但官权重而民权轻，与内地异耳。乃合全藏，升办事大臣为总督，节制诸巡抚以经略之，专任营边治兵；其拓垦工商大事，虽无不统，而不理民事；常分巡各省道，与东三省、伊犁。并设一外交通商大臣，驻亚东关以办交涉，由总督保荐用之，其办事可以和衷，而免费总督营边之精神，庶得专理。岁调新疆、四川、甘肃边兵十军，凡七万人以戍之。亦教练藏人，人人为兵，同内地之制。藏民六百万虽弱，然耐寒苦而习其地宜，亦可练十余万之兵以充守卫焉。藏地近印度，二日可至，若兴工商，购机器，以辟地利，自印度运入至易，欲启辟之，尚便易于新疆十倍也。蒙古内外，宜分两部，置两总督，商民等思之烂熟，乞下廷议采行。商民等所请愿者六也。

其七请愿，曰速成海军也。凡国防之势，与时推迁。昔者大地未通，中国闭关以自治，但经营漠北，镇抚内地，精练骑射，足以自雄。今则万国交通，以海为卫,故有海军精舰者,欧人可飞越数万里,而远略美、澳、亚诸州之地;无海军者,如鱼之无翅,鸟之无翼,人之无手足,听人之縶缚而已。印度万里之国,而英人囚之如笼鸟,以海军也;英人属地,离绝万里者四十余,而联之如片陆者,以海军也。英人陆军寡弱,而赫然为第一强国者,恃海军也。吾华侨民,在中美之亚基国、个郎国、瓜地马礼国,皆被虐逐。彼数万人、十数万人之小国,不如吾一县,而敢凌藐我莫大之国民者,以吾无海军也。各国公使,入外部而恃强要索,不得,辄拍案谩骂曰:吾将调兵舰来。吾大臣即畏而俯首听命,甘割地失权者,以彼有海军,而吾无海军也。故今天下有海军而多则强,无海军而少则弱,故德、美日日经营之,意倾国债逾于国库而图之,成事至昭昭矣。我国臣庶之受侮辱攘夺至繁矣,而数十年以来,不少发愤以经营海军,甚且有而废之,为天下笑,亦可谓至愚而不可解矣。迩来三年,朝议非不渐知及此,而苦于经费之无从也。夫苟曰无经费,则赔日本之二万万三千万,赔八国之十万万从何来也。经营国事者,于所必应有之事,乃不预谋之,致大败而偿无量巨款于人,则又有焉。此小民经营一家一店为不可,而何言经国乎?今既开地方自治局及各省谘议局矣,苟朝廷能俯从民欲,则国民亦何难任此巨资。故速开国会,以令民担海军经费,至上也。急不及待,为今之图,则将每年经营海军之费,先营银行,颁示于民,令各县自治局任之,或以举公民之费充之,或举公债充之,则百数十舰之资,尚非难也。若夫择北南之港坞,定营置之舰数,增造船厂,多开学堂,多鱼雷以便守卫,增快舰以便敏速,请比较中外,审定时宜而决行之。夫有海军而过少,终归于尽,亦犹之无也。巨舰大工,非三年不能成一艘,则及早营购,尤不可迟迟也。愿朝廷日夕思之,日夕念之,日夕举之,立决廷议,早成海军,以保国防,而免侵分侮辱。商民等所请愿七也。

其八请愿,曰举国民为兵也。中国积弱岌岌,为外人侵凌轻贱久矣,盖一统守文太甚之故。夫以文明至古之大国民,而为外人所藐视,不得平等,动相侵迫,苟有血气,莫不耻之。夫中国者,中国人之国也,即当全中国人共任保守其国之责。然则非举国人民,同任为兵不可,此非徒各国之通例,实吾国民不可辞之大义也。三代之世,民皆为兵,盖列国竞争,则国民自当各执干戈以卫社稷。近世虽废斯义,然汉、唐、宋以来,庸调固不能免也。汉世宰相之子,不能免戍边。魏、齐、周、隋,以府兵强天下,亦以民为兵而已。今大地各国,惟英、美不全国民为兵耳，英以海军雄天下而不借陆军，美负两海之隔绝而不虑兵事。此外欧洲大陆及日本各国，无不人人有任兵之义务，虽限年之格不同，至二十岁无不为兵。此制既发于德，而训练之精，亦莫德为甚。故破法之役，三日之促，而能调兵廿四万，渡来因河而入法境。至于今日，其尚武之风犹独盛，学生私戏，动拔刀相斗，故学生面皆有刀痕，否则以非壮士相笑。自德诸先生皆然，以圣人至仁之道观之，诚为恶剧，然既立于万国竞争之世，弱肉强食，则其养成国民雄武之气，不可轻视也。且德今以工商业雄视大地者，固由奖励所致，然其人民曾充兵二年，久习法令，兵规本严，故德人起居坐作、卧宿行立皆有法度，及推以为工商，亦复法律整整，人人有自立之概，故能振兴极盛。故德人之为兵，虽失业二年，实可以为入法律学校视之，有二年严课，习惯其精神，终身遂得受用焉。习之既熟，人民以爱国尚武之风，亦无怨者。今欧土之能数十年太平无战事者，诚以各训练其民兵，咸相持熟视，而莫敢发也。故养兵之费虽极多，充兵之民虽极众，然因此各得以保国保民。若有一不图自强，弛兵不备，则（校）〔狡〕焉思启，盗思夺之矣。故以尚武为修文，实新世之新义也。吾国不以民为兵，虽似爱民，而甲午、庚子败辱失地，丧民无数，赔款以绞国民之脂膏无数，其他利权被侵无数，奈之何不思所以振救之？夫振救之法，以中国之大，国民之多，但定一令，国民皆为兵，训练数年，即立有数千万之卒。及铁路之交通也，调遣灵速，天下莫强，谁敢侮余。而政府蹙蹙私忧于国弱，日俯首听令于强邻，亦无策甚矣。且吾国民既众，不必全效德制，少存宽大，亦无不可。请定一严制曰：凡国民年二十以上，至四十以下，必当为兵，否则不得承遗产，充公民，及一切议员。又定一宽制曰：凡有要职及他病者，岁出银若干两，免其为兵。如此则富民、职民，既得所息，而兵饷亦有所补。此亦汉制也，今可行之。德之萨逊王国，人民四兆，土地人民不能比吾一大府也，而宿常兵五万，纠纠桓桓。然则吾以每州府为一军，练马步炮工兵七千人，大县亦可为一军，其宽待国民，仅比萨逊八之一而已。岁调戍东三省、蒙古、新疆、西藏、滇、桂之边，各略二十军，凡为百军，共七十万人。内地百余军，可互调戍，令南人戍南、北人戍北，俾安其风土，而亦互调戍，以熟地宜。以方今各国情势论之，但此令一行，而谓列强尚敢如前之横行胁犯，商民等敢信其必无也。自治局既立后，伏乞立下征兵令，举国民皆当为兵，其畏葸逸民或有避缩，而爱国尚武之民，必有踊跃应调者。前直隶、江苏征兵，已有举贡诸生愿充卒伍，其谁谓吾国民尽畏葸者。商民等所请愿八也。

其九请愿，曰中原多开制铁枪炮之厂，漠北广阔牧马之场也。今举国亟亟言学，曰强迫教育矣；又亟亟言工商，知激劝实业矣。此固富教根本之图，今病而急治标，尚不尽在是也，以强国压力之迫促，不能久待也。徒言学也，则亦跪河北诵《孝经》以却贼耳；徒言工商也，则非十年无成。且匪尼基、迦太基、啡呢士、犹太人之富有也，适足为奴而已。今固竞争之世，富于兵备则为世雄，寡于兵备则为人弱。兵备者何？船厂、枪炮、铁器、马队是也。管子曰：器械不精，以卒与敌。凡百他物，可以急就，此物非预蓄多数，即不能久战而望成功。小波之拒强英也，蓄械十年，故能以百余万之波人，而战英三年；小普之【胜】大奥也，以得赍赐新制之前膛枪；弱德之破强法也，以克虏伯新制之大炮；西班牙人葛爹之以五百兵灭墨西哥也，以十三炮二百马而破墨兵三万，盖墨人无炮故也。德人工商之业，于光绪十三年始兴之，破法之时，巧工精器，尚一无有。光绪三年美国费城赛会，德人领金牌者，只克虏伯炮一物而已，其时工商业至不足道矣。然德以兵备修明，遂为欧霸。故同言变法，而各国缓急，亦各有宜。吾国势空虚，非虚文空学所能济急，甚宜先师德国，先治兵备，令君臣民庶，励精注意。宜以制铁、造船、枪炮厂为先务，宜择地利所宜，劝募官民，每省必须一厂，岁省月试，比其高下，重赏罚以激之劝之。吾国铁矿既多，非无巧匠，必有得赍赐克虏伯出以应国之求，而精器不可胜用也。陆军之用，马兵尤胜，吾国蒙古、新疆，水草万里，尤宜蓄马。天马血汗，来自西域，今在吾疆。开国之初，亦以索伦马制胜，此尤近事也。唐时土壤不及今域，而太仆张景顺牧马至四十万匹，今奄有东三省、蒙古、新疆之地，而不事经营马牧，坐弃万里水草之地，岂不大奇。古今人不相远，张景顺岂患无人，何不如唐世之甚哉！且牧马之图，非止以强军实，若承平无事，亦可以便市易，而增富源。伏乞立下廷议，复立牧马监于蒙古、新疆、东三省，分立三监，每监设督牧大臣经营之，听圈出水草之地以为牧场。凡沙漠之地，马必精良，故阿拉伯马种为天下雄。令内外蒙古诸盟诸旗，括其马数，汰弱取良，就令蒙古诸王公尽充诸牧群长。每监之下，酌设若干群；每群之下，酌设若干闲；每闲之下，酌设若干厩。略以万马为一群，千马为一闲，百马为一厩。别设牧马会、牧马学，以讲求繁孳改良致雄之法。每监之下,三年之内,可至百万匹,横扫无前,即可以雄视欧、亚矣。商民等所请愿九也。

方今国步艰难,变法多故,千条万汇,实不能以一二陈。但为政有先后缓急之宜,举事有本末纲目之异,商民等言其纲本之先且急者,以为救国之图,兆众一心,众论允协。伏望俯徇舆论,不爽王言,立赐施行,中国必强,国民必安,皇太后、皇上盛名,将与俄之喀林、彼得同昭天壤。若不垂采纳,则国势危而人心变,庙社凄怆,皇太后、皇上亦恐不能安,西狩之辱,恐不止此。览古危亡之事,冒犯威严,非商民等所敢口之也。商民等既为国民,与国同有休戚存亡之义,不胜恐悚之至,用敢竭诚上闻。伏乞代奏皇太后、皇上圣鉴。谨呈。

汤志钧编:《康有为政论集》,中华书局1981年版,第608—625页

与梁启超书（节录）

光绪三十四年九月廿四日

康有为

（前略）振华之事愈闹愈支离,因港截纽汇,而美中人不直港,故不助振华。它日恐铭伯亦生嫌耳。汝入美诚难,今惟促雪入美,吾已电促之,即令雪总之可也。吾候查办港事及港人来见,即往澳,约在十月中乃能行,今专望澳中生力军耳。惟广智两年不派息,哗甚。商会亦今年无从派息,而广智尤不可不派。吾真无术,七年来未有若今年者也。（极似庚子败后情形）因商事各处不出年结,甚哗,吾今专催办此。年末提此数万与汝,皆墨银行款,今益苦上加苦矣。此次港中商事,惠伯借出十万支持之,而须各司事人之担之,今一文不得支,总局与商会同归于□□。故雨、铭适不在纽,及我住小□,索二人不在,某代拆。有此二误,遂败全局。嗟夫!岂料支离变幻有如此乎?蚁穴溃堤,从来所叹,而事机之奇幻亦不可解。假令雨等一人在,即无此事矣。商事由惠伯渔票败而扣

款，港令截汇，布告墨、纽，于是墨、纽两银行几倒（墨铁路已于八月停工）。纽又布告攻港，于是各埠纷纷提款十一万，港乃几倒。庇竭款将十万以救港、墨，亦岌岌仅自存。今年纽、港二布告，遂将党事、商事十年经营者败于一旦，去款无数，皆出意外。虽复逢戊，无一适意，曾文正谓"不信书、信运气"，真阅历之言也。今年自元旦得信电，吾即病三个月，此后日在危局中矣，岂非异事？

惟商会例，非经督办拨款，司事无擅拨款之权。今惠伯擅拨五万余办渔票，二万余办中华酒店，三千余办徐闻公司（此事我至今月今日接港数乃知），实不能认。吾亦无力代担此，且年年须代纳息尤难。吾为追此与惠生嫌（惠不肯认，此事勉知首尾，初时惠担之），今港、纽构嫌，职此之由。今闹成大案，势不得不请各埠公断，然惠之元功可念，若一布告公断，则惠名失而生怨。既非所以待元功，又今唐散我党之时，尤虑变生意外；且一布告后，振华亦难招股也。故吾暂忍之，然此事必难久忍。汝与无嫌，不如由汝问之之为愈也。又惠伯将归时（四年前自加），公款（此事）用过五万（商款），惠愿担填，吾令其写一亲笔契据交汝（此据存我处未寄），今抄与汝。汝先可令其将此五万交出，彼不能则令其将存港华益之十万扣出。此事诚彼已有亲笔，不能不认。汝云"今商事倒乏，惟公事之由，君既仗义（此事在美报上已登过叶捐五万），望即此存华益十万扣出五万，以填此款，则商事可纾。此君之信义，而大局赖以存"云云。若得此五万，则可稍松广智与商之息，或可藉此转输也。否则绝矣。吾与有嫌，今极难问。弟以好言抚之，或告众（铭、章等）挟之，彼不得不认，或有望。若此则渔票事稍缓可（彼肯与不肯，速复我，并速告港人）。此为今日善后第一事矣，可留意速发。马玉崑竟为毒死乎？吾见伯唐，言本初以四万金买医生毒上，皆不敢受，若力钧者即逃去。大变未艾也，今吾党中废，更须待时，若夫成功则天也。复问任弟动定。并示孺、觉二子。九月廿四日。

顷得书，英、澳二书未收。唐欲散我党事已两电美预制。

国家清史编纂委员会文献丛刊《康有为全集》第九辑，中国人民大学出版社2007年版，第5—6页

保皇党徐勤致刘士骥函稿

光绪三十四年九月三十日

鸣博先生有道：顷阅美洲各报，大驾所至，侨民欢迎，股份云集，慰甚慰甚。勤自五月南行，驻吉隆坡尊孔学堂一月，出任《总汇报》之事。连月与革命报大战，苦甚苦甚。五月时特派蔡君俊卿往暹罗运动，现组织一报，名《越南报》，十月开办。勤于七月尾返港聘主笔，亦代暹报办机器。近各事已办妥，即日赴暹。闻暹中人心，商家对于吾党甚表同情。陈景华力倡革命，大攻吾党，为所惑者仅下等社会，势极小。吾党速开一报，以主持言论，势必可以扩张。报股已集万余元，然多谓劝往乃交，故迫得先生收股银，以安人心。南海先生已抵庇能，拟到暹，旬日即往谒之。屡接上海、神户来函，云政闻社虽被禁，然尚可光复，但须款运动。南洋初布置，未易筹办，故同人频迫来美一游，以冀筹款，以接济运动之费。但南中各事待办，不忍遽舍去。俟见南海先生后，乃定之。此次政闻社之禁，全在鸟约将密函宣布，为政府所得，苦心经营已一年，一纸空文遂至于此。现尚有可运动之机，所欠者黄白之物耳。故上海、神户同人，责勤之来美甚切。乞先生所到各埠极力鼓舞，多一钱则收一钱之效。勤自返港后，闻振华公司总认股者甚为踊跃，窃自幸慰。近闻旁人言论藉藉，咸云此公司不过一二人所办，性质独立，与吾党无涉，又与南海先生无涉，且永远不准干预。勤闻之甚骇。异夫，此事之所由起，全藉大力为之介绍，为之提倡，先生至牺牲一切权利，而必欲成此事业，此固由于爱国之热诚，以及于吾党也。吾党人每念及此，未尝不感激不已。今如人言所云云，则将以先生为傀儡，以党名为过渡，先生之热诚大力尽付流水，是徒为他人作嫁衣耳。《易》曰：何以聚人？曰：财。吾党今日办事之难，实因财政困难故耳。日本大隈伯进步党之听由成，全由三菱公司为之后盾，今之振华公司，勤欲谓为吾党之三菱也。如人言所云，则只为一二人之私利计，与吾党无涉，南海先生又不得干预，摒之局外，离吾党而独立，负先生之苦衷，南海先生与先生初议亦大不值矣。近接卓如、孺博，亦以此为言（着）〔者〕，即电告。故于九月三十日特发一电，由鸟约转交。电文："〈党〉闻振华欲独立，与党无涉，康师不准干与，背前议，骇甚。请定宗旨，固党基，乃招股。超、勤、孟、逸（即陆逸君也，初由叻返）。此电想已察收。于四月时在港，曾与云樵、章轩二君言：诸君倡办振华公司，为公乎？抑为私乎？二君曰：为公也。及往叻时，曾两函与惠伯、章轩二君，云振华与吾党究有何关系，他日获利，于党中有何益处，乞早为正定，免有后言。此六月时由叻所发之言也。现下上海、神户及港中，闻人言颇汹汹，亟欲闻此公司之性质及宗旨，盖公事公办，私事私办，公私界清，则他日办事自易易矣。乞先生主持一切，以安党中人心，大局幸甚。勤来此信，并非有私见于其间，且并非欲图公司之一席。十余年来，奔走海外，凡一言一动，无非为一党计，从未有假公司以济私者。先生为最热心爱党之人，又为南海先生死生患难之交，如徒为一二私人经济，则负先生之盛心高谊，吾党人实无颜以见先生矣。乞极力持正，免生党中决裂，千叩万叩。日间即往暹罗，现接陈起孟来函，云由爪哇来此间，闻先生倡办振华公司，彼将各章程译马文，故入股者极形踊跃。先生由美返，乞再往一游，必可集巨款也。上海拟开办银行，在此招立集数百万元，先生重到此地，其集巨款可操券矣。此问近安。愚世侄制徐勤顿首。

《汉口中西报》，宣统元年七月十五日（1909年8月30日）

刘士骥之笔记

光绪三十四年十一月十九日

徐君勉九月三十日来函，谓闻人言振华与彼党无涉，南海不得干与，惠伯等以余为傀儡，以党名为过渡，只为一二人之私利，彼党人实无颜以见吾等语，可谓狂妄之极。报书云：前承电示，当即覆"振华奏案，为国不党"八字，当在洞见。顷展九月三十日惠书，询振华性质、宗旨，兹再申明，振华性质由督抚奏咨立案，宗旨则救国也。谨复。两浑。

《汉口中西报》，宣统元年七月十五日（1909年8月30日）

伍鸿进等致列位宪政党同志义兄书

请看叶恩、欧榘甲、梁少闲诸贼之罪状

列位宪政党同志义兄（均）〔钧〕鉴：

愤启者。奸人内叛，仓皇反覆，十年以来未有之变局也。幸赖各埠同志深明大义，洞悉奸谋，人心愈固，党事愈坚。弟等奉诵各埠公函，义正词严，懔懔生气，吾党之团结，中国之幸也。叶、欧、梁诸贼，见利忘义，藉振华以行奸，各埠同志斥之不遗余力。然此不过就一方面言之，尚未能尽态极妍，发表其罪状也。

敝埠会长前年返国，到香港时，查华益公司开张三年，未做分毫生意，只用一私人叶碧泉办理云哥华"皇后"船包位事。三年以来，华益公司费用支出三万余元，只顾私囊，不顾大局。香港中人，至有谓华益公司为"包位公司"。堂堂政党之商业，而蒙此作奸犯科之恶名，此岂我党叶恩之初心乎？此可责者一。

华益公司开张三年，一事不办，而忽承办渔票公司，省港同人，纷纷函阻。而叶恩不恤，竟擅提公款，承充渔票公司。如获利，则华益公司仅占四分之一；今亏本，则华益公司占全东，不独老本尽去，而附充亦一文无归。即缉私之洋枪所值数千元，渔票公司之什物所值数千元，亦尽归乌有。试问商场中有此奇闻奇事者乎？故股东常谓华益公司者，无益公司也。此可责者二。

香港中华酒店当未入股之时，同人多纷纷劝止，切勿附股，不料叶恩弗从。附股后又所用非人，故内容腐败，而叶恩绝不过问。故由埠回港者，一入此酒

店，莫不叹息痛恨。叶恩办事之糊涂，一至于此！此可责者三。

叶恩之游各埠也，所到皆受我同志备极欢迎，酒店、客栈、马车、火车等费，皆我同志招呼之；乃各同志返港时，几以闭门羹相待，即幸而一见，亦不迎不送，听同志之自来自去而已。故各同志谓华益公司为藏雪房，会员一入而心冷也。我各埠同志多一回国之人，即多一灰心之人。竭十余年之时日，合二百埠之同志，提倡之而不足，一叶恩坏败之而有余，岂不悲哉！岂不痛哉！此可责者四。

闻叶恩曾认捐会中经费五万元，立单为据，而至今一文未交。故今日会中无用过华益公司之银者，职此之故。此可责者五。

粤汉铁路（投）〔招〕股时，由华益公司同志会议，公举叶恩来美招股，共招得五十余万元。及叶恩归港时，而粤汉铁路股份已截收。美国东方各股东会大集于纽约，议将粤汉铁路股银改做华墨银行，而叶恩不从。今叶恩报告书反谓其来美招股，系由省中绅商公举，与我党中无涉。彼竟忘华益会议公举之时，及华益所赠之游费矣！且五十余万元之银纸水，及平买之铁路小股（当时铁路风潮极大，一元之小股，有跌到五毫九毫者），即以八毫买入通计之，亦已所得十万矣。此两项巨款，其归公归私，我同人并未之前闻。此可责者六。

振华公司系康总长在墨西哥时所提倡，初欲举黄宽焯会长返国办理此事，后因宽焯会长力辞，故特举叶恩、刘章轩等为之，并提七千元公款为捐官承办之费。康总长之意，不过欲有益于国，有益于党耳。不料诸贼等见利忘义，假公济私，竟诬党人为破坏、为棍骗、为凶手，其心愈险，其计愈毒矣。此各埠同志所共知共愤者也。查振华招股章程，凡招百股者，即酬红股一份。振华公司在海外所招之股，皆由吾各埠会所招来，而叶恩竟将各会所应得之红股据为己有。叶恩认优先股四万份，刘章轩二万份，梁少闲一万份，欧榘甲五千份。去年十二月三十日优先股已截收，至今四、五月时一文未有交，即此优先股之数，已骗去我各股东七万余元矣；况未有如许之身家，而妄认大股以欺人，他日必至出空头股票，可断然也。故凡有股东倡照商律查照之说，彼必诬为破坏、为棍骗、为凶手之名目，以塞股东之口。此可责者七。

欧榘甲到纽约招股时，曾对某君言曰："吾等今日之做振华股，不过欲他日图两广之地步耳。吾蓄谋已十有余年，振华、广美两公司若成，吾之目的可达也。"彼到檀香山,又密函吾党机关报某君,谓自今以后,切勿攻革命党。观欧榘甲之立心行事,其种种险毒,阴图谋逆,他日必不利于我振华公司也。乃叶恩胆敢包庇欧贼,蛇鼠同眠,将来因振华公司累及我股东身家,皆叶恩之罪也。此可责者八。

当华益公司创办之初,叶恩屡函求康总长用彼为华益总办。康总长知彼不胜其任,故屡却之。适梁总长来美,彼力求之,梁总长遂许之。以我一党公共之商业,用此一无知无识之叶恩当此重任,厚支薪水,我党待叶恩亦可谓厚极矣,彼宜如何感激图报,束身自爱,以保全我党之名誉乎!乃数年而带三妓,一夕而输数万金,港澳人为之侧目,行同匪类,玷辱全党。此可责者九。

叶恩为华益公司之总理,股票皆由彼所发,全权无限;乃彼在纽约时,动称在华益公司为无权无款。然数年之间,白亏十余万,所谓无款者何在?抵制方子节三年不得入华益公司核数,外人称华益公司为"叶家祠",所谓无权者何在?故一言以蔽之,做缺本之生意则有款有权,做获利之生意则无款无权。其丧心病狂,一至于此!此可责者十。

有此十可责,我股东其当起而正之乎,抑甘心从逆而袖手旁观、不置一词乎?至欧贼榘甲之行为,预立谋逆,穷凶恶极,他日必为其所累;如不我信,请拭目俟之。梁少闲阴险成性,与欧榘甲朋比为奸,必为我振华公司之患,当一并铲草除根,勿贻后悔。特此敬告股东,猛醒!猛醒!专此,并请群安。

戚市省山寸埠会弟伍鸿进、张镜泉、梁成章、梁成丰、张昌培、梁连宋、黄兆炳、伍鸿祐、宋炳纯、吴泽骥、陆荣水、陆兴财、陆炳裕、梁连照、梁连春、张仁山、张仕米、冯平翘、伍华、冯平稳等同上言。已酉年十一月初四日。

方志钦主编:《康有为与保皇会——谭良在美国所藏资料汇编》,天津古籍出版社1997年版,第314—317页

告帝国宪政会

欧

革命者，强弱冲突之结果也。公理不明，人思自利，强者以压制弱者为正当，平民以自由平等为人道，利害不同，是谓仇敌。强弱必出于决裂之途，犹专制君主手柄大权必出于奴视平民之途也。法兰西大革命前巴黎人民曰"吾人以二十人敌一枪刺"（中国不止二十革命党敌一官兵），弱者以大多数敌最少数，故最终胜利，必在平民。

欧谚曰："能群则大。"平民非徒以人众胜强权也，其所以能操必胜之券，党派之成立尚矣。党者非散漫无纪之人群所得称，而一心一德乃党人之要道，则党人之宗旨、组织、纪律尚矣。

党人无宣布其党之组织、纪律之必要，若夫宗旨之为物，不惟应表示于同志，俾有所遵守而为一致之行动，且必公之于世，使万众皆知者也，不然，则宗旨暧昧，人不以党称之，即自命为党，已无高尚之可言。

因教育性情利益不同，而党派之宗旨异趣，故有无政府党、民主立宪党、君主立宪党之分。又以手段不同，而有急进民主党、温和民主党、立宪党、温和立宪党之别（党派纷歧，以上举其大者）。

若夫已亡之国，则更有种族革命党焉，亡国之真正爱国男儿也（将于下次《爱国主义》文中详证之）。

帝国宪政会，前日之保皇会也。保皇主义虽单简，然有谓为保黄（黄种）者，已失庐山真面目，则不说明宗旨之过也。今欲仰副朝廷立宪之厚意，改保皇会为宪政会，又不闻有宣布宗旨之事。其仍用保皇之旧政见耶？则名不称其实，改名何为？此贵会宗旨之宜宣布一也。且宪政会三字，范围甚广，若不详加解释，则贵会友可自认为立宪党，亦可自认为温和立宪党，人得以立宪党目诸君，亦得以温和立宪党目诸君，此宗旨之宜宣布二也。

英吉利，政治发达最早之国也，政党有自由（Whiyr）与保守（Torys）二派。若二派统自名为王国宪政党，人且笑其为油滑取巧矣。

鄙人非诸君之同志，本无建议之权，然贵会自认以改良中国政治为目的，则鄙人以中国人之名义而进言，亦不为过。

抑吾更有进者，贵会若不速将宗旨宣布，则前日之保皇主义既不适于今日之宪政会，宪政会又无宗旨，直盲会而已，贵会之机关报，盲报而已，贵会会员，盲从会员而已。帝国宪政会会员诸君勉旃。

《中兴日报》，己酉年元月廿二日（1909年2月12日）

保皇康党之末路

诛　妖寄稿

语曰多行不义必自毙，其今日保皇康党之谓矣。夫巨蠹神奸，行为诡秘，盖藏深窅外，人欲发奸摘伏，每苦不得其门而入。惟彼若变起萧墙，则互相攻讦，内部腐败，不觉和盘托出，如披肝沥胆以示人，此所谓天夺其魄者也。

保皇康党自设会以来，渔猎华侨血汗以自肥，而彼党巧于文饰，华侨身入陷阱而不自知，外人虽有攻之者，而不知者又以为蜀洛之见，或未深信，所以彼党周游各埠，传食华侨，棍骗之事不绝于耳，而华侨仍不悟也。今则彼党内变，丑态毕露，已不可复掩矣。试将本报连日所登保皇康党之文件视之。

如云"振华公司之谋，创于刘士骥。彼未入吾党，本于吾会事无关，知吾会众遍各埠，非入吾党之中不能招股也，彼乃阳与总长为交，阴招吾党叶惠伯、刘章轩、欧（矩）〔榘〕甲同办此事，以叶、刘会中故勋也，而叶惠伯归港司事，有大权者也，欧（矩）〔榘〕甲有才名而悍鸷者也，乃以大利诱之，同办振华。于是数人者，利令智昏，合谋而营其私利，欲尽搜括吾全党之财以属之。彼不惮倒行逆施，倒戈反叛，无不为矣"云。夫一会之长，须有知人之明，会众之中，何容狡险之客。刘士骥并非彼党人，而叶、欧、刘章轩等则固彼中之柱石也，据徐勤所言，则不过以贪利之故，遂为外人所诱，倒戈内向，欲搜括全党之赀财而去矣。则所谓党人者，何其立足不定，而所谓总长者，又何其肉眼不辨贤奸耶？

又云"总长待旧至忠厚，于振华事虽果责之，实一言未布告之已一年矣"。夫兴振华以倾保党之商会，攻总长以摇动保党之全局，此等□变，正彼党震天撼地之风潮，诚如彼所云商会散、政党倒，百余万之资本为所牵，诸股东之血汗为所倒。此何等事，乃"总长之对于本党并无片言只字之宣布"，该总长可谓颓靡极矣，对党人而有愧色矣，乃尚云待旧忠厚，岂为元帅者遇有兵士违犯军律，亦以容纵之乃为忠厚乎？亦无异谓总长之昏庸溺职，成为一无用之夫而已。

尤可笑者，彼谓"总长名为督办而无权，总长乙未入美以来，奔走艰难，收股将廿万，尽以付港，乃惠伯不问督办，擅提款数万以办渔票，勤等力争，卒不能得。又擅借数万，与众同事办渔票股，至于全败，皆不归还。既而败坏，又提华益款三万作附充，勤等力争，惠伯允担认一万，卒之分文未交。而数月之间，坐倒五万，全军尽覆，不独只轮无返，尚须摊补赔数。渔票之败未已，惠伯又擅提二万五千之款以办中华酒店，至是大败"云云。嘻！照此看来，则所谓总长者，不过蠢如豕鹿之庚丁而已。夫总长素以英雄豪杰自命，宜如何精明干练，声威服人，乃以一叶惠伯而可以制其死命，犹曰总长身在异域，鞭长莫及也，乃附之以徐大师兄，亦力争而不得。可怜先为华侨之血汗，经总长吸食而复化为总长之血汗者，一耗于渔票，再耗于中华酒店，至是而二十余万之金钱遂如日军进至旅顺高地二百零三，而俄遂全军皆北矣。

尤可骇者，彼文中有云"铁路收股，久经停截，无从交股，故（丙）〔午〕年鸟约大会，众议员已合公致书电于惠伯，令将铁路股款改归华益，而惠伯不理，领以己名，以高价赔买铁路而交款"云云。呜呼！铁路之股，乃可改归华益，且出之以公函公电，何其骇人听闻，无怪乎惠伯之不理，其领以己名而以高价赔买铁路而交款，似优胜于改归华益也，乃漫云"七万亏款，一文未交还总局，总长既以追款生衅，后更无权，此十万巨本，乃众同志之血汗，大局之牵动所关也，请众同志调查之，其应如何追填以救大局，或听任之，亦在众同志"云。嘻，众人之认股也，信任总长，非信任惠伯也，其交股也，乃交总长，非交于惠伯也，惠伯果真滥用，即总长之滥用也，即谓同志之血汗由总长吸取而浪掷之，亦无不可也，乃总长不查之而请同志调查之。

尤可骇者，则曰"其应如何追填以救大局，或听任之，亦在众同志"云。试问此等血汗，由众同志交于总长之手，复由总长之手而交与惠伯，惠伯将款动用，众同志何能过问，且总长而不追填，众同志分散各埠，何能追填？此亦不过欺庚之语耳。

又有绝可笑者，如"芝加高琼翠楼之事，总长以党中公费所入甚少，乃徇谭张孝之请，以党费预股万元，以济办公。谭张孝诡谋诱纽局诸人，日言琼翠楼之败而请救，四月借万元，七月再请揭万二千元，九月又再请揭万二千元，正月以全顶西人股请得二万七千五百元，而总长不认，谭张孝自借四千，谭昌借五百，二谭以无本生涯，冒认多股，遂至全为谭张孝所据，十三万四千之本无一文息之交。总长去春怒责，至于得疾，然琼翠楼岁支万数，皆为党计，总长无私支焉"云云。观此正如登场而观猴子舞，令人笑煞，而所谓总长者之蠢顽状态，可笑尤可怜矣。一年之间，琼翠楼揭款之数且皆累万而盈千，而如取如携，无人为之发其覆，及至巨款已入谭张孝之手，所谓总长者始不承认。而谭张孝卒能制其死命，盘据十三万四千之本并无文息之交，而可怜自称近代圣人之总长，怒责无功，因而致疾矣。彼徐勤犹以其无私支为能，譬如任人宰杀其父者，其子不向其人分取杯羹，遂可谓之孝子乎？夫使所谓总长者，任事明敏，不为人所愚弄，众同志之血汗赖以保全，则虽由总长支若干为费用亦寻常事，否则所信非人，坐使党费化为乌有，则虽总长分文不取，亦于会费何裨。而且以真理而论，总长信任非人，咎即在总长。谭张孝果盘据股款，总长当任其咎，作为总长盘据之亦无不可，遑云总长无私支乎？其所谓支款为人，以身受过，即此可见总长之冥顽不灵，徒为他人之傀儡也。

彼又谓"总而言之，总长在远，鞭长莫及，人各乱行，总长以牵动党事，谣谤易生，不易严办，于是以重大之身代人受过。试问全党之大，商务之多，无法者日出，几见总长攻逐一人者乎"云云，是真令人绝倒者也。信如是言，则首相之在中央政府者，可任令各省政治之腐败，而诿言鞭长莫及矣，元帅之在军中者，可任各兵士之人各乱行，而云因恐谣谤易生之故，而不敢攻逐一人矣。遑论军国大政，就以中国人之公司言之，恒有一大商号，各埠均有分庄，而由总公司之总司理一人节制之者。山西之银号，南洋之庄口，生涯鼎盛，吾未闻其鞭长莫及，人各乱行也。其伙伴有不法者，立即屏逐之，未闻其惧该伴之谣谤易生而投鼠忌器也。嘻！所谓总长"以重大之身"，重也，大也，英雄豪杰之谓也，以英雄豪杰重大之身，其才略乃不及源丰润、朱广兰等号之行长，致令代人受过，吾恐西人商家闻之，必因而轻视中国人。何也？彼克虏伯炮厂，以一总司理而节制十余万工人，即香港黄埔船澳，亦以一总司理而节制数千工人，均皆各守厥职，有条不紊，未闻人各乱行，而总司理代其受过，何康臭贼以鼎鼎大名之伟人物，而不能节制部下之三五小逻遢，动辄代人受过也？

又云"颇闻外议因缘商务，以总长昔者布告之词，后或不践，有如南洋所招银行之巨数，墨国大利特利之告词，以为美言，有同巧诱者。夫总长非为美言市人至易明也，总长于墨，三数月之游客耳，不通墨之语文，仅凭人之传语，以墨国银行原例，确许领三倍银纸，若为总长伪造则为巧诱，若非总长伪造，则责总长以误听人言，不虑后变可也，疑总长以美言市诱则非也"云云。此则尤同儿戏。夫商场办事，亦必须有确实之预算，非熟谙此道者不敢妄言，否则即作为美言巧诱，作马扁子论可也。创办银行，何等大事，乃以三数月之游客，不通墨言墨语之懵丁，仅凭局外人之传语，遂刊特利大利之告词，非丧心病狂之人，宁肯出此？及事后则甘承为误听人言，不虑后变，试问乃如之人，其智识手段，使之为三数百元小商店之司事（倘）〔尚〕惧弗胜，乃使之肩任百数十万之公司，且谬称一党之首领，不亦羞煞该党耶？

彼谓"南洋所招银行，胡、李一二巨富任之，不幸为反对党报所诬攻，遂至认股者退，此更何足异乎"云云，吾闻其中实者外撼不能入，所谓物必自腐而后虫生，人必先疑而后谗入。使该党并无不可对人言之事，则反对党虽日日诬攻，同志之认股者何至遽退哉，而况夫其有胡、李二巨富为之肩任者哉。

其最蠢谬可笑者，谓"总长与各同志殷勤团结，如父子兄弟之亲，各同志之待总长，至敬至诚，总长之待同志，至亲至爱，乃以二三人谋利之私，造谣反间，而各同志竟误信，多至有请收回商务股本者"云云。嘻！总长之与同志既如父子兄弟之亲，乃何以同志一闻外人之言，请即收回商务股本，父子兄弟之情谊，竟如是其薄乎？吾见世间根柢深厚之人，见信于众，稳固不摇，无论如何谣诼繁兴，终不能摇动，虽朋友且然，而况父子兄弟乎？诚以所谓总长者，平日招摇撞骗,言语前后不符者已不知几次,惟彼行伪而坚,言伪而辩,狡诈足以文其奸,海外庚丁,有何知识,故每为其美言诱惑,致堕其术中而不自知。惟天下虽至下愚之人,亦未有屡受人欺而不觉悟者,今之请收回商务股本而不念父子兄弟之情,甘为家庭之革命,而不肯学奴才之贡献者,盖庚丁之好梦初醒,悔之无及,而已痛心疾首徒唤奈何者也。

其最无耻者,则谓"总长万死一生以救中国,胞弟、至交痛死菜市,今中国无恙,宪政将行,非总长谁实致之,此地球万国之公言,非一二人之私誉"云云。凉血哉,保皇康党,何其颜之孔厚,欲以一手掩尽天下人之耳目乎?夫微论方今中国土地被占,铁路、矿务之权利纷纷失去,不得谓之中国无恙,即使中国金瓯无缺,玉宇常完,亦与该所谓总长者何涉。若云宪政将行,则尤属妄言。伪立宪之怪状,吾人往常已痛切言之,久已穷形而尽相,兹不必赘言。今乃云中国无恙,宪政将行,非总长谁实致之,然则无端掠美,何不云太阳未坠,地轴不崩,非总长曷克臻此乎?此不过彼党一人之私见,即彼党中人亦多不以为然,而乃大言不惭,诬为地球万国之公言。呜呼!各国报纸,非无人能通洋语而读之者,不可厚诬也,若使地球万国而果公认斯言,则记者愿竭其棉力以与地球万国为难。近者巴黎某报之封面绘一精图,将地球形绘于海水之上,有一人手持海绵以洗刷之,意谓世界黑暗,当一洗而新之也。若果地球万国果公认康有为之力能使中国无恙,宪政将行,记者亦惟有师其法以海绵将地球万国一洗之而已。

要之,综观徐勤所拟之布告书,东牵西扯,代圣人文过饰非,正如彼党机关报所云牵罗补屋也者。终之事实不可掩,如彼所谓被人诬谤,总长代人受过等词,无非恐外人不知该党腐败内容、总长无才之实状,而买丝自绣,以数千言之劣陋文字,遂将种种丑态穷形尽相以出之,使外人一览之余,如见彼总长之肺腑、党人之解体。呜呼!人谓彼徐腐生狡诈非常,乃以此等文字观之,自将本党怪状、总长蠢状一一昭示于人,真所谓愚不可及,而吾未见其有何狡诈之才能也。

《中兴日报》,己酉年六月初十日至十三日(1909年7月26日至29日)

美洲宪政会倡办海军捐公启

徐君勉先生此次游美，于倡禁粤赌外，又倡办海军捐，会中人对此甚为踊跃。兹将其公启录下：

公启者。现朝廷锐意振兴海军，并特派重臣遍游欧美，调查海军事宜。夫海军于一国之存亡关系极重，凡属国民，不可不担任义务。吾党前四年曾倡办海军捐，因海军成立无期，故将各捐款派还。今朝廷既有实意，事在必行，故吾党不可不尽爱国热诚，以倡此义举。望各会即集议筹捐，所有捐款，公举会中实心之人，附贮银行一三。将人名先寄登报，俟款项大集，集会商议，或直汇北京海军部，或俟洵贝勒、萨镇冰两大臣到美时面呈。如有假托会名，以自行其私者，我会决不公认。特此布告，以防流弊。宣统元年九月初十日美洲帝国宪政会公启。

《厦门日报》，宣统元年十一月初五日（1909年12月17日）

代美国宪政会请开国会折

康有为

为外患内忧，国危民困，请立开国会以救亡局，伏请代奏事。

窃惟中国岌岌久矣。民心去而不忘，天命绝而复续者，赖有德宗景皇帝毅然维新，决行立宪，故薄海内外犹有余望耳。不幸我德宗景皇帝未竟厥绪，中道升遐。赖我皇上克绳厥武，我监国摄政王善继先志，天下喁喁，犹未绝望，咸望立开国会，奠我国基。故举国人民，咸怀忠义，三十万众联名上请，此诚吾国存亡所系之命之秋也。

顷闻日俄协约，有分割黄河、攘夺蒙古、监理财政之说，薄海震动。民等远外，恐惧忧惶，既愤且忧，奔走罔措。乃逖闻明诏拒绝代表之请求，仍守九年之旧议，再三言之，不以为筹备未至，则曰程度不足。国民骇变，以为波兰之割立见于今，若待九年，恐国非其国，至时虽欲开国会而无能及也。商等之会，昔为保皇，今为宪政，十年爱国，竭尽心力。是用收涕会集，特举代表远诣京师，为我皇上陈之。

窃惟今上下所言皆曰宪政，其名词写从日本，其义法译自欧洲。夫欧美之为宪法义也，曰立大法，而上下同受治焉。非惟同受治也，曰立法、司法与行政各别事权，而立法则与国民有权以议政焉。一言蔽之，立宪专制，政体相反。专制主之君，立宪公之民；专制家天下，立宪公天下，此其大别也。以吾国向无立宪政体，先帝有公天下之心，故今乃斤斤求之也。夫既求之，则所以筹备者，必在宪政立法之本，而立法必公于庶民，则非开国会乎，宪政将何属也。乃今者宪政编查馆所议九年筹备之案，上之明诏，下之公牍，皆斤斤以宪政为名，而详考其政，若地方自治也，若警察也，若审判监狱也，若调查户口也，若开学堂教识字也，甚至若旗制、弼德院，是皆万国通行之国政，虽专制国亦当有之。虽吾国无宪政，而古者乡老、亭长、保甲、审讯、学校何尝无之。虽然，是国政也，非宪政也，即谓之新政可也，谓之宪政不可也。盖自国会立法外，实无他政可冒充宪政也。孔子曰：（言）〔名〕不正，则言不顺；言不顺，则事不成；事不成，则礼乐不兴；礼乐不兴，则民无所措手足。

夫德宗景皇帝之遗诏，曰在行宪政，而公天下与民，至仁也；昭告万方，涣汗大号，至严也。乃有司所以奉诏筹备，昼夜督行者，不在宪政，而在国政，何名实之反也。甚且以国政而冒宪政，又何名实之颠倒乱淆。夫名实之反，已足误国，何况于颠倒淆乱，惑众疑民。甚且执政者借宪政之伪名，以拒真宪者之请，诚所行非所往，所问非所答，苟借以粉饰天下，拒塞众望，指鹿为马，蒙羊以虎，耳目移易，真孔子所谓手足无措也。以挠阻宪政之实力，而托于筹备宪政之名词，侨民等诚不意煌煌大政，肃肃明诏，而有是大误谬也。我皇上方在冲龄典学，我监国摄政王日理万几，度必非我皇上、我摄政王之意也。政府诸臣署名有责，以德宗景皇帝临之，则为抗违先帝之命；以国民全体对之，则为辨言乱政之诛。我皇上仰承先训,我监国将前烈,而政府诸臣肆意欺蒙,阻挠立宪,下则大失天下之人心,上则隐恫先帝之灵爽。我皇上、我监国摄政王,上何以对先帝,下何以对国民乎!

然上所云云,不过讲明虚名云尔,犹非关实祸也。侨民等窃计,国会若不立开,则中国必不能救。姑舍远者,即就近事言之。今明谕所督责,在兴学、自治、审判、监狱诸政,而疆臣所覆陈者,则以每事动须千数百万,无款不能举行,苟非实认空文,则请暂从缓办。若海陆两军,尤关国防之大命,所以折冲御侮,保守国疆,苟不能张皇六师,则是坐听分灭。近者各国在我疆土,竟作自由行动,铁路、汽船、矿山惟其所欲,不待主人,其轻视若无人甚矣。然而度支仰屋,无以应百政之求。今赋税日羡,杼轴日空,铲地无术,只有坐以待毙,不日不月而已。然且民穷财尽,哗乱频闻,湖南其已事矣,各省迭有所闻。国谋如此,其何以臧,试问司农更有何术支柱乎?然则国债能不偿,而海陆军可不举耶?恐监理即来,而吾为埃及,外兵旋至,内乱更生。至此时乎,虽欲求十万万之偿饷而不可得,虽欲开国会而咨之民,亦不可得也。故今者救急而谋军备,筹饷而修庶政,(会)〔非〕开国会,令国民自谋之不可得也。诚如明诏,一开国会,未必遽臻郅治,然不开国会,则必难救危亡。昔宋人议论未定,金兵即已渡河。及今早开国会,令民献筹,财政尚有救也。迟是乎,日俄夹至,他国并兴,虽开国会,压于强兵之下,亦无济也。

我皇上尚在冲龄,我监国摄政王受祖宗传授之重,承先帝玉几之命,岂徇诸臣之私,而以国土为孤注也。若舍国会之外,犹有救国之法,或迟开国会,亦有经国之方,侨民等犹不敢妄渎。无如举国内外,询谋佥同,咸以立开国会为救中国不二之法,且速开则能存,迟开则不救。故九年之议,时乎不可,迫不及待,遵先帝遗诏之命,循孔子正名之义,请旨饬下宪政编查馆,不得以自治、警察、审判、学校冒充宪政。并乞立下明诏,定以宣统三年开国会,则宪政真行,人心去而复留,天命绝而复续,其在此矣。中国幸甚!不胜恐惧屏营之至。乞代奏皇上圣鉴。谨呈。

上海市文物保管委员会编:《康有为与保皇会》,上海人民出版社1982年版,第299—301页

旅美帝国宪政会呈涛郡王代奏速开国会请愿书

呈为国势贫弱，恐酿危乱，请定宣统二年九月初一日开国会以弭危乱，伏乞代奏事。

窃惟方今万国之政体，盖无不有国会议院者矣。《管子》曰：夫民分而听之则愚，合而听之则圣。《洪范》称谋及庶人，《孟子》称国人皆曰，《盘庚》之命众至庭，《周礼》之大事咨国，盖自黄帝之创合宫，帝尧之设总章，帝舜之询四门，殷商之议噧室，国会之制，吾国行之古矣。厥后地大民众，道路未通，咨问为难，遂成专制。然闭关自治，一统无虞，虽复政法未周，尤可鼾睡相安也。无如近者，大海交通，万国并竞，势同列国角力争长，稍有不逮，败亡随之。印度如何而为墟，波兰如何而为社，美洲如何而殄狝，中亚如何而灭亡。乃至近来，缅甸、安南数旬而举高丽今日亦同归于尽矣。横览诸国，念之伤心，社稷邱墟，人民牛马，黍离麦秀，顾望吟吁，稍有人心，能无痛乎？

夫国势之得失强弱，不在乎土地之大小，而在乎人民之分合。夫自政府一二人为政，则以一国之大，虽有圣贤豪杰，亦不能周者。故必听民，使其乡邑自治而后纤悉无遗，乃又拔其秀者，合而议一国之政，然后举无败事。令顺民情，又非徒令民合议之也。以为国者，民之国也，一国之土地政事，犹民之公产云尔，民知为己产，则引为己任，然后同愿出财，而任一国之度支；同愿当兵，而荷一国之防守。盖善为国者，使【其】民视其国如其家，使其民视其国如其身。夫合数千万兆人之身为一身，合数千万兆人之家为一家，而犹患贫弱者，未之有也。夫以合数千万兆人之身家为一身家，以视政府数人自为国家，其为强弱厚薄，孰得孰失，孰是孰非，不待智者而辨矣。且令政府数人而治国家，无论其愚贪无道也，即使甚才，而数人自为，政府与民无预，瞑瞑然视之，岂肯出其财以供国事，舍其身以供国防哉？故土地虽大，人民虽多，其实不过政府数人，朝堂数里，天下之寡少，未有若此者矣。故若瑞典、丹墨之小国，以有国会而强俄莫若之何，波斯、突厥以无国会，故日为诸欧所轻弱。

若夫专制失政，因致内讧、革命变乱之惨，非商等所忍言矣。以俄之大，岂真弱于日本哉？惟日本有国会，俄无国会，俄有革命之乱党，日本无革命之乱党故耳。故自英创国会后，披靡全欧，万国从之，遂为新世之政体。有国会则治强，无国会则乱亡，早开国会则治强，迟开国会则危乱。乃至两年来，俄至专制，以败于日本而开国会；突厥至专制，去年以畏兵变而开国会；波斯至专制，昨年至废君而开国会。故地球开化至今日，稍有广土众民之国，无论其文野开化如何，固无不有国会者矣。

维我先帝，深观时变，俯顺民情，特下明诏，定九年开国会之议。所以九年者，实以时变未殷，姑尚为预备耳。今日之时势为何如之时势乎？乃者安奉路事之警民心惊惧，弭兵会监财政之说举国震悚。夫路何以为人所欺，岂非以无民兵故；财政何以为人所监理，岂非以无财故。夫政府诸大臣孰不欲足食足兵？丹墨、那威百余万人之小国，乃未闻患贫患弱，今以贤王宵旰忧劳于上，以二万万里土地之大，四万万人民之多，而恐惧于下，此何故哉？盖亦反其本矣。今度支仰屋，欲举新政而未能，欲办海军而未可，乃致外债千兆，骇人听闻，部臣忧惶，只有辞职。若外部卖国，国民痛恨，安奉之后，接踵而来，后患方长，何以拒之？商等平心而论，非必财政大臣之寡计，又非必外部大臣之不忠也，无国会之民力以助之也。今外交日迫，权利稍失，后难挽回，且外交经蹉跌之后，各强邻知我之无能为也，日来朘削，旋即分割。噫，岂不念胶州之前事乎？胶州割后，旅顺、广州湾、九龙继之，其能从容以待宣统八年乎？且至危弱后而开国会，不将等于波兰乎？俄人以重兵大炮监其国会，至斯时虽开国会，犹无开也。

且夫吾国之威灵损挫久矣，当今海道大通之世，无海舰以保护之，犹鸟之无翼，鱼之无翅，人之无足，复何以为国？故以中南美瓜地马拉、位亚基个郎，数十万人之小国而侮逐华人，而秘鲁、智利无论也，美国更无论也。乃者朝廷亦知重举海军矣，亦派大臣考察于欧洲矣，而舰队寡少与不置同。今者英之舰队五百，其余强国皆以百计，而海舰自二万吨以上，无论其为镇舰、卫舰、快舰、巡舰，每艘费以十万两计，如今财政何以办之？今各直省之拨派海军经费，虽以粤、浙之富，岁仅二十五万，合一国之所筹拨，不足供一舰之费。且铁舰不可咄嗟而办也，即使订购，尚须三年而后成。若以今度支部而筹议此不可思议之巨款，虽使百官不食，百度不支，皆终无能成海军之一日。何况外债千兆，其息占岁入之半数，新政当办，其费又增昔日之倍数，则海陆军虽为至急，然度支无术，睨视而叹，犹乞者之视富邻，终日垂涎，仍复枵腹啼饥，无衣号寒而已。然一时饥寒犹可忍也，间或大雪数日，终毙沟壑。今吾国势得无有类是者乎？与其坐而待亡，同归于尽，夷祖宗之社庙，致生民于涂炭，百官奴隶，王公鞭笞，庚子之祸，犹未远也，宁不鉴之乎？苟有道以救之，岂不犹愈于弱亡乎？夫所谓救之之道者，即国会是也。夫国会之必开，固无论矣，纵有百端挠阻，不过迟以七年。窃为阻挠者计，得此七年之专权，纵欲未必属于彼身，而亿万岁之败国亡家即祸钟于孙子，倘思及此，岂不惊心？乃者王公卿士皆有以缩短国会为宜，各省疆臣亦有以缩短国会为请，而各省议员咸以缩短国会为议，薄海亿兆莫不以缩短国会为心。考之万国之政体如彼，考之上下之心如此，民情可见，时机难再，阻挠者无以置其喙，其内心则曰：苟开国会，则政权旁落。其外论则曰：速开国会则预备未至，且人民程度亦未及也。窃敢冒昧为阻挠诸臣言之。

今诸大臣之奉职当官，岂皆才能称职？如其才能称职，中国何危？今中国阽危，则诸大臣之程度未至可断言矣，又未闻尽废诸大臣而不置员也。夫国会议员，不过空言者耳，大官行政，乃掌实权。今于空言之议员则谓其程度未至而缺之，乃于实权之大臣则任其程度未至而用之，何其重空言而轻实权，颠倒不伦若是哉？且夫以四万万人之众，选拔数百议员之才，中国虽乏士，尚何至无人？且凡人莫不短于行而长于言，此数百议员者，以之行政，或阅历尚浅，未见优长，若以之论政，则或熟于地宜，或长于专业，其过于政府大臣有必然矣。即不然，披隙导窾，补缺拾遗，下顺舆情，上收人望，内动万国之观听，外合内国之人心。以此加赋税而行公债，民皆相信而无嫌疑；以此改民兵而增陆军，民当舍身而愿任兵事。夫出财至难也，当兵至险也，若开国会，民皆曰：是我国民之义务，我当任之。夫以四万万人愿出其财以为用，则富不可言；四万万人舍其身而为兵，则强难思议。其与今上下忧危，如寝薪火，如履渊冰，忧心忡忡，不知所届，神洲有陆沉之痛，人民有绝种之忧，孰为得失乎？

古者冢宰计国行于岁终，今者万国国会开于岁暮。今宣统元年九月初一日为各省开谘议局之始，窃谓宣统二年九月初一日可为开国会之初。秋高气爽，大典举行，一以著圣天子即位之休明，一以著监国贤王摄政之更始，上强国势，下洽民心，举国翘企，诚在于此。或谓中国地大路远，期迫时速，议院之制未定，议员之集綦难。岂知一切政事取之时宜，随时变通，渐期美善。始于筚路褴褛，后乃玉辇金舆。政体但取于合民，议院可从乎权制。去年突厥以七月下诏开国会，以十月全国集议员，虽选举或有未周，而合议固已环集。何必待明堂毕建，诸儒聚讼而无成；养老乞言，群臣逡巡而不敢。迟迟未定，迄用无成，国家阽危，岂能久待？今内之开谘议局之成规具在，外之各国议院之章程具在，译出编定，旬日可成。全国议员，两月可举，四月可集，比之突厥，暇豫从容。国会开定，自能更拟妥章，此则议院之内事，非诸大臣之责任也。

伏维我皇上圣明照临于上，至监国贤王夙夜忧劳于内，上念祖宗付托之艰巨，下慰国民云霓之切望，特下明诏，涣汗维新，即以宣统二年九月初一日为开国会之期，令各府州县选举议员，以多为贵，仿英国例，约七百人。今户口未定，请令每直州一人，简府二人，繁府三人，首府四五人。若蒙采纳，中国幸甚，人民幸甚。商等不胜鹄立翘企之至，伏乞代奏皇上圣鉴。谨呈。

《申报》，宣统二年四月廿四日、廿八日至廿九日（1910年6月1日、6月5日至6日）

美洲中华帝国宪政会上洵郡王请愿速开国会书

呈为国势危亡，不能久待，谨联合会众，吁恳速开国会，以救危亡，呈请代奏事。

窃惟立国之本在于民心，而表民之心在乎国会，无国会则民心无所表见，是曰无民。既无民，尚安得有国？是故以中国之大，四万万人民之众，而国权尽削，岌岌待亡。则以吾民无参预政治之权，不能自救，而肉食者鄙，又皆孟子所谓安其危而利其菑，乐其所以亡者也。夫谓诸臣如此，诸臣或不肯任受。然读五月二十一日之谕旨，则诸臣之阻挠国会，以五千年之国家，三百载之皇室，四百兆之民命，为三五军机大臣之孤注，其罪诚不可逭矣。诸臣以国会之有利于国，而无奈其不便于己也，于是借谕旨为护符，致君父于怨府，以苟延其数年盗权卖国之事。然使其果能达其目的，以保其终身之富贵，商民虽不肖，亦何惜不牺牲全国之生命财产，以听诸臣之愚弄圣主，祸害兆民，以遂其私愿？而无奈覆巢之下，必无完卵，诸臣之富贵，转瞬皆空，则民等又何忍而不言？今者速开国会之声遍于全国，第二次之请愿数十万人，公理大明，无待商民等之喋喋，且商民等亦已于呈请涛郡王代奏时言之綦详。盖国会之当速开，已成为天经地义，虽有秦、仪之舌，无从置辩矣。故民等今所言者，不必博数事理，以赘其辞，而惟举最近之见闻，以鸣其意。

夫最近之消息，孰有可畏过于日俄之协约者乎？据其内容，日皇迁都韩京，以控制中土；黄河以北，日俄主之，干涉财政，制我死命；日取满洲，俄取蒙古，夷为属地，直逼中原。德据山东，势将染指，加入协约，期不在远。列强赞成，英法南来。以葡之小，竟占香山，划界无成，而三百余之民命惨遭炮毙，粤吏不敢过问。呜呼，瓜分之议，已阅十年，至于今日，殆施之期矣。吾民何辜，能不悲哉！然而诸臣犹且乐灾幸祸，为聋为盲，谬指日俄之协约可保满洲之和平，则民等试别举一惊心动魄之事实以明之。

夫诸臣虽甚聋盲，其于高丽之亡，或亦有所知乎？夫以高丽立国数千年，世守东藩，其古代之文明，本远出日本之上，乃自甲午以后，日本干涉之，名为独立，实则在日本之掌握。日俄战后，遂设统监，至于今日，日韩合并。箕子之遗裔，永为臣妾；东洋之古国，变作郡县。回首中东之役，曾几何时，关心父母之邦，能无自惧？昔者，中日相隔，间以高丽，东藩无恙，海军尚存，而马关一败，日军深入，支那处分之案，著有成书；日本统治之谋，已为定策。况乎今日兼并高丽，气吞中原，南有台湾以为犄角之师，北据满洲以操建瓴之势，水陆接壤，实逼处此，而水陆两军皆臻强盛。言念及此，能不寒心？夫使世界而仅有日本一国，中国之命已恐为高丽之续，而况列强之如日本者，又皆眈眈环视也。且夫中国之不早亡者，幸耳，使中国而如高丽之小也，则甲午已亡矣。故中国之未亡者，非恃吾有不可亡之道也，恃人有未可亡我之势耳。连鸡互忌，其中国苟延残喘之故也乎？然今者，则列强不互忌而互亲矣。日俄协约一成，而中国亡其大半；列强协约一成，而中国且无寸土。驯至其时，则诸臣虽欲借谕旨以藏奸，而并无谕旨之可借矣。降表也，和约也，此诸臣将来卖弄笔墨，保全富贵之机会也。闻高丽之臣，其主张亲附日本者，将来或可附入日本之华族。此亦如我国鼎革之际，其贰臣或得高官美爵，或得赐姓以为荣幸者也。我军机诸臣，如有意乎，则以亡国之大夫，而为外族之华胄，虽政权丧失，而身名俱泰，且以遗子孙焉，此亦顽钝无耻之诸臣可藉以自慰者也。所最堪痛者，汉文劝赵佗以去帝号，而日本亦贮韩皇为王爵，当此之时，果置我大皇帝于何地乎？列祖列宗创业艰难，而诸臣竟辜负圣恩，敢于阻挠国会以亡国，殷鉴不远，在高丽之事矣。

且不特外患足以亡中国也，内乱已足亡国而有余矣。近十年来，财政日困，生计日穷，或兵变，或民变，乱机四起，数见不鲜。统观历代之亡，其亡于外患者犹少，而亡于内乱者居大多数。以秦之强，以隋之富，乱民群起，亡也忽焉。而明末之流寇，尤我朝之民藉以得天下者也。今者四海困穷，人心思乱，虽无煽惑，岂可谓安？而况革命之谈，排满之说，乘机煽诱，推波助澜，过此以往，即无外患，而海内已鼎沸矣。李闯入京而怀宗自缢，诸臣独不见煤山之树也乎？君非亡国之君，诸臣皆亡国之臣，民等窃不忍见此等景象也。然我中国四万万之人，又岂尽甘于为亡国之民哉？（挺）〔铤〕而走险，急何能择？束手而待亡，或反冀其倡乱而不亡，如此则翘首望治之良民，且转而为犯上作乱之事矣。谁生厉阶，至今为梗？则军机大臣之阻挠国会者尸其咎也。

民等外审敌情，内察国势，上忧君国，下念民生，实有见乎速开国会为救亡之第一义。盖国会一开，然后四万万人乃有代表民意之机关，内阁既负责任，庶政方有功效。圣主制于上，贤良翌赞于下，君民一德，薄海同心，然后大臣不能借谕旨为护符，皇上不至代军机为怨府。顺民情而为政，何内乱之不消？结众志而成城，何外患之足畏？孟子曰未闻以千里畏人【者】也，而况中国之大也哉？迟开国会则亡，惟速开国会可以救亡，孰得孰失，何去何从，愿我皇上勿为诸臣所惑也。不然，君上不开之，下民【将】自开之，如此则上下交争，流血成河，内乱外患，相因并起，亡国更速，亦非民等所忍言矣。

民【等】忠爱性成，素以保皇立宪为主义，心所谓危，不敢不告，情词迫切，无暇择言。伏乞王爷代奏，皇上圣鉴。谨呈。

《帝国日报》，宣统二年九月廿三日（1910年10月25日）

美洲必时毕埠来电

九月初一日辰刻到

祖国二十二行省谘议局成立万岁！全美洲帝国宪政会恭祝。

《时报》，宣统三年正月廿六日（1911年2月24日）

纽约中华帝国宪政会致时报馆电

正月二十五日午刻到

时报馆转各团体鉴：敌迫，国会迟必亡，速五请。纽约中华帝国宪政会。①

《时报》，宣统三年正月廿六日（1911年2月24日）

---

① 原为《时报》"专电"，标题为编者所加。

致各埠书

壬子正月二日

康有为

贵埠同志义兄惠鉴：献岁开春，伏惟万福。公启者，顷闻旧朝禅让，和议已成，五族统一，举国维新，四海同春，与民更始，开国会以集民歌，谋建设以巩邦基，民权是张，政党攸赖。

吾自戊戌立义，以满汉不分，君民共治为宗旨。吾党肇开，阅十四载，同志忧国，匍匐救之。初期望之舍身救民之君主，故己亥至乙巳七年，吾会以保皇为名者，以反对虐民之后党也。中期进行确为立宪之政体，故丙午年吾会改去"保皇"名义，而以"国民宪政"为名。丁未年众议行君主立宪，故复定名曰"帝国宪政"。以既为宪政，国为公有，与国民共之，皆有国会以立法议政，无分君主、民主，其义一也。

自丙、丁至今辛亥，前后六年，书电纷纭，纠合国民，皆以力争立宪为事，于是得决定明年开国会矣。若使摄政以来，当国者不全黩货茹奸，扫荡廉耻，摧灭纲维，嫉弃忠良，凌暴人民，粉饰伪宪，则吾党之志早可见行，而国会更可早开。君主让权，同于英国，人民议政，可保中华，不待今者流血之惨，日忧分裂之危矣。

顷日本报言，八月以来中国兵燹饥馑，大江流域死者二千六百万人，西人以为惨状过于法之革命，则三年来旧朝执政诸贼实致之。我诸同志，艰苦辛勤，历十余载，遍五大洲，十年前始则尽保皇之诚款，七年来继则效立宪之忠告，捐资舍命，呼吁精勤，冰霜不移，风雨如晦。乃充耳不闻，禁锢益固，倒行逆施，负我同志之忠勤。呜呼！何其愩也！

今既时运迁移，新旧代谢，合五族而大一统，存帝号而行共和，实吾旧旨，仍得我心。

今际破坏，虽吾党所不预，而他日建设，岂吾党所能辞？水火异用而相须，舟车异宜而各效，既经迅雷霆震之后，更望和风甘雨之来。人心厌乱而望治，则莫不思归；士夫夙好而同心，则相率偕作。然则吾党前途，负荷至大，开拓益宏。在鄙人等用是兢兢，望同志益加黾勉。惟今国体已非君主立宪，今特复丙午前旧名，定吾党名为"国民党"，旗用五色，合五大族，亦吾党满汉不分之始志也。

惟吾同志无愧国民，勿以功名不己出而灰心，勿以党众不得权而易志。中国图强，后事至大，努力奋励，同奏新勋。敬问年禧，诸维义照不备。壬子正月二日。名另具。

国家清史编纂委员会文献丛刊《康有为全集》第九辑，中国人民大学出版社2007年版，第282页

梁启超年谱长编（节录）

丁文江、赵丰田

一九〇七年（光绪三十三年丁未） 三十五岁

这时南海先生运动党事于美洲，他在二月二十六日给先生的信里讲到进行各事的情形。

"任弟览：前在伦敦复书，命汇之万元，不料美中存款为张孝等借去，致不能拨。及我来美，则有数大事相迫而来。惠伯不肯挪路款，十电来美，墨、欧请发十二万，不得不拨之，遂发九万。庇能米绞与蔡氏全顶（不顶则大败，顶则自操全局），不顶则蔡氏已支过六万元，故迫于必顶，遂支出美银六万（华银十二万）。

一、商会派息，须支出数万。

一、墨中承得电车（长八英里，有非常大利）须拨三十万元。

以上四事，皆即已拨款。合前港中代收支各数，凡十余万，及去年办货款，遂存无几矣。而墨地之当买尚另计，故与宜甫商（日本）炒地件亦不以为极佳，故不复汇也。"

九月二十九日，南海先生曾给先生和徐君勉、麦孺博一书，里面有很多关于党事的材料。

"得电，知党开势盛，欣慰，即令纽约汇七千，想收（纽已复书云已汇）。顷得详禀，具悉一切。肃王相提携，甚可人。久不得任书，至念，真能收肃清克服之功，劳亦至矣，绩尤伟矣。果尔，任甫尚可以功补过，闻此乃极怦喜，以吾向来不忧外国之并吞，而深惧革命之内乱。吾向以为中国苟不内乱，则无论如何木偶，亦为地球之霸；然苟内讧，则无论如何英贤，亦同印度之亡，以方当黄白之争，诚不宜萧墙内阋也。立宪与不立宪，尚其次，而革与不革，乃真要事。惟内地传布已盛，日本虽革风少弭，而内地伏流及南洋大被，吾正未放心耳。若夫政府之柔脆易转，实普万国所无，夫将求全责急亦何所不至，然以各国观之（何不以俄法比之），安有十数年间凡吾党所发之梦想形之笔墨者，几无一不实行，乃在地方自治撤驻防，拟赐汉姓氏（奖实业、行金币），事免跪讯，皆实行矣。其它日异月新，上下争变，有似怒流激湍，蓬起勃发，中国欲亡，亦安可得。政府虽极顽愚，然推之即动，激之即行，故立宪之事，但患其速，不患其迟也。以其本无主宰而深畏民岩，故本原虽可笑已极，而实效则已著。及夫高山之顶，巨石已摇动而下矣。则磨雷日轰，必至麓趾乃止，此不待智者可指日计之也。吾本澹荡人，当时为救中国而来，不忍其就亡，乃舍身而救之。今若中国不亡，徒为党争乎，则虽功名若俾士麦，亦非不得已者也。既非不得已，而竭全力以为之实不值也。乃者，陈重远大发教愿，请吾重主教事。二者皆大事，不可得兼，必有一取舍于是，正拟大聚吾党一议决之。然天下之责望，会众之辛勤，皇上之付托，如是其重且大也，岂能洁身掉臂以去之乎？既不忍决去，则必经营之，此如来书所谓览时度势，吾党终不能出政党外也。况乘时势之空虚，据名望之所归，内外易集，政党易成，而今尚无与我争者。当议会之将开，及人才之渴望，因而收之，以成党势，诚至当之事，势不可不急起直追者也。恨我党不能大人内地，肃王既来提携，内情必极急，那拉旦夕必有变，若能入内地而开会，则以吾党之名誉财力,海内尚无与角者,则为今(开党势)之计,以开党禁为最急(可以此与肃要之)而一面推行会事焉。若夫会事须财,此不待言。去腊吾得任言开宪党事书(袁端赵来会),吾家眷适到欧三日,吾即舍而抉入美,议定(开大会)每人月捐钱八分,若能收其半,已过十万。惜乎内地无事,寂然无消息,无以鼓舞大众,致令观望久而心淡,此最可惜之机会也。(又收款之梁文畅内变,故今年绝无公款之入,殆收三数千耳。即汇任万三千亦从商借,任收大款绝无复书,令冯镜泉疑心,亦大不可。)然苟内地日有佳消息布告,度各埠踊跃输将,亦非必不得之事也。故勉来固佳,然(月捐)章程议定(已久),今所贵者在日有佳消息,以鼓大众,乃为催收款之要道耳。欲催款乎,即在消息之布告与否,若如任今岁之绝无收款复书,虽以纽局总理之冯镜泉犹疑之,况其他乎?否则空发信电而请款,亦何益矣。

幸我此次入墨,为保会筹措,购得地十余博洛,可值十万金(又做银行股数万),今竭力设法,欲再得十余博洛,可望多十数万。保会向无根基,今乃得此可恃之巨款耳。连年奔走,为人作嫁,仅得此耳。今拟一面拨借商会款,而一面卖墨地以还之,或可设法,惟墨承二电车、一轮船,需款甚紧,而提借甚多,以此为忧。且提借之款,必有所限,而扩充会事所费无穷,恐因此牵倒,更为累耳。以上各情,除望收月捐外,今汝等意欲月得金几何,当估计乃可议筹拨,可即书复,以便商行。(在东即学生费月须若干,任私费月须若干,任家费月须若干,今能筹措亦必须指定,且亦免任内顾之忧,专心办事也。)

吾游踪无定,明正当往澳,深冬漫游前,欲自俄由西伯利亚东还。今则不能,或游埃及、希腊而自海往。书来当速,信电交曼宣转最妥。即复,并问任、勉、博三子动定安吉。更生。九月二十九日夜三时。

觉北游事如何?速复。(勉长书已复,想收,后论博物院书,吾亦决〈复〉,公学建楼一事已函港矣。)学费乎,吾欲令纽贮数千金于正金银行,听东京支配,免累任兼顾。如何?

勉何时来美一行,鼓众亦佳。(前任言端、赵、袁助款事,曾言入十万,吾会当书十万,以此要行月捐事,当如所言,或言袁无地方不交可也。)(光绪三十三年九月廿九日康南海《与任勉博三子书》)

十一月五日,南海先生给先生一书,除提到政闻社的事外,并详述为先生筹

画生计情形和经营海外各事状况：①

"日本今外部大臣林董，吾与有交，然有汝在日本，吾不来亦可。吾于春间，当往澳筹款，无暇来也。汝与孺博岁用三千余金，吾当极力筹拨。前此患无定数，反为难，今汝既云三千余，吾即月给汝三百元，共三千六百元，汝澳中家用计四百可足，合共给汝四千元，连仲策学费及他事约预算五千，为汝一身计，汝从此可安心，不必为生计矣。孺博月给二百五十元，一年给三千元，想可敷衍，他日墨地有余或再加，今即先定此数。（其学生款亦另拨，免东支西拉，至不足而牵累。今春本欲汇汝二万，惟始误于铭三等之误拨与张孝，至无款；后汇汝万三千，汝无收到信，故纽局司事人冯镜泉不敢汇。至今实不得汝收信，究以何时收此万三千，可再复。复书太少，此亦大误事，虽忙，然此等事不可忽也。）汝之四千元折美银二千元，（澳门家四百费似令港局支为妥，可告我定拨。）汝月三百元折美银一百五十元，统分季或五六期汇交汝，孺博上海款亦然，就此为定，汝其便否？仲策即令纽局再给百余金与之可也。以明年正月起，将此并示孺博知之（计今有七千，可知一切）。至沪局月千元，自当勉任。梁少闲来书，云汝已提一千五百元，何擎一书言汝提广智巨款去，未见来书，亦望详告，俾吾知其数，乃为实事也。广智去年已支过墨银行三万余，今汇还五千，又为楚截，又代交墨银行一万五千两，合共支过墨银行将七万元，吾为汝代担此巨款，（合纽局误拨张孝十万，南洋十一万，故吾苦极。）负担甚重，甚忧不济。今墨中电车路需款甚巨，日日催款，甚忧不能应之，则大局碍矣。故至紧莫若此时。今虽候墨电车路事定，乃可移拨一切，目前真是艰难，然如此大事，岂可已哉。刻下港局大佳，上价百万，实为未有之幸事，乃少闲之功也。彼等甚能保守，固是佳事，然今从权在港支拨沪局千元，吾欲按月在港局拨往，支持数月，俟电车路定乃从美拨。前七千元可支至何时，可详告，余则候勉入美后鼓舞乃能定。美中今年绝无入款，以游埠之人不出，则各埠不交故也。吾今年入美，闻会议已议定会员月捐钱八，果得其半，已有十万，是全在汝，多以佳消息书报之耳。得美中会众接汝报布告书皆甚喜，由此言之，勉外汝内，合力鼓吹，汝每发一佳消息书，必值得数千金也。汝若无暇，必令人为之，书愈多愈佳（消息愈佳，

---

① 此信中所讲关于政闻社之事，见本书第二编光绪三十三年十一月五日康有为《与任弟书》。

捐款愈多)。欲求款而懒发书,是空遣之,犹之楚而北行也。本同喻此意,惟苦多事耳。然今欲推扩会事,夫岂得已。墨中地吾已为保会筹得十余万元,自问此为不拔之基,唯今为美中银行倒闭,牵动一切,墨地亦无人过问,今必待明年电车成后,乃能出售,然须填广智款已不资,恐所余亦无几也。墨银行有余利准可分济保会,惟今未分耳。吾年来注全力即在此,一切皆俟明夏电车成乃得。然大会之推广,刻不容缓,安能待夏。候勉来如何,不尔则令港局一接济可也。然今无定款,必须立一定款来,乃易拨,可详核告。十二月后或出游,遂至南洋入澳,恐书问不便,有要书一面寄欧,副本寄庇能可也。(亦当以各消息来告我,俾我勉励美中澳中人。)即问任弟动定。"十一月五日。(光绪三十三年十一月五日康南海《与任弟书》)

一九〇八年(光绪三十四年戊申)　三十六岁

二月七日,南海给先生的信里面除讲对付袁氏方法外,并提到整理广智书局、《时报》和海外事业的亏累情形:

"自腊杪至今,为商务事累几呕血,刻下头痛肝痛,无聊甚。

得十二月二十七日书,稍为开解,强病一一复如下:(惟又闻苾老①之痛,陈祭哀痛,昨日祭易一②,明日祭苾老,祭文当寄其世兄。公度序文当为之。)

先言此间事。一、张孝前后借去十六万(华数)。其万二千五百(美数)乃做股,为养学生者,以此话我;后再借附充一万,彼借四千,亦我手;其余十万则铭三先后(无我命)误借与之。(季雨本知其奸,亦徇情,可怪。)至今利息本钱分文不能交,亦不养学生(皆扣借款)。今得芝埠年结,竟无借入二万四千之数(华银四万八千),是其私吞矣。铭、雨二人,擅借巨款而置之不理,可恶已极,若谭盗则更不必言,刻拟布告,又拟控追,拟作欠公学款而抄其家。

一、庇能米绞事。黄公祐擅以七万借与蔡某,而不立欠单,几至十余万全倒。与鲍炽各携妓,亏空万数。自擅开酒楼,而擅支烧数部。今派介叔查,公祐亏八千。此事由镜如多返澳,委权信任所致,实镜之大罪也。介请十一万以金赎之(如不赎则前十余万尽失),今一文不能交还。

---

① 苾老,指李瑞棻苾园。
② 易一,何树林字。梁启超等《康广仁传》:"三水何树林易一者,南海门下之奇才也。"

一、墨事全借电车，而黄宽卓、黄日初二人争权，皆欲自办，以得其佣金数万，故经年余一图不得，至今四月期满，则墨官取还，危甚。假令不误，而需款数十万皆为谭、庇牵去，贻累港局。汇兑不同，腊抄港局几倒，极力救之，而电车大款可忧，商墨两事息又须十余万，大局岌岌。万一不能办，全美大哗，保会溃散。适遇李福基任墨事，一月有数十函电追款责骂，且告加人而合哗，又遇广智停息，加、美交哗。倘使二黄不拖延时月，则我去年可游澳，必得十余万，以弭此案。又为彼所累，无术对付之，大事遂几为数人所败。美银行倒，墨事大差，地价减下，至每博洛仅得五千，计待电车成，可得万，故今决不可卖，且福基在墨，更不能动。故我每得电函喷怒（积久数月），遂以生肝疾，起头痛（甚剧）也。八九年来，危险未有此极，否则济汝大事，未必难也。

一、袁劭反谋，诚非常之大忧。离庆乃第一策，此如戊戌吾欲离荣庆事，惜樵野不敢行，致败。今未知所托之人如何，并在世续前行之诚佳，但其人须能常出入王公间，恐汝遣之人，未得其才地耳。（吾已知其人，地位似尚欠，才则未知。）

肃乃名士派，亦与端方等，未必能任重大事。但彼已交亲，借彼怒怨，以合王公，终胜它人耳（闻泽公颇厚重有魄力）。

铁良（何不设法用之）则吾见汪大燮（前英使）、孙宝琦（今德使）皆极称之，以为满人第一，且有心于上，最有才魄，诚可深结。所来方略与吾所闻，分毫不错，是在办事之人能行此方略否耳。投马玉昆为后图，甚佳。但亦问其人才如何。闻马曾劾袁，是否？若果尔，大可行。所言方略，能联二邸、三相以行间，计必可成，否则兼布谣于内监，亦足惧那拉。吾则专问此人才地（盖方略不难，而难于人之才地也）。吾内计汝共密事之人，无此贵人，若布衣志士如若海者，恐太微不能交通诸贵也。苟无人才、无地位，虽有绝妙策，亦无可施。今先在外多开窑公司，以为之地，但恐缓不济急耳。

办此大事需款之多，诚不待言。汝处总持，苦不可支。岁暮售墨地，必可得十万，然今真无法，甚恐因此失机。今美中（迦埠）收款员梁文畅（伯隽兄弟），弟曾见之于伯隽婚时，此人不笃实而甚才，其权甚大，弟可令一人专以党事告之，铺张扬厉，令其转示各埠，必有得也。

此外即急售古董一事，吾欲运还美估之，惟芝埠酒楼无一人主持。季雨少怨，望置不理（开口必须全权，而全权实不能与人），否则可筹一款。陈宜甫本派此事，若能促其还美主持，甚佳。大同译局李乙舟今在芝楼（仲策所荐），未知其人可用否耳。再不得已，则只得将墨地以贱价出售，筹二三万，如此则尚可行。然今保会甚震动，恐失此则无基耳。至中、南美无可筹，亦不能往（吾去年欲往而大禁华人，各该埠止吾行矣）。所请月拨二千，则吾可任行，已令港月拨千五百，学生月四百则由纽拨。惟自九月以来，连港六千五百，纽一万三千，与吾四千，已共二万四千五百矣。若按月饷，则已支尽至今年冬腊矣。吾除夕四千，原竭吾此间费用（后闻纽汇拨作云樵官费），然汝急如此，又开《江汉报》，安得有余以分云樵。若已汇云樵，可罢论，否则此四千即作月费，而令港月拨一千五百可也。此外望美中多得款，吾随时指拨，如常费则以港为实，以此为定。

一、留日学生当续派，可于秋间行之，吾竭力任此。

一、广智事，哗不可言，若再派息，更无术。吾今决令铭三暗行顶股。前年已令季雨暗行，惜雨太谨，谓恐震动大局，今吾密令铭三坐收。芝楼月入（即擅借与张孝之十万）计每月溢千余可收。广智五六千之股本，汝可频促之，今加属、砵属因此月捐不收，诚为急事矣，故虽紧极而无可忍。至汝忙极亦当自爱惜，不必再编《中国史》矣。

一、《时报》除癸年经拨七万外，甲年拨捐款约二万（又借广智二万两），乙丙年皆过万，丁年一万，计合十五万（墨银行代出五六万，苦极），外另代交息（三年）三万余，合共总在廿万左右，无年不请款，似此实不可行。要之无论勉攻真否（已得勉书），亦必须派人总文字权，更须派人管账。（以廿万之款，无不足之理由，弟自明之，何待多言。）

弟所忧在款，吾所忧在派管账人也。一派管账，则无遁情，虽接济亦当勉强。某人有书来诉，谓人多谗于汝，汝大为惑，今所投命归心者在我耳云云。吾为一切之长，若他人与人得罪，犹不生心，若为我摈，则与本党永永反对矣。彼既知沪中人乡攻之于汝，汝不妨派一管账人（派挺之可也，派擎一查数），若文字人亦由汝派（否则文字人由我派亦可），彼稍怨畏，吾作不知，乃抚慰之，则可两收其用，而彼亦不至有他。吾谓此可行，派孝实总文字亦可，不必定在博也。但一收账权，即可为所欲为矣。早一日，易办一日，可速为之。（吾欲派管帐人久矣，因恐生大波，故不如汝派。）吾本欲在德国买一大机，价不贵，每时出纸数万，以款事未得人，故止耳。今经大事后百事皆易，惟托款无人，稍有知识，即不可靠，吾以此畏缩。商事已在别纸，以广西樟脑之大利（必须派人学造之），而吾津津数年，港局尚无人能办，今吾决欲停办（因无一商才，必败）。商务欲俟墨得利后，一切股本交还，惟留一二，或可补救，汝于意云何？天下无人才，万不能作一事，而商才与忠信尤为吾党所乏。如用一惠伯（汝当时请吾用之），即亏渔票酒店七万，尽加属九年之所捐，不足惠伯数月之所挪，抑可见矣。全会人才稍可（总持）者只章轩、宽卓二，然二人皆私心好利已极（宽卓割星公地十四博洛），若以全权付之，徒以吾二人之身名便其营私，他日仍供人骂，故无可卸之任，不如归还大众也。但无商款，则无可借，惟欠款甚多，以此为难耳。道远望书，必多书来，办事乃易，即如此书，可值数万（全）〔金〕，（以吾关切，而乐于设法。）否则前四千，亦令拨云樵，可见。此问春祺。二月七日。

无西文住址，不能汇款，可写来。"（光绪三十四年二月七日康南海《与任弟书》）

是时，南海先生居槟榔屿，对于这次事变（指袁世凯被革职事——编者）曾上一长书致摄政王，报告去国以来经营保皇事业的经过外，也从各方面运动倒袁的事。下面是他十二月十五日给先生的一封信，里面讨论如何倒袁的话很多，以外并报告振华公司案的大概情形，可见海外事业已经濒于绝域了：

"来书悉。连日得各处电，知贼已革，并自津拿回，恐下狱或严办。计自此参案纷纷，其党全败。惟览来各书意，北中不欲正名，极不欲认弑事，此义最宜。商以春秋之义正之耶，抑岂彼等隐忍了事耶？在彼等或以此事无据，不必发大难，以失国体，且摄枢皆有难处，故以（萧）〔肃〕、铁诸人乃并亦欲掩盖之矣。于此案不审有铁证否？惟吾昔无闻，过伦敦时汪侍郎密告我，以贼贿买御医郎中力钧（闽人举人）三万金，嘱下毒弑。力惊辞走避。吾所知实据，仅此。弟能多证乎？今似当发力案，令召力讯。力此事甚有气节，贼又败，必无变，若更有他证尤佳。汝谓宜若何？（抑托人以大义解之于摄乎？）

汝复此书，引晋文对语极合礼。吾自初闻丧后发电，自得汝电争机后，一概皆止，檄亦未发，或展转私书亦无名。今贼已落，应再鼓各埠迫请杀之乎，抑听其作何办理乎？彼以乱诬攻，乃彼不得已，今吾上书已明之，又令各埠元旦贺北京，则想益可明。（并令铭三电函泽公明之。）

雪舫书览。吾党诚以缓进为佳，吾已决意，或汝先行，吾亦缓缓，今故定于新正后离庇。（此间惊变万状，不能久居，异于昔。）亦无他可往，拟先避地埃及一月，候消息，或还欧少住再定。惟虽如此，事变甚多，书电仍直来庇（若有电告汝则电直发），前途之地可也。紫珊原任墨事，可催其速行。此问任弟动定。（楚称欠钱庄万余，请款，否则以《时报》出顶云云，甚难付之。）更生。十二月十五日。

闻北中有书来，称直学使傅增湘见先帝，乃最末召见，先帝手书吾姓名问之云。呜呼，罪臣辜负甚矣。

再者，振华之事实案渐明，此事发难自汝始，否则我几听之。（盖由近倦畏于商事也。）迩月来同人证明，盖知其奸，尚以为仅属刘、欧，今乃知全党皆先定奸谋，而龙门某道十年患难不改，乃今正资以卖我也。今闻其复勉等电，云振华为国不党，又电少闲，云奏案（华益与借款）不能移款，彼之心术乃大明白矣。（此人头倾，吾向疑之，但不欲言。相佳，终较人品可信，有人坏而相佳者矣，未有相坏而人能佳者，此又文悌矣。）今彼取吾之叶、刘诸元功，欧、梁诸同门至亲而利用之，乃深入吾重地，刮取数百万而去，乃又以奏案相恐压，曰言为党，今则言为国（不党）矣。（此）〔以〕此张坚伯亦为其所卖。彼弃两道缺不取而奔走于美，其意益欲探取数十万为将来计，而吾某某乃皆有叛心而同啖利，于是内外合矣，大事成矣。人心之坏如此，可惊可畏，太行孟门，岂云斩绝，诚然。今大局倾覆，而振华分毫不救，叛形已成。（或今怵于吾等之将归而少改辙，则不可知。）此事吾欲决然布告各埠，（吾已派八九人为振华董事，计彼必不容，吾令数董事不认之。）令勿交款。汝致书坚伯直攻以散之，汝谓若何？否则坐听其探取此百万。而仪侃去年吾停其织布局，仪先不服矣，后来人人纷纷入美招股矣。藩篱一撤，本会不复能保，汝意云何？电复。（电文不办则一不字，办则一办字，足矣。）权利竞争，人心日坏，事变日甚，内乱日多，思之怒甚。（今只严责少闲提四十万以稍收其权，几以绝礼待之，未知其从否，令责其电复以定，计廿三四少闲应覆定。）

今彼已明叛自立，应如何对付之？又及。"（光绪三十四年十二月十五日康南海《与任弟书》）

一九〇九年（宣统元年己酉） 三十七岁

广智书局是立宪党各种事业中一个很重要的局面，成立以后就由先生主持其事，但是从光绪二十九年以后，因为种种波折和困难的原故，营业颇为不振，所以几年来很为海外同志所不满。这时候先生曾致长函给美洲各埠宪政会，报告经营该局的经过和解决办法。

"贵埠帝国宪政会列位同志义兄（均）〔钧〕鉴：顷接美洲各处来书，知各埠于历年所办商事，啧有烦言，其谣诼之词，几于不可听闻，今有不能不披沥肝胆，为我同志告者。港、纽、庇、墨各局，弟向以事多不能兼涉，其内中详细情形，弟未深悉，当别由港局报告，恕不再赘。惟上海一局，弟实经手，其办理失当之处，弟不能卸其责，今谨将始末为诸君一言。"

九月，先生以受振华公司案之累，致一长书于桂抚张坚白鸣岐辩其诬枉。振华公司发起于两年前，上年始着手开办。不料开办未久，就发生骗财惨杀一案。该公司发起人除桂省候补道员刘铭博士骥和宪政会会员欧云樵槩甲、梁少闲外，尚有海外华侨宪政会会员叶惠伯、刘章轩等。该公司之目的，在由海外华侨集股开发桂省实业，所以南海和桂抚张坚白都很赞助其事。不料主持其事的欧云樵，因别有图谋，以至发生侵占杀戮和陷害等事。至于张氏和先生的关系虽不甚深，但他素日也颇敬重先生。上年先生同学孔希白昭焱给先生信里，曾数次提到张氏敬仰并问询先生的话，所以该案之牵连到先生，实是意料以外的事。先生给张氏的那封信，虽然很长，因为读了可以看出先生的为人和立宪党人经营实业商业的弱点，所以全篇抄录在下面。

"坚伯①侍郎阁下：曩在香港，得亲颜色，维以引嫌之躬，从未敢以尺素通殷勤，顾屡闻自故乡来者，往往道我公所以存问之良厚，私心感激，固无既也。乃近者复闻诸道路谓我公以刘鸣博观察事，致疑及仆，甚且谓已以公牍相名捕者。仆始以为悠悠之口，殊不足信，而言者凿凿，谓非子虚，不禁大惊。呜呼！岂以我公之明察，而竟听彼素不相知者一面之辞，以轻入人罪也。

鸣博之狱，其蛛丝马迹之足以动公之疑者，仆固无容为讳，若乃仆一身与此蛛丝马迹之关系，则恐有为我公所未能悉者。数年来，海外宪政会员所办之商务，仆自癸卯夏以后，即丝毫未尝与闻。此语在公骤闻之，或大诧而以为诞，然惠伯、少闲今皆与仆为难，而当常与公接者，试得间一问之令其勿为违心之论，

---

① 坚伯，即张鸣岐，字坚伯或坚白。

则可知仆于此七年间曾有一信与美中港中人，言及彼所谓商务者乎？自其初发起全盛之时，即已不愿过问，非与任事人有意见，良以此举为仆所不主张，既不能持异论以尼其成，则亦置身事外而已。自是以往，惟闭户著书以自乐，与海外及港中既无交涉，音问亦以益疏。彼辈初时犹循例相告，后以我悉不作覆，此三年内乃并此无之矣。惠伯、少闲皆港中司事人，试以仆此书示之，当亦能知其非虚也。及振华议起，彼辈往桂谒公，以至奏明定局，仆亦毫无所知。直至鸣博濒行前十日，以一笺约会，且以章程见寄，乃始知之。未几遂相见于神户，欢然道故，且历述此局前途之佳况，则大慰过望，惟生平不喜欧云樵之为人，当时曾私与鸣博言之，谓所隐忧在此，鸣博唯唯而已。亦尝致南海一书，询其何以前此不以云樵之事一告我，而委信之若彼也。然自彼等作别以后，则亦如云烟过眼，心目中不复忆及此事矣。既而彼辈在美，所以棓击南海者，无所不至。美中、港中亲旧贻书于仆，督令函责彼辈，甚或以仆之于公曾有一面之雅，而劝仆冒昧以愬于公者。

此类函电高可盈尺，仆悉阁置，几于不欲开封。谓余不信，则云樵、惠伯其时皆在美中，试问仆于彼辈在美数月间，曾有片纸只字致各埠，言及振华事者乎？若夫仆于此一年中，曾否有片纸只字奉渎我公，此则公之所知也。则仆对于商务公司与振华双方之态度，可以想见矣。独因彼辈在美棓击南海，言过其实，则不能不愤愤，方谓彼辈由美返国道出日本时，必且过我，行将责之以情理，而劝之以调停，当时亦颇自任，谓调人之责，舍仆莫属也。及彼辈飚忽言旋，在美既不以一函告我行期，至横滨又不以一电约我相见，惟于船泊神户时，循例一访。夫仆避嚣居一穷乡，必以汽车始得至神户，彼辈所知也，而始终不使我一知踪迹。彼辈到之夕，仆适送一归客小饮于神户，夕九点返寓，家人述电话语相告，始知其来，已无复汽车，翌日凌晨奔往，则舟已行矣。仆知彼辈实有意与仆避面，而调和之事，万无可望，则大灰心。其日以一书托一友人转达鸣博，辞气之间至为不平，方欲俟其所以复我者如何，乃再进言，乃未得复而已闻变矣。当鸣博辈之首涂见访也，仆尝与诸同志发起一政闻社，曾托彼到美相助运动，又托其若有不时之需，乞相助，彼辈皆唯唯；及其行未一月，而政闻社奉明诏解散，仆自是亦一无所需，辄复置之度外。自审自振华发生以后，仆与彼所有关系，惟此一夕话，及致南海诘其委信云樵之一书，与鸣博返粤后致彼诘责之一书耳，此外则更无一毫因缘。今也我公忽然无端横拽，而诬曾参以杀人，试思天下果有此情理耶？以上所述，言之由仆，而信否由公，公如不信，仆亦安能相强。

虽然，仆自问一生无他长，惟心地之光明磊落，庶几可以质诸天地鬼神，胸中不能留一宿物，有所行有所知，则告人若不及。凡朋辈与仆相处稍久者，无不知其为城府洞达之人，而咸病其浅率，乏深沉之度，良师友屡以此相戒，虽刻意欲改之，而卒丝毫未能改也。公虽知我不深，然一访舆论，当亦能知其所长短。若夫阴险凶戾之事，则非独生平所断不肯为，乃亦其所断不能为者。不意横被恶名而加之者，乃出自我公，则古人之无兄而盗嫂，娶孤女而挝妇翁者，又岂足诧哉。嗟乎！仆虽无似，固男子也，抑尝读先圣昔贤之书，而硁硁以自绳者也。十年以来，忍尤攘诟，苍蝇之口不听闻，顾未尝一屑致辩，独至此等事，则心术所攸判，人格所攸关，虽欲其默，又安得默也。以专阃之威，而加诸辜愆积躬、奔越在外不能赴质之人，则亦何施不可；然不察情实，而妄诬人以名节，恐亦非大君子之所忍出耳。仆向来对于振华及商务公司之态度，既如上所述，彼振华首事人之与公相接者，苟非故作违心之语，必当能证其不虚。如是则仆于彼双方无怨无德，视其相阋也如秦越之相视肥瘠，则鸣博以振华致死，其万不能以仆参其离立，殆无待辨。

而所更欲有辨者，则南海也。鸣博诚有使南海难堪之处，则南海之不慊然于鸣博，亦理所当然，且又其相阋两造之主体也。则公之有疑于南海，吾亦不以为怪，虽然此亦未审情实耳。鸣博归粤仅旬日而遇害，而其归也，又忽然未尝豫定其期，而南海于其归前一月（时日不确记略举之耳），已游欧洲，当变生时方在埃及，又岂能于数万里之外而预闻此旬月间所发生之阴谋者？此固可一言决耳。仆此间尚有彼由埃及所发之书，乃闻变时惊问所由者，故仆能以自信者深信南海。今公乃至并仆而疑之，则仆之言，更何足省者。若犹信其为不妄语之人，则此书固亦一铁证耳。昔曾文正与王壮武相率赴义，亲若手足，而壮武卒以不驯节制，中道分携。人之受性各殊，虽父子固有不能相强者。若以一人所作为者，而举其亲交，使负连带责任，则惧者众矣。仆生平得区区良师友三数人，气谊之感，相爱若胶漆，良亦不解其所以然，虽往往代人受过，至于再，至于三，而终不悔。人之辟于其所亲爱，固莫得而夺也。公如知我，则亦可以谅之矣。

抑更有一言欲忠告于公者。公之构此狱，岂不以云樵之言哉？然公之知云樵不如仆之深也。其生平遗行，罄竹难述，殊不屑以污我笔墨，且亦良不欲以讦为直，但其貌不扬，其心必异，以公之明，岂无所察者。他不必论，即以彼受南海二十年饮食教诲之恩，其稍立身名于社会，何一非南海之赐者？人有畜狗，犹不忍蹴踏，况于义则师弟，而恩犹父子者耶？而乃既挤之于前，复陷之于后，必期致诸死地而后为快，是尚得为有人心者哉！仆之恶其人也，非自今日，而乃在五六年以前，尝屡言诸南海，惜不能用也。晋侯之告里克曰：子弑二君与一大夫，为子君者，不亦难乎？公若常昵此宵人，后必悔之。少闲与仆仅一面，不能深知其为人，然才非云樵敌，则可断也。惠伯则古今第一等君子人，而土木偶者也。今振华则云樵之振华耳，以云樵之振华而谓能得良结果，仆请抉吾目悬门以俟之也。

夫振华则何与我事者？虽然，此固国民实业之一端，系念国家者固祝其荣长，而不忍其摧残。抑我公亦贤者也，且畴昔所以遇我不薄，知之而不为公言之，亦不能以自即安；若视为相诟者之无善言，则固在公矣。仆之言，略尽于是矣。

仆之作此书也，无一事诞妄，无一语矫饰，任聚二十四史酷吏传中人物于一堂，尽出其深文周内之伎俩，终不能得与吾书反对之证据，吾所敢自信也。吾作此书已，仰不愧，俯不怍，浩然自得于怀，亦使人录副袭诸箧底，至万不得已时，而始以自白于天下。窃谓我公宜勿徒中于先入之言，稍一平情，澄以察鄙言之诚否一二有当于情实，果有当者，则系铃解铃，公必有以处之矣。若谓是谰言，不足听闻也，或惮于反汗，虽知过而且遂之也，则吾之力何足以御公者？逋亡之余，虽褐宽博得而戮之，况万乘之君哉！而徇一细人之意，周内以入人罪，他日情实暴露之后，吾知公必将有终身自疚于神明者矣。若仆则何有焉？世人皆欲杀，宜九死之日久矣。所患者，立德立言，不足以自致于千古；若乃不洁之蒙，莫须有之陷，则天下万世，自有公论，吾有所以自信者，吾不畏也。言尽于斯，惟公察焉。"（宣统元年己酉九月二十三日《致张坚白书》）

一九一〇年（宣统二年庚戌）　三十八岁

二月十三日，南海与先生书，所谓"彼等布告文及征信录"等，即欧榘甲等因振华公司所行种种破坏手段。黄宽卓是墨西哥华侨商人、立宪党员，海外事业尤其是在墨国所经营的实业，差不多完全失败在他的手里：

"书电皆悉。米绞自正月来，危甚。以彼等布告文及征信录遍布南洋（吾等又无驳文，故人皆信彼文中子心谤勿辨之说，真误人也），吹入银行，故不放款，而反追款。去冬已虑之（用联邦法与各米号），强成总公司，乃以人误，至正月不成，则垂败亡矣，无可救矣。（若两月内不批出，则米竭听喊冷而已，无款自承，人可用数万而喊冷，如此则数十万金尽，今仍只望速批示，速开联公司以救命。）

今得勉书，言墨中铁路若开（与宽卓同丈量），月亏三百，若是则必不能办。而两年来虽以福基、巨纲之忠，百面皆催款，口口皆言批文，一日不筑路，即充公（电文已费百），故竭米数万以救之，乃今若此。勉又有充公之说，米今之竭，实由救墨之故，而所救所竭力者，乃欲成此月亏三百之路而已，闻之心痛（真令人气涌如山）。今思其故（勉尚频书来责备我。今人皆委过），一切皆自黄宽卓为之。此人才高，术深，迹密，笼罩一切，而吾党人皆为所卖也。吾令雨带十六万入墨，为买地筑路之计，乃忽筑石楼至十四万（事成开数吾乃知），又筑此路费数十万（时雨驻墨今亦不敢认）。彼昔则日言大利，吾亦为所惑。彼前饵力，今饵（美言厚礼）勉（今亦无攻彼一言），中饵我（我已识其滑，未知其奸一至此耳）以投巨资于墨，而墨语文实无一人能解，一切惟彼扬弄。墨中人皆其所选羽爪，又荐日初（司事）以操纵之（彼自割十四博洛，又借数万元，今已还），事成则享其利，事败则归罪日初，而吾等实不能卖，彼又熟金穰木饥之运，到时（前年闻官承之，后不成，想又为彼所阻）彼必以贱价承之，今吾实不能耐，决意卖之，收拾余烬，但彼必不听之。今乃悟数年来，一切皆为彼所弄于掌上。凡才高力厚之人，断无为人用者，吾等昔误信，义心待之，大谬矣！大谬矣！此则彼费六千以饵君力之血本也。可怜福、纲之忠，吾所倚为心腹者，为其所愚，日驻墨而不知。而吾远卧数万里外，乃欲操之，亦僇矣。今墨若此，米缘墨而倒，大局同尽，大局俱裂，我岂徒身败名裂，牵累万端，为此大痛几死，今惟有日病待亡。总之，权利二字一涉，即争盗并出，或阴或阳，其来万方，入其中者，必狡险辣毒，与之相敌然后可。且又政如农功，日夜思之，思其始而究其终，又必躬必亲，衡书担石，一一手目检校，如是乎然后可。而吾以虚名遥领，关津荆棘，跬步难行（港败由吾不能还港，若吾能还港者，即可无前事），处处隔数万里，行动费千万，谈何容易检察。又国事、党事、学问事一切兼之，而付之于人，乃欲坐得利，谬妄甚矣。（况事事与党相牵，一

人变衅,全党皆动,何能办事。)乃今知孟子不言利之深切著明也。"(宣统二年二月十三日《与任弟书》)

三月七日,南海寄先生和汤觉顿、麦孺博、麦曼宣、何擎一等诗:

"闻报墨铁路数十万被封,示任甫并示觉顿、孺博、曼宣、擎一。(入春华益《商报》倒,米绞危知诬案被劾。)

百万金钱一扫中,杀淫贪孽并诬攻。似闻怨敌飞章上,又报田园割地空。李广数奇应宿业,臧仓力阻亦天功。安危出处关中国,日月光明贯白虹。"(三月七日如去《示任弟诗》)

五月二十八日,南海与先生书,言暹罗米绞、报馆之败,和出售墨国石楼事:

"米绞昨日绝命矣!暹报之吴侣鹤出矣,暹报散矣!勉不听命,乃以一暹报易全局,而吾与全党受其咎;今日接收,败鳞残甲满天飞,真可痛也。

又久不得书,想撰报甚忙。(振已散象,住坡租一园,移家矣。)擎一来百元收。闻墨石楼已卖得十二万,未见勉书。此次得此,当统筹全局,以为后图。"(五月二十八日《与任弟书》)

七月二十日,南海与先生书,言解救广智书局之危和出售墨地遇阻事:

"得书及擎一书,知近状若此,大惊忧,亦得曼宣书,同意。此间方在陈与亲戚(以重息二分)假得千金,立即(由沪丰)电汇擎一、孺博收,以救《国风》、广智之危亡。

另闻港已有万两汇沪矣。墨地原可售八万,将交易,而宽卓起而阻。此人立心本如此,昔者君力称之如神,今真为所卖矣。禁不解,叛者益日起,此次未知有效否耳。吾近阅事多,甚惧又石投大海也。若不能赎此地,吾又负此一重谤矣。连日小疾,不详复。"(宣统二年七月二十日南海先生《与任弟书》)

十月二十二日,南海与先生书,论墨事之变,可见海外事业失败的原因:

"书悉。闻丑十二月来,欲十二日接印。吾于九日母寿后,即行返星坡,东中既为拒,何必冒犯乎。顷得墨中书,乃知一切。屋地不能出,皆为吾附权纸有黄宽卓名,故宽变,即一切不能售动。今两书来请附权与勉(一人)。以勉之公廉,本至可信,惟勉用人之性颇偏。罗藻云今虽无他,而昔与勉无面,勉即(以其书函之美言)举为总理,此真险甚。如惠伯实颇忠厚,屡求,吾不许。汝当时受其情,误徇其请,今遂至此。即少闲(吾实未深知)亦勉引用,一不慎遂败大局,今无以制之,而黄宽卓今遂师之矣。勉安能长留墨,势必附权于一人,其人或少不慎,则非我所附权,吾不能去留之,大局岂敢再误乎?(甚或非我所识,如国事报之电宜定。)即勉独附权与雨(计或与雨,以二人最相宜),其又可耶,则吾早与之矣。然除附勉外,实无他人可信者,若不全附与勉兼付与雨,则今之所用已先怨,为此甚踌躇,汝意云何?可复。日本新书若理财、银行各书目最精者,望寄来,或代购数种,无新书阅,甚苦也。且有用处。"(宣统二年十月二十二日南海先生《与任弟书》)

十二月十七日,南海与先生书,内帝国统一党即指由同志会改组之帝国宪政会,华益是立宪党港中商务机关:

"宪广来书,言北中已改为帝国统一党,已注册民政部中,欲海外一律行。吾欲俟解禁后乃布告,且借以筹款也。至帝国二字,应否用宪政二字,可商之。海波渺渺,人天多恨,书到计已开春。

又顷吊阅港中华益各数,甚奇诧,真天下所未闻。各数入华墨银行来多六万余,而年结出数,则云欠八万余,纽局数云支过万余,而年结出数则云欠五万余,乃以此布告截汇而倒二百万,真梦想不到也。其它支离谬妄者,不可究诘,真令人气涌如山,中国人人皆穷,不可听闻,亦无可付托。吁!根原则在吾不能归港,遂至此,革党之相攻致之。吁!起屋难,放火易。"(宣统二年十二月十七日南海先生《与任弟书》)

录自丁文江、赵丰田编:《梁启超年谱长编》,上海人民出版社1983年版,第378—534页

帝国宪政会

张玉法

清廷预备立宪诏谕既下，光绪三十二年九月曾有厘订内阁官制之举，然改革有名无实，不餍人望。徐公勉致梁启超书云："政界事反动复反动，竭数月之改革，迄今仍是本来面目。政界之难望，今可决断，公一腔热血，空洒云天，诚伤心事也。"[①] 梁的回信，偏重于自责，他说："此度改革，不餍吾侪之望，固无待言。虽然，又当思此度之动机，果发自何所乎？不过一、二人偶以其游历所耳食者，归而姑尝试之耳，若国民则全未有厝意于此。来示谓国民复无促其再度改革之能力云云，此诚可痛，然弟以为练成此能力，正我辈之责也。窃以为此能力之练成，必赖有一机关，若先生能合诸贤，以组织此机关，弟虽不才，必暗中竭所能及者以供驱策也。"[②] 其后，梁即与杨度、蒋智由、徐公勉、熊希龄等进行组织机关，而康有为及其他立宪派人士亦先后组织团体，促进立宪。

当时的立宪团体可分为海外及国内两部分，起自海外者以"帝国宪政会"及"政闻社"为主，起自国内者以上海"预备立宪公会"势力最大，各省小政团时与联合作请愿之举。兹先言"帝国宪政会"。

组织的酝酿

帝国宪政会全名为"中华帝国宪政会"，由"保皇会"改组而成，初名"国民宪政会"，主持人为康有为，其酝酿在光绪三十二年秋。当时康有为给梁启超写了一封信，谓拟将"保皇会"改为"国民立宪会"，适熊希龄以组党问题自国内渡日会梁，梁以康信与熊相商，熊主用"帝国宪政会"之名，梁遂一面电复

---

① 光绪三十二年九月徐佛苏致梁启超书，丁文江《梁谱》上册页二一四。
② 同上页二一五，光绪三十二年十月二十八日梁启超致蒋观云书。

康有为，一面邀杨度共谋进行方略。梁、熊、杨诸人在神户商讨三天，决定如下：

一、将海外"保皇会"改名"帝国立宪会"，于国内另立"宪政会"，示与"保皇会"有别，以便推行。

二、"宪政会"由梁启超、杨度、蒋智由、吴仲逸、徐公勉、徐勤、麦孟华、罗普、汤叡等出名发起；康有为暗中主持，不出名，免遭国内人之忌；熊希龄亦不出名，以便在国内活动。

三、"宪政会"在东京行结党礼，设本部于上海，以干事长主之，拟以杨度为干事长。

四、"宪政会"的纲领为：（一）尊崇皇室，扩张民权；（二）巩固国防，奖励民业；（三）要求善良之宪法，建设有责任之政府。

五、拟举徐勤为会计长，驻上海，一切财权出入皆司之。

六、拟戴醇亲王载沣为总裁，载泽为副总裁，由熊希龄入京运动之，并由梁启超赴上海运动张謇、郑孝胥、汤寿潜诸人。

七、在上海开设本部后，即派人到各省州县演说开会，以扩充势力。

八、经费除入会费一元外，余由发起人自筹，熊希龄任十五万，梁启超任五万。熊之十五万，以五万在北京办报。

九、海外会员拟召之并入国内之会，其不入者听。

十、以党纲号召于众，广收人才，不限于万木草堂之旧。①

此期间，康有为对"保皇会"改组之事自有筹划。是年十月二十四日，他在纽约《中国维新报》（"保皇会"机关报）刊发公启，布告各地"保皇会"于光绪三十三年元旦举行庆典，改"保皇会"为"国民宪政会"。公启中首言救国之宗旨：

救中国之沦亡，必以"君民同治、满汉不分"八字为目的。故欲速变法以救危局，非先得圣主当阳不为功；欲定良法以保久长，非改为立宪民权不为治。此仆救中国之宗旨，而考定于廿年以前，坚持于十年以来者也。

次述"保皇会"改组之旨趣：

---

① 同上页二一五至二一八。

皇上不危，无待于保，归政虽要，尚属更端。就本会之义务言之，此后当无所事事，而成立大党，偏于五洲，实居举国之先河，而为政党之前导者也。

附有改会简章，其要点约如下：

一、丁未（光绪三十三年）元旦，各埠行大庆典，由总董或书记演说，叙明"保皇会"改为"国民宪政会"，以成中国最先最大之政党，并于先一日，由各洲总会，将此事电告北京商部。

二、将改定之会名、会章禀呈御前大臣载泽、商部贝子载振、两江总督端方及两广总督周馥存案，然后分设支会于内地各省、各府、各县，并于各地分设报馆，以广会事。

三、"保皇会"所有旗幅、印章名称，一律用"国民宪政会"新制，由广东省城总局制发。"国民宪政会"票，由总局改发，至丁未六月为止。

四、各埠集会议定"国民宪政会"章程，限于十二月十日以前寄交纽约总局，以便采择。其精美可行者，酌发彩金。

五、会名虽改，感戴光绪皇帝仍同，"其圣像之供奉，庆典之称祝，及奉诏书、称同志，一依旧会之例"。①

梁启超对康有为的布告及章程甚不满意，其一、康有为未采用"帝国立宪会"的名称，其二、康有为以个人为号召，不以党纲为号召。梁除要求正名外，并欲别撰一文，标举上崇皇室、下扩民权、中摧不负责任之政府三大政纲。② 康有为时方在游欧途中，对梁启超的意见未表反对。"中华帝国宪政会"之名，大概即定于此时。③

与政闻社的关系

梁启超对海外之"帝国宪政会"（梁在书信中均称为"帝国立宪会"）并无

---

① 《民报》十三号页七五至八七；佐藤俊三《支那近世政党史》页三二至三八。保皇会改为宪政会时，康有为提出"立宪民权"的宗旨，其后作"中华帝国宪政会会歌"，亦阐明"宪政"、"议院"、"自治"之旨，见梁启超手写《南海先生诗集》卷一页九。

② 丁文江《梁谱》上册页二一九。帝国宪政会不以党纲为号召，革命派亦非议之，如己酉一月二十二日《中兴日报》一版"告帝国宪政会"云："今欲仰副朝廷立宪之厚意，改保皇会为宪政会，又不闻有宣布宗旨之事。"

③ Kung-Chuan Hsiao, The Case for Constitutional Monarchy: K'ang Yu-wei's Plan for the Democratization of China, modern Chinese History Project Series, No. 26, P. 61.

兴趣，他把注意力集中在国内，谋联合熊希龄、麦孟华、狄葆贤、张謇、郑孝胥、杨度诸人在国内开设机关，以监督政府、赞助改革为宗旨。故他在光绪三十二年十二月二十日致蒋智由的信中说："海外之保皇会，今已改名帝国立宪会，将来我党若成，此亦可为应援也。"①

此后，康有为与梁启超分头运动，以进军内地为目标。康于海外筹款，美洲会务委之徐勤②；梁则遣人运动朝中显要，并于日本、上海等地多所活动。梁组"政闻社"，在理想上超越"帝国宪政会"之外，然在经费上，颇得力于康的赞助。关于此点，从光绪三十四年五月纽约"帝国宪政会"总局发往各埠的信中可以看出：

顷接总长函电，内述本政党最近消息，决定伸张势力于内地，分派专要党员，赴各省开设宪政讲习所及运动各省重要人员，冀其来归，以收罗人才而厚党势。现京中运动颇为得手，梁副总长将得起用，着本代办总局协同华墨银行同人各速拨银二万元，分汇上海、日本，以济要需。另每月由纽汇四千元，由墨汇二千元以为接济。经先电汇二万元交日本梁副总长收，连上年至今，共汇日本计美金二万三千零一九点一四，汇上海《时报》美金五千三百六〇点四，统共已支出美金二万八千三百七九点五四矣。本代办总局除征收月捐外，别无入款。总长前在纽约大会，各埠会员齐集，议决举行月捐，厚为储蓄，以备党事急需。惟有恳各埠会长、会员，尽力实行月捐，从速缴集。③

"政闻社"的经费主要来源是"帝国宪政会"，"帝国宪政会"承"保皇会"之后，经费一向拮据，徐勤有函云：

本党公费，岁入极微，以除入会之费，乃归总会，余皆无有，故全党岁入仅万数千。庚子以前，以兵事而罄尽。辛壬癸三年，仅入港款千数，甲乙丙丁后，总长入美经营，乃能过万。而设香港、纽约及内地总局三所，凡一切信电、菜酒之费，及招待、调遣、运动、人工、杂费应若干乎？而两总长各驻地，一切信电、派遣、招待、运动各费，又应如何，姑且勿论，就美中人士之所知，《维

---

① 光绪三十二年十一月五日梁启超致康有为书及十二月二十日致蒋观云书，丁文江《梁谱》页二一九至二二〇。
② 戊申五月十一日《中兴日报》五版《吉隆坡商团致保皇党亚领袖徐君勉书》。
③ 戊申十二月八日《中兴日报》一版《未做官先发财》。

新》、《文兴》两报，已支过万金，而暹罗新辟《启南报》，爪哇开《巫报》，星开《总汇报》应如何也。日本养学生二十余人，问加拿大学生赵见三可查知；欧美养学生二十余人，问波利磨之谭烈、芝加高之陈煜、加拿大之骆炳堃、檀香山之罗（昌）、刁（成章）诸生等亦可见也。岁费应如何？若夫内地运动之费、及殉难恤养岁月之费、旧劳困乏需借之费，支应如何？①

此可知康欲在经费上济梁，而"帝国宪政会"开支亦极浩繁，故舍大声呼吁要求会员特别捐助外，实无他途。

就"帝国宪政会"与"政闻社"的关系看来，后者为先锋，前者为后盾。"帝国宪政会"不仅在经费上资助"政闻社"，亦继"政闻社"之后，响应国内的国会请愿运动。光绪三十四年五、六月间，康有为联合亚、美、欧、非、澳五洲二百埠"中华帝国宪政会"侨民上书请愿，要求早开国会②，此事导使《江汉日报》③ 及"政闻社"的被封，别无结果。

"帝国宪政会"原可与"政闻社"在国内公开活动④，"政闻社"被封后，"帝国宪政会"是否同遭取缔，不得而知，但名义仍能在国内存在是可以肯定的。⑤ 至于在海外的活动，与"保皇会"时代并无若何不同。比较值得一提的，是对国会请愿运动的热心。他们不仅派代表参与国内请愿行列，在言论与立场上的坚定，尤为请愿运动的有力支柱。当第四次国会请愿遭受弹压后，纽约"中

---

① 己酉六月四日《中兴日报》一版《保皇党徐勤严攻保皇党叶惠伯及曲护康有为之原函（续文）》。该函原题名《严攻刘士骥、欧榘甲、叶恩来美招股之棍骗》，《新世纪》第一〇七至一〇八期《把戏》一文曾评论之。

② 丁文江《梁谱》页二八七。帝国宪政会上书请开国会，其运动始于光绪三十四年五、六月间，正式电请当在秋冬以后。七月十八日，雪兰莪总商会始发表启文，邀华侨签名要求国会（戊申七月二十八日《中兴日报》五版《斥驳雪兰莪总商会邀华侨签名要求满清立宪之无耻》）。据纽约帝国宪政会总局发往各地要求各地会员签名的信："美洲限六月中旬缴齐到本局，亚欧非澳四洲限七月中旬缴齐到香港总局，九日即到京呈递。"（戊申十二月八日《中兴日报》一版《未做官先发财》）；康有为《海外亚美欧非澳五洲二百埠中华宪政会侨民公上请愿书》，见《康南海文钞》；戊申七月九日《中兴日报》二版《请求开国会者真不认大清国耶》一文，指其用"中华"二字，含有种族革命之意。

③ 《江汉日报》因七月三、四日登载请愿书，于七月十八日被封，见戊申八月六日《中兴日报》二版各省栏。

④ 戊申一月十日《中兴日报》二版《所谓宪政会看者》条：清政府电饬各省督抚，令调查各省宪政会人名录报部，并严禁妄议朝政，如有宗旨不正者，勒令解散。

⑤ 宣统二年十二月十八日《时报》二版《温世霖被拘之情形》谓"本埠（天津）帝国宪政会，由温君发起"；另当时"国会请愿同志会"人筹组政党，曾用"帝国宪政会"之名。

华帝国宪政会"有电致时报馆转各团体云："敌迫，国会迟必亡，速五请。"① 可以代表他们锲而不舍的精神。不过，他们在海外的活动，常为革命派人所破坏②，其声势远逊于"保皇会"时代。

内部的冲突

戊戌以后的保皇派，内部是一直不很协调的。最初有王照与康有为之间的冲突③，后来有康梁的思想分歧。各地"保皇会"兴起后，横滨与香港间时有龃龉，光绪二十六年三月二十四日梁启超在与康有为的信中说：

澳门总会似太散涣，弟子始终忧疑之，譬如弟子有时欲与总会相商，不知商于何人乃有力量，参考各处来电情形，似镜、介二人有总裁一切之权，然弟子三月来寄彼处之书已十余封，而镜、介未得一字之复。弟子去年曾有疏慢之愆，愧对镜等，然镜等今日之于弟子，断非有报复之心也。④

其后，由于"保皇会"兼营商业，利之所在，争执易生。到光绪二十九年顷，港澳当局和横滨方面因意见的隔阂和误会，冲突益甚。光绪二十九年三月一日徐勤在给冯紫珊的信中说：

港中（罗）璪云等大攻卓如、为之二兄，可恶已极。且云译局办理不善，如不遂所求，必告瓦解，为一拍两散之举。此人心之险，不言可喻，而港中人竟信之，真令人气短。乞兄函告康先生解之，勿因港中之谗言而败大局也。⑤

同年三月二日，黄慧之在给横滨麦孟华、冯紫珊、谭伯笙、罗普的信中亦说：

港局租铺开办，各埠大哗，而港中人尚不设法收拾，以解人疑，尚来信斤斤（致辨）〔置辩〕，尽归咎君勉一人身上，并大攻译局，直欲解散全局。彼等（指港澳办事总局之人）与滨中人极少交涉，本无意见，彼近日最恶滨中人者，其

---

① 宣统三年一月二十六日《时报》二版专电。
② 冯自由《华侨革命开国史》页——八谓光绪三十二年，保皇会徐勤假马尼拉广东会馆演说立宪，欲乘机开设帝国宪政会，杨豪侣、欧阳鸿钧、何宝珩等聚众破坏其事，徐勤几为殴伤，卒无所成；《国父全集》第五集页六七谓光绪三十四年十月二十一、二两日，光绪皇帝及西太后相继死，新嘉坡保皇党（即帝国宪政会）与清驻新领事邀众于二十六日举行追悼会，革命党人前往破坏之。
③ 康称奉衣带诏，王指其为伪。
④ 丁文江《梁谱》页一二二。
⑤ 同上页一七五至一七六。

故有二：其一则谓译局加股，有碍商会招股，且谓弟等只顾译局，不理商会；其二则谓截留报栈股份不交，使港局无款开办。因此二事，遂迁怒于横滨。①

关于译局之事，梁启超曾致书徐勤，加以辩解。② 不久，由于康梁关系的好转，梁启超为谋保皇派人团结，先自认错，此事可于光绪二十九年梁启超致徐勤的书中看出：

弟即已依长者命，立发一函向港中穗、镜、铁、寿四人先自认过，并辨明彼等所以误疑弟之处矣，想可释然。弟前此通函各处诚稀疏，实为文字所困，不得不尔也。长者指弟多疑，实弟之短，今后当力戒之，离群索居，非藉师友之责备，不能为功也。③

其后的一段时间，保皇会的内部大体平和，没有发生重大的冲突。

保皇会改组帝国宪政会后，内部的冲突，亦由兼营的商业而起。宪政会的商务，以商务公司总其成。商务公司源于光绪二十八年成立于域多利的商务会，次年梁启超游美，加以扩大。原定股本一百万元，实得股金五十九万八千七百六十元，总局设在香港，康有为任督办。与商务公司并起的有华墨银行。光绪三十二年四月，康有为游墨西哥，适值墨地价涨，以一千七百元购得一博洛之地，数日售之，得三千四百元；又以二千七百元购屋一间，月余售之，得四千五百元。于是复以四万元购八十博洛地，不久售出三博洛，已得二万元。康有为以如此大利，应归商务公司。于是众议开办华墨银行，藉银行以便购地，兼办香港、纽约汇兑。银行则设于墨国之莱苑，作为商务公司分号。光绪三十二年冬，华墨银行向墨政府领出承办电车路之权。康有为以需巨款，主张扩大银行股分，举黄宽焯为监督，调李福基自加拿大入墨为督办代表，委黄日初专任买地之责。此后至光绪三十四间，共收股九十三万七千二百六十八元。光绪三十四年冬，美国银行风潮牵动全球，墨国地价亦大跌，黄日初与李福基因购地与否问题，几闹风潮，电车路亦因此停办。与商务公司有关者尚有香港华益公司，商务公司投资其中，因华益经营不善，累及商务。兹将宪政会经营各业收支情形，表列于下，藉窥其事业概况，间知其冲突之由。

---

① 丁文江《梁谱》页一七六。
② 同上。
③ 同上页一八五至一八六。

其一，商务公司收支表：

	项目	金额	备注
收入	股金	五十九万八千七百六十元	
支出	华墨银行股本	六万零八百八十元	
	香港商报，一九○三——一九○六年	五万五千七百五十一元	
	上海时报，一九○四——一九○五年	三万六千一百八十七元	
	南洋华丰，一九○四年	十万七千五百八十三元	
	南洋新闻，一九○四——一九○六年	十一万零一百二十元	
	琼州聚论，一九○六年	二万元	
	广州国事报股本	五千三百五十元	
	香港华益银号股本	二十万元	
结余		二千八百八十九元	

其二，华墨银行收支表：

	项目	金额	备注
收入	股金	九十三万七千二百六十八元	
支出	香港商务公司	股本九万六千二百十六元	
	纽约华益分局	股本五万八千八百十三元	
	意国古董	六万九千三百十三元督办康有为经手	
	上海时报	一万九千五百零九元	
	南洋新闻	五万六千二百九十二元	
结余		六十三万七千一百二十五元	耗于购地、建楼、筑车路等

其三，纽约华益分局收支表：

	项目	金额	备注
收入	由华墨银行拨出股本	五万八千余元	
支出	纽约维新报	五千零三十八元	
	上海时报	四千一百四十六元	
	宪政报	一千五百元	
	支加哥琼彩楼股本及附充	五万六千五百元	
	借出	四千五百元	
透支		一万三千余元	

其四，香港华益公司收支表：

	项目	金额	备注
收入	商务公司拨给股本	二十万元	
支出	振华公司创办费	三万余元	
	渔票公司	六万四千余元	叶恩经手
	中华酒店	二万元	叶恩经手
	香港、澳门各银号放款	一万九千八百元	被倒
	徐闻垦务公司揭借	三千元	
	暹罗启南报借支	一千五百元	
	生利公司支过	一万六千余元	
	叶恩支过	四万五千余元	
结余		七百元以内	

其五，宪政会公款收支表：

	项目	金额	备注
收入	历年公款	五万八千二百零二元	
支出	党中办公费、政闻社费、南强公学经理费等	四万零四百四十三元	
	上海广智书局	一万二千五百零六元	
结余		五千二百五十三元	

另外，宪政会曾筹款五万余元于广州购地拟建宪政总会，又捐款三万九千二百二十一元在广州办南强公学等，不在上列诸表之内。宪政会为办理商务，发生许多冲突。原因之一是各业间账务混淆，职权不清，商股与党费不分；督办有权调款，而司理无权拒之。此又导致商务的失败。保皇会、宪政会先后所集的一百五十余万元商股，由光绪二十九年开始经营，至宣统元年即陷于困境。①

因为商务经营不善，宪政会各处同志对负责诸人颇为不满，宣统元年梁启超在致美洲各埠帝国宪政会的一封信中云：

> 顷接美洲各处来书，知各埠于历年所办局事，啧有烦言，其谣诼之词，几于不可听闻，今有不能不披沥肝胆，为我同志告者。港、纽、庇、墨各局，弟向以事多不能兼顾，其内中详细情形，弟未深悉，当由港局报告，恕不再赘。惟上海

---

① 伍宪子《中国民主宪政党党史》页七七至九一。

一局，弟实经手，其办理失当之处，弟不能卸其责，今谨将始末为诸君一言。①

广智书局的业务情形，此处不拟深论，由梁启超的这封书信，可以窥见帝国宪政会内部不和之一面。

帝国宪政会内部的不和，以开办振华公司所引起的波澜最大。振华公司开办于光绪三十四年，发起人为桂抚幕僚刘士骥（铭博，或书鸣伯、鸣博）、帝国宪政会会员欧榘甲、梁应骝（少闲）、叶恩（惠伯）、刘义任（章轩）等，中欧榘甲为帝国宪政会的紧要人物。欧字云樵，广东惠阳人，万木草堂弟子，继梁启超为湖南时务学堂总教习。戊戌后东渡，助梁启超办《清议报》。光绪二十八年赴美，主《文兴报》笔政，著《新广东》，提倡自立。光绪二十九年末返港。嗣应《南洋总汇报》之聘，前往新加坡。光绪三十三年春，与南洋侨领胡子春返国，谋于琼州组农垦公司，未获实现。乃转与刘士骥等联络，谋开发广西天坪山银矿，决定由海外华侨集股三百万元，在美购置机器。康有为和桂抚张鸣岐（坚白）都很赞助其事。刘士骥等于光绪三十四年六月抵美，一切进行颇为顺利。刘曾受张鸣岐之嘱，不得与康、梁接近，刘为筹款方便，颇借助于宪政会的势力，康、梁因欲收振华为宪政会的附属事业。②冲突的发生，即在所有权之争。康有为、徐勤、梁启超等均以公司应属帝国宪政会，欧榘甲等则欲将公司独立于宪政会之外，于是徐勤首先发难，于光绪三十四年九月三十日致函刘士骥云：

顷阅美洲各报，大驾所至，侨民欢迎，股份云集，慰甚慰甚。日本大隈伯进步党之所由成，全由三菱公司为之后，今之振华公司，勤欲谓为吾党之三菱也。如人言所云，则只为一、二人之私利计，与吾党无涉，南海先生又不得干预。近接卓如、孺博函，亦以此为言，故于九月三十日特发一电，由鸟约转交，电文"闻振华欲独立，与党无涉，康师不准干预，背前议，骇甚。请定宗旨、固党基，乃招股。超（梁启超）勤（徐勤）孟（麦孟华）逸（陆逸）。③

其后徐勤陆续刊登公启，攻击此事，兼及叶恩、刘义任、欧榘甲等人，其

---

① 丁文江《梁谱》页二九八。
② 同上页三〇三；李少陵《欧榘甲先生传》页一至三十七；伍宪子《中国民主宪政党党史》页八〇至八四。
③ 己酉七月六日《中兴日报》一版《徐勤致刘士骥函稿》。按徐勤为"帝国宪政会"的实际负责人，康有为《送三水徐勤君勉应侨选议员归国序》："美欧非澳亚环海之国民党二百埠，定名于丙午，因以丙午国民党名，皆君勉总护之。"见《不忍》第一册"文"页四至五。

一云：

顷本会有内奸谋利，诡谋惑众，造生大变，欲倾商会而散全党，以营数人之私利。振华公司之谋，创于刘士骥，彼未入吾党，本与吾会事无关。知吾会众遍各埠，知非入吾党之中不能招股也，彼乃阳与总长为交，阴招吾党叶惠伯、刘章轩、欧榘甲同办此事。第一于去春振华已成之时，港局即频百电追总长及纽墨款也。第二则去夏截纽约墨之汇单而布告也。①

其二云：

总长乙（巳）年入美以来，奔走艰难，收股将二十万，尽以付港。乃惠伯不闻督办，擅提款数万以办渔票；渔票之启未已，惠伯又擅提二万五千之款，以办中华酒店。②

保皇会员张巨纲亦致书各埠，为徐勤助威，其言云：

闻振华公司之来美招股也，彼等已声明归本党主办，是时党报助其出力，各埠同志极其欢迎，而认股者异常踊跃。弟以为大业垂成，不图巨款既集，事出中变，如刘士骥、叶惠伯、刘章轩、欧榘甲等，意揽振华以自办，诬谤总长不遗余力，欲散商会而倾全党也。③

双方孰是孰非，此处不作定评，叶恩（惠伯）一派曾屡发布告书以自解。

其一云：

恩等于己酉三月自美洲返国，至五月正在广西贵县开办振华公司之时，忽接友人由美寄回徐勤等布告，谓弟等创立振华，为诡谋惑众，欲倾康梁组织之商会，并散全党，以营数人之私利。盖康梁视美洲之地为其国土，美洲华侨为其人民，华侨身家为其私产。华侨回国兴业，非经康梁认可，即以反叛论；朝廷派员招股，不许康梁分润，即以入寇论。振华创办诸人，若云高，若应骝，昔尝受业于康；若恩，若义任，曩美洲见康日以热心爱国为言，亦常与表同情；若刘观察士骥，则与康为癸巳同【榜】，亦与有旧。然志同则道合，义绝则情离。恩等数年来见康梁之举动，日趋横肆。徐勤为保皇会商务公司之代理督办，即康梁之代表。彼等既专意与恩等为难，是迫恩等不得不将康梁历年行事悖谬之实情，详切

---

① 己酉六月一日《中兴报》一版《保皇党徐勤等严攻保皇党刘士骥欧榘甲叶恩等赴美招股之原函》。
② 己酉六月三日《中兴报》一版《保皇党徐勤严攻保皇党叶惠伯及曲护康有为之原函》。
③ 己酉六月二十八日《中兴报》一版《看看保皇党假公济私自相内乱之怪剧》。

宣告。彼之商会各店，互有得失，去岁实渐入兴盛之境。康梁历年以来，假商会之名，敛财屡矣，今海外同胞，渐多醒悟，势将解散，乃为甘言以欺众，而以商会之失败，归罪振华。彼之最足以自豪者，首推庇能米绞去年溢利数万一事。查米绞领本二十余万，历年为康提拨过甚，去年溢利花红项下，乃拨一半与事外之徐勤等。次则墨国买地，动云大利，据华墨银行司事李福基来函云，画饼充饥，毫无实际。因所筑电车路，费无所出，适恩招得粤汉路股数十万，欲攫而夺之，遂在纽约集议，倡为以铁路改华墨银行之说，而股东愿归银行者，仅九万余元，其余皆反对，康之衔恩，盖自此始。自去年港局华益以华墨银行欠款太重，不与通汇，而墨局已日告危急。香港华益银号，自丁【未】年始行兴办，去年上价至八十余万，皆恩担任之力。其商务公司的款，则庇能米绞、商报、时报及各处生意亏本，挪用支应，括而尽之。纽局汇款欠至四万，墨局欠至十万，屡行电催，延不清还，仍不得不截汇单，不相往来。①

其二云：

恩自乙【巳】年以维持商务故返国，其初商务公司之起，收股款不过十余万，返港任事未及一载，商务公司收股已达五十余万。旋乃会合同志，开办华益公司。其时同事者邝寿民、胡拔南、欧阳庆、梁天如等，惟以集款无多事可办，乃因穗田有请办渔票公所之事。遂有停渔票之事，缺本不过三万。若中华酒店之办，发起于梁如山，是时如山由美返国，见有黄锡标者，开办中华酒店，招人入股，乃函告各埠同志，集股合办。②所办渔票、酒店，皆经康所许可。③

其三云：

夫徐勤非为争拨红利归党等事，乃与振华冲突，徐勤等欲据振华之财权，任其挥霍；据之不得，则老羞成怒，乃发布告书，以图破坏之。当叶、刘、欧驻驾本埠时，得接康总长嘱麦仲华用毛笔盐墨水写函寄来及章程数条，内言叶、刘、欧只有任招股之责，而收银则当令徐（芹）〔勤〕、康季雨、康日如、汤铭三、陈焕章等数人任之，而遽自派梁启超为督办，谓公司事一概归其节制。未几又由

---

① 己酉八月二日《中兴报》一版《叶恩等驳徐勤等布告书》，续文见八月三、四、五、七、八、九、十、十七日该报。
② 己酉八月二十九日《中兴报》一版《叶恩等再驳徐勤诬谤书》。
③ 己酉八月三十日《中兴报》一版《叶恩等再驳徐勤诬谤书（续文）》。

纽约分局转来梁启超、徐（芹）〔勤〕等转来一电，亦称振华归党，乃可招股。当时振华创办诸人，与刘道员鸣博计议，谓振华乃奏案创办，事事要依商律，不能如康所议。况徐（芹）〔勤〕、康季雨、康日如等数人绝无认占一股，且非身家殷富，而又经理华墨银行各事，大失信实，如授以财权，不特按之商律，大大不合，即认股者必闻而生畏，走避不遑，公司恐难成立。至于派督办一节，亦只可于大股东中举人充当，断不容任意私受。又况任督办者为梁总长，梁乃国事重犯，于是振华创办诸人，不得已乃以函电拒之。徐勤等遂以为大拂于心，而有本年三月布告之颁发。①

两派相争的高潮，是刘士骥在广州被刺，时在宣统元年四月。凶手骆木保，惠州博罗人，曾入三合会。其行刺刘士骥，据云系受香港商报股东何其武的主使②，或谓主持人为徐勤③，甚至有怀疑梁启超、康有为者。梁有书致桂抚张鸣岐，对此事加以辩驳，书中亦透出帝国宪政会人内争的情状：

乃近者复闻诸道路，谓我公以刘鸣博观察事，致疑及仆，甚且谓已以公牍相名捕者。仆始以为悠悠之口，殊不足信，而言者凿凿，谓非子虚，不禁大惊。数年来海外宪政会员所办之商务，仆自癸卯夏以后，即丝毫未尝与闻，良以此举为仆所不主张。自是以往，惟闭户著书以自乐。惠伯、少闲皆港中司事人，及振华议起，彼辈往桂谒公，以至奏明定局，仆亦毫无所知。直至鸣博濒行前十日，以一笺约会，且以章程见寄，乃始知之。惟生平不喜欧云樵之为人，当时曾私与鸣博言之。既而彼辈在美，所以掊击南海者，无所不至，则不能不愤愤。今也我公忽然无端横拽，而诬曾参以杀人，试思天下果有此情理耶？鸣博以振华致死，其万不能以仆参其离立，殆无待辩。而所更欲有辩者，则南海也。鸣博诚有使南海难堪之处，则南海之不慊然于鸣博，亦理所当然。鸣博归粤仅旬日而遇害，而其归也又忽然，未尝豫定其期，而南海于其归前一月已游欧洲，当变生时方在埃及，又岂能于数万里之外，而豫闻此间所发生之阴谋者？此固可一言决耳。公之

---

① 己酉十二月二十二日《中兴报》五版《加拿大宪政总会实证康梁徐罪状书》。
② 己酉七月五日《中兴日报》三版《行刺刘士骥系保皇党所为矣》条；伍宪子《中国民主宪政党党史》页八一。李少陵《欧榘甲与新广东》云：刺杀刘士骥之主凶为何其武，其妹何蕙珍与梁启超相恋，故有疑梁启超主使者。见民国五十四年十一月九、十日台北《民族晚报》。
③ 己酉六月四日《中兴报》二版《刺死刘士骥之凶手就获》条；《新世纪》第一一五号《劝劝劝——劝保皇党之一》引刘士骥子之哀告，指康有为、梁启超、徐勤、何其武为四凶。

构此狱，岂不以云樵之言哉！然公之知云樵不如仆之深也。仆之恶其人也，非自今日，而乃在五、六年以前，尝言诸南海，惜不能用也。少闲与仆仅一面，不能深知其为人，然才非云樵敌，则可断也。惠伯则古今第一等君子人，而土木偶者也。今振华则云樵之振华耳，以云樵之振华而谓能得良结果，仆请抉吾目悬门以俟之也。①

刘士骥被刺后，公司停闭。②帝国宪政会经这次内讧，元气大丧，其在立宪运动中的地位，其时已为国内政团所取代。

辛亥革命后，徐勤、潘鸿鼎等将帝国宪政会改组为"国民党"，康有为欲大展抱负，有书致各埠同志云：

吾党肇开，阅十四载。己亥至乙巳七年，吾会以保皇为名者，以反对虐民之后党也；中期进行望为立宪政体，故丙午年吾会改去保皇名义，而以国民宪政为名；丁未年众议行君主立宪，故复定名曰帝国宪政。自丙丁至今辛亥前后六年，书电纷耘，纠合国民，皆以力争宪政为事。今既破坏，虽吾党所不预，而他日建设，岂吾党所能辞？今特复丙午前旧名，定吾党名为"国民党"，旗用五色，合五大族，亦吾党满汉不分之始志也。③

惟因无所发展，后合并于共和党。时梁启超亦与国内政党发生关系，为"共和建设讨论会"草"中国立国大方针商榷书"，旋又组"民主党"。海外宪政会的势力，受康有为的影响，则人体依旧，未卷入国内政潮。④

张玉法：《清季的立宪团体》，台北"中央研究院"近代史研究所1985年再版，第320—347页

---

① 丁文江《梁谱》页三○三至三○六。
② 李少陵《欧榘甲先生传》页三八。
③ 壬子正月二日康有为致各埠同志书，《康有为文集》未刊稿；伍宪子《中国民主宪政党党史》页九五所载宪政党改名布告，文辞略异。
④ 《中国民主宪政党党史》页七六。

第二编　政闻社

一、酝酿与成立

梁启超等酝酿发起政闻社经过[①]

丁文江、赵丰田

一九〇六年（光绪三十二年丙午）　三十四岁

九月初四日，美洲保皇会宣布自丁未年元旦（即一九〇七年二月十三日）起改名国民宪政会。九月二十日，清政府宣布厘定内阁官制结果，但有名无实，不餍人望。十月二十八日，先生曾致蒋观云一书，据该书所言，先生对这次改革虽也表示不满，但是并未消极，而且进一步主张组织政党，以督促之，推进之。

[①] 录自《梁启超年谱长编》，标题为编者所加。

"昨承惠言，敬悉一切。此度改革，不餍吾侪之望，固无待言。虽然，又当思此度之动机，果发自何所乎？不过一二人偶以其游历所耳食者，归而姑尝试之耳，若国民则全未有厝意于此。以些少之劳而欲求丰多之获，昔贤犹以豚蹄篝车诮之，况些少之劳并未一效者耶。故望此次改革之有大效，实无有是处，而因此次改革之无效而失望，益无有是处也。先生谓何如？来示谓国民复无促其再度改革之能力云云，此诚可痛，然弟以为练成此能力，正我辈之责也。我辈在国民中宜多负责任者，今不自为之，何以望人。窃以为此能力之练成，必赖有一机关，若今者能合热诚而同主义之人以组织一机关乎？虽少数，而有机的发达，可计日而待矣。先生其有意乎？前皙子书来，述先生之言，自谓与《民报》大异而小同，与某大同而小异，尊著《宪政胚论》亦言与某相反而相成，但以弟自视，惟觉与先生之主义全同而相成耳。未知先生许之否？若先生能合诸贤，以组织此机关，弟虽不才，必暗中竭所能及者以供驱策也。愿先生与皙子共图之。"（光绪三十二年十月二十八日《致观云先生书》）

从这时候起，先生便联合杨皙子、蒋观云、徐佛苏、熊秉三诸氏进行组党事，直至明年春夏间，始以杨、蒋、徐三氏意见之不合，终于各行其是。以后杨氏自组宪政公会，先生便和蒋、徐诸氏创办政闻社，这是后来的事。现在把先生给南海先生和蒋观云的三封信，钞在下面，借见当日发起组织政党的一般情形。以下致南海先生第一书：

"一、此书专为一重大之事而发，今请先言此事，乃及其他事。我国之宜发生政党久矣，前此未有其机，及预备立宪之诏下，其机乃大动。弟子即欲设法倡之于内，而秉三云欲东来就商，是以姑待之。秉三等到三日而先生拟改会名之信到，寄彼商榷，彼谓宜用帝国宪政会之名，前函电已陈及矣。近数日间，复会商条理，大略粗具，今陈请采择。

一、东京学界人数日众，近卒业归国者，亦遍布要津，故欲组织政党，仍不得不从东京积势。东京中最同志而最有势力者莫如杨皙子度（湘潭人，孝廉，顷新捐郎中）。其人国学极深，研究佛理，而近世政法之学，亦能确有心得。前为留学生会馆总干事，留学生有学识者莫不归之。数年来与弟子交极深，而前此以保皇会之名太狭而窘，且内之为政府所嫉，外之为革党所指目，难以扩充，是故不肯共事。今闻我会已改名，距跃三百（东京一部分人皆然），故弟子邀秉三与彼同来神户，熟商三日夜，以下所陈者，皆此三日夜所商者也。

一、海外存此旧会，而海内别设新会，新旧两会名分而实合，始分而终合。所以必须合之故，自无待言。所以必须分者，一则以我海外之事，万不能令内地人知，万不能令内地人与各埠直接通信。二则改名之事，必须宣布（在《时报》及《丛报》宣布），宣布之后，人人知帝国立宪会即旧日之保皇会，推行内地，究有不便。故不如改名而另立一会，其会拟名曰宪政会，而海外之会则为帝国立宪会。

一、宪政会弟子出名为发起人，先生则不出名。因内地人忌先生者多，忌弟子者寡也。但必须戴先生为会长，然后能统一，故会章中言，暂不设会长，空其席以待先生，先生现时惟暗中主持而已。知此者现时惟弟子与秉三、晳子三人，其他会员（同门者不在此论）皆不之知。弟子虽出名为发起人，然亦不任职员，但以寻常会员之名禀先生之命，就近代行会长事；秉三亦不出名，以便在内地运动。

一、先在东京行结党礼后，即设本部于上海，以干事长主之。干事长必须极有才有学有望而极可信者，舍晳子殆无他人，拟以彼任之。彼自言若既任此，则必当忠于会，必当受会长指挥。今与会长尚未见面接谈，一则不知会长许可与否，二则不知己之意见究与会长同与否，将来能共事到底与否，不可不慎之于始。拟先上一书于先生，自陈政见及将来之办法，得先生复书许可，且审实先生意见全与彼同，然后敢受事云云。其书大约二三日内必当寄呈。寄到时望先生立刻复之，且加奖励，又须开诚心、布公道以与之言，自处当在不卑不亢之间。彼与弟子为亲交，虽无会长之关系，其对于先生亦必修后进之礼，是不待言。但先生总宜以国士待之，乃不失其望。以弟子所见，此人谭复生之流也，秉三亦谓眼中少见此才，先生能得其心，必能始终效死力于党矣。凡有才之人，最不易降服，降服后则一人可抵千百人，愿先生回信极留意，勿草草也。彼前此亦迷信革命，幸与弟子交深，终能回头。去年中山以全力运动之，不能得，今革党日日攻击之，而其志乃益因以坚定。此人不适彼，而终从我，真一大关系也。

一、会章尚未拟定，大约其纲领如左：

（一）尊崇皇室，扩张民权。

（二）巩固国防，奖励民业（此条未定）。

（三）要求善良之宪法，建设有责任之政府。

一、现在发起人除弟子及晳子外，则蒋观云（此人数月前犹沉醉革命，近则回头，日与革党战）、吴仲遥（铁樵之弟）、徐佛苏（常有文见《丛报》中）、君勉、孺博、楚卿、孝高、觉顿，此外尚有学生十余人，不能尽举其名，此为在东京最初发起者。

一、财权最紧要，非君勉不足以服众，拟举君勉为会计长，驻上海，一切财权出入皆司之。君勉若不长于会计，则由彼自任一人以副之。

一、张季直、郑苏龛、汤蛰仙三人本为极紧要之人物，但既入党，必须能与我同利害、共进退乃可。我党今者下之与革党为敌，上之与现政府为敌，未知彼等果能大无畏以任此否。彼现在诚有欲与我联合之心，然始合之甚易，中途分携则无味矣。故弟子拟到上海一次，与彼等会晤，透底说明，彼若来则大欢迎之，若不来亦无伤也。

一、袁、端、赵①为暗中赞助人，此则秉三已与交涉，彼许诺者。

一、拟戴醇王②为总裁，泽公③为副总裁，俟得先生回信决开会后，秉三即入京运动之。（此事须极秘密，万不可报告，不然事败矣。袁、端、赵等之赞助亦然。徒布告以博海外会员一时之欢心，而于实事生无限阻力，甚无谓也。）

一、内地分会专以实事为主，不能借以筹款。入会会费只能收一元，每月拟收二角，而以会报一册酬之，则亦等于售报耳。故款万不能靠会员凑出也。而今日局面，革命党鸱张（梦）〔蔓〕延，殆遍全国。我今日必须竭全力与之争，大举以谋进取，不然将无吾党立足之地。故拟在上海开设本部后，即派员到各省州县演说开会。占得一县，即有一县之势力，占得一府，即有一府之势力，不然者我先荆天棘地矣。（现敌党在南方一带，已骎骎占势力。我党一面在南方与彼殊死战，一面急其所不急者先下手，以取北方，此秉（山）〔三〕之定计也。）但既若此，则所费甚巨，仅以会员入会费之所收不能给其万一，明矣。故此款必须由发起人担任之，秉三任集十五万，以五万办《北京报》，以十万为会中基本金，（《北京报》之五万早已定

---

① 袁、端、赵，即袁世凯、端方、赵尔巽，他们当时附和君主立宪。
② 醇王，载沣，光绪帝的弟弟，军机大臣。
③ 泽公，载泽，皇族，奕劻内阁的度支大臣。

局，会费之十万尚须运动，能得此与否未可知，弟子强秉三必任此数而已）其款大抵袁、端、赵三人所出居半也。惟此数尚嫌其薄，故秉、晳责成弟子筹出五万。弟子明知海外会之无力，然不能示人以朴，恐彼二人失望，（想会此意，虽以秉、晳之亲，犹不能使彼尽知我底蕴也，先生谓如何？）故亦已诺之矣。不知先生能设法筹此数否？弟子谓以在上海、北京建会所及入内地演说之两题，在外劝捐，宜有所得，且此两事亦实事也。（窃欲在上海以二万金建一会所，此虽若虚文，却甚要，一以耸内地人之观听，二以慰海外人之希望。）望先生（不知公款尚有存否）极力谋之。若不能则虽从商股中挪移，亦非得已。此事乃吾党前途生死关头，举国存亡关头，他事一切不办犹当为之也。先生谓如何？

一、海外会员拟亦招之并入海内之会，其不入者听，其入者则会费当如何收法，请酌之。

一、革党现在东京占极大之势力，万余学生从之者过半。前此预备立宪诏下，其机稍息。及改革官制有名无实，其势益张。近且举国若狂矣。东京各省人皆有，彼播种于此间，而蔓延于内地，真腹心之大患，万不能轻视者也。近顷江西、湖南、山东、直隶到处乱机蜂起，皆彼党所为。今者我党与政府死战，犹是第二义；与革党死战，乃是第一义。有彼则无我，有我则无彼。然我苟非与政府死战，则亦不能收天下之望，而杀彼党之势，故战政府亦今日万不可缓之著也。今日有两大敌夹于前后，成立固甚难，然拼全力以赴之，亦终必能得最后之胜利。以此之故，非多蓄战将、广收人才不可以制胜。我旧会除会长二人外，无一人能披挂上马者。（谨）〔仅〕限于草堂旧有之人才，则虽能保守，而万不能扩张，必败而已。故今后必以广收人才为第一义，而人才若（能）〔何〕然后能广收？则真不可不熟审也。凡愈有才者，则驾驭之愈难，然以难驾驭之故而弃之，则党势何自而张？不宁为是，我弃之，人必收之，则将为我敌矣。前此我党之不振，职此之由也。然以不能驾驭之故，虽收列党籍而不为我用，则又何为？此前此所以不敢滥收人也。但弟子以为，今日之情状，稍与前异。内地所办之事，一不涉军事，二不涉商务，故不至缘财权而召争竞。不缘财权而召争竞，则惟有政见不同，可以致分裂耳。然今者明标党纲，同此主义者乃进焉，否则屏绝。则此亦不起争端，故虽多收人才，当不至生葛藤也。"（光绪三十二年十一月《与夫子大人书》）

十一月五日,致南海先生书,报告组党计画和状况:

"夫子大人函丈:顷得由瑞典来电,知前电已达,已即告香港同人将印改正矣。其会章日间将草拟呈正。顷欲在内地别开一会,不与海外同一体。惟两会皆由吾等主持,似此办法,似较适当。内地之会专以实行监督政府,且赞助当道之改革为主,不注重筹款。其款惟求取充会中费用而止,故财权(仍自监督之)不必自握之。(所以必与海外之会分办者以此,若合办则海外事内地人必将强欲与闻,我不许之,更生意见。)现最初发起者,则秉三、楚卿、孺博、张季直、郑苏厂、杨皙子等,而先生与弟子皆不出正名,惟暗中主持耳。初办时人数不欲甚多,惟须皆有才力者。根基既定,乃徐图扩充,先生谓何如?现会名、会章皆未定,日间当会集一次决之,弟子或到上海度岁也。子培先生(因放安徽提学到日本游历)数日前相见,曾畅谭两夕,念先生无已。弟子询以有何言相告,彼云愿先生爱惜精神,且多求新智识云。彼闻先生已二毛,叹息良久。彼顷亦(神气)稍颓唐,然志固壮也。与彼论人物,彼推秉三并时无两,余皆少所许可。匆匆奉禀,即请道安。"(光绪三十二年十一月五日《与夫子大人书》)

十二月二十日,先生致蒋观云书,商组党事,并言保皇会已改名为帝国宪政会:

"示敬悉。弟所谓机关者,正如先生教,舍政党无他道也。此宜从事久矣,然时机久不至,今则更斯须不容缓,先生有是志,国之福也。窃以为发轫伊始,党员不必求多,而分子务须极良。若先生与秉三、皙子共发起之,弟随其后,各举所知,斯亦可以得一甚坚之团体。最初之分子良,则发达可计日而待耳。先生谓何如?秉、皙两公日间颇有意枉过敝寓,若先生以年假之隙,能同来一游,即商定崖略,最幸。否则弟当东上一就教也。弟顷假居邦人之一废园,去神户可八十里,长松千株,临海一小楼,风景殊幽绝,先生能(偕秉、皙二公)一过之,固所愿也。(顷所居者为兵库县须磨村怡和别庄,乞照此通信。)

海外之保皇会,今已改名'帝国立宪会'。(南海拟改国民立宪会,秉三主改此。)将来我党若成,此亦可为应援也。知念并告。"(光绪三十二年十二月廿日《致蒋观云先生书》)

一九〇七年（光绪三十三年丁未）三十五岁

八月十三日（9月20日），清廷颁设立资政院上谕。九月十三日（10月19日），清廷颁设立谘议局上谕。同月，政闻社成立于日本东京。先生自去冬发起组织政团以来，至本年春夏间，因与杨晳子意见不合，杨单独组织宪政公会，先生与蒋、徐诸君另组政闻社。九月十一日（10月17日）该社开成立大会于日本东京锦辉馆。现在把该社成立前后有关信件择录于下，借见先生组织该社的经过情形。

正月十六日，先生致徐佛苏书：

"会章事诚如公及观云言，大约待秉三来，弟当偕至，然（正）〔后〕定也。但次帅①地位闻将有变动，如是则秉处所筹党费，恐多棘手耳。只得听之，勿恃人而自恃可也。

所寄二十一金，已收到。公何必为此琐琐，其余剩金切勿再寄来，若寄来惟有璧返耳。新年作此无赖举，竟而忘返，可愧之至。公与我同也，自公行后，尚留一晚即返须磨，绝迹不复为此。"（光绪三十三年一月十六日《致徐佛苏书》）

二月，先生致蒋观云先生第一书：

"示悉。南海尚未有复书，计期三月，始能往复，想亦不久矣。凤凰②则久淹上海，二月初始返湘，恐三月杪方能到此也。凤凰在上海，颇感叹于沪上志士之不足与谋（如先生所言），来书多愤嫉之言，似觉吾侪目的之不易达者。弟屡函鼓其兴致，想不致生厌世思想也。"（光绪三十三年二月《致蒋观云先生书》）

二月，先生致蒋观云第二书：

"不通讯殆将两旬，毋乃阔疏。前以佛苏返京，种种当能面述，故不缀以书。近顷得佛苏来书，知先生意见，（太）〔大〕抵各种问题须以再次会见时乃能决定。秉三云以三月来，成立当在彼时，今暂省笔墨之商榷可耳。"（光绪三十三年二月《致蒋观云先生书》）

---

① 次帅，指赵尔巽，字次珊。
② 凤凰，指熊希龄，他是湖南凤凰县人。

三月，先生致蒋观云书：

"久未上书，想劳积念，非敢疏慢，盖有所待：一待秉三之来，二待南海复书之至，三则于党之组织上，颇有苦于解【决】之问题故也。今则秉三殆未能遽来，而内地政界既有变动，其前所许相助者，或未必能践其言，吾辈终不能以久待而坐耗日月矣。南海复书则因漫游北欧，接书甚迟，旬月前始复，于所绸缪者，一切赞成，经济上虽无秉三之助，殆亦可以支初办之用。故此问题，无甚障碍，可以告慰。惟第三问题，则有非可以笔墨馨者。佛苏所见较弟为确，今由彼面达，并求先生决定所以善处之法，兹简单略述之，则某君①欲以其所支配之一部分人为主体，而吾辈皆为客体而已。吾辈固非不能下人者，苟有一真能救国之党魁，则投集其旗下为一小卒，固所不辞，但某君果为适当之人物否，能以彼之故而碍党势之扩张否，则不可不熟审耳。又某君之意，必欲于结党式举行后，即自在上海开一大局面，此议先生前此已极反对，弟细审情形，亦益不以彼所主张为然。今当结集之始，势力无一毫之可见，而先有种种意见，不能相下，将来能无破裂，以贻外人笑乎？弟甚忧之。故欲再得先生一言，取进止，望与佛苏熟商之。佛苏血性过人，弟于数年来所见人士，实罕其比，先生与相见多次，想亦能深知之矣。如何之处，伫望回玉。"（光绪三十三年《致蒋观云书》）

三月，先生致徐佛苏第一书：

"前有书托秉三，邀公同来神户，会商大计，望公必偕来。弟本欲东上，因秉言在此间商尤妙，故不惜以多数人枉就少数也。同来者公与秉三外，一为杨皙子，二为蒋观云，三为吴仲遥，并以奉闻。"（光绪三十三年《与佛苏书》）

三月，先生致徐佛苏第二书：

"顷秉三来此会商数日，诸事眉目略定，皙子意见亦已达到，决无不可结合之点。弟决于阳历十五前后东上，与公及诸君相见，一切大计，将次决定，先此奉闻。"（光绪三十三年《与公勉我兄书》）

三月，先生致杨皙子书：

"皙兄鉴：奉复书，悉一切。连日小极，未能作复，想久悬盼矣。今将各问题略陈所见如下：

---

① 某君，指杨度。

一、南海处弟前数月致书，已将吾辈所议详陈。南海暂不入会一节，久已约定，南海复书言一切如我所议，则此节亦在其中，不必再写信往问，其无异言，弟所能保证也。至于弟则但求此事之成立于大局有补耳，只有义务问题，更无权利地位问题，以吾兄与弟久交，岂尚不能相知，此则更不待问矣。

一、今日有最难解决之一问题，则最初组织时其分子宜单纯耶？宜复杂耶？单纯则不能广罗人才，复杂则恐结合不巩固，将生破裂。弟夙夜研究，两者各有利害，颇难定所适从。弟初有此志时，除公之外，相与共商者，在东则为观云、佛苏等，在内则为楚青、孺博等。楚青辈与此间人不相习，一切由弟间接介绍，则固无妨；若观云则最初既已与议，今若一旦不能复合，恐贻人笑；而佛苏近日言论，亦颇有不能合并之势。以弟度之，大约彼处亦有多数同志同认政党为必要，而其进行手段而与我辈未能一致耶？弟与佛苏之交虽不过一年有余，然甚敬其人之热诚，不欲与之绝缘，初必欲拉之相合，然彼既有与彼共进退之一群人，气味不甚相投，则强合亦属无益。万一以分子不纯之故，中途分裂，所损更大，故今决不强之。但最难决断者，则弟之加入问题是也。弟今自为计，厥有三策：一曰加入一方，而排斥他方者，则无论加入彼处而排斥尊处，势所不能，即加入尊处，而排斥彼处，亦所不欲；且弟之加入与否，非徒弟一人之关系，即与弟共进退之人，尚有多数，不能无举足左右，便分轻重之虑，此其所以难也。二曰两方皆不加入，惟以个人之交谊斡旋其间，两方皆为秘密之助力。但如此办法，则能相助者惟弟个人之资格耳，个人之力几何，恐终不能自尽责任。三曰两方皆加入，则两团体现时虽未能合并，而以弟处其间，待将来时机既熟，终必有合并之一日。故弟之意颇欲采第三策，兄谓何如？

夫今日民党，其力之单已甚，非统一不能有势力，此我辈夙所主张者。但一国之大，各人各有其特别之关系，欲骤合之，殊非易易，且即今能合，亦安能保将来永无第二党之发生，合之又可尽乎？但使宗旨相同，则初时为分机的发达，使各负实力，他日一举而合之，其力亦更大耳。进步党之初起，亦合数团体而成，进步党未建设以前，不害其为个个之独立体，而后此亦不害其一个之大结集体，此前事之师也。惟自初起之后，则必毋立于互相排斥之地位，而惟立于互相提携之地位，则感情只有日加浃洽，而断不至日相距离，斯后此之结合，无复窒障也。以中国人性质之复杂，我辈今日所谋者又属草创，开前此未有之局，今遽欲令我党之外，无复他党发生之余地，此殆事实上所万不能。故可结合者，则早结合之，若其未能，与其勉强，毋宁听其各自发生，如此则各小团体中，其分子既皆单纯，无内溃之患，而亦不至以求太单纯之故，距人于千里之外，岂非两得。弟于此两者之间，斟酌多日，所以万不得已，而欲献此策也。要之，弟与兄初议则欲孤军崛起，尽网国中之豪杰，以图一统之业，今则看此情形，颇难办到，乃欲听其各州自治，将来合成联邦之业，其归则一，特进行之途径，小有不同耳。

但既以此为进行之途径，则有一最要之义，不可不预先订明者，曰对于同主义之别党，必毋互相排斥是也。如兄前日所言，凡党派苟非一致，必相竞争，此固含一面之真理，然弟以为竞争亦自有范围，非必排他，乃能自增势力也。苟他党不从实力上进行，或其内部之结合不巩固，则天然淘汰，自不能以生存，不久则必溃散；而其分子之良者，必改而合于优胜之派。若其结合能巩固耶，能从实力上进行耶，则虽暂时不合于我，而其对于政府之方针，与我无二，则不啻我之一游击军也。彼此既有共同之敌，则彼此自无相敌之必要。果能循此以行，则异时必有成就联邦之一日。弟所望者在此，未识吾兄以为何如耳。夫既已宗旨相同矣，又既有共同之敌，然则曷为而不于最初时结合，而任其为各州自治之形态，何也？此诚吾辈最痛心之事，而又莫可如何者也。其所以未能遽结合者，乃不在其政见，而在各个人之感情。个人之感情良好，而政见纷歧，强与结合，其危险不可思议无论矣。反之而政见虽无一毫之差异，而个人感情未能十分融洽，强为结合，其危险亦复相埒。丁此场合，惟有一面各自为战，一面力求感情之接近，斯为良策。而所以力求感情之接近者，其道何由？一曰消极的接近法，以互相排斥为禁是也；二曰积极的接近法，可成的互相补助是也。然则最终之目的在统一，而进行之手段虽暂不统一，其无伤亦明矣。而将来能收此效果与否，则纯在各党派之人之责任心（质言之则道德也）何如。若能认共同之敌，而不认共同之敌之外更有他敌，则将来之结合必可期，否则不堪问耳。弟今所以不得已而欲取第三策者，正为此也。吾兄以为何如？尚乞熟思一决之。（所谓从积极的、消极的两方面以求感情之接洽者，弟以为不徒对于现在将成立之党派应如是耳，即对于他日别成立之党派亦皆当有。然吾辈之理想，自以网罗一国中同主义之人，尽集于一旗下为期，然此事究能遽办到否，实属一大疑问。何也？一国之大，表同情于我等之主义，而不表同情于我等之个人者，弟不敢谓其必无，又不敢谓此辈人必绝对的无政治上之能力也，我辈岂能必取而强结合之？若因其不与我辈结合之故，而排斥焉，则曲不在彼，而在我矣。使我辈确能尽责任，有影响于国家之前途，则他日不期其结合，而自不得不结合。彼若果以公益为前提，亦只有向于共同之敌而进行，断无妨害我辈事业之理；苟其因未相结合之故而妨害我，则又表白彼之自为小人，而其党之不能以成立，又不待言矣。）

至专提倡开国会，以简单直捷之主义，求约束国民心理于一途，以收一针见血之效，诚为良策。弟当遵此行之，并在《时报》上有所鼓吹。此函所最重者，在第二条所提之问题，弟于此一无成见，但求于国家最有益者，无论如何，弟皆乐从。乞兄早复我，决定后弟当再入京取进止也。"（光绪三十三年三月《与皙兄书》）

四月，先生致徐佛苏第一书：

"昨已发长函于某君，如所商一切，此时我但着着进行耳。蒋先生处意见如何，想已面述告彼矣。

若伯母无恙，则仍以暂勿离东京为是，盖今若独立组织，则最初进行时舍兄不可也。兄一行，则活动停止一大部分矣。今日得一书，言某君特开宪政会（彼既著进行故我亦不容缓），殆即兄所言宪政研究会耶？抑别一物耶？其诡秘真不可思议，与我共事而始终不一告我，意究何居？毋怪写信来之人（此人为法政第四班毕业者，弟之门人也），亦对于彼而怀疑也。

归后细思兄所言党报未成立前，先组织一报，此著似亦甚要。盖某君今方着着进行，则我辈速设一机关，以吸收人才，诚为要著。弟欲出一报，名曰《政论》，其社即名政论社。（此名或可用，或不用，请斟酌之，所重者实，不在名也。）但此社非如新民社之为出版物营业团体之名称，而为政治上结合团体之名称，现在所联结者，即先以纳诸政论社中，将来就此基础结为政党，公谓何如？若如此办法，则此报即以党费办理维持之，其经济为特别会计，由社中设一机关笕之，不与《新民丛报》合并。弟当筹出四千金为办此报之经费，将来此报之经济，期于可以独立。报中文字由社员担任（但社员不限于作报之人自无待言），仍各支撰译费少许，不必纯为义务的也。先造此基础，为党之先河，公谓宜否？若办此事，则公又不能径行矣。

如近日政府有改革货币之议，此等实政论社之一绝好材料也。吾辈可以大表所见，此报办起即专从此等方面著力，于政界前途必生影响也。

要之，公之归否，实现在最切要之问题。果伯母病危，义固不容不行，既如是，则以速为妙。公若行，则请速行，速行后一两月即再来，一切事俟公再来乃发手，否则须俟发手后办有眉目，公乃能行，此又必须半年后矣。盖发手后，公必须有半年在东京，此不易之办法也。如何？请速决。"（光绪三十三年四月五日《与佛公书》）

四月，先生致徐佛苏第二书：

"得公第一书，言不欲与闻党事，为之骇然。得第二书乃知有因。某君处弟近致数函，不见复，南海有一函与彼（乃复彼函者），寄去已旬日，亦不见复，不知其有何意见否？据公言，知其扩张党势，日新月异，而竟毫不相告，岂有相排之意耶？若果如此，将来何以共事，必至分立而势日薄耳。为中国前途计，能无恸哭？若其果有此心，公为我计，应处如何地位，望熟思相告。

秉三似颇灰冷，尤可痛也。此段望勿示人，但熟思复我。"（光绪三十三年《与佛兄书》）

同书徐氏作跋注如下：

"余于乙巳年间与梁先生订交时，尚未脱离革命团体，亦无改倡立宪之决心，故当先生力主组党时，余曾迭函求退，徒以先生情笃，余难恝然。及先生邀集余及杨晳子、蒋观云诸友议组宪团，杨、蒋政见至迕，彼此坚愎虚憍之意态，均不可当，余无术周旋其间，亦难左袒何方，惟怵心创议结社，即有此不祥之气，后患叵测，故余复函告先生以不愿入社之意，此先生函中有'骇然'及'痛哭'等语也。至如杨、蒋互讦之函，余处犹有存者，未便示人。"（光绪三十三年《与佛兄书》徐氏跋注）

四月下旬至五月初①，先生为党事一度返沪，这时他已与杨晳子分途单独组党，现在再择录几段材料于下：

四月先生致蒋观云、徐佛苏书：

"顷见电，知西林南下，欲往沪，要之于路，有所陈说，一为全局，一为桑梓也。准土曜十时动身，约半月始能返，相会又须俟二十日后矣。现当经始之

---

① 梁初到上海时间，据原"初稿"本批注："到沪系四月二十三，五月五日即返日本，仍寓须磨，与潘若海同行。"和梁词《金缕曲·丁未五月归国旋复东渡却寄沪上诸子》同。

时，本不宜他行，然西林、项城二人，皆为今日重要人物，将来必须提携者，失此时机，相会殊难，故不得不先彼，想两公亦必以为然也。

党事本欲俟相会时乃详商，今既有廿余日之久，故有一事宜先陈者，即正式结党之迟早问题是也。某处既有分离之说，弟意谓最好俟其宣布分离后，我乃明建旗鼓，则我有词以责彼，彼无词以责我。在前此彼仍多说词，则不能迁延久待，今彼既有此，则小待之后，我行动更可以自如。弟昨书谓先以政闻社名义组织，意在是。今度彼处情形，彼既有分离之意，而某公复弟书，犹如彼云云者，盖亦欲分离说自我而倡，则彼为直也。观彼欲与我分，而其党员中即有欲脱党者，可以得其情矣。若自我倡，则彼可言我辈排彼，因以激其党员之愤，而坚其团结耳。故弟不欲中其术而为彼所用也。至于以政闻社名义组织则不可缓，以人才速宜搜罗故也。弟前复彼信，言一面自组织小团，为将来合大党之预备，彼固不能怪我耳。一两月后，势力各自进行，确有不可合之势，彼将先发，其时我乃改为，似较占地位，公等以为何如？观云先生两次寄来关于党之布告，弟所以不欲遽发布者，徒为此也。请熟思之。今别拟政闻社社约，请鉴。

弟今次行以半月为期，或多三四日，亦不可定。《丛报》廿一号之文，尚无只字，此报定期出版之信用已久失，固不足惜，但虚悬此印刷所而无报出，每月费千金，于私人经济抑甚不利，故欲公等为助此一期之稿（观云先生专力预备政闻报之文，不敢复相扰，欲佛公与诸君惠以译稿耳），俾速印成，但终须有一两篇为论著者，若全属译述，未免太难看了。切望有以助之，一切仍由中国书林交涉可也。"（光绪三十三年春初《致蒋观云徐佛苏两先生书》）

四月间，先生致蒋观云书一：

"顷有一公函寄往佛苏处者，想已见矣。趣意书已读，惟弟细思此文，似以不发表为是，盖此文最重要之点，不过恐来者以欲加入干部之故，而生意见，但此究非甚可虑之事，盖人之难共事，至于如某君者，恐世间更无其他。前此在北辰馆数番辩论，生出无量问题者，实缘某君一点私见感召使然，否则我辈数人，空空洞洞，无一成见，真所谓何处惹尘埃者，安用此晓晓为。吾党本无甚可秘密之事，对于政府之进行方针，无事不可以与党员共之，且广为讨论，集思广益，非特于政见更衷至善，即为训练党员，共得正确之智识，亦良有益，此毫无可秘密者。至于分任各事，则惟才是视。其热心自任者，势必崭然露头角，几不劳我辈推荐，更何论限制，惟其中有不必尽以告人者，则惟关于营养一方面，然此亦非以秘密之故而不相告，徒以不必尽人而语耳。然关于此等事，其基本金必须在通常党费之外，尽可以数人自负责任而经营之，一般党员必不见责也。要之，事实上之干部，必在最初发起之数人，此必至之符，虽欲避而不能避，抑他人虽欲攘而不能攘也。所最要者，则发起之数人，其分子结合必须巩固，否则全盘基础为之摇动耳。盖发起数人，实不啻自为主体，而以所吸收者为客体，但吸收之后，其客体之分子良者，必旋入而为主体，此皆必至之符，然终不能遂排最初之主体而去之，此亦必至之符也。惟此语不可道破，若道破后则人反疑最初首事者欲奴隶他人矣。实则我辈之心，皦如天日，绝无欲主己而客人之意，而与党关系既深，党中去此数人立刻不能存在，则亦安复有人能排之耶。故弟以为干部之说，今且可暂不提，而我辈可自居干部而不疑，党成立之后，亦必为党员所默认，斯足矣。今画蛇添足，甚无谓也。某君之意，许多举动须秘密，故积极的不可不有干部；我辈之意，欲我辈数人必能与党相终始，故消极的不可不有干部，但此消极的办法，则弟以为自居之，且得党员默认之，亦已足矣。盖今日我辈极力搜集人才，尚觉党之成立如此其难，尚觉人才如此其寡，若吾辈数人忽与党断绝关系，党安有复成立之望耶。此事实上断不能生出之结果也。公谓何如？至此一段以外，则公文语语皆极要著，其大纲数条，则拟俟发布党纲时用之（略嫌其文太繁，当稍芟节）。其言政治上之道德，则欲公别为一文，或登报中，或印单张皆可，却不必作为党中布告，盖有近于直箴某君之语（不知是弟杯弓蛇影之见否），恐缘此意见益深。我辈与彼虽不合并，然终欲提携，此如公前书所言。民党自此不统一，弟今犹刻刻痛心疾首也。弟料我党成立后不久，彼中人必将加入，故今宜善为之地。公来书谓断不妨害其进行，此诚道德上所应守之职务，无论彼将来待我辈如何，我辈必尽其在我也。（公文虽无伤犯彼之处，然以猜忌之人之眼观之，其中一二条恐有嫌疑，若作为一普通之论文，似较妥善无形迹耳。）要之，此文发印与否，请俟数日后弟来东与同文再商之何如？"（光绪三十三年《致蒋观云先生书》）

四月间，先生致蒋观云书之二：

"所以欲加此一函寄某君者，因吾辈别有组织，无论如何必为彼所知。若弟向彼所提条件，彼承认与否尚未确答，而我辈遽组织，则分离之机，明先发自我，彼得有辞，且痕迹日深，将来合并更难，故似以告之为妙，但措辞甚难耳。

此函之语终觉格格不畅，甚矣用权术者之苦也，吾惟祈祝终身不再遇此等事而已。公等若谓措辞不妥，则请勿投去可也。"（光绪三十三年春初《致蒋观云先生书》）

四月间，先生致徐佛苏书：

"与某处合并问题，顷诚大费踌躇。公所拟固为可久之计，但目前痕迹似已深，提议分离，已颇难措词。公所谓以保皇会旧部为言，此乃不可，盖某君前曾托弟代达一书于南海，南海复书亦无异言，而旧会员实则经济上可得小助外，其他一无意识，惟南海与弟言是听耳。此种情形，某君亦知之，今忽以此欺彼，实为不可。故弟之意，顷亦颇决于分离，但如何措词之处，尚欲与兄一细商之。"（《与佛公（徐佛苏）书》（按此信未完））

四月间，先生致蒋观云书之三：

"弟顷因候刘君，故不能遽行。（刘君本言日内可到，乃在横滨及东海道沿途耽阁，今尚未至。）大约须在十日后。（因刘君来此后，尚有应交卷之文字。）各事虽俟公商者多，然现时有可以先定者二事：一曰另租一房屋，二曰预备一杂志之出版，昨函已详言之，深望先生即与徐、黄诸君先从事于此也。人才之乏诚可叹，亦只得就所有以先办，初时分子必以单纯为佳，此一定之议，大约蒋、徐、黄、吴及陈君公猛同发起亦已足。邓孝可君志毅弟已函往邀之，彼现在汉口，或径能来，弟请其加名为发起人，彼允否此十日内当有电来也。"（光绪三十三年《致蒋观云先生书》）

四月间，先生致蒋观云书之四：

"今日始成行，礼拜四发横滨，不及走辞矣。晢子对于先生之改案，微有异同，而其归则一，弟以为先生宜以交让之精神调和之，弟亦以此力劝晢子，想无不可协同也。弟到神户后即当将章程草案拟出，呈两公采择，拟于公布之章程外，别著所谓'干部章程'者，此党中命脉，在此处重握其权，则不至有分裂或旁落之忧也。先生允惠大稿与《丛报》，至感至感。能早最妙，因欲赶紧出完，本年便专精力于党报耳。"（光绪三十三年《与蒋观云先生书》）

四月间，先生致蒋观云书之五：

"顷已到沪，其目的物闻将直航而南，不在此逗留，果尔则此行虚也，当稍待之。现尚未多见人，大约可语者亦甚希耳。此间确非善地，益服观云先生前言也。邓志毅已见，此公无不赞成，可以决之，发起人请即书其名可也。此公近专注实业，组织一煤矿会社已成（小局面委人办之），又欲办川藏间垦务，拟集股三百万,大略备齐,日间入京运动免许状,日间当行,恐须一两月后乃能一来东也。弟拟俟此行目的或遂或否之后,乃敞开门户,一见此间所谓人物者,现仍蛰居也。"(光绪三十三年《致蒋观云徐佛苏吴仲逸先生书》)

四月底或五月初,先生致蒋观云书之六:

"两示并悉。《报知》① 所载太奇,此间得公书后,方追得原报检阅,已寄去质问矣。相念至切,极思一见。惟此间警吏,受沪道贿嘱,专相伺察,沪道又日日造谣相倾,故决意谢客数月,不接一人,免供彼辈材料。若公与仲逸同时集此,彼辈又将相惊以伯有矣。故请公暂勿枉驾为盼。即仲逸亦不欲令其久居也。"(光绪三十三年《致蒋观云先生书》)

六月八日,先生致南海先生书:

"再禀者:启超数月来奔走于上海、神户、东京之间,几于日无暇晷,故禀报殊疏,深罪深罪。杨晳子初本极热心此事,至今犹然,但征诸舆论,且察其行动,颇有野心,殆欲利用吾党之金钱名誉,而将来得间则拨载自成一队,故不惟本党旧人不敢放心,即东京学界各省新进之士表同情于吾党者,亦不甚以彼为然。故现在政闻社之组织,杨氏不在其内,弟子数月来所经画徘徊而久不定者,颇为此也。今则两面俱已布置停妥,令杨氏暂不入会,而彼亦必不相反对也。——革命党之势力,在东京既已销声匿迹,《民报》社各人相互噬啮,团体全散,至于并报而不能出,全学界人亦无复为彼所蛊惑者。盖自去年《新民丛报》与彼血战,前后殆将百万言,复有《中国新报》(晳子所办)、《大同报》(旗人所办)助我张目,故其势全熄,孙文亦被逐出境,今巢穴已破,吾党全收肃清克复之功,自今已往,决不复能为患矣。吾党今后但以全力对待政府,不必复有后顾之忧,武侯所谓欲为北征而先入南也。

现在旗人之留学东京者,皆已入会,其中颇有有势力之人,至为可喜。有蒙古土尔扈特亲王,甚为英爽,亦已入会,此人在蒙古极有势力。肃邸所派来见之人,为湖南人李步青,现任贵胄学堂监督,人极朴诚,顷拟派觉顿偕之同往。余事尚多,容当续禀。"(光绪三十三年六月八日《与南海夫子大人书》)

---

① 《报知》,日本矢野文雄等在东京出版的一日报。

六月十四日蒋观云复先生书：

"手书敬悉。社员来者多，以形势观之，但患经费之不充，事实之不举。若经费充足，事实举行，不患社员之不夥颐，党势之不扩张，先生亦可审量其重轻，先后专择其当注意之事矣。窃谓台湾之行，极为有益于社务，进行无甚妨碍，惟文章之事必须于成行前预备，此事若无着落，则于社务大有妨碍者也。弟观日后以文章为一难事，大约数期以后必致困难而延期等弊当不能免。故弟总以每月百二十页为一册（《新民报》约取价贰角五分），困难较少，且可不至愆期。职员之事已与佛公面议，现拟定之事如下：

宪政讲习会又发一意见书，以扩张声势，其一条言开一日报于北京，以行监督政府之实；其末有诋言地方自治者，近于空言延迟，仍归重于晳子所谓开国会之说。又颇有抢夺会员之势。（遍招遍邀稍重要之人，种种设法，强其入会。）两相争夺，事属不宜，且使会员负有轻视党社之心。弟思最后之胜利，必在事实之举行，否则一时扩张，无事实以继其后，必不能久也。（欲事实之举行必在经费，宪政讲习会派人分担六百元之捐款，亦为此也。）

弟谓社中要务，第一在经费、事实、外交，次之则报章之良恶、迟速、多寡（如再有日报等），苟此数事皆胜，不患无社员，观近日之来势，已略可知之。"（光绪三十三年六月十四日蒋观云《致梁任公书》）

六月二十二日，先生致蒋观云、徐佛苏、黄与之书：

"惠书并悉。本宜速来东商议，因刘君铭伯不日归国，频有函来属相待（彼尚未到神户），必俟其行后乃能东上，大约须在一礼拜内外也。

某处久已函往，尚未得复，佛公言料其必一月乃能复，此实情矣。虽然，前此本与彼共事，今未得其复函确不承认吾辈所提之条件，而遽别组织，则首倡分离者不在彼而在我，彼或有辞可以借口，而多生支离。弟前信绝未提出分离之意，惟与言干部人物而已，故今欲再加一信与彼。今将原信呈上一阅，若谓可发，请即代发之，发后即著手于组织；若谓不可发，则须俟其复书后乃著手矣。观云先生来书，谓彼必不肯相舍，必复有波澜，此亦实情，不可不虑及。故不如当其未复书前，先以此书堵之，不然万一彼复书承认条件，则吾辈另行组织之议，反难进行也。诸公谓何如？

另租一屋，为公同聚集之所，此事必不可缓，请即行之。屋必须稍宏敞，为将来事务之需，大约于三四人住房外，必另有空屋三间，为应接办事之用乃可。今先寄上（交中国书林转交）二百元为押金之用，以后则食费及下女等费，由住居者自出，屋租则由公款出，似两方皆不至费力。诸公谓何如？

会名之研究，实属要著。徐公主用普通名，蒋、黄二公主用特别名，各有理由。鄙意则谓两者可以兼用，先用一普通名，随时因实行事件之发生，则临时复用一特别名，而主之者同此一有机体，则种种方面之人皆可以吸收矣。其办法则以普通之名先组织一报，即以报社之名为会名，如此则甚有弹力性，而易于屈伸。及势力稍张，欲对于政府而提议地方自治，则临时组织一地方自治要求会，以社员全体加入，而复在外更募集会员，将来此种特别会员，大半皆可复加入本社，如此则多提议一事，则社员即臌胀一次矣。诸公谓何如？

无论如何，此报万不可不先办。若诸公同意，则弟处拟先筹出二千金为基本金，即日预备材料，以一个月内出版，在东京新租之屋，即以为此报之编辑所，在同人中举一人为编辑主任，一人为会计主任。将来以会为主体，以报为附属，自无待言，初时则不妨两者并重也。公等谓何如？以上各举概要，其他条理万端，非面见不能罄一切，俟十日后定之。先发此函者，一以促租屋之议果实行，二以促报社之议果成立耳。盖此二者，不必有所待也。"（光绪三十三年六月廿二日《致蒋观云徐佛苏黄与之三兄书》）

六月二十七日，先生致蒋观云、徐佛苏、黄与之书：

"某处顷已有复书，今寄上，请一阅，当如何复之，尚欲公议乃发也。弟意欲即与论国会问题，言手段、进行不能一致，何如？若彼处先发分离之意，则于我更易措词矣，诸公谓如何？请即复我。

新报之文弟即当预备，但此数日间刘鸣博在座，坐催文债，非四五日后未能著笔也。弟所欲作之文，一为《世界大势与中国前途》，一为《宪政之运用》，一为《货币政策》（此皆大意如此，命题或尚有斟酌），颇欲对于政府举措，常为批评训导，如此乃尽我辈之责任。如彼现在有定币制之议，我即发表吾党对此事之意见，以后或自提出问题，促政府反省施行，或对于彼所施行者为之纠正。大率每期中为抽象的论文一二篇，泛论全局者也；为具体的论文一二篇，专论一事者也。如此则庶切实而有效力，诸公谓何如？报每月出一期，此可决定者，惟观云先生言叶数不必太多，鄙见颇持异同，此则弟为自便起见。盖弟每作文，动辄繁而不杀，而一文分登，号数太多，实令人生厌，若欲一二期登完，则每号将仅一二题矣。故鄙意新报必当厚于《新民丛报》，约与《中国新报》相等，定价或如《丛报》，或稍增亦无妨，印刷拟在东京托日人，初时未便，则《丛报》暂代印一二期亦可。盖《丛报》年来亏累太甚，即续出亦不欲自印，或交上海广智印刷所印之，改在未遽收者，实缘所赁之房未满期耳。故此后此报必须在东京托印，其关于印刷校对各小事，亦须在东京有人任之也。弟大约阳历初十前必一来，相见后复返须磨，方从事于报中文字矣。

日间与刘君议，欲在桂林开一银行，以党力办之。顷为拟草案，颇须费数日之力也。"（光绪三十三年六月廿七日《致蒋观云徐佛苏黄与之三公书》）

六七月间，徐佛苏致先生书之一：

"职员一节，弟与观云先生正在熟虑之中，盖职员不定，对内则责任不专，对外则易滋摇动。近来入社诸君，无不以职务之组织及何人担任何事为问，弟等均无以对答也。其尤可虑者，现在社员逐日加多，若职员犹未派定，则将来议员何以发生。用选举法则，政党绝对的无此办法；用指定法则，社员恐又斥为专制。惟今日赶紧指定，则社员日后无隙之可寻。若最初即不以指派为然者，则必不至混入其中，而生后来之怨望。尊意云何？

昨观云已拟一职员章程，与弟共决，伊之意视编纂甚轻，而视交际甚重，此殊不可解。夫未改党之先，则编纂一部，为发扬本社之势力之大本营，其所谓交际，不过在东联络同志，对于政府固无正当之谈判也，对于内地亦无甚许多组织也。若改党以后，则交际始日趋于重要，此事实之自然的现象也。乃观云必欲握交际一权，得毋轻重颠倒？虽然，弟亦不必与之辩也。但编纂部各事，观云其何能兼办耶？今日在交际部见客，明日负交际责任会客，岂尚有余力可以兼顾编纂事业。况观云性情最喜静养，贵手中握有一管时，非万籁俱寂，四壁无声，不能作一文章。今交际与编纂两事，一主静寂，一主活（静）〔动〕，绝对的不能相容，伊何故欲兼跨此两大机关耶？先生与伊函商时，当畅陈此性质之异同，然不必说弟有此意见也。观云为人极长厚，听忠告后，必不至坚执成见也。至为所拟总务员、副总务员一节，果确当否，亦当斟酌，弟则以为无大弊病也。

三日前周应昆、陈敬民两君曾来政闻社，力陈两党将来必有可合之机，并表明多数人（周大烈、陈国祥、姚华、陈敬弟等）均不入讲习会，惟各个人面面活动，以俟将来并合。弟曾言此事万非政闻社所乐闻,盖政闻社之意,只求立宪之发达,万不于立宪党中而(无)〔分〕疆界。此等言论畅发无遗,伊两人终以不入彼会为词,弟亦无可如何也。临别时弟曾发一重要语询于两君,谓'政闻社之发生者,全系对于皙子感情不好,无可联络,与讲习会风马牛不相及。今讲习会既力辨皙子不在此内,与政闻社之恶感从何而来,得毋皙子个人恐受他人攻击而嫁祸于多数人,且激动多数人以与政闻社宣战耶?'弟发此言后,伊两人均无辞以对,惟云政闻社与讲习会原无恶感也。今蹇季常、陈敬民既来尊处,先生亦当力言与讲习会无恶感,且当言与皙子有恶感者,不独一观云,以塞彼党之乘隙,盖彼党近来对于弟与与之兄极欲联络,而偏锋专向于观云一人,观云能力固不足与之相抗也,当合力助之。"(光绪三十三年徐佛苏《致任公先生书》)

六、七月间,徐佛苏致先生书之二:

"入社章程及格纸刻下已发布净尽,迟二三日可呈上,惟介绍不能填写先生之姓名,此略当注意者。社中已入之社员,约百人,其陆续入社者尚多,看此趋势,万不患社员之不发达,惟重要之人物实难得也。

前日方君绶章逐函约弟商议合并事,弟已于二十五晚至方处,时雷君道亨(即雷光宇)亦与议,故力言彼此万不能不合之势,惟方即加入政闻社,亦决不至有许多异议,并力证杨皙子未在讲习会之内。弟见其情词迫切,且方之言论尤光明磊落,亦力陈合并之利。弟责皙子前日不应坚持成见,排斥多人,伊两人皆承认皙子之骄傲。据此情形,彼方无难合并之势,其最要者,政闻社之根本上的组织不能变更。彼辈既公认先生为社长,则一切职务,均应受先生支配,而不可稍有牴牾之见。彼方之重要分子,如熊、方二人,自当稍予以优异之地位,如'常务议员之类或更兼一部主任',先生以为何如?弟已函致方、雷二人,属其与熊熟商,如熊毫无他见,然后彼处派代表人来政闻社谈判。弟想合并之议,虽直接之利益不多,然间接所收之利益实甚不少,盖彼处虽无多人物(彼处性情之纯洁以方为长),然中立派之态度则可取消也。昨并商观云,亦毫无异议。如此议果可成立,则先生迟日亦当来东旅行之说似可从缓。张君劢兄亦与弟同见,其函词并呈上一览。

皙子现在十分冷落,怨悔集于一身,盖除熊、蹇数人外,皆无不反对皙子之骄傲者。以皙子今日急迫之情形,虽加入政闻社亦决无妨碍,因其一部分之资望与其势力均已扫地，不足以动摇政闻社之基础，况其容许入社之权，当操自我，更何畏哉。弟以为讲习会万无难合之点，乞酌之。"（光绪三十三年徐佛苏《致任公先生书》）

七月五日，麦孟华致先生书：

"日来政府有大变动，北洋入军机之说已确，道路且有立储之谣。惟现在江、鄂、直三督，苏、浙二抚，皆告病假。观此现势，则朝廷必有非常举动无疑。西林病假才满，即奉旨开缺，盖已陷于全行失败之地位矣。粤督为丰润张公①（原在东时已拟报及之），此人为赵魏老则优，不可以为滕薛大夫。博深知其人，料其抵粤之后必无十分振作，且彼与西林颇有意气（政府之中伤西林皆以康梁为词），恐其尽反西林所为也。政闻社事如何？现在内地生莫大阻力，而在东学生大失信用于政府（近日有刘某奏请尽撤回留学生，已奉书议奏），恐公所举，徒劳无功。以博细察时机，非于中央施以动力，决无转机。鄙人不敏，当为公力任其难也。近日内地文网四布，动辄得咎。各处寄信，邮局皆擅自拆查。如公有信来，乞勿署大名乃妥。仆因母病，欲速归省，大约月中便当南归矣。"（光绪三十三年七月五日麦孺博《致梁任公书》）

上面这些材料反映了先生和蒋观云等发起组织政闻社的经过情形，及他们与杨皙子等人的矛盾。

录自丁文江、赵丰田：《梁启超年谱长编》，上海人民出版社1983年版，第367—416页

---

① 张公，指张人骏，直隶丰润人，7月4日继岑西林为两广总督。

复杨度书

光绪三十三年正月十八日

康有为

皙子贤兄有道：数年来闻卓如论人士，首屈指于足下。虽远隔绝域，而足下之志行学识如在目前。昔人云，欲知天下士，未面已倾心，志同道合，犹比肩也。吾之通梦交魂，推襟送抱，惟吾皙子耳。

久逋亡，未得通问，顷奉赐书，欢喜无量。凡所言者，所谓祢生之言，皆视腹中所欲言也。不意合辙剖符，至契至此，岂非志识所及，深造自得，自然之理耶？大论欲为十余年之计画，非此远虑，岂足以共大事。方今既预备立宪，政党不能不开。鉴于奥国十八党之乱而危弱其国，统一尤不可不谋。各国创党之始，无不急进者也。吾国政府脆弱昏黑，不足齿数，攻之不足惜，何所□□不生之。监督之义，尤不待言。故夫扶皇室、联民人以攻政府，尤宪政党之定义，不可少易。今但得党势内张，下收学者，以得人才、收人心，上收士吏，以备将来执政之推排，其力既厚，其势甚顺，敌党自缩。尊论思深而理详，虽俾斯麦、嘉富汗谋之无以易。此同心契合，无事赘言。以足下忧国之诚、通方之学，于此开创之举，元戎十乘，必能招拓大风之思猛士。鄙人俯首，窃愿受成。至推及鄙人，则薄德寡才，何能当此领袖之选，得无嗜痂之癖耶。惟中国之忧危久已同之，愚公移山，久不自量，何能自遁自弃乎？惟有竭尽其愚，以奉党事，以从诸公之后，庶几中国有瘳耳。

漫游摩洛哥、班、葡间，得书甚迟，匆匆立复。不尽一一，敬问起居万福。有为再拜。正月十八日。

国家清史编纂委员会文献丛刊《康有为全集》第八集，中国人民大学出版社2007年版，第314页

与梁启超书

光绪三十三年

康有为

开春想安胜。再电悉。吾今在墨,为商会以四万元之地,得利十倍,而纽银行须开,不然分款它往,兵多力薄。吾今欲聚力于墨,一切不欲易矣。惟既两电力请,姑以万元试办,已令铭三电汇日银一万元,想收,可谨慎行之。炒股事亦胜败兼之者也。政党所拟者皆极妥,及今推广以铄革党之势,或可救也。

国家清史编纂委员会文献丛刊《康有为全集》第八集,中国人民大学出版社 2007 年版,第 274 页

复梁启超函

光绪三十三年四月中旬

杨　度

卓如我兄足下：来示及南海复书均收悉。彼此主义既可归于一是,则今所欲商者,厥惟二事：(一)政党成立之时期,(二)政党组织之方法,请分述之,以待裁酌。

(一)政党成立之时期：欲党成而有势力,则必社会上结党之观念大盛而后可,今则惟少数人有此意,余众尚未尽然者。非以政党为不必要,乃不知政党之起欲何所行动,何所经营,疑惧而不敢发也。夫政党之事万端,其中条理非可尽

人而喻，必有一简单之事物以号召之，使人一听而知，则其心反易于摇动，而可与言结党共谋。以弟思之，所谓简单之事物，莫开国会若也。弟于《中国新报》第三期已言国会之可即开，然仅此一报，不得为舆论同然之据，疑之者尚复不少，则虽结党，未必能遽盛也。弟意《新民报》及《时报》等（以日报为最好）合力专言开国会事，事事挟此意以论之，如此者二三月，则国会问题必成社会上一简单重要之问题，人人心目中有此一物，而后吾人起而乘之，即以先谋开国会为结党之第一要事，斯其党势必能大张，盖先举事而后造舆论，不若先造舆论而后举事，此格兰斯登之法也。此时结合非不可成，然势力则决不如国会舆论既成之后。与其早数月而使人疑我无势力，不若迟数月而使人惮我有势力之为愈也。

其所以必以国会号召，而不可以他者，因社会上人明者甚少，一切法理论、政治论之复杂，终非人所能尽知，必其操术简单，而后人人能喻，此"排满革命"四字所以应于社会程度，而几成为无理由之宗教也。吾辈若欲胜之，则亦宜放下一切，而专标一义，不仅使脑筋简单者易知易从，并使脑筋复杂者去其游思，而专心于此事。我辈主张国会之理由，但有一语，曰国民举代表人以议国事，则政府必负责任而已。以此为宗教，与敌党竞争势力，彼虽欲攻我，亦但能曰办不到，而不能曰不应办也。其余赞同之人，所以主张此者，则任其各自为说，无论其从何方面言之皆可，譬如出一题目，任人为文是也。排满革命之理由，各异其言，有曰报仇者，有曰争政权者，有曰满人不能立宪者，有曰立宪不利于汉者，虽皆无理，而各有一方面之势力。凡理由甚简单，而办法甚复杂者，虽智者不易寻其条理。凡理由甚复杂，而办法甚简单者，虽愚者亦能知之，能言之，能行之，范围反较为大，势力反较易增也。然鼓吹之法，仍不必专重政党，但宜专重国会。若专重政党，人犹不知结此政党将何所为，虽鼓吹而仍无效；但使国会舆论将成，人人皆欲得此而无其法，则一言结党，而须臾立成矣。鄙意如此，公谓如何？且南海书言筹款事，以至美改章后为妥，则俟一切稳妥而后行，亦为始事时之要义。此事重大久远，不急急于斯须之时日也。

（二）政党组织之方法：政党组织之法，各国不同，各党不同，大皆应于情势而异。吾等前此所议种种方法，实皆不甚妥贴，即兄所拟章程，弟亦不尽谓然。其所以如此之难者，实蒋观云发生一个人地位问题，不肯少屈己而伸人，贻吾人以困难，且吾人心理亦被其纷扰，而几流于不光明。弟尝思之，吾人今日必谋此者，为中国乎？为己身乎？特见中国之危亡在即，思合全国同志之力，以一谋之。其所以主张立宪党之统一，乃本于屈己伸人之公心，不然弟非不能结一特立之小党，以与公等各树旗帜，相与周旋，以为娱乐也。观云乃昌言欲坐收权利，固地位，又言内地危险，不肯身入，实非真爱国所宜言。始事者而存此心，将使一党之人，无不以地位权利为先，而以国事为后，则吾辈何所为而组织此党者。弟之视此党也，以为冒险入死之途，一旦党成，则不仅目前之祸福不问，即将来之升沉亦不问，以青天白日之心，求天下贤者之赞助，尽吾一身之责任而已。故于此党，决意使成一公党，扫除一切地位权利问题，而求共患难之友。于其组织之法，亦尝思之，第一级为总理，第二级为国务委员，第三级为常务委员，第四级为普通会员，别组织一干部，以主持党中重要事件。四级之人，皆可入干部，抑皆不必入干部，以道德才能为准，而不以资格地位为准。此较前拟各法，最为活泼。国务委员虚其席以待天下之大人贤者，而弟则居于第三级，为一有责任之常务委员，与最初组织一班同志立于同等之地位，不立丝毫之区别。此级之人当甚多，地位虽不甚高，然而冲锋陷阵者，必此级之人也。至于足下，则惟不可不居于干部，然既为秘密重要之人，则无论于何级而皆同，弟意亦欲以屈己伸人相勉，而不必特异于人也。若我等如此，则一班同志必能同心同德以济艰难，否则吾人皆如观云所云，有享权利、占地位之心，他人岂来尽义务者乎？吾人所任之事大于曾、胡数倍，则其道德亦应高于曾、胡数等，虽自问非能有此，然不可不以自勉也。

至党中总理应举人否，南海此时应入党否之两问题，则足下前此建议，谓总理暂不举人，南海暂不入党，弟实以为最妥之法。但不知此层已由兄函告南海乎？弟前致南海书，曾言统一全国立宪党无过南海者，此殆吾二人共同之希望，而今时则尚不能遽得之于众会员者，此中情状兄所洞知。然若无告南海之函，则一旦党成，而南海不入党，总理不举人，岂非欺南海乎？然弟尝思之，设于今而欲急切达吾二人之希望，则不惟不能达，且党事或反因以不成，此无他，南海之反动力太大，革党与政府皆可借此以为摧残本党之具。非本党基础稳固，势力大张，不畏政府之后，会员之中不仅无敢顶康党之名而冒死以进者，即有之而不胜其阻力，于国于党，皆无所益，此人人所共知。欲党员全体此时推南海为总理，决不可得，且若欲为此，势非吾二人提议不可。而今者足下入党尚非全无问题，弟方日在谋所以合并之中，幸足下在内地之反动力较少，于南海尚不难调和一致，若更发一南海问题，则真无解决之道矣。且此间人士，殆无一人曾与南海有关系者，而吾二人亦尚未有忠于本党之劳力，使会员以信用吾二人者信用南海，则提议亦终无效，不如其已。弟以为欲达吾二人之希望，惟恃吾二人屈己奉公，无丝毫地位权利之见，党员皆既信用，党势又已扩张，夫而后同时提议，或能得党员全体之赞同。以南海之价值，非使党员以信用吾二人者而爱戴南海，亦不足为南海增重，若有不然之议，反贬吾南海矣。此事既非今日所能行，则南海不即入党，自以仍如尊议为妥。惟足下不可不于党未成立之先，以此意达之南海，不然则弟所函述将来之希望与现在之事实不符，有似乎欺。弟无论现在与将来，对于南海及会员两方面决不为何方面之欺饰，但使党员他日能信用吾而不反对，则吾之欲得南海以谋立宪党统一之希望，必有能达之一日也。此时兄既在党，实无异南海之自来，亦殊不必拘泥此形式，以惹起纷议之问题也。弟意此义必达之南海为宜，且弟必得兄一确覆而后敢定不举总理之办法，兄能以己意决之耶？抑必待南海复书而后能答我耶？乞示知为要。

以上所陈如何？祈裁酌见示。此请大安。弟度顿首。

再，弟前函论观云事，其书想由兄与佛苏观之。彼回东京告人，谓杨、蒋争权，各诉于梁。冤哉！弟何尝与人争权而诉于兄耶？其时此间与弟同志之人，有尚未由弟告以政党之事者，乃忽然闻徐言，知有政党之事，起而问弟：一、以政党之事何不相告？一、何为而有杨、蒋争权之事？于是弟不得不以实告。幸平日交情尚厚，不至有异同，成党之时尚可合谋。此辈乃编查部曹之优秀者，弟初不告之，乃惧事不秘密也。徐之为人热诚而识闇，难与深谋，此等举动殊使弟难以对人，且使人疑弟何忽有争权之事，及弟实告乃知。然观云至此为众所知，有轻之之心，不易合矣。且彼等不知弟与兄有何密议，以蒋推之，大约二人地位权利之见或所不免，因而对于兄亦不无懔疑，且各人本身地位之心亦生，皆以杨、蒋争权一语为其动机也。凡事手法稍乱，便生毛病，弟近日之调处乃苦于昔时。设吾二人果有地位权利之见，斯其事不成矣。吾辈设身处地，突闻有人组织政党，同时即闻某某争权，其不以为然，亦人应有之常情也。佛苏之识，乃至不能辨蒋、杨之异同，欲与深谋，不亦难乎？因彼有此言，于是弟所筹画与人联合之手续次第，几不由我计算，而问题横起。于是，有众人地位问题，有杨、蒋地位问题，有梁、杨地位问题，有康、梁地位问题。弟思我辈能与众人同等，则众人地位一问题不生，杨、蒋问题则杨、蒋可合，蒋与余人难合，梁、杨问题幸尚未有地位权利等之浮言问题发生，故由弟保证其必无问题，则不妨事。弟因此中有多少困难，故特作函与兄，其函稿及兄复函稿，将以与同志数人阅之，兄复函不可不注意。

弟函中言南海不即入党事，亦有苦衷。彼等现今最注意者，即以此问题为第一，因利害关系太大故也。彼等不知吾二人有何密谋，此时即将南海抬出，其实南海暂不入党，乃吾二人久定议者。此层果须南海知悉，乃能决定否？若其不必，则请即以书复我，不必多着词，但言总理暂不举人，南海暂不入党，仍如前议，吾二人之希望以俟他日再提，此时不必及此云云已足矣。盖此层弟之所言，不如兄言之可信，足以安众人恐惧之心，故必得兄一确覆，以示诸人。至于兄之无地位权利之见，则弟言犹可取信，兄函能略述其意，固足以生众人爱慕之心，否则虽不来示，亦无妨也。望速裁酌见覆为盼。佛苏为人无智略，可与行之，而不可与谋之，兄此后不可不注意。彼与弟之交情先于吾兄，弟服其热诚而不常与谋事，（兄亦可以书嘱之，恐彼不了解，又生问题也。）非无故也。兄千顷汪洋，固其美质，然处世之际，亦不择人不择言，则实不可以为长处而自护也。

尚有所密告于兄者，兄近作《现政府与革命党》一文，赞成者颇多，以其骂政府故也。乃兄忽又批评留学界事，以伤多数感情。此事内容并非整顿学界，特张皇以讨政府之好，且收集各省学费，以饱私囊耳。监察员纯为安置私人，故识者亦不谓然，兄何苦为之辩护，此文出而议者又目为御用新闻矣。谓《新民报》于二年前监督政府，二年以来纯然监督国民，此学界最有势力之议论，他人不肯以告兄也。《北京日报》中有一满人投书，论中国此时不可遽立宪，但可行开明专制，记者驳之，谓立宪则立宪耳，无所谓开明衔专制政体。又闻汪穰卿之报，宗旨亦颇类是，论者有以咎兄者。弟《新报》第四期有与兄一文，论宗旨之相同，多回护之意，然于开明专制则不敢提一字，兄俟见报后或以文答之，此皆利用两报为机关之一作用也。兄此后能注意政府一方面立论最好，每期必有此一篇文字，实可以唤起同情；若专驳革命党，批评国民，实为失策。弟以为国会未成立之先，国民实无服从此等政府之义务，虽一切反对之，不足为激。且我辈既为民党，则但有号召国民从我以反对政府，不能立于裁判政府与国民之地位，为公平之议论。进步党等绝未闻有此等言论者，实为谋党之盛，政策宜如此也。若忽东忽西，则招国民之疑惑，生党员之嫌恶矣。我辈若欲为民党，则不可不立于一方，而决不可为两歧之论，弟于兄无所谓心术问题，特政策问题耳。政策之不同，可影响于其宗旨，且既欲同事，不愿社会之议兄，故密以此言相告，知兄能谅其诚而恕之也。

黄与之为人长厚沉细，乃好少年；言办事，则与一经验初自学堂出来者也。刘章侯乃湖北习气重而无意识之人，常欲与弟相近，而弟甚远之，兄不可与深谈也。（蹇季常□同事某君□处云与书□惠之耶？《新报》在留学界销数不及千部，内地未得知，不知《新民报》在东京销若干？）

此纸阅后乞焚之。

录自刘晴波主编：《杨度集》，湖南人民出版社1986年版，第404—411页

创办政闻社之主义及其源流

徐佛苏

前清乙巳、丙午年间，吾国留日学生达二千余人，对于祖国救亡之主义，分"种族革命"与"政治革命"两派。

所谓种族革命者，欲以激烈手段推翻满清君主也；所谓政治革命者，欲以和平手段运动政府实行宪政也。梁先生者，久在日本横滨主办《新民丛报》，鼓吹革命者也。此时见留日学界主张立宪之人渐多，又恸心于国内历次革命牺牲爱国志士过多，而仍未能实行革命，乃亦偏重于政治革命之说，发挥立宪可以救国之理，于是于丙午①年间与马良、徐佛苏、麦孟华、蒋智由、张嘉森及留日学界三

---

① 丙午，应作丁未。

百余人创设政治团体于日京，名为政闻社。当时除吸收社员刊行《政论》杂志外，并派员归国，劝告清室，速颁立宪之诏。迨社员增多，立宪主义倡明之时，曾在日京锦辉馆开大会，发表主张，并柬邀日本维新元勋大隈重信、板垣退助两伯爵，及犬养毅、矢野文雄、尾崎行雄诸君与会演说。会事甫毕，突有激烈党学生数十人，入场狂呼，几至互殴，经日本警士劝阻无事。此为吾国立宪党成立团体之始期，亦即革命党与立宪党交哄之始期也。

丙午冬间，政闻社迁居上海，会员更增。旋因联络各省志士，发起国会期成会，警告政府速颁宪法，并电劾亲贵权奸丧权辱国，致大触当时所谓南、北两洋大臣张之洞、袁世凯之愤忌，竟奏恳清主下令解散政闻社。于是社中同志秘议分赴各省，劝导各省谘议局联合呈请政府限期召集国会，而民众参政之思想由此勃兴，致有辛亥年各省谘议局反抗铁路国有而酿成革命之结果，此政闻社之源流也。

录自丁文江、赵丰田：《梁启超年谱长编》，上海人民出版社1983年版，第416—417页

政闻社举行成立式

九月初六日，留东学界创立政闻社举行成立式于东京神田区锦町锦辉馆。是日社式约分两段：

一、午前八时起十二时止，为该社纯正开社式，因来会者资格皆限于该社社员，故所议各事不得其详，大约不过公举各项职员及演说等事耳。

一、午后一时起六时止，为该社演说大会，来会者资格不限于社员，是日又值日本神尝祭日，各校放假，故来者至多，已入座者约二千余人，尚有千余人在门外欲入而不得者，盖因会场在楼上，恐人多致有坍塌之虞，不能尽纳也。

最初请梁任公演说。先是来宾到时，即有反对党数十人混入，先占前席之座

位,及梁演说到一点钟之久,即有二十余人在坛下喧噪,声势汹汹。该社社员恐酿事变,乃共扶梁下坛而去。反对党中有张继者,夺坛大呼,言今日中国非革命,我看今日不可,一定要革命,万不能不革命。旋锦辉馆主人推张下坛,云:"今日本馆乃赁与政闻社者,汝不得在此坛上演说。"正纠缠间而警察亦至,乃拉张及某氏两人下楼问话。张云:"梁某今日演说,专为政府辩护,某等反对其说,故喧哗耳。"警察因未闻梁所说为何,故无从反诘,遂嘱各人仍旧入会,惟戒以不许多事而已。时张仍上楼,遂相安无事。而来宾中日本前文部大臣犬养毅氏乃登坛演说。继犬养演说者为早稻田大学学长高田早苗氏,继高田者为众议院副议长箕浦胜人。时众议院议长杉田定一亦在座,以未有预备,故不演。时已过五时矣,遂散会,开欢宴而罢。

综观此日情形,政闻社已于午前成立,午后之会,其性质殆类于余兴耳。闻该会社员之意,盖欲请日本诸名士演说其过去之历史,以为观鉴之资,且以为此会之开,万不至有意外冲突,故未请警察戒备,不意中间忽有反对党之哗扰。当时喧闹者不过廿余人,混杂扰乱时亦不过半点钟,其后仍能依该社所定次序相继演说,无事散会。然如此举动,令外人观之,未免贻笑耳。诸氏所演说者,闻陆续将登该社机关报《政论》中,故不赘述。又是日该社有通告书一纸及宣言书,兹并寄上,可窥该社宗旨之一斑也。①

《时报》,光绪三十三年九月廿五日(1907 年 10 月 31 日)

政闻社开会纪事

中历九月十一日(西历十一月十七日),政闻社开第一次成立会于日本东京神田区锦辉馆,上午自八时半起,行开会式,社员到会者三百余人。首由黄可权

---

① 录自"东京近信",标题为编者所加。

君推荐陈介君为临时议长，全体拍手赞成，于是陈君就席。首请发言人蒋智由君，先报告本社设立之旨趣及社中经过之事实。发起人徐公勉君继之，说明本社职员与评议员之组织性质及其权限，计置社长一人，暂虚左；置总务员一人，常务员二人，总揽本社之事务。总务员有一极适当之人，现未在东，不能选举，拟由发起人推荐，求社员承诺；常务员二人，由全体投票选举。总务员、常务员之下分置六科：一庶务科，二书记科，三会计科，四编纂科，五调查科，六交际科。各科置主任一人，【科】员若干人，由常务员推荐。评议员之额数，以社员之数为比例，现暂置五人，由全体公举。

徐君报告毕，次由蒋智由君出席，说明自身刻下难于赴沪，不能为总务员、常务员之理由。

次由发起人推荐丹徒马良君为总务员，社员全体鼓掌欢迎。议长陈君复请议员举手，以表正式承诺之意。全体一致举手，遂推马良君为总务员，并拟公派专员到沪，求马君承诺。

次由社员全体选举常务员二人，长沙徐公勉君得一百七十六票，顺德麦孟华君得一百六十九票，当选为常务员。二君乃起为就职演说，宣示忠于本社主义。

次由常务员二君推荐各科主任及科员，庶务主任侯延爽君，书记主任黄可权君，会计主任徐勤君，编纂主任蒋智由君，调查主任陈介君，交际主任雷奋君，其余科员九十余人，不具述。

次由社员选举评议员，当选者为张寿波君、郑浩君、张嘉森君、戴彬君、隆福君。

选举既毕，尚有余暑，听社员自由演说。于是宪民君出席演说，言本社对内对外之方针，谓政党之所以异于私党者，以其党于主义而不党于人。本社宣言书所标四大纲领，社员既认为有益于国家，则当始终信仰服从之，百折不回，以蕲贯澈其所主张，而不可徒泛泛然表同情而已。至于本社对外之行动，其所引为唯一之政敌者，惟有现今不负责任之政府。此外与本社先后发生之政治团体，或与本社同其主义，而其进行之方法稍有不同者，皆为本社之政友。纵有一种团体，其主义与本社大异，而其爱国之热忱与本社同其程度者，彼虽不与本社互相提携，然本社当引为政友，恺切劝导，以期异日为一致之行动。最后言本社进行之方针，以舆论、人才、经济三者为最要，宜联络各报馆以为同一之言论，宜网罗真正人才以厚本社之势力，宜多辟生产机关以巩固本社之基础。

演说既毕，会计主任徐勤君起而演说，大致谓：人生而好群，所谓政党者，为政治上之群，高尚纯正大异夫寻常之群也。国民政治能力之表现，视其能组织政党与否以为衡。其国之人才能组织完全之政党者，其国必强，否则必亡。凡一政党，必有一政党之主义，政党之忠于主义，犹之妇人忠于其所天。故非有忠实诚挚之人才，不足以组织政党。演说毕，已逾十二时矣，遂由议长宣告散会。

下午演说大会，来会者约二千余人，因宣告满员，故未及入场者，尚有数百人，哀于门外。盖当宪政党初诞生之日，为一般视线所及，兼有日本政党名士数人为之演说也。一时半，宣告开会。首由宪民君演说，谓凡欲改良政治者，不可希冀政府，而当望之人民。人民由何道以改良政治？不可不据有监督机关。监督机关之何以成立？不可无训练久、团结固之政治团体。因历举我国秦汉以来及古代罗马、希腊之历史，以实其例。言至此，突有革命党暴徒十余人，扰乱全会场之秩序，起而以拳棒相加。一时极静肃之会场，忽而云扰鼎沸，宪民君不得终其说以去。政闻社之人，为爱重秩序起见，且以日人在坐，苟与争斗，深恐殃及池鱼，于是暴徒益得逞，咆哮狂噬，无所不至。幸得警察数人为之制止，得回复会场之秩序。日人犬养毅君、高田早苗君、箕浦胜人君依次演说，大致谓两党争斗之事，原所不免，惟支那今日丁何时局，诸君之所志者为何等事业，若以此锦辉馆者为争战之场，则不独非鄙人等所望于诸君，亦非支那前途之幸福矣。（演说文稿因本期论著过多，下期再登录报中。）

日人演说既竟，政闻社职员范君治焕起而言曰：文明各国法律，许人言论自由，今双方政见之异同优劣姑不具论，但就其妨害人之言论自由者言之，真可谓无意识之暴动矣。鄙人今日所受之刺戟最深，悲愤已极，无可陈说，惟有一语，诸君须记取者，则吾党遭外界一度之袭击，即增吾党内部以一度之团结者是也。语至此，拍掌声如雷。时已五时半，由黄君可权宣告散会。

记者按：我国危亡之根本问题，全在人民无监督政府之机关，此稍治政治学、历史学者，所能明其概要者也。故吾党中人，有于十余年前，即以实行激急改革著于中外者，有于数年前，即多创书报，冒群疑众谤之冲，阐明政治原理，以培养国民能力者。精枯血竭，笔秃舌干，始赢得中国今日之一线希望，民党之旗帜渐就鲜明，专制之淫威渐归消灭。吾党际此千载一时之盛会，安能不再加鼓舞，发挥此精深博大之主义，使吾国民有一致之行动哉！此本社于是日下午开演说会之一大原因也。且本社自发生以来，深得日本各政党前辈之赞成，《政论》杂志刊行以后，更受欢迎，共惊叹吾国民政治能力进步之速，甚欲以其平生所吸收世界之智识，与在自国政界之经验，一一陈述，以为吾国政党组织之师资。此本社开演说会之又一大原因也。夫我国今日之危险情状，累千万言不能罄，内则政府毫无统系的改革之精神、立国之大政策，竞贿争权，昏庸溃乱，共视国事如儿戏，朝旨如弁毛；外则各国协商协约之势力日益圆满，其内容之诡秘，筹画之（很）〔狠〕毒，有非吾辈眼光所能推见者，吾国各方面之权利几被夺尽。吾党对此两大问题朝夕筹虑，痛澈心肝，几不知有人生之乐。惟冀广结同志，出死入生，建设一有责任之政府，以挽此危局于万一，俾吾数万万之生灵，不为异国所禽薙鞭笞而已，岂尚有一毫党见、一毫私心，与他人争此无意识之气愤耶？此为海内外人士所能深谅者。乃不意革命派中少数人，竟于尔日演说时，全不言明理由，不提出条件，徒怒踯狂呼，以扰乱会场之秩序。夫两党主义水火，至于争哄，此原历史上所常见者，记者岂独对于国人而訾议之。但既因主义不同而生争哄，则其争哄之程度，即当以发明自党之主义为界线，倘于此界限之外而有他种之冲突，则非一正当的党派之行动，识者羞之。夫发明主义之方法不一端，而最普通、最显著者，则惟有赖书报与言论之势力也。吾国人居留日本，刊行书报与集会演说二者，固有完全之自由者也。彼辈当日如不以吾党之言论为然，以论者辩驳可也，或彼辈另开一演说会与吾党对抗可也，或当日即在会场互相面争亦可也。何图皆不出此三种办法，徒率其党徒十余人，在会场中东奔西突，妄兴格斗。夫双方主义之谁是谁非，姑不必为浅陋者道，但本社前日宪民君演说时，只述及秦汉以来及古代希腊之历史，不独无一语伤及彼党，并未曾论及中国之政治，彼辈果因何语刺戟神经，而陡发热狂耶？此诚百思不得其解也。且言论自由、集会自由为人类最普通之权利，彼辈亦惯以此二语为口头禅者也。现今各国，无论何种专制魔王，未有不承认人民有此种自由者也，盖人民对于此种自由，得之则生，不得则死，必冒死喋血以保守之。夫统治者对于被统治者，尚不能压制此种自由，况同为人民，同为党派，而出此野蛮举动耶！呜呼！彼辈口不绝自由自由之声，而欲妨害他人之自由如此，无怪吾国政府专横无忌，蹂躏民命也。彼辈当日在会场中骚扰之情状既如彼，吾党如驱彼辈于会场之外，原系正当防卫，他人无敢訾其非，然其所以不出此手段者，其原因有五：（一）因吾党最大之目的，在组成国民监督机关，使政府对此机关负责任。如欲此事之实现，非团结国民之全副精神不能有效，而欲团结此精神，则当于对抗政府之外，不认一人为敌。倘对他人竞争，耗去一分精神，即对于政府减去一分势力，吾党之目的终不得达。（二）因当日出席演说者多为日本名士，见彼之呼号怒骂，已多不满意之感，倘吾党更益之以喧嚣，则行动尤不能自安，必訾议吾国党派之卑劣。（三）因吾国之人留东者，同在日本司法权之下，彼国默认吾国人之政治结社已属优待，倘党派互相争杀，牴触刑事之上禁令，则将同诣法庭，俯受裁判，国体蒙羞，人格受损，且后来吾国在此间之集会结社必多受限制。（四）彼党中人不争党见、热忱爱国者尚有其人，见吾党主义日益昌明，皆莫逆于心，乐观厥后，吾党对此派人终必欲与之开诚布公，共图大局。今彼辈之乱暴者不过极少数人，非代表全体之意见，倘吾党对此少数人不先示退让，则彼党之优秀者或发生物伤其类之感，而日后共同生活将无希望。（五）因彼辈之举动，素恃气，不恃理，吾党主义理论极足，可以实行于国中，倘亦舍此理论而与之争气，则生第三者之轻侮。人格高尚者，其政治之兴味必日益薄弱，而政党终无由发达。有此五大原因，故吾党尔日绝未与之冲突。虽党中一派人公愤激昂，必欲力图抵御，然经多方劝阻，而感情亦旋底于平和。彼辈数人试深思之，记者此言其有虚伪者否耶？倘吾党稍有气愤者，尔日之暴举其能逞耶？盖吾党当初议开会之时，即有主张先邀请警察、巡查数人临场监视，料定开会时必有人破坏会场秩序者，后熟思彼此同留异国，同为民党，彼辈即欲来会破坏，不过与吾党口舌相阋，倘吾党言论毫不伤人，只互相婉辩，彼辈将乘何隙以图破坏？吾党事先之筹画，尊视彼辈之人格，如是如是。呜呼！岂意彼辈一语未涉及主义，而即挺身发难，拳棒相加乎！此非吾人理想中的革命派中人之举动也。夫国家如此危急，只能容一主义之发生，吾党与彼党之主义原不能同时并进，此进则彼退，自然之趋势，有何不足于心耶？世界各国之历史，无时不有党派之竞争，倘彼此不论主义之果能实行与否，而惟以排除他党之势力为本来手段，则互相排除而互相消灭，世界杀人将无宁晷，国家之衰亡亦先后相望，岂爱国者所忍出此耶？敬劝国人，对于国家之事实，只当默察世界大势及社会心理，而筹应付之方，万不可空驰理想，坚执成见，必欲其主义之实行，不问国家之危险。盖主义者，所以救国者也，一旦时势大变，前日之主义万不能生存，则当另筹一相当之主义。冬裘夏葛，饥食渴饮，何可强制？纵欲径情直行，亦只当扩张自党之势力，何能限制他人之扩张势力耶？各阐明各方面之理论，各激发各党派之天良，听第三者之最后取舍，此庶无愧于国家公党之本义，愿彼辈深长思之。吾党对于他党，始终不竖敌帜，可退让者无不退让，可牺牲者无不牺牲，但吾党之主义认为确可救国，必竭全党死力以拥护之，必从种种方面以进行之，倘他人始终不变其态度，必欲吾党之主义亡，致国家以俱亡，则吾党为公愤所迫，日后不得不取正当之防卫，此天下当共谅其苦心者也。临颖惶惑，不知所云。

发起人蒋智由报告发起之原因及经过。

人者，时势之动物也，故当应时势而行事。时势者何？即横于当前所有之事者是。今横于当前所有之事为何？曰：预备立宪。进一步而言之，则所谓预备立宪者，将仅属诸政府之事，而为政府之所当预备乎，抑国民亦当有事，而预备之也？吾见今之责难政府者，举种种失败之事、失政之事，而诘之曰：此之谓预备立宪！此之谓预备立宪！夫其责难政府诚当矣，虽然，立宪者，上下两方之皆当预备者也。设政府还而责难国人者：吾下预备立宪之上谕一年矣，而民间之淡静落寞如此，不见国民有一毫为立宪之地步计。然则政府可以同一之口吻责国人曰：此之谓预备立宪！此之谓预备立宪！恐吾民有口以责政府者，而反无口以自解也。夫以持平论之，谓立宪之事全属诸国民，而于政府之一方可置诸不问，设遇顽固极对之政府而强要立宪，其事究属甚难。故谓立宪之事，半当属诸政府，而责政府之当为立宪之预备者，理也。虽然，以立宪为全属政府之事，而吾民可一无预备，但鼾卧以待立宪之成，吾民则起而为议员而已，天下断无如此立宪之国民，其为大不合理之言，无论矣。然则两方皆当预备，果当如何而能各尽其责乎？曰在政府则为政府预备之事，而在百姓则为百姓预备之事。吾等皆在野之百姓也，故自当为百姓预备之事。夫预备之事亦多种矣，曰地方自治，曰教育普及等皆是，而其先尤不可不有一团体，此政闻社发起之原因也。自政闻社之发起，已阅数月于兹，进行之事尚不可见，而外间之传闻、疑误颇多，大抵皆属风影之谈。余常谓，今日立宪党人，实处于双方误猜一困难之地位，盖在政府视之，则以立宪党为革命党之变相，而在革命党视之，则以立宪党为助政府之人，此实立宪党所处之难境，而政闻社传闻之误，亦由于此。以此之故，于进行上实多障碍，因思非先办成一杂志出版，不足以宣明其旨义。初议定中历七月十五日为杂志出版之期，然其时在学校暑假期内，一切撰述之事未能急速齐备，其后又以印刷之事未能就绪，遂至届九月朔日乃能出版。此实创始时有种种事故，非不欲急速进行，欲急速进行而不可得也。今者杂志已出，其次之事即在选举职员，分别权限，使事能进行，今日之开职员会者为此。抑自发起至于选举，为一界划之时期，盖未选举以前，属发起人办事之期，而既选举以后，则发起人之权限销灭，而属于当选举人之事。余为发起人中之一人，故当对于诸君报告其发起之原因及发起后经过之大略，迄终余尤当谢罪于诸君之前，盖以余之不才，于发起之后，其进行之迟若此，敢乞诸君之宥而恕之。

《政论》第二号，光绪三十三年十月十日（1907年11月15日）

记梁任公先生逸事

徐佛苏

政闻社于清光绪丙午①秋成立于日本东京，会员约一千五百人，均系留学生，在锦辉馆开成立会，选推职员百余人。梁先生演说约二时余，畅论"世界各国政治革命不注重国内种族问题"之理由及"政党政治"之先例。演说未毕，突遇同盟会人张继氏率领廿余人闯入会场，直扑演台。梁先生神容镇静，口不辍演。旋经在场日警劝阻，反对党人出场。顷刻，当地警长复率警卒十余人到场，查询敌派扰乱情形，并云政治集会结社是经警署特许者，警署即有保护开会人之责，如甲派人开会而乙派人闯入毁物殴人，是违反警律及刑律，本署故特派人来会场调查实情，以便决定是否以法律解决此事。当时梁先生深恐吾国人因政见不同之细故，致烦外国官厅之传讯，乃派会友向日警力白会中之稍稍纷扰，纯系本

---

① 丙午，是丁未之误。

会中人偶起争论之故，既非他党来袭，亦未毁物殴人，请贵厅勿介意此事。日警唯唯而退。后来日本名流及报纸颇赞美梁先生之有"政治德量"云。

录自丁文江、赵丰田编：《梁启超年谱长编》，上海人民出版社1983年版，第418页

政闻社开幕之武剧

冯自由

丁未六月初八日（阳历七月十七日），立宪党人梁启超、蒋智由、杨度、陈景仁等开政闻社成立大会于锦辉馆，革命党员张继、平刚、陶成章、夏重民等号召同志多人，谋到场破坏其事。是日会众约千二百人，政闻社员约百人，中立派约百人，革命党员逾千人，大有反客为主之势。日本名士犬养毅等十余人亦被邀赴会。蒋智由先知有变，不至。梁启超预雇日本力士保护，登台演说，一语未毕，张继厉声斥之曰："马鹿！马鹿！"于是平刚、陶成章、夏重民、马伯援等四百余人齐声喝打，簇拥向前，梁启超跳自楼曲旋转而堕，或以木屐掷之，中颊。张继、平刚等遂跳上演坛，众大欢呼，政闻社员皆去赤带、徽章以自明，陆续引去。张继于是大演说革命，场中形势一变，鼓掌而散。自是政闻社员纷纷回国请愿立宪，康有为、梁启超亦假此名义向海外华侨募款。至戊申六月廿七日，清政府竟下令将政闻社员法部主事陈景仁革职看管，七月复谕各省督抚将政闻社员一律严加缉捕，毋任漏网。

冯自由：《中华民国开国前革命史》中卷，上海，中国文化服务社1946年，第9—10页

政闻社员大会破坏状

太 炎

阳历十月十七日，政闻社员大会于锦辉馆，谋立宪也。社以蒋智由为魁，而拥树梁启超。启超往，徒党几二百人，他赴会者亦千余人。又召日本名士八辈为光宠，犬养毅者，其气类相同者也。革命党员张继、金刚、陶成章等亦往视之。梁启超登，力士在右，与会者以次坐。政闻社员在前，革命党员在政闻社员后，他留学生在革命党员后。启超说国会议院等事，且曰今朝廷下诏，刻期立宪，诸君子宜欢喜踊跃。语未卒，张继以日本语厉声叱之曰"马鹿"。起立，又呼曰："打！"四百余人奔而前，启超跳自楼曲旋转而坠，或以草履掷之，中颊。张继驰诣坛上，政闻社员持机格之。金刚自后搤其肩，格者僵，继得上，众拊掌欢呼，声殷天地。政闻社员去赤带、徽章以自明，稍稍引去。继遂言曰：吾不应参政闻社员事，然所以不能默者，将有所诘问于犬养毅。毅前在早稻田，语支那学生曰：中国当速革命。吾亲闻之，今何故附会立宪，猥鄙至是？毅俯首谢，则登坛作酬应立宪语。既卒，徐曰：支那或革命，或立宪，任人为之，在速行耳。当是时，蒋智由先知有变，不至，会亦遂散。继本意欲痛驳立宪，以塞莠言，会事急至用武，亦未竟其说也。

余意梁启超、蒋智由辈志在干禄，虑非专心于立宪者。又前日所为欺诈事状，多已发露，其党人并自知之。犬养毅者，日本进步党之旧人，虽游说奔竞，不晓学术，类策士之所为，然固尝躬豫宪政之事矣。人情葆爱其所躬行，而欲施之邻里。野人奏曝，自古而有之，诚不可与梁、蒋同论。然始言革命，终言立宪，浮夸转变，失其权衡，是其心固非有定见者。盖中国事状，非外人所能知，日本虽比邻，犹无以知其成败中失所在，斯其议论浮游，亦无怪尔。

原吾辈所以遮拨立宪者，非特为满汉相争，不欲拥戴异族以为共主，纵今日御宇者犹是天水、凤阳之裔，而立宪固不适于中国矣。是何也？宪政者，特封建世卿之变相耳，其用在于纤悉备知，民隐上达，然非仍封建之习惯者弗能为。欧洲诸国之立宪也，其去封建时代，率不过二三百岁，日本尤近，观其上下二院所以并设，岂故为钤制哉？藩侯贵族渐替而为地主，握赋役之枢纽者惟是为重，异于中国所置，名号王侯，空无凭藉，故二院不得不同时并立。其二院并立而因仍封建可知也。今中国去封建时代则已二千余岁矣。夫封建之猥诸侯，其地财一县耳，百里之封，而命官授吏至数百人，且用人多不出乡里，其知民间情伪，无异簟席之间。然则纤悉备知，而民亦不敢自匿，同其所也。又其世为邑主，素分已【定】，民视之以为天授之尊，故有顺从而无违逆，上亦善审民情，而斟酌其服役轻重，则厚敛而民安之。云南某土司尝语余曰，余所部凡六万户，赋有定额，然有所兴立，量民之力而加其征，征虽重，民不逋赋。此即封建可以厚敛之效也。且夫众建棋置之势互相隔绝，则征战之事常多，借观春秋鲁、郑诸国，当今日十数县耳，而国有三军，其兵额几至四万，今一省之兵或不逮是矣。夫外患多，则不以服兵为怨；战争亟，则常以尚武为夙，此皆封建已然之验。即观今时缅甸，已并于英，而本邦土司以弹丸黑子之地，犹足自保，非人自为守、百足不僵之势耶？以赋税则乐输无隐如此，以兵役则效命不违如彼，习惯已成，一转移间而为立宪，则犹舍重而之轻也。土田荒【芜】无所隐，丁口少多无所匿，赋税厚重无所逋，兵役劳苦无所避，岂上之综核使然，顾民亦率其旧贯耳。还以观之中国，惟汉时去封建近，故顷亩、户口之数犹能审悉，而过更践更之制，民皆乐就而无规匿。至于唐之府兵，虽出征调民间，逃亡者已多，勉而就之，惟牵衣以泣耳。自尔以来，赋税未为极重，然逋者、欠者往往而是。以言民数，明时黄册盖多有不实者，及一条鞭法盛行，而编审亦为文具。观今之保甲册，盖以分别主客，防闲奸宄，此皆有利于民，非有所害于民也，然其数犹模糊不实。况于计口征兵，名一注册，则无异罝于罗网，孰有自占得实者乎？以言田数，中国曩时盖已明通算术矣，虽无代数，而四元不可谓不精，虽无几何，而句股不可谓不密，以视日本，其疏密相去盖不啻天渊也。然以清杖田亩，辜较粟米，有其术而不能行。日本当封建时，算数至疏，顾无隐漏奸欺之患。夫曩日虽自占田数，其赋固不甚厚，而犹有隐度不实者，况欲增加重税。田一注册，则有负债之券，宁肯吐实以自害耶？以言榷筅，中国盐政秉于官而校之商，然私贩者猥众，商人或有余盐不雠，官为检卖酱家，视酱缸之数以为鬻盐之数，卖酱者便私盐，则缸数皆不实告。夫（医）〔酱〕缸特有形之物也，犹不可审悉钩检，况于货直之低昂，奇赢之厚薄，而可详委知之乎？由是观之，去封建时代愈久者，其尚武之风衰，其输税之情惰，纵欲尽情检校，然今之官吏尚有受贿欺隐者，而况付之警察、台隶之流。凡诸征税料民之事，不委之地方自治耶，则官吏深文，多有骚扰害民之弊；委之地方自治耶，则戚里相护，必有徇情隐匿之奸。是故习惯已移，而欲藉法律以逆挽之，此必无济于实事者也。

综观中外之历史，则欧洲、日本去封建时代近，而施行宪政为顺流；中国去封建时代远，而施行宪政为逆流。中国欲立宪，惟两汉之世差可，今则时已去矣。诚欲求治，非不在综核名实也，然贞观、开元之政，综核之严，止于廉问官吏，于民则不为繁苛。夫惩创贪墨，纠治奸欺，宁非切要可行之政哉？要之，民所上于有司者，一丝一粟，有司悉以归之左藏，而监守自盗者必诛，挪移假借者必戮，是在今日，亦足以救弊扶衰。至于民间之有容隐，虽时时检括，终于无可奈何。夫如是，则立宪无益，而盛唐专制之政，非不可以致理。谈者不察，以为度支出入，岁有报告，民知赋税之为实用，则自乐输而无隐情，以闾里赛会饮酺之事为证。不悟赛会足以饰观，饮酺在于取醉，朝出资而暮得乐，则争先赴之也固宜。夫县官经费，其收效为至迂，亦有益于全国而损于个人者，纵有报告，民之观望自若也。即观道路桥梁诸政，近在一邑私用，至可睹矣，然抗不出资者尚众，况于国家行政成效未著，焉得以赛会饮酺为喻也。或谓民知爱国，则自以效命疆场为美谈，然观印度嫠妇赴冢自焚，亦在笃于伉俪而慕节烈之名耳，若问其心，乐耶？否耶？今金陵所谓征兵者，大抵出自士流乐名就募，非不训练，而惰弛如故，且逃亡者有焉，盖自悔其卤莽也。况于农工商贩之流，百姓当家，差足自澹，亦何苦而俛首于戎旃之不然。是二者若出于初脱封建之国，则自遁化顺则而为之，惟中国则不可与彼同论。世人徒见欧洲、日本皆以立宪稍致清平，以为四海同流，中国必不能自外，是但知空间之相同，而不悟时间之相异，其亦疏谬甚矣。

抑又思之，欧洲诸国，其宪政多不行于藩属，本部之地视中国大可一省，细者乃数府耳，日本三岛，亦不当四川一省也。以中国之地大人稠而选议员，五万而一，则当得八千人就四万万人计之；十万而一，则当得四千人。议员猥积，则亦猱杂喧嚣甚矣。若以一千四百州县各选一人，则是二十八万五千人而得其一也。议员之数与民数相去既甚阔疏，则必不足以知民隐，且得选既少，则被选者必在显贵仕宦之流，是无异一县有土客二令，而以其土著之令留之京师，此庸有异于专制者哉？自前观之，则于国之富强无益也，自后观之，则于民之利病无与也，徒令豪民得志，苞苴横流，朝有党援，吏依门户，士习嚣竞，民苦骚烦，是宁足以为知微审势者耶？若以日本立宪为有效者，彼其施行宪政之岁与战胜中国之岁，相去（财）〔才〕五稔耳，纵能收效，必不迅速至是。故知其民尚武，由封建之习惯使然，非宪政之倡导使然；其政有叙，由封定之习惯使然，非宪政之裁制使然。况自立宪以来，岁（财）〔才〕二十，而议员贪叨，丑声外播，腐败已萌于内，徒以文明之号泽其皮膏，从今以去，不五十年，必与西班牙辈同其堕落，此无待龟筮而知者。犬养毅不悟其非，又欲以是移祸中国，斯犹竖阳献酒，盖适以毙之也。余闻跛者大隈重信将有西行，是二子者，所谓臭味相同，声气翕合，而中国浮竞之士，依以为命者也。观政闻社大会破坏之状，与余所论列者，其亦可以自愧欤？

《民报》第拾七号，中华开国纪元四千六百零五年十月二十五日（1907年10月25日）

东报纪政闻社开会之怪象

九月十四日东报云：本月十一日午后两点钟，中国人在东京神田锦辉馆开政闻社成立会，梁启超与来宾大起冲突，一时混乱异常，势颇汹汹。据某华人云，梁启超等之立宪党，似预料有革命党将于是日开演说会时前来纠正，故梁启超早由横滨随带好身手护卫者三十余名同来东京。是日开会之初，首先由来宾箕浦、犬养毅两君演说（高田早苗、杉田定一等是日亦到会而未演说），继由梁启超登台，用华语演说立宪，当时即有豫先入演说堂之革命党十余名，大加评议，场内骤然不靖。来会之华人中，有突然登演说台，胁迫梁启超者，其势颇猛，梁遂离台避去。是时护卫之华人，亦均相率逃出，于是满堂起立，喧嚣异常。此时，革命党张君，突上演说台，号令勿哗，遂渐安靖。乃再驳斥梁氏立宪之说，且痛论之云：梁氏不顾北京之危险赖革命党之救助，今反倒戈攻击革命党，其阳主立宪，而暗中与政府相通，实属奇怪之动举云云。是时党中一千五百余名之华人，齐声喝采拍手而赞同意，致令人不能分辨，是会果系立宪党之演说会乎？抑系革命党之演说会乎？诚可谓一种之奇观也。闻革命党尚拟乘此机会，开一大演说会，以鼓吹革命主义云。又闻到会者革命党约居三分之二。

《中国日报》，丁未年九月廿五日（1907年10月31日）

与任弟书

光绪三十三年十一月五日

康有为

得九月廿三日书，（此后，汝信如何写法为妥，汇款尤要。）悉开会一切事，览之欣喜。条理规模，皆颇佳，气象壮伟。汝力辟革说，至中其忌，乃欲暗害，诚可忧危。汝生平甚大胆，然此等事，实不能恃胆。孙策、来歙（即星亨，胆气、才调亦大壮）之才气，林肯、麦坚尼之功德，岂有所畏，无如即中奇祸。昔孙某频欲害吾，汝颇不信此事，然此等事一误，其有悔哉。举国变法，如盲人骑瞎马，夜半临深池，汝自问安得几人意志、阅历、才望若汝者，而恃一夫之勇，自矜大胆，以自弃乎。吾于此事而甚忧汝之无戒心，（所未戒者，以为汝向持此说，彼辈或不深忌，今则不然。）不意今果有此变。百万战场，轰然而死，犹值也；若死于一小丑之手，而当今国变未定之时，轻于鸿毛，是真同自弃，直可谓之死而不吊。汝讲道有年，亦知道无一偏，非一味恃胆壮之谓乎。君子既爱天下，亦爱其身。苟非宜死者，（吾最言命，然自投水、吞金，不可谓之命也。）岂可轻天下所系之身？身不能自保，何有天下？不智不仁，亦未得谓为勇也。汝等向来似以我谨卫或类怯者，此非怯也，自重其死，自保其天下所系之身，乃将亦有所济也。今同人亦以此劝汝，汝必当自慎，其语意周恳，可听也。即'谨卫保身'四字，就是汝第一事矣。"

录自丁文江、赵丰田编：《梁启超年谱长编》，上海人民出版社1983年版，第422—423页

二、组织与人事

政闻社社约

第 一 宗 旨

本社以国人于政治上有同一主义者组织而成。其主义之大纲如下：

一、确定立宪政治，使国人皆有参与国政之权。

二、对于内政外交，指陈其利害得失，以尽国民对于国家之责任心。

三、唤起国人政治之热心，及增长其政治上之智识与道德。

第 二 办 法

一、编撰。以次发行有力之杂志、日报及适用之书籍等。

二、交通及调查。交通各内地，输入政治上之学识及通告政治上之利弊，又调查其关于政治上一切之事。

三、建议及警告。关于国家重要之事申告政府。

第 三 社 员

一、表同情于本社之宗旨，愿助本社得达其上列之目的者，可为本社之社员。

二、凡社员皆经本社社员之绍介而后入社。

三、凡社员皆当宣扬本社之主义，吸引同志，及为本社尽力于一切之事务。

四、本社与各社员皆有相助之义。

五、凡社员皆得任本社之职员，其章程别定之。

发起人：蒋智由、徐公勉、黄可权、吴渊民、邓孝可、王广龄、陈高第。

事务所：日本东京麴町区下六番町五番地。

《政论》第一号，光绪三十三年九月一日（1907年10月7日）

政闻社社员简章

一、资格。凡国人年在十六岁以上，表同情于本社主义者，皆可为本社社员。

一、入社。凡欲为本社社员者，须有社中一人之介绍。

一、权利义务。

（甲）凡社员，皆得为社中职员。

（乙）凡社员，如有二十人以上之连署提出政见，本社开特别会议决之。

（丙）凡社员，如有五人以上之连署，向〈于〉本社质问所办事务者，当予以适当之返答。

（丁）凡社员，宜因其地位、能力之所及，调查国中关于政治事项，随时报告本社。

（戊）凡入社者，皆不收会费，但社员得以其力所及，捐助社中经费。

（己）凡社员向本社购阅社报者，以八折计算，但须先交半年以上报费。

（庚）凡社员有归国及迁居者，应随时通知本社。

一、退社。凡社员违犯左之条件者令其退社：

（甲）违反本社主义，妨害本社行动者。

（乙）滥用本社名义自营其私者。

《政论》第一号，光绪三十三年九月一日（1907年10月7日）

政闻社职员简章

第一章　组　织

第一条　本社置社长一人（暂虚左）。

第二条　社长之下置总务员一人，常务员二人。

第三条　本社职员以六科组成之，每科置主任一人，其科目如左：（一）庶务科，（二）书记科，（三）会计科，（四）编纂科，（五）调查科，（六）交际科。

第四条　本社置评议员，无定额，暂定五人。

第二章　权　限

第五条　总务员、常务员有组织全社事务之责，有指挥各科科员之权。

第六条　各科主任关于本科之事务，有指挥本科科员执行之权。

第七条　凡对于政府有所建议及要求者，必经评议员之议决，然后执行。

第八条　除第七条所规定外，凡一切事务，概归总务员、常务员执行。

第九条　评议员会由总务员召集，若评议员有三人以上之同意者，得以要求开会。

第十条　各科主任有因病及他往不能视事者，得托本科科员一人代理。

第十一条　凡总务员、常务员及各科主任，不得兼任评议员。

第三章　选举及推定

第十二条　总务员、常务员由众公举，各科科员由总务员、常务员定之。

第十三条　评议员由众公举,评议员长则由评议员会选举。

第四章　任　期

第十四条　总务员、常务员及各科主任、科员任期二年。

第十五条　评议员任期一年。

《政论》第二号,光绪三十三年十月十日(1907年11月15日)

政闻社职员执务规则

阴历九月十四日开职员会于九段坂上之富士见轩,是日所议决者为职员执务规则,列于左方。

(一)庶　务

第一条　凡属于各科所专管之事务外,一切皆归庶务经理。

(二)书　记

第二条　经理本社一切文件。
(一)保存本社紧要之书类印件。
(二)经理内外国通函事件。
(三)备置社员及职员名簿。
(四)记录每次开会时演说及各项决议事件。

(三)会　计

第三条　经理本社一切经费。
(一)收入。备置名誉捐册,载明已经收入之数。

（二）支出。每月决算一次，报告常务员。值改选期，当具总决算册，将任期内所管出入之数全行报告，如有不实，主任者当负赔偿之责。

第四条　凡用款至百元以上者，须经主任者认可，三百元以上者，须经常务员认可。

第五条　会计员须分任本科事务：（一）专司簿记；（二）专司出纳，主任者有稽核之权。

第六条　科员至银行中领取款项时，由本人盖印之后，须经主任者盖印。

第七条　移交之款当于改选时缴纳，不得延宕

（四）编　纂

第八条　编辑本社书籍报章。

第九条　主任者对于科员所著译书籍文字有审定取舍之权，惟主任者认为不适当时，须于接稿后三日即行邮告。

第十条　凡著译书籍文字者，俟他日书报销行时，视其盈余之多寡，酌提数成，以作报酬之资。

（五）调　查

第十一条　调查内外国关于本社事件。

第十二条　主任者收集本科科员调查各稿，汇交常务员，每月一次。

第十三条　凡调查员，应随时调查，报告主任，如有特别事件，由常务员及主任者临时委托调查，其旅费归社中担任。

第十四条　凡调查事件，务以确实、完全为主，若主任见有不当，可嘱其重行调查，或另委他人调查。

第十五条　关于调查物之费用，若邮片、写真等，可随时开单报告本社，由会计发还。

（六）交　际

第十六条　对于本国人宣扬本社之主义，广为吸收同志。

第十七条　对于外国人表明本社之主义，期毋误解。

第十八条　凡交际员，宜于每周日曜轮流在事务所应接宾客。

此章施行后，除由常务员及各主任者随时改良外，如有职员十人以上之同意，亦得提议修改。

常务员徐君提议，交际科主任雷君奋现在上海，东京当有一人代理，向君瑞琨留东最久，可以代理雷君之职，主持东京交际事务。众皆赞成，遂散会。

《政论》第二号，光绪三十三年十月十日（1907年11月15日）

《政论》章程

宗　旨

本报以造成正当之舆论、改良中国之政治为主。

内　容

本报内容略区如下：

一、论著。略区为泛论、各论两门。泛论论中外之政治学理、政治现象，期养成一般国民之智识、能力及其责任心。各论就现在中国切要之政治问题，研究其利病得失，求国民之注意，促政府之实行。

二、译述。采东西硕学之政治论尤适用于今日之中国者译述之，加以案语或解释。

三、批评。对于政府之行动加公正之批评，使国民周知政界情状，其外国政略有影响于我国者，亦附评焉。

四、记载。记每月中外大事关于政治者，用秩序的记事法，求增阅者之兴味。

五、杂录。短著、杂事有关政治者录焉。

六、应问。凡海内外人士，对于本社有所质问者，本社必竭其所知以对，其切要者则登诸报中。

七、社报。社中经过之事及社员调查之事录焉。

办　法

本报每月一册，每年十二册，以中历每月朔日发行。

本报每册约在六万言以上。

本报设总撰述一员，负报章全体之责任。其撰述、编纂无定员，兼登社员之稿。来稿择其有关系者，亦录入之。

本报时或发刊附录。

凡海内外人士表同情于本报者，得捐赀赞助。

《政论》第一号，光绪三十三年九月一日（1907年10月7日）

发起人蒋智由辞选为总务员及常务员事

诸君于职员章程既已阅悉，其中以总务员及常务员为主持全社事务最重要之职。夫政闻社今后之进行必当在于中国，此某所极然其说者也。然仆以飘泊海外之身，数年内尚未有国家社会任仆以一事者，故仆于国家社会无信用之资格已有明征。仆虽日夜思归国而不可得，今后之政闻社既当入于中国，则主持一社重要之人，必当以得国人之信用者任之，方有利于进行。恐诸君有误选仆为总务员及常务员者，故仆先自述其不相宜之故。此理由明，则总务员、常务员之不当选仆明矣。抑余尤有一言于此，夫政闻社今后之必入于中国，此仆所极赞成之说，故今日之选举总务员及常务员，不当限于东京，而当选择全国之中有资格、声望、学问、道德，于国家社会种种方面无不得信用之人，乃能易收进行之效。故仆即告诸君勿举仆为总务员及常务员，而尤愿诸君于全国中择一资格相宜之人，以为一社之领袖，此仆所不胜厚望者也。①

《政论》第二号，光绪三十三年十月十日（1907年11月15日）

政闻社职员名籍

阴历九月十一日，本社开成立大会于神田之锦辉馆。（其详细情形见于开会记事中）是日举定职员若干人，名籍如左：

总务员　马　良（江苏）
常务员　徐公勉（湖南）　麦孟华（广东）
庶务科　侯延爽（山东）　彭渊恂（湖南）　赵　灼（广东）
　　　　陈高第（仝上）　何天柱（广东）　金葆楴（浙江）
　　　　荣　生（京旗）
书记科　黄可权（湖南）　范治焕（仝上）　梁锦汉（广东）
　　　　钟宝华（仝上）　卢柱生（广东）　陈国镛（仝上）
　　　　陈文起（浙江）　赵正印（山东）
会计科　徐　勤（广东）　彭渊恂（湖南）　范治焕（湖南）
　　　　陈官桃（广东）　张寿坤（广东）
编纂科　蒋智由（浙江）　黄可权（湖南）　张嘉森（江苏）
　　　　陈　介（湖南）　王恺宪（湖南）　刘冤执（仝上）
　　　　熊崇煦（仝上）　麦鼎华（广东）　叶衍华（广东）
　　　　吴灼昭（仝上）　张伯桢（仝上）　罗　普（仝上）
　　　　郑　浩（仝上）　陈智庸（仝上）　谢晓石（江西）
　　　　黎祖健（广东）　张寿坤（广东）　陈高第（广东）

---

① 录自《政论》第二号所登"政闻社开会纪事"。

调查科	陈官桃（广东）	何维道（湖南）	黄敦怿（湖南）
	陈　介（湖南）	余名铨（浙江）	鲍（鑅）（广东）
	谭学夔（仝上）	胡晴崖（广东）	桂　陞（京旗）
	张寿波（广东）	张　浩（仝上）	汤　叡（广东）
	徐尔音（四川）	刘颂虞（湖南）	彭兆璜（仝上）
	萧仲祁（湖南）	刘肇唐（山东）	钟福庆（江苏）
	陆　定（仝上）	甘得中	锡　宝（京旗）
	康　诰（湖北）	王恺宪（湖南）	
交际科	【雷】奋（江苏）	向瑞琨（湖南）	郑启璜（广东）
	谭锡镛（仝上）	谭学慈（广东）	林　奎（仝上）
	李　宝（云南）	林上楠（福建）	隆　福（京旗）
	杨文洵（浙江）	李耀忠（贵州）	杨承谷（湖南）
	马宗援（河南）	徐尔音（四川）	金葆穉（浙江）
	狄葆贤（江苏）	吴肇祥（广东）	卢颖衢（广东）
	荣　陞（吉林旗）		
评议员	张嘉森（江苏）	张寿波（广东）	戴　彬（江苏）
	隆　福（京旗）	郑　浩（广东）	

《政论》第二号，光绪三十三年十月十日（1907年11月15日）

政闻社首次增派职员

本社职员，可由常务员临时增派。常务员麦君、徐君议定：庶务科加入山东曹君振麟、江苏谢君霖二人；书记科加入湖南徐君湛源、黄君赞元、彭君祖复三人；编纂科加入云南孙君志曾一人；调查科加入江苏屠君庆溥、湖南石君一清、严君毓瀛、萧君堃、向君培瑞五人；交际科加入直隶郑君联鹏、江苏谈君荔孙、戴君彬、周君维新、刘君成志、湖南章君勤士、周君维翰、傅君定祥、张君绍周、湖北彭君光祜，共十人。①

《政论》第二号，光绪三十三年十月十日（1907年11月15日）

政闻社二次增派职员

本社近因日益发展，职员可由总务员、常务员增派。总务员马君、常务员徐、麦二君议定，庶务科加入湖南胡君昌焕，书记科加入广东张君伯华，编纂科加入湖南曾君鲲化、李君穆、江苏辛君汉、贵州徐君若璟、广东祁君耀川、冯君霈、张君福照、张君浩、吴君冠英、吴君天龙、四川徐君尔音、浙江张君竞仁、张君竞勇，调查科加入浙江沈君祚延、山东高君彤墀，交际科加入湖北吴君炳枞，计十八人。②

《政论》第三号，光绪三十四年三月十日（1908年4月10日）

光绪三十三年十一月补选驻东京干事

阴历十一月十日，开职员会于上野公园之韵松亭。因本社将于上海设立本部，常务员等即日将往沪筹画一切，是日所研究者为东京善后事宜。于是常务员徐君起而报告开会事由及经过事件，并提议补选驻东干事三人，总持社务。讨论

---

① 录自《社报·政闻社开会纪事》，标题为编者所加。
② 录自《社报·纪事四则》，标题为编者所加。

逾时，均得众赞成，遂投票选举。当选者（一）向君瑞琨，（二）陈君介，（三）孙君志曾。次多数为陈君高第、彭君渊恂、王君恺宪。当选者均就职，众鼓掌称善，遂闭会。①

《政论》第三号，光绪三十四年三月十日（1908年4月10日）

光绪三十四年二月新增职员

二月十九日，总务员及常务员推定安徽康君达为交际员，江苏郭君定森为编纂员。二十九日，又推定安徽汪君之钧、湖南童君光业为交际员，湖南曹君典球为编纂员。②

《政论》第四号，光绪三十四年五月二十日（1908年6月18日）

光绪三十四年六月新增职员

六月初一日，总务员及常务员推定江苏陈君福颐、湖南谭君傅彝为交际员，浙江许君燊、湖南毛君洪勋为编辑员。③

《政论》第五号，光绪三十四年六月初十日（1908年7月8日）

---

① 录自《社报·纪事四则》，标题为编者所加。
② 录自《社报·政闻社上海披露会纪事》，标题为编者所加。
③ 录自《社报·纪事四则》，标题为编者所加。

三、宗旨与主张

政闻社宣言书

宪　民

今日之中国，殆哉岌岌乎！政府梦瞽于上，列强束胁于外，国民怨蘦于下，如半空之木，复被之霜雪，如久病之夫，益中以疹疠，举国相视，咸儦然若不可终日。志行薄弱者，袖手待尽；脑识单简者，铤而走险；自余一二热诚沈毅之士，亦彷徨歧路，莫审所适。问中国当由何道而可以必免于亡，遍国中几罔知所以为对也。夫此问题，亦何难解决之与？有今日之恶果，皆政府艺之，改造政府，则恶根拔，而恶果遂取次以消除矣。虽然，于此而第二之问题生焉，则政府当由何道而改造是也。曰：斯则在国民也矣。夫既曰改造政府，则现政府之不能自改造也甚明。何也？方将以现政府为被改造之客体，则不能同时认之为能改造之主体，使彼而可以为能改造之主体，则亦无复改造之必要焉矣。然则孰能改造之？曰：惟立于现政府之外者能改造之。立于现政府之外者为谁？其一曰君主，其他曰国民。而当其著手于改造事业，此两方面孰为有力，此不可不深察也。今之谭政治者，类无不知改造政府之为急，然叩其改造下手之次第，则率皆欲假途于君主，而不知责任于国民。于是乎有一派之心理焉，希望君主幡然改图，与民更始，以大英断取现政府而改造之者；或希望一二有力之大吏，启沃君主，取现政府而改造之者。此二说者，虽有直接间接之异，而其究竟责望于君主则同。吾以为持此心理者，其于改造政府之精神，抑先已大刺缪也。何也？改造政府者，亦曰改无责任之政府，为有责任之政府云尔。所谓有责任之政府者，非以其对君主负责任言之，乃以其对国民负责任言之。苟以对君主负责任而即为有责任，则我中国自有史以来以迄今日，其政府固无时不对君主而负责任，而安用复改造为？夫谓为君主者，必愿得恶政府，而不愿得良政府，天下决无是人情。然则今之君主，其热望得良政府之心，应亦与吾侪不甚相远。然而不能得者，则以无论何国之政府，非日有人焉监督于其旁者，则不能以进于良。而对君主负责任之政府，其监督之者惟有一君主，君主之监督万不能周，则政府惟有日逃责任以自固。非惟逃之而已，又且卸责任于君主，使君主代己受过，而因以自谢于国民。政府腐败之总根原实起于是。故立宪政府，必以君主无责任为原则，君主超然于政府之外，然后政府乃无复可逃责任之余地。今方将改造政府，而还以此事责诸君主，是先与此原则相冲突，而结果必无可望。然则此种心理之不能实现也明甚。同时复有一反对派之心理焉，谓现在政府之腐败，实由现在之君主卵翼之，欲改造政府，必以颠覆君统为之前驱。而此派中复分两小派：其一则绝对的不承认有君主，谓必为共和国体，然后良政府可以发生；其他则以种族问题搀入其间，谓在现君主统治之下，决无术以得良政府。此说与希望君主之改造政府者，虽若为正反对，要之认政府之能改造与否，枢机全系于君主，则其谬见亦正与彼同。夫绝对不认君主，谓必为共和国体，然后良政府可以发生者，以英、德、日本之现状反诘之，则其说且立破，故不必复深辩。至搀入种族问题，而谓在现君主统治之下，必无术以得良政府者，则不可无一言解之。夫为君主者，必无欲得恶政府而不愿得良政府之理，此为人之恒情，吾固言之矣，此恒情不以同族、异族之故而生差别也。今之君主，谓其欲保持皇位于永久，吾固信之，谓其必坐视人民之涂炭以为快，虽重有憾者，固不能以此相诬也。夫正以欲保持皇位之故，而得良政府，即为保持皇位之不二法门，吾是以益信其急欲得良政府之心，不让于吾辈也。而惜也，彼方苦于不识所以得良政府之途。夫政府之能良者，必其为国民的政府者也。质言之，则于政治上减杀君权之一部分而以公诸于民也。于政治上减杀君权之一部分而以公诸于民，为君主计，实有百利而无一害，此征欧美、日本历史，确然可为保证者矣。然人情狃于所习，而骇于所未经，故久惯专制之君主，骤闻此义，辄皇然谓将大不利于己，沈吟焉而忍不能与，必待人民汹汹要挟，不应之则皇位且不能保，夫然后乃肯降心相就。降心相就以后，见夫缘是所得之幸福，乃反逾于其前，还想前此之出全力以相抵抗，度未有不哑然失笑。盖先见之难彻，而当局之易迷，大抵如是也。故遍征各国历史，未闻无国民的运动，而国民的政府能成立者，亦未闻有国民的运动，而国民的政府终不能成立者，斯其枢机全不在君主而在国民。其始也必有迷见，其究也，此迷见终不能久持。此盖凡过渡时代之君主所同然，亦不以同族异族之故而生差别也。而彼持此派心理者，徒著眼于种族问题，而置政治问题为后图，种瓜得瓜，种豆得豆，毋惑夫汹汹数载，而政治现象迄无寸进也。由后之说，则君主苟非当国民运动极盛之际，断未有肯毅然改造政府者，夫故不必以此业责望于君主。由前之说，则君主毅然欲改造政府，必有待于国民，然后改造之实乃可期，夫故不能以此业责望于君主。夫既已知舍改造政府外，别无救国之图矣，又知政府之万不能自改造矣，又知改造之业，非可以责望于君主矣，然则负荷此艰巨者，非国民而谁？吾党同人，既为国民一分子，责任所在，不敢不勉，而更愿凡为国民之一分子者，咸任此责任而共勉焉。此政闻社之所由发生也。

西哲有言：国民恒立于其所欲立之地位。斯言谅哉！凡腐败不进步之政治，所以能久存于国中者，必其国民甘于腐败不进步之政治，而以自即安者也。人莫不知立宪之国，其政府皆从民意以为政，吾以为虽专制之国，其政府亦从民意以为政也。闻者其将疑吾言焉，曰天下宁有乐专制之国民？夫以常理论，则天下决无乐专制之国民，此固吾之能信也。虽然，既已不乐之，则当以种种方式，表示其不乐之意；苟无意思之表示，则在法谓之默认矣。凡专制政治之所以得行，必其藉国民默认之力以为后援者也。苟其国民对于专制政治，有一部分焉为反对之意思表示者，则专制之基必动摇；有大多数焉为反对之意思表示者，则专制之迹必永绝。此征诸欧美、日本历史，历历而不爽者也。前此我中国国民，于专制政体之外，曾不知复有他种政体，则其反对之之意思无自而生，不足为异也。比年以来，立宪之论，洋洋盈耳矣，预备立宪之一名词，且见诸诏书矣，稍有世界智识者，宜无不知专制政体不适于今日国家之生存。顾在君主方面，犹且有欲立宪的之意思表示，虽其诚伪未敢言，然固已现于正式公文矣。还观夫国民方面，其反对专制的之意思表示，则阒乎未之或闻，是何异默认专制政体为犹适用于今日之中国也。国民既默认之，则政府藉此默认之后援以维持之，亦何足怪。以吾平心论之，谓国民绝无反对专制之意思者，诬国民也；谓其虽有此意思而决不欲表示、决不敢表示者，亦诬国民也。一部分之国民，盖诚有此意思矣，且诚欲表示之矣，而苦于无可以正式表示之途。或私忧窃叹，对于二三同志，互吐其胸臆；或于报纸上，以个人之资格，发为言论。谓其非一种之意思表示焉，不得也。然表示之也以个人，不能代舆论而认其价值；表示之也以空论，未尝示决心以期其实行。此种方式之表示，虽谓其未尝表示焉可也。然则正式之表示当若何？曰：必当有团体焉，以为表示之机关。夫团体之为物，恒以其团体员合成之意思为意思，此通义也。故其团体员苟占国民之一小部分者，则其团体所表示之意思，即为此一小部分国民所表示之意思；其团体员苟占国民之大多数者，则其团体所表示之意思，即为大多数国民所表示之意思。夫如是则所谓国民意思者，乃有具体的之可寻而现于实矣。国民意思既现于实，则必非漫然表示之而已，必且求其贯彻焉。国民诚能表示其反对专制之意思，而且必欲贯彻之，则专制政府前此所恃默认之后援既已失据，于此而犹欲宝其敝帚以抗此新潮，其道无由。所谓国民恒立于其所欲立之地位者，此之谓也。吾党同人，诚有反对专制政体之意思，而必欲为正式的表示，而又信我国民中，其同有此意思、同欲为正式的表示者，大不乏人，彼此皆徒以无表示之机关，而形迹几等于默认。夫本反对而成为默认，本欲为立宪政治之忠仆，而反变为专制政治之后援，是自污也。夫自污则安可忍也！此又政闻社之所由发生也。

夫所谓改造政府，所谓反对专制，申言之，则不外求立宪政治之成立而已。立宪政治非他，即国民政治之谓也。欲国民政治之现于实，且常保持之而勿失坠，善运用之而日向荣，则其原动力不可不还求诸国民之自身。其第一著，当使国民勿漠视政治，而常引为己任；其第二著，当使国民对于政治之适否，而有判断之常识；其第三著，当使国民具足政治上之能力，常能自起而当其冲。夫国民必备此三种资格，然后立宪政治乃能化成，又必先建设立宪政治，然后国民此三种资格乃能进步。谓国民程度不足，坐待其足，然后立宪者，妄也；但高谈立宪，而于国民程度不一厝意者，亦妄也。故各国无论在预备立宪时、在实行立宪后，莫不汲汲焉务所以进其国民程度而助长之者。然此事业谁任之？则惟政治团体，用力常最勤，而收效常最捷也。政治团体，非得国民多数之赞同，则不能有力。而国民苟漠视政治，如秦越人之相视肥瘠，一委诸政府而莫或过问，则加入政治团体者自寡，团体势力永不发达，而其对于国家之天职，将无术以克践。故为政治团体者，必常举人民对国家之权利义务，政治与人民之关系，不惮哓音瘏口为国民告，务唤起一般国民政治上之热心，而增长其政治上之兴味。夫如是，则吾前所举第一著之目的于兹达矣。复次，政治团体之起，必有其所自信之主义，谓此主义确有裨于国利民福而欲实行之也，而凡反对此主义之政治，则排斥之也。故凡为政治团体者，既有政友，同时亦必有政敌。友也，敌也，皆非徇个人之感情，而惟以主义相竞胜。其竞胜也，又非以武力，而惟求同情。虽有良主义于此，必多数国民能知其良，则表同情者乃多。苟多数国民不能知其良，则表同情者必寡。故为政治团体者，常务设种种方法，增进一般国民政治上之智识，而赋与以正当之判断力。夫如是，则吾前所举第二著之目的，于兹达矣。复次，政治团体所抱持之主义，必非徒空言而已，必将求其实行。其实行也，或直接而自起以当政局，或间接而与当局者提携。顾无论如何而行之也，必赖人才，苟国民无多数之政才以供此需要，则其事业或将蹶于半途，而反使人致疑于其主义。故为政治团体者，常从种种方面以训练国民，务养成其政治上之能力，毋使贻反对者以口实。夫如是，则吾所举第三著之目的，于兹达矣。准此以谈，则政治团体，诚增进国民程度惟一之导师哉！我中国国民，久栖息于专制政治之下，倚赖政府，几成为第二之天性，故视政治之良否，以为非我所宜过问。其政治上之学识，以孤陋寡闻而鲜能理解；其政治上之天才，以久置不用而失其本能。故政府方言预备立宪，而多数之国民，或反不知立宪为何物。政府玩愒濡滞，既已万不能应世界之变、保国家之荣，而国民之玩愒濡滞，视政府犹若有加焉。丁此之时，苟非相与鞭策焉，提挈焉，急起直追，月将日就，则内之何以能对于政府而申民义，外之何以能对于世界而张国权也？则政治团体之责任也。此又政闻社之所由发生也。

政闻社既以上述种种理由，应于今日时势之要求，而不得不发生。若夫政闻社所持之主义，欲以求同情于天下者，则有四纲焉：

一曰实行国会制度，建设责任政府。

吾固言之矣，凡政府之能良者，必其为国民的政府者也。曷为谓之国民的政府？即对于国民而负责任之政府是也。国民则伙矣，政府安能一一对之而负责任？曰：对于国民所选举之国会而负责任，是即对于国民而负责任也。故无国会之国，则责任政府终古不成立，责任政府不成立，则政体终古不脱于专制。今者朝廷鉴宇内之势，知立宪之万不容已，亦既涣汗大号，表示其意思以告吾民。然横览天下，从未闻有无国会之立宪国，故吾党所主张，惟在速开国会，以证明立宪之诏，非为具文。吾党主张立宪政体，同时主张君主国体。然察现今中央政治机关之组织，与世界一般立宪君主国所采用之原则，正相反背：彼则君主无责任，而政府大臣代负其责任；此则政府大臣无责任，而君主代负其责任。君主代政府负责任之结果，一方面使政府有所诿卸，而政治未从改良；一方面使君主丛怨于人民，而国本将生动摇。故必崇君主于政府以外，然后明定政府之责任，使对于国会而功过皆自受之，此根本主义也。

二曰厘定法律，巩固司法权之独立。

国家之目的，一方面谋国家自身之发达，一方面谋国中人民之安宁幸福。而人民之安宁幸福，又为国家发达之源泉，故首最当注意焉。人民公权、私权，有一见摧抑，则民日以瘁，而国亦随之。然欲保人民权利罔俾侵犯，则其一须有完备之法律规定焉以为保障，其二须有独立之裁判官厅得守法而无所瞻徇。今中国法律，大率沿千年之旧，与现在社会情态强半不相应，又规定简略，惟恃判例以为补助，伙如牛毛，棼如乱丝，吏民莫知所适从；重以行政、司法两权，以一机关行之，从事折狱者往往为他力所左右，为安固其地位起见，而执法力乃不克强。坐是之故，人民生命财产，常厝于不安之地，举国僬然若不可终日，社会上种种现象，缘此而沮其发荣滋长之机。其影响所及，更使外人不措信于我国家，设领事裁判权于我领土，而内治之困难，益加甚焉。故吾党以厘定法律，巩固司法权之独立，为次于国会制度最要之政纲也。

三曰确立地方自治，正中央、地方之权限。

地方团体自治者，国家一种之政治机关也。就一方面观之，省中央政府之干涉及其负担，使就近而自为谋，其谋也必视中央代谋者为易周，此其利益之及于地方团体自身者也。就他方面观之，使人民在小团体中，为政治之练习，能唤起其对于政治之兴味，而养成其行于政治上之良习惯，此其利益之及于国家者，盖益深且大。世界诸立宪国，恒以地方自治为基础，即前此久经专制之俄罗斯，其自治制亦蚤已颁布，诚有由也。我国幅员辽阔，在世界诸立宪国中未见其比，而国家之基础又非以联邦而成，在低级之地方团体，其施政之范围，虽与他国之地方团体不相远，在高级之地方团体，其施政之范围，殆埒他国之国家。故我国今日颁完备适当之地方自治制度，且正中央与地方之权限，实为最困难而最切要之问题。今地方自治之一语，举国中几于耳熟能详，而政府泄泄沓沓，无何种之设施，国民亦袖手坐待，而罔或自起而谋之。此吾党所以不能不自有所主张，而期其贯彻也。

四曰慎重外交,保持对等权利。

外交者,一部之行政也,其枢机全绾于中央政府。但使责任政府成立,则外交之进步,自有可期。准此以谈,似与前三纲有主从轻重之别,不必相提并论。顾吾党所以特郑重而揭橥之者,则以今日之中国,为外界势力所压迫,几不能以图存;苟外交上复重以失败,恐更无复容我行前此三纲之余地。故吾党所主张者,国会既开之后,政府关于外交政策,必谘民意然后行;即在国会未开以前,凡关于铁路、矿务、外债,与夫与他国结秘密条约、普通条约等事件,国民常当不息于监督,常以政治团体之资格,表示其不肯放任政府之意思,庶政府有所羁束,毋俾国权尽坠,无可回复。此亦吾党所欲与国民共荷之天职也。

以上所举,虽寥寥四纲,窃谓中国前途之安危存亡,盖系于是矣。若夫对于军事上,对于财政上,对于教育上,对于国民经济上,吾党盖亦皆薄有所主张焉。然此皆国会开设后、责任政府成立后之问题,在现政府之下,一切无所著手,言之犹空言也,故急其所急,外此暂勿及也。

问者曰:政闻社其即今世立宪国之所谓政党乎?曰:是固所愿望,而今则未敢云也。凡一政党之立,必举国中贤才之同主义者,尽网罗而结合之,夫然后能行政党之实,而可以不辱政党之名。今政闻社以区区少数之人经始以相结集,国中先达之彦、后起之秀,其怀抱政治的热心,而富于政治上之智识与能力者,尚多未与闻,何足以称政党。特以政治团体之为物,既为应于今日中国时势之必要,而不得不发生,早发生一日,则国家早受一日之利。若必俟国中贤才悉集于一堂,然后共谋之,恐更阅数年,而发生未有其期。况以中国之大,贤才之众,彼此怀抱同一之主义而未或相知者,比比皆是,莫为之先,恐终无能集于一堂之日也。本社同人,诚自审无似,顾以国民一分子之资格,对于国家应尽之天职,不敢有所放弃。且既平昔共怀反对专制政治之意思,苟非举此意思而表示之,将自侪于默认之列,而反为专制游魂之后援。抑以预备立宪之一名词,既出于王权者之口,而国民程度说,尚为无责任之政府所藉口,思假此以沮其进行,则与国民相提挈以一雪此言,其事更刻不容缓。以此诸理由,故虽以区区少数,奋起而相结集,不敢辞也。日本改进党之将兴也,于其先有东洋议政会焉,有嘤鸣社焉,以为之驱除。世之爱国君子,其有认政闻社所持之主义,为不谬于国利民福,认政闻社所执之方法,为足以使其主义见诸实行,惠然不弃,加入政闻社而指挥训练之，使其于最近之将来，而有可以进而伍于政党之资格，则政闻社之光荣，何以加之。又或与政闻社先后发生之政治团体，苟认政闻社所持之主义，与其主义无甚剌谬，认政闻社所执之方法，与其方法无甚异同，惠然不弃，与政闻社相提携，以向于共同之敌，能于最近之将来，共糅合以混成政党之资格，则政闻社之光荣，又何以加之。夫使政闻社在将来中国政党史上，得与日本之东洋议政会、嘤鸣社有同一之位置、同一之价值，则岂特政闻社之荣，抑亦中国之福也。此则本社同人所为沥心血而欲乞赍此荣于我同胞者也。

问者曰：政闻社虽未足称政党，而固俨然为一政治团体，则亦政党之椎轮也。中国旧史之谬见，以结党为大戒，时主且悬为厉禁焉，以政闻社置诸国中，其安从生存？政府摧萌拉蘖，一举手之劳耳。且国中贤才，虽与政闻社有同一之政见者，其毋亦有所惮而不敢公然表同情也。应之曰：不然。政闻社所执之方法，当以秩序的行动，为正当之要求，其对于皇室，绝无干犯尊严之心，其对于国家，绝无扰紊治安之举，此今世立宪国国民所常履之迹，匪有异也。今立宪之明诏既屡降，而集会结社之自由，则各国所咸认为国民公权，而规定之于宪法中者也，岂其倏忽反汗，对于政治团体而能仇之。若政府官吏不奉诏，悍然敢为此种反背立宪之行为，则非惟对于国民而不负责任，抑先已对于君主而不负责任。若兹之政府，更岂能一日容其存在，以殃国家。是则政闻社之发生愈不容已，而吾党虽洞胸绝脰，而不敢息肩者也。取鉴岂在远，彼日本自由、进步两党与藩阀政府相持之历史，盖示我以周行矣。彼其最后之胜利，毕竟谁属也。若夫世之所谓贤才者，而犹有怵于此乎，则毋亦以消极的表示其默认专制政体之意思，而甘为之后援耳。信如是也，则政府永不能改造，专制永不能废止，立宪永不能实行，而中国真从兹已矣。呜呼！国民恒立于其所欲立之地位，我国民可无深念耶！可无深念耶！

《政论》第一号，光绪三十三年九月一日（1907年10月7日）

《政论》序

蒋智由

今欲论中国事者,不可不分数年间为两个之时期:一不变法之中国,一变法之中国。

不变法之中国,必亡者也。虽然,其变法遂能不亡乎?夫变法而不成,则中国亦必亡。不变法之中国,所为欲救国者,无他道也,求其能变法而已。变法之中国,非进而求其变法之有成,则所为欲救国之一目的不可得而达。

二者之间,其时期异,其处置之道亦异。

今欲举其异而略言之。前者叫号的,后者研究的;前者扫荡的,后者组织的;前者热烈的,后者静实的;前者感情的,后者学理的。此其大较也。

而其对于政治之道亦异。盖在不变法之时代,虽用破坏的手段以求变法可也;至于法之既变,不可不舍破坏的而求秩序的。何也?用破坏的手段,则将并种种之新事业而俱破坏之故也。夫既不可破坏之,则其对于政府也,不可不一变而为监督的、参与的立宪政党之事,由此其选也。

至若不变法而求变法,其事易;变法而求其变法之成,其事难。试观我国人之求变法也,不过数年,而今则变法之论举国无异议,盖已入于变法之时期中矣。所费之言论不多,牺牲之人物亦不多,而即能收今日之效,盖为初言变法之人所不及料者。虽然,今既变法,而欲求变法之有成乎,则必国人于道德、学问、智识示一极大之进步,能适于新事业而后可,故曰难也。抑非徒难易而已,尤当告我国人曰:不变法,其祸小;变法不成,其祸大。何也?变法之中,凡举行种种之新事业,皆已竭国人之全力,可一举之,必不可再举之故也。

默默我思之,今后之中国,其将入恐慌之时代乎?

盖今日上下所办种种之新事业,进而窥其内容,殆无一不腐败者。夫民间事业之腐败,其结果以财力尽而至于闭息,此今后数年间所当屡见之事也。虽然,民间事业之腐败也，至于闭息而已，而政府则不能闭息之者，虽腐败至于若何，而政府之机关，必不能一日而绝。故夫二者之间，其归宿，民间之事业败，而外人进而为之。若造路不成，则外人进而造我之路；开矿不成，则外人进而开我之矿，是也。凡种种权利所关之事，当未办之前，可以辞却外人，至于既办而败，则无辞以却，而直将坐送之于外人之手。此民间腐败之结果，变法不成之祸之必出于此也。至于政府，其事业既败而不能闭息，则所以维持之道，不外搜民财，民财无可搜，则不能不借外债，借外债不能不以权利抵押之，而于冥默之中，债款日增，即权利日削，盖不见其亡国，而实无一日不亡国，惟待国命之尽日而已。此又政府腐败，变法不成之祸之必出于此也。故曰：不变法，其祸小；变法不成，其祸大也。

呜呼！我中国其果以不变法而亡国乎？抑将以变法不成而亡国乎？数年前防其出于前者，而今以后则防其出于后者。《孟子》曰：吾为此惧。是固本报之所惧也。抑《诗》有之曰：风雨如晦，鸡鸣不已。本报诸人，于未变法之前，则起而呼国人之当变法，于既变法之后，则又当以变法不成，警告国人以大祸。其诸亦有怵惕是言，而共欲求变法之有成也欤？则中国幸甚。愿国人之一鉴此意矣。

《政论》第一号，光绪三十三年九月一日（1907年10月7日）

变法后中国立国之大政策论

蒋智由

变法后之中国，不可不以国家之安固，政治之良善，事业之兴盛，以增进人民之幸福为第一之问题，而民族异同之感情，其第二之事也。

今试问变法后之中国，国家大乎？民族大乎？不能不审之曰：国家为大。盖以人民利害关系于国家者多，关系于民族者少。夫区别大小缓急之智识，人生应事必要之智识也。有一疑问于此,取其一不能不舍其一,故大问题常能压小问题而改变之。对于变法后之中国,而大国家于民族者,固时势之所不能已也。

夫变法后之中国,既当认定以国家之事为大,而今国中含有民族之意见,吾辈又未尝不认之。然则调和于此二者之间,而定一公平适当之法,使事势得以进行,而生利益于中国者,固中国今日所必要而不可少之政策也。

如是而为今日所可取之政策者何乎?曰于立宪之下,合汉满蒙诸民族皆有政治之权,建设东方一大民族之国家,以谋竞存于全地球列强之间者是也。

欲定此政策,先当设一问题,曰汉满蒙三民族可以分裂建国而存立于今日之地球乎,抑必待合并建国而后乃能存立于今日之地球是也。

则答之曰:凡近世纪各国之所以兴盛者,其于国内之事,一言以蔽之,曰:由分而合而已。德意志合联邦而后成为统一之德意志,意大利合联邦而后成为统一之意大利。_{俾斯麦克以统一德意志联邦为其极大之政策,意大利之加富尔亦然。}日本亦覆幕削藩,而后成为统一之日本。使此诸国分裂而不能合并,已早入于亡国之数。盖今日国家之所以能存立于竞争之中,一恃其有势力而已。而势力者,分则小,合则大;分则弱,合则强。此各国兴盛之规辙,所以不谋而咸出于一途也。

故夫今日者,假令汉人本自为一国,满人本自为一国,蒙古人亦本自为一国,为中国谋者,已不可不提出汉满蒙联邦合并之政策。何也?不取联邦合并之策,而其势力不足以与今世之列强争故也。又试以地理之形势而言,向使汉人自成一国而不与满人、蒙古人合并而为一,则东南防海,而东北西三面,撤其障蔽,肩背俱寒,而受俄、日之冲,立国于四战之地,其不能稳固无疑。若夫满人、蒙古人不能无汉人而独自存立,又妇稚所知而无待赘言。故夫汉满蒙三族,必当联合而为一国者,此实天然上之大势也。

夫汉满蒙三族,假令分立建国,今已不可不合并之而归于统一,况乎今有统一之形骸者存,则改革上所谓最稳健的"旧瓶注新酒"之法,固可一试用于今日之中国也。_{以旧瓶盛旧酒,则酒将腐败;而弃旧瓶,则无酒器。凡国家社会不破其旧形的改革,义取于此。}

夫各国之兴盛也,多属于分裂之时代中,由分裂而图联合,至联合成而国以存立。而中国乃反是,处于统一之时代中,于统一之中,而以民族感情之不和、权力之不均而图分裂,分裂而中国固易亡矣。悲夫!各国多由分而合以强,而中国乃由合而分以亡也。

或曰：然则今之中国，既已合汉满蒙诸民族而为一国矣，何劳复言统一为？曰：唯唯否否，不然。夫今中国之合汉满蒙诸民族而为一国者，形骸的统一，而非精神的统一，固非吾之所谓统一也。其与吾所谓统一之异者，试言其略：（甲）一族为主各族为奴之统一，（乙）各族皆为主而非为奴之统一；（甲）以兵力压服的统一，（乙）以法制联合的统一。申言之：（甲）一族独有政治权之统一，（乙）各族皆有政治权之统一。又以易分别之词言之：（甲）专制的统一，（乙）立宪的统一；（甲）旧式的统一，（乙）新式的统一是也。今试问宇内各国，尚有用（甲）式的法而能统一之者乎？曰：无有。俄罗斯虽尚用甲式的统一之法，然内乱续出，已有分裂而将不能统一之势，况俄罗斯今亦立宪乎！故甲式的统一法除中国外已无有之。故夫由吾之所谓统一法则存，不由吾之所谓统一法，则必由统一而至于分裂以亡者也。天下事固有相似而大不同者，此类事也。

夫予所期于中国今日之统一者，以汉满蒙诸民族共立于立宪之下，存皇室而予国人以参政之权是也。

夫从（乙）式的统一，其有大利之事三，而其小者，姑不必言之。

以政治权分配于数个之民族，使人人皆有国家主权之一分，而视国家为己所有之物，则对于国家亲切之心日增，即对于民族憎怨之情日减。而合东方之一大民族建国，则人多地广，势强力厚，能与列强相抗衡而无国本薄弱之尤。一也。

凡种种之新事业，在国本既定，干戈韬戢之后，而后方能专心合力而经营之。不然，方开办种种之新事业中，而复见天下之骚扰，则新事业之基本动摇，其危险盖莫大焉。以（乙）式的统一建国，则对于内部，可期不再见兵革之事，而种种之新事业，得于国家平和稳固之中，而进行以告成功也。二也。

凡英雄豪杰，皆有国家之思想，以得洒其一生之心思于国家，而得见事功之成就为莫大之快事。凡英雄豪杰必欲发挥其精力以建事功，犹人有男女之欲无异。人固有为男女之事而横戢者，使英雄豪杰不得尽力于国家，未有不激而生变者也。苟遏抑之而不得达其志，必致旁溢歧出，为暗杀革命之事。以（乙）式的统一建国，则能使瑰奇颖秀之人，悉注集其精力于政治范围之中，不必激而出于他途，致遭杀戮摒弃，以消耗全国之人才，还而与国家为难，而国家亦受莫大之损失。盖当人民皆有政治权之后，则人才皆得尽力于国家，而国家亦得收人才之用。三也。

若夫用（甲）式的统一，其害有不可胜言者，而革命暗杀，其最著之事也。

试略言之：

自自由民权之说输入于东方，而中国沿江海数省，革命之风潮斯盛。寖假而开通及于西北之边省以至蒙古，必更有起而唱革命者。此非以参政之权予人民，则全中国革命之气风气，必不可得而熄。盖今世界文明各国，实无无政治权之人民故也。且夫真欲立国，不可不使国内人无一革命之心。盖国家经一回之骚扰，其所耗折者非他，即国家之人民；所损失者非他，即国家之财产也。至屡起屡仆，而骚扰之事不绝，则国家之人民尽、财产丧，而国家且何有矣。<small>平内乱与胜外敌不同，胜外敌者利在我，平内乱则受其害者，仍在我矣。</small>况乎自今以后，中外之关系日密，政府若不能得百姓之心，而国内屡演革命之事，其患害波及于各国，各国必进而自筹治中国之法。且夫平革命之策，决不在兵力的，而当以政治的。使政府畏各国之责言，而盲目的欲徧增兵力以防革命，其结果必且毙命于财赋之不能供给。<small>直接不毙于革命，而间接为防革命之故，毙于财赋供给之不足，亦能亡国。</small>况乎政府若恃其兵力而杀戮过多，至惹起"人道"之一问题，则外人且得视政府为野蛮，干涉中国之内政而有词。故夫革命者，即不能成事，而亦能亡国者也。而用（甲）式的统一法治国，虽政府之兵力，至于若何其强，则必不能清革命之原，此革命之能为大祸者一也。

革命不成，其变相又流而为暗杀。盖以文明之利器日增，于一方，政府得借用此利器以制革命，有快炮、利枪、铁路、电报，则革命之事日消，此其明征也；而于一方，人民亦得借用此利器以制政府，有爆裂弹等，则暗杀之事日盛，此又其明征也。一文明之利器，而两方皆收其利，亦并受其害，天地间循环相制之妙，固有如此者。夫政府之所惧者革命，至其力足以平革命，方谓可庆无事矣，而不谓暗杀之祸更烈。盖革命者，事属竟体，其及于个人者尚小；而暗杀者，事属个人，其及于个人者甚大也。且夫生之乐，首在精神之安否，而物质之事，其次焉者也。今惴惴焉日有性命之忧，抚此头颅发肤，不知焦烂齑粉于何时，其于精神上之苦痛，亦已甚矣，虽有富贵，亦复何乐之有？呜呼！今后之政府，若不以政治之权予民，则革命不已，继以暗杀，而二十世纪之中国，直将步俄罗斯之后尘，以腥血染中国之历史也。言念及此，可为寒心。而用（甲）式的统一，专制政体之末路，其祸有必至于此者二也。

孰吉孰凶，何去何从，是在政府。夫变法后之中国而果欲求存立乎，又何可不出之以至公之心，断之以至高之识，而定立国之大本也。

《政论》第一号，光绪三十三年九月一日（1907年10月7日）

政治上之监督机关

十月十一日在东京锦辉馆所开政闻社大会席上

宪　民

（前略）今日之中国，稍有识者皆知其濒于危亡。既知矣而忧之，既忧矣而思所以救之。虽然，言救国者，不一其人，不一其法，而效率不睹者，则以其于根本的解决，未得其道也。国家之生命系于政治，苟所施之政治而不适于国家之生存，国未有不悴者也。然则欲使所施之政治常适于国家之生存，为之亦有道乎？曰：斯固不易，而未可云绝无也。凡行政治必以人，而人类也者，以智德不完全之故，有意无意之间，常现出种种之缺点，此根于普通性而无可如何者也。故非有人监督乎其旁，而能轨于正者盖鲜矣。试观儿童就学，苟无师傅，罕能进业；百工居肆，苟无监工，罕能善事；而况于执政者，所处之地位，最易滥用其权力，而放弃其责任乎！故无监督机关，则政治终无由以进于良，此万古不变之通义也。

我国政治思想发达甚早，自春秋战国以来，一般学说已认君主为国家之一机关，而不认国家为君主之私有物。此种大义久已深入人心，宜其政治可以完满进化，而顾不尔尔者，则徒以监督机关久未立故也。夫我国先民，固未尝不知监督机关之为急也，而所以组织此机关者，苦于不得其术，故屡试屡败，而卒终于废置。试观前史，当汉光武帝时，曾议以司隶校尉纠察三公矣。盖三公为执政机关，而欲以司隶校尉为监督机关也。然司隶校尉本亦行政官耳，且以一人之单独机关，而假以偌大之权，则其滥用将更甚于执政，故事势上万不可行，而议旋废矣。唐太宗尝命执政于会议国政时，谏官得列座预闻，随时纠正，是欲以谏官为监督机关也。然谏官之任命亦由行政，其断不能举监督之实无俟论也。就中给事中一职专主封驳，苟认诏书为不当，可以封还，其职权较确实而有力，得其人以任之，则执政未始不有所惮。故有唐一代，若崔仁师、夏侯铦、许孟容、袁高、孔戣、吕元膺、郭承嘏、卢载辈，皆以给事中封还诏书，匡救失政，前史著为美谈。但给事中之任免亦由执政，意旨与谏官同，故其能举监督之实者，亦累世不一觏也。及至宋代，其制较备。据《宋史·职官志》云，凡命令之出，由中书省宣奉，门下省审读，然后付尚书省颁行。又曰门下之职，所以驳正中书违失。又曰门下省，受天下之成事，审命令，驳正迷失。凡中书省画黄录黄，枢密院录白画旨，及尚书省六部所上，有法式事，皆审驳之。是宋制以门下省为一独立之监督机关，与中书省、尚书省、枢密院诸机关相对峙，其体制较诸前代可称完备。然考诸当时实情，则所谓审读驳正者，殆成虚设，而省中之封驳房，至元丰间而已废，此何以故？盖此监督机关与其余诸机关，俱出于君主之任免，根本于同一之渊源以成立，故独立之资格不具，而对抗力无自发生也。其余若历代之御史台，以及今之都察院，亦未尝不以监督政府为其职权，然皆以同一之理由，其监督万不能实行，而其职权之伟大巩固，且远不逮宋之门下省，更无论矣。故欲监督机关之有力，必当使其机关由选举而成立，非由任命而成立，必当使其权力之渊源在人民，而不在君主。诚非有所靳于君主，而事实上非此不行也。我中国历史上有千古仅见、最名誉之一事业焉，则汉昭帝始元六年，民党与吏党争议盐铁而胜之之事是也。于时有诏书命丞相、御史大夫与郡国所举贤良、文学议国家大计。其时丞相车千秋固无咎无誉之辈，而御史大夫桑弘羊则不世之才也，其贤良则茂陵唐生、九江祝生，文学则鲁国万生等为之魁，凡六十余人，咸聚阙庭。贤良、文学首倡罢盐铁之议，以次论列执政之阙失，而诘以政治上之责任，全体一致，侃侃以争，与桑弘羊及其僚属辨论往复凡六十余次，而盐铁恶税，卒缘是而罢。今所传桓宽撰之《盐铁论》，具录其全文，凡五万余言，此实我国史上惟一之大议案也。而其卓著成效也既若彼，由此观之，则知监督机关苟以选举而成，则必能诘政府之责任，以指陈其缺失，而无论若何专横之政府，终不能抗其锋。此岂必远征泰西，我先民之经验，固既已明告我矣。然汉代之政治，不闻缘此而永即于良者，则以此种贤良、文学之会议，不过一时偶见之现象，而非永久设立之机关也。靡论其选举之者为郡国守相，仍不能具独立之资格也，抑其选举与否，召集与否，全出于时主一人之意，故经此一役以后，而二千年来无复嗣响，亦何足怪。综此以谈，则我国自秦汉以后，未尝不知监督机关为国家所不可缺，而汲汲思欲建设之，而惜也不得所以建设此机关之术。其所设者，如欲以左手监督右手，或欲以指监督其臂，以臂监督其身，此所谓航断潢汃绝港，未有能至者也。质而言之，则监督、执行两机关之成立与运用，其权力之渊源同出于君主，彼其效力之所以不著，皆坐是耳。故中国历史上之陈迹，幸而能得贤君主，则良政治行而国以康，不幸而不得贤君主，则恶政治行而国以危。一国之命脉，全系于君主之一身。虽然，彼君主亦人类耳，人类之普通性，有监督而易进于贤，无监督则易流于不肖，岂惟执政，即君主其更甚焉。监督政府之术既不行，而欲求政治之能良，则拔本塞源，其势不得不进而谋监督君主。我中国先圣昔贤，如孔子、墨子、孟子、荀卿、贾谊、董仲舒与夫周汉间之哲人，其所倡监督君主之学说甚多，今不具引，而其监督之方法亦有数种，一曰形式上之监督，二曰名誉上之监督，三曰精神上之监督。所谓形式上之监督者，如立师保、凝丞等官是也。就表面论之，固俨然若有一机关焉，然此种机关，果有能与君主对抗之力乎？虽五尺童子，知其不然矣。虽有贤君主，不过藉之为一辅助之用，其不贤之君主，则蹂躏之若拉枯朽，或虚设以伴食而已，是此种监督方法，不能不失败也。所谓名誉上之监督者，则以生前没后之荣誉导之，所谓"名之曰幽厉，虽孝子慈孙，百世不能改"。欲使时主有所惮焉。虽然，人之能自爱其名者，必其人稍贤者也。夫既贤矣，虽毋监督而可，其不贤者，区区身后之名，安足以劫之也？所谓精神上之监督者，则以宗教之力临之，言必称天，使君主对于天而负责任。稽之经传，实以此法为不二法门，周汉儒者之极言灾异，其微言大义，不外促君主之恐惧修省。虽然，所谓天者，不过抽象的之一名词耳，欲变抽象的而为具体的，其道无由。故虽在草昧时代之君主，而此种监督法已不能收多效；若夫智识稍开，科学稍明，则更等诸刍狗矣。先哲亦知其然也，故勉欲使抽象之天，变为具体之天，乃思讬其体于人民，故曰民之所欲，天必从之，又曰天视自我民视，天听自我民听，天聪明自我民聪明，天明畏自我民明畏，凡此皆欲移监督君主之权于人民，其用心可谓良苦。虽然，其所谓民之所欲，与夫民视、民听、民聪明、民明畏者，又仍抽象的而非具体的，盖非有一固定之机关，则所谓民意者，终无从指也。故虽有瞽诵史讽、工箴士谏诸文，而听与不听、采与不采，仍惟君主所欲，且于事理上固不得强君主而听之采之，即听之采之，亦不可指为真正之民意也。夫如是，先哲所立之监督君主案，遂无往而不穷。人民欲行其监督权，则将何由？计惟有举国一致，揭竿而与君主为难，易其位而去之耳。故曰闻诛一夫，未闻弑君，又曰汤武革命，顺天应人。于此等非常之举，而不得不以正义许之者，盖君主既以一身全荷政治上之责任，苟其失政，则责有所归，孔孟欲其学说一贯，盛水不漏，其结论不得不如是也。虽然，革命之业固非易举，倘必假途于此，乃得行政治上之监督权，则人民能行此权之时，盖亦寡矣。不宁惟是，苟革命屡行，则其国常陷于无政治之地位，视恶政治之害，抑更甚焉。不宁惟是，苟革命既行，而监督机关随而成立，政治可以永即于良，则忍苦痛而为之可也；若虽经一度革命，而后此所以为监督者，依然无完全之术，则革命遂与不革命等，而徒流兆民之血胡为也？夫我国历史上数千年来缲演之革命，则若是已矣。君主以无监督机关，而敢于行恶政治，人民以君主之行恶政治而起革命，革命既终，而监督君主之机关终无自成立，恶政治终无自销除，故人民以憔悴为恒，而历史以血污充牣，皆此之由。由是言之，人民欲直接监督君主，为事实上所不能，即能矣，亦非国家之福，故所当勉者，曰监督政府而已足矣。顾我生民常若注意于监督君主，而不注意于监督政府者，则以监督政府之道已穷，不得不举此权责委诸君主，而还以监督君主之权责望诸国民也。而其事万不能实行，即行矣，而非国家之福又既若是，此所以三千年来历史若一丘之貉也。虽然，此又不能深为我先民咎也。凡无论为监督君主，为监督政府，皆非有机关焉而不能实行，而组织此机关之良法本甚不易，而在我国前代尤为甚，何以言之？夫监督机关权力之渊源，苟发自君主而即为无效，此既不待法理上之解释，即征以中国前事而既较然矣。既不能发自君主，则可以发生此权力者，惟有国民。然国民个个散处于国中，当以何术而使之能共同一致，以行此监督权，此即事实上不易解决之一问题也。则还征诸西史，泰西自古代之希腊、罗马即有代表民意之机关发生，乃降及中世，全然沦没，直至近百余年，而此种机关乃复活于各国。其一兴一废之间，果孰为之，而孰致之耶？是无他故焉，古代希腊，其地势华离错落，各邦骈立，大者数万人，小者或仅数千，而其中所谓公民者，又不过其三分之一，或十分之一，故聚诸广场而议政也甚易。罗马亦然。其始建树，不过罗马一城耳，而又惟贵族得与政事，故元老院得建设焉。及夫罗马四征八讨，几一全欧，疆宇日恢，而元老院之势力日杀。逮其极盛，而以帝政易共和矣。岂其人民之退化耶？领土既广，人口滋繁，在势无能集之于一堂故耳。日耳曼民族亦然。当其在森林中，万几惟采公议，及其既蹂躏罗马，分建诸大国，乃一变而为武门专擅之政，亦以广土众民，无术可以合议也。于斯时也，惟英国以僻在海隅，为罗马威棱所不及，得延旧制于残喘，而冥冥之中，又若有默示之者，无端而发明代议之制。自有代议之制，则比例人数，以选出代表人，不必举全国民集于一堂，而自法理上观之，其効力可以与全国民集于一堂者同视。自有此法则，无论若何大国，若何众民，皆可以设代表民意之机关，而无不普及之为患，近世立宪体之所以能建设，皆赖是也。夫此法者，本非有甚深微妙、不可思议之秘密，顾前此诸国民，莫或见及此，而让英人以独创之名誉。此殆文学家所谓妙手偶得之，天也，非人所能为也。然苟不有此偶得，则至今欧美、日本各国之宪政且将不能成立，故吾辈生今日而漫然以监督机关之不夙立责备我先民，我先民固不任受矣。我国三代以前，史皆阙文，不可深考，然《洪范》称谋及庶人，《周礼》朝士称聚万民而询焉，则古代必有此机关，其迹尚可察见。意其机关亦必如彼中之希腊，尽人而皆有直接参政权也，而后此所以中绝者，其理由与罗马之不得不变为帝政当亦正同。盖自春秋以还，历史发展，兼并日盛，大国有众数百万，小者亦数十万，既无代议之制，则前此之旧机关，自不得不废，而后此之新机关，亦自无从成立。秦汉以后，海内为一，幅员更广于罗马，人数抑数倍之，而此种机关愈不能设立，此所谓事有必至，理有固然者也。顾虽如是，而我先民固确知监督机关之万不可缺，既已殚精竭虑，从种种方面谋所以建设之。谋监督政府不得，则转而谋监督君主，谋监督君主不得，又转而谋监督政府。虽所立方案尽成幻泡，而谓其无见于此，未尝致力于此焉，决不可也。使当二千年前，而能无意中发明此代议制度，或他国发明之而为我所知，吾敢信孔墨大圣及历代之哲王哲士，必将采用之若不及矣。吾侪生当今日，目睹此完美之制度，而设法以移植之于我文明祖国之中，实则所以竟数千年来无数哲人怀抱未竟之志，解决其经营惨淡而未能解决之问题，非徒对于我躬及我子孙而应负此责任，且对于我祖宗而应负此莫大之责任也。其责任维何？亦曰务建设一由人民选举代议制之国会，以为政治上巩固永续之监督机关而已。我国民而不认此责任，则吾复何言，虽言抑莫余听也；若诚认之矣，则吾于若何而可以尽此责任之方法，更欲进一言。^{编者按：演至此处，}

拍掌之声方酣，而无意识之革命派
乃起而扰乱会场，逾时始镇静。

宋人诗曰："锄禾日当午，汗滴禾下土。谁知盘中餐，粒粒皆辛苦。"人之欲得一饭，而其不能无劳而获也，犹且若是，况于欲改良一国之政治，竟数千年先民未竟之志，而为万世子孙谋不刊之乐利者耶！其非可以安坐而得之，抑其俟论矣。今者中国日言预备立宪，夫预备立宪之真精神何在？其最重要者，亦曰规定国家各种机关之组织及其权限云尔。质言之，则有人民选举之监督机关与否，即立宪与非立宪之一鸿沟也。夫所谓立宪者，既以设立监督机关为一最重要之业，而监督机关之所监督者维何？则政府也。然则望立宪之动机发自政府，是无异望政府之特建此机关，以待人民之监督自己，此必无之事也。如久放纵之儿童，必不愿有师保，久跅弛之劣马，必不愿就衔勒。故通观近百余年来各国立宪经过之历史，从未闻有其政府，三揖三让，自为主动，以求宪政之成立者。政府岂惟不自为主动而已，且常出种种手段，以图沮其进行，此亦人之恒情，无足怪者。虽然，抑未尝闻以政府设法沮碍之故，而宪政不能进行。其最后之胜利，必归于立宪之新主义，而不归于专制之旧主义，则何以故？盖政府犹舟也，国民犹水也，水则载舟，水则覆舟，无论若何之政府，未有不恃人民承认拥戴之力，而能成立、能存在者。彼政府所以能施专制于人民，必其人民甘愿受之而不辞者，譬有两人于此，甲无故唾乙而乙直受之，则乙必已自认受唾为固有之义务，缘是而甲亦自认唾人为固有之权利，两方之意思表示既已一致，而其权利义务遂寖假而变成法律之矣。寖假而抶之而受之焉，寖假而蹴之而受之焉，寖假而縶缚之、脔割之而受之焉，则甲之权利伸张于无限，而乙之义务亦负担于无限。使当其唾我也，而瞋目以视之，则亦何敢更抶我；当其抶我也，而大声以斥之，则亦何敢更蹴我；当其蹴我也，而攘臂以抗之，则亦何敢更縶缚我、脔割我。况乎政府之专制人民也，其事势与两私人之相陵则又有异。两私人之相陵也，或其天然之膂力远出我上，我事实上未从抵抗之，则有不能不帖服之势。若夫政府与人民交恶，则惟政府于事实上有不能抵抗人民之理由，而决无人民于事实上不能抵抗政府之理由。何则？政府之专制人民，必非能一一直接而自专制之也，必有所假手，其所假手者，则大小官吏也、警察也、兵队也，而官吏、警察、军队亦皆人民之一分子也；且其所以能养此官吏、警察、兵队而使为用者，必赖财政，而政府非能自擅金穴以支此财政也，而其所仰给者则人民也。故使政府对于人民全体或其大多数而挟敌意以相见乎,则不待交绥而政府之分崩离析可立而待也。彼梅特涅,岂非一世之雄哉,当其盛时,十数国之君相,膜拜于其足下者垂三十年,而不得不放逐以死。俄罗斯贵族席数百年之积威,当十九世纪政体改革之漩涡,而屹然曾不为动,迄最近三年间,而一片降旛出石头矣。由此观之,人民不监督政府则已,既监督之,则政府实无术以逃监督;人民不欲建设监督机关则已,诚欲之,则此机关实无术以沮其成立。丁斯时也,苟其政府不自量而冥顽确执,则必徒自取灭亡,如奥国之梅特涅政府是也,以战事拟之,则力屈而乞降之类也;苟其政府而有锐利之眼光,如俗语所谓因风转舵者,幡然矍起以承认人民之要求,即利用人民之信任,而自负责任以当政局,则能大行其志,而国亦日趋于荣,如日本之伊藤博文政府是也,以战事拟之,则审敌势之不可侮,而自提出两方有利之媾和条件也。此两国者,其宪政成立之手续虽不同,而其主动力在人民则无不同。奥国苟无人民之主动,则梅特涅决不逊荒;日本苟无人民之主动,则并伊藤博文之钦定宪法亦未见其遽颁也。今中国之执政,其自欲为梅特涅耶?自欲为伊藤博文耶?非我辈所与知。我国民若欲使将来中国之政治,能如现在之奥国、日本,则于千八百二十余年时奥国国民之举动,明治十余年时日本国民之举动,不可以不学。诚能如是,则今之执政欲为梅特涅也听之,欲为伊藤博文也听之,一趋一舍之间,彼其自身所受之影响缘此而异,而国民所得之结果不缘此而异也。所谓奥国、日本当时国民之举动者何?曰国民对于政府而为政治上之一致的运动是已。盖政府之得行专制,不外恃人民承认之力以为后援,而所谓承认者,又非必积极的明认也,仅消极的默认而已足矣。政府欲多数之人民明认其专制,其事固甚难,然欲多数之人民默认其专制,其事而则甚易。有人于此,其对于专制政府之举动本深不谓然,然以种种理由,或不敢过问焉,或不暇过问焉,或不屑过问焉,叩其人之本心,必无袒护专制政府之意甚明,即其人亦自谓吾始终未尝助专制政府为虐,则虽无功而亦决不至于有罪,而岂知其即此儵然中立不过问之一态度,即畀专制政府以无量之助力,而使之得永肆其毒也。盖专制政府所欲得于人民者非有他焉,欲得其不过问政治而已。吾方以不过问为中立,彼即以吾之不过问为后援,一人如是,十人如是,百千万人如是,寖假而全国过半数人如是,则专制政府遂置其基础于国民大多数意思之上,而安如磐石矣。是故当知当立宪政体与专制政体争胜之时,为国民者苟非党于立宪,则必党于专制,而于其间决无所谓局外中立者存。凡中立党皆专制党也,何也?彼专制党所利用以战胜立宪党者,惟此辈之资格为最宜也。然则我辈生今日,而欲除专制之毒,举立宪之实,其所以致此之道当何由?曰:第一,当一变其消极的态度而为积极的态度。吾始以为,吾之消极的态度,充其量不过无功而已,而亦未始有过,而岂知吾之消极,即供给专制政府以唯一之武器,而国家生命所系之宪政,冥冥中即隳于吾手。夫国家生命而隳于吾手,则吾对于吾祖宗、吾子孙而欲免罪人之名,安可得也?故生今日,必当人人奋起为政治之运动,此第一义也。第二,当一变其单独的行动而为一致的行动。政府势力所以不能不左右于人民者,以人民之多数而已,使取人民而离析之,各以个人之资格对于政府,则政府亦答畜之已耳。我中国近十年来,人民持积极的态度以对政府者固不乏人,然皆人自为战,无步伐,无次第,故甲有所倡议而乙不应之,乙有所尽力而丙不援之,非不肯相应援,机关不先备,虽欲应援而末从也。而政府乃得以先摧甲而后拉乙,或于一方面蹴乙,同时于他方面践丙,即不必摧拉蹴践之,而力薄势分,终难有所成就,此皆单独的行动使然也。诚能变为一致的行动,则畴昔以一发之力不能系一蝉翼者,结千万发为巨绠,是以回万斛之舟焉,其孰之能御也!第三,当一变暂时的进行为继续的进行。我国近数年来,国民一致的行动亦已渐发生,如争路权,争矿权,或对于著名之污吏而为排斥运动。夫既屡行之,而未始不时时见效。虽然,一事件之起而结合生,一事件之过而结合止,故其结合不成为有机体,末由发荣滋长,以臻于硕大。猝有他事件之新发生,而重新结合,往往后时而失机。且无常设之机关,惟遇事而临时号召,则其所运动补救者,终不免头痛灸头,脚痛灸脚,虽能为枝叶之纠绳,而终不能为根本之解决,故非设法焉变之为继续的进行,不能有功也。夫诚能合多数国民,持积极的态度,为一致的运动,而复要以继续的进行,则国民势力涨一度,即专制政治力消一度,政府虽欲维持其专制之旧现状,而谁与共之?此实欧美、日本诸立宪国所同遵之大路,遵矣,而未有不能至者,惜乎我国民之久不为此也。虽然,及今为之,则犹可及也。

问者曰:如子所言,国中能有大多数人反对专制,而为立宪的运动,则专制政府自不能存在,吾固信之。然大多数云者,必其过半数以上之谓也,今吾子欲希图国中过半数以上之人同加入于此运动,则当需几何之岁月乎?恐运动未成,而国亡久矣。应之曰:不然。我国自经战国、秦汉间社会大革命以还,国民政治思想早已普【及】,【为】政当顺民意之一大义,久已深入人心,如经冬之花,待春来而句出萌达。今所缺者,转捩此机关之人耳。其人为谁?则一国之中流社会是也。中流社会为一国之中坚,国家之大业,恒藉其手以成,此征诸各国,莫不有然,而今日之中国为尤甚。盖中国阶级制度久废,本无所谓特别之上流社会与下流社会,不过现在之最贵或最富者强指为上流,其智识程度稍低下者强指为下流耳。如彼欧洲诸国及日本,其历史上有特别之一贵族阶级,久把持政治上之权力,非使其地位有变动,而政体之改革不可期,我中国则无需是也。又如欧美诸国之现状,贫富悬绝,其国中灼然有下流社会之一阶级存,彼欲为社会革命者,不能不据之为主体,我中国亦无需是也。但使一国中有普通智识、居普通地位之中流社会,能以改良一国政治为己任,则居乎其上者尸居余气,无相与交绥之价值,居乎其下者,本无一定之成见,有人焉为之先,且所导之路于彼有百利而无一害,有相率景从已耳。不观乎去年抵制美约之举,举国有井水饮处靡不响应也。故监督机关之能建设与否,宪政之能成立与否,国家之能不亡与否,亦视一国中中流社会之责任心何如耳。

问者曰:如子所言,欲各多数国民持积极的态度,为一致的运动,而后要以继续的进行,诚能如是,则何不一刀两段,径起而行革命,而仅以建设政治上之监督机关自满足,何也?应之曰:吾不知问者所称革命,其定义何指?若以英语之 Revolution 为革命,则建设政治机关即政治革命也,故明治初年之日本,史家谓之革命,乃至一千八百三十二年之英国,史家亦谓之革命;若必以中国旧观念为标准,则革命二字相属,始见于《大易》,所谓"汤武革命,顺乎天而应乎人",必革君主之统,乃为革命,吾今名之曰君主革命。今问者所称革命,不知于此两义何取乎?若取前义,则吾以为欲为政治革命,取途莫捷于吾策也;若取后义,则吾以为居今日而言君主革命,于政治上之进行决无关系,无利于国家而反贻害也。夫君主革命论,在孔孟固亦承认之,然所以承认之之理由,徒以前此于政治上监督机关无术以离君主而别为建设,势不得不使君主对于国民而负政治上之责任;既负责而或不尽其责,则不可无以纠之,纠之之术既穷,则惟有取而易置之,此君主革命论所以得成立之根据也。虽然,前君主既已不尽责而见革命矣,继之者又不尽责将奈何?则曰再革之。复继之者又不尽责将奈何?则亦曰再革之。推原所以革之之目的,不过欲使之负政治上之责任,然一革、再革、三革乃至数十革,而无术以使之负政治上之责任如故也,是之谓手段与目的不相应。盖君主之地位,最不适于负政治上之责任,而当欲解决政治问题时,忽搀入君主问题以一并解决,在势为至不便,且至不利。故近世各国从事于改革政体之事业,恒不摇动其国体,非惟不欲耗其力于无用之地,抑必如是乃可以收成功也。今之言革命者,若其以单纯之君主革命为前提,则直可谓无意识之言,无复辨难之价值矣。若其兼以政治革命为前提,则当问必须行君主革命乃能行政治革命乎?抑无须行君主革命而亦可以行政治革命乎?如谓必须行君主革命而后可以行政治革命,则英、德、奥、意、日本何以有今日焉?夫既不必行君主革命而已可行政治革命,则亦何必舍捷而就纡,舍易而就难,徒使无责任之政府得借君主为护符,而于敌政府之外更增一敌也?故今日我国民所当急起直追者,惟在建设政治上之监督机关而已,有监督机关与执政机关对峙,而崇君主于两机关之上,使君主为无责任者,执政机关为负责任者,监督机关为纠责任者,则三千年之宿题可以解决,政治可以日即于良,而国家可以与天同寿。嘻!此真今日我国民独一无二之责任也。

《政论》第二号,光绪三十三年十月十日(1907年11月15日)

驳《政闻社宣言书》

龙 腾

有家于此,强盗杀其祖若宗、奸其祖母祖姑、夺其财产、据其堂奥、奴隶其家人,其家人始怀仇恨,不共戴天,时以杀贼为志。岁易时移,其子孙不肖,为强盗所蒙蔽,认贼作父,视强盗为正当之家主,于兹有年,恬不愧耻。后强盗势衰,所夺财产、所据堂奥又为他伙强盗所觊觎,虎视眈眈,殆哉岌岌。而他伙强盗固诡甚,不遽驱逐夺此家财产、据此家堂奥之强盗,直接而转夺此家之财产、转据此家之堂奥,乃行间接法,利用此强盗为傀儡而舞弄之、把持之,任彼仍据此家堂奥，而于静中尽夺其财产之所有权。由表面观之，夺此家财产，据此家堂奥者犹是前此强盗也，惟静观内容，前此强盗不过一公司之司理人向已，而前此强盗则甚阔绰，以为此财产、堂奥原非己物，不过从强盗得来，己以强盗得之而复失于他伙强盗，此得此失，于我何憾，故凡他伙强盗对于此家财产有所要求，无不如愿以偿，得心应手以去。盖前此强盗怀一宁赠他伙强盗而必不使此家人得以过问之意，所以对于此家人，非用压制手段，即用笼络手段，种种手段，变化离奇，倪不可测，无非致此家人于死地，永无脱其羁绊之日而后已。而己则偷安一日，取快一时，阔哉皇皇，与富室之败家子无异。如幕上燕，如釜中鱼，虽倾覆死亡之将至所不计也。呜呼！慷他人之慨以救目前，诚无有便于此者，独惜此家之人为两重无限之强盗所压制为难堪耳。

囊者此家人为前此强盗所蒙蔽，视为正当家主，且无他伙强盗起而环伺，故习惯自然成为第二性天，亦可相安无事。今此家人颇知前此强盗不足靠，又知彼原非我之家主，实杀我祖若宗、奸我祖母祖姑、夺我财产、据我堂奥、奴隶我家人而为我不共戴天之世仇，今又势力已弱，治家无法，为他伙强盗所侵侮，致此家时在瓜分豆剖中，不绝如线，盖恨前此强盗刺骨矣。惟家中尚有不肖子孙，创为邪说谬论，甘助强盗以蒙蔽同胞，其甚者为强盗作伥，择同胞之肉而食，而其无知者则醉生梦死，忘夫家之为己有，一任此强盗所压制、所笼络，而甘心受之、熟视无睹，是以前此强盗今尚安然无恙蟠踞于此家之堂奥中也。

而他伙强盗见此家人于此强权消灭颓然不振之世仇尚不能奋发踔厉，率家中人同心协力而驱逐之、芟除之，光复旧业，报此深仇，仍任彼蟠踞堂奥，随意将此家财产拱手而奉之他人不复追究，爰知此家之人性质柔弱，奴隶根性最深，毫无刚气，甘受压制，成为习惯，且知夺此家财产、据此家堂奥之强盗又以慷他人之慨为其救急之唯一手段，凡有所求，无不如意，故或诱以甘言，或大声哄吓，施其鬼蜮伎俩，务暗灭此家而后止。

当此之时，为此家筹保全之策者，惟有以复仇大义鼓励此家之人，效吴王夫差故事，日日即此家之人大声疾呼而耳提之，曰某某、曰某某，汝忘某强盗之杀汝祖若宗、奸汝祖母祖姑、夺汝财产、据汝堂奥、奴隶汝辈，今势力已弱，而又将汝家财产赠他伙强盗以救彼目前之急乎？如此而此家之人或翻然猛醒，鼓其锐气，同心同德，复此不共戴天之仇，然后将家政改良，于家中公选才德兼优者与他伙强盗交涉，可了则了，否则复率家中人依驱逐前此强盗例以与他伙强盗从事，济则祖若宗在天之灵，不济则率家中人尽殁于硝云弹雨中，化骨为灰，亦宁为自由死，不为奴隶生。有此猛剂，庶几能医此家于万一，而不至灭亡。若稍逡巡焉、姑待焉，以平缓之剂投之，即未立毙，而病入膏肓，和缓束手，及瞑目待毙，然后悔前此之不服猛剂，延误至此，亦已晚矣。故为此家筹保全之策亦如是而已。

乃或不然，执此家之人而告之曰，为家主者虽汝世仇，然为汝家主已久，与汝家中人同化，汝辈应仍奉为家主，不必仇视。彼不善治家，为他伙强盗所侵侮，非彼之咎，彼本以无责任为原则，不过所用仆役不能善体其意，以至家中制度纷乱，为他伙强盗所乘。原夫家主之心，不论其为家中人与为强盗，未有不愿得好仆役以治家事者。虽然，家主狃于所习，难于改革，非汝辈为之请求亦不肯改良也。今汝辈欲保全此家，惟即速结一团体，专心致志，研究治家善法，监督家中仆役，厘订家法，使彼不敢放弃责任可矣。

且仆役之敢于放弃责任、苛待汝辈，使汝家日即贫弱，为他伙强盗所侵侮，汝辈亦不可尽归咎之。盖家中仆役，虽如何不法，亦无不从汝家人意以为治家法者，故彼有不善治家之处，汝辈未将反对之意思表示，则是汝辈已默认之。汝辈既默认之，则仆役藉汝辈默认之后援以维持之，亦何足怪。虽然，度汝辈又非不欲表示反对之意思者也，特苦于无可以正式表示之途，即表示亦出于一人，未尝即全家人意思以为表示，且表示也以空言，未尝期以实行，虽谓未尝表示可也。故汝辈当合全家人意思以为表示，而求贯（激）〔彻〕其目的，此即所以解决保全汝家之问题之理由也。至汝辈所当持之主义，其纲有四：一曰合家议事之制；二曰厘订家法，巩固司法之独立；三曰确立家人自治制，正家主与家人之权限；四曰慎重交际，保持对等权利。果能如此，家必兴旺，试观邻家可知，又况家主已有主意，命汝辈变通家法乎。汝辈惟立于所欲立之地监督仆役，变通家法然可也云云。

嗟夫！为此言者非此家之人，不知其家之内容，即知之，而亦未尝身历其境，受强盗之压制，与强盗无仇恨犹可言也。若此家之人而为此言，必其无脑根、无脊骨、无血无气者也。否则溺情利禄，甘于为奴隶、为马牛，不知人间复有羞耻事，虽认贼作父、残同媚异亦所不计，故忍心害理，便其私图，而为湾浥依阿之言，以厚饰其非者也。不然，则患麻木不仁，虽如何激刺，亦不知痛苦者也。又不然，则丧心病狂者也。合而言之，则心死而已。今观《政闻社宣言书》，而适类乎是。爰举其大旨之谬者，驳之如下：

（前略）^① 其言曰："改造现政府，斯则在国民已矣。"（中略）又曰："惟立于现政府之外能改造之。立于现政府之外者谁？一曰君主，一曰国民。"

既谓立现政府之外者有君主、有国民，是著者已承政府有两方面之监督矣，已承君主为国民之对待物矣。及言改造政府，惟委其监督之责于民，一若我国立宪已久，而现政府由民意所成立，而非由专制君主所委任者。今我代现政府拟一问题，以（诀）〔诘〕著者，曰：君主欲中央集权，而决不准地方自治，国民求地方自治，而不欲中央集权，不从君主所欲，位即不保，而不测之祸随之，不从国民所欲，则又于宪政不符，著者将何以答之？答以宜从君主，则著者谓改造政府斯在国民一语为无效矣；答以宜从国民，则政府必以国民之势力抵抗君主，以为行政后援，而后国民之监督为有效，如是则国民与君主冲突，其最后不能不出于革命一途，然革命固著者所绝对的不承认者也。不承认革命，则国民终无如君主何，国民无如君主何，政府不得不俯从君主，而不从国民，势使然也。而著者又必率国民以督责政府，是使现政府蒙不白之冤已耳，何改造为？

然著者亦知现政府之不得不俯从君主而可以不从国民，而又欲强政府受国民之督责，于是又为之词曰：

（前略）"改造政府者，亦改造无责任之政府为有责任之政府云尔。所谓有责任政府者，非以其对君主负责任言之，乃以其对国民负责任言之。"

责任云者，受任之人对于委任之人所当应守之规则也，如司理人承东主委任，而管理其他工役，司理人对于东主而负责任，对于工役不负责任也。对于东主负责任，凡事从东主之意而行，便为尽职矣。若东主立法不善，使工役不与东主较，而专与司理人为难可乎？今现政府固由君主所委任，而非由国民所委任者也，不由国民所委任，则对于国民不负责任明矣。举对于国民不负责任之政府而使之对于国民而负责任，则必先使国民处于委任政府之地而后可，然国民欲处于委任政府之地，若君主绝对的不承认，是政府终无对于国民而负责任之一日矣。

---

① 原文如此，后文之"前略"、"中略"同。——编者

若然，则政府对于国民而不负【责】任，非政府之咎，乃君主不承认国民处于委任政府之地之咎也。著者欲改造政府，不以君主与国民为对待，而以国民与政府为对待，是使工役不与东主较，而专与司理人为难而已。盖著者此种浅理非不了然也，但言之与"保皇"二字相刺谬，故以含糊了之，而言之嗫嚅耳。然著者又非不知其说之不能成立也，于是生一哀求君主之心，而希冀君主之为善而不为恶。

（前略）"夫谓为君主者必愿得恶政府，而不愿得良政府，天下必无是人情，然则今之君主，其热望得良政府之心应亦与吾侪不甚相远。"

此一节非全无心肝者必不能道其只字，而著者忍言之，其心死亦可哀矣。彼谓君主热望良政府之心应与吾侪不甚相远，是矣，特君主之所谓良，非国民之所谓良，而著者不敢分别言之为可异耳。今之君主以防家贼委任政府，政府能尽力代彼防家贼，则彼所望得良政府之目的达矣。而谓国民所得良政府之心亦如是乎？虽孩提之童亦知其非矣。而著者谓与吾侪不甚相远，汝侪以巩固满清皇位为手段，以厉行专制为宗旨，此则然矣，而欲以此诬陷国民，其言可丑，其心尤可诛已。

（前略）"同时复有一派反对之心理焉，谓现在政府之腐败，必以颠覆君统为之前驱。"（中略）"要之认政府之能改造与否，枢机全系于君主，则其谬见亦正与彼同。"

今之政府，病夫也，不能离专制君主而独立，是外感病尚未清也。以国民改造政府，是对病所发之药也，改立宪政，是病后投滋补之剂，以培其元气也。而著者欲改造政府，必戒其不可颠覆君统，是执医生之手，惟强其投滋补剂，而不准其用去外感药也。而诩诩然自称曰非此必不能救中国之亡，其谁信之？至谓颠覆君统之说，其枢机全系于君主，讥为谬见，其意仍谓改造政府全不关乎君主，斯在国民云尔。然既全不关乎君主，则君主于政府特赘疣耳。如是则君主愿得良政府与愿得恶政府于实事上皆无关系，而著者必沾沾然力辨君主之所愿如何？是著者所论非特枢机全系于君主，且其性质全倚赖君主矣。以颠覆政府之说较之，即曰枢机同为全系于君主，然此则依自也，而著者固依他也，今谓依自者为谬见，而谓依他者不然，虽有聋瞽，当不冒昧若是。

"夫绝对不认君主，谓必为共和国体，然后良政府可以发生者，以英、德、日本之现状反诘之，则其说且立破，故不必深辨。"

未能解决种族问题而欲解决君主与共和问题已属放饭流歠而问无齿决矣，况英、德二国君民皆经几许冲突而后相安，至日本则政权向在幕府，君主不过备位而已，故覆幕即与覆君统无异。然此三国者，皆无种族问题横梗其间，与我国情事固大不侔也，而得良政府之难尚如此，而谓我国奉现在君主而可得良政府如英、德、日本，其谁欺乎？且著者不一征之匈、奥往事，而惟诘以英、德、日之现状，有所慑于中，而不敢畅所欲言，其言论之不自由亦大可怜矣。

"至搀入种族问题，（中略）则不可无一言以解之。夫为君主者必无欲得恶政府而不愿得良政府之理，此为人之恒情，吾固言之矣。此恒情不以同族异族之故而生差别也。"

吾见"至搀入种族问题则不可无一言以解之"二语，以为下文必有一番伟论，使人心折，可以消融种族之见，乃振发精神，息心静意阅之，然不过再复一复曰"夫为君主无欲得恶政府而不愿得良政府之理，此为人之恒情，吾固言之矣。此恒情不以同族异族之故而生差别也"云云。至何以同族异族不生差别之原因，著者并无一言解决之。如此而著者即日日言之，而种族问题亦终无解决，乃曰吾固言之矣，意以为解决种族问题矣。呜呼！著者拮据之情状如此，吾又何忍举同族异族所以生差别之故而穷诘之欤？

"今之君主，谓其欲保持皇位于永久，吾固信之，谓其必坐视人民之涂炭以为快，虽重有憾者，固不能以此相诬也。"

君主欲保持皇位于永久固著者所已信矣，然推其保持皇位之心，未有不至坐视人民之涂炭以为快者。譬之杀人劫财者其心非欲杀人也，因劫财故，则日以杀人为快，亦恒有之矣。著者谓保持皇位之君主必不至坐视人民之涂炭，是何异谓劫财者之必不至杀人乎？且著者谓改造政府其枢机全不系于君主也，今复言之不已，而重言之，无非注意于君主心术之良恶，著者亦可谓无聊极矣。

（前略）"于政治上减杀君权之一部分而以公诸民，为君主计，实有百利而无一害。"

著者哀求君主之态又出丑矣。夫彼欲颠覆君统而改造政府者，著者尚谓其枢机全系于君主，而讥为谬见，其言可谓壮矣，今乃向君主哀求，惟恐君主不知有百利而无一害，用比例法计算清楚，然后进呈御览，冀天王明圣，于政治上减君权之一部分而以公之民。噫嘻！言至此又何其卑也。况万一君主不谙算术，以为减杀君权有百害而无一利，则贵社费几许心力组织而后成立，一旦大失所望，不且全功尽弃乎？

（前略）"必待人民汹汹要挟，不应则皇位且不保，然后降心相就。"

著者既深信君主必愿得良政府矣，既愿得良政府，即一闻国民改造政府，当必尽力助之，纵不助之，亦必不阻之也，乃必待人民汹汹要挟，不应则皇位且不保，夫然后降心相就，曾是心所愿者而若是乎？如曰此非其本愿也，迫于势也，是以著者之矛刺著者之盾矣。且此亦著者意料之，武断其为降心相就耳。设君主中有一智者不为人所料，虽人民如何要挟、如何汹汹，仍坚持之，而不稍夺，著者所持之技，不且立穷欤？况满洲君主得保皇党之一班英雄豪杰以为后援，有恃无恐，即任人民汹汹要挟数十百年，而彼悍然不应，皇位亦巩于磐石，固于苞桑，断无有不保之理。准是以谈，他国君主无保皇党以为后援，因人民要挟，恐皇位不保而降心相就，容或有之，而满洲君主则断无有矣。故在他人言之犹可，而以贵党中人出此言，独不惧圣天子赫然震怒，责汝辈倡言煽乱而不忠于保皇乎？若谓此不过以危言惕之，断无是事也，则著者议论之价值，亦可知矣。

（前略）"吾以为虽专制之国，其政府亦从民意以为政也。（中略）苟无意思之表示，在法谓之默认矣。"

无意思表示，在法谓之默认者，以地位平等、势力适敌者言之耳。如公议一事，甲出一问题，众虽未认可，然在座无一人将反对之意思表示者，甲后即依此问题办去，如此谓众已默认可也。若盗贼拦街截抢，而被抢者为威所迫，垂手与之，不敢与抗，及后报案，责之曰："当被抢时，尔未曾将反对之意思表示，在法谓之默认矣。"吾恐言未出，而旁观已唾其面矣。今专制君主，其威甚于盗贼也，民之对于专制君主，其惶恐之情过于对盗贼也，而谓无反对意思表示即谓之默认，使著者向为执法官，吾恐将鄙都尽建枉死城亦不足容含冤之鬼矣，而尚腼然绳人以法也，可耻孰甚！

（前略）"顾在君主方面犹且有欲立宪的之意思表示，虽其诚伪未敢言，然固已现于正式公文矣。还观国民方面，其反对专制的之意思表示则阒乎未之或闻，是何异默认专制政体为犹适用于今日之中国也。国民既默认之，则政府藉此默认之后援以维持之，亦何足怪。"

在君主方面虽一预备立宪之伪谕犹谓其固已现于正式公文，而在国民方面虽吴樾之弹、徐锡麟之枪，著者则诈作不闻，若为不知，然犹曰带有种族问题之表示，非纯全政治问题之表示也。而贵党戊戌政见，不居然政治问题之表示乎，然犹曰未曾将反对争制的意思表示也。而贵党保皇成功后，所改名之国民宪政党不居然宣布海内，人所共见，已将欲行宪政、反对专制之意思表示，自谓足以代舆论而认其价值者乎，然犹曰一党之见也。而立宪谕下，海内外商学界，非到处恭祝、交驰电贺，将欲行立宪反对专制之意思表示，而期实行乎？国民反对专制的之意思表示已如此矣，而著者竟贸贸然谓"阒乎未之或闻，是何异默认专制为犹适用于今日，国民既默认之，政府藉其默认之后援以维持之，亦何足怪"。呜呼忍矣！吾不知满清何德于著者，而左袒之如是，同胞何怨于著者，而苛论之如是。果如是，自后满君主将贵党中人尽行杀戮，靡有孑遗，亦不足怪。何也？戊戌政变，满君主杀贵党六人，贵党反对残杀的之意思表示阒乎未之或闻，是何异默认满清残杀之适合公理也，贵党既默认之，则满清藉默认之后援以推广之，又何足怪？虽然，使著者以此为贵党之私言，吾不责也，盖贵党非特不怪之，且视为分所当然，持君要臣死臣不敢不死之大义以自解者也，观康有为其弟被戮，彼犹颂载湉之德不衰，亦可知其梗概矣。而著者欲以此责全国民，亦诬甚矣。

（前略）"国民诚能表示其反对专制之意思，且必欲贯彻之，则专制政府前此所恃默认之后援既已失据，于此而欲保其敝帚以抗新潮，其道无由。"

今使全国人诚如尊教，将其反对专制之意表示，且必欲贯彻之，吾亦谓终无贯彻之日，而新潮不能敌敝帚也。重大问题不具论，即以一辫论之。我国民反对之意思，满人入关时江阴以十余万人之肝脑表示矣，太平天国时十余行省以蓄发表示矣，然犹谓其时新思想未发达，此非正式之表示也；今则长尾豚见诮于外人，我国人无不欲剪之以为便者，留学外国者与当今志士皆已剪之以表示反对之意思矣，官吏中亦已有奏及此事、代国人表示反对之意思者矣，乃满政府不特不从民意而令剪之，军学界之有剪辫者且令蓄回。辫犹如此，其他可知。著者谓专制政府所恃默认之后援已失所据，而敝帚无由抗新潮，果何所见而云然耶？若更征之苏杭甬铁路之强借外款，而著者之说，更无立足地矣。

（前略）"以上种种理由，应于今日时势之要求而不得不发生。若夫政闻社所持之主义，欲以求同情于天下者，则有四纲焉。"

以上种种理由，其矛盾自陷者尚多，今不忍吹毛求疵，故为刻论，以上所驳，不过举其大旨，使我同胞勿为所惑已耳。至著者自谓应于今日时势之要求，则又不可无一言以正之，使勿误我同胞也。今日中国时势，昧者以为汉排满，其实满排汉时势也。满排汉，非排以强硬手段，而排以阴柔手段也，非排以虚名，而排以实力也，又非以专制排之，而以立宪排之也。满人以立宪排我，而著者以立宪要求，水乳交融，胶漆互结，微著者言，吾亦知满君主以贵社为立宪忠仆，而以著者以上种种理由为适应于今日也。独惜著者非满人而汉人，虽如何披肝，如何沥胆，自谓忠于满人，恐满人怀种族观念，终不能无疑，而去其防家贼之政见。是著者以上种种理由，即应于今日时势之要求不得不发生，而欲达此目的，究竟为种界所横断也。不然，请观袁世凯、张之洞、岑春煊三满奴可知矣。此三满奴自谓尽忠满朝矣，满人亦谓三奴为忠仆矣，第以其为汉人也，不得不稍加裁制，非如任铁良、端方、凤山、泽公辈之可以不存芥蒂，直任不疑者。盖世未至大同，此等心理，出于天然，无能或免者也。故为贵党计，欲达以上种种理由之目的，莫善于求入满籍而为满人，否则援耿、孔例，列于八旗治下，使满人先去其疑心，然后政党庶几可以成立，而贵社所持之主义即不必求同情于天下，亦当无不贯彻矣。

以下四大纲，议论极鲜妍，词旨极修饰，可云浓纤得衷，修短合度，阿挪妩媚，哀艳动人，令余听之，乐而忘倦，自非木石，安有闻娇音而漠然不动中者。此四大纲一出，我同胞之莫不共表同情，无可疑者。可怜今尚非时，徒使贵社自伤薄命耳。兹拟暂停驳论，迨贵社去满人所疑后，以上种种理由，已达其目的，所持主义亦已贯彻，然后相与提携，研究此四大纲，当未晚也。纵此时国会成立，贵社同人皆已操政治上实权，不屑与下士参议，然政治团体既有政友，同时必有政敌，友也，敌也，皆非徇个人之感情，而唯以主义相竞争，此又贵社本宣言书之所许也，则他日者，贵社同人，或容余置喙其间，亦意中事。且余犹有为贵社忠告者焉，则自后不宜言要求是也。盖要求云者，质言之则革命而已。其所分别，以俗语解之，革命则直兵之，要求则先礼而后兵耳。昔臧（文）〔武仲〕以防求为后于鲁，孔子讥为要君，所谓要求也。然则要求与革命，所不同者，先后耳，激烈与温和耳，其性质未有以异也。著者而日要求，不惧与保皇宗旨相反乎？又不惧起圣明之疑，引孔子讥（文）〔武〕仲之言而责以要君乎？况以上种种理由，著者皆是率国民对君主认自己不是而向之请求、哀求、乞求耳，固未尝示以要求之方法也。夫实有其事，言之而起人，疑智者犹不为也。今无要求之实，而自取要求之名，著者何不智若此。今而后，贵党有所陈说，曰请求，曰乞求，曰哀求可矣，慎毋自谓要求以开罪于圣明，而败乃纯臣之节也。抑向君主请求、乞求、哀求亦有道焉，若慢然行之，即请求、乞求、哀求亦为无效。贵党梁启超有言，凡有所求，必量其人能给我之求与否而后求之，否则所求为无效云云，至哉言乎。贵党奉此以为请求、乞求、哀求之准则，行之唯谨，终必有得一当者。然此至理名言，想贵党久矣奉若箴铭，不待余述，特梁所言亦曰要求，似与著者所陈理由尚多未惬，究不若易要而为请、为哀、为乞之较为得体也，是在贵社。

《中兴日报》，丁未年十月廿七日至十一月初七日（1907年12月2日至11日）

政党之必要及其责任

政闻社总务员就任演说

马　良

诸君，鄙人以政闻社全体社员之同意，承乏本社总务员之职，自维才力绵薄，恐非克堪，顾义务所在，抑奚敢辞。但如适间徐君报告之言，奖饰太甚，闻之滋愧。不宁惟是，如徐君言，一若本社前途，惟鄙人焉赖。微特鄙人之菲材凉德，不足以语于是，抑尤有进者。吾社之建设，凡欲以摧灭专制，造成完满之立宪政体。惟其如是，故一切组织之邻于专制者，皆为吾社所深恶痛绝，岂其于吾社之组织而反蹈之。质言之，则政闻社者，非一二人创立之政闻社，实全国同志共同组织之政闻社。故政闻社之前途，不系于一二人，而系于社员全体。鄙人以社中一分子之资格，于其应尽之义务，诚不能不黾。若谓以鄙人眇眇之躯，能左右全社前途之荣悴,则其于政党之性质,亦失之远矣。今鄙人现受诸君之委任,誓忠于本社主义,请更举政党之必要及其责任,为诸君一言。

国家之起原,果何自昉乎?学者之说,是丹非素,经百年而未有定。要之无论何种之国家,必经过家族之一阶级而来,斯则可断〈断〉也。故明乎人类乐有家族之理,则夫人类乐有国家之理,亦可以类推而得其故矣。凡有血气者,莫不自爱我。然所谓我者,有形我焉,有神我焉。禽兽知有形我,而不知有神我,故永世不能以为群。人类者,非徒以形我之安佚而自满也,必更求神我之愉快。苟孑然孤立而无偶,则虽极耳目口腹之欲,而必非人情之所乐,于是乎家族不得不兴。普通之人,其爱其家族也,殆与爱己身无所择,盖神我之作用然也。然神我之愉快,又非徒恃家族而能满足也。盖夫孟子之言曰:"与少乐乐,与众乐乐,孰乐?"曰:"不若与众。"盖人类之恶独而乐群,全由其天性然,于是乎由家族进而为部落,由部落进而为国家。近世学者,或谓国家之成立,纯由竞争力促之使然,此固未尝不含半面的真理。然谓国家成立之原素而仅在是,则是徒举形我之一方面,而遗神我之一方面,安得云知言也。夫禽兽之与人类,其受逼迫于外界之竞争一也,顾禽兽何以不能为家族部落,而人能为之?曰:惟知有神我故。野蛮人与文明人,其受逼迫于外界之竞争一也,顾野蛮人何以不能为国家,而文明人能为之?曰:惟能扩充其神我故。明此义者,可以知国家,可以知国家与政党之关系矣。

人类之能为国家也,恃有神我也。人类之乐有国家也,所以求常保神我之愉快也。使有国家而不能保神我之愉快,甚或其愉快反缘有国家而为之灭绝减杀,则吾之乐有国家者果安在?故欲完国家之责任,莫要于使国内之人各得所欲,此犹家族之责任,在使家内之人各得所欲也。虽然,一国之人,其所欲亦多矣,淆乱而不能统一,隔阂而不能相知,甚欲互相反对,而莫审所适从,将何道以沟通之,别择之。于是有一部分人焉,揭橥其所欲者以告于天下,曰吾所欲者在是。夫人情固不甚相远也,我欲之则必有其可欲者存。遍国中与吾同欲者不知几何人也,前此各怀之于心而互莫相知也,窃窃然忧吾道之孤而莫吾应也。及闻甲部分之人昌言曰,吾欲在是也,而乙部分,而丙部分,而丁部分,咸相说以解曰,吾欲固亦在是也。其余他部分之人,或前此并未知此之可欲,及见夫多数人欲之,乃寻其理由,而觉其中诚有可欲者存,乃恍然曰,吾昔所欲不及此,而今固亦欲之也，于是乎政党之机动。既群多数同欲之人，则必求所以餍其欲，且必求所以去其所不欲，此非合输其心力，齐一其步武，无从为功也，于是乎政党之形成。虽然，吾所欲者，非能强举国人以尽从同也，则必有其所欲不在是而在彼者焉，一部分人之揭橥以号召曰，吾所欲在彼，则亦必有他之乙、丙、丁等部分人起而应之，其所以求餍其欲而去其所不欲者亦犹我也，于是乎一国之中，必不止一政党，而常有政党与政党对立。夫既谓之政党矣，则必聚同欲者乃能成之，明也；又必非少数之所欲，而为多数之所欲，又明也。既多数人欲之，则其中必有可欲者存，故苟名为政党，则无论何党，而其所欲皆必与国利民福相近。然犹或欲此不欲彼，或欲彼不欲此，何也？或欲国利民福之小者，或欲其大者，或欲国利民福之近者，或欲其远者。夫远且大之福利，或为近且小之不利，近且小之福利，或为远且大之不利，各见其利之方面，而忽其不利之方面，此政党与政党所以恒对立也。虽有不利之方面，而必有其利之方面，故曰与国利民福相近也。天下无纯利而无小害之事，故不敢谓其与国利民福之范围适合而无间，故曰相近也。既政党与政党对立，国家将何所适从？曰采其与国利民福最相近者行之，则国家之责任尽矣。何者为与国利民福最相近？曰国民最大多数所同欲者，与国利民福最相近。何者为国民最大多数所同欲？曰最大政党主张者，即国民最大多数所同欲。问者曰：最大政党所主张，苟其为国利民福之远且大者，则其与国利民福最相近，固无疑矣。然容亦有最大政党，所主张仅见其小且近者，而忽其远且大者，亦可谓为最相近矣乎？曰：斯固然也。小而近之福利，既为国民多数所同欲，则必其国民之智识未能见及大且远者，必其国民之能力未能经营大且远者，若是则所谓最相近者，乃不在此而在彼矣。虽然，当斯时也，与彼对立之政党，又非必舍其大且远者，而惟小且近者是务也。牖导人民之智识焉，助长人民之能力焉，渐能使举国之人民，其同欲于此者，多于同欲于彼者，则所谓最相近者，又不在彼而在此矣。国家恒采最大政党所主张，为国民最大多数所同欲，而与国利民福最相近者以施政，夫是之谓政党政治。政党政治者，现世人类最良之政治也。夫政治果有更良于此者乎？曰：理想上容或有之，而事实上则未之闻。宗教家有言：人类者，不完全之动物也。人类既不完全，故政治无绝对之美；既无绝对之美，而求其比较，则舍政党政治无以尚也。何以故？以其神我之作用相应故。

天下虽无绝对的良政治，而有绝对的恶政治。何谓绝对的恶政治？则徇最少数人之私欲，而反于大多数人之所同欲者是已，质而言之，则曰专制。专制政治束缚人人之神我，使不得申，故有国家曾不如其无，故生为专制之国民者，必当以排除专制为唯一之义务，此非我对于人所当尽之义务，实形我对于神我所当尽之义务也。然则何道以排除之？曰：还以神我之力排除之。夫我之有所欲，有所不欲也，此神我之能自主者也，而专制政治，则强吾之所不欲，以徇人之所欲，是不许神我之自主也。虽然，神我者赋之于天者也，虽父不能夺之于其子，虽主不能夺之于其奴。彼蜘蛆嗜溷也，强人而尝之，虽或下咽，然其厌疾之之心，无论何人，不能禁其不漾于中也。若是者，吾中国先圣谓之良知。既有良知，斯有良能。人之思得其所欲，而去其所不欲也，其良知也；既思之，则务所以得之去之，其良能也。夫人之乐有国家者，其亦孰乐有专制？既不乐之，而固受之，则其良知之苦痛，岂有已哉！顾虽苦痛，乃竟呻吟而几于不敢者何也？将以为苦痛我自感之，而他人莫能喻也。以吾一人之力，无如此苦痛，何也？庸讵知恶苦思乐，谁不如我，我以为莫吾助而忍焉，人亦以为莫彼助而忍焉，乃坐令神我之桎梏而万劫不复。苟人人尽出其良知以公诉之，则东海西海，心同理同，举国中皆如我之所欲云云也。夫至于举国中而皆欲云云，则彼少数者虽别有所欲云云，安可得也？故欲排除专制，无他道焉，国民咸遵其良知，以发表其所欲者与其所不欲者，乃胥谋各竭其良能，以求其所欲者，去其所不欲者，斯则政党之业也。

鄙人不尝诵孟子少乐不如众乐之言乎，洵如斯言也，则神我之最宜感愉快者，莫我中国人若也。盖个人之乐，不如家族之乐；家族之乐，不如部聚之乐；部聚之乐，不如国家之乐；小国寡民之乐，不如大国众民之乐，比例则然也。而我中国今日之人，则何如非惟不能享天下之至乐也，乃适得其反？鄙人老矣，雅不欲以伤心语堕诸君少年锐进之气，然自四十年前，琉球望国，揽辔殆徧，以彼所处之地位，所享之幸福，还而镜诸我国民，每诵诗曰"何辜于天，我罪伊何？"又曰"天之生我，我辰安在？"又曰"夭之沃沃，乐子之无知"，未尝不泪落如绠縻也。比年以来，煎迫愈甚，虎狼耽耽，嗥于卧榻，人为刀俎，我为鱼肉。呜呼！诸君其知之否耶？使五年以后之中国，尚如今日之中国者，则吾侪自今以往，至于世界末日，永堕畜生道，而靡复人趣矣。诸君诸君，谁为为之，孰令致之？呜呼，痛哉！此专制政府之罪也。曷为有此专制政府，曷为使专制政府久适于生存？呜呼，痛哉！此我国民之罪也。曷为使国民久负罪，至今日而不思自赎？呜呼，痛哉！此鄙人与诸君之罪，又凡举国中先觉者之罪也。昔在邃古，洪水横流，乃有挪亚独乘方舟，泛于天地，茫茫巨浸，不知所届。今世界大势譬则洪水也，我中国譬则挪亚之舟也，此舟经三千年来漂荡，于浩淼重洋中，雨打风吹，天穷人厄，樯折帆裂，棹失舵坏，直至今日而三千年间未闻之巨飓，复从而乘之，所经线路，礁石棋布，全舟死生，间不容发，而舟中之人，栩栩然卧而酣梦者居其泰半；其他一部分则嘈嘈切切焉，或自理其行箧，惧其沈落，或自整其衾褥，惧其浸湿；其稍进者，则欲接一二断绳，补一二漏隙，手忙脚乱，不知所措；亦有一部分狂若瘈狗，指天骂日，谓当刃船主，屠同舟，裂舟以同归于尽。呜呼，呜呼！此何时耶，此何时耶！丁此之时，惟有全舟一致，思所以拯此舟以达彼岸，其司柁及其他执事者有不职，则要求船主以易之；其有明于沙线、善于避风之策，要求船主以实行之。彼不知千里镜耶，引之以视；彼不解罗盘针耶，教以之揆。夫如是，其庶或有济，而彼船主者与船并命，又安见其不我行也。不然，非鼾睡则自顾，非自顾则痫跃，其有一二知其不可者，亦嚜嚜不发一言，束手以待命。呜呼，几何不沦胥以亡也！呜呼，至今日而始有政闻社之发生，鄙人与诸君之罪重矣！抑今日而有政闻社之发生，乃鄙人与诸君所以谋自赎其罪，且偕国民以同赎其罪者。嗟夫嗟夫，吾侪之罪其终能赎耶？嗟夫嗟夫，天心仁爱，其许吾侪以赎也必矣！

吾侪以求神我之愉快，故而组织此政闻社；吾侪以遵良知之命令，故而组织此政闻社；吾侪以自赎其罪，且为众人赎罪，故而组织此政闻社。则吾侪所以图践此责任者当如何？一曰忠实。先圣者有言：不诚无物。又曰：至诚而不动者，未之有也。不诚未有能动者也，虽至小之业且有然，而况于负荷国家之重者乎？人之于政党也，当如妇人之于所（天）〔夫〕，死生以之。何以故？政党非以强迫而结合者也。人人各有其所信之主义，所信之主义适相同者，乃集合而为一党。谁信之？吾之良知信之也。故政党者，多数政党员之良知之结晶体也。人而不自服从其良知，时曰非人。故政党员之忠于政党，则我忠于我而已。其或徒挂名党籍，不思对于党而负责任，此非欺人，乃自欺耳，是不啻我对于我而怀叛逆也。吾侪之地位各不同，而党中应尽之义务亦至伙，苟诚忠焉，无论居何地位，而皆有得尽义务之余地。经济学上分劳之谊，实团体发达之第一要素也。二曰忍耐。天下无一蹴而几之业，所负荷愈重，则其成就愈难。吾侪挟区区之志愿，与数千年根深蒂固之专制政体战，敌既强矣，而中立者又莫余助，前途艰巨，云胡可量，奏凯之日，匪可豫期，所能信者，真理终为最后之战胜而已。而当未达此最后之时，刹那刹那，无不在四面楚歌之里。非有百折不回之气节，即罹一蹶不振之忧。当思个人之生命虽短，团体之生命甚长；个人之能力虽微，团体之能力甚大。蹶于此者必兴于彼，挫于今者必成于后。三曰博爱。爱也者，神我之所攸托命也，岂惟一党，惟一国，天地赖兹，万化赖兹出焉。有对于党中之爱，吾侪以主义结合故也。然犹有附属之一胶质焉，曰感情。感情不相浃，中道涣之易易耳。故有手足相依、患难相共之情，然后可以永结于不散，吾侪所各宜自勉者也。有对于党外之爱。道有阴有阳，数有正有负，吾是吾所是，而不能谓人之尽非，此国家能容两政党以上之对立也。故吾侪忠于本党，而不嫉视他党，可以为光明正大之辨难，而不可以为阴险卑鄙之妨害。其中立之人，吾侪宜尽吾力之所及，使其表同情于吾党之主义；其有未肯遽表同情者，吾侪当谅其锢蔽之太久，启悟之不易，常怀矜悯之心，勿为厌弃之容。即对于吾主义之公敌，吾侪抗战固不可不力，然有战时公法之可守，不尚诡遇，不罪降人，此亦所以行吾爱也。呜呼！吾侪苟非有此爱根，而遯世旡闷已耳，遑问国家，遑问政治？既以爱故而结政党，若缘政党而伤吾爱，斯所谓进退失据也。

鄙人无似，承诸君之推举，负疚滋深，顾以四十年来怀抱之志愿，所欲从事而未能从者，及今而得以从事焉。鄙人虽耄，犹得与诸君共观厥成矣。

右稿为马良总务员口演，书记笔述，其文责记者任之。——编辑部识

《政论》第三号，光绪三十四年三月十日（1908年4月10日）

政闻社总务员马良等上资政院总裁论资政院组织权限说帖

呈为请厘正资政院组织权限，以宣示立宪之实，沥陈管见，敬祈钧鉴事。

窃惟我皇太后、皇上鉴宇内大势，知立宪政体为富强之源，屡颁明诏，实行预备。又知立宪政体之精神，在设立议决机关，以与行政机关相维系，乃首命设立资政院，而以殿下总其成。此诚致治之本，而举国臣民所欢抃以迎者也。比月以来，有诏命将院中章程速行规定，以殿下望兼亲贤，公忠体国，重以幕府多才，济济翼赞，凡兹施设，当有成谟。惟是兹事体大，且属经始，泰山不择土壤，圣哲尚采刍荛，苟有所怀，安敢自隐，是用怀献芹之愚，效记珠之助，率贡一得，希垂采焉。

谨案：八月十三日上谕：立宪政体取决公论，上下议院，实为行政之本，中国上下议院一时未能成立，亟宜设资政院以立议院基础等因。谕旨中明言上下议院，则今之资政院实为将来上下两议院公共之基础。大哉王言，举国臣庶所当凛遵者也。考古今各国之议院，有行一院制者，有行二院制者。行二院制之国，其下院皆代表全国人民，以选举而成立；其上院则或代表特别阶级，或代表联邦地方，各缘其国情而异。若夫行一院制之国，则今已甚希，其有之者，亦必其合二院以为一院，而非二院中去其甲院而仅留其乙院也。今谕旨并提上下议院，则中国将来必当采二院制，早在圣明洞鉴之中。徒以草创伊始，诸事未周，不得不从权暂置一院云尔。苟能深绎圣训，则知外间所臆测，谓资政院仅为上议院之预备者，其疑可以立破。而将来上下两议院皆由现今之资政院胚胎而成，现今之资政院即当兼有将来上下两议院之性质，此实圣意所在，而不容或悖者也。既认定此宗旨，则今日资政院之组织权限，必当包涵将来上下两议院之组织权限。持此为衡，庶可以副答明诏，而慰天下之望。今谨陈管见，分条说明，以备采择。

第一项，谨将所拟资政院之组织恭呈钧核。

谨案：今之资政院，既合将来上下议院而暂为一院，则欲资政院之组织完备，必当先将将来上下两院之组织预为筹画。考各国之下院，皆由人民选举，其选举法虽小有差别，而大致则无甚异同。将来中国设下议院，但采其成法，稍加斟酌损益而已足，无甚困难之问题当费研究也。独至上议院之组织，则各国因其国情之差异，而大有径庭。举其大别，则有以上议院代表特别阶级者，如英国、日本之名为贵族院是也；有以上议院代表地方联邦者，如德国之参事院，由联邦之各国，比例其大小，而各派议员若干人，美国之元老院，每州不问大小，皆各举议员二人是也。大抵君〈国〉主【国】之上议院，多用以代表贵族，联邦国之上议院，多用以代表地方，此其大较也。我国为君主国体，则第一法不可不采用，其理易明。又我国幅员辽廓，各省利害不同，虽非联邦，而第二法亦不可不略采。故将来上议院必将会通英、德、美、日之制度，各采其长，而铸之于一炉，而今之资政院，亦当先含此意，以此一部分为上院之基础，而再加以人民选举之一部分为下院之基础，庶足以仰酬睿虑，而俯顺舆情矣。请将所拟组织法条举之：

一曰皇族议员宜分别设置也。凡君主立宪国，皇室与国家休戚相共，故恒以皇族列于上议院。日本之制，凡皇族年在十八以上之男子，照例作为贵族院议员，其余各君主国，大率由君主随时任命。考日本所谓成年之皇族，不过三十余人，故可以尽入院中而毫无窒碍。我朝椒聊蕃衍，自红带子以上皆系出天潢，而其数盖数十万，若采日本之制，势固有所不行，则不能不稍示限制。故将来上议院当设皇族议员一种，凡皇族自贝子以上已成年者，即有为上议院议员之资格，其镇国公以下有才德出众者，由特旨简派，不在此数。如是则尊崇国体之精神，庶可以永固。今资政院既为将来上议院之基础，则此项议员必当先审定者也。

二曰蒙古、西藏议员必当设置也。资政院者，大清帝国之资政院也，必须全帝国版图内皆有代表，然后其组织始完。查去年颁新官制资政院项内，东三省及内地各行省皆有代表，惟蒙藏缺如。侧闻彼中人民，颇有觖望，谓资政院为将来议院基础，今既见屏于资政院，则将来亦必见屏于议院可知。虽朝廷决无歧视之心，为举国所共信，然既有此嫌疑，即以资其口实。方今俄之于蒙、英之于藏，皆噢咻煦呕，市其欢心，俄国议院既开，蒙古之人在欧洲俄属者，皆有选举权。今我国家虽竭力怀柔，尚难保其心之决无外向，而况授之口实，以使之解体乎！窃查英国上议院，有爱尔兰贵族二十八人，苏格兰贵族十六人，僧侣贵族二十六人，我国之位置蒙藏，正宜援兹成例。盖蒙藏皆地广人稀，郡县之制尚未施行，则下议院之选举，亦骤难措手。下议院既暂无一人以代表之，则上议院必当谋所以位置，而资政院既为上议院之基础，则当慎之于始，免使向隅。窃谓宜仿英国待苏、爱之法以待蒙古，令其各盟比例大小，各举一人或二三人为资政院议员；宜仿英国待僧侣之法以待西藏，举其喇嘛及噶伦卜、噶布伦、总堪巴等若干人为资政院议员。既示以朝廷大公无私之诚，即可以增其回首面内之感，此实所以固边圉而巩国基，不可不深留意者也。

三曰当别置钦选议员以待勋贤也。考日本上议院，既有公侯伯子男五等爵之议员，复有所谓勅选议员者，凡有勋劳于国家及有学识者任焉。我国阶级制度久已消灭，故五等爵之议员势难仿行。何以言之？盖今制功臣自一等公至恩骑尉，凡二十六级，皆爵也，每级相去不过一间，势不能有轩轾于其间。今使如日本之制，则三等男有此特别权利，而一等轻车都尉则无之，然三等男之视一等轻车都尉仅差一级耳，而权利忽相去霄壤，岂得谓平？若一等轻车都尉有之，则二三等轻车都尉何以独无？二三等轻车都尉有之，则骑都尉、云骑尉、恩骑尉何以独无？然则此二十六等爵者，苟有特别权利，则当俱有，若无之，则当俱无，若于其中强分界限，或有或无，则无论以何级为界，而皆失祖宗颁爵之本意。今若使之俱有耶，则举国中云骑尉、恩骑尉不知几千万，安能一一予以特权。且以事实言之，则调查选举，亦无从措手。然则俱有之说既万不可行，而一有一无，非惟不合理论，抑亦深戾祖制，故将来中国上议院，除皇族及蒙古、西藏之贵族外，势不能别有所谓贵族阶级者存，非好与各国立异，实则历史上使然也。然则前此及将来有勋劳于国家者，竟无特别优待之道乎？曰：有之，则钦选议员是已。日本勅选议员之例，凡天皇认为有勋劳者得与焉。苟仿此以行，则简自帝心，前此勋裔，及后此翊戴中兴大业诸臣，皆可以特达拔擢，而举故旧不遗之实；即皇族自镇国公以下，亦可以结主知，以邀此殊荣；而此项议员，又非徒限于勋劳者而已，其有学识者亦得与选。故或有耆旧之臣，未膺爵赏者，或草莽贤俊，未被选举者，咸能别承天眷，列于议员，则上之皆可以劝懋功，下之复可以网遗逸，诚一举而数善备也。但各国通例，此项议员额数，皆有限制，亦宜采焉。

四曰宜令各省谘议局派出议员以为一省之代表也。各国上议院之制，或以代表特别阶级，或以代表联邦地方，前既举其例矣。我中国既为君主国，又幅员极广，各省利害不同，必宜兼采二者之意，乃为尽善。今既有皇族议员、蒙古西藏议员、钦选议员三项，以代表特别阶级，其以次当计及者，则代表地方之议员是已。考各国上议院代表地方之制，各有不同，而美国为最善。美国凡分四十六州，每州举上议院议员二人，不论大小，皆同一律，故其上议院议员总数为九十二人。以外观论之，州有大小之分，员无多寡之异，似属不均，然按之实际，乃大不然。盖与下议院相剂，而适得其平故也。查美国最大之州如纽约，有七百余万人，其最小之州如尼和达，仅四万余人，下议院之选举，势不得不以人数为比例，则纽约州能选出议员百九十人者，尼和达州仅能选出一人，其偏枯可谓至极。使徒有下议院而无上议院，则尼和达州之利益，将永为纽约州所压制矣。故既有下议院以代表人数，则大州不至受亏，复有上议院以代表地方，则小州不至受亏，诚可谓斟酌尽善矣。我国最大之省如四川，将及七千万人，最小之省如广西，不过五百万人，更小者如黑龙江，不过一百万人。将来下议院之选举，势不得不以人数为比例，则四川所举议员之数，当十四倍于广西，而七十倍于黑龙江，安得不谓之偏枯？故将来我国之上议院，必当兼采美国之制，每省不论大小，平均派出若干人，似属不易之法矣。资政院既为上议院基础，此制即宜实行。今已奉明诏，令各省设立谘议局，其成立应指日可待。谓宜令各省谘议局，就议员中互选二人，为资政院议员，将来别立上议院，而各省谘议局或改为省议会，则亦由省议会互选若干人以入上议院，各省一律如是，则两院相剂，而举国无不平之患矣。

五曰宜以人民选举之议员为中坚也。以上所陈四项议员，凡以备将来上议院之资格也。虽然，职等窃惟皇太后、皇上圣意，其所责望于资政院者，将以为上下两议院之基础，而非徒为上议院之基础云尔，然则资政院议员，略当以半数含上院之性质，以半数含下院之性质，然后立议院基础之明诏，乃得现于实。伏读屡次谕旨，一则曰大权统于朝廷，庶政公诸舆论，再则曰立宪政体，取决公论。夫所谓舆论、公论何从表示？亦曰多数人民之趋向而已。多数人民之趋向何从察见？则人民选举之议员，即其代表也。由此言之，则圣意所在，最注重人民选举，较然甚明。而资政院既兼为下议院基础，遍考各国之下议院，无不由人民之选举而成，苟缺此项，则设立资政院之真精神全失，非惟于宪政原理相背而驰，抑且与皇太后、皇上之本意大相刺谬，此职等所以不能不郑重审慎，而深望殿下主持始终者也。谨案去年所颁官制草案，资政院议员第三种，由督抚保荐者六十六人，而督抚保荐，又必经学务公所、教育会、商会、地方自治局所等公举，是于保荐之中，仍寓选举之意。立法苦心，既为举国所共谅。虽然，以职等之愚昧，窃谓似此办法，必不能得舆论之实，而徒以滋舞弊之端，非别立选举机关以行之，恐无以答圣廑而慰民望也。何以言之？盖学务公所之设立，其议长、议绅由提学使指定，本非出自公举，以此为代表舆论之机关，其性质本已不符，是此制之不宜者一也。教育会、商会、地方自治局所三项，由人民自办，其性质与学务公所略有不同，借之为选举机关，似较妥适，然此三项之机关，各【省】多未设立，若舍此外无他机关，则选举之事，势必不能普及，是此制之不宜者二也。且各省之教育会、商会、地方自治局所等，率皆设于省城，而与省城远隔之各府州县，能与其间者盖鲜焉。所选之人即能代表省城之舆论，而决不能代表全省之舆论，是此制之不宜者三也。就令教育会、商会、地方自治局所，各府州县皆与其事，而为多数人所共同设立，然其所代表者，亦不过学界、商界、绅界之人，而地方多数之农民、工民，终无得与选举之事。我国以农工立国，安可如此？今若原案，全付阙如，是此制不宜者四也。况选举之权，虽属于此诸种团体，而保荐之权，仍属督抚，必经保荐，然后议员之资格成立。苟被选之人，为督抚所不喜，抑而不荐，则选举直同于无效，是此制之不宜者五也。有此五因，则此制之必当改订，似无待言。顾前此议官制案之王大臣，所以出于此者，殆以现在选举机关未尝建设，不得已乃借旧有之团体以为用，此其苦衷，固当共谅。然按之理论，考之事势，既已万不可行，则改弦更张，似亦不容已。职等翌翌之愚，以为欲救此弊，惟有别置临时之选举机关而已。考各国选举之制，有用直接选举者，亦名单选举，即由人民直接选出议员是也；有用间接选举者，亦名复选举，则选举分两次执行，先由人民选出选举人，再由选举人选出议员是也。两者各有短长，而其利害则当按各国情形以为断。我国地广人众，即将来开设下议院，势固不能不用复选举。盖下议院议员之数，最多当不逾八百人，我国人数四万万，则约当以五十万人选出一员，而五十万人之所居，其面积当亘数百里，欲集一地以行选举，此殆必无之事。故吾中国必当用复选举制，非谓复选举之能优于单选举，而情势所限，实有不得不然者也。既明此义，则今者资政院之选举机关，即可遵此道而成立矣。今请先定各省议员之额，略以五十万人选出一人为标准，则如黑龙江应选二员，广西应选十员，其不满一千万人之省，皆视此为推，其人多之省，则以累进法调剂之，如一千万人以上之省，每百万人增加一员，二千万人以上之省，每百五十万人增加一员，三千万以上之省，每二百万人增加一员，如是则各省应选议员之数可以推定矣。次乃就各州县以定选举人之额，其不满十万人之州县，以五万人选出选举人一员，十万人以上之州县，每万人增加一员，二十万人以上之州县，每万五千人增加一员，三十万人以上之州县，每二万人增加一员，如是则每州县应设选举人之数可以推定矣。然后分两次选举，第一次责成州县，令将所属应有之选举人分区选出，第二次则集各州县之选举人于省城，将其省应有之资政院议员选出。此选举人之一阶级，即所谓选举机关也，即所以代原章所指定之学务公所、教育会、商会、地方自治局所等团体而完其责任也。必如是，则所举出之议员，乃真能为代表国民舆论者，而于累次谕旨之精神，庶有合矣。或疑此种选举，虽属至公，然现在人民程度尚低，选出之人，安能尽当？职等以为，若使此种机关所选出之人，无可以为议员之资格，则学务公所等团体所选出之人，亦应无可以为议员之资格；学务公所等团体所选出之人，既有可以为议员之资格，则此种机关所选出之人，亦应有可以为议员之资格。何则？人民固同是人民耳，既不因甲种选举法而程度忽然增高，自不能因乙种选举法而程度忽然低减。今王大臣所拟官制案，既认学务公所等团体之选举为可行，则其不以程度不足为病也甚明，何独于此复选举法而疑之？盖此复选举法之本意，实与原案所定无甚差别，不过彼则以少数人任意结合之团体为选举机关，此则以全体人民遵依法律而别建选举机关而已。彼尚私而此至公，彼有弊而此无弊。若夫人民程度一问题，则纯然超于两者之外，谓必如彼然后可，如此则不可，有是理耶。夫使人民直接选举议员，则其程度或虑不足，然既先由人民选出选举人，彼选举人必其学识能秀于其县或其乡者也，再以此学识较秀之人选出议员，则其所选之员之程度，必不至太劣下明矣。若语其实际，则将来学务公所等团体所拟选之人，当复选举时所选举者，决不出此数，不过出于彼则私，而出于此则公耳。或疑中国现在人民程度，断不能行普通选举，不能尽人而有选举权，若行此法，则人民中孰为有选举权者，孰为无选举权者，不可不先为规定，而分别规定，实不易易，则此法虽善，似恐未能实行。

  职等谨案：现今各立宪国，无论何国，断未有行绝对的普通选举者，必分别加以限制。其限制之法，或以财产为限制，必纳若干以上之国税，然后有选举权是也；或以教育程度为限制，必曾受若干之教育，然后有选举权是也。我中国草创伊始，用财产限制，则其鉴定也甚难；用教育程度限制，则其鉴定也较易。且以中国国情论之，用财产限制，则其缺憾甚多；用教育程度限制，则其缺憾较少。请言其故。盖用财产限制者，必以纳直接国税若干以上为衡。我国租税法未定，所谓直接国税者，不过地税一项，然自行一条鞭制以来，钱漕地丁，合并为一，人纳若干，无从稽核，所谓鉴定不易者也。此外更有一极大之窒碍焉，则京外各旗向惟服兵役义务，无有田产，即从事耕屯者，庄地亦非其所有，率皆无税可纳；而甲省之人，或以游宦、经商，入籍于乙省者，亦皆无钱漕、丁役之户籍；若必用财产限制，则此两项之人，其选举权皆将剥夺，揆诸情理，岂得谓平，所谓缺憾甚多者此也。由此言之，则财产制限之制，必将来租税法大加改革之后，或可采行，而近今一二十年间，断无采用之理也明矣。除此以外，则惟有用教育程度制限之一法。考各国教育程度制限之制，有以能书姓名为及格者，有以能读宪法、能解宪法为及格者。若采第二法，则每人而试验之，固不胜其烦；若采第一法，则凡成年之男子，皆许其投票，当投票时，必须自书姓名及所选人之姓名，苟不能书，则其选举权自然消灭，此则无待特别试验，而自能鉴定者也。我国若以此为制限，则人民之能有选举权者，恐亦不过四分之一耳，其亦不失于滥矣。若及格者而能加多，则岂不益为国家之庆耶。或疑此法惟人民程度极高之国，如美、法、德等乃行之，以今日中国而效颦，无乃躐等。不知财产制限与教育程度制限之异同，于一般之人民程度，可谓绝无关系。如谓有财产而多纳国税者程度必高，否则必劣，然则旗人之久在宦途，与夫游宦寄籍于他省者，其程度必当视拥有数亩薄田之田舍翁为尤逊，天下有是理耶？况我中国向以廉介为尚，古今贤哲不名一钱者往往而有，岂得以此而谓其程度之不足耶？彼用财产制限之国，大抵有其历史上之理由，非谓必如是乃为正鹄也，而我国行之万万不宜。又既若彼矣，则舍彼取此，何不可之有？若谓仅以能书姓名为标准，则有选举权之人太多，而恐失之滥，此亦大不然。欧美、日本诸国，教育久已普及，而贫富相去悬绝，则用教育程度制限，其得选举权之人，必视用财产制限为加多。我国教育尚未普及，而中人之产尚伙，则用教育程度制限，其得选举权之人，视用财产制限应略相等，或且加少焉，而安有滥之为病耶？况今所拟用者，又为复选举制，而非单选举制，若使仅能书姓名之人直接选举议员，则虑其失当犹之可也，今彼所选者不过选举人耳，所选出之选举人，则必其教育程度，又高出于寻常数等者也，以此辈人而选举议员，而尚虞其程度之不足，则我国将永无开设议院之时矣。大抵事理以历练而始明，智识以磨淬而愈启。日本当初开国会之时，其人民程度实未尝有以远过于我国之今日，国会既开，人民习于政治，程度亦即随之而升。若不畀与参政权，使人民与国家共休戚，则虽更阅十年、二十年，而程度之无从加进，又可断言也。今既设立资政院，则亦就现今之人民以为资政院已耳，若诿于程度不足，而废选举之制，则亦可诿于程度不足，并钦选、互推、保荐之制而废之。盖选举固取材于今日之人民，即钦选、互推、保荐，亦不过取材于今日之人民。等是人民也，等是程度也，断无不足于此，而能足于彼之理。信如是也，则资政院岂不终无从成立，而皇太后、皇上屡次谆谆之训谕，岂不将弁髦视之耶？以殿下之明，其必能辨之矣。或又疑以多数人民选出之议员，苟智识不齐，必当事杂言庞，以掣行政官之肘，而新政将有治丝而棼之虑。职等以为，此亦可以无患也。若必汲汲虑此，则虽历选举之制，而以原案所拟之钦选、互推、保荐诸员组织资政院，其智识亦安能齐，其庞杂亦安能免。以云掣肘，即彼亦已有余，且不徒资政院为然也，即如都察院及京外各大员之专折言事，亦何尝不掣肘？政府若恶其掣肘，则资政院诚可不设，即都察院及各大员专折言事之权亦当禁止，此其不成政体，岂待问矣。若以正当之理论言之，则资政院不过为议决机关，其权自有所限制，不容其侵入执政机关之范围，虽欲掣肘，其可得耶？且执政所行之政策，可以随时向资政院说明，使其政策而为国利民福耶，则当说明时，必能使议员了然明白，大生感动，而必得多数之赞成；即有少数人故持私意，欲与执政为难者，而执政理直气壮，侃侃与之辩难，彼终必折服于舌锋之下；苟欲始终强词夺理，而断无从得多数之附和，然则资政院只有为执政之后援，而何掣肘之有？若其政策而不为国利民福，坐是虽百端陈说，而终不能得多数之赞成耶，则政府亦当自反省而改之，庶可以报国家，而不辜皇太后、皇上之委任。此则《诗》所谓他山之石，可以攻玉，而非可以掣肘云矣。职等以为，今日之中国，徒以人民无参政权之故，故政府之设施，无从自白于天下，偶使人民有所负担，则群相疑以为厉已。又或内治外交，势处两难，而不得已之苦衷，不能予天下以共见，故局外嗷嗷责备，每不与局中情实相应。政府处此种地位，如衣败絮行荆棘中，动辄得咎，徒增其苦。诚使有代表全国之一议决机关，而政府遇事得向之伸诉说明，则为政府者，除非心迹暧昧，事不可以对人言，则或不乐有此耳。而不然者，堂堂正正，所行之政策大白于天下，以一扫局外之疑团，而永靖无稽之蜚语，台谏风闻攻讦之情弊可以息，人民飞电抗争之风潮可以免。为政府计，亦安有便于此者乎？夫以今日朝廷励精图治，实行宪政，则自今以往，凡心迹暧昧、不可对人之执政，其必不能受皇太后、皇上委任明矣。其公忠体国之大臣，则断不至以人民参政之故而掣其肘，反以人民参政之故而得行其志，此又事理之至易见者也。或又疑由多数人民选举，则所选出者必多少年轻躁之徒，而于国家大计恐将贻误。职等以为，此亦过虑也。人民多数皆属山野朴愿之夫，保守之性甚重，其所选者必老成耆宿之士，未必皆为少年，此其不必虑者一也。即少年亦不能尽目为轻躁之徒，其轻躁者荡检逾闲，恒为乡里所不齿，决无从与选，少年而能与选者，必其稳重而较有学识者也。稳重而有学识之人，正国家之所宝，岂能以年少而薄之？此其不必虑者二也。况资政院之议员，又非徒有人民选举之一部分而已，此外尚有皇族议员、钦选议员与夫各省谘议局所派之议员，其人率皆老成而有阅历者。然则人民所选，就令有一二少年轻躁之辈滥厕其间，然其势甚孤，不足以扰全局。偶有轻率之建议，全体老成持重之人，可以矫正之，此其不必虑者三也。由此言之，则人民选举一部分之资政院议员，实有百利而无一害。凡俗论之为种种疑难者，皆不过疑心生魅，苟深思之，当未有不涣然冰释者矣。夫以资政院为将来上下两院之基础，非有民选一部分，无以代表下议院之性质，则恪遵圣训，既不容不力求完善，而俗人所疑种种流弊，又实可以无虑，则以殿下之明，其必有以处此矣。若犹有设难者，不过谓现在户籍未经查明，区域未尝划定，骤行选举，恐生混杂云尔。然今者方颁明诏，令各省讲求统计，虽微资政院之选举，而调查户口之事，亦岂能更迁延不办？今趁此选举之机，敦促督抚州县厉行斯业，则成效可以更速，岂不一举而两得耶。至划分选举区一事，则调查户口之后，饬各督抚督率州县，就旧有之团练、保甲诸局而损益之，其业本非甚难。数月之功，而此两事皆可就绪矣。夫事既关于国家大计，则虽稍繁难，犹当为之，而况无所谓繁难者耶。职等为国家前途计，不避喋喋，谨以此举吁陈于殿下，伏乞殿下于拟定资政院章程时，始终坚持此议，则宪政巩固之基础，悉由殿下造之矣。

六曰行政官不宜多占议员之位置也。资政院既为议决机关，按诸立宪政体三权鼎立之原理，自当与行政官不相杂厕。乃去年所颁官制原案，有由京官会推五十六人为议员之一条。此项议员，无论将来在上议院中，在下议院中，皆无可位置。求诸各国议院成例，更未之前闻，据法理以评之，自宜必在裁撤之列。惟草创伊始，或有不得已者存，且京秩甚多，以现在制度，并非人人皆有专掌，而其中通达治体之人，或较草莽为多，则留此一项，亦可从权，但其员数似宜略减，盖如职等所拟，则他种议员其数已极不少，恐院中以人满为忧也。又此项议员若仍存留，则亦当示以限制。限制维何？曰四品京堂以上不得被选是也。夫官至四品京堂，则必有行政上之专责，与彼雍容揄扬之待从，出入讽议之台谏，先后奔走之潜郎，固自有异，若复列于议决机关之资政院，则行政、立法两权混淆，殊失立宪之旨。且既由各衙门会推，苟为长官者不超然事外，则安有以属员而敢与长官争选举耶？势必至所被推者尽属大学士、尚书、侍郎、丞参，而小臣无一能厕其列，如是则所谓会推者，亦不过一空名，而结果必将与原章之初意相剌谬也，此立限制之所以不容已也。

　　七曰议员员数不能太少也。去年官制原案，所拟资政院议员总数为百三十人，今以职等所拟，合各种议员计之，其数当在六七百人之间。骤视之似觉其太多，虽然，资政院既为将来上下两院之基础，以各国上下议院之总员数较之，则只见其少，而并不见其多也。考英国上院五百七十九员，下院六百七十员，都凡一千二百四十九员。日本上院三百六十余员，下院三百七十余员，都凡七百五十余员。自余各国亦大略称是。我国幅员及人口皆十倍于英、日，欲求代表之普遍，则议员亦当十倍于彼。今所拟之数，埒于日而逊于英，则全国中向隅之地、向隅之民，当已多矣。若视此而尤减焉，则必顾彼失此，丝毫不能代表国民之实，其毋乃非诏书中所谓公诸舆论之本意乎？或疑议员之数既多，则俸给之额亦巨，今财政正竭蹶之余，何更堪此重负？不知各国议员，有有俸者，有无俸者，即有俸之国，其俸亦甚薄，如日本例，则每员岁俸，前此八百圆，今改为二千圆。我国若执其中，以一千圆为率，则虽八百名之议员，所费亦不过岁八十万。前此科举未废之时，每岁科场费及士子宾兴费，何止此数，今办立宪第一大事业，而乃靳此乎？况若为撙节财政起见，则虽仿英、德、意诸国例，议员皆不给俸，亦未始不可。如此则薄予以来京川资、住京旅费足矣。司农虽窘，岂其争此？故苟持此说而欲强减资政院员数者，亦不通治体之言而已矣。

　　综上所陈，有皇族议员、蒙古西藏议员、钦选议员、各省谘议局所派议员，以为将来上议院之基础，有全国人民用复选举法所选出之议员，以为下议院之基础，如此则规制略备，而于累次诏旨之精神，庶有当矣。将来分之为二院，可以收互相调剂之功，今暂合之为一院，可以得运用自如之效。以职等之愚，为资政院组织完善计，似无以易此。殿下垂采焉。

　　第二项，谨将所拟资政院之权限恭呈钧核。

谨案：资政院之设立，既以为议院之基础，则凡将来议院所应有之权限，今之资政院皆当有之。盖必如是，然后能予之以练习之机，而使之知所以尽责任之道。恭绎八月二十四日上谕，谓使议员资格，日进高明，议院早日成立，端赖是矣。窃查各国议院，其权限之广狭各有不同，我国将来议院之权限，固不能失诸太狭，亦不可失诸太广。今请参酌君主立宪国之制度，条陈其概，以资采择焉。

一曰宜有完全之立法权也。前代学者之论宪政，本以三权鼎立为一要件。三权鼎立者，谓行政权属诸政府，立法权属诸议院，司法权属诸裁判所，而元首总揽之于上也。后此各国事实所趋，立法权固不能尽属于议院，而议院所有事者，亦非限于立法权。虽然，立法为议院一重要之职务，此固各国制度所从同也。今资政院既为议院之基础，则此最重要之立法权，其必不可缺失矣。查各国法律，皆经三种形式而成立，一曰提出，二曰议决，三曰裁可。提出权则政府及议院共有之，议决权则议院行之，裁可权则君主绾之，三者相须，而法律之效力以生。今案资政院官制原案第十二条开列应议事件，其第二项为新定法律事项，则资政院应有此权，原案已承认之。但其议决之权能如何，则未见规定。若新定法律事项而经资政院否决者，尚得谓之法律与否，原案盖浑囵未言。夫使当时编纂官制王大臣，认资政院之可决为法律成立必要之一要素乎，则章程必须声明，否则此权恐不能行，而往往被蹂躏也。若其认资政院之议决非法律成立必要之要素乎，则虽否决而法律之效力自在，然则多此一次交议何为者？是资政院果成赘疣，不如不设之为愈矣。提出法案之权，各国通例，皆政府、议院共有之，而资政院原章亦未规定。惟其第二十七条云，资政院有自行提议事件，非有参议员三十人以上同意者不得开议。此条所谓提议者，不知为提出法案耶？抑如日本所谓动议耶？若指寻常动议，则各国通例，有一人赞成已足，今限至三十人，毋乃太过；若指提出法案，则条文当加明瞭，若如原文，殊足令人迷罔也。夫寻常动议而必须三十人以上之赞成，其为无理，固不待问。即提出法案之事，限制亦不可太严。查日本每院议员总数各三百六七十人，而其提出法案，不过得二十人之赞成而已足，是比例全员十六分之一耳。今如原章所定，资政院议员总额仅百三十人，而每发一案，必须三十人以上之赞成，是比例全员三分之一也。各国通例，凡议员有过半数或三分之一列席，已可开议，以此例之，则百三十人之资政院议员，苟有七十人或四十人以上列席，已可开议。今欲提议一事，而必须三十人以上之同意，此何异必以列席议员过半数之同意，乃得提议也，则亦永夺其提议权而已。今细推原章之意，似深不欲以法律议决权假诸资政院，而限制之唯恐不严者。度其理由，不过恐君主大权缘此旁落也，或虑其议决之失当而贻害国家也。虽然，职等考之法理，按之情势，窃谓以完全之法律议决权付与资政院，其于皇太后、皇上之大权，实丝毫无所侵损。彼今世君主立宪国，曾未闻有以此为病者，何独于我而疑之？况我国先圣立教，恒勖厉居高位之人以虚己容物，成为义理，深入人心。我皇太后、皇上益励冲挹，不遗刍荛，凡前代专制君主专己凌人之弊，廓清净尽。以现在惯例论之，各种法令章程，从未闻有不经下问，而中旨特发者，小则由军机大臣会议，大则内阁、六部九卿、翰詹科道会议，故法律经议决，然后发布，实可谓我国现行之成例，所稍缺者，则议决机关未尝独立组织，故可决、否决无一定之标准云尔。然则自今以往，以议决权畀诸资政院，不能谓缘此而固有之君权蒙其损害。何也？我皇太后、皇上本不以此权自私，而一向皆公之于人，但前此仅公诸一二廷臣，今后则公诸代表全国臣民之资政院云尔。若虑资政院议员程度不足，决议或生误谬，则前此之大学士、六部九卿、翰詹科道，其程度能高出于资政院议员之证据果安在？前此不靳于彼，而今兹乃靳于此，诚苦难索解也。况资政院议员原有钦选之一部分，皇太后、皇上所认为有学识而可以语国家大计者，皆得领袖院中，为之主持，而尚何逾越常轨沮挠大计之足为患乎？又况各国通例，君主有解散议院之权，有不裁可法律之权，然则苟遇有不应议决而议决之法律，可行其不裁可权以防止之，遇有应议决而不议决之法律，可行其解散权以救正之。故职等以为，采各国议院通行之常例，将完全之立法权付与资政院，实有百利而无一害也。

二曰宜有承认预算权也。查各国财政预算案，有作为法律者，有不作为法律者，然无论作为法律与否，要必经议院之承认，然后施行。盖以国家财政，不外取之于民，而人民为国家负担此财政，必须得其心悦诚服，然后取之也顺，而财政根本，不至动摇，意至美也。谨案资政院原案第十二条第三项，有议岁出入预算事项之权，可谓能深知其意。然资政院对于预算案能有修正权与否，若其不承认，则政府必须撤回另制与否，一切皆未有明文规定，则资政院此权之不确实，亦与其立法权相等，甚非所以昭大信于臣民也。职等窃谓朝廷若不欲公此权于人民，则仍率前代故事，予取予求，惟以强制力使负义务，亦何不可？但人民能应之与否，应之而能无怨与否，则非所敢言耳。今既知此道之不可以久，而思以付诸众议，而众议之从违无一定之效力，不过听政府一场报告耳，如此则与前此之仅出告示，复何所择，而谓其效果有以胜于前，恐难言矣。方今司农仰屋，疆吏呼庚，举国财政，将有濒于破产之势，今后欲植国基于不敝，其第一著手，即当以整理财政为本原。然非有代表民意之机关，实行财政监督权，则亦终无整理之一日。稍通政治学理之人，当无不明此义者。故资政院承认预算权之必当确定，虽谓为中国存亡之所关焉可也。

三曰宜有参与条约权也。各国宪法通例，其与他国缔结条约之大权，皆在君主或大统领，然如德、法、美、意诸国，则必须经议院之承认而始生效力，瑞士国则并缔约权亦归国会，而大统领不得与闻。夫议院之所以当参与缔约权者何也？以条约既公布，则国民必须遵守，而与国内之法律，有同一之效力，其利害影响于人民者甚多，故国之元首，虽本有此权，然必经代表民意机关之承认乃行之，非徒以慎邦交，抑赖此以免贾民怨也。我国以积弱既久，处列强胁迫之下，外交事项最为困难，外人汹汹要挟，既无词以抵抗，国民嗷嗷怨嗟，复无术以谢责。试观近今数年间，其最劳执政之旰食者，何一非起自外交问题耶？今欲避内外之责言，免上下之交恶，则莫如仿各国成例，以参与条约权畀诸资政院，则自今以往，若遇外人无理之要索，可藉国民后援之力以解其纷，而政府对外政策或有不得已者存，亦可以将其理由大白于臣民，而不致以一身为集矢之的。然则此举者，在他国行之犹可缓，而在中国采之当尤急也。

四曰宜有弹劾上奏之权也。各国之设立议院，非徒以参与立法而已矣，欲藉公议舆论之力，以匡执政之不逮，使大臣无专擅之嫌，而皇室获磐石之安也。盖国家一切政治，待人而行，而人之贤否，至有不齐，非得人而监督之，恐难持久而无弊。其在各部属僚及地方官，常有政府长官以为之监督，则欲纵恣而末从。独至政府大臣，既为全国最高之官，更无地位能高于彼者以监督其上；藉曰有之，则君主而已。然君主以一人高拱深宫，欲事事而监督之，无论势有不给，且察察为明，亦非治体，万一于大臣过举，有不及觉，则政治失当，人民将以怨大臣者而怨及君主，其非所以保持尊严也。故各国既设议院以为代表民意之机关，则必予之以上奏弹劾执政之权，使之为君主之耳目，盖法之尽善者也。我国旧制，设都察院许其直言极谏，意盖在是。但都察院之言官，不过以一人之私意建言，则徇情隐庇及挟嫌攻讦之弊，两皆难免，往往荧惑耳目，使人主迷所适从；议院则合全国臣民种种阶级组织以成，而每建一议，必由多数取决。苟政府诚无阙失，而议员中有欲挟私嫌以行诬谤，决不能得多数之赞成，而弹章无由成立。若议员中有过半数赞成弹劾，则必政府之举措，确有不惬舆情之处，更岂宜壅于上闻？今资政院既为议院之基，则予以此权，诚属正当之举矣。夫使执政之人，可以保其必无阙失，则并都察院亦可以不立。而列祖列宗所以必立都察院者，诚以深宫之监察势不克周，而以耳目寄诸言官也。然与其寄耳目于一二人，而常滋流弊，何若寄耳目于多数人，而永杜嫌疑。今以上奏弹劾权界诸资政院，则为执政计，或有不利，而为皇室及国家计，则无不利；为罔上行私之执政计，或有不利，而为公忠体国之执政计，则无所不利也。或疑资政院议员既有此权，则草莽轻躁之徒，恐不免滥用之以掣肘政府。虽然，以职等所拟，非徒有人民选举之一部分，而尚有皇族议员、钦选议员等之一部分，既用多数取决，则轻躁者虽欲妄为建议，而老成者必不漫为雷同。若各部分之议员，皆以弹劾为宜，则执政必有可弹劾之道明矣。况弹劾之权虽在资政院，而采择与否，则仍皇太后、皇上断自圣裁。所弹劾而当也，则免黜执政，别择贤者；所弹劾而不当也，则解散资政院，更求正当之舆论。一人超然于上，如天地日月之无私，而进贤退不肖之权，仍握之于上，而非臣民所得妄干，如是则安有大权旁落之足为患乎？夫资政院之有此权，与都察院之有此权，其性质实无甚差异，不过彼私而此公，彼疏而此密耳，果何所惮而必靳此？

五曰资政院宜可以解散也。查各国宪法，除美国外，其君主或大统领，皆有解散下议院之权。若议院与政府相持不下之时，或别任大臣，或解散议院，其权皆在元首。必如是，然后可以维持于不敝，而统一之效可见也。解散议院之理由安在？盖议院凡以代表舆论，然必为正当而有价值之舆论，始有益于国家。苟政府之政策并无失当之处，而议院漫然反对之，则此舆论果为正当之舆论与否，盖未可信，故解散之使再选举，以觇民意之所存，法至善也。查资政院官制原章，并无关于解散之规定，其为偶略耶？抑故阙耶？非所敢知。职等以为，苟资政院之决议，无一毫事实上之效力，则资政院之设何为者？苟其决议而有效力，则与政府对抗之事势不能免，使资政院而不能解散，将政府舍辞职外，无复一事之可办。故原章之缺此条，苟非欲削君主之大权，即欲灭资政院之效用，二者必居其一，于是夫此二者皆非我皇太后、皇上设立此院之本意明矣。职等以为，资政院当议决法律及预算案时，或与政府意见相冲突，或对于政府而上奏弹劾，苟皇太后、皇上而以资政院之决议及上奏为可采也，则饬下政府大臣遵舆论以行，政府不欲遵行，则听其辞职；若皇太后、皇上而以资政院之决议及上奏为不足采也，则饬命再议，再议而犹持前见，则行大权以解散之。至其解散之法，则惟解散人民用复选举法所选出之一部分，其皇族议员、蒙藏议员、钦选议员、各省代表议员等可无庸解散，惟暂时停会，待再选举时，乃召集开议耳。盖各国通例，凡解散下议院时，则上议院暂行停会，今资政院既兼有上下两院之性质，则当解散时，惟行之于其一部分最适当也。

六曰宜定有过半数议员列席即得开议也。考英国之例，其上议院议员有三人列席即得开议，下议院则四十人列席即得开议；德国上院无规定之明文，其下院则过半数列席乃得开议；美国、法国、意国等，其上下两院皆过半数列席乃得开议；日本则上下两院皆以有三分之一列席即得开议。综较各国，英国限制最宽，日本次之，其余他国大抵同一。夫以英国限制如彼之宽，然犹常常以不满此数，不能开议，此其故可思矣。查资政院官制原案第十八条云，资政院非全院人数三分之二以上列席，不得开议，按之各国皆无此例，惟议改正宪法案时乃有之耳。我国臣民对于政治上之热心，视各国尚有远逊，缺席之事当所常有，苟必三分之二以上列席乃得开议，恐一会期中，其能开议之日不及十之一，如此则资政院将成虚设矣。职等之意，谓能采日本制，以三分之一为必要之定员，最上也，否则亦当采各国通例，以过半数为必要之定员，如是则资政院始得以行其应尽之权，践其应尽之责矣。

以上所言，仅就资政院权限举其荦荦大端，此外如资政院院内之自治，资政院议员言论、身体之自由，皆权限中极切要者，去年所颁资政院官制原案已略有规定，虽未甚周密，而大体亦既不谬，故不赘陈。惟资政院既设立，则同时有一极要之事，不能不相因而至者，曰责任内阁之制是也。所谓责任内阁者何？今世立宪君主国，必以君主无责任为原则。夫君主总揽一国之大权，何以能无责任？则以有内阁大臣代君主以负责任为故也。内阁大臣何以能代君主负责任？盖每有诏勅及颁行一切法律，必经内阁大臣副署，然后施行，而政策苟有失当，则副署之大臣实任其咎。此种法理，虽至近今西国乃大发明，而我国古制，实往往略含此意。如汉制，有灾异则策免三公，即大臣引责之意也；唐制不经凤阁鸾台，不得为勅，即大臣副署之意也。夫以一国之大，百僚之众，一切敷政，岂能保其尽无阙失。然政之有阙失，其咎必不在君主，而恒在大臣，何也？虽极专制之君主，势固不能取一国大小政务而悉躬亲之，其究也，必假手于臣僚，而臣僚藉君主之名以行，苟有阙失，皆得诿其过于君主，以自解免。人民见政治之有失，则以怨大臣者并怨及君主，君主代大臣受过，则革命之祸所由不绝也。且在此种制度之下，虽有贤能之大臣，亦往往不能行其志，盖军机处与各部离立，无所统一，每事非互相推诿，则互相掣肘，苟有阙失，咸不任其咎，而推诏旨以为护身符。行政之所以种种丛脞，弊盖坐是。今欲更新百度，势不能不专其责成，效外国内阁之制，置一总理大臣以统一各部，苟有失政，则全内阁之大臣，连带以负责任，庶功过皆有所归，而庶绩视此以为考成。各国设立内阁之本意皆在于是。虽然，我国人骤然闻此，必疑内阁大臣，权力如此其重，则将专横恣肆，无所防制，且大权下移，而国本将为之摇动。殊不知苟无议院，则此弊诚所不能免；既有议院，则内阁大臣对于议院以负责任，民具尔瞻，岂能恣意妄为？且政治之责任，虽大臣负之，然任免大臣之权，仍君主握之，苟经议院之弹劾，失君主之信用，则其职立解，安有大权旁落之患，如前代之以权臣危国本者耶？要之，君主势不能躬亲百事，而必假手于大臣，此专制国之通例也，非大臣代君主负责任，则必君主代大臣负责任。大臣代君主负责任，则遇有失政，君主易置大臣而已足；君主代大臣负责任，则人民府怨于君主，而大臣反逍遥于事外。为君主计，孰得孰失，宜何择焉。先圣有言：为天下得人难。自古圣明之君主，亦不外为国家得贤大臣，委以庶政而已。今立宪制度，任免大臣之权常在君主，而万不听其旁落。惟以君主欲得贤臣也甚难，欲其常贤，莫若以民意为之标准，故曰民之所好好之，民之所恶恶之，此之谓民之父母。责任内阁之制，则立议院以为代表民意之机关，而君主之任免大臣，常察此机关之趋向以行之。大臣苟欲固其位，非得人民之同情不可，欲得人民之同情，非黾勉以求国利民福不可。大臣而能黾勉于国利民福者，君主从而委任之，则所谓垂拱而天下治矣。泰西、日本诸国所以君主保亿世之荣，而国家有磐石之安，其道皆坐是也。今中国当预备立宪时代，苟能正定资政院之权限，立责任内阁，使大臣对于资政院而负责任，则郅治之隆，亦可计日而待矣。职等一得之见，是否有当，伏乞殿下垂察。

案：此说帖连署人名凡六百余人，适因资政院总裁伦贝子报聘日本，由马良君、徐公勉君、侯延爽君、隆福君在滨离宫呈递。名多，不备载。——编辑部识

《政论》第三号，光绪三十四年三月十日（1908年4月10日）

四、筹谋与活动

政闻社全体恳亲会

阴历十月初四日，开全体恳亲会于九段坂上之富士见轩。是日因苏杭甬铁路问题，研究对付之方法。首由常务员徐君报告开会之事由，及对于铁路问题之意见，谓一方面宜派人往沪，以助江浙两省之力争，一方面宜从根本上解决，以为国会之运动。次由常务员麦君报告本社迁沪之事由，并言十日内外，本社必当迁往。再次由编纂科主任蒋君演说，大旨谓外债足以亡国，数年前吾民不知其利害，故路权、矿权皆落于外人之手。今江浙铁路原系奉旨自办，万无复翻前案之理。故本社对于此事办法，于未迁沪以前，应派社员数人至沪，联络两省铁路公司，力图抵抗。演说既毕，常务员徐君起立，提议两事，求众赞成：一、于本社未迁之前，派员往沪，以期联络两省，力拒借款；二、本社迁沪以后，宜为国民的运动，以要求国会。众皆拍手赞成，遂议决。尚有余日，听社员自由演说。于是范君治焕、方君表、向君瑞琨、李君庆芳依次演说。范君、方君极力主张国会运动，向君言宜扩张党势，李君言要求国会宜以地域团体之资格，如各省皆起而为国会的运动，则国会可以期成。诸君演说毕，时已十二时过矣，遂由常务员徐君宣告散会。①

《政论》第二号，光绪三十三年十月十日（1907年11月15日）

---

① 录自"政闻社开会纪事"，标题为编者所加。

对于铁路借款事件质问政府书

蒋智由

一国之中不独国权而已,有社会与个人之固有权。国权之强大无论至于若何,而社会与个人之固有权,仍各自存立于其间,无因之而扑灭者。例若个人于一家之中,欲借金与否,或借某之金与不借某之金,此属个人固有权之可得而自由者,政府固不能勒令其必借金,且必借某之金也。今铁路公司之势亦然,不过一为个人权,而一为社会一团体之权耳。属于此等之社会权,即社会所以组织共同机关必要之作用,而社会所以能发达进步之因由也。使此权而可扑灭之,则社会已无存立共同机关之根柢。国家对于此等之社会权,仅能执行国家生活之权利,如收税等,及干涉其与国法相抵触,或行政认为有害及统一必要之事项,而于其适法内之固有权,不能一步立入而侵犯之,或且因有自他侵犯其权力者,而国家代为之保护。盖侵犯社会与个人之固有权,与盗贼无异,国家而侵犯社会、个人之固有权,则国家即盗贼也。今若以国权,欲入私人之室,而夺其一物,夫人而知其不可。盖私人之固有权,为中国所已知数千年,所以能成立国家者,固恃人人知有此理性故。而关于社会团体之权,事属开始,今后将日益加多,而以政府之冒昧,摧折其萌芽,则今后社会各种团体,无发生存立之望,与国家自杀无异。无论外交上有若何之难题,必不能以个人权与社会权,供政府牺牲之用。今假若外交欲以人民偿债务,将遂恃国权而卖我等人为奴乎?政府之无理、无学、无法至此已极,不能不诘问执政诸人滥用其国权之大罪。今世界已无无理可以存立之物,若政府对于兹质问不能举其词,则已成为不合理之行为,自失隳其政府之尊严与信用,执政诸人更当失政引咎,无颜立于我国人之上。

按:人民有质问其政府之权,政府当与解答。此权于议会成立之后,即属诸议会。今中国已为立宪之预备,故此举悉按理法而行。若政府以屈于理由之故不能解答，或置诸不答，则前此所发之命令，已成为一不合理之事，不能强人民以必从，而今后亦当慎重，无再发不合理之命令矣。

《政论》第二号，光绪三十三年十月十日（1907年11月15日）

政闻社社员为苏杭甬铁路事会议

苏杭甬铁路事起，留学界各同乡会纷纷开会，谋所以挽救之方。本月初五日，政闻社社员以事系两省命脉，并于中国存亡问题大有关系，故于是日特开会研究此事。到者计□百余人，首由常务员徐、麦二君报告开会事由，大旨谓江浙铁路事起，吾政闻社为对于政治而活动之团体，故已先电致政府，促其收回成命，并于江浙两铁路公司，亦电请其以死力争。惟头痛治头，脚痛治脚，终非根本之解决。故为今日计，一方协同苏浙两铁路公司筹目前补救之策，一方着手国会运动，为他日久安之计。然欲达以上二大目的，决非身在海外所能为力，故当急将本社移往上海，分途运动。此常务员报告之大略也。次为讨论铁路问题，由社员发表意见，于是蒋君观云起立，演说至半时许，大旨谓外债足以亡国，数年前吾民不识其利害，故路权、矿权皆落于外人之手。今江浙铁路原系过期之约，经朝廷允予商办，万无复翻前案之理。故本社对于此事办法，本社未迁移以前，应派社员数人至沪，联络苏浙铁路公司，力图抵抗。次为社员范君治焕、方君表、李君庆（方）〔芳〕演说，大旨谓江浙路事均以无监督机关所致，故为国家根本计，莫若速开国会，而政闻社既为政治团体，于国会运动万不容少缓。现在江浙两省与其余各省人心激昂如是，吾辈当急起应援，同尽国民之天职。于是决议先遣数人往沪，以助江浙两省之力争，十日内外再将本社迁沪，以为国会之运动。众皆赞成。时已十二时，即由常务员报告散会。①

《时报》光绪三十三年十月十七日（1907年11月22日）

东京政闻社致国民拒款会电

路事危，宜力抗敌，敝社同人竭力为后援。

《江浙铁路风潮》第二册，中国国民党中央委员会党史史料编纂委员会，1983年，第336页

致绶卿蜕广两公书

光绪三十三年

梁启超

自昨夕九点钟起至今晨写此信时，草上伦贝子之文已成十五叶，尚不过全文之半耳（文思非迫促不出，真是贱品）。今日尚拟穷一日之力成【之】。兹先将已成者呈两公阅正（蜕公可携致绶公处共阅之，勿阻抄录之时光），其下半篇当陆续呈上。此文拟以政闻社社员（不用政闻社名）联名上之，以马先生领衔，而举绶公为捧呈委员，公等谓可否？其体裁应作为说帖，或应作为折子请代奏，请两公酌之。但现时无论何种体裁，皆不能猝办，因社员名簿不在此间故也。故欲仍为寻常说帖体

---

① 录自"东京近信"，标题为编者所加。

裁,先由绶公以私人资格呈于伦氏,即就便问讯,彼谓当用何体裁,由彼所择,似较亲切。但虽用说帖体,而呈彼之外,尚当别具一副本呈寿州①,此则亦应告彼也。其正式之捧呈,则欲于彼到东京时职员开欢迎会即便呈之,何如?吾社日内必当建言,而建言之题目,久难选定。前此本欲就资政院建言,而一部分之社员嫌题目太小,今弟此文其注重者则在民选,且从种种方面解其疑团,并为设切实可行之法,则范围可谓极大。盖若为要求开国会之文,其与熊氏之文犯复,姑勿具论,且言之万不能如是透辟。其关于组织权限等又不便言,言之则与题不相称,故借此题立论,反觉游刃有余,且要求国会,不过(最多)求其颁示年限耳。今此文则欲以国会之组织寓诸资政院,资政院为明年即设之机关,若能采用,则明年即已见国会之成立,岂非更快之举。况与今之政府言,当如狙公饲狙,朝三暮四,今骤与语国会,恐其惊为河汉。因其既有之资政院,而改其权限组织,为暗度陈仓之计,或其竟能采择,亦未可知。弟之此文,自觉得意已极,巧言如簧,易于动听,又多为烘云托月之法,使易堕我玄中。苟联多人上之,可望其能有影响,以视凭空要求国会以为名高者,不犹愈乎。将来省议会亦拟用此法,即就谘议局之组织权限立论,皆可以望其实行。公等谓何如?但更有一事,欲两公转求王、陈二祭酒担任义务者,则誊抄是也。现在距伦之至,不过两日,此数万言之文,须穷日夜力以抄之,欲请两祭酒互选一人任此,明知甚劳,但此事关系一国前途,故敢以请,弟亦竭两日夜不睡,以成之矣。请以此重托两君,百叩百叩(应用何纸请绶公酌定饬购)。再,此文太长,恐彼不易卒读,弟当别为摘要一纸,交绶公呈彼。蜕公见此信时,请即起床,起床后即盥面,盥面后即持往领事馆共阅,阅后即乞祭酒代抄,非如此恐赶不及。

录自丁文江、赵丰田编:《梁启超年谱长编》,上海人民出版社1983年版,第427—429页

---

① 寿州,指孙家鼐,孙系安徽寿州(今寿县)人。

政闻社欢迎总务员马相伯先生大会

阴历十一月十一日，本社开欢迎总务员马相伯先生大会，会员到会者数百人。先由特派员汤君报告，略谓本社成立之始，咸以马先生道德学问为当世所尊仰，因推为总务员，特派叡返沪，面请先生就职。适遇苏杭甬路事起，先生正为路事备极忧劳，稍得间，乃代达全体社员推举先生之意。先生热心国事，不惮奔走之劳，特来东瀛，与诸君筹画社务，此次出席演讲，必有以启迪吾辈云云。次由常务员徐君公勉宣告欢迎词，谓马先生深通吾国经世之术，四十年前毕业于法国大学，邃于哲理、法政诸学，并旁通拉丁、罗马、英、德诸国文字，本其心得以见诸躬行，其硕德懿行，皆足为吾国人表率。今以七十高年，冒万里风波之险，专为吾社员全体及中国前途而来，吾辈对之，真不胜欣慕云云。于是众皆鼓掌，请马先生起而演说（演说词见于篇首）。演毕，众大拍掌，欢声雷动。徐君公勉复致话别语，大旨谓吾社本埠既迁往上海，不可无人为之经理，公勉既承诸君推举，在职一日，当尽一日之责任，日间将与马先生同返上海，其留东一切事宜，深望诸君各担义务，同兢兢于国利民福，以务达本社之目的云云。语闭，宣告闭会。于是职员、社员与马先生饯别，并摄影以为纪念。①

《政论》第三号，光绪三十四年三月十日（1908年4月10日）

---

① 录自"社报·纪事四则"，标题为编者所加。

致任公宗兄书

光绪三十三年十一月十二日

梁兆南

马相伯先生到东京后，寓帝国旅馆。初九日，亲仁会特派谭君伯笙到京敦请先生，初十日出滨，是日午后一时莅止。茶会后各同志与先生共拍一照，其后先生独拍一照，以为纪念。随在学校演说，听众约六百人，诚如吾兄所云，中国无出其右者，弟以为日本之大隈伯略近似之，听众大为感动。是夕五时，请先生临亲仁会之欢迎宴，同志五十余人，畅谈尽欢，八时半返京。迎送各礼，其始本拟十一日，忽因事改期，以故神户、大阪所发祝电，皆后时乃到也。昨告政闻社在富士见轩开欢迎会，到者限于会员，约三百而已。先生演说约一时半之久，语皆速记，至十二时过，乃入午餐，约五十人。今日正午，先生及汤君复返横滨，现寓廿番旅馆，闻尚须留一二日，乃周历箱根、京都，然后到神户云。七十老翁，抱此热血，奔走国事，已足为吾人心折，而其学贯中西，求之吾国，已属凤毛麟角。不谓又触反对者之忌，昨夜遍发传单，其目曰：倒政府改党，以保路矿，外交失败，政府罪居三，而吾党居七。更有七事期于实行：一、倒政府，二、罢市，三、罢工，四、占交通机关，五、抗纳租税，六、杀官吏，七、杀立宪党。且谓现江浙铁路已筹得之款及千万，以之置军械，各省无出其右，可一举而倒政府，路矿乃得保全，幸勿为政法吗啡所误云。该党嫉视诋毁，习以为常，因马先生到滨而起，其狂妄无理，本不足置辨，所恐者马先生若受一言之辱，各同志亦不能平。现方密查其发布传单之人，筹对付之策。各事如常，请舒绮注。

录自丁文江、赵丰田编：《梁启超年谱长编》，上海人民出版社1983年版，第426—427页

神户华侨欢迎马相伯先生大会①

丹徒马相伯先生东游至神户，寓神户各华侨初四日午后六时开欢迎大会于中华会馆。各省官绅、神坂商人及同文学校职员、教习，与会者百数十人。酒酣，主席起致颂词，言相伯先生二十五年前曾任神坂领事，遗爱在人。近年在沪，凡一切公益之事，无不热心提倡。此次东来，一则为江苏教育会调查事，一则为政闻社事。以先生之耆年宿望，为国民力谋公益，不辞劳瘁，实为吾人所钦敬，与同人公举一觞，敬祝先生健康。次马先生起立致谢同人，继乃演说，大略言今日重至日本，观其政治之修明、国势之强盛，与二十五年前大相悬绝。彼区区三岛，何以骤遽能如是，推原其故，皆由采用宪政，故能上下一心，骤至强盛。我国自【上】年宣布预备立宪上谕，年来谕旨尤复谆谆及此，薄海内外欣忭鼓舞。盖宪法者，国家之根本，根本既固，枝叶乃茂，然木之根也，非植之于下，则其根不固，立宪亦犹是也。苟在下者无立宪国民之资格，无拥护宪政之能力，则上虽立宪，必不能举宪政之实。故今日立宪之事，不能专望之政府，而其责任专在我国民。次复言国民之中商人责任之重大。次复言或疑中国今日立宪程度未及，不知二十五年前日本程度与我无异，将日本之情形与我国详细比较，断无日本能之，我国不能之理。次言政闻社之组织，实为预备立宪基础，凡我国民皆当自尽国民之责，以厚培宪政之根云云。演说约二时许，情辞慷慨，闻者感奋。演说毕，宾主酬酢，备极欢洽。毕〈终〉会已十一时矣。②

《时报》，光绪三十三年十一月十六日（1907年12月20日）

---

① 原为"东方近信"中之一则，此标题为编者所加。
② 录自"东京近信"，标题为编者所加。

政闻社开职员会于江户

阴历十二月二十三日,开职员会于江户川亭,首由干事陈君介述开会事由,并报告社务:(一)总务员、常务员等至沪后设立本部之情形;(二)各支部之计画及特派员向君在湖南设立支部之近事;(三)本社筹办报馆之方法及章程。报告毕,干事孙君志曾因社务须归国数月,议推陈君高第代理,众皆鼓掌赞成,遂散会。

《政论》第三号,光绪三十四年三月十日(1908年4月10日)

政闻社新年恳亲会纪事

戊申正月初十日(西历二月十一日),留东同社开第一次新年恳亲会于东京帝国教育会。午后一时,社员咸集。首由干事向瑞琨君出席,述开会辞,略谓吾国自有史以来,民气抑塞,求有一政治团体锐意进行者未获。前闻自本社成立,各省同人乃得互摅积愫,联为一气,何乐如之。今年为本社发生以来第一新年,今日集会即为本社发生以来第一次新年恳亲会,愿我同人自兹以往,以道德相结合,以主义相扶持,对于帝国前途发生无穷之新事业云云。众皆拍掌。次由干事陈介君报告,略谓本社成立以来,为日尚浅,内地行事多艰,愧无足为诸公告,惟是国民政治思想方在萌芽时代,必须因势利导,厚植根基,以博国人之信用。治事诸君,惟日兢兢,务合内外同志,扩张本社主义,俾我国民,共负救国之责任。自迁沪后所有经过事实及进行方针应报告者约有数端,因历述上海本部成立,及特派员在各省经营支部情形,又联合沪上各团体筹办日报及组织国会期成会,联络内地日报,宣扬本社主义,并议设高等教育,以作育国民能力诸事业,辞繁不备述。报告毕,遂请宪民君出席演说。(前略)吾国现状,危如累卵,补救之责,不能望之政府,又不能望之无智识者,必有政治上思想智识能力之人组织政治团体,而后可以有为。此政治团体又非一二省之人所能组织完备,必得各省同志互相团结,互相补助,乃可扩充势力,实行政见。此间为各省人才聚集之地,其思想智识能力自应加人一等,宜夫政治团体发生于此焉。(中略)政党初萌芽,必多障害,匪独我国为然,各国亦如之。惟抱定宗旨,察可障害之处而排除之,政党乃可成立。夫所谓障害者,将在政府之压制欤?抑在他党之轧轹欤?据余观察之,此二者皆非绝对的障害也。何以故?中国今日之政府,为无政见之政府,既无一定政见,则或者压之,或者又援之,苏浙铁道问题其近例也。故政府无固定之政见,即不能为实际的压制,又何障害之有?至谓党派纷歧,民气滋弱,于理论上则然矣。但政党必有主义,主义不适于本国现状,则其党不成立;苟适于本国现状,虽党派竞争,亦可互相策勉。故谓二者均不足虑。所可虑者,在一般人民智识未开,不知政党之必要,与既知政党之必要,又互相推诿,不负责任,此真无形之障害也,我辈当努力排除之。本社所以谋设支部,筹办日报,并建议扩张高等教育,皆为此耳。入后详说支部、日报及高等教育办法,并劝勉社员共负责任。鼓掌之声如雷。最后职员辛汉君出席,论设立机关报之必要,并日报之効力,辞长容当另述。时已五时,遂告闭会。

月之十九日(西历二月二十日),沪上本社同开新年恳亲会于泥城桥外静安寺路二十九号本社编辑部,首由徐常务员述开会辞,并报告汉皋、沪上及日本东京三处社务;次由社员讨论社务及汉皋日报事;再次则由马总务员演说本社移来沪上之理由,并筹办日报于汉皋之必要,一时听者甚为欢跃。演毕,宣告闭会,摄影而散。

《政论》第四号,光绪三十四年五月二十日(1908年6月18日)

政闻社上海披露会纪事

新年二月初一日，本社开披露会于上海四马路万家春，到者皆本埠各团体代表及诸有名之士。是日为本社迁沪以来大纪念日，特将开会顺序记录于左：

首由马总务员起为即席演说，其辞略云：以鄙人观之，居中国现今时代，而为头痛医头、脚痛医脚之举，是断不得为医国手也。推源我国病根，在政府对于国家施政方针，事前事后，一切不负责任。其举动而良也，则为我民幸得之福，其举动而不良也，则亦属无如之何，徒相与咨嗟而已。此无他，无民选议院以监督之耳。在座诸君想断无不欲得良政府者，即断无不欲有民选议院者。然而于此有一问题焉，我辈果由何道而可以得民选议院与？窃尝鉴于各国成例，当其未得民选议院也，常于民间有一极大之国民运动。此运动谁任之？曰政党任之。本社社员才学粗疏，不克肩此重任，然义务所在，不敢不尽，此政闻社所由发生也。不特此也，他日议院既开，使多数议员个个分离，无一致之言论，则断不能举监督之实。且当议会与内阁之冲突，或内阁而竟有辞职之举，使我民党中不能直起以当政局，则徒多此冲突，而仍不能使国家有强有力之行政机关，则愈非国家前途之福。故此种能力，我民不可不早为预备，而又政闻社所由发生也。依上所言，在未有民选议院以前，不可无政党以要求政府，以运动国民；既有民选议院以后，不可无政党以监督政府，以自当政局。在座诸君，既未有不赞成宪政，想断无有不赞成政党者矣。故以予之所信，政党者，实我民间预备立宪之第一要件也。虽然，既言政党，则又不可不一察其主义，使其主义而为反对朝廷，排斥君主，是之谓革命党，使其主义惟在取立法、司法、行政之三大机关而改造之，则为宪政党。本社以区区少数之人，成立不数月，未敢自厕于政党之林，然主张宪政之团体也。在座诸君皆先知先觉，以指导国民自任，而所怀抱之主义，既无不赞成民选议院，又无不赞成政党，故尚望诸君子对于本社力表同情，赐以有益之教言，是本社同人所祈祷以求之者也。鄙人对于中国宪政前途，有一极可欣喜之事,足为诸君子告者,则我国民政治思想发达最早是也。此其事不必远举,试证之我辈幼时所读之书,《五经》、《大学》、《中庸》,以义理而谈政治者也;《论语》、《孟子》,孔孟论当时政治之得失者也;《春秋》,孔子督责政府之书也;《诗》,自风化以观察政治者也。其它各经,或记当时政治上之言论,或发明一己对于政治上之主义,要皆与现今流传于我辈脑筋中之政治思想极有关系者也。

今日各省各府县中,以一命之士,或为朝廷卿相,或宰割一方,试问彼辈,果有何素养而能至此,夫岂非食我先儒之赐与?诸君试一思之,以我国民政治思想发达之早如此,而政府中人必谓我程度不足,此其理由又安在耶?然而彼所以有此言者,则以天下断未有不造因而能得果,即国民断无有不用力而能得宪政者,此政闻社所以虽发生于东京,而必移于内地为积极之进行者,以此故也。然而,旧社会之观念,有以不仕为高者,此意诚是。盖昔日之入仕者,皆不过为一己之功名,未尝为国家全体计,所谓为己而不为人者是也。至政党之性质则大不然,其为在野党固不必论,即为在朝党,亦意在实行其对于国家前途之政见,是断不得谓之为己,而况我国今日之组织政党,实为救国之不二法门,故又不可与他国之政党相提并论。以今日情形,置身于政党中,实凡为国民所同有之责,此鄙人所以更欲以提倡政党思想之责希望于诸君者也。

鄙人于昨年发起中国路矿协会,此会之目的在保全中国土地,即使中国国民咸有为地主人之思想,而立宪政治,世界学者亦称为国民以自身支配自身之政治,即国民于一切政治上自为其主动力,故此二者于救国一事,有同一之作用。然而以立宪思想灌输于国民之脑筋,不特可使人人有为地主人之意思,并于最近之将来,可实行其保全国家之政见,故以政党之力要求立宪,愈为我国根本上之救治法门也。窃尝论之,国家如一时计,其中之大轮、小轮则国家之机关也,其中轮齿与轮齿之相箝,与其大小轮之配置,则国家规定其组织之宪法也。诸君试一思之,大小轮也,轮齿也,此二者当造成一时计〈时〉,何可缺一;使大小轮各为圆片,而无一齿牙,则其运行何时必颠倒错乱,而无一定之轨辙。国家亦犹是也,使在各种机关之上无一最高之法律,则其行使其权力必漫无限制,而置国家全体利害于不顾,专制政体即此类也。故诸君当知立宪政体无他巧妙,不过得一互相箝制之道,使各种国家机关行乎其所不得不行,止乎其所不得不止,此其所以为最良之政体,而能通行于全世界也。呜呼!居中国今日而始知有立宪,已不能谓非我国之一恨事，然及今而犹知有立宪，则又不能谓非我国之一幸事。良以不学，承本社同人谬推为总务员，恐不能于天下同胞有所效力，更望诸君子有以督责而维持之，则不独良一人之幸，亦本社之幸，中国之幸也。

马良总务员演说既毕，交际主任雷奋君又起而言曰：政闻社所以发生，与其移来沪上之理由，湘伯先生言之详矣，今请申言政党发生之必要。夫民选议院未有成立以前，而专制政府断不能不有赖于监督。此监督之责谁任之？曰舆论是也。然而近年以来，吾国人民睹世界竞争之大势，察己国危殆之情形，而呼号奔走于国中者，已不乏人矣。而究之一事之发现也，舆论虽已风起水涌，而卒不能损政府之毫末者，其何故哉？此岂舆论之势力本不足畏耶？毋亦无统一的机关，而不能表现其精确正大之势力耳。故凡政府用人之得失也，行政之当否也，一方说是而赞成者有人，一方说非而赞成者又有人，举国中人而分为无数意见，无数议论，旁杂纷纭，怪诞百出，由是而舆论之势力因之以分，而成为无足轻重之一物矣。而远观政府之所凭藉之机关也，则又最有势力而极形统一，故能运用其手腕，发展其心思，而为所欲为。由是以观，政府之所以能专制者，在有统一的机关，舆论之所以无势力者，在无统一的机关。夫既无统一的机关，故舆论之势力本极可畏者，而惟吾国之舆论，则不足使政府生畏；各国政府无不畏舆论者，而惟吾国之政府，则独可以不畏舆论，不惟不畏，且又可以压抑之焉。然则吾人欲谋舆论之发达，非宜集合各种社会之势力，而成为统一之大机关哉。夫此统一的大机关，舍政党其谁属也？此政党之所以必当发生者一也。不特此也，吾国政府之不负责任可谓极矣，然近年以来稍有学识之留学生，又无不为政府所吸收，而不能于社会上有所尽力，此其故又何耶？岂皆孜孜于利禄耶？无他，盖社会上无一发表能力之一定的机关耳。夫有智识之人，断不能使之无所表现，而其向望政府者，有一定的机关可以发表其才能，而社会上则无之焉，其为政府所吸收也，夫何足怪。虽然，使有智识之人而为政府所吸收者，果皆能发表其能力也，则亦国家前途之福，吾辈何必与政府争？而无如五六七品之头衔，百数十金之薪俸，有智识之学生已多为无智识之政府之所同化，斯诚可为悲痛者耳。然此亦非有智识者之始意所及此也，盖政府之势力大，而此有智识者之势力小也。故欲与政府争人材，使之有所尽力于社会，则又不可不组成一定的机关，此政党之所以必当发生者又一也。世界各立宪国，无国无政党也，然凡有政党之国，亦断不止一政党也，此其故又何耶？盖有数党，斯有比较，有比较而后凡为利国福民之行动，无不争以为己任矣；抑有数党，斯有顾忌，有顾忌而后凡非国利民福之举动，无不共视为仇敌矣。故无论组织政府者之不出于政党也，即其皆出于政党也，然其所以能负国利民福之责任者，亦非政府能自负之，盖有各政党之监督随乎其后，而自不能不兢兢耳。不特此也，夫国会之议员者，岂非监督政府之人乎，然国会议员所以能负此监督之责任者，亦岂议员之人格真有以高于政府乎，毋亦顾忌于各政党之监督，而有不能不负者存耳。故质而言之，政府之负责任，议员之负责任，即政党之负责任也。更进而言之，一政党之负责任，即各政党之共负责任也。又况政府、议员而不负责任也，不独他党可以攻击之，即本党党员亦必排斥之也。然则政党之为益，固不可胜言，而一政党之为益，尤不如数政党之为益之更深且大也，此政党之所以必当多发生者又一也。政闻社者，立宪政治团体之一也，成立未及数月，固不敢自厕于政党之林，然义务所在，亦断不敢不即以之自勉。夫吾国前日只有个人的党派，无主义的党派，故所争者皆私人之名利，而不知以国利民福为前提，而此则纯以主义相结合者也。故凡与本社同一主义之人，虽于个人私交有不洽处，而无不可引之为同党也，盖吾知有主义，而不知有个人也，既同主义，吾即不可拒绝之也。抑或同于本社今日之主义者，而其前日所为，有不洽于人之议论，然其今日既同主义，则亦无不可以引之为同党也。鄙人无学，原非本社发起之人，然承东京同志之发起者缄推鄙人为交际主任，而鄙人遂不辞者，盖亦欲勉为尽力于主义的党派之中也。今日之会，为发表本社主义起见，固愿诸君子有所赞助，而鄙人则尤望社会上有多数政党出现，则舆论之势力可以澎增，而人才有所尽力，且将来之政府与议员，亦均得兢兢于国利民福，斯真国家之大幸也。

次由来宾孟君昭常致答辞云：今日为政闻社本部披露大会，历闻主人所发表之政见，皆吾国前途极有关系者，鄙人闻之，甚为感动。今日到者多是来宾，想均未有不感动者。夫必有政党发生，而后国会可以成立，必至国会既已成立，而后政府之举动，吾辈可以尽其实行监督之责，然则政党成立之第一日，即为吾国宪政进行之第一日也。吾辈常祝中国万岁，宪政万岁，政闻社万岁。答词既尽，宾主觥（酬）〔筹〕交错，尽饮而散。

《政论》第四号，光绪三十四年五月二十日（1908年6月18日）

政闻社为二辰丸事致粤督电

粤督大人钧鉴：辰丸事公据约捕收，薄海称快。东报虽强辩，亦认捕船地为我领海，不力争将变领海为公海，且失国家自卫权，乞始终坚持。"①

《政论》第四号，光绪三十四年五月二十日（1908年6月18日）

上海两广同乡会集议辰丸记事

三十四年二月十三日，上海两广同乡会开特别大会讨论二辰丸私运军火问题，到者百余人，政闻社员徐君佛苏、范君秉钧代表全社来与会，范君秉钧演说对付办法。

《申报》，光绪三十四年二月十四日（1908年3月16日）

---

① 原无标题，此标题为编者所加。

光绪三十四年五月第一次例会

沪上本社新章,每月必开例会二次,以讨论社务之进行。五月二十日,开第一次例会于编辑所,是日所议者数条,摘录于左:(一)本社决定存案;(二)本社拟在各省设立支部;(三)《大江日报》决定从速开办。①

《政论》第五号,光绪三十四年六月初十日(1908年7月8日)

政闻社与国会期成会

沪上各政治团体于前月发起一国会期成会,以为全国请愿之机关,并研究国会组织之分法,以会所未就,故久未开办。现已租定四马路福临里西首A字二十六号房屋,其中职务暂由各团体中职员轮流担任,本社亦派一人驻会办事。其进行之方法,拟多开演说会,多著浅显书报,以谋国会智识之普及,并公议以此会为常设之机关,关于成立国会、改良国会诸事,皆可随时研究,发表意见,以期国会政治之日即于善良云。②

《政论》第五号,光绪三十四年六月初十日(1908年7月8日)

---

① 录自《社报·记事四则》,标题为编者所加。
② 录自《社报·记事四则》,标题为编者所加。

致任公蜕庵两先生书

光绪三十四年二月二十三日

张嘉森

国会期成会事所运动之省份,以吾社为独多,而总共人数尚不满万。(安徽六七百,山东□□,湖南二千余,江苏现所签者不过四五百。)此间社员觉办事人于此方面并未注意,故此次甚望多得一二万人,为一极大之请愿,以雪吾社不能活动之耻。前在神户所谈,谓合广东西两省,得万余人尚非难事,则函致粤中时,必须得一极热心、极有力之人运动此事,以必达此目的而后已。此最东京社员所希望者也。(徐君勉先生通信处乞示知。)

录自丁文江、赵丰田编:《梁启超年谱长编》,上海人民出版社1983年版,第453页

政闻社致北京宪政编查馆电

六月初四日,本社为国会年限事,致北京宪政编查馆电云:开设国会一事,天下观瞻所系,即中国存亡所关,非宣布最近年限,无以消弭祸乱,维系人心。且事必实行,则改良易,宣言预备,则成功难,凡事必斯,岂惟国会。近闻有主张七年、十年者,灰爱国者之心,长揭竿者之气,需将贼事,时不我留,乞速宣布年限,期以三年召集国会,宗社幸甚,生灵幸甚。此电发后,《中外日报》初六日北京专电栏内,即载有本社要求缩短年限,拟开御前会议,宣布年限一条,

可见近时舆论之势力，亦渐足以动政府矣。①

《政论》第五号，光绪三十四年六月初十日（1908年7月8日）

政闻社社员公饯湖南国会请愿代表

昨日，政闻社社员因湖南国会请愿代表廖君名缙等至沪，特开饯别会于一品香。席间马总务员起为即席演说，略谓：孔子之著《春秋》，隐操黜陟褒贬之权，然仅为私家之著作，其言之用不用，恒操之于人。国会则异是。国会者，臧否人物，较量是非，有显然可据之势力，故国会为一部大《春秋》，而其效力则远过于《春秋》也。今诸君子请开国会，为社会一方面尽力，其功之及于当时后世者实非浅鲜，请进一觞为祝。旋由廖君名缙致答词而散。

《时报》，光绪三十四年六月廿一日（1908年7月19日）

政闻社致粤督赈灾电

广州督宪钧鉴：闻水灾事，骇痛。两粤伏莽綦重，不早救济，恐饥民变成乱民，乞即以工代赈，开通肇庆新兴江，以泄水势，治标治本，莫善如此。上海政

---

① 录自《社报·记事四则》，标题为编者所加。

闻社总务员马良等敬叩。

《时报》，光绪三十四年六月廿八日（1908年7月26日）

筹办《大江日报》与江汉公学①

一九〇七年（光绪三十三年丁未）三十五岁

政闻社成立后，便派大批社员往国内各地活动，是时该社运动之最大目标，在速开国会，此外如联络各界发展社员各事，也都在努力进行之列，而是冬计画筹办之事，有设立《江汉公报》、江汉公学于汉口两事。十二月三日，先生致蒋观云书里论开办报馆的事说：

"台从来神时，以趋侍马先生时日多，不能深馨所怀为歉。吾社今欲扩势力于内地，则汉口为必争之区。同人之意，欲急设一报馆（他党已争此著），拟由社中经济拨一万元，更集股二万元为之，公谓如何？顷已拟招股章程，因急于付印（有归国承认招股者），未能就正，想此小节亦无甚斟酌耳。招股必须有创办人，顷所列名者，马先生之外（孺博不列名以免嫌疑），各科主任咸列，公若无异议，即便施行。"（光绪三十三年十二月三日《致蒋观云先生书》）

《江汉公报》（一名《大江日报》）的事，该社拟由侯雪舫延爽主持其事，十二月二十三日，侯氏致先生一书，里面报告在汉口调查办报的情形说：

"爽前在汉口调查办报情形，已屡函知佛苏诸位，请其转达左右，不审已邀尊鉴否也。汉口为方兴之埠，诸事草昧，先辟而入者，即可为将来之主人翁，寒季常、杨晳子诸人皆已觑破此点，明年将注全力在彼经营，我党断不可后之也。

先生台湾之行何如，念念。爽到京后，即（偏）〔遍〕寻各同志（次典、仰山

---

① 录自《梁启超年谱长编》，标题为编者所加。

及大同报社诸君），皆云政府现忙于苏杭甬事，并未注意于我团体，惟熊铁崖则风声甚大，万难在京驻足耳。彼之《中央日报》非换名目，决难存立。我党在都下无所经营，故未为政府注目。汉口者如世外桃源，向无学人在彼施设，不似上海、北京之时疑风鹤也。彼中热心人如容翰屏者，又可介绍他志士为吾党先驱，故吾党当注全副精神于彼埠办报，预算第一年虽赔垫万元，然较在上海尤便宜多矣（上海各大报馆每年皆赔三万余元）。爽意报馆开办之后，侯与商界少有交通，须组织一商业学堂，则扩充努力更为稳固，先生以为如何。省议会说帖，已脱稿否，可邮寄交次典转呈孙中堂也。（次典云谒孙中堂①时，孙曾谕以陈述意见云云。）爽此次到京又得热心同志高材捷足者数人，此时方在禁止集会，不便邀伊等加入，将来皆可得其臂助也。学习印刷事，已选定学生数人，欲来年带至汉口学习，以为自办印刷之地。吾报开办之先，爽意先在汉口英租借内汉康印字馆（容翰屏系股东）包印数月，俟学生娴熟后，然后自办。新民报社机器可否移至汉口，吴觐堂君捐款正二月内可否先交一万，不胜念念。吾报总以三月以内开办方好也。在汉招股，以先行开办为宜，吾内部先有万元，亦可勉强着手。"（光绪三十三年十二月廿三日侯延爽《致任公先生大人书》）

同日，先生致南海先生一书，里面讲筹措党费、整顿《时报》和广智书局各事颇详。

"政闻社各费每月一千元，合计能月拨二千元，有不足者则随时由弟子筹划亦得，但似此则每年二万四千元矣。现能拨出否，若能在香港指拨，何幸如之。请先生速图之。但此数之外，现为北事所费，必须尚得数千也。（若能照拨，则二月间收到吴氏捐款便暂移作他用。）昔人问拿破仑战胜之具，其答之也，一曰金，二曰金，三仍曰金，今益信为名言。

最可恼者，香港一帮古董，困死十余万，弟子谓当减价售去，不然此款竟如投诸大海矣。先生谓何如？特恐减价，亦无过问者，则又无如何矣。来书又言为张孝骗去十余万，此事又何如，弟子绝未闻知，尚有挽救否。人心崄巇，一至于此，太行孟门，岂云巉绝，愤闷何已。

草堂同学留学此间者，本年六月大约可有七八人卒业，若不续派，则此费可

---

① 孙中堂，即孙家鼐，字燮臣，状元，授大学士衔。

省其半。然弟子之意,谓若稍可筹措,则宜勿惜此费,盖欲续来者与已来而无公费者尚多,此等皆患难旧交,将来必为党用,此两年内所费金钱最有价值者,莫如此款矣。故窃谓筹得的款,则续派为宜,若诚不能,只得停止耳。

广智之局,擎一辛勤备至,然以无款之故,不能扩充,厌厌无生气,真成一赘疣,实则若弟子之《中国史》编成,此局即可立救,其奈无寸暇何。沪上人来书,痛苦流涕,责弟子以此业,弟子亦欲从来春起,闭户数月以成之,但现在局面既开,百事无一不取决于弟子,何从得此闲暇,言念及此,负疚何似。(前日为腊月二十五日,方从东京返神户,正月初八东京社员开新年会,又必须往,往则最少须六七日,又欲往台湾筹款,奈何!奈何!)然弟子誓必成此作,欲必以来年成之,一以偿夙愿,一以为国民精神教育,一以偿广智债也(弟负广智债二万余矣)。为今之计,若能筹数万,将广智股份之半分还,而再停一年之息(如紫山之策),则累大减。然今何从得此,除又卖墨地耳。然今年广智似万不能不派息,否则美洲信用全失,将无复为将来地。拟派五厘息,亦足稍塞人言,然似此已费六千元,不知能筹否也。望先生速示取进止。

《丛报》已停办,将其机器为汉口报之用,尽正月内移去矣。此后寄信、汇银,皆当寄神户同文学校内弟子名收,其信封西字但写日本神户字样,其中国字则写中山手通三丁目廿四番同文学校△△△①收便得,觉顿虽已辞职,然校中皆党人也。

尚有一事极难处置者,则《时报》问题是也。据君勉、觉顿之说,则直指楚卿为叛党之人,谓其心叵测,君勉想早已有书寄先生处讦之矣。然弟子及孺博之意,则谓其尚不至是,但楚卿入世太深,趋避太熟,持盈保泰之心太多,恐本党累及《时报》,此则诚有之。吾党费十余万金以办此报,今欲扩张党势于内地,而此报至不能为我机关,则要来何用,无怪诸人之愤愤也。即湘伯、秉三亦深不满于楚卿,其余在沪社员尤愤极,盖缘楚卿信任陈景韩即署名冷者,而此人实非吾党。孝高亦袒此人,怪极,故于党事,种种不肯尽力,言论毫不一致,大损本党名誉。弟子所深恨者在此,若君勉等讦其数日糊涂,谓楚借此牟利,弟子尚信其不至是。为今之计,惟有使孺博入为总主笔,庶可以从事整顿,而楚卿极

---

① "△△△",原文如此。

力阻挠，故同人益恨之。实则弟子亦有权硬派孺博往，楚卿当无如何，所以迟迟者，徒以孺博与西林之关系，坐此累登白简，恐其到沪累及社务，故暂缓须臾耳。此事终当必办，拟二月内孺博即内渡，若孺博不往，则孝实资望浅，不能镇压《时报》，惟有日趋腐败而已。湘老恨本初刺骨，日欲《时报》为各报之倡以攻之，而楚不敢，此犹可言，而于本社避之若浼，则不可言也。今弟子决意于二三月内实行整顿此报，望先生以一书与楚卿，指派孺博为总主笔，则彼更无辞也。惟于此又生出一问题，则《时报》之财政是也。据楚言，现尚需每月津贴，而今年所亏已二万余元，现在无从弥补。君勉谓，若孺博不入，则此后《时报》事一切不管，此诚正办，然以艰难所创之《时报》，岂有弃去之理，故孺博之入，无论如何，终须办到，既入之后，则其有不足，不能不管，拿破仑之格言又须记忆矣。奈何！奈何！故弟子谓非有十万在手，不能指挥如意，此亦其一也。数日前曾由此间汇一千往，如以杯水救车薪耳。望得一二万，弟子所能为力者止此，其余则不得不仰给先生矣。最可恨者，君勉本订明游美，今忽图南，南中虽好，岂能确有把握，荏苒数月，将索于枯鱼之肆矣。先生前赐书，言欲往澳洲，澳洲弟子亦曾有书往，属其设法筹捐二万，彼中人极热心，或不须先生亲往亦得。弟子之意，欲先生往中美、南美一行，彼处三邑人极多，而地力又未尽，当有所得，先生谓何如？惟此信到时，能速拨二万内外来，庶足应北事之用，特恐先生处亦不能为力耳。但此事之关系，非同寻常，有可设法，望必应之。盖二月间，此间虽得款二万，然为汉口报开办费及其他社中开销费（派人往各省及两处事务所），恐不旋踵而尽耳。至于弟子私费，月得三百元即足，先生能为筹每年四千，则优优有余，不复作内顾忧矣。孺博二月间亦必往沪（别有原因详下），每月为筹二百，不足则由弟子从他处设法亦可矣。觉顿近来老练勇猛，诚吾党后出之奇英，现在彼所负责任最大，每月所费亦不少，弟子已托坚伯照料其家（每月五十两），当可必得（尚未回信），至其在外所费，实属不能预定，若弟子有款在手，随时拨给则足矣。

墨地能卖去否，现在苦思力索，希望惟此一途，足以救燃眉之急，但远隔不知情形，不敢遥断耳。

为今之计，若能设法在北中南美为政闻社捐得十万，最善也。不能，则有如先生前此所言，每月筹拨定款之一法，略计其数，则弟子及孺博所需每月合五百

元，东京留学公费每月四百余元。"（光绪三十三年十二月二十三日①《与夫子大人书》）

关于计画开办《江汉公报》和江汉公学的事，在十二月二十九日，先生给熊希龄（原信作文福兴）的信里，讲的很详细。

"福兴仁兄大鉴：觉顿归得一书，湘溪来又得一书，皆寥寥数行。公言欲有千言万语相告，想归去事冗，无暇及此耶？望穿秋水矣。来书言绝望于政府，而欲明目张胆，加入民党，戮力进行，此非弟一人之希望，而全社员五六百人举额手以迎者也。惟又言俟个人生计稍就绪乃始来。前弟以为个人生计固吾辈所不可不措意，否则多所牵率，不能治事，然谓必俟此问题全然解决，乃及其他，则诚可以不必。盖以公之才，一面为党员责任，一面以余力随时自营，尚恢恢游刃有余，故望公委身社中，愈急愈妙，公其有以慰此徯苏之望耶。现在党之发生，既应于时势之要求，刻不容缓，而本社亦既告天下以成立矣，而南海与弟之地位皆不能出现，故万不得已，以马先生领袖之。马先生肯对吾社负责任，既为社之前途莫大幸福，虽然，马先生则既老矣，虽其热心不让少年，而精力固有所不逮，无佐之之人，则亦同于虚悬此席，而社中各重要职员，虽热诚与学识有余，而资望、阅历则苦不足，公若不出而主持之，则社务之进行，恐日形濡滞也。故今者，同人皆欲我公担任此事，公若出而同人兴致百倍，精神为之一振矣。公无论能即出与否，望必来神户一会商，决定种种大计为要。此外复有二事，无论公现在即出任社务与否，而此事必须公任之，万不许辞。盖同人决议以武汉为天下之中，畴昔兵家在所必争，政党为平和的战争，其计划亦当与用兵无异，故欲以全力首置基础于武汉，而其下手之法，一曰设一大日报，名曰《江汉公报》，二曰设一法政大学，名曰江汉公学。《江汉公报》共拟集股五万元，社中占一万元，其余招股，决于本年三月出报，现招股方开始，欲公一为担任，能为万数千则足矣，此一事也。江汉公学专欲仿早稻田办法，养成本党人才，特因奏定章程，不许私立法政大学，故暂避其名，而用此囫囵之名。其办法拟分三部：（一）简易部，（二）专门部，（三）大学部。简易、专门两部，以东洋学生任之，添聘日人教习二名，大学部以西洋学生薛仙洲、罗昌等任之。似此办法，其价值尚能优于内地各学堂，惟总理一职，金议非公不可，故公必承诺就此职，然后兹事有所

---

① 此函内有"前日为腊月二十五"语，故似当为二十七日写。

着手。今同人欲强公就此职，不得不将其所拟办法及应与公订明之条件陈之。

一、公为总理，而山东人侯君雪舫（名延爽，癸卯进士，法部主事，与次帅有旧）为监督。公若在鄂能躬亲各事，固最善，若不能则挂虚名，一切委诸侯君亦得。此君乃北方之强，社中一重要人物也。

一、经费：有此间豪商吴锦堂者，每年捐一万元。其开办费现虽无着，尚有台湾林君者极热心故国，而崇拜吾党，弟拟亲往运动之，当有所得。初办时拟先租屋为校舍，则万元以内之开办费已足，若办有成效，以后募建筑之费当易。

一、教习：东洋一部分学生人才不乏，西洋学生则欲以薛仙洲、罗昌二人领之，再由彼辈联络其余。

一、发起人：拟遍请通国名流为之，各就所知函请，弟处可运动者数十人，公亦当从事运动。

一、公以总理名义领衔呈次帅，请其存案，并请酌拨官款，不拘多少，又请指拨一官地为将来建舍之用。

一、开办费及常年费公与弟分担运动，或弟独立能支则可不劳公。

以上条件，谅公必可遵行耶。要之，以公来此间一就商为妙，上海、神户不过三日程耳。一党进行方针，即全国命脉所系，非我二人再协商一次，而彼此终多间隔也。再者，闻龟山①在湘于吾党颇致微词，弟诚不料其如此，彼濒行时尚与弟抵足作竟夕谈，极陈将来联络之法，今反相挤，使双方社员间生出一重恶感，弟甚为龟山不取也。以现在情形度之，两团体殆难遽合，而我公举足左右，便有轻重，公与龟山之关系固不能脱离，但愿公于吾社益加深厚而已。此种曲折，非笔墨所能罄，故望公之来，如望岁也。社中经济基础，略有眉目，人才亦颇不乏，所缺者在内总揽全局之人耳。此事非公莫任，故公之来，实本社生死问题所关，公若不来，怒公者非止弟一人而已。"（光绪三十三年十二月二十九日《致熊秉三先生书》）

一九〇八年（光绪三十四年戊申）三十六岁

该社自去冬以来计画开办之《江汉日报》和江汉公学，这时以经费无着停

---

① 龟山，宋人杨时，人称龟山先生。此喻杨度。

止进行。侯雪舫在二月十二日致先生书里,论开办报馆的困难说:

"《大江日报》非得确凿巨款,不可冒然开办也。延爽初以为汉口诸凡较沪上节省,今驻久,两下比较,始知房舍用费一切比上海昂贵许多,其与上海平等或少廉者,柴米之琐屑而已,其房舍费、应酬费、用人费,皆比上海超越甚多。况吾报社又带有政闻社支部之性质,则他报馆所无之酬应费,吾必不能少焉。房舍、应酬已立于应缩小不能之地位,而报之有价值与否,则视主笔与访事、电报数者。主笔吾社虽甚足,而访事与电报若撙节过甚,则仍难出色,不能餍阅者与诸社之望,毁谤之书必且丛来,然则外形与内容,皆有不能不多费之势。初议欲比《时报》规模缩小,今实立于万难遇事缩小之地。而开办费只吴君觐堂所捐之万元,闻购机器已耗去四千,下余六千,尚未兑来。昨与楚青细商,开办费至少须三千元,以后每月须两千元开支,是除去开办费之三千元,余三千元只足月半粮耳。倘两月后股金不集,将奈何?今欲为稳妥之计,先租一事务所,安顿机器与人工,俟连招股共有【两】万元或至少万五千元时,然后再租大房,定期出版,方不至竭蹶。此股金须先自社员从速交纳,若招外股,恐非出版后不能得也。此延爽与楚青、佛苏诸位筹度再四,非此不可。若孟浪开办,毫无确实来款接济,出版后必有大忧。"(侯延爽《致梁任公先生书》)

又十三日侯氏致书徐佛苏说:

"《大江日报》事反复思之,无限为难,昨与楚卿一谈,倍加忧思。盖非确有两万元至少万五千元,不能着手开办,而此巨款向何处筹得乎?今除以四千元买机器外,只有可恃之底款六千元,此外即社员认股踊跃,充其量不得一万,盖勿谓社员多,口说易,实行难也。统计之,难足万五千之数,此外则须仰给各处招股。爽以为此皆镜中花耳,万不能恃以集事。为今之计,于底款外(社员入股在内),非每月得有确实千余元之补助,此报万无成立之理,(有千余元之月款,再足以随时所招之股,始可为也。)是即极小办法也。且爽自维庸懦,实不足以当此重任,而老亲弱息,饥饿都门,债台已增百级,更无颜托钵向人。爽行将他谋,以给菽水耳。然无论至何处,皆不忘扩充吾政闻社,是敢矢死于诸公者也。此意乞转致湘伯先生,并寄上任公裁夺为盼。"(光绪三十四年二月十三日侯延爽《致佛苏我兄书》)

二月十七日,徐佛苏致先生一书,其时正值先生患病,所以信中除论《大江日报》事外,谈及卫生方法,所言吴款,系是日本华侨商人吴觐堂捐助该社两万元款项的事：

"此外再将社务陆续上达。《汉报》原拟从速开办，数日前雪兄与楚兄酌商后，知非有一万五千金万不能开办，且开办后每月尚须有二三千金接济。盖一万五千金，只能敷三个月之用故也。据雪兄最近调查，汉皋一切用费，较沪上更贵，而房租尤甚，每月此项非须三百元不能适用，故雪兄近日甚为焦虑。昨自途次发来一涵，则甚有在他处先谋生活，再办此报之意。弟之心亦甚灰冷，无法可以慰留。社中不能供办事者之生活，又无事可办，他人何能困守此间。故弟自接阅雪函后，郁愤不可名言。幸不过三时之久，接读公之来书，弟随飞函（并打电）报告雪兄，想此君必仍欣然就职也。此君之性情笃实直爽，虽以吾社中多天资深厚者，然视君尚有愧色。弟因蜕公不日来沪，曾促雪兄速来会商，俟吴款到时，必需划出万金，此外或在东京、神、滨、王处筹凑五千金，交雪兄作日报三月之费，想尊意必甚谓然。"（光绪三十四年二月十七日徐佛苏《致任公先生书》）

马相伯对该报持改良社会主义，以为果能开办，不至大受损失，此外并提倡兴办国民路矿协会，以供政党运动的经济基础。他当日给先生的信里说：

"社会以经济问题为要，不独我社然也。不才不担经济，亦断不以此相困，觉顿想已代达。但不可以此责望他员，雪舫以汉口应酬縻费过于上海，故不敢担任。愚意我社主义在改良社会，相随征逐，望报纸畅销乎，抑望资助亏耗乎，此绝非官商二界所能助力者，以故曾托英君敛之来汉，代为经报，英君亦慨允。窃以为汉口以西南北十省为我销报范围，持改良社会主义以为之，断不至大失败也。

我社经济（近拟在宁镇等地处购荒地）须求生息以自养乃可，社会不足以养人，人将群赴官界，赴官界则断不肯立宪。事前不问理由，事后不担责任，政府何等自在，谁肯立宪以自束缚。以此社会当求经济，左右思维，盖莫如国民路矿协会。每县以储蓄法设一信用组合，售小票时则借此为机关部，则学商界与下等社会皆可联合。故章程须兼用信用组合，人人以为然而惮于发起者，殆由社会所仰望之人不敢出而主持之，其不敢之故，殆亦仰望政府之心过切耳。近今耳目所触，无乙事不诿我须行宪法者。医头医脚，而不医病根，不问理由，不担责任，如痦瞽之人，其手足之动，断不能按规则也，今之政府何以异于是。日内拟遍请学界宣讲一番，能得二三百社员，必当再定社名，（今日社会人每以二字党败之，虽不出诸口，而心病则同。）再行选举。

又《大江报》主笔务请代访妥人，盖英君道德甚高，非此亦不足以改良社会，即不才亦断不敢以纷华相率也。近三十年来，上中下社会无不公然嫖赌，故生财者日少，为匪者日多，社会之可痛哭者，无此为甚，所望我社能起而改良之。

南皮不准民立法政学校，若吴君果肯助一方，则在上海开一法政学堂，于社会必大有鼓动。又国民路矿协会，其办事及权限章程请示尊意。"（光绪三十四年春马相伯《致任公先生书》）

是时麦孺博居沪负责整顿《时报》事，他对于《大江日报》，主张可缓不可停。当日徐佛苏因为痛愤东京社员的攻击，有辞常务员并请改选的事，这也是该社政治运动中一小波澜。现在把麦孺博二月二十四日给先生的信节录两段于下：

"东京人颇有攻佛苏者，佛极愤，已函东京请改选，彼谓必辞常务员。弟之常务员亦一赘疣，去年已欲辞之，今佛苏既辞，且彼致函东京改选，则并弟在内，弟似不可不辞，否则下不去矣。常务员与否，本皆无关要紧，然弟为之，则弟既足妨社（弟出名，诸人均异常惊诧），而常务员亦未尝不妨弟，故辞去亦妙。至常务员在此无事可办，则固早知之。湘老在此，则此直不置常务员亦无不可，公谓何如？如以为可，则请代草数行，告东京社员辞之，省弟待兄回书，久费时日。盖佛苏函已去，而其函内亦及弟，谓弟在此亦不能作团体之活动，则弟辞亦不可不速也。

现在经济极困，且先站定，勿再生波澜。《大江报》决不停，惟必大股既集乃开办。至他事皆请暂缓，现时不可遽有兴举。彼讲习会究有何举动乎，我亦何必汲汲办大事者。当取势远，不必急急争目前一二小事。先站定脚，立于不败之地，然后谋进取，若日日浪战，虽小胜亦终必败。用兵之道固如是，立党之道亦谓如是。请兄暂勿高兴，亦暂勿焦急，先为深沟高垒，兵势既集，然后出战，万勿因督战者急遽，遂又匆匆浪战，既已费财，又必狼狈。《大江报》事可为前车，必勿再蹈前辙，至叩至盼。"（光绪三十四年二月二十四日麦孺博《致梁任公先生书》

又三月二日一书里说：

"《大江报》缓办而不停办，此自无疑义，然缓办亦必当大股既集，足敷一二年，方可再张旗鼓，已一误矣。此时必当准备一二年之经费，万万不可遽又提议兴办。一二年非三万不可,极少亦须二万(除前已用者不计外),二万亦仅支一年,且恐不足,故非于社款外,确得二万元已到手,必不能再提开办。万万不可指望海外,或仅得海外复书允筹而又遽办,必海外之款汇到乃可。前此之狼狈,何济于事,徒令人轻视失笑,自损声望耳。求急反缓,一误万勿再误。兄来书又颇有铺张扬厉之意,恐东京诸公又一拥而起,误事不少,故不辞赘,为兄言之。望兄勉思鄙言,勿急激也。"(光绪三十四年三月二日麦孺博《致任兄书》)

是时孙敏斋志曾曾致先生一书,论办国民路矿协会和法政学堂的事:

"虽然,鄙人所最注意者,曰国民路矿协会,曰私立法政学堂。以路矿启发人民之权利思想,固顺导之而易为力。久之商会林立,银行遍设,体大用宏,必收奇效。而以绝大财团之势,既可以握全国之财政权,即可以左右全国而操纵之,制政府之死命,箝疆吏之权威,可联合则联合之,可倾倒则倾倒之。至经济益充,党力益厚,凡伟人杰士可网罗则网罗之,可利用则利用之,反对吾政党者则剪灭之,妨害吾政党者则攻击之。利权在手,一呼万诺,为吾党权势之所及,即为人民视线之所归。由此渐推渐广,不难再造新邦,驾列强而上之。所谓蓄之既久,发之愈宏,藏之愈深,则成之必大。先生戊戌之举,虽有旋乾转坤之能力,而不能达圆满之目的者,即蓄之未久,而藏之未深也。虽然,即当日果能遂其希望,而举国臣民必有疑先生、毁先生,而出其死力以对先生者,以其时机不熟,故也。夫时机非可待而熟,必有以造而熟者,所谓英雄造时势,为古今贤豪所公认,而必历万难,遭万劫,以委曲而成就之。故今日路矿之导线,即为造时势之先机,亦即应世变之迁流,而不得不如是者,先生真识时俊杰也。马相伯先生为之担负此任,皆先生热诚之感召,所由致也。

至于私立法政学堂,为吾辈造就人才,扩张势力之根据地,较报馆而尤居其要焉。学堂多一学生,即本社多一党员,学生中获一明达之士,即本社中得一用世之才。德国柏林大学约数百人,而多数人才即出其中。政党之成败,即以政治团体之发达及政治思想之普及与否为前提,而欲发达其团体,普及其思想,又非起点于学堂不为功。久之群材迭起,布满国中,无往而非党员,无往而非志士。今日为政法之学堂,即他日为政党之舞台,此鄙人敢断言而无疑者。特是学堂必设于适中之地,迨根基既固,将来始有发达之期。夫沿江各省,既以汉口为中心点,学堂之根据不得不注意于此。现闻宪政讲习会在长沙、汉阳之间,以学会形式而实充其宪政之党势,凡足迹所到之处,无不为讲习会之势力范围。吾辈尤迟迟观望,则事落人后,恐无插足之区,望先生努力为之,勿稍退步,以贻在会诸君子忧。"(光绪三十四年孙志曾《致梁任公书》)

三月四日,侯雪舫致先生一书,论办《大江日报》的困难,主张改营印刷业,并促先生出国筹款,为政闻社谋经济出路:

"手教敬悉,并由他函得知我公数月来,大为造化小儿所苦,不胜恻然,今刻已占勿药否也,念念。《大江日报》事进行甚难,前与觉顿在汉左右踌躇,无从着手,今到沪与佛苏诸位商之,不如竟作罢论,改营他业较为得计,今一一为我公陈之。

一、筹款之艰难。前曾详禀,此不再赘,且吴氏之款,今亦并未接到也。

一、报律之羁束。新报律之野蛮,并挂洋旗者亦羁绊之,想先生已于东报览悉。

一、他党之倾陷。杨皙子于武昌及南京等处遍散谣言,谓政闻社目的专在排袁,延爽在汉之办报,为排袁之先锋,前于沪新任道蔡某前媒孽延爽之短,不遗余力,到南京亦复如是。盖蔡道此次莅沪,乃某军机授意,令其镌刻党人碑者,杨皙子又从而加功焉。(此系督幕中某友密谓爽云云,且谓不速离汉,则祸将及也,党狱若起,必连及岑西林,某军机授意如是云云。)

有此种种困难,则《大江日报》立于绝对的不能办之地步,故沪上诸社员亦无不以暂作罢论为是也。所难为情者,则因此报取消,吾社对于新界人及泛泛之社员,必负不信用之恶声。然成大事者,不顾众讥,况两害相形,必取其轻者,此恶声殊不必惜也。吾社以后进行之方法,必注全力于经济界,而社员之手段,必从各方面作其表面,示人以静,禅忌者排者无从肆其毒螯之手。数年后,社内之经济裕,官场之局面不能不有所变更,然后为一鸣惊人,一飞冲天之举,而此刻则万不可空凭理想,为形式上之张皇。知雄守雌,无以逾此者也。报馆取消,已运到之机器可转运来沪,与广智书局合营一印刷所。据擎一云,两处机器合并外,再益以万元之流动金,即为最好之印刷业。如得吴氏之捐款二万元时,拨一半营此,或社员之报股移入于此皆可。觉顿、佛苏诸位皆然是议,未知我公以为如何。

爽前禀曾劝我公急游欧美,今反复思议,除此则政闻社别无生路,且将有不解自散之虞。君勉今虽有急到南洋之言,然闻其夫人病尚重,恐终难成行,且即行亦不能远。爽意仍请先生康健回复之后,速出一行,或偕觉顿同出亦妙。盖觉顿北京之行,爽以为纯系书生理想,非徒无益,将滋害焉。觉顿之位置,最好是筹得经济,请其在汉口专营实业,以固政闻社之基本,不然则须捐一职,活动于政界。实以觉顿之才,苟稍得凭借,则静足以守,动足以攻,为吾党最难得之将,断不可以孤注掷之,致蹈不测也。

汉口有种种实业可营,并邓少云(孝可之弟)、容翰屏诸位皆能积极为我代谋,决无虞失也。至延爽一身之进退,既处处为杨某所陷,在汉不可,在京亦恐不相能。〈意不如〉欲随次帅入川,而嫌疑既深,遽难入幕,意不如先改就知县,使政府不吾疑,而间接以达政闻社之目的,一二年后再出头,直接担任社务,于事较为有济。此亦沪上诸社员洞烛情形,赞成此议者,先生其何以教之也。

总之,行兵者必先储粮,筹经济、办实业,为吾社近今之无二上策,至于外间之讥评,可置之不理。张季直、韩缄古诸位,亦皆此议论,马先生则注重于此。东京社员或因我表面腐败,至于改体,亦所不必顾,然后可与议进取也。"
(光绪三十四年三月四日侯延爽《致任公先生大人书》)

三月十一日,徐碧泉致先生一书,商办夏期讲习会、江汉公学、国际法协会和民法习惯调查会各事,对江汉公学事尤坚持必办之议:

"夏期讲习会,音极赞同,但政治经济恐非夏期所能毕业,改作地方制度如何?似尤为各省所需要而欢迎者。欲发表吾社之所主张,何在不可,不过人材有限,不敷派遣耳。音意各省皆当推广吾社之范围,而有基础与有机会之数省尤当置重,如大江南北、湖南、广东、广西、四川、福建是,公以为何如?

江汉公学之建设,闻上海诸君极不赞成,大约一以重于人才,二以重于经济,故为是持论耶。不知吾社之行动,惟办报、办学堂两事。报则无论若干年,无成绩之可言,其有可言者,惟学堂。今果实无款可筹,则无庸置议,苟稍可为力,自当惨淡经营,竭蹶以图,万毋惑于似是而非之议也。况此刻只能办预科、简易科,即就人材经济论,亦属有限,数年以后开办专门大学,经济纵犹是困难,人材当亦改观也。今之最当注意者,经费而外,监督与教务长,其次教员。教员即借材异地,未始不可,监督似以侯君为宜,教务长临时斟酌,大约有人也。

音之所欲办者,尚有两事:一、国际法协会。以吾国疆域之大,商埠之多,外交之棘手,几于无时不有事。朝野上下,每遇一问题出,毫无把握,动辄得咎。是当纠合各省联络一会,以各省之洋务局为根据,对于平时、战时以及国际私法、刑法充分研究,将来进步更与欧美之各派学会结合,则庶几国际纷争之事,可以少休,外交界其栩栩然有生意乎?吾社出而发起,各省响应者必众,又为学问上之结合,断不有障碍。足以张吾军者,此其一。

其次,为民法习惯调查会。我国有数千年之历史,数万里之舆图,数万万之人口,其习尚之不同,风俗之各异,千差万别。苟不苦心孤诣,精意调查,漫然取它人之蓝本,改头换面,颁布各省,即谓之为根本法,可乎?然苟无人出而图之,其结果必至如此。而能荷此重大之任者,舍吾社其谁?而下手之法,又当以各省之地方自治局为根据,最先以吾社发起,(以社中人,不限定用本社名义。)呈请民政部饬各省派人加入会中,并负报告之义务,此间更派人至各省联络。足以张吾军者,此又其一。"(光绪三十四年三月十一日徐尔音《致任公先生书》)

同月十五日,徐佛苏致先生一书,言黄与之和邓木鲁都主张必办《大江日报》,并详论对此后社事所抱之两大主义:

"《汉报》刻下虽有小挫折,终当必办,雪、觉两公绝对主张不办者,未免非一时之感情。盖此事为全国属目之事,抑亦吾社第一之动作,倘可以中辍,则日后行动何以见信于国中?况此事不过因经济困乏,倘经济可以获二万之数,则无他患。某党之排斥,何能使吾社不能据一言论机关?以专制政府,近来尚见绌于舆论,况同为民党乎?雪舫谈及某党排吾社情形,甚为惶恐,以为吾社刻下当偃旗息鼓,远避其锋。弟则以为不与直接冲突可也,若欲偃旗息鼓,则刻下实已成骑虎之势,无逃避之余地。与之、木鲁连日自北京来函,力争此报万不可作罢。谈及他党之言论举动,怒笔溢于行间,与之尤愤不欲生,有'粉身碎骨,亦所甘心'之语。

呜呼!他党之德性,何败坏一至如此,不胜浩叹。彼谓吾社有保皇之嫌疑,当属意中事,若谓吾社为排某党,则真百思不解。夫欲博权贵之赏识,即不顾屠杀他团多数人之生命,其险毒宁可思议?今日弟得方表自汴来函,满口道德,慰谢吾社,劝弟万不可误会浮言,真可谓奇兵四出,不可捉摸。虽然,吾社万不当以热度与空言与之相争，惟日夜求所以接近政权，则自能发生实力。彼团中人皆分布各省督抚幕府，吾社数人皆沉没于下，衣食亦不能自固，安往而不败耶？故吾辈投身幕府，系生死第一关头也。公于他处有可以运动，及可以介绍弟等相见之处否？绥公此次如有所得，则幸甚，幸甚。近日弟与绥公谈及此节，伊极以为然，有全力运动之语。此公诚极有肝胆之君子也。

弟对于社中近来有两大主义，一则当急抢实权，一则当急改选。弟之精神资望，皆不足担任斯席，前日已屡商相老，近日则已有函至东京，请社友熟商此事。常务一职，当添入人数，徐子休可当一席，驻蜀；雷继兴可当一席，驻沪；东京如须一常务，则亭汉似颇相宜。但东京应有常务与否，公当酌之。此外尚有人可为常务与否，刻下实想不到。总而言之，章程上不可规定常务额数，有称职者，即加选为好。

近日东京数友对于弟颇有违言，而以熊君为最。此君素性狭愎，弟从不敢与之深交，惟虚与委蛇，冀平其愤，谁知伊始终不能除去攻讦也。其所排弟之语，皆不合事实。近日弟来神户，当与公面谈，公自能知其详情也。此外数友，则大概谓弟专制，不常常报告社务。呜呼！此最痛恨之事，令弟辩无可辩者也。沪上有何新事业可以报告？且纵有一二事，须常秘密，成败未可臆度，何能报告？昨与孺公谈及此节，孺公谓许多事万无可告之理由，倘任意说明，则全般皆大失败。此真有阅历之言也。但弟与本社有生死相关之性质，无论当何职务，其尽力之程度，毫无减少，何必居重要地位？故必当让出地位，使他人活动，乞公详审之。四月内即可选举，继兴兄弟即当与之商量。此君感情近甚，与弟相洽，想易说话。吴款已到，惟相老刻往他处旅行，当俟其归沪，此款始能领出（十八日归沪）。楚卿兄近日与弟极能相投，此君精明练达，可钦佩之处极多。"（光绪三十四年三月十五日徐佛苏《致任公先生书》）

张君劢在四月十五日致先生的信里，也反对停办《大江日报》的事，但他很赞成侯氏所提倡的经营生产事业和入官场广占势力两事：

"昨在社中见雪舫自申来书，同社诸公咸不以戛然而止为然，决议暂作无期延期，俟有款再行开办。森以为雪舫兄所述各理由，皆以吾社中人不能四面八方预为布置，故致雪舫一人陷于重围。无款不开办，犹可言也，若以外界之攻击，先自却步，则关系于吾社前途，正非浅鲜也。

至所言以后进行，一营生产实业，一有血性者须多入官场，广占势力，此则不易之论。森自来东后，屡与社友商量，吾国今日政治之基础，万不能置之国民身上，以大多数之愚民，虽日日哭诉于其旁，犹之无益，故欲借舆论以反抗政府，真梦想也。雪舫所言于他方面占势力，以图吾社之扩张，此真今后数年间所当力为预备，并必须持以实行之决心者也。现雪舫既不办《大江日报》，其以后立身，先生何妨略与商榷。"（光绪三十四年四月十五日张嘉森《致任公先生书》）

此外，东京大部分社员，也都反对完全停办《大江日报》。当日他们在给先生的信里说：

"顷接雪舫兄来函，谓《大江日报》有不能不中止之势。伸纸环读，悯然久之。窃揣吾社进行方针，以开办斯报为第一下手，迭次开会已经报告，印刷机器复已到达，倏然中辍，恐招物议，未审尊意以为何如？雪舫来函谓怵于报律，碍难活动。抑知报律虽苛，乃对于一般报馆共同干涉，非独对于《大江日报》特为苛责也。一般报馆犹可续办，宁独《大江日报》不能开办乎？雪舫又谓杨晢子等造谣嫁祸，不如暂避嫌疑。抑知吾社宗旨，以监督政府为第一义务，虽赴汤蹈火，亦所不辞，若因一二谤言而我畏避之，似非本社之初意也。以上两者，皆不足虑，所虑者在人才缺乏，经济困难已耳。然所谓人才缺乏者，不过谓北京政界上着着落人后，各省特派员寥寥无几人耳。至办理区区报馆，当不患无其人也。惟经济困难，实费筹措，故拟暂缓其期，延至八月至十月，然后开办。尽此数月间努力集股，计东京可得二千金，淑予亦必函促湖南各同志勉强招集，吴锦堂之款再迟数月或可望交到，若复得先生拨冗暂往台湾一游，或可招集一二巨股，则亦不难开办矣。开办之后，上海、汉口之股，亦可陆续接收，加以纸张、墨料务求俭约，电报、访事亦可取资于《时报》，次第办去，当不致亏本。只求此报成立，免失信用，虽局面狭小，犹愈于已。先生以为然乎？乞赐复一言，不胜翘企。"（光绪三十四年春政闻社同人《致任公先生书》）

是时，先生曾致南海先生一书，除报告社中经济困难情形外，并详述拟办《大江日报》、法政大学和暑期法政讲习所各事。然原函残缺，不能窥见全部了：

"知所为计，惟恃借贷，过一日是一日耳。而诸君学费每月四百余元，博在沪，觉顿在都，每月最少共须三百元，弟子自用亦不能出三百元以下，即此私费不关社政者，已月须千金，诚不计何以克支。今惟有再埋头著述，冀少助万一耳。社事,各社员热度日涨一日,各省支部之运动,日加发达,所以责望于吾辈者甚厚,而吾辈内情又不能出以示人,人将渐疑其有他,此亦前途一大危机。今既无法,只得安之。此间有一商人(吴锦堂,宁波人),捐社款二万元,今惟恃此款暂为周旋,而私款不继,已不免扯用矣。社中现在汉口办一大日报,此固兵家争武汉之诀,诚不可缓,而将来之累,亦将不让《时报》。社员又亟欲设一法政大学,此亦极要著,然今则只得从缓矣。惟今年暑假时,欲借法政讲习所之名,往各省开会,现各省愿任此事者咸有人,不欲辜其热心,且此亦扩张党势一妙法,我不行,他人将行之,故决欲办。但办此则虽社员不领薪水,亦当给以川资及杂用,计每人最少须给以二百元(实不为多),每省派三人,苟能得万金。"(光绪三十四年夏初《致南海夫子书》(案:原函残))

录自丁文江、赵丰田编:《梁启超年谱长编》,上海人民出版社1983年版,第429—436、454—468页

密谋倒袁①

政闻社本部迁沪后,社务日见发展,当时活动于国内者,除马相伯、徐佛苏、麦孺博外,有雷继兴奋、范秉钧治焕、侯雪舫延爽、黄与之可权、邓木鲁孝可、熊知白崇煦等。此外非会员而赞助社务者有徐子林、熊沅生、向构甫瑞彝等,负责东京社务者,有罗孝高普、陈庶青介、向淑予瑞琨、张君劢嘉森、彭熙民渊恂、陈高第、陈官桃等。是时妒嫉该社之发展者,在政党为革命党和杨皙子主持之宪政讲习会(即宪政公会),在清廷为袁世凯,其中尤以袁氏为最甚,后来该社的查禁,便是他的作用。现把先生和南海谋联肃王排挤袁氏的几段材料,抄录如下:

---

① 录自《梁启超年谱长编》,标题为编者所加。

二月七日①，南海给先生的信里面除讲对付袁氏方法外，并提到整理广智书局、《时报》和海外事业的亏累情形：

"一、袁劼②反谋，诚非常之大忧，离庆③乃第一策，此如戊戌吾欲离荣庆事，惜樵野不敢行，致败。今未知所托之人如何，并在世续前行之诚佳，但其人须能常出入王公间，恐汝遣之人，未得其才地耳。（吾已知其人，地位似尚欠，才则未知。）

肃④乃名士派，亦与端方等，未必能任重大事，但彼已交亲，借彼怒怨，以合王公，终胜它人耳（闻泽公⑤颇厚重有魄力）。

铁良⑥（何不设法用之）则吾见汪大燮（前英使）、孙宝琦（今德使）皆极称之，以为满人第一，且有心于上，最有才魄，诚可深结。所来方略与吾所闻，分毫不错，是在办事之人能行此方略否耳。投马玉昆为后图，甚佳，但亦问其人才如何。闻马曾劾袁，是否？若果尔，大可行。所言方略，能联二邸、三相以行间，计必可成，否则兼布谣于内监，亦足惧那拉。吾则专问此人才地（盖方略不难，而难于人之才地也）。吾内计汝共密事之人，无此贵人，若布衣志士如若海者，恐太微，不能交通诸贵也。苟无人才，无地位，虽有绝妙策，亦无可施。今先在外多开窑公司，以为之地，但恐缓不济急耳。

办此大事需款之多，诚不待言。汝处总持，苦不可支。岁暮售墨地，必可得十万，然今真无法，甚恐因此失机。今美中（迦埠）收款员梁文畅（伯隽兄弟），弟曾见之于伯隽婚时，此人不笃实而甚才，其权甚大，弟可令一人专以党事告之，铺张扬厉，令其转示各埠，必有得也。

无西文住址，不能汇款，可写来。"（光绪三十四年二月七日康南海《与任弟书》）

二三月间，先生致南海先生书，言联善耆打击袁世凯和荐汤觉顿各事：

"肃邸日盼觉顿往。昨日土尔扈特王来谭，（彼返都月余再东渡，来访于村居，彼在都即主肃邸也。）言都中事颇悉，大约联诸刘以御王氏，自是不易之法，然敌势方

---

① 指光绪三十四年二月七日。
② 袁劼，指袁世凯。
③ 庆，指庆亲王奕劻，时任军机大臣兼外务部总理大臣。
④ 指肃亲王善耆，满洲镶白旗人，时任民政部尚书。
⑤ 泽公，指载泽，封镇国公，时任度支部尚书。
⑥ 铁良，字宝臣，满洲镶白旗人，时任陆军部尚书。

日张，胜败正未可知也。（肃邸侦探布满，有言爱妾亦为敌用者，可叹！邸自言日坐针毡也。）今最急者，当为觉顿谋一官，使得安居都中，而不招忌。而现在经济如此之窘，真不得了。都中出一《大同报》，为旗人所设，办事皆吾社人，社中亦荐人（旗人以外之社员）为之主笔，然其经济亦甚乏，后此尚当思所以济之，不然，将失此势力。又今年六月，社员卒业归国者殆数百，除分途设法荐往各幕外，仍须谋有以聚之，则上海编辑所之设，又万不容已。今款不继，百事皆将瓦解矣。港中每月一千，至今不肯拨来，非先生严饬之不可。美中卖古董事，宜早谋之，不然此十万金掷之洪水，至可惜也。"（光绪三十四年三月《致南海夫子书》）

三月，汤觉顿致南海先生书：

"一、肃邸纯为帝党，自戊戌以至今日，宗旨坚定，经千曲百折，曾不少变，于贵胄中诚为仅见，徒以平日不修边幅，好下交处士，往往受人指谪。去年项城入军机后，其（他）〔地〕位颇危，谨乃能保。自经此番阅历，甚能改从前之态度，接人发言，都极慎重，于吾党最为亲信，其接见弟子，极能以诚相待，非重弟子，实重吾函丈也。据言上实不病，即宫中事，渠亦布置妥贴，一旦那拉死去，必不致因他变而累及圣躬。且言前接函丈所赐书，属彼以此事，渠极佩服函丈，远在海外，而虑事之周，至于如此，诚感叹无地云云。此人他日纵不能得政权，（有醇在，肃或不能不稍逊一筹，然亦难言。）亦必占一重要之位置，可勿庸疑。吾党今日得此人而联络之，天所赐也。"（光绪三十三年三月汤觉顿《致南海夫子书》）

三四月间，南海先生复先生和麦孺博书，里面除论攻袁问题外，并讲到广智书局事，引起党事的危机：

"任、博二子：得书悉。□□情状，语语深中，不然何至媚外至此。今凤山①不西，盛怀②内召，或有转移耶？彼虽谍探宏多，若从宗室满人入手，攻之亦不难，彼实在嫌疑之地。老妪阅事多矣，极少信心，中之至易，是在所布置之人才耳。鲁难未已，则以聂政行之，亦不得已也。楚甚恐之，力主勿大办。惟今之资政院已开，各省会政党争出，迟则各有所主，以是为忧。彼等当国，断无开禁之理，是以进退维谷也。今先其大者，自以倒劲为先，然乘此各省哗争路捕之

---

① 凤山，原姓刘，字禹门，汉军厢白旗人。1907年10月命为西安将军，旋命留京。
② 盛怀，即盛宣怀。1907年底苏杭甬铁路风潮大起，英帝国主义向清政府施加压力，西太后召盛入对。

时，莫若合为一体，自必江粤为魁。所合各省法如下：

一、以争外交为名，请凡外交之事归民间担任，由各省举代表一二人常驻北京为外部议员，从议员公举一人为议长，即请简为尚书，否亦为会办大臣，其有决裂之事，由民间任兵筹饷。如此为题，合十八省要请之，如此既可隐开国会（今日必不能速开议院，如此已偷来），明拒外侵，既大得民心，必能大集人望，于国事必有益。但此权（党魁）必在王文韶手耳（马相伯名位恐未能领袖也）。否则岑春煊乎？此事可行否，可酌之，勿失时。

若岑可深结，或以岑领之乎？

广智（停息）之事，哗怒不可思议（广智尚有多不妥事），加中三埠尤甚。既大骂汝，（凡百数十函，本欲收拾寄汝，计汝已知，不复扰汝心事矣。）因攻我谩迫不可闻。福基似发狂。汝又前误（汝亦大披露矣），有《新民报》事复函，致为口实。吾无可解，以其语太甚，不能不盛怒责之，然恐其决裂矣。惟不责之，其语无状，动云自立，甚难闻之。广智事实吾党理亏，不能不了之，明甚。决意大顶其股以了此。汝欠《新民》款若干，亦望告我，俾设法了之。福基等大怪汝数年不通书。吾虚与逶迤，事事复之，彼又字字诘难，答不可胜答，又复布告，真难与处。疑心既起，无一事而可，抚解皆穷，彼既久不缴款，又日议加属自立，广智余波，一至于此，可不慎欤？为此密告。

两浑（始于加，亦败于加，后此恐日为彼扇动，而河内尽失也）内地好消息，可多以慰加属人。"（光绪三十四年康南海《与任博二子书》）

五月二十七日，先生致南海书，报告汤觉顿在京活动情形：

"觉顿从都中最近来书，谨呈览。中所云良乃臣者即良弼，乃宗室中最才者，而革党恨之最深，日思中伤者也。刘伯刚为第一次学陆军毕业之人，亦一血诚士，得此二人暗中主持，诚可喜也。觉顿约于三四日后便到此间，届时面述一切，细情当续报。孔希伯从广西有书来，所述多要语，俟觉顿来后，与之共阅，乃寄呈请训。大约坚帅①不满于云樵，而欲牵觉顿往桂，第觉顿顷所负荷如此其重，岂能舍三韩以营巴蜀，如司马错所论邪？惟桂中顷无人去，致可惜耳。君勉在南极不得志，不图革党势力在彼竟猛进至此，想君勉别有禀矣。勉意忽欲弟子

---

① 坚帅，指广西巡抚张鸣岐，字坚白，一作健白。

移住南洋，此奚可者，第南洋固亦不可放弃耳。绶卿简遣使消息，现未确，但亦可望。鄙意今日首辅非贿不行，欲将前此在欧所购之晶床献之，以为索偿之左券，统俟觉顿到商，如以为可，请专行之，不待命矣。"（光绪三十四年五月二十七日《致南海夫子书》）

此外徐佛苏在他的《梁任公先生逸事》里，对于密谋倒袁的事也有一段很简括的叙述：

"此社于丙午①年秋成立后，即派员归国分赴各省各界签名，预备向清廷请愿，速颁宪法，开国会，声势颇振。清大吏窃恐人民要求立宪后，准拨两难，急欲事前中伤之。又值康先生有为自海外秘电某当道，请劾奕劻植党揽权，及外间有康、梁秘联粤督岑春煊谋倒张之洞、袁世凯之谣，于是袁党力促张之洞奏请清后举发康、梁乱政秘谋。张氏甚恐留日学界鼓吹立宪，为康、梁所利用，乃毅然奏请解散政闻社，通缉首犯，而清廷谕令即下。按政闻社被封禁时，系丁未②秋间，此时社址已从日本迁归上海，租宅于英租界大马路。"（徐佛苏记《梁任公先生逸事》）

除袁的事，马相伯也极力主张，他在给先生的一封信里写道：

"张某谓得京信，湖南请愿书上，复恐将立宪律继报律等而先颁也，故请愿书应如雪片飞上。然个中要义，一贿，二丸，徒恃口无用也。一则已蹈险为之，约定书中要义要言如数，则大大衍亦如数。张君真可人哉！第二则一丸送土足矣，而皮党竟为土党参利用可恨。粤所主持者，沪将以口不以笔，盖势则然也。大士每以难不见谅言，而不悟其难也，其自造之，恃一不读书之土头，将何事而不难耶。张又谓京信有先去小土意，而复出大土于辽东，恐将予以根据地也。"（光绪三十四年马相伯《致任公先生书》）

徐碧泉尔音是政闻社一位重要成员，袁氏为摧毁政闻社计，曾有招致的计画，但是徐氏至终未往。彭渊恂在当日给先生的一封信里说：

"碧泉北上及北京支部两节，关系甚大，殊不可轻率取决。恂意，袁以阴险诡诈闻，其于碧泉，决非谓其有奇才异能，诚心延致之，不过欲借以探本社消息，图所以摧折我者而已。我欲窥其秘密，决不易得，因彼固以政闻社一分子视

---

① 丙午，应作丁未。
② 丁未，应作戊申。

碧泉，必一切皆不使之与闻。且袁之秘密，其大者固已昭著，为有目所共见。吾党力能排之，直排之可也，焉事再探侦之？且本社于闽、蜀两省，所恃惟碧泉，即江、鄂等处，其交游亦多，如一旦北行，虽彼若何忠于本社，决不能身出运动，即欲以一纸说之，恐亦碍于所处之地位而不可得。吾何必弃一有力分子，并弃闽、蜀数省之经营，以希望此不可得、不必要之结果也。支部之设，在网罗人才。现在能于北京活动者，多甘受政府之网罗，而醉心仕宦者。吾辈不揣冒昧，欲于彼处有所作为，是真与政府争人才。以今日北京之黑暗，虽他党无特殊障碍者，犹恐不能存立（如雪舫述熊铁崖之不能长居北京），我乃直撄其锋，殆恐其不我仇而自挑战也。吾党方略，惟有潜布势力于民间，待党局大定，而后直捣北京，在现时但可以个人关系，暗联络其有人心者，俾为他日之声援。果有确能为本社尽力，而急思有所建树者，尤当顾惜之，阻止之，不使败露，以俟党势之养成。先生盍商之上海诸人何如？总之，恂所主张，现在党势脆弱，地不过一隅，人不过数百（严格言之实只数十人耳），曷堪摧压，惟有极力避之，决不可骋一时理想，以招人忌克，而自取败也。此间近有以排斥袁为辞，而非难本社者（多举《时报》及马先生之言论以为证），其所主张，皆谓一旦袁倒，现政府中无能继起负责任者，政闻社排之，是惟计己党之活动，而不顾大局也云云。足见国民于袁之希望心，尚未能纯然断绝，吾党于此时决不宜稍露形迹，不然，他党将居为奇货以排我也。"（光绪四十三年彭渊恂《与任公先生书》）

对于张南皮方面，政闻社不但没有谋倒他，且有联结他的计画，彭渊恂在给先生的另一封信里述其事说：

"今晨晤蔗青，谈及程君于本社甚表同意，并力任婉说南皮，（以得其赞成为止。）并谓南皮入京之目【的】，在速立民选议院，以庆、袁反对甚力，志不得遂，乃主张先设谘议局，意谓此举一经成立，不久必四方一致，而为国会运动，则其结果自能良好。其定该局章程，颇费苦心，隐含有监督行政长官之权能。故南皮深恐一般人民不解其命意深远，膜不经意，极欲各新闻杂志有以引伸其义而鼓吹之，居常每以未得一机关新闻为憾。若《大江日报》成立，彼可借此说其提携，且云欲函致或一见先生，得详陈其关于谘议局之意见，以祈大力提倡。吾党得此公于南皮处为力，诚大好机会，故恂已切央蔗青、扐九等力与周旋，但均谓必得先生一函乃得见重，且以使其与先生直接。务祈即日书寄蔗青转达，为至

祷。"(光绪三十四年彭渊恂《与任公先生书》)

录自丁文江、赵丰田编：《梁启超年谱长编》，上海人民出版社1983年版，第443—458页

五、遭禁与解散

革除政闻社社员法部主事陈景仁职上谕

六月二十七日奉上谕：政闻社法部主事陈景仁等电奏，请定三年内开国会，革于式枚谢天下等语。朝廷预备立宪，将来开设议院，自为必办之事。但应行讨论预备各务，头绪纷繁，需时若干，朝廷自须详慎斟酌，权衡至当。应定年限，该主事等何得臆度率请？于式枚为卿贰大员，又岂该主事等所得擅行请革？闻政闻社内诸人良莠不齐，且多曾犯重案之人。陈景仁身为职官，竟敢附和比昵，倡率生事，殊属谬妄。若不量予惩处，恐诪张为幻，必致扰乱大局，妨害治安。法部主事陈景仁，著即行革职，由所在地方官查传管束，以示薄惩。钦此。①

《申报》，光绪三十四年六月二十八日（1908年7月26日）

---

① 原无标题，此标题为编者所加。

查禁政闻社上谕

七月十七日奉上谕：近闻沿江沿海暨南北各省设有政闻社名目，内多悖逆要犯，广敛资财，纠结党类，托名研究时务，阴图煽乱，扰害治安。若不严行查禁，恐后败坏大局。着民政部、各省督抚、步军统领、顺天府严密查访，认真禁止，遇有此项社伙，即行严拿惩办，勿稍疏纵，致酿巨患。钦此。①

《申报》，光绪三十四年七月十八日（1908年8月14日）

政闻社通告全体社员

东京通信云：日昨政闻社发出通告全体会员公启一纸，其词如下：恭读六月二十七日上谕，称政闻社法部主事陈景仁等电奏云云。本社对内对外皆以总务员马君良为代表，屡次建议发电，皆用马名义。其余社员，于政治上行动苟不悖于本社主义，固所欢迎，但只认为社员个人之行动，不能指为代表全体。向例，惟有专折奏事权者乃能电奏，今陈君一法部主事，何以谕中称为电奏？本社及海内外学界电商请愿于政府者非止一次，何以陈君此电独能上达天听？本社内地事务所设在上海，陈君之电非上海所发，何以恭译上谕语气，指为代表全体？颇为难解。吾社以主义相结合，期于贯澈初终。政府压制舆论，为各国宪政萌芽时代所必经，本社蒙兹挫折，亦意中事，要在坚忍委曲，以期不负吾辈爱国之本意而

---

① 原无标题，此标题为编者所加。

已。因社员散处各方，于此事情节未及周知，特为说明。以后对于此事若何解决，当再公告。本社一切行动，光明正大，各社员若有疑问，望径函询本社事务所，勿为外间浮言所惑是盼。政闻社同人公启。

《申报》，光绪三十四年七月二十六日（1908年8月22日）

解散政闻社之原因

颁谕严拿政闻社员之前一日，庆邸接湖广总督陈夔龙来电，并所寄呈之《江汉日报》及汉口、夏口厅究讯查收押康有为之国会开设请愿书，颇有冒渎不敬字样。闻其内容十二项目，中有请归政迁都南京之语，当时庆邸大怒，即日面奏两宫。事后会同张、袁二大军机，议订对付政闻社办法。张中堂曰：康有为亡命外洋，现在外国政府不肯究办，讵亡命之民不顾己罪，乃由外洋寄悖逆请愿书，登报以惑人心，殊堪指发，宜急将其党羽解散云云。袁宫保甚以为然，庆邸亦表赞成。此日由军机处饬电上海道蔡乃煌，严拿政闻社不逞之员，并将由外洋寄送之政闻社员发行报纸，即《中国维新报》及其他报纸，转饬税关禁止进口，以维治安云。

《顺天时报》，光绪三十四年七月二十二日（1908年8月18日）

政闻社谕拿原因

七月十七日上谕查禁政闻社，严拿社伙，闻其原因系缘陈景仁等请斥革于式枚一电，某邸颇滋不悦，随分电各省调查该社内容。数日前已得某省电复，有立社处所甚多，社伙甚众，且有要犯混迹其中，故当日召见时面奏情形，随下严行禁止，饬属拿办之谕。

《申报》，光绪三十四年七月二十七日（1908年8月23日）

严治政闻社详闻

政府之会议

十七日降谕严治政闻社原因，已录昨报。近闻此事之主动者，亦系南洋二百埠华侨请愿书所致。上月中，旧金山中华帝国宪政会总长康有为、副长梁启超联合海外二百埠侨民上请愿书，主张十二大请愿，内有撤帘归政，尽裁阉宦，迁都江南，及改大清国号为中华国数款，最为政府所骇怪。某日退值后，各枢堂即会同宪政馆、政务处会议，某邸谓：朝廷锐意宪政，即拟开设国会，使人民参与国政，亦断不容有此荒谬请求，致扰大局。某中堂谓：中华帝国宪政会远在海外，难于解散，惟沿海各省分设政闻社，与梁启超有关系，不如先查政闻社为下手之地。各堂多以为然。越数日，即拟严拿社伙之旨。

民部之会议

自十七日上谕颁布后，民政部及顺天府尹于廿一日特开会议一次，研究遵旨捕辑社伙办法，大致以慎密和平为主。

沪道之查禁

据廿二日《顺天时报》云，日前由军机处电饬上海道蔡乃煌，严拿政闻社不逞之员，并将由外洋寄送之政闻社员发行报纸，即《中国维新报》及其他报纸，转饬税关禁止进口，以维治安。

代表之行色

十七日降旨后，各省在京之国会请愿代表，有与政闻社有关系者，都心不自安，襆被出京。其无关系者，亦以朝廷解散政党，要求国会目前恐难有济，故近日各代表大半先后回籍。

《申报》，光绪三十四年七月二十八日（1908年8月24日）

《江汉日报》被封

汉口《江汉日报》馆本年四月间方始成立，其主者为赣人江君颢民。江氏前在赣创办《南昌日报》，出版仅一日即为前赣抚所禁，江氏始将机器运至汉口，改办《江汉日报》。其记载本甚无奇，不料因登华侨请愿书事，竟于十八日晚被巡警道冯观察启钧会同江汉关道桑观察宝及夏口厅金司马世和，将该馆封禁，尚有拿办主笔经理之说。

《时报》，光绪三十四年七月廿三日（1908年8月19日）

封禁《江汉日报》之电文

军机处电致湖广总督陈夔龙云：现在汉口出版之《江汉日报》，连日载政闻社员来函及宜急宣布召集国会年限等议论，言辞激越，动摇人心。查政闻社实良莠混入，有碍治安，政府前奉明谕管束该社员办法，已通饬各省督抚。今《江汉日报》言论转噪，惑乱民心，有悖圣旨，急宜封禁该馆，以重官纪而维治安。

《时报》，光绪三十四年七月廿七日（1908年8月23日）

西报论政府无意立宪

《字林西报》北京访函云：前日，皇太后特下谕旨，命各省督抚严拿政闻社社伙，雷厉风行，闻者错愕，莫明其故。按：政闻社为各省绅商所组织，去年成立，社中目的为协助政府调查各国立宪制度，俾中央政府得以创立国会，实行宪政。近者赴德考察宪政大臣于式枚二次电请缓立宪，政闻社社员陈景仁电奏请革，不意遂触政府之忌。盖满洲守旧党皆谓立宪政体利于汉人，而满人历朝所得之权利，皆将因此尽失，故竭力反对之。近日《江汉日报》，复因登外洋华侨请愿书，为鄂督所封。以上两事，皆足阻中国革新之举。目下政学绅商已无敢再述及立宪二字，即江苏、江西、安徽、广东、浙江各省公派入京之代表，亦均拟束装回省。据此以观，满洲政府之政策，实欲箝制国民之口舌，使之不言，而严办政闻社社员，不过借端而已。

《申报》，光绪三十四年七月二十九日（1908年8月25日）

致蒋观云先生书

光绪三十四年七月十二日

梁启超

连示敬悉。一以数日来在暑假中，同人归国，道出此间者，络绎不绝，自晨讫夜，未尝无座客，无作书之余地。一亦以此问题所关重大，一时未能决定，故无以复命。想公悬望久矣。

公最近来书，主张解散团体，雪舫、慕鲁自都来书主此说，东中则除公以外，惟君劢主此说，其他皆反对者。佛苏顷已归沪，与湘老、觉顿诸公会商，欲竢彼中会商结果何如，再行决定。此事之来，颇出意外。庆处本早已通气，允不干涉吾社，不解何忽中变？想是庆太无魄力，为袁所压，不能争之。昨日雪舫又有一书来，言慈宫见陈电，初不甚怒，袁面奏政闻社系某某等所发起，因有此谕云。然则主动所在可见矣。改名存案，不过表面上事，若内关不通，留此不生不死之团体，有害无益，诚如尊论。但解散之举，鄙意仍欲待智尽能索后乃用之。非有所留恋，实则解散后，欲再结集甚难，且信用一失，影响于将来者亦甚多也。今庆、张处不难，所难者唯袁。唐少川使美，不日当过此，弟拟要而见之，面与言吾党对袁之态度，以释其疑。若此著不得要领，则再议解散，公谓何如？陈氏闻系南洋豪商，新入社者，其卤莽固可恨，其热诚亦可嘉，其不解事亦可恕。要之，未经训练之政党，此等乱脉偾动所不能免，责之亦无谓，徒失人心耳。公又谓何如？座客未散，抽暇率复，容俟续罄。

录自丁文江、赵丰田编：《梁启超年谱长编》，上海人民出版社1983年版，第469页

致蒋观云先生及社中诸君书

光绪三十四年七月

梁启超

　　昨上谕想已见，此亦意中事，然政府之肺肝，更予天下以共见矣。得都中同人十日前来书，已知将有此事，盖宪政公会之周大烈忽登报脱党，且与龟山绝交，同人早知其将有非常举动，周氏不以为然，故先自退出，以求脱离关系云云。大约风潮尚不止此，此不过大风之初起于苹末耳。其以后所次第行者，则非政闻社之问题，而或为宫廷之问题也。事既至此，除形式上之解散外，更无别法，惟精神上之结合，当益加巩固耳。其解散之手续如何，及解散后之态度如何，待与上海商定，再以奉商。顷黄与之新自上海来，惟彼动身时尚未知此事，上海现在情形如何，已有电往询，得复电当即飞告也。

录自丁文江、赵丰田编：《梁启超年谱长编》，上海人民出版社1983年版，第470—471页

致蒋观云先生及社中诸同志书

光绪三十四年七月

梁启超

　　四示并悉。自请召讯之议，诚为现在惟一善法，但有一难焉，则应召讯之人是也。以形式上论，马先生当最宜，但以七十高龄当此冲，殊所不安。其次则佛

苏与孺博，（先生亦可，然先生亦有嫌疑，可供其罗织。）然此两人皆系前此有案之人，若罗织之，则即不以此次名义而追其前罪，则囹圄之厄亦意中事，吾侪能营救之耶？此实宜以弟挺身任之，乃为适合情理，而弟之地位，又万不能出此，奈何？若弟能自任之，则敢发此议，或更约数人同为之可也。今弟既不能，自身则逍遥海外，而使同志冒此危险，纵同志不责我，我何以自解？此弟所以审顾两日夜，而不敢决然奉命也。要之，此举必先定肯应召讯之人乃可，而弟之地位实不敢指定某人，公意中知有其人否耶？（即其人肯任，而总不宜由弟司之，公谓何如？）乞见示。若实无其人，则止能照登公所拟解散之通告耳。公函已寄沪酌办矣。

录自丁文江、赵丰田编：《梁启超年谱长编》，上海人民出版社1983年版，第471页

致蒋观云先生及学习馆诸公书

光绪三十四年七月

梁启超

京电不敢发，恐累受电人（肃与长皆在嫌疑中），但已数函往矣。庆处缓颊，已力托之，料弟信未到前，彼亦自能办。因前一次谕下时，长已有报告来，且言顺天府尹系某之走狗，恐生波澜，彼等已预为之防云云。捕人之说，数日来不见发动，或系虚声恫喝，使解散，或有人从中调护者，或（敌）〔故〕稍缓，为一网打尽计，皆未可知。惟吾辈在外，今日所能设法者，惟有函托都中一二要人而已。

录自丁文江、赵丰田编：《梁启超年谱长编》，上海人民出版社1983年版，第471—472页

与梁启超书

光绪三十四年九月廿四日

康有为

到庇见介叔告，乃知政社封，乃闻纽局以密书布告入内地，为之顿足叹息。（继又闻汝与介书）纽人之疏谬败事一至于此，盖久于外，忘内地之尚有党禁矣。惟最可奇者，向来交纽局布告一切多矣，一岁中甚多，亦颇有及内地党事及人名，而向无泄漏，并无布及内地者。如此者多历年所习以为常（即如前三督相助事亦密布告），不意此次彼等布告入内地，万思不得其故。纵为《大江报》之故，而办事者忘内地之有禁也。此事由吾令密布（吾甚歉然，伯仁由我而死，肃逐入藏，尤负之），其书交铭三、季、雨，而三人皆不在纽，而游埠演说招股，尽为华益之伙所开。彼等无知，大喜发狂，遂生此变。（下略）

国家清史编纂委员会文献丛刊《康有为全集》第九集，中国人民大学出版社2007年版，第5页

政闻社解散之实情

太炎

自陈景仁上书请开国会，清政府斥以莠民诪张为幻，又令天下遍索社伙，令两江总督具疏马良、蒋智由、徐公勉、黄可权等行事以告。候选道员前罗马教神父马良诚惶诚恐，稽首顿首，奉诏解散政闻社员。世多议马良无节操，余以

《政论》所登马良演说稽之,其言曰:"吾侪以求神我之愉快,故而组织此政闻社;吾侪以遵良知之命令,故而组织此政闻社。人人各有其所信之主义,所信之主义适相同者,乃集合而为一党。谁信之?吾之良知信之也。故政党者,多数政党员之良知之结晶体也。人而不自服从其良知,时曰非人。"今果不自服从良知,而服从清廷上谕,弃其人格。自比于贞虫、蜚鸟,意马良未至此。察其情实,盖康有为、徐勤之徒,诚诪张为幻者也。何以明之?陈景仁本非法部主事,清廷遍稽官册而不得其姓名,其为康有为、徐勤所诡托可知。且陈景仁上书以前,康有为已遍发檄文,传入腹地,以改号、(彻)〔撤〕帘、迁都为号。夫请开国会者,亦欲清政府之听从耳,今先讼言改大清国为中华国,以触胡人之怒;讼言(彻)〔撤〕帘,以触老妪之怒;讼言迁都金陵,示将拥岑春煊为相国,使百官总己以听,以触袁世凯之怒。是使请开国会书,有驳斥而无听从也。政闻社总理为马良,康有为、徐勤既不便署名电奏,而马良实居道员,有闻于朝野,今不以马良署名,而以陈景仁署名,陈景仁本非法部主事,又诡托之,其奸易破,且使清政府明知其自南洋来,则无不瞋目切齿者,是亦使请开国会书,有驳斥而无听从也。康有为、徐勤岂憨愚至是哉?盖自杨度得志以还,龃龉康、梁久矣,而政闻社员中蒋智由而外,多与杨度无怨,且有素通款曲者。宪政党本以势利成团体,其良知亦惟在势利,谁不就杨度之菀,而去康梁之枯者?是故政闻社员欲离此结晶体,而别附他结晶体者已众,康有为、梁启超亦束手无奈之何,铤而走险,出奇计以致其必败,曰置之死地而后生,与之亡地而后存。是故不询于马良,而先擅发檄文,后又诡托法部主事以电奏。夫固知其必遭驳斥,比被查拏,且幸其有是也。查拏之谕下,则政闻社员之为康党,皆已有名章徹录在丹书,必不能公附杨度,虽杨度亦不敢收恤之,如是而后,团体可固,叛降可绝也。盖康有为之遇人,多用此术,往者邱炜薆为康有为效命,破家产数十巨万,而康有为悉以其财入囊橐,求衣带诏又不得,邱炜薆自悔为其所绐,奋欲投诚以自解免,有为则露版上书,陈举人邱炜薆有保皇劳绩,请加奖擢,亦欲使国中人人知邱炜薆为保皇党,则反顾之路绝耳。今于政闻社员亦用此术钤制之,所谓梁山泊政略者,其则不远。马良亦心知之,然后知昔之组织政闻社,非良知之命令,乃天魔所诱惑矣。康有为、徐勤欲因查拏之谕,以锢政闻社员,而政闻社员亦因查拏之谕,以解散政闻社,而雪康党之名。马良因民所欲,公布解散政闻社,一施一报，理有宜然。世之沾沾訾议马良者，盖未审其苦心也。虽然，吾犹叹康有为、徐勤之愚，尔邱炜薆与政闻社员阅世稍深，非梁山泊草泽之徒可以机权胁制者比，而康有为、徐勤犹以梁山泊之术遇之，夫安往而不败也。

《民报》第贰拾四号，中国开国纪元四千六百零六年十月十日（1908年10月10日）

第三编　预备立宪公会

一、章则、职员及会员

1. 章　则

预备立宪公会简章

第一章　定　名

第一条　本会敬遵谕旨，使绅民明悉国政，以预备立宪基础，故定名为预备立宪公会。

第二章　宗　旨

第二条　本会敬遵谕旨，以发愤为学、合群进化为宗旨。

第三章 入　会

第三条　凡本国人年在二十岁以上，与本会宗旨相合，得会员二人以上之介绍者，均得入会。

第四条　凡介绍入会者，应将介绍书交本会会董议决认可，经会长签字发给证券，即为入会。

第五条　不合入会资格如下：

（甲）吸鸦片烟；

（乙）营业卑贱；

（丙）贪污犯赃；

（丁）经商破产未能清偿。

第四章 会　员

第六条　会员无定额，凡照章入会者，皆为会员。名誉会员及名誉会董无定额。凡未经入会，而学力能力足赞助本会者，本会公推为名誉会员或名誉会董。

第五章 职　务

第七条　职务员分选举、聘任两等。

第八条　选举职务员如下：

会长一人，有总理全会事务之权，有提议会中应办事务，以凭公决，并执行公议、可决各事之权（如会员公议而可否之数适相等，会长得可决否决之）。有以事由开职员会及开临时特别会与闭会期之权。

副会长二人，有协助会长理事之权，会长如不能到会，二人中推举一人有代表会长完全之权。

会董十二人，有稽查会务、综核经济之权，有寻常会议议决之权，有得发抒意见及接受会员意见书（三人以上意见相同者）、关白会长开特别会议之权。

名誉会董有参与会务之权，有得发抒意见，改良会务，直接会长函请开会集议之权。

第九条　聘任职务员由会长、副会长与会董商定延订，其职务如左：

驻办员一人，常驻会所，执行庶务。其执行事件或经公决，或得正副会长一人之签字。

书记员一人，掌理会中文牍，事繁得关白会长，酌量添人襄办。

会计员一人，管理会中一切银钱账目之事。

招待员暂不另设，由驻会各员兼任。

编辑员若干人，编辑关系宪政及一切地方自治、改良社会。分为两种：一供上等社会之省览，并作为本会之报告（定为卖品，会员酌减）；一另编白话，便于宣讲，开通下等社会之知识。

调查员若干人，调查东西各国一切宪制，及地方与宪制有关系、足资考镜得失者，随时报告。

宣讲员若干人，在会所附设宣讲演习所，定期演习，以便广为宣讲之用。

第六章 选 举

第十条 由全会投票公举会董十五人，由十五人中互举会长一人，副会长二人，均一（人）〔年〕为任期，连举连任。

第七章 会 期

第十一条 每年于九月间开常年会一次，每月第一、第三星期日为职员常会之期，如有紧要事件，随时开特别会。

第八章 会 费

第十二条 会员每年预缴会费二十四元。助特别费者听。

第九章 出 会

第十三条 出会分为三种：

（甲）会员自愿出会者；

（乙）会员违背会章，或败坏本会名誉，经本会三人以上之揭告，由会长、会董查明实据，公议出会者；

（丙）欠纳会费至一年者。

第十章　会　所

第十四条　本会以上海静安寺路五十四号门牌为事务所。

《预备立宪公会章程题名表（附书函录要）》，光绪三十三年（1907年）铅印本

预备立宪公会董事会规则

第一条　董事会以正副会长及董事组织之。

第二条　董事会以每月第一星期及第三星期下午三时为常会期。

第三条　如有特别紧要事件，正副会长得于常会之外，临时召集董事会议。如董事有三人以上之同意，亦得关白正副会长开临事会议。

第四条　如正副会长不在会时，得委托会董一人代表。

第五条　董事常会或临时会，先一日必由事务所函告各董事。

第六条　董事开会时，各董事如因特别事故不能到会，应于开会前函告事务所请假。如有未经请假而不到会者，由董事会致函诘问。

第七条　董事常会非到会六人以上不得开议，其临时会如因即须办理不能延迟之事件，到会三人即得决议，不到者作为默许。

第八条　如开临时会，须摘叙事由，于二十四点钟以前通知。

第九条　无论常会、临时会，如有议决之事件，应于开会之次日函告全会会员，远处按月函告。

第十条　无论常会、临时会，以会长为主席，会长不到会以副会长为主席，副会长不到会以代表之董事为主席。

第十一条　董事会设一议事簿，凡议决事件，即由到会会董自举一人为书记，记录簿上，由主席签字。

第十二条　董事于所管领部分之事，应将其一部分办事权限先由董事会议定，其各部分之施为由管领之董事于常会时报告。（用报告书）

第十三条　凡董事会议事件，如议决之权可否之数相等，主席得加一权。

此规则于丁未年第一次董事会实行。

《预备立宪公会章程题名表（附书函录要）》，光绪三十三年（1907年）铅印本

2. 职　员

预备立宪公会职员（一）

光绪三十二年

正会长：郑苏龛
副会长：张季直　汤蛰仙
会　董：伍昭扆　李平书　王丹揆　张菊生　沈友卿　陆炜士　胡二梅
　　　　李云书　白振民　刘厚生　黄公续　李兰舟①

《申报》，光绪三十二年十一月初二日（1906年12月17日）

---

① 录自"预备立宪公会开会纪事"，标题为编者所加。

预备立宪公会职员（二）

光绪三十三年

会　长：郑孝胥
副会长：张　謇　汤寿潜
会　董：伍光建　李钟珏　王清穆　张元济　沈同芳　陆尔奎　胡　琪
　　　　李厚佑　白作霖　刘　垣　黄继曾　李家鏊　高凤谦　孙多森
　　　　狄葆贤　王　震　刘树森　徐庆沅
驻办员：孟昭常
编辑员：秦瑞玠　汤一鹗　邵　羲　孟　森　张家镇
书　记：屠绍屏
会　计：柏治华[①]

《预备立宪公会章程题名表（附书函录要）》，光绪三十三年（1907年）铅印本

预备立宪公会职员（三）

光绪三十四年

会　长：郑孝胥

---

① 原标题"职员"，在光绪三十三年"预备立宪公会会员题名表"前。

副会长：张　謇　汤寿潜
会　董：张元济　沈同芳　李钟珏　王清穆　陆尔奎　刘　垣　李厚佑
　　　　周晋镳　许鼎霖　周廷弼　高凤岐　胡　琪　王　震　孟昭常
　　　　高凤谦　张广恩　李家鏊　王同愈
驻办员：孟昭常
编辑员：秦瑞玠　汤一鹗　邵　羲　孟　森　张家镇　何　棫
书　记：屠绍屏
会　计：柏治华
编辑所书记：蒋福桐①

《预备立宪公会章程题名表》，光绪三十四年（1908年）铅印本

预备立宪公会举定宣统元年新董事

十一月十三日午后三点钟开年例大会，议毕选举开筒，举定董事姓名如左：
郑苏戡　张季直　汤蛰先　孟庸生　张菊生　许久香　雷继兴　李云书　李平书　周舜卿　胡二梅　周金箴　王丹揆　高梦旦　王胜之　陆炜士　王一亭　杨翼之　李兰舟　张右企　孟莼荪

此次所举者皆系董事，其正副会长须由董事中会推，约十日内推定。②

《预备立宪公会报》第一年第二十期，光绪三十四年十一月十三日（1908年12月6日）

---

① 原标题"职员"，在光绪三十三年"预备立宪公会会员题名表"前。
② 录自"本会纪事"，标题为编者所加。

预备立宪公会举定会长

本年预备立宪公会年会会议情形曾志本报，该会董事向例二十一人，现因会员加多，扩充董事名额至二十七人，即由二十七人中互选正会长一人，副会长二人。昨经开筒，朱福诜得最多数，为正会长，张謇、孟昭常得次多数，为副会长。

《时报》，宣统元年十二月十一日（1910年1月21日）

3. 会　员

预备立宪公会会员题名表

光绪三十三年①

左表以入会先后为序，其中年齿、职业及通信处均由本会函请各会员自行填注，亦有函询去后未据答复，急于付印，不能久待，辄由他人代填，或竟付阙如者，差漏之处，在所不免，仍冀函告事务所随时更正为盼。

---

① 此题名表原未注明年份，因在光绪三十四年题名表中，郑孝胥和张謇的年龄分别为四十九岁、五十六岁，而在此表中，二人年龄分别为四十八岁、五十五岁，故知此表为光绪三十三年（1907年）题名表。

姓名	字	籍贯	年岁	职业	通信处
郑孝胥	苏戡	福建闽县	四十八岁	前广东按察使、学部谘议官	上海虹口谦吉里
王清穆	丹揆	江苏崇明	四十八岁	前直隶按察使	上海大马路苏路公司三马路春申福栈
王同愈	胜之	江苏元和	五十三岁	翰林院编修、前湖北学政	上海苏路公司苏州古市巷
张謇	季直	江苏通州	五十五岁	翰林院修撰、商部顾问官、学部谘议官	上海大生纱厂，又苏路公司、通州大生纱厂
陆尔奎	炜士	江苏阳湖	四十六岁	光禄寺署正衔、江苏学务议绅	上海爱而近路培德里
沈同芳	友卿	江苏武进	三十六岁	翰林院庶吉士、前河南唐县知县	上海酱园弄教育会，又苏路公司
刘垣	厚生	江苏阳湖	三十五岁	苏路公司	上海苏路公司
夏曾佑	穗卿	浙江钱塘		署理安徽广德州	安徽广德州署
张元济	鞠生	浙江海盐	四十一岁	邮传部参议	上海北长康里
高凤谦	梦旦	福建长乐	三十九岁	商务印书馆	上海新衙门后和康里
孙多森	荫庭	安徽寿州	四十一岁	直隶候补道	天津官银号
刘树森	柏生	江苏阳湖	三十九岁	三星纸烟公司	上海后马路如意里
王震	一亭	浙江归安	四十一岁	日清公司	上海黄埔滩日清公司
汤寿潜	蛰仙	浙江山阴		前两淮盐运使、学部谘议官	上海驻沪浙路公司、杭州浙路公司
徐文渊	子云	江苏金匮	五十岁	上海漕务处	上海黄埔滩漕务处
苏德镳	宝森	浙江鄞县	五十三岁	成记洋货号	上海大马路恒乐里
胡琪	二梅	安徽建德	四十九岁	分省试用道	上海二马路兴隆里
黄继曾	公续	江苏金山	三十六岁	分部郎中	上海大马路德裕里
白作霖	振民	江苏通州	三十六岁	内阁中书	北京东华门译字馆，又顺治门外南通州馆
伍光建	昭扆	广东新会	四十一岁	分省知府、学部谘议官	上海北长康里
徐庆沅	芷孙	江苏长洲	五十四岁	候选郎中	上海铁马路图南里
何震彝	鬯威	江苏江阴		分省知府	烟台登莱青道署
庄篆	得之	江苏阳湖	三十八岁	云南候补道	上海江西路信义洋行
李钟珏	平书	江苏上海	五十五岁	前广东遂溪县知县	上海新马路梅福里
李厚祁	薇庄	浙江镇海	三十五岁	江苏候补知府	上海二洋泾桥北天余号
徐珂	仲可	浙江钱塘	三十九岁	内阁中书	上海钱庄会馆后永安里

续表

姓名	字	籍贯	年岁	职业	通信处
俞 复	仲还	江苏金匮	四十二岁	拣选知县	上海新衙门后文明书局
张美翊	让三	浙江鄞县		候补直隶州知州	
任锡汾	逢辛	江苏宜兴	五十七岁	前四川川东道	上海新闸桥南
薛莹中	慈明	江苏无锡	三十四岁	候选道	上海新靶子路一百五十三号
董 泰	桂庭	浙江山阴	六十一岁	庚兴洋行	上海法大马路庚兴洋行
徐 润	雨之	广东香山	七十岁	直隶候补道、前招商局总办	上海望平街宝源祥
翁振铭	佩莘	江苏武进			常州史家弄
施肇曾	省之	浙江		候补道、沪宁铁路总办	上海四马路沪宁铁路管理处
陈寿春	幼香	江苏盐城	五十三岁	源大庄	上海南市源大庄
李厚佑	云书	浙江镇海	四十一岁	候选郎中、上海商务总会总理	上海二洋泾桥北天余号
陈廷勋	苣庄	江西清江	四十一岁	浙江候补道	上海大马路逢吉里
费毓淮	子怡	江苏武进	二十九岁	分部郎中	苏州桃花坞
尤先甲	鼎孚	江苏吴县	六十五岁	侍读衔内阁中书、苏州商会总理	上海小东门外同仁和
章 钰	式之	江苏长洲		法部主事	苏州大石头巷
叶韶奎	明斋	江苏吴县	四十一岁	正金银行	上海外渡桥南正金银行
吴本善	讷士	江苏吴县	四十岁	候补盐运同	上海后马路如意里公益号 苏州南仓桥
高人俊	载之	江苏吴县		拣选知县	上海后马路如意里公益号
刘树屏	葆良	江苏阳湖	四十五岁	前署安徽徽宁池太广道	上海新马路修德里
李维格	一琴	江苏		候选郎中	汉阳铁厂
方 还	惟一	江苏新阳	四十一岁	苏路公司	上海大马路苏路公司
李家鏊	兰舟	江苏上海	四十五岁	候补知府、前海参崴商务委员	上海新马路昌寿里
胡尔霖	雨人	江苏无锡		拣选知县	无锡
姚绍书	伯怀	浙江会稽	三十七岁	广东即候补道	
李哲浚	子川	浙江定海	三十三岁	广东候补道	
夏启瑜	同甫	浙江鄞县	四十三岁	翰林院编修、前甘肃学政	上海二洋泾桥北天余号

续表

姓名	字	籍贯	年岁	职业	通信处
温宗尧	钦甫	广东		候补道	广东
魏允恭	藩实	湖南邵阳	四十一岁	湖北候补道	武昌
许炳榛	苓西	广东番禺	三十七岁	江苏候补道	上海北河南路许公馆
罗崇龄	与三	广东南海	五十一岁	候补道、四川驻沪转运局	上海北河南路三三径转运局
夏瑞芳	粹芳	江苏青浦	三十七岁	候选道	上海棋盘街商务印书馆
孙廷翰	问卿	浙江		浙路公司	上海老闸桥浙路公司
曹受培	滋田	广东番禺	四十岁	署理山西冀宁道	山西冀宁道署
周廷弼	舜卿	江苏无锡	五十六岁	候选道商部顾问官	上海头坝升昌铁行，自来水桥信成银行
方积琳	耕砚	浙江镇海	三十五岁	法部主事	北京东安门外小甜水井镇海试馆
张麟魁	石君	浙江平湖	五十四岁	裕大祥号	上海后马路祥康里裕大祥
丁维蕃	介侯	安徽怀宁	四十三岁	义善源	上海后马路恒升里义善源
陈贻范	安生	江苏吴县	三十八岁	驻英公使馆参赞	英国伦敦
楼丕诏	心如	浙江鄞县	三十七岁	会余庄	上海抛球场会余庄
梁荣翰	钰堂	广东高要	五十五岁	江西候补道	上海后马路兴仁里永泰源
邵廷松	琴涛	江苏长洲	四十二岁	大丰洋货号	上海后马路同吉里大丰
金清镛	琴荪	江苏吴县	四十岁	荣记报关行	上海河南路荣记
朱钟骥	伯良	江苏丹徒	三十四岁	泰来洋行	上海黄埔滩泰来行
虞和德	洽卿	浙江镇海	四十一岁	荷兰银行经理	上海大马路荷兰银行
徐文泂	士远	江苏	三十一岁	苏路工程司	上海大马路苏路公司
樊棻	时勋	浙江镇海	六十四岁	候选直隶州知州	上海虹口百老汇路义昌成
景嵩	毓华	河南商城	三十六岁	江苏补用知县	上海新垃圾桥北森康里
钱铭铨	选青	江苏金山	三十三岁		松江东门外复园
顾瀛	企韩	浙江乌程	三十七岁	茂生洋行	上海三马路外滩茂生洋行
潘同熙	柏心	江苏宝山	四十三岁	分部郎中	上海北泥城桥滋大号
钱衡璋	礼南	江苏宝山	三十五岁	咨部优廪生	上海新闸浜北永顺里四弄
葛学谦	吉皆	江苏嘉定	三十五岁	候选州同	上海南市元春庄
陈宝琛	伯潜	福建		前内阁学士、学部谘议官	厦门闽路公司

续表

姓名	字	籍贯	年岁	职业	通信处
林炳章	惠亭	福建侯官		翰林院编修	福州
袁淦	子壮	浙江鄞县	五十九岁	候选知府	上海中泥城桥福禄里
汪诒年	颂毂	浙江			上海望平街中外日报馆
林葆恒	子有	福建侯官			河南抚署
狄葆贤	楚青	江苏溧阳		候选知县	上海四马路时报馆
叶韶熙	慎斋	江苏吴县	四十岁	增裕洋行	上海大马路同吉里增裕
荣铨	宗敬	江苏无锡	三十五岁	广生庄	上海南市广生庄
张恩锦	云伯	浙江桐乡	三十九岁	振新纺纱公司	上海后马路祥康里振新公司
丁彦章	子仁	江苏无锡	三十四岁	怡安栈	上海老闸桥堍洞庭山弄三十二号
荣宗铨	德生	江苏无锡	三十三岁	茂新面粉公司	上海南市广生庄、无锡西门外茂新厂
黄炎培	楚南	江苏上海	三十岁	浦东中学堂监督	上海南市瑞昌木行、浦东中学堂
杨斯盛	锦春	江苏川沙	五十七岁	运同衔	上海中泥城桥家园、浦东中学堂
叶瀚	浩吾	浙江仁和	四十五岁		上海望平街中外日报馆
陈宝熔	葆庸	浙江镇海	三十一岁	可炽铁行	上海坝头可炽铁行
胡道源	济生	浙江会稽	四十二岁	广东候补知府	杭州元宝街岑公馆
杨通	寿彤	贵州贵筑	二十六岁		杭州元宾街岑公馆
刘锦藻	澂如	浙江乌程	四十六岁	候补京堂	上海老垃圾桥浙路公司贻德里刘贯记
郁怀智	屏翰	江苏上海	五十五岁	屏号	上海大马路屏号
朱佩珍	葆三	浙江定海	六十岁	候选道	上海四马路慎裕号
宜时雨	子野	原籍江苏高邮，寄籍上海	三十八岁	务农	上海海宁路福寿里
谭国忠	干臣	广东开平	六十九岁	同兴号	上海二马路宝安里谭同兴
张坤德	少塘	浙江桐乡	四十一岁	南洋法律官翻译员	上海新闸路十四号
高尔登	子白	浙江			
何恩煌	润生	江苏丹阳		候选道、南京工艺局总办	南京工艺局

续表

姓名	字	籍贯	年岁	职业	通信处
唐 淮	子文	原籍江苏丹徒，寄籍直隶清苑	五十二岁	山西五台县知县	山西五台县署
高凤岐	啸桐	福建长乐	五十岁	前署广西梧州府知府	上海新衙门北和康里
印有模	锡璋	江苏嘉定	四十三岁	源盛洋货号	上海后马路贻德里二号
李宣龚	拔可	福建闽县	三十二岁	江苏候补同知	南通州花布捐局
高而谦	子益	福建长乐	四十六岁	外部参议	北京
陆瑞清	规亮	江苏松江	三十六岁	商业中等学堂监督	上海白尔路商业中学堂
廖世荫	樾衢	江苏嘉定	四十三岁	益隆公司	上海大马路富康里
贾丰城	紫辉	江苏上海	二十九岁	宏德庄	上海南市同益里
姚锡康	燕赓	江苏丹徒	四十二岁	府海盐公司	上海新马路酱园三弄三百六十五号
杨志洵	景苏	江苏无锡		商部官报局	北京西四牌楼翠花街
冯嘉锡	晓青	江苏武进	六十岁	分省补用知府	常州马山埠
朱祖荫	樾亭	江苏宜兴	五十五岁	分省补用知府	宜兴县玄通观巷
王植忠	曙帆	江苏高邮		补用道	高邮学宫前天官第
孟昭常	庸生	江苏阳湖	三十七岁	本会驻办员	上海静安寺路五十四号本会会所
史 藩	朗存	江苏阳湖	三十六岁	分省知县	常州局前街
孟 森	莼生	江苏阳湖	四十岁	本会编辑员	上海爱而近路高寿里
沈林一	俪昆	江苏无锡	四十六岁	山西候补道	北京前门外前孙公园锡金会馆
邵 羲	仲威	浙江仁和		本会编辑员	上海和康里四弄
胡振平	钟英	江苏无锡	二十五岁	英国商科大学毕业生	上海新马路武昌里
张相文	蔚西	江苏桃源		候选训导	天津李公祠后高等女学堂
章宗元	伯初	浙江乌程		美国商科大学毕业生	北京辟才胡同
黄炳荣	文卿	浙江宁波		中国东省铁路公司	哈尔滨
张镇家	雄伯	江苏青浦	四十岁	本会编辑员	上海酱园弄江苏教育总会
张景良	师石	江苏娄县	三十七岁	上海公立幼稚舍经理	上海北贵州路文明小学堂
王 纯	元常	江苏武进		福建候补同知	苏州吴县前长春巷

续表

姓名	字	籍贯	年岁	职业	通信处
席裕福	子佩	江苏青浦	四十一岁		上海申报馆
秦瑞玠	晋华	江苏无锡	三十五岁	本会编辑员	上海白克路五百六十九号本会编辑所
汤一鹗	幼谙	江苏武进	三十一岁	本会编辑员	上海同上
徐光溥	申如	浙江海宁	三十六岁	中书科中书	硖石镇商会
张广恩	右企	浙江秀水	二十八岁	浙路公司	嘉兴商会，又端平桥张圣源酒行
蒋汝藻	孟苹	浙江乌程		杭所甲商	杭州荐桥盐号
周庆云	湘舲	浙江乌程		嘉所甲商	杭州荐桥盐号
陶保霖	惺存	浙江秀水	三十八岁	附生	上海北河南路商务印书馆
蔡文鑫	缄三	江苏金匮	四十岁	无锡信成银行	无锡信成银行
孙鸣圻	鹤卿	江苏无锡	四十岁	锡金商会协理	无锡锡金商会
华 堂	叔琴	江苏金匮	三十岁	堆栈	无锡
华文川	艺三	江苏无锡	四十七岁	锡金商会坐办	无锡锡金商会
连 甲	兰亭	满洲	三十七岁	安徽布政使	安徽藩署
陶时中	春洲	江苏无锡	三十三岁	协泰祥号	上海东棋盘街弄内协泰祥洋货号
周 莲	子迪	贵州	六十六岁	前福建布政使	如皋冒家巷
沙元炳	健庵	江苏如皋	四十四岁	翰林院编修	如皋草行头
周景涛	松孙	福建	四十三岁	江苏如皋县知县	如皋县署
张 藩	树屏	江苏如皋	三十七岁	内阁中书	如皋冒家巷
周晋镳	金箴	浙江慈溪	六十一岁	上海电报局总办	上海老垃圾桥电报局
胡国廉	子春	福建永定		永丰号	南洋大吡叻嗱哈埠永丰
胡国光	子和	福建永定		永丰号	南洋大吡叻嗱哈埠永丰
胡梦青	竹园	福建永定		永丰号	南洋大吡叻嗱哈埠永丰
范彤勋	静斋	广东大埔			南洋大吡叻嗱哈埠永丰
余宝箴	彦臣	广东大埔			南洋大吡叻嗱哈埠永丰
区昭仁	慕颐	广东南海			南洋大吡叻嗱哈埠永丰
张维藩	哲史	广东			南洋大吡叻嗱哈埠永丰

《预备立宪公会章程题名表（附书函录要）》，光绪三十三年（1907年）铅印本

光绪三十四年历次董事会议决加入会员名单

本年正月中新加入之会员姓名如左：
郏鼎元，字勋伯，江苏元和人，孟昭常、刘垣介绍。
谢远涵，字敬虚，江西人，孟昭常、张家镇介绍。
雷奋，字继兴，江苏华亭人，孟昭常、沈同芳介绍。
濮子澄，字济沧，浙江钱塘人，庄篆、何锡骥介绍。
徐钧，字晓霞，浙江嘉兴人，姚福同、张广恩介绍。
徐棠，字冠南，浙江嘉兴人，姚福同、张广恩介绍。
卢洪昶，字鸿沧，浙江鄞县人，胡琪、刘树森介绍。
王念祖，字少谷，安徽怀宁人，刘树森、孟昭常介绍。
二月初六日第二次董事会议议决加入之会员姓名如左：
翁长森，字铁梅，江苏江宁人，郑孝胥、孟昭常介绍。
吴以成，字绎之，浙江海宁人，徐光溥、张广恩介绍。
王朝梁，字耀奎，浙江嘉兴人，徐光溥、张广恩介绍。
杨士骢，字芝青，安徽泗州人，周廷弼、刘树森介绍。
杨寿枬，字味云，江苏无锡人，周廷弼、刘树森介绍。
李经滇，字叔云，安徽合肥人，周廷弼、刘树森介绍。
二月二十六日董事临时会议决新加入之会员姓名如左：
沈耀煇，字星叔，浙江归安人，徐棠、姚福同介绍。
杨寿楣，字翰西，江苏无锡人，泰瑞玠、高汝琳介绍。
周家俊，字绍西，江苏泰兴人，沈同芳、孟昭常介绍。
孙庚和，字仰虞，江苏无锡人，华文川、秦瑞玠介绍。
庞元澄，字清臣，浙江乌程人，周庆云、张广恩介绍。
三月十一日董事临时会议决新加入之会员姓名如左：

陶鸿恩，字湛春，江苏盐城人，陈寿春、孟昭常介绍。
朱忻，字润斋，江苏丹徒人，周廷弼、孟昭常介绍。
方履中，字玉山，安徽桐城人，方皋、郑孝胥介绍。
钱以振，字琳叔，江苏无锡人，沈同芳、孟昭常介绍。
项承明，字晴轩，安徽歙县人，沙元炳、张藩介绍。
薛光锜，字仲华，江苏无锡人，丁宝书、秦瑞玠介绍。
申家树，字赟谷，四川巴县人，庄篆、孟昭常介绍。
侯鸿瑛，字橘园，四川人，庄篆、孟昭常介绍。
吴澪，字少珊，安徽合肥人，庄篆、胡琪介绍。
三月十九日董事常会议决新加入之会员姓名如左：
张钧衡，字石铭，浙江乌程人，张增熙、姚福同介绍。
高如沅，字伯衡，浙江秀水人，姚福同、徐钧介绍。
管凤龢，字洛声，江苏武进人，刘垣、孟昭常介绍。
李正学，字崇甫，江苏丹徒人，沈亮榮、沈同芳介绍。
四月初四日董事常会议决新加入会员之姓名如左：
沈耀勋，字杏墅，浙江归安人，徐棠、姚福同介绍。
杨道霖，字仁山，江苏无锡人，秦瑞玠、孟昭常介绍。
夏同龢，字用清，贵州麻哈人，张景良、孟昭【常】介绍〈常〉。
四月二十一日董事会新加入之会员姓名如左：
张赞墀，字受甄，江苏武进人，冯嘉锡、孟昭常介绍。
陈经镕，字绍闻，江苏句容人，周家俊、孟昭常介绍。
谢汝钦，字敬之，郑孝胥、孟森介绍。
杨建纶，字经笙，江苏金匮人，秦瑞玠、高汝琳介绍。
五月初一日董事会新加入之会员姓名如左：
黄光昌，字慕韩，安徽旌德人，窦炎、康达介绍。
叶惠钧，江苏人，孟昭常、周廷弼介绍。
五月十九日董事会议决新加入之会员姓名如左：
李经沣，字汇东，安徽合肥人，吴澪、胡琪介绍。
邢奎，字聚之，浙江乌程人，张增熙、姚福同介绍。

张殿山，字云峰，山东文登人，庄篆、诸维锦介绍。
刘汝霖，字小云，广东新宁人，郑孝胥、孟昭常介绍。
六月中旬新加入之会员姓名如左：
张曜中，字鸣球，江苏金匮人，华文川、唐渠镇介绍。
杨昌源，字映潭，江苏无锡人，华文川、唐渠镇介绍。
沈宝成，字翼之，江苏金匮人，华文川、唐渠镇介绍。
六月廿八日第十一次董事会新加入之会员姓名如左：
袁尤櫺，字仲默，浙江人，李家鏊、李钟珏介绍。
陈椴，字乐书，浙江金华人，李家鏊、李钟珏介绍。
孔昭鋆，字季修，广东南海人，广东地方自治研究社介绍。
左庆忻，字欢若，广东顺德人，同上。
邓佩蘅，字芷青，广东顺德人，同上。
李云鹏，字次桐，广东鹤山人，同上。
许奎荣，字筱园，广东番禹人，同上。
许秉璋，字少筠，广东番禹人，同上。
黄保泰，字敬垓，广东南海人，同上。
许应镕，字在峰，广东番禹人，同上。
张端，字小吕，广东三水人，同上。
本会第十二次董事会新加入之会员姓名如左：
陆昶彬，字质雅，陕西孝义厅人，吴澐、庄篆介绍。
苏佑慈，字子和，广东顺德县人，广东地方自治研究社介绍。
九月初三日第十三次董事会议决加入之新会员姓名如左：
章友文，字美迁，福建龙岩人，郑孝胥、孟昭常介绍。
宋康复，字敦甫，湖北汉阳人，张謇、许鼎霖介绍。
周冕，字少逸，浙江嘉兴人，李家鏊、孟昭常介绍。
第十四次董事会议决新加入之会员姓名如左：
蒋庆恒，字茹孙，江苏武进人，孟昭常、狄葆贤介绍。
崔廷献，字文征，山西寿阳人，郑孝胥、孟昭常介绍。
庆山，字祝三，吉林人，松毓、黄炎培介绍。

文耆，字贻珊，吉林人，松毓、黄炎培介绍。
十月十五日第十五次董事会议决新加入之会员姓名如左：
朱纮，字仲超，江苏武进人，陆尔奎、孟昭常介绍。
张祖祺，字丹铭，江西临川人，庄蕴宽、孟昭常介绍。
闵世荣，字华轩，浙江湖州人，同上。
蒋庆颐，字龄九，江苏武进人，同上。
张书年，字午城，河南密县人，姚锡康、张增熙介绍。
补录十一月初十日第十六次董事会议决新加入之会员姓名如左：
王钟澍，字霖若，江苏吴江人，雷奋、孟昭常介绍。
陈国霖，字雨人，江苏泰兴人，陈经镕、周家俊介绍。
李方照，字星聊，江苏宝山人，钱衡璋、孟昭常介绍。
卢懋善，字纶三，江西南城人，王同愈、吴本善介绍。
二十七日第一次新董事会议决新加入之会员姓名如左：
潘鸿鼎，字铸禹，江苏宝山人，张家镇、钱恒璋介绍。
陆承卓，字慕颜，江苏宿迁人，雷奋、孟昭常介绍。
吴兆曾，字寄尘，江苏丹徒人，孟昭常、胡琪介绍。
许约，字礼斋，浙江仁和人，秦瑞玠、汤一鹗介绍。[①]

《预备立宪公会报》第一年第一期至二十一期，光绪三十四年正月二十八日至十一月二十八日（1908年2月29日至12月21日）

[①] 以上据光绪三十四年各期《预备立宪公会报》所登"加入会员"名单整理，标题为编者所加。

预备立宪公会会员题名表

光绪三十四年①

下表以入会先后为序，其中年齿、职业、通信处有未经详载及改移他处者，仍请函告本会事务所，随时添注更正为盼。

姓名	字	籍贯	年岁	职业	通信处
郑孝胥	苏戡	福建闽县	四十九岁	前广东按察使、学部谘议官	上海虹口谦吉里
王清穆	丹揆	江苏崇明	四十九岁	前直隶按察使	上海后马路满春坊
王同愈	胜之	江苏元和	五十四岁	翰林院编修、前湖北学政	上海后马路满春坊
张 謇	季直	江苏通州	五十六岁	翰林院修撰、商部顾问官、学部谘议官	上海大生纱厂，又苏路公司
陆尔奎	炜士	江苏阳湖	四十七岁	光禄寺署正衔、江苏学务议绅	上海新垃圾桥北华兴坊二弄
沈同芳	友卿	江苏武进	三十七岁	翰林院庶吉士、前河南唐县知县	上海酱园弄教育会，又苏路公司
刘 垣	厚生	江苏阳湖	三十六岁	苏路公司	上海苏路公司
夏曾佑	穗卿	浙江钱塘		署理安徽广德州	安徽广德州署
张元济	鞠生	浙江海盐	四十二岁	邮传部参议	上海北长康里
高凤谦	梦旦	福建长乐	四十岁	商务印书馆	上海新衙门后和康里
孙多森	荫庭	安徽寿州	四十二岁	直隶候补道	天津官银号
刘树森	柏生	江苏阳湖	四十岁	慎泰恒号	上海后马路如意里
王 震	一亭	浙江归安	四十二岁	日清公司	上海黄埔滩日清公司

---

① 此题名表原未注明是何年份，经与"光绪三十四年历次董事会议决加入会员名单"比对，可知其为光绪三十四年（1908年）题名录。

续表

姓名	字	籍贯	年 岁	职 业	通 信 处
汤寿潜	蛰仙	浙江山阴	五十三岁	前两淮盐运使、学部谘议官	上海驻沪浙路公司、杭州浙路公司
徐文渊	子云	江苏金匮	五十一岁	山东候补知县	上海黄埔滩漕务处
苏德镳	宝森	浙江鄞县	五十四岁	成记洋货号	上海大马路恒乐里
胡 琪	二梅	安徽建德	五十岁	分省试用道	上海二马路兴隆里
黄继曾	公续	江苏金山	三十七岁	分部郎中	上海大马路德裕里
白作霖	振民	江苏通州	三十七岁	内阁中书	北京东华门译字馆，又顺治门外南通州馆
伍光建	昭扆	广东新会	四十二岁	分省知府、学部谘议官	上海北长康里
徐庆沅	芷孙	江苏长洲	五十五岁	候选郎中	上海铁马路图南里
何震彝	鬯威	江苏江阴		分省知府	烟台登莱青道署
庄 篯	得之	江苏阳湖	三十九岁	云南候补道	上海江西路信义洋行
李钟珏	平书	江苏上海	五十六岁	前广东遂溪县知县	上海新马路梅福里
李厚礽	薇庄	浙江镇海	三十六岁	江苏候补知府	上海二洋泾桥北天余号
徐 珂	仲可	浙江钱塘	四十岁	内阁中书	上海钱庄会馆后永安里
俞 复	仲还	江苏金匮	四十三岁	拣选知县	上海新衙门后文明书局
张美翊	让三	浙江鄞县		候补直隶州知州	浙江抚署
任锡汾	逢辛	江苏宜兴	五十八岁	前四川川东道	上海新闸桥南
薛莹中	慈明	江苏无锡	三十五岁	候选道	上海新靶子路一百五十三号
徐 润	雨之	广东香山	七十一岁	直隶候补道、前招商局总办	上海望平街宝源祥
翁振铭	佩莘	江苏武进			常州史家弄
施肇曾	省之	浙江		候补道、沪宁铁路总办	上海四马路沪宁铁路管理处
陈寿春	幼香	江苏盐城	五十四岁	源大庄	上海南市源大庄
李厚佑	云书	浙江镇海	四十二岁	候选郎中、上海商务总会总理	上海二洋泾桥北天余号
陈廷勋	苣庄	江西清江	四十二岁	浙江候补道	上海大马路逢吉里
费毓淮	子怡	江苏武进	三十岁	直隶候补道	苏州桃花坞
尤先甲	鼎孚	江苏吴县	六十六岁	侍读衔内阁中书、苏州商会总理	上海小东门外同仁和

续表

姓名	字	籍贯	年岁	职业	通信处
章钰	式之	江苏长洲		法部主事	苏州大石头巷
叶韶奎	明斋	江苏吴县	四十二岁	正金银行	上海外渡桥南正金银行
吴本善	讱士	江苏吴县	四十一岁	候补盐运司	上海后马路满春坊
高人俊	载之	江苏吴县		拣选知县	苏州阊门内刘家浜商务总会
刘树屏	葆良	江苏阳湖	五十二岁①	前署安徽徽宁池太广道	上海新马路修德里
李维格	一琴	江苏		候选郎中	汉阳铁厂
方还	惟一	江苏新阳	四十二岁	苏路公司	上海大马路苏路公司
李家鏊	兰舟	江苏上海	四十六岁	候补知府、前海参崴商务委员	北京崇文门内石大人胡同邮传部黄宅
胡尔霖	雨人	江苏无锡			无锡北门外大吉春药栈
姚绍书	伯怀	江苏会稽	三十八岁	广西太平思顺道	广西龙州道署
李哲浚	子川	浙江定海	三十四岁	广东候补道	广州善后局
夏启瑜	同甫	浙江鄞县	四十四岁	翰林院编修、前甘肃学政	上海二洋泾桥北天余号
温宗尧	钦甫	广东		候补道	广东督署洋务局
魏允恭	藩实	湖南邵阳	四十二岁	湖北候补道	武昌三道街
许炳榛	苓西	广东番禺	三十八岁	江苏候补道	
罗崇龄	与三	广东南海	五十二岁	候补道、四川驻沪转运局	上海北河南路三三径转运局
夏瑞芳	粹方	江苏青浦	三十八岁	候选道	上海棋盘街商务印书馆
孙廷翰	问卿	浙江		浙路公司	上海老垃圾桥浙路公司
曹受培	滋田	广东番禺	四十一岁	署理山西冀宁道	山西冀宁道署
周廷弼	舜卿	江苏无锡	五十七岁	候选道商部顾问官	上海头坝升昌铁行
方积琳	耕砚	浙江镇海	三十六岁	法部主事	北京东安门外小甜水井镇海试馆
张麟魁	石君	浙江平湖	五十五岁	裕大祥号	上海二马路裕大祥
丁维蕃	介侯	安徽怀宁	四十四岁	义善源	上海后马路恒升里义善源
陈贻范	安生	江苏吴县	三十九岁	驻英公使馆参赞	英国伦敦
楼丕诏	心如	浙江鄞县	三十八岁	会余庄	上海抛球场会余庄

① 光绪三十三年题名表为四十五岁，疑其中一年有误。

续表

姓名	字	籍贯	年岁	职业	通信处
梁荣翰	钰堂	广东高要	五十六岁	江西候补道	上海后马路兴仁里永泰源
邵廷松	琴涛	江苏长洲	四十三岁	大丰洋货号	上海后马路同吉里大丰
金清镳	琴荪	江苏吴县	四十一岁	荣记报关行	上海河南路荣记
朱钟骥	伯良	江苏丹徒	三十五岁	泰来洋行	上海黄埔滩泰来洋行
虞和德	洽卿	浙江镇海	四十二岁	荷兰银行经理	上海大马路荷兰银行
徐文泂	士远	江苏	三十二岁	苏路工程司	上海大马路苏路公司
樊棻	时勋	浙江镇海	六十五岁	候选直隶州知州	上海虹口百老汇路义昌成
景崧	毓华	河南商城	三十七岁	江苏补用知县	上海新垃圾桥北森康里
钱铭铨	选青	江苏金山	三十四岁		松江东门外复园
顾瀛	企韩	浙江乌程	三十八岁	茂生洋行	上海四川路十三号茂生洋行
潘同熙	柏心	江苏宝山	四十岁	分部郎中	上海北泥城桥滋大号
钱蘅璋	礼南	江苏宝山	三十六岁	咨部优廪生	上海新闸浜北永顺里四弄
葛学谦	吉皆	江苏嘉定	三十六岁	候选州同	上海南市元春庄
陈宝琛	伯潜	福建		前内阁学士、学部谘议官	厦门闽路公司
林炳章	惠亭	福建侯官		翰林院编修	福州
袁淦	子壮	浙江鄞县	六十岁	候选知府	上海中泥城桥福禄里
汪贻年	颂谷	浙江			上海望平街中外日报馆
林葆恒	子有	福建侯官			河南抚署
狄葆贤	楚青	江苏溧阳		候选知县	上海四马路时报馆
叶韶熙	慎斋	江苏吴县	四十一岁	增裕洋行	上海大马路同吉里增裕
荣铨	宗敬	江苏无锡	三十六岁	广生庄	上海南市广生庄
张恩锦	云伯	浙江桐乡	四十岁	振新纺纱公司	上海后马路祥康里振新公司
丁彦章	子仁	江苏无锡	三十五岁	怡安栈	上海老闸桥堍洞庭山弄三十二号
荣宗铨	德生	江苏无锡	三十四岁	茂新面粉公司	上海南市广生庄、无锡西门外茂新厂
黄炎培	楚南	江苏上海	三十一岁	浦东中学堂监督	上海南市瑞昌木行
杨斯盛	锦春	江苏川沙	五十八岁	运同衔	上海中泥城桥家园
叶翰	浩吾	浙江仁和	四十六岁		上海望平街中外日报

续表

姓名	字	籍贯	年岁	职业	通信处
陈宝熔	葆庸	浙江镇海	三十二岁	可炽铁行	上海坝头可炽铁行
胡道源	济生	浙江会稽	四十三岁	广东候补知府	上海后马路广西官银号
杨通	寿彤	贵州贵筑	二十七岁		上海新衙门后晋寿里
刘锦藻	徵如	浙江乌程	四十七岁	候补京堂	上海老垃圾桥浙路公司贻德里刘贯记
郁怀智	屏翰	江苏上海	五十六岁	屏号	上海大马路屏号
朱佩珍	葆三	浙江定海	六十一岁	候选道	上海四马路慎裕号
宜时雨	子野	原籍江苏高邮寄籍江苏上海	三十九岁	务农	上海海宁路福寿里
谭国忠	干城	广东开平	七十岁	同兴号	上海二马路宝安里谭同兴
张坤德	少塘	浙江桐乡	四十二岁	候选郎中	上海新闸路十四号
高尔登	子白	浙江			北京内城裱背胡同于公祠间壁
何恩煌	润生	江苏丹阳	五十七岁	候选道、南京工艺局总办	南京花牌楼马府街前街
唐湺	子文	原籍江苏丹徒，寄籍直隶清苑	五十三岁	山西五台县知县	山西五台县署
高凤岐	啸桐	福建长乐	五十一岁	前署广西梧州府知府	上海新衙门北和康里
印有模	锡璋	江苏嘉定	四十四岁	源盛洋货号	上海后马路集益里
李宣龚	拔可	福建闽县	三十三岁	江苏桃源县知县	江苏桃源县署
高而谦	子益	福建长乐	四十七岁		
陆瑞清	规亮	江苏松江	三十七岁		上海徐家汇高等实业学堂
廖世荫	樾衢	江苏嘉定	四十四岁	直隶试用道	上海大马路富康里
贾丰城	紫辉	江苏上海	三十岁	宏德庄	上海南市同益里
姚锡康	燕赓	江苏丹徒	四十三岁	府海盐公司	上海新马路酱园三弄三百六十五号
杨志洵	景苏	江苏无锡		商部官报局	北京西四牌楼翠花街
冯嘉锡	晓青	江苏武进	六十一岁	分省补用知府	常州马山埠

续表

姓名	字	籍贯	年岁	职业	通信处
朱祖荫	樾亭	江苏宜兴	五十六岁	分省补用知府	宜兴县玄通观巷
王植忠	曙帆	江苏高邮		九江江防同知	高邮学宫前天官第
孟昭常	庸生	江苏阳湖	三十八岁	本会驻办员	上海静安寺路五十四号本会会所
史藩	朗存	江苏阳湖	三十七岁	分省知县	常州局前街
孟森	莼生	江苏阳湖	四十一岁	本会编辑所	上海爱而近路高寿里
沈林一	俪昆	江苏无锡	四十七岁	山西候补道	北京王府井大街政治官报局
邵羲	仲威	浙江仁和		本会编辑所	上海和康里四弄
胡振平	钟英	江苏无锡	二十六岁	英国商科大学毕业生	
张相文	蔚西	江苏桃源		候选训导	天津李公祠后高等女学堂
章宗元	伯初	浙江乌程		美国商科大学毕业生	北京辟才胡同
黄炳荣	文卿	浙江宁波		中国东省铁路公司	哈尔滨
张镇家	雄伯	江苏青浦	四十一岁	本会编辑员	上海派克路武昌里本会编辑所
张景良	师石	江苏娄县	三十八岁	上海公立幼稚舍经理	上海北贵州路文明小学堂
王纯	元常	江苏武进		福建候补同知	苏州吴县前长春巷
席裕福	子佩	江苏青浦	四十二岁		上海申报馆
秦瑞玠	晋华	江苏无锡	三十六岁	本会编辑员	上海派克路昌寿里本会编辑所
汤一鹗	幼谙	江苏武进	三十二岁	本会编辑员	同上
徐光溥	申如	浙江海宁	三十七岁	中书科中书	硖石镇商会
张广恩	右企	浙江秀水	二十九岁	浙路公司	嘉兴商会，又端平桥张圣源酒行
蒋汝藻	孟苹	浙江乌程		杭所甲商	杭州荐桥盐号
周庆云	湘舲	浙江乌程		嘉所甲商	杭州荐桥盐号
陶保霖	惺存	浙江秀水	三十九岁	附生	上海新衙门后晋寿里
蔡文鑫	缄三	江苏金匮	四十一岁	无锡信成银行	无锡信成银行
孙鸣圻	鹤卿	江苏无锡	四十一岁	候选道，锡金商会协理	无锡锡金商会
华堂	叔琴	江苏金匮	三十一岁	丙午科考授典史	无锡北塘恒升钱庄
华文川	艺三	江苏无锡	四十八岁	锡金商会坐办	无锡锡金商会

续表

姓名	字	籍贯	年岁	职业	通信处
连甲	兰亭	满洲	三十八岁	前安徽布政使	
陶时中	春洲	江苏无锡	三十四岁		上海黄埔滩泰来祥洋行账房蒋君转交
周莲	子迪	贵州	六十七岁	前福建布政使	如皋冒家巷
沙元炳	健庵	江苏如皋	四十五岁	翰林院编修	如皋草行头
周景涛	松孙	福建	四十四岁	江苏如皋县知县	如皋署内
张藩	树屏	江苏如皋	三十八岁	内阁中书	如皋冒家巷
周晋镳	金箴	浙江慈溪	六十二岁	上海商务总会总理	上海商务总会
胡国廉	子春	福建永定	四十九岁	花翎盐运使衔加四级	南洋大叽叻嗑哈埠永丰
胡国光	子和	福建永定	三十六岁	同知衔	南洋大叽叻嗑哈埠永丰
胡梦青	竹园	福建永定	四十九岁	花翎盐运使衔	南洋大叽叻嗑哈埠永丰
范彤勋	静斋	广东大埔	三十八岁	监生	南洋大叽叻嗑哈埠
余宝箴	彦臣	广东大埔	三十岁	监生	南洋大叽叻嗑哈埠
区昭仁	慕颐	广东南海			南洋大叽叻嗑哈埠
张维藩	哲史	广东			南洋大叽叻嗑哈埠
严义彬	子均	浙江慈溪	三十七岁	直隶候补道	上海虹口三元宫后北春江里
袁有道	恒之	江苏丹徒	四十八岁	花旗银行	上海四马路
沈若愚	耕莘	江苏上海	四十五岁	荣华洋行	上海三马路外滩
张庆桂	丹荣	江苏上海	四十岁	瑞记洋行	上海新马路昌寿里
虞浚奎	瑞清	江苏上海	三十六岁	协大洋货号	上海天津路
方皋	守六	安徽定远	三十六岁	道衔、分部员外郎、江南上江公学监督	南京上江考棚
郭鸿仪	礼征	安徽亳州	三十四岁	候选郎中	镇江大照电灯公司
康达	特璋	安徽祁门	三十一岁	内阁中书	江西景德镇瓷业公司
龚心铭	景张	安徽合肥	四十四岁	前兵部主事	上海里虹口朱家木桥
瑞澄	莘儒	满洲		江苏布政使	江苏藩署
张增熙	弁群	浙江乌程	三十四岁	分部郎中	南浔镇东栅张恒和号
张鉴	澹如	浙江乌程	二十七岁	分部郎中	南浔镇东栅张恒和号
沈善保	和甫	浙江桐乡	三十九岁	分部郎中	乌镇南栅亦昌冶坊

续表

姓名	字	籍贯	年岁	职业	通信处
郑在常	岱生	浙江余杭			杭州高桥巷状元弄
沈铭清	新三	浙江平湖			杭州闹市口
胡焕	藻青	浙江钱塘			杭州葵巷
曾朴	孟朴	江苏常熟	三十一岁	浙江试用知府	上海新马路新安里
高汝琳	印川	江苏金匮	四十一岁	直隶试用直隶州同	上海七浦路永泰丝厂
陈汉第	仲恕	浙江仁和	三十五岁	日本法政大学毕业、湖北督署文案	湖北督署
许炳坤	干甫	浙江德清	三十一岁	日本高等工艺学校毕业	
邵章	伯䌹	杭州仁和	三十七岁	翰林院庶吉士	武昌省城法政学堂
刘燮钧	乙青	江苏吴县	五十五岁	海门商会总理	上海六马路沙花公所
许鼎霖	九香	江苏赣榆	五十一岁	安徽候补道	上海南市盐码头徐海实业公司
张謇	叔俨	江苏通州		候补道	通州大生沙厂
陈震福	艮初	浙江鄞县	三十岁	内阁中书	上海二洋泾桥天一垦务总公司
李审之	盘硕	江苏通州			通州吕四场
唐渠镇	水成	江苏金匮		锡金商会庶务员	无锡瑞成夏布行
胡璧	桐琴	湖南零陵	六十七岁	前云南蒙化直隶厅同知	河南抚署
夏寅官	虎臣	江苏东台	四十三岁	翰林院编修	东台县城内彩衣街
庄承绶	翰坡	江苏武进		福建候补知县	
庄蕴宽	缄三	江苏武进	四十二岁	广西太平思顺道	常州东直街
赵铨年	调卿	江苏阳湖	三十二岁		常州北岸探花第
林志熙	复沤	江苏无锡	四十三岁	河南候补道	江西萍乡煤矿局
邹寿祺	景叔	浙江海宁	四十五岁	戊戌进士,江苏即用知县	苏州渡僧桥落地捐局
张鹤龄	小浦	江苏武进		奉天提学使	奉天提学使署
秦其增	伯厚	安徽盱眙	四十八岁	江苏候补知县	南通州仓巷
张棣	梅尊	浙江嘉兴	六十岁	王店镇商会总理	王店镇商会
黄宝琛	听彝	浙江海宁	四十五岁	袁花镇公益会	袁花镇
吴清	啸庐	浙江海宁		硖石镇自治会	硖石镇
赵倍年	剑秋	江苏阳湖		江西瑞州府知府	

续表

姓名	字	籍贯	年岁	职业	通信处
赵凤昌	竹君	江苏武进	五十三岁	三通考辑要公司	上海七浦路豫顺里
盛春颐	我彭	江苏武进	五十八岁	湖北候补道	常州青果巷
刘度来	叔斐	江苏阳湖	五十九岁	湖北补用道	常州麻巷
高如沨	仲兰	浙江秀水		度支部主事日本法政大学毕业	嘉兴徐家埭
姚福同	慕莲	浙江嘉兴		江苏特用道、内廷电灯处提调	上海后马路福绥里
谭日森	爱萱	浙江嘉兴	四十四岁	湖北候补知县、现监督嘉兴府中学堂	嘉兴府城内芝桥街中学堂
黄国璋	礼南	江苏宜兴		直隶州浙路北线正工程司	嘉兴浙路工程处
沈惟贤	师徐	江苏松江		浙江桐乡县知县	桐乡县署
高宝铨	子辛	浙江秀水		嘉兴商会总理	嘉兴商会
崔宝霆	朴池	广东番禹	五十八岁	矿商	南洋大吡叻怡保商局
邱国辉	星枢	广东归善	五十四岁	花翎同知衔	南洋大吡叻哈新万福
林国礼	瑞生	广东新会	五十一岁	矿商	南洋大吡叻瑞洛永丰隆
曾广宗	炳南	广东嘉应	四十九岁	同知衔	南洋大吡叻
李宝彝	铭卿	广东嘉应	四十九岁	矿商	南洋大吡叻嗱哈万里梦
郑载光	吉楼	广东嘉应	四十七岁	花翎道衔加四级	南洋大吡叻嗱哈万安栈
曾祥麟	肇卿	广东长乐	四十四岁	矿商	南洋大吡叻嗱哈万安栈埔心祥和
何百龄	瑞廷	广东开平	四十三岁	矿商	南洋大吡叻华都那爷
吴卓业	拔藩	广东南海	四十二岁		南洋大吡叻坝罗华山
林炳光	子文	福建海澄	四十一岁	渣打银行职员	南洋大吡叻坝罗
温炳奎	炜垣	广东嘉应	四十一岁	矿商	南洋大吡叻万里梦
胡寿南	拔茹	福建永定	四十岁		南洋大吡叻嗱哈锡厂
陈丹林	桂三	广东镇平	三十八岁	同知衔	南洋大吡叻波乃永利
姚宗舜	鹿苓	广东平远	三十七岁	拔贡生、广西试用知县	南洋大吡叻怡保远隆
杨寿南	寿楠	广东南海	三十七岁	矿商	南洋大吡叻保广胜和
唐礼屏	锡荣	广东南海	三十六岁		南洋大吡叻坝罗华益
胡日初	升九	福建永定	三十五岁	矿商	南洋大吡叻朱毛
梁维贤	懋廷	广东嘉应	三十四岁	矿商	南洋大吡叻怡保广增兴

续表

姓名	字	籍贯	年岁	职业	通信处
李锡龄	寿山	广东番禺	三十四岁		南洋大吡叻务边仁生堂
区慎刚	仁甫	广东番禺	三十四岁	矿商	南洋大吡叻坝罗永兴
胡鸿逵	玉如	福建永定	三十一岁	中书科中书	南洋大吡叻怡保锡厂
罗兆鎏	钥俄	广东大埔	三十岁	附生	南洋大吡叻哈嗱永丰
陆文辉	仲明	广东新会	三十岁	矿商	南洋大吡叻哈嗱广记
郭应章	宪廷	广东镇平	二十九岁	矿商	南洋大吡叻务边
邹兆翰	敏初	广东大埔	二十八岁	附生	南洋大吡叻哈嗱永丰
胡 涛	文波	福建永定	二十八岁	忠川两等小学庶务员	
陈青林	玉芙	广东镇平	二十八岁	文范学堂教员	
胡德铭	子珍	福建永定	二十七岁	机器厂职员	南洋大吡叻哈嗱
黎寿松	缉文	广东新会	二十六岁	矿商	南洋大吡叻太平荣发兴
吴彬业	辅臣	广东南海	二十二岁		南洋大吡叻坝罗华山
金承朴	月笙	浙江		杭州商务总会坐办	杭州上马市街
窦 炎	希文	安徽霍邱	三十六岁	分部郎中	上海爱而近路均益里驻沪皖路公司
潘祖光	伯和	安徽泾县	三十四岁	河南候补知县	芜湖西城内铁石墩南门外元升杂货号
丁宝书	芸轩	江苏无锡	四十二岁	就职直州判	上海新衙门后文明局
翁炯孙	又申	江苏常熟	三十九岁	前四川候补道	上海新马路福海里小说林
丁同曾	仲鸿	江苏武进	四十五岁	五品衔补用知县	上海四马路外滩
何铁骥	书农	浙江平湖	四十岁	江苏知县	上海招商总局文案处
王汝贤	舜臣	甘肃秦州	五十二岁	浙江奉化县知县	杭州福德桥街
朱尧佐	虞臣	江苏上海	三十六岁	浙江特用知县	哈尔滨东省铁路公司
胡文达	捷三	江西乐平	三十九岁	候补道	上海新垃圾桥正修里
庄 焘	炘梓	江苏阳湖	三十八岁	分部郎中	上海北泥城桥块永吉里
刘伯渊	渊士	江苏阳湖	二十九岁	义记洋行	上海白克路修德里
沈亮荣	戟仪	江苏川沙	四十一岁	江宁安徽学务公所视学官	上海南泥城桥重庆里
诸维锦	汾伯	江苏嘉定	三十八岁	海参崴商会坐办	海参崴
吴荣成	希唐	安徽合肥	四十四岁	江西补用知府	合肥四牌楼西街
裴熙琳	萸芳	江苏长洲	三十八岁	江西视学官	南昌抚署

续表

姓名	字	籍贯	年岁	职业	通信处
章邦直	希瑗	安徽铜陵	五十三岁	北新镇大生纱厂	南京艺街
钟葆寿	季良	浙江仁和	三十四岁	留奉补用知府	杭州桥东山街
姚寿同	颂南	浙江嘉兴	三十二岁	度支部郎中	上海钱业会馆西
殷 骆	松乔	湖南长沙	三十一岁	吉林教育馆	吉林省城视学官署教育官报编印局
董继昌	荫轩	江苏丹阳	三十九岁	丹阳商会总理	丹阳商会
孙钟伟	子襄	江苏无锡	二十七岁		无锡汇源庄
王仁东	旭庄	福建闽县	五十七岁	江苏候补道	苏州醋库巷
宋渭润	炜臣	浙江镇海	四十二岁	水电公司总理	汉口水电公司
史致容	晋生	浙江镇海	四十六岁	顺记经理	汉口河街
张庚飏	尧臣	江苏武进	五十九岁	湖北候补道	武昌长塘
朱学文	如山	江苏无锡		湖北候补知府	武昌电报局
濮宗柏	友松	江苏江宁	六十岁	廪贡生	圻州恒昌典
董耀庚	翰仙	浙江秀水	三十四岁	候选同知	嘉兴北门殿基湾
陈邦彦	虞笙	浙江平湖		浙路购地理事员	浙路公司嘉兴购地处
徐应良	鹿芝	浙江平湖	五十四岁	乍浦商会总理	乍浦商会
沈钧儒	横山	浙江嘉兴	三十五岁	法部主事	日本东京魏厅区九段坂平林馆
松 毓	秀涛	吉林	四十岁	吉林特用道	吉林大人府西
高向瀛	颖生	福建闽县		浙江乌镇同知	
吕渭英	文起	浙江永嘉	五十三岁	福建候补道	福建南大街花巷
顾 曈	公亮	江苏镇洋	三十六岁	江西候补知州	太仓城内小西门
谢 观	砺恒	江苏武进	二十九岁	澄衷学堂楼长	上海虹口澄衷学堂
沈懋昭	缦云	江苏上海	四十一岁	信成银行协理	上海南市信成银行
王 树	滋山	江苏泰州	三十四岁	候选道	泰州东乡王家楼
杨廷栋	冀之	江苏元和		商务印书馆	上海和康里尚公小学
祝廷锡	心梅	浙江海宁	四十四岁	嘉兴商会议董	嘉兴中街亿昌庄
郏鼎元	勋伯	江苏元和			上海西门外庆安里
谢远涵	敬虚	江西兴元	三十五岁	监察御史	北京西珠市口赣宁馆
徐 棠	冠南	浙江桐乡	四十三岁	江苏候补道	上海后马路乾记衖北口

续表

姓名	字	籍贯	年岁	职业	通信处
徐钧	晓霞	浙江桐乡	三十一岁	度支部郎中	同上
濮子澄	济苍	浙江钱塘			上海城内清厘局
雷奋	继兴	江苏华亭	三十二岁		上海西门宁康里
庐洪昶	鸿沧	浙江鄞县	五十三岁	汉口商会总理	汉口商务总会
王念祖	少谷	安徽太湖	六十一岁	正任上海县关署南汇县知县	江苏南汇县署
翁长森	铁梅	江苏江宁	五十一岁	浙江新城县知县	浙江新城县署
吴以成	绎之	浙江海宁	三十五岁	记名军机章京	浙江硖石镇新埭
王朝樑	耀奎	浙江嘉兴	二十岁		嘉兴禅杖桥
杨士骢	芰青	安徽泗州			北京
杨寿枏	味云	江苏无锡	四十一岁	农工商部保惠司主事	北京
李经滇	叔云	安徽合肥			上海珊家园余庆里
沈耀辉	星叔	浙江归安		候选知府	苏州阊门内三茅观巷
杨寿楣	翰西	江苏无锡	三十四岁	山西试用道	无锡北门内溜龙桥棋杆下
周家俊	绍西	江苏泰兴	三十八岁		泰兴城内湖海寄庐
孙庚和	仰虞	江苏无锡	二十七岁	浙江即补布经历	无锡观前街孙思泉香号
庞元澄	清臣	浙江乌程	三十四岁	分部郎中	上海戈登路七号
陶鸿恩	湛春	江苏盐城	五十二岁		清江铁路事务所
朱忻	润斋	江苏丹徒			常州局前街
方履中	玉山	安徽桐城		翰林院编修法部丞参上行走	安徽四方城太史第
钱以振	琳叔	江苏无锡		前山东邹平县知县	常州西庙沟
项承明	晴轩	安徽歙县	五十六岁	附贡生拒烟会会长	如皋城内燕家巷
薛光锜	仲华	江苏无锡	二十三岁	度支部郎中	英国欧洲留学生监督处无锡礼社镇
申家树	筼谷	四川巴县		云南南宁县知县	现寓修德里
侯鸿瑛	橘园	四川			重庆造纸局宝善街裕记栈
吴澐	少珊	安徽合肥	四十四岁	大有榨油长	上海新马路修德里
张钧衡	石铭	浙江乌程	三十七岁	甲午举人陆军部郎中	南浔南棚
高如沅	伯蘅	浙江秀水	三十岁	陆军部主事	嘉兴徐家埭

续表

姓名	字	籍贯	年岁	职业	通信处
管凤龢	洛声	江苏武进	四十一岁	署理奉天新民府知府	奉天新民厅署
沈耀勋	杏墅	浙江归安	二十一岁	分部郎中	苏州阊门内三茅观巷横街
杨道霖	仁山	江苏无锡	五十三岁	广西柳州府知府	广西柳州府署
夏同龢	用清	贵州麻哈		翰林院编修	广州九曜坊法政学堂
李正学	崇甫	江苏丹徒		附生	镇江城西万寿宫内丹徒教育会
张赞埸	受甄	江苏武进	三十八岁	分省补用道	常州青果巷贞和堂
陈经镕	绍闻	江苏句容	四十一岁	候选知县	泰兴湖海寄庐
谢汝钦	敬之	贵州		吉林民政司	吉林民政司署
杨建纶	经笙	江苏金匮	四十三岁	浙江候补知府	无锡北门里城角
黄光昌	慕韩	安徽旌德	二十一岁	陆军部主事	
叶增铭	惠钧	江苏			南市盐码头穗祥米行内
李经沣	汇东	安徽合肥	二十八岁	浙江补用知府	上海新闸路十三号
邢奎	秦之	浙江乌程	三十五岁	候选道	上海老闸仁兴里南鸿南栅便民桥
张殿山	云峰	山东文登	四十一岁	海参崴商会议董	海参崴洪生福号
刘汝霖	小云	广东新宁			香港大马路四号祥利公司
张曜中	鸣球	江苏金匮	五十一岁	候选州同	无锡三里桥源兴米行
杨昌源	映潭	江苏无锡	三十九岁	选用知县	无锡大桥下庆裕钱庄
沈宝成	翼之	江苏金匮	二十八岁	布政司经历	无锡北塘勤泰米行
袁允榘	仲默	浙江		法部司员	
陈楒	乐书	浙江金华		陆军部科员	
孔昭鋆	季修	广东南海		浙江试用道	广州西关下九甫文澜书院后广东地方自治研究社
左庆忻	俱若	广东顺德		拣选知县	同上
邓佩蘅	芷青	广东顺德		拣选知县	同上
李鹏云	次桐	广东鹤山		岁贡生	同上
许奎荣	筱园	广东番禺		候选训导	同上
许秉璋	少筠	广东番禺		江苏补用道	同上
黄保泰	敬垓	广东南海		候选同知	同上

续表

姓名	字	籍贯	年岁	职业	通信处
许应镕	在峰	广东番禺		直隶大挑知县	同上
张 瑞	小吕	广东三水		中书科中书	同上
陆昶彬	质雅	陕西孝义	三十岁	分部郎中	上海公益里三百六十一号
苏祐慈	子和	广东顺德		候选训导	广东地方自治研究社
章友文					
宋康复					
周 冕					
蒋庆恒					
崔廷献					
庆 山					
文 耆					
朱 纮					
张祖祺					
闵世荣					
蒋庆颐					
张书年					

《预备立宪公会章程题名表》，光绪三十四年（1908年）铅印本

二、历次重要会议

1. 成立大会

预备立宪公会开成立会纪事

光绪三十二年十一月初一日

初一日下午,预备立宪公会在愚园开会,会员及来宾几及三百人,秩序整肃。先由发起人郑苏龛先生报告开会之缘起,并演说预备立宪会之宗旨,痛陈中国治乱之历史,而归罪于苟安偷活四字为弱中国之一大原因,闻者鼓掌。次来宾马湘伯先生、柯震贤先生演说。又雷季兴先生演说,略谓国家立宪固应预备,国民之资格即不立宪亦应预备,国民之资格在会之人固应预备,即未在会之人亦应使之各有预备,如此方满乎预备立宪会之分际,并推阐人与我之范围互相消长,自今以往,当思立宪国民之我须令日见膨胀。又谓立宪会办事,当含有教育家性质,并不因偶然之冲突破坏稍有灰心,变易宗旨,语语中窍,鼓掌如雷。次会员伍昭扆先生演说,以诙谐出之,座皆解颐,而又悚然感动,鼓掌不绝。时已钟鸣四下,先投票选举会董十五人,再由十五人中互举三人为正副会长。①

《申报》,光绪三十二年十一月初二日(1906年12月17日)

---

① 原标题"预备立宪公会开会纪事"。"再由十五人中互举三人为正副会长"后原列有正副会长及董事姓名,兹略去,见预备立宪公会职员部分。

郑孝胥第一次开会报告词

恭读七月十三日上谕,有曰使绅民明晰国政以预备立宪,故本会定名为预备立宪公会。今日乃光绪三十二年十一月初一日,为预备公会第一次开会之日。本会未经宣布,故今日到会者皆发起之人,来宾到者颇多,实为本会之荣耀。孝胥谨代全会报告开会之宗旨,愿在坐诸公赐听。幸甚!幸甚!

中国数千年以来,皆是家天下之制度。孟子谓:"天下之生久矣,一治一乱。"实考历代治与乱之相较,治之日甚短,乱之日甚长,治一而乱十。故全国人民常寄生于虐政恶俗之下,累世终身,不知治世为何物。至大乱既起,人不聊生,于是望治之心更急,不问何人,但能稍得人心者,举世之人,即已倾心归往,颂之曰"圣",尊之曰"天"。所以历史上英雄豪杰乘时得志者,大抵看透此种人民之身分,利用其饥者易为食、渴者易为饮之手段,一面解其倒悬,一面制其死命,遂使全国人民皆为一人之私产,与牛马奴隶无异。此等种因成果,皆由于千百年亿万人之习惯,实无一人独任其咎者。究其缘由,因无学问,故无知识;因无知识,故无预备。因此酝酿锻炼,以成今日中国人民一种之特质。此种特质有一最丑之名目,名曰"苟安偷活"四字。

诸公今日愿闻"苟安偷活"四字之解说乎?孝胥鄙意,须将此"苟安偷活"四字之特质,化分两层:一层对于国政,一层对于身家。

对于国政一层,即"苟安"二字是也。数千年以来,治国之制度,皆以居高临下为主义。观其所立之礼仪,卑贱对于尊贵,无一毫之身分,拜跪进退,训令禀承,自大臣之于君上,下僚之于上官,平民之于官吏,摧抑不遗余力,而举国之人,安之若素也。观其所征之赋税,国家责之于各省,各省不敢不遵也;督抚责之于州县,州县不敢不供也;州县责之于民间,民间不敢不与也。甚至贪官污吏假托国家之威势,坏人产业,破人身家,滥取无度,而举国之人,亦安之若素也。观其所定之刑罚,公堂之上,暗无天日,上无保护之意,下无伸诉之权。

毒刑酷法，可施之罪名未定之人；教供造案，常视为秘密相传之诀。虽冤气触天，无能自解，而举国之人亦安之若素也。人人为积威所劫，皆有自顾不暇之思想，故"苟安"二字，并非真有可安之地位，譬如斩决与受刑比，则人皆愿受刑；以受刑与禁锢比，则人皆愿禁锢。故我所谓中国人民"苟安"之性质，其中皆含有极可哀之情形，迫而出于此也。

对于身家一层，即"偷活"二字是也。数千年以来，谋生之计策，皆以利己损人为主义。观于仕宦之途，钻营奔竞，排挤倾轧，既无为国为民之心，亦无立功立名之意。自将相至于微员，悉以取巧推诿为长技。虽责任极重，爵位甚崇者，绝无经营一事关系于国家十年以上之计划。其心则曰"我不过五日京兆而已，谁能为久远之计？"此官场偷活之情形也。观于商贾之途，逐利忘义，成为风气，甘受外人之驱策，不求同业之合群。每有一种营业可获利者，绝不预计销场之大小，敏手捷足，争先恐后。至货积不销，则又甘心折耗，跌价竞售，另图他举，致销场败坏，外人反客为主，坐握利权。而我之商界绝不知改良，遂成人为刀俎，我为鱼肉之现象。此商贾偷活之情形也。关于农工之途，则力量愈微，糊口度日。业耕种者坐受豪强之并吞，业工艺者全无发达之进步，至肩挑担负之徒，流离转徙，去死一间。出洋华工被虐之情形，已成世界之惨剧，然往者纷纷，犹不能止。此农工偷活之情形也。人人皆暂救目前，绝无顾全大局之思想，故"偷活"二字，非真有生活之可图，譬如剜肉补疮，疮未合而肉又伤；饮鸩止渴，渴未解而毒已发。故我所谓中国人民"偷活"之性质，其实皆出于极无聊之景象，积而至于此也。

本会既已遵旨预备立宪，试问此数千年来，"苟安偷活"之人民，习惯性成，何所用其预备？今欲倡率天下，以从事于预备立宪之盛事，则非先革其"苟安偷活"之性质，亦必无从下手明矣。

今欲革除"苟安"之性质，以对于国政者，则曰"责难"；革除"偷活"之性质，以对于身家者，则曰"图存"。如何便是"责难"？凡内政外交之得失，我等细加研究，发为论议，以备朝廷之采择是也。如何便是"图存"？凡工商实业之利病，我等力为调查，尽心提倡，以求民生之发达是也。本会应办之事，所包甚广，须至实行之日，方能报告。今日蒙诸公光临，必皆有赞助本会之高谊，孝胥谨代表全会宣告于大众曰：凡我华人，有不忍"苟安"于腐败之时局者，可以入预备立宪公会；有不愿"偷活"于危险之生业者，可以入预备立宪公会。对于国政有怀"责难"之忠恳者，可以入预备立宪公会；对于身家有怀"图存"之志愿者，可以入预备立宪公会。本会之宗旨如此，天下鉴之！

《预备立宪公会章程题名表（附书函录要）》，光绪三十三年（1907年）铅印本

伍光建第一次开会演说词

在前诸君演说，鸿词伟论，发挥极透，感动至深，此在座诸君所共闻也。鄙人无学无识，何敢妄有所陈，今不获已，请略言预备立宪之关系，惟诸君幸教之。近年民智既开，政治思想日见发达，故上有预备立宪之谕，而下岂可不以预备应之。我辈而不以国民自居也则已，我辈而欲自居国民之列，则岂可以不急起直追，速为预备。且实行预备立宪之期当不在远，彼时朝廷之所行与夫众人之所守之法律制度，皆国民所自立之法律制度也，其与众人之自家性命、动作行为无一时一刻不有极严极密极亲极切之关系。苟无预备，则上无所措施，下亦无以应付，岂不又成具文？惟现在立会，既以发愤为学、合群进化为宗旨，其应预备之事，有极为难者，有极烦琐者，劳心费力之事不一而足，非群策群力不为功。事原非易，幸而先后入会诸同志皆热心公益、具有各种能力之人，必能不畏烦难，坚立一不可动摇之基础。但愿我同志合力同心，各尽所长，意见不妨通融，而宗旨万不可背，部署不妨宽缓，而目的总期必达，则今日必将为我中国历史最可纪念之一日，岂不伟哉欤！（助）

《预备立宪公会章程题名表（附书函录要）》，光绪三十三年（1907年）铅印本

2. 年例大会

预备立宪公会广告各会员

本会于十月十九日午后一时，在上海愚园开年例第二次全体大会，修改章程，选举职员，并提议会务各会员，务请先期到本会事务所携取入场券。凡入会已满一年者，请将第二次会费代交为荷。

《时报》，光绪三十三年九月二十三日（1907年10月29日）

预备立宪公会第二次大会纪事

光绪三十三年十月

一时，预备立宪公会假愚园正厅楼上开第二次年会。时届二点二十五分钟，摇铃开会，由会长郑苏龛报告办会一年之成绩，并请选举职员。次由会计刘厚生报告一年经济之状况后，由会长郑苏龛君请会员投票选举职员。语毕，会员有请先举会长，再举董事者，郑苏龛君言，照旧章，宜先举董事，再举会长。而会员中又有主照旧章者，乃请诸人举手公决后，由多数决定，仍照旧章，先举董事，后举会长。即由职员送票，以便会员选举后，即由职员开筒报告。计郑苏龛六十二票，为正会长，张季直四十四票，汤蛰仙三十七票，为副会长。郑辞再任会长不获，并由会员公推为临时议长，于是又上台宣布提议事件。因为时过促，仅孟庸生君将提议各款报告宣布一番，由各会员致意见书，交董事局议定，然后决定：第一，立商法编辑所筹款事；第二，出版部事；第三，出月报事，经众议决定开办；第四，设法政学堂筹款事；第五，议修改章程事，决定由编辑所诸员与坐办孟庸生为起草员，草定章程送交会员认可再行实施；第六，议会员提议之事，先议者为会员用徽帜与常会定期事，后又议通信与立分会之事。议毕散会。

《申报》，光绪三十三年十月二十日（1907年11月25日）

预备立宪公会戊申年例大会

光绪三十四年十一月十三日

十一月十三日午后三点钟开年例大会，其秩序如左：

一、会长报告一年之成绩。

本会以提倡社会勉为立宪国民，共同进化，助成新政为宗旨，故编辑书报，广为流播。又以社会经济困穷，由于商业不振，商业不振，由于法律不备，故于上年发起拟定商法草案一事。及今一年，公司法已将告成，若明年上之政府，竟蒙采用，奏准颁行，则公司一部分，先已增订完备矣。今天下工商实业，何一不待公司而后兴，公司发达，则商人利赖何可限量。此本会振起商界区区之微志也。今年春夏间，各省皆有国会请愿之举，并皆责望于本会，故本会亦有电请政府速开国会之事。正思拟定次序，请于政府，适奉六月二十四日速设谘议局之谕，又未几而奉八月一日九年筹备立宪之谕，差为慰幸。虽人民之希望尚以九年为长，而以后能否减短，终视乎人民之能力，故本会对于谘议局筹办各事尤多助力。今各省皆已动手，明年九月开办之期当可无误。日内所急盼者，在地方自治章程，盖本年筹备次序中应有之事，决不可以缓至明年者也。若此章程一下，则本会应尽之职务益多。一年之中可以报告者如此，以后进行方针尚祈公定。

一、驻办报告本年事务所情形。

（甲）出版部本会出版书籍颇受社会之欢迎，而官场尤乐于购买，足见官场奉行新政，实不能不借本会鼓吹之力。今年又编辑《公民必读》二编一册，近蒙广西抚台电购《公民必读》初、二编十万部，他省必有继起者。使各省皆有数万人读本会之书，则地方自治之规模立矣。近又出《日本宪法详解》、《选举法要论》二种，皆当务之急。综计出版部经济稍有赢余，自上年九月至今共赢数千元，缘本会书籍定价极廉，故所赢止此也。

（乙）出报部本会自今年正月起，每月出报二册，现已出自十九期，销路尚好，惟定价太廉，每年须亏折千余金，然欲增报价，又恐有碍销路。本会以公益为目的，故宜于广销，多一人看报，即多一人开通，不能专顾成本，此又本会之苦心也。本报宗旨本注重于地方自治，谘议局章程既出，而依九年筹备立宪之次序，城镇乡地方自治章程亦将颁布。谘议局与地方自治皆为筹备之始基，本会报章所宜注意，现正议将本报改良，使其内容益加丰富，以餍阅者之意，惟于经济上颇有关系，不能不预算耳。

（丙）商法部本会发起调查商习惯、拟定商法草案一事，自上年七月开始，至十月大会后又添请编辑员数人，一面调查习惯，一面译述各国法理。本拟今年秋冬之际，先成公司一种，嗣因编辑诸君反复研究，务期精益求精，故现止缮成三分之一，约十万字，尚有三分之二未能发缮，大约须腊月方可印成。此项经费每年须用五千余金，除商务总会、商学公会分担外，各省商会亦颇有协助，惟本会以第一次稿未出，故暂不收取，所有不敷之数，统由本会垫付。

以上事务所办事之情形可以报告于诸君者也，至经济状况，应由会计员报告。

一、会计报告本年经济之状况。

一、提议事件。

一、议明年进行方针以提倡地方自治为主要。

一、议会员宋敦甫君提议酌减会费一节，此事自从本会成立以来即经研究多次，迄未能决，俟此次新董事详议，再行答复。

一、议宋君又议扩充会报篇幅，此事业经前董事一再筹议，俟详定体例，即行通告。

一、议会员丁子仁君提议设宣讲所宣讲宪法，以多造成立宪国民之资格，此意甚善，应交新董事筹定办法。

一、议丁君又言戒烟已有厉禁，本会尤宜严肃云云，应即互相督察。

一、议丁君言本会宜扩充董事员额，似可不必。

一、议修改章程，应由新董事发送选举票于全体会员，请推举起草员，并征求意见，俟草案拟成，先由董事会通过，再印送全体会员，如无异议，即作为定本。

议毕选举开筒，举定董事姓名如左：郑苏戡、张季直、汤蛰先、孟庸生、张菊生、许久香、雷继兴、李云书、李平书、周舜卿、胡二梅、周金箴、王丹揆、高梦旦、王胜之、陆炜士、王一亭、杨翼之、李兰舟、张右企、孟莼荪、

此次所举者皆系董事，其正副会长须由董事中会推，约十日内推定。[①]

《预备立宪公会报》第一年第二十期，光绪三十四年十一月十三日（1908年12月6日）

预备立宪公会广告各会员

宣统元年十一月

启者。本会定于十一月十四日在上海跑马厅本会事务所举行年例大会，选举职员，所有外埠、本埠各会员，届期请至事务所携取入场券，至常年费亦请带交为荷。

《申报》，宣统元年十一月初七日（1909年12月19日）

---

① 录自"本会纪事"，标题为编者所加。

预备立宪公会己酉年例大会

宣统元年十一月十四日

十四日，预备立宪公会开一年例会，到者多本埠会员。是日两点钟开会。先由会长郑苏戡君报告，略谓上年大会时，曾议及本年进行方针，决定归宿于九年筹备事宜，而尤注重于谘议局、地方自治，故本年所出月报，皆以此为宗旨。各省谘议局筹办时，本会颇为尽力。今年筹办城镇乡地方自治，本会又将驻办孟君所编宣讲书印送各省。各省督抚来订购此书，饬发各属应用者，亦颇不少，影响所及，实匪浅鲜。本会事业，多注目于全国，故文字所及，几遍于各行省，往往有一通告辄遍发数百州县商会、教育会、劝学所者。外埠皆知有预备立宪公会，而本埠转不见有措施之迹。本会现办之事业有四宗：一曰出版部。行销极广，沾溉甚多。一曰商法。现已编成公司及总则二部，本月又招集各商会至上海开第二次讨论会，一律通过，并已推定孟君庸生、秦君晋华前往京师，亲赴农工商部、法律馆投递。此事之结束，无论能满意与否，总之能令中国商法早几日颁行，则本会之效力于社会亦复不少。一曰法政讲习所。上半年系孟君主任，来学者各省皆有，已卒业一班。下半年孟君被举为谘议局议员，又改请郑炳君主任，来学者与上半年相埒。盖欲各地方皆有明习法政之人，然后宪政可成也。一曰月报。按期出版，微寓言论之意。此四事除商法已有结束外，余者皆有待扩充。鄙人已连任会长三次，凡团体职员，如教育会、商会等会长，无有过于三次者，故今年选举后之结果无论如何，鄙人决计辞职。此后进行之计画，自有继任者主持，而在会诸君，亦可各抒所见，授继任者之方针。以鄙人所见，本会应持之议论甚多，对于各省谘议局，对于明年京师之资政院关系尤切。盖社会人才缺乏，则谘议局、资政院时时有孤危之象，本会能无深忧。今各省志士方要求开国会，本会亟应为国会议员之预备，则明年之方针大概不外乎此。至本年办事之内容，应由驻办孟君报告。

次由驻办孟庸生君报告办事之内容。次由会计董事胡二梅君报告收支帐略。次提议事件：（一）扩张法政讲习所，使渐臻完备；（二）《商法调查案》编辑所仍须继续。余俟新董事会成立，筹议办理。次选举职员，开筒毕，散会，已七点钟矣（职员名单俟补录）。①

《申报》，宣统元年十一月十六日（1909年12月28日）

3. 新年大会

本会新年大会

光绪三十四年正月十五日

正月十五日午后一时，在本会事务所开新年会，旅沪会员均各到会。

会长郑苏戡君报告开会大意，谓本会向章，每月只开董事会二次，而全体会员除年例大会外，无常会之期，终嫌疏阔。去年十月大会时，有会员提议须设常会，旋经董事会议定，以每月十五为常会期，即以本年正月十五为始，自是以后，请诸君按期到会，互相讨论应办各事，以为集思广益之助。

会员中有提议应于上海设一法政学堂者，有提议须请求国会者，有提议须遍设宣讲所者，众皆赞成，并议归入以后常会中妥议办法。

是日到会各员合摄一影。

《预备立宪公会报》第一年第一期，光绪三十四年正月二十八日（1908年2月29日）

---

① 原标题"预备立宪公会开会纪事"。

预备立宪公会新年大会广告各会员

宣统二年正月

本会新年例开大会一次,以示恳亲之意。兹定于正月十八举行,准午后二点钟起。是日并须特别提议重要事件,务乞准临。预备立宪公会谨启。

《申报》,宣统二年正月十三日(1910年2月22日)

预备立宪公会庚戌新年大会议决案

宣统二年正月十八日

十八日新年大会议决案如左:一、议北京设立事务所,定名为预备立宪公会京事务所,而以上海事务所为预备立宪公会沪事务所,除出报部及京事务所事务可由京事务所执行外,遇有重大事件,或对于政府有所建议,必须经沪事务所招集董事会议决,然后施行。一、议沪事务所应由董事会推定董事一人,常川省视,此任务推定胡二梅先生。一、议凡介绍入会,均由沪事务所照本年第一次董事会议案办理。一、议复北京请愿代表信及通告全体会员书,由驻办拟稿,经董事会通过,然后发寄。①

《申报》,宣统二年二月初五日(1910年3月15日)

---

① 录自"预备立宪公会之通告",标题为编者所加。

预备立宪公会新年大会广告

宣统三年正月

敬启者。本会新年例开大会一次，以当团拜。兹定于本月初八日午后三点钟开会，并于是日补行上年常会，由驻办孟君报告京、沪两事务所办事情形，届日务希惠临。其选举正副会长、会董，因会员散处各埠，仍用通信投票法。敬此通告。

《申报》，宣统三年正月初七日（1911年2月5日）

预备立宪公会辛亥新年大会并补行上年常会

宣统三年正月初八日

初八日，预备立宪公会开新年大会，并补行上年常会。是日，驻办孟庸生君报告京沪两事务所办事情形，及本会所编《商法调查案》，经农工商部采取，奉交资政院会议，因闭会期迫，未及议决各情。又由会计董事胡二梅君报告会中经济大概，并决议本年应办事宜：（一）调查政务，为资政院议案之预备；（二）筹设法政学堂，兴起法政人才。此次选举正副会长用通信投票法，即由事务所发票，限正月三十日投齐。又议决驻办员仍驻京事务所，闻孟君已于初九日乘轮北上矣。又闻该会上年发行《宪志日刊》，本年拟即停止，另由编辑各员组织报馆云。①

《申报》，宣统三年正月十四日（1911年2月12日）

4. 董事会议

光绪三十四年十一月新董事会第一次常会

十一月二十七日，本会新董事会开第一次常会，先期五日发出选举票，由董事二十一人中互选正副会长。至是日开筒，郑苏戡君仍得最多数，当为正会长，张季直、汤蛰先两君仍得次多数，当为副会长。张、汤两君皆不在沪，郑君当众力辞，董事全体皆不允。

本会每年大会后应举查账员一人，检查本会账目报告，全体会员此次亦先期发票，由董事二十一人选举未任董事之会员一人为查账员。是日开筒，苏宝森君得最多数，已通知苏君，请其即日到会检查矣。

本会月报体例屡经董事会提议更改，此次议定自明年起每月仍出两期，字形较本年略小，加增数页，可使内容丰富，比今年增至一倍。其门目略分四门：（一）评论时事，（二）汇登文牍，（三）搜辑言论，（四）译述书报。

董事会之翌日，会长郑苏戡君致董事会〈函〉辞职函云：

敬启者。昨日选举，孝胥复被举连任会长。孝胥自计明年家务稍冗，不能常川到会，实不愿虚充会长之名，应请董事会再行提议，并请将孝胥辞职之书布告全会为幸。孝胥谨启。

董事会得书后，彼此晤商，即日具复云：

---

① 录自"预备立宪公会之通告"，标题为编者所加。

苏戡会长先生大人阁下：顷奉到辞职书，惶遽无似，旋经彼此晤商，佥谓本会自发起以来，宗旨纯一，条理秩然，以致日形发达者，皆先生主持之力。此次公举先生续任会长，为维系众情、共谋进步起见，实亦无以代之，辞职之命，同人所不敢闻，仍乞先生顾念全体，强起主持，同会幸甚，立宪前途幸甚。董事会全体谨上。①

《预备立宪公会报》第一年第二十一期，光绪三十四年十一月二十八日（1908年12月21日）

光绪三十四年十二月新董事会第二次会议

十二月初五日开第二次董事会，议决事件如左：

一、议江苏教育总会附设法政讲习所已毕业四次，明年将注重教育事业，决计停办。本会为提倡法政上普通智识起见，自应接办，大致按照教育会章程办理，半年毕业，每一厅讲员征收学费十八元，请雷继兴先生主任。预算月支及开办费共以一千元为度。

一、推定胡二梅先生为会计员。②

《预备立宪公会报》第一年第二十二期，光绪三十四年十二月十三日（1909年1月4日）

---

① 录自"本会纪事"，标题为编者所加。
② 录自"本会纪事"，标题为编者所加。

宣统二年正月董事会提议意见书及议决案

经常部 北京为政治之中心点，上海为商业之中心点，本会以政治为目的，论进行方针，宜在北京设立事务所，并发行杂志为评论机关，以冀达改进政治之目的。前两年发行月报，集稿甚难，今年驻会将应资政院之选，旅京时多，驻沪时少，更难兼顾。月报为本会事业之一种，决无停止之理，现拟在北京设事务所，兼发行旬报，即请在京会员如会长朱桂卿先生、会董王胜之先生主持其事。惟驻办旅京时多，则沪事亦宜有布置，兹略拟办法如左：一、本会经常部事业略分四部，除出报移至京师外，其余商法编辑事拟请秦晋华君主任，法政讲习所事拟请郑文虎君主任，出版部拟仍请屠翰甫君经理。一、京师设立事务所，应定名为预备立宪公会京事务所，而以原设事务所为预备立宪公会沪事务所。一、沪事务所庶务拟请屠翰甫君加劳，而别推董事一人常川省视。一、京师事务所应另立董事会，其选举拟俟事务所成立半年后举行之。一、京事务所经费每月五十金。一、出报部经费仍照上年原额支付，每月约二百五十金。一、旬报内容以评论法律、政治，力求改进为宗旨，其细目另详。一、旬报定名《宪志》。

临时部 上年各省代表赴京请速开国会，虽未获俞旨，而各代表仍继续要求，并闻各省商会、教育会亦有发起同时请愿以为后劲者。本会宗旨所在，似当上书力陈利害，以冀国是之早定。

此意见书经十二日董事会向大会提出。

十二日董事会议决案一条。一、议以后介绍入会人入会，应由事务所通告各董事两次。一次通告后，如董事中有以为入会人资格应行研究者，即由董事函知事务所开董事会议决。如无人投函，则七日后再通告一次，再隔七日无人投函者，即作为赞成，可由事务所填发入会证券。①

《申报》，宣统二年二月初五日（1910年3月15日）

三、书刊编辑出版活动

1. 会　报

《预备立宪公会报》简章

一、名　称

本会敬遵谕旨，使绅民明晰国政，以为预备立宪基础，故本报定名为《预备立宪公会报》。

二、宗　旨

本报限于宪法、行政、法律、财政、经济、国际、殖民、交通、教育、军事等诸学科，由研究理论达于实用，以供会员与非会员参考之资料。

三、体　例

编纂分撰述、辑译、纪录三类。撰述除由本会主任者担任外，凡会员与非会员，如有自行撰述，与本会宗旨相合，足堪研究之资料者，惠寄本会，亦当代为

---

① 原标题"董事会提议意见书"，兹拟标题"宣统二年正月董事会提议意见书及议决案"。

刊布。凡关于立宪国之政治行动，堪为我国预备立宪时之模范者，编入辑译类。本会记事与会员之增加及行动，载入纪录类。

四、发　行

本报每月发行二次，以十三日、二十八日为出版期，周年出报二十二期，每期页数多寡无定。

《预备立宪公会报》第一年第一期，光绪三十四年正月二十八日（1908年2月29日）

《预备立宪公会报》序

阳湖　孟昭常

与世界各国论强弱，乃不得不与世界万国较法制。今世界可数之国，无不立宪者，我中国瞠乎独后，遂并无强弱之可言。此有识之士所为焦心苦思，号呼奔走，以蕲至于实行立宪之一日之不可以已也。盖彼以全国人民负责任，是人民与人民较强弱。我人民不负责任，则谓之无人民。无人民之国与有人民之国相竞逐，即不以武力见绌，而民生已日蹙削而不自知矣，可不惧哉！可不惧哉！乃者我政府既奉宣上德，日声言立宪矣，曰预备立宪，曰资政院，曰谘议局，曰地方自治局，不谓之努力预备不得也，不谓之节节进行不得也。顾曰资政院，曰谘议局，曰地方自治局，果得为立宪国之法制否？果遂足与世界万国较论否？天下之士日望立宪，日日言要求国会，果足为尽号呼奔走之能事否？以愚观之，毋亦有法制问题在，拟议法制，毋亦有根本上一定之手续在。吾同会既以立宪国民自处，不可无所讨论，月有所得，纸墨遂多，又无以告我邦人君子，乃不得不藉铅椠以行公议，月出版二次。昭常尝以笔墨役于会，于其刊行之始辄序其首，谓之会志，不亦可乎。戊申正月阳湖孟昭常。

《预备立宪公会报》第一年第一期，光绪三十四年正月二十八日（1908年2月29日）

会员林子有君与驻办孟庸生君书

　　都门临发，奉手教，尚稽裁答。昨复奉大札，并出版各籍，展诵之余，尤以大著《公民必读》为握简驭烦，适合今日读者之程度，此所谓布帛菽粟，人人日用所必需，固不必侈言珍（羞）〔馐〕罗绮也。出报一节，鄙见总以不拘篇幅为宜。盖篇幅过长，则达官贵人转无暇寓目，而费亦较巨。若片纸寥寥数语，则立谭可悉，或易邀其盼睐，此亦不得已之苦衷。闻巴黎报纸，有大仅径寸，而销售极畅者，可法也。但内容不富，又不定期发行，则不能作为卖品。本会虽不以牟利为宗旨，未知有经费足敷投赠否耳？又尊著于地方自治之必要，阐发已无余蕴，办法亦略具，但吾国民风气未开，一切详细办法及各项规则、簿式、票式，似亦当选译，以饷国民，虽有习惯之殊，究胜冥行而擿埴也。兄以为何如？草肃布臆，即请著安。

　　又，前奉手教，敬承一是。如必出月报，则弟尚有陈者。今日地方自治，各省所以徘徊审顾者，虽曰财政支绌，调查未审，实因地方绅士茫不知此事为何事。得大著及本会所出《行政》、《纲要》二书，固已略有端倪矣，而仍苦无规则可循，不免迟疑。若能广求成式，为之模范，则循涂守辙，虽中智亦能免效步趋。故出月报最好将日本地方自治各项法规按期翻译，惟名词宜少，文法宜顺，言学理者宜缓，其不合吾国程度风俗者，尤宜加按语以明之。成式既具，财政、选举可循序而议。财政收入中如补助金究系如何制限，必如许情形、如何事业乃可据以上请，其公法上收入如手数料、使用料每次每事若干，如何规定科料过怠金，更必有详章方易遵守。市町村附加、特别两税，日本各地是否一以国税、府县税为标准，抑仍有轻重之不同？即以二税为准，某项可附加若干割，想亦具有理由，非可凭空臆拟。至夫役、现品如何征收，强制征收如何期限，以上各项，似宜广采日本现行章程，一一译登，方便酌择。且日本各地多有基本金，中国则此项绝少，间有积谷及善举公积可提，而各处有事，要以酿金为常，将来恐不能专恃附加税耳。此外更有筹款善法否？至选举必先调查国籍、户口、年龄、职业、纳税各项，此项表式、簿式想不一种，尤宜先译，方可下手。此事即为国会选举张本，尤为要中之要。但吾国不纳直接税者居多，则纳税一项又应以何为准？至办事亦必有规定法则，最好择日本最繁富及最穷僻者各数处，将其成案一律译登，则繁简各区均各有所师承，而兴办较易。大抵法政人员不能多得，设有成法可由，稍明白者皆可勉企，不必人人皆入学堂。彼中人人有普通学，而法制、经济亦只习大意，然人人可为自治议员、参事会员，则法制之备也。且地方士绅资深望重者万不能入学堂，而办事又非此等人不可，故授以权范，尤所必要。本会出报，期开风气，尤贵实行。鄙意所陈，专就实行着想，固知舍本求末，不免倒置之讥，然急进主义，不敢自诬，尚祈指教。手此，敬请著安。

按：二书均足为本报之依据，录之以示本会提倡地方自治之本旨具有同情，然地方自治是一部分事，本报之范围固不囿乎此也。阅者倘注意于手续，则本报当继续以进。

《预备立宪公会报》第一年第二期，光绪三十四年二月十三日（1908年3月15日）

毛丰山为订阅公报事来函①

鄙人渴望宪政成立，对于一团体之发生辄深向往。贵会开幕未几，即从事编

---

① 原标题"投函"，兹拟标题"毛丰山为订阅公报事来函"。

刊书报，贬价销行，欲使一般人民于政治国家先知所以，徐以增进其思想与能力，一旦实行立宪，不至有程度不足之虞，此实根本培植唯一方法，与徒为大言，了无预备，或时发狂热，斤斤于一节一目之争者，其效力自尔迥殊。公会报月刊二册，每册仅取值五分，觉世苦心，尤可概见，无任纫佩。鄙人拟请订阅贵报全年一份，现出若干册可否先行寄来，俾先睹为快，藉知贵会成立以来内容，外界一切情形，是所殷盼。报价及邮费若干请示，悉当即照奉不误，即希裁酌，见覆为荷。毛丰山顿首。

按：本会成立以来，局外人不知其内容，有以本会为放弃责任者。此书深得乎本会之用心，故附录于此。

《预备立宪公会报》第一年第四期，光绪三十四年三月十三日（1908年4月13日）

本报改定体制序

孟昭常

《预备立宪公会报》何为而作也？曰：欲使人民知立宪之所有事，而促其进化之思也。顾曩者常有所述作，既发行一年之久矣，曷为而幡然思变，不欲复袭曩者之所为者？曰：九年筹备已著为功令，不得不就功令中之所有事，以示其进化之程也。虽然，有难言之隐焉。夫使功令之所有事期以九年，实有不可减之理由，则惟勖吾民赴功令斯已耳。抑又不然，功令之所期，不足以促事实之成就，而适以妨之。若调查户口，若地方自治，开明之域，数月可就，僿野之民，期年有成。乃必按照筹备清单，绵亘至五六年之久，若扼其吭，使不得前。有欲为功令之所当为者，官吏得喝止之，曰是有期限，尔无遽然，斯敛手屏息而退耳，吾又何以勖吾民耶？天下之患气，不钟于水旱、盗贼，而钟于官吏。官吏之所为，多不便于立宪，而功令若是，是欲为官吏延数年之残局，而靳置数万万人之倒悬而不顾也。吾党之士，念功令之所有事，惕然如不可终日，乃深求其所以或四三年，或五六年，或七八年之故。既百思而不得，又求其所以不肯〈不〉四三年、五六年、七八九年之故；又百思而不得，则惟有勖吾民以功令之所期，不必与事实相应，苟可以不藉官吏而自为之者，幸毋忽焉。至若官吏以功令相督促，而吾民乃瞠目而不能应时，或违戾焉，斯又吾党之憾也。爰本斯旨，为设四例：

凡经奏定颁行，对于臣民有束缚之效力，臣民有遵守之义务者，谓之法令，然非一成不变者也。宪政之进行，自《筹备清单》始，其先有《谘议局章程》，其后有《调查户口章程》、《清理财政章程》、《城镇乡地方自治章程》，皆法令类也，不有疏解，谬误滋多，学说不昌，改正非易。设疏解法令类第一。

宪政之进行，自《筹备清单》始，清单之所有事，若臣工之建议，若长官之训令，若内外寅僚往覆之函电，皆足以资参考。其影响所及，或邻激进，或近沮泥者，必兢兢三致意焉。设汇登文牍类第二。

天下之言论，公之天下，不应私之曰吾党。然公之者言也，私之者志也，假人之言，以证吾志，使览者有所触发，或不无裨益于宪政，若曰吾党意欲为此云尔。若夫词气之激随，文章之工拙，则彼自彼矣。设收辑言论类第三。

立宪政体导源于泰西，近渐于日本，彼之先例，皆吾之导师。若国会，若地方自治，今昔之事实，朝野之论议，取其有刺激者贻我邦人。设译述书报类第四。

《预备立宪公会报》第二年第一期，宣统元年正月二十八日（1909年2月18日）

售报简章

一、在总发行所定报者，无论本埠、外埠，概由邮局递寄，邮费外加。内地未通邮政之处，民局递寄，寄资另由阅者自给。

二、己酉遇闰增报二册，且又重订体例，大加改良，全年报费本埠一元二角二分，外埠一元三角四分，外国一元五角八分，定报时均须缴清。零售每册大洋五分，补购戊申全年本报，仍售一元二角四分。

三、凡至总发行所定报者，务请将报费送交本报总发行所，收银后当给收据，维报资未能照章寄足者，只可照零售例，寄足应得册数为止。

四、各代派处定报至十份以上，除邮费外，提三成酬劳，所有汇寄报费，由代派处认付。

五、代派处收到报费，即寄总发行所，定报人不将报费照章付足，照第三条办理。

六、凡一人定购十份以上，寄送一处者，除邮费外，照价七折，五十份以上，照价六折。

七、在总发行所定报者，如迁徙他处，务托妥人代收，一面知照总发行所改寄。维已寄彼处之报不能复寄，其在代派处定购者，请自向代派处商办，总发行所不能接寄。

八、总发行所寄报，以邮局、民局回单为凭，中途遗失，阅者自理。

《预备立宪公会报》第二年第九期，宣统元年四月二十八日（1909年6月15日）

《预备立宪公会报》改名《宪志》
定期四月在北京出版广告

本会发行《预备立宪公会报》，第一年二十二册，第二年二十四册，均已按期出版。本年又加意改良，冀影响于全国，故移至京师出版，每月仍出二册，内容丰富，【成】本加增，每册定价一角，全年二十二册定价二元。现因京事务所未定,一切均须布置,故延迟至四月出版,候北京事务所成立后即登京沪各报,如有订阅本报及投函者,暂寄本会事务所可也。

《时报》,宣统二年正月二十日(1910年3月1日)

预备立宪公会京事务所住址已定期发行
《宪志》改为逐日刊布广告

本会决议在北京设立事务所,并将会报改名《宪志》,每月刊行二册,业经登报广告。兹已将京事务所定在北京顺治门外达智桥路北。其《宪志》改为逐日刊布,名曰《宪志日刊》,定期四月初一出版,内容体例另行发刊。特此广告。

《申报》,宣统二年二月廿七日(1910年4月6日)

《宪志日刊》定期出版广告

本报为《预备立宪公会报》改名,定于四月初一日出版,内容注重宪法、国会、官制、地方自治、政党、法令、财政、教育、实业九项,其论说用短篇大字,其批评皆按切时事,短炼警醒,为本报之特色。另有序例刊送。售报例如下:本京零售,每张铜元二枚,每月大洋四角,半年二元二角,全年四元。外埠五日一寄,每月大洋五角,半年二元七角,全年五元。如有欲定购者,请直接通函本发行所。空函定报,恕不作复。总发行所:北京顺治门外达智桥、上海泥城外五十四号。预备立宪公会上海派售处：棋盘街中国图书公司、望平街时中书局。其余各埠俟设定再行广告。

《申报》，宣统二年三月廿一日（1910年4月30日）

《宪志日刊》序例

孟昭常

上海预备立宪公会月发行会报二册，既二年，岁庚戌，更名《宪志》，移至京师出版，逐日刊行，遂名曰《宪志日刊》。夫所以易其名，又移其地，又变更其发行之期者，何也？天下之物，莫不有志，贾生所谓此物此志也。于文心之所之谓之志，盖必有一定之祈向，而后曲折以赴之，庶有驯致之一日。今中国号为筹备立宪矣，内自枢府及各部尚侍以至丞参以下官，外自督抚以至司道府厅州县官，所谓志者安在？志不足则事不立，筹备立宪无实效，则新政隳而国亡矣。人之言曰，今之政府块然形气，岂惟无一毫立宪之志，抑并无一毫不立宪之志。此言虽虐，良可咤悼。夫人至无一毫之志，则无意识、无主宰，至乎其极矣。无意识、无主宰，乃至无感觉、无忧患、无责任心，是谓尸居。尸居不可以立国，此吾党之士，所为悁悁而悲也。今欲明吾党之志，以定天下之志，于是乎作《宪志》。京师为天下之首，一切政令皆由此出，故尊之曰中央政府，而督抚以下皆受成焉。欲定天下之志，必自京师始，于是乎移至京师出版。一册之书，非得半日间不能卒读，畏其繁重，则弃掷如遗，且旬月一现，言者既有境过情迁之弊，闻者亦有一暴十寒之憾，于是乎作日刊。议既成，乃使阳湖孟昭常为之序，爰述其例如左：

凡演绎学理，指陈事实，宜有统系，故谋篇定幅，宜有裁量。陈意不必甚高，枝干相生，首尾完具者，皆谓之论著，但指事类情，务求简要，无取浩博，出以平易，不涉艰深。设论著类。

是非至无定也，物论至不齐也，众说纷纭，吾将为之衡；积非成是，行之数千年，沈沈冥冥，而莫知其非义，其病在睫，目不得见，吾将授之鉴。设时评类。

修法律，定制度，皆乞诸其邻，主进化者持大同之义，主国粹者有仇视之心，孰得孰失，未易可辨，非搜讨原本，公之社会，无由心理之同。设译述类。

三类既建，若网在纲，顾所评论者为何如事，所译述者为何等语耶？昔人云：思之所至，奋笔疾书，乃不失当时真意。若昼有所思，暮而执笔，则相违者什八九。语其子目，未宜预计，撮其大要，可略言焉。

宪法为众法之母，宪法不立，则众法皆隳。皇上冲龄典学，监国摄政王负扆忧劳，危疑之际，一切大权作用，一不本之宪法之原理，而相与背驰，则天下之民，滋益不信。故上至摄政王始，下至王公百官，皆不可不研究宪法。又吾人民慑服于专制政体之下既二千余年，天赋之权丧失殆尽，自由之乐剥夺无余，官权无限，吏权无限，胥役之权又无限，积威所劫，毒流编户，而吾民无所措手足矣。欲澹沈旧，惟在宪法。此本报所注重者一。

国会为宪法形式之一，其意义固当并包于宪法，然今以请愿国会号呼奔走于中国者，声不绝乎耳，足不绝乎道，文字传告不绝乎报章，迟速之间，犹成相持之局，此亦我国中一未解决之问题也。顾国会之精神何以能畅满，国会之效用何以能角逐于万国竞争之世而无或惭惶，其组织、其秩序要自有法。此本报所注意者二。

设官分职，皆宪政精神所寄，五洲万国，各殊其例，是宜参稽互证，用折厥中；或且稽之本国历史，叙其沿革，甄其习俗，冶为一炉，将使民听易从，官怀不扰。此本报所注意者三。

地方自治，与官治相辅而行，本属于行政法之一部。然语其性质，有官民之分；论其利害，有广狭之别；言其休戚，有亲疏之殊。故当别为一宗。此本报者所应注意者四。

立宪之国，莫不有政党。政党者，萃一国之聪明才智，致力于政治，以期达完全之目的者也。故一国之政治，自议员、官吏出，而政党实左右之。以一国之聪明才智，定一国施政之方针，而左右一国之议员、官吏，夫而后不背于时，不迷于事。吾国人无不乐为官吏，近始稍稍习为议员，政党之义鲜有道者。无政党则议员、官吏皆为乌合，适然而提议，适然而通过，适然而执行，即不甚谬，亦止可为无意识之举，而况谬者且百出，国无所谓政策，而国不可为矣。自今以往，愿我国人，无论议员、官吏与非议员、官吏，速组织政党，使一国之聪明才智有所荟萃，毋长为无政策之国，为世界所侮笑。此本报所注意者五。

法令为支配社会之具，一日不可缺，一事不可违，一丝一孔之罅漏，不可不弥缝之使无阙。然吾旧法令之行于世者，日就废弃，或亦世运使然，所饥渴俟之者，惟新法令耳。其将行而未行者，宜有所献替；其已行者，宜有所讲求；其是也，当疏通而证明之，以坚天下之信仰之心；其非也，当抉摘之，以动政府改良之意。此本报所注意者六。

财政为一国之命脉，收入之数无一不取之于民，则有轻重厚薄适当不适当之问题；支出之数无一不操之于官，则有撙节冒滥核实不核实之问题。又国家税与地方税未分划，官私用度未规定，吾民膏血侵蚀于官吏之手者，犹不知凡几，言之痛心。此本报所注意者七。

谓吾民智识不足，此当然之理，不可为讳。然智识所以不足，则司教育者之罪也。由今之道，无变今之政，岂复有增进智识之理？抉其谬误，讽于有司，乃吾党之责。此本报所注意者八。

实业之不振，苦于无母财；母材之不足，由于无信用；信用之不立，由于政令非政令；政令非政令，是谁之过？国民生计所系，国家税源所系，消息盈虚，殆非细故。此本报所注意者九。

吾党所欲言者如此，志在立宪，故以立宪为限，而外交、军事有宪政相关系者，固当连类及之。以上数事，或一日数见，或数日一见，若有定，若无定，要皆厘然有序，使览者自得。虽然，天下之事物无穷，吾党之思力有限。报纸者，言论之机关也，夫曰机关，要以天下之言论为言论，其所发挥，要以天下之智识为智识。故凡报纸有征文之例，客有投稿之例，使天下有志之士，各出其智识，来相裨益，则岂惟本报之幸，抑亦天下之所乐闻也。邦人君子，其有意乎？

《申报》，宣统二年三月廿五日、廿六日（1910年5月4日、5月5日）

送阅《宪志日刊》

本日刊业于初一日在北京出版,现已寄到,特于本埠送阅五天。爱读本日刊诸君,请向本会事务所及中国图书公司、时中书局各定报处索取。预备立宪公会启。

《申报》,宣统二年四月九日(1910年5月17日)

2. 书　籍

郁怀智论公民教科书急宜编纂书

敬启者。预备立宪公会首在开通民智,使个人咸具普通知识,不愧立宪国民之资格。阅览孟庸生先生所编《交通社杂志》,内阐发公民二字之义,庶几近之。迩如本会讲演法政,崇论宏议,非不推阐尽致,第此为专门名家之学,学理细于牛毛,中人以下之资未易领会。鄙意欲求家喻户晓,不如多设公民学堂,则其为预备者,当不仅影响于上等社会已也。第欲设学,而未有专书,亦属空言无补。拟恳敦请孟庸生先生,公余之暇编就此种公民学堂课本,广为流传,贶遗后学。即如敝洋货业公所,现设有补习所,俾已逾学年之子弟余力从学,如添设公民教科书一课,间为研究,以求有此公民资格,其所嘉惠,岂浅鲜哉!愚昧之见，是否有当，尚祈察核施行。

《预备立宪公会章程题名表（附书函录要）》，光绪三十三年（1907年）铅印本

复郁怀智书

敬复者。接读大示，具见热心。所言多设公民学堂，尤为切中肯綮，曷胜钦佩。我国下流社会，不知人格为何物，久而久之，遂群趋于卑劣而不自觉。欲抉去此锢疾，非正公民之名不可；欲养成公民，非设立公民学堂不可。孟庸生先生素持多设公民学堂之议，且极愿编纂此书，冀有所裨补，惟本会现正组织出版并商法研究会诸事，并日兼营，尚虑不足，拟再添聘同志分门担任，而公民教科书极切于时用，一俟腾出日力，即当从事编纂，以副盛意。以后卓见所及，仍望随时赐教。幸甚。

《预备立宪公会章程题名表（附书函录要）》，光绪三十三年（1907年）铅印本

本会出版广告

《地方自治制纲要》

立宪之基础在地方自治，欲实行地方自治，必使府厅州县之官长与其境内城

厢乡镇之董事及其余士民之有志为议员、董事者，先有自治之精神，然后可行选举，可立议会。是编系日本学士所讲述，而钱君润本其师说，参以诸家理论而成者。有愿为地方自治模范者乎，盍取而一读之。每部两册，定价四角，趸批从廉。

《地方行政制度》

此书详于市町村，略于府县郡，而自治之精神益形完足，益切用于坊厢、都图之民。有能持一编而讲解之，以推行于乡里，则地方自治成，而立宪之基础定矣。定价三角，趸批从廉。

《国际私法会要》

是书荟萃日本法学家石光及中村氏精义，旁采各家学说多至十数种，于我国前途、改正条约及内地杂居等事极有关系，诚不可不读之书也。现正付印。

《各国比较日本宪法详解》

是书为日本城数马君述著，仁和邵羲译意。书中内容将日本宪法条文详加解释，于每条下附以各国条文为比照，可知日本宪法取法于其母国条文之意义，参观各国宪法条文亦可知国体之不同，而立法亦自有别。规定君主与人民之权利义务，各国宪法大致相同，惟权限大小稍有出入。我国宪法尚未发布，将来发布之条文，最足供人民之研究，故不可不先研究各国宪法条文，及东方首创立宪政体、模范欧洲宪法之日本宪法。是书以日本宪法为经，各国宪法为纬，实为吾国民今日所不可不读之书也。定价四角，趸批从廉。

《巴黎市塞纳县行政大全》

市政制度发达于欧洲，而法国实为其胚胎，是书经钱君译出，简洁雅达，足副原书，诚究心于地方行政之法理及期以实行者不可不读之书也。现正付印。

《公民必读初编》

此书专为养成地方自治之议员、董事而作，发行甫及一年，已叠印二十七版，可以觇我国社会之进步矣。定价一角五分，趸批从廉。

《公民必读二编》

本会会员孟君昭常所著《公民必读初编》备述地方自治厅州县城乡议员、董事之职务，已风行海内。兹又续出二编，特详省会，并详述高等国民之智识，以期由省会议员而进为国会议员，实立宪国民不可不读之书也。现已十六版，戋批从廉。

《地方自治讲演集》

全用白话，剀切详明，人人能解，诚筹办地方自治者之宝筏也。第一集第一册定价大洋一角五分。

《选举法要论》

是编为日本丸田可平原著，武进汤一鹗译出，复旁搜杂志十余种，凡关于选举制度之重要者，悉补缀之，以发明原著之余蕴，剀切详尽，网罗无遗，诚筹办选举事务与研究选举学理者必读之书也。现已出版，定价大洋四角。

《谘议局章程讲义》

阳湖孟森撰。谘议局章程吾国无人不当研索，惟其义类繁颐，淹贯为难，本书提要钩元，比同析异，与章程原文一经对读，自能焕然心解，为筹办选举及预备议员必不可少之书。定价大洋二角五分，戋批从廉。

《城镇乡地方自治宣讲书》

阳湖孟昭常著。按照章程发明义例，通体纯用白话，读之与听演说无异，诚开通社会之要书也。定价大洋一角五分，百部以上格外从廉。

《城镇乡地方自治章程表》

山阴沈尔昌编，阳湖孟森校订。筹办地方自治之层次、手续一目了然，有志为议员、董事者不可不备之书也。定价七分,迳批从廉。

《预备立宪公会报》第一年第一期,光绪三十四年正月二十八日(1908年2月29日);第一年第十期,光绪三十四年六月十三日(1908年7月11日);第二年第五期,宣统元年闰二月十八日(1909年4月18日);第二年第十九期,宣统元年九月二十八日(1909年11月10日)

孟昭常《地方自治制纲要》序

余少与乡人处,喜杂问村间琐屑事,故凡乡党、职役、版籍、户口、徭赋、科征之属,功令与事实不相符合之处,皆心识之。又见官民相与之际,堂室之森严,吏役之黠猾,官书之杂沓,文义之拘牵,辄慨然太息。念官民相与,隔绝如是,决非通法,因求之往古,得《周官》比闾党族之制,乃大叹,想以为周公致太平之道在是。夫行政区域,析之极细,则耳目易周;为之长者,出自里闾,则情谊相浃;利害身受,忧乐与共,则计画至精。此其便利,人所易晓。度自周公以来二千余年间,未宜中绝,由是知《管子》轨里连乡之制,《汉书》三老、啬夫、亭长、游徼之名,后世保甲、保马、十家牌诸法,皆乡党职。今名虽异,体制未改,举其大要,在邑曰坊厢,在野曰都图,各有董事,有地保,有庄首、牌长,则虽谓《周官》之法至今存焉可也。乃者枢机犹在,运掉不灵,以致朽蠹,深用叹惋。及闻东西国地方自治之说,蹶然而起,曰可也。夫枢机之所以朽蠹,致失其效用之力者,以运用之不如法也。命之曰地方自治,则运用之妙,皆有方式之可寻,何朽蠹之有。于是东学于日本,绅绎师说,博考其载籍,乃知日本之自治制,多承幕府之旧,而并不始于明治之维新。盖其始有町行政、郡行政之分,町有町奉行、町年寄,其下有名主、地主、家主、五人组等职名;郡有郡奉行,其下有名主、组头、百姓代等职名。可见此等组织,皆自然之势,本无新旧之可信,亦并不可谓之西法。往昔勿论,论其现行者,曰室曰町曰村,与吾坊厢、都图等所异者，吾无法人之资格与选举议会之方式而已。今语人以外国法，滋不见信，矜言古法，则又疑比附，则直诘之曰：今坊厢、都图董事当公举耶，当听其与奸胥、蠹役相勾结，以把持此黑暗之局耶？众无不曰宜公举。然则用选举法何如？众曰：程度不及也。又诘之曰：今坊厢、都图董事所执行之事，当公议耶，当任一人之私意耶？众无不曰宜公议。然则用议会法何如？众曰：程度不及也。呜呼！政府声言预备立宪，而冤吾民曰程度不及，而吾民亦且自冤曰程度不及，长此因循，不及者当何时而及耶？且吾闻沮者之言曰：程度不及而行选举、立议会，势不至于叫嚣庞杂、日寻斗争不止。夫选举有选举法，议会有议会法，虽猝然行之，何至于是。且惟有议会而后有辩难，有辩难而后有公理，有公理而后人民之程度乃有增长之日。沮者云云，宁非不学之过。宝山钱君玉如学于日本，专讨论地方制度，既卒业，成书一册，曰《地方自治制纲要》，载自治之理论与其方法，皆秩然有序，足以间执不学者之口矣。其弟印霞太史以书抵沪，渎属余为序，乃祝曰：自有此书，则程度不及之说可以破，而凡可偃然僵卧者，皆苏苏欲动，不至以自治为新奇骇俗之论，而且以为平易而可行也。吾中国庶有望乎！丁未夏六月孟昭常。

《预备立宪公会章程题名表（附书函录要）》，光绪三十三年（1907年）铅印本

孟昭常《地方行政制度》序

丙午岁，余与张君家镇（雄伯）同学于日本，秋受"地方行政制度"，讲师吉村先生曰：国家行政分官治行政与自治行政二种，府县郡为自治行政之上级团体，而实为官治行政之活动机关，市町村则纯乎自治，即有时受府县郡之委任，而行官治事务者，其最小之一点也。今欲明自治之意义与其方式，宜注重于市町村制，故今所授者，详于市町村，而略于府县郡。余退而深思彼之所谓市町村，

在中国行政上居何等之地位，辗转比合，颇得其形似，乃叹曰：吾中国自治，其基础何尝不立，所缺乏者意思机关也。意思者何？议会是也。夫市町村为乡党区域之名词，市町村长为乡党职役之名词。质而言之，彼之所谓市，乃吾所谓城厢；彼之所谓町村，乃吾所谓乡镇。彼市下有区，犹吾所谓坊；厢町村下有区，犹吾所谓都图。市内之区长，视吾坊厢董事；町村长视吾乡董；町村下之区长，视吾图董。独吾城厢未有董事，尚少市长一席耳。然城乡皆不行选举，不立议会，乃遂坏乱于黑暗官吏之手。呜呼，其可悲也！今国家预备立宪诏旨明切，令各省实行地方自治，而责直隶、江苏为之倡。夫自治之精神，不在府厅州县，而在坊厢、都图，诚有如吉村先生所言。然坊厢、都图之成立，以住民为本位，由住民区别之而为公民，由公民选举而为议员、董事。然则朝廷所以不欲操之过急，而必纡徐曲折，先以直隶、江苏为尝试之计者，诚恐天下之住民，无从区分其资格，而认为公民也。自社会程度观之，直隶、江苏之民不加高，天下之民不加卑，呼之疾则应之速，人情不甚相远耳。余尝著《公民议》，载《法政交通社杂志》，以质当世，伯兮叔兮，褎如充耳，奈何乎哉！今为预备立宪公会纂公民教科书将毕，数月之后当出以问世，雄伯先纂《地方行政制度》一册，盖本吉村先生之意，注重于市町村制，而又参之岛村、岛田诸家之学说而成者。余谓欲醒天下之耳目，直可改其名曰坊厢、都图行政制度，庶几天下希望立宪、努力谋地方自治者，与夫有志为天下坊厢、都图董事模范者，皆于是乎取法焉，因亟商之预备立宪公会刊行之。丁未秋七月孟昭常。

《预备立宪公会章程题名表（附书函录要）》，光绪三十三年（1907年）铅印本

郑孝胥《公民必读》序

天下之望立宪亟矣，自政府以至官吏，皆曰吾民之程度不及也，然则中国果

已具有立宪之政府官吏，独无立宪之国民乎？吾欲为国民辨，而顾不能为之辩，何也？彼诚狃于倚赖之习俗，闻地方自治之语，则色然而骇，瞿然而却走。中无所主，而欲加以负荷之重，此与向者政府官吏之操刀伤手、折鼎覆餗者，固无以异，明矣。夫人恒耻于不学，而惮于为学，又必弃疾于劝学者，悍然拒之，以逞其羞怒。向者政府官吏之病吾国、负吾君与民者既坐此矣，吾之国民幸无更蹈焉。孟君昭常著是编，适下试行地方自治之诏，吾冀国民之闻明诏而响应者，争取是编读之，庶几可以间执谗慝之口，而乐任负荷之重，则是既有以仰慰朝廷之期望，而亦大有造于政府官吏也，乃言于公会，版而行之。丁未八月郑孝胥。

《预备立宪公会章程题名表（附书函录要）》，光绪三十三年（1907年）铅印本

《公民必读》出书广告

本会出书并非营利，但欲我国人皆有公民智识，可为地方自治之议员、董事，故公议定价改为一角五分，十部以上九折，五十部以上八折，一百部以上七折，十部以内邮费另加。总发行所上海静安寺路五十四号预备立宪公会事务所，发兑所商务印书馆、文明、普及、时中各书局。

《时报》，光绪三十三年九月廿四日（1907年10月30日）

《公民必读》二编七月中旬出版

　　本会会员孟君昭常所著《公民必读》初编，备述地方自治厅州县城乡议员、董事之职务，已风行海内。公会又续出二编，特详省会，并详述高等国民之智识，以期由省会议员而进为国会议员，实立宪国民不可不读之书也。印刷精工，大洋一角一分，有欲定购者请函告本会事务所为盼。第十期《预备立宪公会报》亦出。预备立宪公会广告。

　　《时报》，光绪三十四年六月廿七日（1908年7月25日）

出版部各省订购书籍记数

各省商店代售及其它售出者不录

　　河南抚台订购《公民必读》初编一万部。

　　安徽藩台订购《公民必读》初编六百部，《地方行政制度》六百部，《地方自治制纲要》四百五十部。

　　吉林抚台订购《公民必读》初编七百部，《地方行政制度》一百部，《地方自治制纲要》一百部。

　　天津府自治局订购《公民必读》初编五百部，《地方行政制度》五百八十部，《地方自治制纲要》五百部。

　　贵州抚台订购《公民必读》初编一千部，《地方行政制度》一千部，《地方自治制纲要》一千部。

云南制台订购《公民必读》初编四百二十部，《地方行政制度》三百部，《地方自治制纲要》三百部。

江西谘议局、商会订购《公民必读》初编五千部，《地方行政制度》三千部，《地方自治制纲要》三千部。

芜湖商会订购《公民必读》初编三百部。

吉林商会订购《公民必读》初编一千部。

山东提学使订购《公民必读》初编六百部，《地方行政制度》三百部，《地方自治制纲要》三百部。

山东邹平县订购《公民必读》初编三百部。

浙江嘉兴县订购《公民必读》初编一百部。

福建教育会订购《公民必读》初编一百部。

山西五台县订购《公民必读》初编五十部，《地方行政制度》三十部，《地方自治制纲要》三十部。

广东粤商自治会订购《公民必读》初编一千部。

广西抚台订购《公民必读》一千部。

南洋（太）〔大〕吡叻埠商会订购《公民必读》初编二百部，《地方行政制度》七十部，《地方自治制纲要》七十部。

江苏桃源县订购《公民必读》初编一百部。

《预备立宪公会报》第一年第一期，光绪三十四年正月二十八日（1908年2月29日）

二月上旬出版部各省订购书籍记数

各省商店代售及其它售出者不载

湖南抚台订购《公民必读》初编二千部,《地方自治【制】纲要》二千部。宝应商务分会订购《公民必读》初编一百部。

《预备立宪公会报》第一年第二期,光绪三十四年二月十三日(1908年3月15日)

二月中旬出版部各省订购书籍记数

各省商店代售及其它售出者不录

奉天府订购《地方自治制纲要》一百部,《地方行政制度》一百部。

《预备立宪公会报》第一年第三期,光绪三十四年二月二十八日(1908年3月30日)

三月上旬出版部各省订购书籍记数

各省商店代售及其它售出者不录

青浦自治会,《地方自治制纲要》一百部。

如皋商会,《公民必读》初编二百部。

杭州法政学堂,《公民必读》初编一百部。

《预备立宪公会报》第一年第四期,光绪三十四年三月十三日(1908年4月13日)

九月中旬出版部各省订购书籍

各省商店代售及其它售出者不录

贵州抚台龙订购《公民必读》二编一千部。

《预备立宪公会报》第一年第十七期,光绪三十四年九月二十八日(1908年10月22日)

十月下旬出版部各省订购书籍

各省商店代售及其它售出者不录

广西抚台张订购《公民必读》初、二编拾万部。
湖南抚台岑订购《公民必读》二编三千部。

《预备立宪公会报》第一年第十九期,光绪三十四年十月二十八日(1908年11月20日)

四、商法草案编辑活动

1. 编辑商法草案活动的发起

致商务总会、商学公会论商约书

商务总会、商学公会诸公执事:我国家遴派重臣与各国协议商约,盖数年于兹矣,所议何事何约,商人不得而闻也。商人出其资本,营运物品,与外国人贸易,是其利害关系,莫切于商,而商不能问,官亦不以问商,嗟我商人,其为无告之民矣。彼亦人民共有之国也,我亦人民共有之国也,彼之定约也,其大臣者必与各业之商人偕来。今日议纱布,则纱布业之代表者一人或二三人来;明日议丝茶，则丝茶业之代表者一人或二三人来；他业仿是。彼有所要求，其大臣者必如其各业代表者之所欲得而甘心之。我有所抗论，其大臣者必询各业代表者之所可否而可否之。故彼之商人穷思极算，必占尽贸易之便利，踌躇满志而后已。我大臣夷然不屑，拱手予之，不稍靳。夫其所以予之，不稍靳者，非不能靳，实不知所以靳也。顾彼之所便利，即我之所极不便利，彼踌躇满志之日，即我痛苦无聊之时。大臣之与本国商人决非仇敌，与外国商人亦决非兄弟骨肉、亲戚旧故，而所为相反，乃竟若此。还以叩之大臣，未有不爽然自失者。货币之换算，金银之涨落，行栈之设置，航轨之扩张，彼商人谋之，而议约大臣力争之。我商人未尝不自谋，而绝不见恤于议约之大臣，议约之大臣亦绝不一相闻问。外人之所要索，我之所准许，亦绝不一商榷。彼之商何幸，我之商何不幸。商为不幸之商，而国可以为立宪之国者，必无之事也。曩者朝廷尝降谕旨预备立宪矣，当今之世，不知商人之当参预商约，则无论为政府，为议约大臣，为官吏，为商民，皆谓之无立宪国民之智识；知之而不能言，则无论为政府，为大臣，为议约大臣，为官吏，为商民，皆谓之无立宪国之民之资格；抑知之而不欲言，则谓之抛弃立宪国民之权利，而因以丧失其资格。有一于此，窃为公等不取也。敝会同人以遵旨预备立宪为宗旨，有此等事而不以进于诸公，则谓之怠于职务，而自丧失其预备立宪之目的，又敝会同人之所大惧也。故敝会不以告，则敝会之责，告之而不见听，则诸公之过。诸公能请求于商约大臣及农工商部，以挽回此未终局之残棋，则立宪前途幸甚。敝会不敢放弃天职，以负明诏而重罪戾，敢以闻，惟希贵会诸公亮察，不尽言宣。

《预备立宪公会章程题名表（附书函录要）》，光绪三十三年（1907年）铅印本

致商务总会、商学公会讨论商法草案书

商务总会、商学公会诸公阁下：我中国当世界万国竞争剧烈之冲，而直接受其影响者商界也。我中国臣民受外界之激刺，欲号呼于中国，而噤不得出声，郁而不发，迟之又久，以迄于今者，亦商界也。然则动心骇目、时触起对外之观念者，宜莫如商；负对外之责任者，宜莫如商。推此观念，异此责任，以致之一国之臣民者，宜莫如上海之商。乃者睢盱竞逐，日增月盛，凡武力之斗争，与非武力之斗争，狎猥洊至，我中国颠顿失次者屡矣。朝廷愀然深念，知天步之艰难，非令全国人民负责任，永无以敌外，故上年七月十三日有预备立宪之诏。然欲使全国人民有责任心，不可不以发愤为学，合群进化，为播种之良谋，故敝同人有预备立宪公会之设。迩者敝会同人深自淬（厉）〔砺〕，忧思绵远，如出一致。旬月聚议，言论激发，互有感触。因念立宪之国，必有法典以为一国臣民之保障，今中国法典未备，虽实行立宪，而臣民之权利义务无所庇以存，将终为预备立宪之大憾。夫私权之行使，恒不离乎饮食日用之常，保私权之享有，宜莫切于民法，于是思讨论民法。民法起源于惯习，以中国幅员之广，人民之众，欲搜罗惯习，荟萃心理，非十年、二十年可就。敝会彷徨四顾，急切为社会计近效，于是又思讨论商法。夫商法者，私法也，实体法也。甲与乙为营业契约，丙参加之，甲、乙为当事者，丙为第三者，法律既保护当事者之双方，又保护第三者，皆以固个人之私权为原则，故谓之私法。会社运送保险，皆事实问题，有事实而后生主体、客体权利义务之关系，法律即因事实而规定其主体、客体权利义务之关系，故谓之实体法。惟其为私法，故凡尊重其私权者，皆以性命视之；惟其为实体法，故凡为营业者，皆以布帛菽粟视之。考各国法律，必经议会之协赞，而后施行乃为有效。其意以为法律者，政府与人民共守之，故必令政府与人民协定之。政府有所拟制，必宣示于众曰：某事后当从某法。其人民必自忖与其惯习上之经验，及社会心理之作用，无所违忤，然后诺之。若其否也，则抗颜争之，往

复辩难,至于再,至于三,并不厌至于五六。既协定,则无悔无虞,无感觉其不便,夫而后能发展一国之权,能抗衡于万国商法,其尤显者也。盖商事常与各国相竞逐,彼有法而我无法,以无法之商,敌有法之商,其胜负可知。彼以法律,我以道德,道德有时而绌,法律则无乎不在,其胜负又可知。抑不仅惟是,内地商人即不与外人贸易,而其往来取引之际,信用不立,财产不固,担保不确实,货币不划一,经济不流通,长为社会之患,亦足为致贫积弱之因。敝会窃不自揣,愿集多数人之心理,凑合商界、学界之精灵,而研究商法,假以岁月,定成草案,用以致之政府,俾有所藉手,以立法典,此为吾党应尽之义务。敝会以预备立宪为目的,对于商界尤为应尽之职务。曩者我政府尝建言商法矣,一定公司律,再定破产律,非不精心结撰,周致缜密,然奏定颁行之后,论者哗然,皆以为不便。夫当拟制之初,其起草者皆司员中之佼佼者也,其为学也,或深通中国律例,或并能参照东西各国条文;或自东西各国来,并不仅能举其条文,或且颇言其学理。其主张之义,各有所依据;其行职务也,亦各欲尊其所闻,行其所知;其对于社会也,亦各欲达其增进幸福、排除损害之目的,断非有意造作牴牾不通之法,以阱世人者。而天下攻之也,直不啻视之如坑堑,推原其故,厥有二因:一曰不经商人协议,二曰采英美大陆、日本诸法杂治之,而不详其理由。夫定商法而不经商人协议,则为失其本意。商法者,所以保护商行为之双方,而并及于第三者也。然其中利害之倚伏,时机之消息,非商人不能尽知。商人之所利,法律或箝制之,使失其权能;商人之所苦,法律或遗弃之,而不见省恤。贸然而起草,贸然而上奏,贸然而实施,纯以强制力行之,无复容商人一毫意思参与于其间,是保之而适以阱之也。无法之世,商人犹得自为趋避,有法之世,又加以桎梏焉,其失一也。英美大陆、日本诸法,各有主义,各因其国俗,调和其惯习。今一切不问,刺取各国条文,杂为一俎,而并不言其采择之理由。商人就事论事,无从推测法理,亦不知立法者命意之所在,群情惶惑,力请缓行,久之卒不得其要领,其失二也。敝会念商事之不竞,忧前途之日蹙,鉴此二失,亟图补救。贵会为全国商界之枢机,而诸公者又全国商界之精灵也,今愿与贵会约:敝会谨推举学界数人,专讨论商法学理,诸公可各出其平日之经验,按之事实,互相辩难。有不合者,随时协议,或变通学理,改从惯习;其或狃于惯习,揆之学理,久必生弊,有不能不裁抑惯习以从学理者,皆协定之。期以三年,定为草案，献之大部，请其认可，奏准施行，庶几于商界前途有所裨补，而预备立宪之效力，亦因是以大著，在敝会固为应尽之义务，而诸公亦有不可抛弃之权利。希裁夺赞成，幸甚。

《预备立宪公会章程题名表（附书函录要）》，光绪三十三年（1907年）铅印本

商学公会复函

预备立宪公会诸公台鉴：敝会奉贵会函送论商法书一件，昨经开会集议，均极赞成。拟即选举明达商务评议员数位，与贵会公同详慎商办。合先函复，敬请台安。

又：

预备立宪公会诸公执事台鉴：敝会奉贵会函送论商约书一件，遵即开会集议，以兹事体大，拟会同商务总会，出名邀沪上全体商人，借公处地方集议办理，并拟定本月十九日开会，用特函复。肃此，敬请台安。

《预备立宪公会章程题名表（附书函录要）》，光绪三十三年（1907年）铅印本

商务总会复函

预备立宪会诸公阁下：叠展赐书，崇论闳议，钦佩无量。中国民法、私法之

说，三代以后无有知者，近年东西潮流排撼而至，我以无法无学之故，屡遭倾跌，而亲与剧战之华商，实首承其病，深用浩叹。诸君子慨任职务，出其学识，以求合于商界之习惯，此同人所欢迎恐后者也。昨于常会当众提议，咸乐赞成，所有纂订法度，应请贵会斟酌厘定。至常年经费，遵作三分担任，除请贵会自认一分外，余二分即由敝会与商学公会任之。至商约一节，昨亦一并议决，准于本月十九日下午二句钟，假愚园开特别大会，邀请全体商董莅会讨论，业由敝会与商学公会联名刊单，分送各业矣。届时务祈贵会诸君早赐光临，畅抒伟论，并祈多邀演说诸君来会演说，俾得大开商界智识。敝会与商学公会拟敦请马湘伯、雷继兴、李平书、刘厚生诸先生至会演说，谅诸先生必能许我也。耑肃布复，敬颂公益。

《预备立宪公会章程题名表（附书函录要）》，光绪三十三年（1907年）铅印本

编辑所成立报告各会员书

敬报告者。本会前致函于商务总会、商学公会，发起讨论商法草案一事，嗣经两会函复，均极赞同，并愿协助经费，当由本会函电邀请秦君晋华等五人担任编纂之事。兹秦君于本月初十日自京师至沪，即日由本会租借白克路五百六十九号门牌楼房上下共四间，作为本会编辑所。十三日在编辑所开编辑员会，公同商定，先将各国商法正文及理论择要翻译，一面函告商务总会、商学公会，请其推举评议员，以便与编辑员随时商酌，俟译有成篇，即行起草，逐条与商界议员协商定夺。除另函通告商务总会、商学公会外，合将编辑员名单，及月支经费先行报告。肃布，敬请台安。

计开编辑员五人：

秦君瑞玠，字晋华，江苏无锡人，河南候补知县，留学日本法政大学毕业。

汤君一鹗，【字】幼谙，江苏武进人，留学日本法政毕业。

以上二员驻所办事。

邵君羲，字仲威，浙江仁和人，留学日本法政毕业。

孟君森，字莼生，江苏阳湖人，留学日本法政毕业。

张君家镇，字雄伯，江苏青浦人，留学日本法政毕业。

以上三员不驻所办事。

按月开支数目：

秦君晋华按月酬银一百两，汤、邵、孟、张四君各计译稿数字之多少，馈送相当之报酬，大约每月共支银二百两。

房租二十三元七角五分。

茶房一名，洋五元。

堂食油火工部捐一切杂费，约二十元。

此系开办时先行译书之办法，至起草时如何组织，如何协议，届时商定，再行报告。

《预备立宪公会章程题名表（附书函录要）》，光绪三十三年（1907年）铅印本

编辑所成立致商务总会、商学公会书

敬启者。敝会前致函于贵会，发起互相讨论商法草案一事，嗣奉贵会函复，赞成并协助经费，当由敝会函电邀请秦君晋华等五人担任编纂之事。兹秦君晋华于本月初十日自京师至沪，即日由敝会租借白克路五百六十九号门牌楼房上下共四间，作为本会编辑所。十三日在编辑所开编辑员会，公同商定，先将各国商法正文及理论择要翻译，一俟译有成篇，即行起草。应请贵会推举评议员，组织评议部，以便与编辑部随时商酌。至起草时，尤须逐条研究，以期学理与事实两不

相背。用敢函达，请即组织评议部，并将评议员姓名、住址通知敝会，是所切盼。专肃，敬请台安。

《预备立宪公会章程题名表（附书函录要）》，光绪三十三年（1907年）铅印本

上海商务总会致各埠商会拟开大会讨论商法草案书

中国海内外各埠商会诸公执事：我中国商人沈沈冥冥，为无法之商也久矣。中国法律之疏阔，不独商事为然，商人与外国人贸易，外国商人有法律，中国商人无法律，尤直接受其（彰）〔影〕响。相形之下，情见势绌，因是以失败者，不知凡几。无法之害，视他社会尤烈，此可为我商界同声一哭者也。我商人积数十年之经历，可谓艰苦备尝矣，其中颠顿狼狈，时起时仆，佹得佹失，通盘计算，佥胜之日少，而败溃之日多。此何以故？此惟无法律之故。近者预备立宪公会致书于敝会及商学公会，极言商法必须商人协议，亟宜讨论。敝会与商学公会意见相合，因即日会议，询谋金同，均愿担任经费，协同商议，已具书答复去矣。兹将预备立宪公会原书录呈尊览。抑敝会因预备立宪公会之触发，又生无数之感念，试以二近事证之。一汉口钱商同大等五家，因英商麦加利银行所用之跑楼，假银行名义，向钱庄拆银五万两，嗣以跑楼倒逃，钱商向银行索偿，该银行声称此款并未入银行之柜，不能承认。钱商赴英国，起诉于裁判所，得直除偿还正款五万两之外，并按日计息。此中外交涉之一事也。一上海义昌等商号数家，与福州闽关铜币局交易，币局（次）〔欠〕商号铜胚价款十余万两，缕索不得，呈控农工商部，旋奉钦差大臣断催，将该局总办革职，并查抄监追，所欠商人价款，不令币局如数归还，故商款至今无着。此官商交涉之一事也。按外国法律，理事员权限有变更，不得对抗善意之第三者。跑楼以银行名义向钱庄拆款，从中作弊，银行欲不认，而英国法律不许。币局总办以币局名义向商购买铜胚，价款

商人要求币局照偿，而当道不许。此非英官之厚待华商也，亦非沪商之不如汉商也，英国有法律，华商于法得直，中国无法律，而官吏可以任情判断，违背公理而不知其非也。其他纠葛，往往涉讼至数年、数十年不决。又或区区细故，狃于偏私，各不相下。当事者既无一定之规律以范其心思，旁观者亦无可据之条文而为之评判，至第三者无故受累，论者皆委之于晦气，而无可如何。官吏可上下其手，怨家多倾陷之方，此为何等世界乎。然此犹指纷争之已见者而言也，若无形之障碍，又不可殚述。无运输法，则运输不发达，而难于流转；无保险法，则保险不发达，而易致恐慌，皆足为商业之障害。洋商谓我华商道德独厚，惜法律不具，不足以维持之，故兴业最难。政府一定公司律，再定破产律，虽奉文施行，而皆未有效力，卒之信用不立，道德有时而穷，规则荡然，事业何由而盛，长此颓废，吾商业其终不竞乎。今预备立宪公会既首创此议，敝会即商请预备立宪公会担任此事，由预备立宪公会召集学问之士潜心讨究，以求合乎各国法理，令适用于国际贸易；复由敝会与商学公会招集商界，公举代表与之协议，以求合乎中国商业上之习惯，令可施行。独是中国商习惯千头万绪，决非上海一隅所能尽。以侨商言，则有外洋各埠；以通商口岸言，则有沿江沿海各埠；以普通商情言，则有内地各省府厅州县。凡设立商会之处，皆有机关，皆可公举代表，莅沪协议。用敢奉渎左右，谨拟于本年十月十四、十五两日，在上海愚园开特别大会，奉邀各贵会各举代表，莅沪集商一次。嗣后或请代表员驻沪随时商办，或嘱寓沪绅商代陈意见，或由敝会特设通信机关函询各贵会，请各贵会抒发高见，依期答复，以资参考，各从其便。自经此次联络之后，不但商法草案一事便于讨论，而一切商情之利弊、商业之盛衰、公司之联合、航轨之交通，并现今商事政策之得失、应如何改良之处，皆可合力研究，以求进步，其详细规程，仍候大会协议公决。除先期逐日登报广告外，先此肃布，伏冀裁察。敬颂贵会诸公幸福不宣。

《预备立宪公会章程题名表（附书函录要)》，光绪三十三年（1907年）铅印本

2. 第一次商法讨论会

商法特会第一日纪事

十四日午后两点半钟，上海商务总会、商学公会假座愚园开商法特会，各省各埠代表到者七十四会，中有新加坡、长崎、神户三会。兹将是日提议事件【条列】如左：

一、商务总会报告各埠商会代表员并开会之缘起。会长李云书君言：四月中接预备立宪公会来函，内开华商无商法之害（原函已见前日报）。本会与商学公会、预备立宪公会拟联合全国商人，自造商法草案，要求政府施行。如何设置调查、协议机关，请诸君公决。

二、预备立宪公会报告从前发起之理由。会长郑苏龛言：立宪会所以致函商会，请其研究商法，无非保护商人之意。是宜由各商会分任调查，参酌旧有之习惯，与各国现行法典，融会贯通，定一中国之〈法〉商【法】。

三、商学公会报告赞成之同意。副会长周金箴君言：商法起草，（立宪会）〔商学公会〕与商务总会、预备立宪公会同居发起之列，其办法有：（一）商务总会、商学公会各举熟于商事者为评议员，（二）编辑经费由三会担任。

四、编辑员报告七月以后开办情形。孟庸生君言编辑所七月开办，延聘秦、汤、邵、张诸君先编公司法，次契约法、破产法、商行为·手形法、海商法，皆当顺序编辑，须三年告竣云。

五、各会提出意见：（甲）上海南市分会会长王一亭君言商法草案应否禀知商部。（乙）嘉兴代表张右企君言编辑经费未便责成三会，应由各埠商会分任。又言应办联合会报，以为各埠交通之邮。（丙）常昭代表楼心如请编辑员撰一调查表式，分致各埠，按格填写。（丁）长崎代表苏道生请仿行钞票。（戊）清江浦代表刘少浦请立商业裁判所。议至此，已钟鸣五点。会长李云书君言，诸君如有意见，请于明晨投函商会，于开会时再议，遂散会。

《申报》，光绪三十三年十月十五日（1907年11月20日）

商法特会第二日记事

十五日午后二点四十分，上海商务总会、商学公会、预备立宪公会仍假愚园开第二日商法特会，所有会议情形分类录左：

一、公推议长。李云书君先推颜骏人君为临时议长，颜以来宾资格力辞，各代表仍公推李书云君为临时议长。

一、会议规则。（甲）每一问题每位得讨论一次，如有再欲发表意见，应（侯）〔候〕全体讨论毕后，请会长询问各会代表，经多数允可，方可再议。如果发表之人经全体辩驳后，原发表人可随便答覆缘由，不在上例。众赞成。（乙）在会诸公讨论商总，请和平讨论，幸勿争论阻碍。众亦赞成。

一、宣布商法草案提纲。（甲）公订商法草案，以便将来联名禀部立案，永远遵守，诸公以为可否？周金箴君言，草案应俟通过各埠商会，再行禀部。众赞成。（乙）公司法。（丙）契约法。（丁）破产法。（戊）商行法。（己）票券法。（庚）海商法。（辛）总则。议公司法之时，有某代表谓，必先有保险法而后有公司法，先有印花税法而后有契约法，先有登记法而后有破产法。张右企君言，保险法不在公司法范围之内。孟庸生君言，保险法规定保险业者，自不在公司法范围之内，印花税法与登记法亦是一种单行法。孟君又释商法、民法之异同，略谓商法从历史上相沿习惯成为一种特别法，各国商法条文多有通用民法之处，中国现无民法，只得暂于商法内搀入几条，以补其阙。议长因某商会代表之意见，言立法须令华商与洋商同等之利益，又言须定华商与洋商交易法等情，请公共研究。经马湘伯、沈仲礼两君反复辩论，言有商法自然平等，非编辑时所能加入。众鼓掌。

一、联合会应否开年会。（甲）年年在上海开会，（乙）轮年择地开会。众谓俟明年在上海开会时再议。又众议推李云书、周金箴两会长委托起草员拟定章程。

一、通信办法。众议以交通极难、路途最远者之吉林为率，一月为限。

一、各埠担任编辑经费。发起是议者为嘉兴代表张右企，以编订商法费由三会担任，不如各埠协助经费，多聘编辑几员，使之速成。后由议长决议数目，不论多寡，各听其便。

一、仲裁裁判所。李兰舟言，两造来会请求公断者，即以商会为仲裁人，亦无不可。

一、各会拟举商法草案评议员一人。众请各会举定后，通告编辑所。

议至此时，已五点三刻。李议长言，各属意见书不及提议，由本会编辑所答覆，分送各埠。遂散会。

再，中间沈仲礼君演说编订商法，为华洋商人平等之基。马湘伯君演说十四省商人讨论，为中国之立宪之基云云，以限于篇幅，不详载。

《申报》，光绪三十三年十月十六日（1907年11月21日）

孟昭常临时代表本会为商业特别会演说词

前日敝会致书于商务总会、商学公会论商约事，商务总会、商学公会欲以此意告之上海全部商界，协商办法，故有今日之会。顾商务总会、商学公会又以此事系敝会发起，故特函邀敝会举临时代表员到场，演说发起之宗旨。请为诸君言之。

敝会以预备立宪为宗旨，则敝会所发表之言论、所执行之事务，无一不以预备立宪为目的。顾预备立宪何以涉及商约？诸君当知，预备立宪要有预备之事实，事实之表见，在全国人民共负责任。商约为商人应负责任之事，商人为商约上应负责任之人，今诸君绝不过问，是诸君先不肯为国家负责任也，是诸君先不以立宪国民自居也。敝会以促起国民责任心为己任，故除编纂宪法及地方自治等书出版发行，并拟设宣讲所养成公民资格外，不能不责望于商界诸君，以为商约与商人有密切之关系，痛苦最易感觉，现今中国臣民第一有责任心者，宜莫如诸君，诸君第一件应负责任之事，宜莫如商约也。于此可分二说：

一、商约与立宪之关系。盖商约为我国商人与外国商人交绥之点，商人受商约之束缚因而困败，则国必削弱而至于灭亡。今日之商约，皆束缚商人之具也，譬之于人，缚其手，絷其足，使之驰骤而不至颠蹶者，盖万不得一。诸君试思，商人缚手絷足而驰骤而颠蹶，其景象为何等景象，一般社会当受何等之影响。夫商不通，则工不兴，工不兴，则农不殖，于是为商而商敝，为工而工敝，为农而农敝。农工商皆敝，而天下之为农工商者日见其少矣。少一为农为工为商之人，即多一不农不工不商之人，其愿者以不农不工不商之故穷饿以死，黠者以不农不工不商之故流为盗贼。国如是，尚可言立宪乎？故曰商约与立宪之关系。

二、参预商约与预备立宪之关系。盖国家者，我商民共有之国家也，我商民共有此国，而不忍令其国之民，为不农不工不商之民而穷饿，而为盗贼，而思扩张其商业，以振兴此共有之国家。商人自为计，即同时为国家计。以文明各国之通例，商约非得商人之同意，不得视为有效。依上年七月庶政公诸舆论之谕，本年五月官民共担责任之谕，则凡商事上之政策，诸君皆当负责任。岂惟商约，又岂可以商约已经失败，而绝意不复问此商约。故曰参预商约与预备立宪之关系。

敝会发起之宗旨如此，抑敝会所希望于诸君者如何乎？夫外国人至中国通商贸易，我中国极应优待，以示中国之文明。然统观世界上最文明之国，其商业政策于内外国人之间总有区别，以示限制。故只有令外国人受相当之保护，决不能令外国人享同一之权利，即有特别条约，亦只指定事项，令受同一之待遇，从未有令外国人受特别之利益，而内国人反吃亏者。盖一国之经济政策当如此，亦文明各国之所公认也。今日之商约则不然，他国商人处处得自由贸易之利，我国商人则不许一毫受保护之益。国家不知保护商人，商人甘心受亏，而不知要求保护，皆足为文明人所窃笑。敝会所希望于诸君者，在不受人笑。抑国家有意束缚商人，商人甘受其束缚，而不知自脱，则必为文明国人所欺。敝会所希望于诸君者，在不受人欺。查商约大臣本有随员，而皆不谙商情，敝会甚愿诸君公举代表数人，要求商约大臣加入随员之列，凡商约大臣之所议，商界得条陈利弊，供商约大臣之研究，以为磋商之资料。诸君倘以为然，则此举可为商人对于国家有权利之始，换言之，即商人对于国家负责任之始。

《预备立宪公会章程题名表（附书函录要）》，光绪三十三年（1907年）铅印本

各省商会来函登记

上年十月十四、十五两日，各省商会大会于上海愚园，列席者八十余商会，未列席而投书表意者又十余商会，跨十数行省。本会及上海商务总会、商学公会皆在主人之列。后一月，由本会编辑所编纂记事录一册、启事一通，遍寄各商会。道里辽远，音书迢递，到达有迟速，故答复有参差。兹谨将已覆到各会登记如左，盖亦公告之意，其书中认缴经费及推举评议员等事由，均已专函覆去，兹不赘。

芜湖、江宁、松江、孝丰、石浦、泰兴、新市、九江、如皋、抚州、杭州城北、宿迁、湖州、长崎、福州、吉林、宝应、烟台、刘河、衢州、温州、金山松隐。以上均认缴经费者。

广州、孝丰、丰利、温州、宝应、吉林、刘河、海参崴。以上均已举定评议员者，评议员姓字下期补录。

南翔。以上有覆函，认费未定者。

海安镇。以上已缴费，而函称联合会费未能收受，须俟后信者。

再，本会编辑所旧设在上海白克路修德里对门，今年正月初八日移至新马路昌寿里，恐各处来函有因场所迁移，未能投递，以至浮沉者，敬此广告。

《预备立宪公会报》第一年第三期，光绪三十四年二月二十八日（1908年3月30日）

江西商务总会致上海预备立宪公会函

（一）官款商款被倒问题

（二）商会设立裁判问题

敬启者。近来市面倒风日甚，官款、公款、商款蟊螣实多。前敝省樟树分会详禀某倒店一案，奉抚宪批云：查向来商店倒闭，如有领存官款、公款，多系先尽追还，而商律并无区别。现当预备立宪时代，似应明定规章，俾资遵守。旋由藩台主稿会详，仍偏重官款、公款。敝会因此特开会议，佥以官商各款同一市面生息之性质，若遇倒闭，先尽官款追还，商款落后，则商款既受倒欠者之亏，于摊还时又因官款占胜而受其亏，不啻于放款之初，先为官款被倒储几成之预备，似非事理之平，且关系重大，将定一普通遵守之法律，自须详加讨论，未便率尔书诺。现贵处既设有预备立宪公会，此事似可列入商法议案中。又接吉林商会来电，询问裁判规章，不知贵会已经研及否？究竟商会应否设立裁判，此项裁判权与地方官既须有分别，若由官派员，又恐启干涉之渐，久之将成一劝业道发审局所，于本会完全议会之权致有妨碍。此两种问题，并祈公会诸公共为研究，即希示复，俾得遵循。法律之学，本极精深，诸君子参考中西，智珠在握，必能折衷至当，惠我南针。临颖祷切。

《申报》，宣统元年六月初一日（1909 年 7 月 17 日）

3.《商法调查案》的编辑

各省埠商会公鉴

敬启者。调查商习惯，拟定商法草稿一事，本拟去冬开第二次大会公同研究，嗣因编辑诸君精益求精，未易脱稿，业于上年十一月间通告各贵会矣。兹经编辑诸君编成公司总则一卷，合名公司一卷、合资公司一卷、股份公司一卷、股份合资公司一卷，记录商会习惯，详考各国法理，都三十余万言，现已缮成清稿，不日付印。惟法理精神，骤难通晓，并拟作成浅解，一并刊行分寄。俟印成之日，即行定期开会，恐劳悬念，敬此通告。预备立宪公会、上海商务总会、商学公会仝启。

《申报》，宣统元年正月初五日（1909年1月26日）

《商法调查案》成书广告各商会

敝三会编订《商法调查案》，业经印刷成本，计理由书三册，浅说一册，已分寄各省埠商会分投研究。俟开大会通过，即当呈请法律馆宪审定。如有疑义咨询，请径函上海新马路倡寿里预备立宪公会编辑所，敬【候】随时答复。除专函通告外，敬再登报广告。如有新立商会未经报告，敝三会无从投寄者，请即函开地址，以便补寄。专此广告。上海预备立宪公会、商务总会、商学公会谨启。

《申报》，宣统元年四月十八日（1909年6月5日）

《商法调查案》叙例汇录

本报立疏解法令类，盖欲使人民注意于法令所规定之事项，而勉承诏令，以无误宪政成立之期也。顾民商法典为宪政成立之一大关键，谨稽筹备次序，颁布尚待数年，悠哉悠哉。沪上《商法调查案》之作，经始于丁未至戊申冬，而第一编公司告成。此虽非国家颁布之法典，要为将来编订法典之所取材。本报于是有三愿焉：一愿我政府虚衷采纳，审定而颁行之；一愿我民人早自研究，至审定颁行之日，无复生疑沮；一愿我政治团体暨商会益致力于此，使各种调查案并日而成。以上备政府之采纳，不其休欤。愿欲既殷，感情斯起，亟录其叙例于左。

《预备立宪公会报》第二年第五期，宣统元年二月二十八日（1909年4月18日）

《商法调查案理由书》叙例

秦瑞玠

商业之起源，最古者莫我中国。若而至有公司之办法，则始自近三十年，有公司法律之草定，则更始自近五六年。古者田制较详，商事从略。《周礼·地官》特详市政，然有关于商之公法，而无关于商之私法。李唐以后律文稍备，亦大都名刑为重，钱债为轻，且多事后之究惩，不立当然之准则。政令所在，俗尚因之，重农贱商，古今一辙。上而国体，下而民业，既莫不尚尊贵专，昧于群治，且闭关之世，交通阻塞，经济微薄，事业迫狭，豪商兼并，力足自举，无取众建共维之势。比之欧洲罗马，商业制度，大略相同。故迁史传货值，多属个人之治生致富，未闻有合力经商之事。汉宋计臣，迭进盐铁、均输、平准、市易，均为当时大利所在，有官业之垄断，而无商社之经营。嗣是而降，边关海舶渐兴，互市之利，非无巨贾争逐什一，大抵人自为计，未有团体固结。其内地殷富，合伙营业者所在而有，然一切离合起灭、从事苟简、权利关系，重信誓而薄书契，足为助长奸欺之具。间有立案注册，亦属任意，而非必强行。其规模较大者，则有报部领帖之例，而朋充有禁，要不过以此为税源，非必注意于保护监督。譬之治军，向无纪律，可驭参伍，而不足以统师旅。综稽二千余年之商业历史，大抵如各国组合之制，当为商业惯例所固有，而如公司之办法，则可信为前此所本无，盖非特法令使然，亦时势为之。海通以来，世局一变，各种新事业及新制度多随外国货品以输入，而经济竞争之剧烈，不得不藉法律之功用，以整饬而辅助之。自电报、轮船等局招商集股，奏准仿办，以次推广，渐及于各处路矿、制造、银行、保险等业，是为公司制度发见于事实上之始。然有外人侵扰，有官款专营，有官商合股，有商办官督，迭（径）〔经〕演进，未即几乎纯粹商办之境域。其所资以维护而监督之轨范，最初不过有交涉之约款、磋订之合同、试办之奏咨、批准之招股章程、内部之办事细则，从未有统一各种公司之国定法律。自商部设有专司以后，光绪癸卯年冬，奏准商律、公司律颁行，是为公司制度规定于法律上之始。综计全文，合之商人通例，共得一百有四十条，稍足以示维护，而使有遵循，且一般社会亦得藉以启导，由事实而渐进于法律，椎轮筚路，厥功至巨。顾草刱之始，难语完备，且有保护而无监督，亦易偏失，不足以曲尽情伪，而持天下之平。数年以来，社会进步既甚迅疾，按之实际，已多不便之感。公司律第一百三十一条声明，此系初定之本，如于保护商人、推度商务各事宜未能详尽，例无专条者，仍当随时酌增云云。盖在此起草者，切实保商、郑重立法之初意，固早已豫见及此。日本之兴业也，当明治二十年前后，虽有西洋各国输入之公司制度，然其关系法令，仅对于特种之公司，各别颁布单行法办理，有若日本银行条例及私设铁道会社条例、日本邮船会社条例、株式取引所条例等是。及明治二十六年，始定有关于一般公司之法律，当时迁就目前情势，规定较略，不数年而重加修改，至明治三十二年，遂有新商法典之颁行，而关于公司法一部分之规定，亦较精密详备，足为世界一种有名法典。然则鉴彼国之实例，应现时之急需，酌加修改，务求美善，固不容一日或缓，此非特政府之事，亦匹夫与有责焉者也。公司者，推广实业之机具；公司法者，整齐商团之纪律，宽严详略，其于商业前途之利害休戚，所关非细。实行者之经验，切于立法家之研究；多数人之识力，胜于一二人之抉择。东西各国于现行法制之缺失，多由学者及实业家倡议修改，而国会议员例有各种法律案决议之权，及各种法律案提出之权。今者宪政虽未实行，尚无正式之议会，而要不乏合格之议员，举其人以实之，如各省商学界之领袖著闻于世者皆是也。近如日本现行商法之修正意见书，由东京商业会议所提出，刑法及破产法改正以前之草案，多由法律学诸大家拟定刊布。本案之编辑主任者窃据是例，发起商法调查案，察酌缓急，姑拟先由公司法入手，比较研究，汇辑成帙，都六章六百九十页，理由详细，别具各章，略举例言如下数则：

一曰标明宗旨。凡以事实趋就正理者，为进化之征，以正理迁就事实者，为退化之象。与其追逐现势，而常苦不及，不如豫定准则，以逆待其来。盂方水方，惟所审择。在商法本有万国从同之趋势，而公司又为我国输入之新制。本案编辑旨趣，在助成法典编纂事业，期使国以法治，且为领事裁判权撤回之豫备，胥各国商民而受范，故不拘于墟，不囿于时。篇中所举，如股份之票面额以上发行，及无记名股票、债票之换给，国家或地方团体之担保利息，股东之失权处分，及脱股人之责任，与股份有限公司之财产特别估价方法等，虽或为目前所无，然可为将来一定发生之事实，故权衡之以理，豫为规定。

一曰酌定体例。一国之法律，与一公司之章程不同，经纬万端，繁简迥别，而法典比之单行法，犹有体裁整一之注意。民法尚未制定，一切私法上原则之试用，宜设法以免挂漏。立法论与解释论不同，逐条比之，分类尤易明显。爰仿罗哀斯雷氏日本旧商法草案例，列举条文，附注理由，择要详陈，期于共晓。

一曰审定名词。法律学亦与理化算数等学相同，列为专门科学之一种，不能无一定之名词，以便指称而明性质，况在采用法典主义之法律，尤以名词之统一为必要。西洋名词译音过长，自以译意为便。日本名词多据中国字典审定，不无可采，惟其中沿用彼国俗称者，亦不便羼入。我国文字简古，一言一意，类多单用，随事立文，本无所谓专门名词，惟公文、章奏及报纸、私函，不无惯用之名称，可资引用。本案于各种法律名词，一以公牍、官书为据，如善意与恶意，改为不知情与知情之类是；间或沿用俗称，如经济相场改为市面，又取引改为交易之类是。其有中国无相当之名词可代者，可采用一二日本新名词，如第三者不能直改为他人与局外，又权利义务不能改易以别种字句，致性质不合之类是也。

一曰比较各国。创法垂制，贵乎斟酌尽善，比较研究短长，乃非特不可仅拘本国之旧制，且亦不能偏信外国一二国之立法。然采用何种法系，宜有一定。世界各国关于公司之法律，英、美与欧洲各国分为两大派，而以英国与德国两法为尤者。日本与我地近，且生计程度差等，其商法修正后不过十年，既合现势，且较完备，又其新旧法之删存严格，更可循迹，以资考镜。即就此三者而较论短长，英、德两国于官厅干涉公司之程度过高，不若日本纯采准则主义，于法为便。例如英国法于公司减少股本，须得裁判所之命令书，且由裁判所为之料理，以保护各债权者。又如德国法于刱立总会，必须裁判所招集，及由裁判所监督之类。此在日本仅详密规定于法律，而不使官权得加干涉，故自与各国逐一比较之后，始觉日本法可采处实多。而诸家学说之中，如日本法学博士志田钾太郎君之著述尤为中正纯善，且当年从事编纂商法，经验甚富，尤堪取则。但德国法为日本法之母，其美备而可采者亦甚多，如本案第一百四十三条、第二百三十条及第二百四十五条，又第二百六十七条等之例是也。

一曰参酌习惯。公司制度由外输入，本非固有之法，且为时不远，其相沿之惯习尚少，然法律之与事实，究宜相互调和，庶易推行尽利。除公司法中关于强行之规定，不能迁就事实，而违反大同之原则，其余均可参酌时势而变通，规定之限制宽严，自可因时而定制。如西洋各国法律，于各种公司之代表员及其清理人，均须亲自至该管官厅，签名画押，存留作证；又凡刱办定章及总会决议录等重要书类，均须经裁判所或公证人之手续等，此皆不适于我国习惯，故不宜仿行，而但用私署证书为已足。

一曰变通今制。各种法令不能独立而见其功用，必有关系之法令及其机关与相毗辅而后可。故变甲者必兼变乙，以期完全适用，要不可因乙之未变，而并甲亦相互迁就，致形阻滞。其或有新定之法令，不合于现存之事实者，可另定施行法，以分别适用。如每股银额之最低限，改正法必稍增高，而于现已发行者，不能不另定办法，以善处之是也。又审判厅虽各省尚未遍设，而在九年预备期内必须一律实行，以为司法独立之地，故可即据以定入。至现行公司律第八及十五条商号之规定，则以须归入商法总纲编内，故兹不及。

学问者，世界之公物，是非得失，以辨而愈明，况法制须贵实行，尤宜钻研无弊。昔曾文正有言，人之奏议常畏部驳，吾则唯恐不驳，盖攻驳愈多，利害愈晰之故。是编之成，不过搜辑各书，调查比较，贡献于社会，并上之政府，以为采择之资料，原无可议之价值，然苟当世闳达赐以针砭，匡其谬误，其为跂幸，曷有既乎！

《预备立宪公会报》第二年第五期，宣统元年二月二十八日（1909年4月18日）

《商法调查案理由书》序

郑孝胥

光绪三十三年夏五月，上海商务总会以调查商法事，移书各埠商会为期会议。冬十月壬申、癸酉大会于上海，至者新嘉坡华商总会、南洋日惹华商总会、大霹雳埠华商总会、三宝垅华商总会、日本长崎华商总会、海参崴华商总会、吉林商务总会、张家口商务总局、天津商务总会、烟台商务总会、营口商务总会、广州商务总会、汕头商务总会、福州商务总会、厦门商会、建平商会、湖南商务总会、正阳关商务总会、芜湖商务总会、泸州商会、徽州歙县商会、绩溪商会、江宁商务总会、清江浦商会、淮安商会、六合商务分会、泰兴商务分会、镇江商会、镇江华山联单总会、泰州商会、宿迁商会、宝应分会、苏州商务总会、松江商务分会、常州商务分会、通崇海商会、崇明外沙商会、常昭商务分会、盛泽商务分会、平望商会、溧阳商会、东坝商务分所、川沙分会、青浦商会、浏河商会、昆新商会、奉贤商会、泗泾镇商会、南翔商会、丹阳商会、朱泾镇商会、周浦商会、杜行商会、如皋商会、金坛商会、丰利商务分所、梅里镇商务分所、金山松隐分所、吴江震泽商务分会、嘉定商会、宜荆商会、锡金商会、莘庄商会、崑山篆溪商务分所、罗店商会、河南商务总会、杭州商务总会、杭州拱宸桥商会、湖州旅杭商学公会、嘉兴商会、湖州商会、衢州商会、宁波商务总会、镇海商务总会、湖州孝丰商会、诸暨商务改良会、余姚商务分会、定海商会、慈溪商会、山会商会、浙江石门分会、瑞安商务分会、湖州武康分会、乍浦商会、碛石商会、奉化商会、江西商务总会、江西抚州商会，凡八十有八。以书与议者，黑龙江商会等凡三十余埠。众议以预备立宪公会主讨论编纂之任。时预备立宪公会已立编辑所，任其事者无锡秦瑞玠、青浦张家镇、武进汤一鹗、仁和邵羲、阳湖孟森、孟昭常。宣统元年闰二月，调查案第一编公司法成，杂取各国商法，案据法理，而求其适用于中国者，都三十余万言。夫法者，因时制宜者也，宜于时者众必从之，宜于众矣，而执政犹有不以为宜者乎？是编之出，将以征众志之所从，备执政之采择。《周官》以九两系邦国之民，"四曰儒，以道得民"，"八曰友，以任得民"。《书》曰训两为耦者，欲取在上与民相协耦联缀，使不离散也。今贤王当国，其与民协耦联缀之意，固已大明于天下，而曰儒、曰友者，又能共尽其以道得民、以任得民之职，中国之兴可立而待已。

《预备立宪公会报》第二年第五期，宣统元年二月二十八日（1909年4月18日）

《商法调查案浅说》序

孟昭常

法者，由事实而生者也。网罗事实，而一一为之规定，则为法典。今有人于商事中划公司之一部分，网罗事实，载诸文字，则其事皆商场日月行习之事，固商之所能知也。然与之言事实，则津津而道之，与之言法律，则瞠乎不知其所以对，甚或抗沮焉。此皆不能免之事，抑其于事实上所生之因果，孰得孰失，固犹未能了了也。承数千年惯习相仍之后，骤语法律，固宜先之以事实。试质之曰：吾所列之事实，果无不尽否？吾所亿之因果得失，果不谬于人人之意否？庶几彻于耳不瞀于心，斯可以进于法律矣。吾党忧商人之无保障，乃欲乞灵于法律；又惧商之事实多不成文，政府失所依据，虽欲为之保障，且无以为建筑之具，乃网罗之而作调查案，别具理由上之政府，抑可谓忠于商矣；又或恐商人不能穷其因果得失，致滋疑义，乃复为此，名之曰调查案浅说。浅说之议，昭常实主之，属稿者张君家镇、汤君一鹗，审是者秦君瑞玠也。商乎商乎，其以此为因果得失之林，益研穷其当否，他日政府命下，庶各有至正之归，而无或疑沮乎。

《预备立宪公会报》第二年第五期，宣统元年二月二十八日（1909 年 4 月 18 日）

《商法调查案》问答

孟昭常

法律为保护人民而设，其保护之法果可行否，必经人民之公认而后定。商法所以保护商人，则必经商人之公认可知也。各国商业会议所，皆有提出意见，请求政府修正法律之权。彼之商业会议所，即我之商会也。夫惟能使商会提出意见于先，故易得众商之承认于后。我《商法调查案》，实提出意见之资料。今既荟萃资料而作此案，则必先取一同意，以期他日之必行；又欲见恤于政府，使知我商人欲得法律保护之意，既朝不及夕，哀其情急而嘉其有辞，庶几其采纳也。本案出版数月以来，未见有所指摘，偶有评骘，多非作者之旨，深用怅然，为作问答若干条，以起其例。设问之处，时近词费，然非得已，闻者勿厌其拉杂可也。

问曰：商法，至繁密之法律也，今欲以极简单之语说明其利益，可乎？

答曰：可。商法者，保护商人之法律也。商人与商人往来贸易，或商人与商人结合团体，不依据法律，则彼此皆以意为之，其后必有大悔，且生种种之危险。既陷于险，而以告于官，官亦无所依据，卒不得理，而商事遂大坏，全国商人遂日陷于忧愁困难之域而不自知，此我中国商人无法律保护之现象也。苟商法既立，商人每作一事，辄先检法律，即不至于有后悔。且法律所规定，皆预定将来有何等之危险而防止之，故守法律即无危险。违犯则控之官，官亦得以法律绳之，则商事皆获安全，而商人之生产事业皆巩固矣。其保护之周至如此，其为利益岂有量哉！

问曰：调查案何所取义而名之也？

答曰：我国无商法，而世界各国皆有商法，欲有所作，当调查各国而比较之。又我中国从前无商法，而未尝无商事，欲定商法，当调查无商法时代之商事有何等之习惯而厘整之。比较之，厘整之，而拟定若干条，故名之曰调查案，犹曰网罗调查所得，而叠成一宗文案也。

问曰：调查案何以第一编为公司？

答曰：依各国商法体例，第一编当为总则，则今不先编总则而先编公司，盖有二因：一为求商业发达，必先求资本充足，欲集多数之资本，必合公司，故先调查公司。一为中国已有公司律，今之集公司者皆遵用之，深苦其不备，急须增订完足；且就国家现有之法律调查而增订之，较易为力，故先调查公司。

问曰：今商人所苦者，惟债务纠葛。中国曾草定破产法，亦苦其未备，且未实行，何以不先增订破产法？

答曰：此编辑员之志也。惟公司最繁重，欲先其所难，故首从事于此。且编辑员止此数人，岂能兼营而并进？假以时日，固当次第及之耳。抑破产法已属事后之补救惩儆，非事前之整理豫防，能照公司法实行，并可不至于破产，岂不更妙？

问曰：中国公司律止一百三十一条，今调查案多至三百三十四条，何也？

答曰：中国公司律故未完备，政府亦急欲增订。我调查案所得关于公司之一部分，为实用上所不可缺者，实有三百三十四条。我正欲以民间所调查者供政府之采择，故必求其完备也。

问曰：调查案应调查习惯，今公司一编得三百三十四条，其固有之习惯，果无不尽乎？

答曰：然。公司法惟无限公司有似乎中国之合伙开张，故其中或有类似之习惯。至股份有限公司，乃效仿外国人而为之。既仿效外国而集公司，即当仿效外国而定公司法，法学家谓之输入法，言非本国固有之事也。非固有之事，即亦无所谓习惯，亦无从调查。至与无限公司一部分相类似之习惯，则固已调查完备，而一一矫正之矣。

问曰：我中国之有股份公司已二三十年矣，此二三十年间以意为之，亦已成为习惯，何得云股份公司无习惯乎？

答曰：习惯有合理者，有不合理者，合理者存之，不合理者矫正之，乃可云有习惯，若无限公司是也。若股份公司，用外国法则合理，不用外国法则不合理。此二三十年间以意为之者，皆不合理者也，我调查案但调查各国之法律以矫正之足矣，虽谓之无习惯不亦可乎？

问曰：调查各国之公司法，以矫正中国之公司，系用何国主义乎？

答曰：英、美、法、德、荷兰、意大利、日本诸国主义皆采用之。从前日本亦采用诸国而成日本商法，我亦采用诸国，而多一日本，此我国便宜之处也。

问曰：采用各国主义而成中国商法，果无不可行乎？

答曰：然。股份有限公司、两合公司、股份两合公司，中国本无此事，设有此事，是其事实先与外国同也。事实既同，则法律焉有不同，何为而不可行乎？两合公司、股份两合公司，至今尚未发现，姑勿具论。即如股份有限公司，今已不下数百种，设采用各国主义以整齐之，防护之，如今调查案所云者，其公司焉得而不发达乎？若谓外国法不可行于中国，则何以中国人亦仿效外国而集公司乎？且何以日本亦采用各国主义而成日本商法乎？

问曰：采用外国主义，何以不采用一国，而采用各国？

答曰：但观日本。

问曰：日本既采各国主义而成一种法典，我何以不径采日本？

答曰：日本所以采各国而不采一国者，为各国主义有宜于日本，有不宜于日本也。我何独不然？取其善者而舍其不合用者，亦有因各国主义皆不合而特设一条者，故主义虽采自各国，而折衷仍在我也。

问曰：中国合伙开张之事，既类似无限公司，则新法颁行之后，皆当照无限公司法办理乎？

答曰：否。愿照公司办理者，即呈报注册，改称公司，此后悉照公司法办理，不愿者听之。在外国亦有此一种，名为组合，苟无违反公安情事，法律固不相强也。惟是法律既如此周密，合伙者谁不欲保其财产，巩固其权利。从前以意为之，彼此希图苟且者，皆不免有后悔，今既有法律，何惮而不从之。吾恐新法一颁，天下合伙开张之大行号，皆将改为无限公司而惟恐不及也。

问曰：凡公司成立时，皆须将资本实数呈报该管官存案。我中国习惯，多不肯以实数告人，以自显其底蕴，若如调查案强令呈报，无乃不合时宜乎？

答曰：此中国商业之所以危险也。平心论之，宁使人人知其实数，以保市面之安全乎，抑听其隐秘，以危害公众乎？既成法律，则有强制之性质，强制一二人，以保全公众，何得谓之不合时宜？夫法律非为一人而设也，为隐秘者计则以为不便，为公众计则甚便矣。且旧设之公司，亦不强之即日呈报，限以年期，使之补报可也。此中利弊，理由书中已详言之矣。

问曰：无限公司即合伙开张，既知之矣。两合公司、股份两合公司为何如事？中国既无此事，曷为而有此法？试申言之。

答曰：两合公司之东家，有无限者，有有限者，无限与有限合，故曰两合。股份两合公司与两合公司同，惟其有限责任之股东，一则仍用合同，一则发行股票，用合同者牵制尚多，用股票者流通更易，此其别耳。此等方法，皆于商业发达极有关系，虽无此事，不妨先有此法，使人人可引起两合之思想，而多一团结资本之方法。有无限者则信用厚，而有限之股东乐于投资，有有限者则资本足，而无限之股东益得施展，此实商业之进步。故虽无此事，不可不先定此法也。

问曰：调查案之文理，犹有近于日本文理者，读者皆苦其艰深，曷不更求浅易乎？

答曰：此事最难。中国无商法，则商法上应有之名词皆非固有，不取之日本，则必独造，可以自造则固已自造矣，不能造者，不得不参用一二日本名词，如正负比较表，不能易之为盈亏比较表是也。商业上应用之名词，有中国旧有者则从其旧，有中国所无，或虽有此语而不成一名词者，则不能不取之日本，如中国分派若干份，而称每一份曰份头，头字是助词，单一份字不成一名词，不能不用日本持分二字是也。此名词之难也。至其文法，则凡条文无不贵简，惯读条文者不觉其简，不惯读者则苦之矣。此文法之难也。读者苟知此意，则恍然于其故矣。

问曰：调查案既有理由书，复有浅说，何也？

答曰：理由书说明采用何国主义，并比较各国之得失及何者与我相宜，故每一条文不过数十字，而其理由书多至数千言或至万言，卷帙繁重，欲以贡之立法者暨质之法律学者，不得不如此也。至于商界研究，则必厌其繁重，苦其广博，故易之以浅说，每一条文之下不过数百字而止。此数百字中，但说明本条为保护何等人，或预防何种弊害起见，令商人一目了然，且通体不过五万余字，翻阅不费多时。此二书用意之不同也。

观以上问答，为商界诸君计，宜引起一种观念：志于法理者当参看理由书，专论事实者宜专看浅说。看浅说之时又可引起一二种观念：一为结合公司之法果尽于此否？编辑员调查各国最详细，外国结合公司之法，自不过如此，吾中国尚可精于外国否？一为如果此法实行，于吾中国商人有妨害否？即妨害尚有良法可以避免否？研究有得，即以告于编辑员而改正之，此则不佞所祷祀以求者也。

《预备立宪公会报》第二年第十期，宣统元年五月十三日（1909年6月30日）

讨论《商法调查案》意见书

复海参崴华商总会

秦瑞玠

承函所商各节，悉据现有之习惯，参合各国之法理，再三循诵，钦纫良深。但其中有须于他种法会规者，亦有之为本案别条所包含者，特详其理由，逐款解答于左：

一、来书于原案第二十二条股东决议之过半数，欲不以股东人数为标准，而以出资额为标准，引原案第十七条损益分配之准，据出资额为比例，且谓察现时之习惯，似关原案所定者居最少数，不如酌改云云。无限公司之办法，与股份有限公司之不同，在股份有限公司之股东议决权自应以出资额为准，股数多者议决权数亦多。若无限公司，则各股东于额定出资以外，并有自己之身家，以为公司债务之担保，所出资本有大小，而其连带无限之责任则一律相同。设于其中定有阶级，则小股东必常为大股东所抑制，而不能持平办事，共济和衷。况出资之多少，其与家产之厚薄，未必能成正比例。或出资虽多，而家产极薄，或家产极厚，而出资不多。社会旧习，往往有利用豪富绅商，怂令伙合，仅为少额之出资，而一旦亏倒，而负连带无限之责任，转较他之股东为重者。设于平时办事，因其出资较少之故，不能一律平权，则实际殊多受累。且原案第十八及第三十二条，于公司之业务执行权及对外代表权，均各股东一律平等，不以出资之大小而有异，则本条之议决权，亦应以人数为标准，而不必以出资额为标准，免大股东蔑视小股东，致生意见冲突之弊。纵旧时商习，或有以出资额为准者，亦宜据法理改正，以昭平允；否则有一出资过半之股东，直可全权在握，而不必愿其它各股东之意见，名为合办，而实与独办无异，殊多危险。此无限公司之股东议决权，所由必以人数为标准，非可与股份有限公司同日而语者也。

二、来书于原案第三十九条股东连带清偿债务后，儗加入无力清偿之股东对于连带清偿之股东，当负缓期清偿之责任一层，谓股东各负连带无限责任是指对于第三者而言，其内部关系究竟各有界限云云。此事分别对外与对内，一方面连带负责，一方面按股追缴，分肌擘理，自非深于法理者，且富于经验者不能道。但所谓无力清偿之股东，应负缓期清偿之责任，此即连累赔垫者所有之求偿权，在民法债权编连带债务章节内另应详细规定，商法亦一律适用之，自是当然之理。本案第三十九条所规定亦非责令股东赔垫，而不准向原人按股追偿，所以但言一体连带，而不加入按股追偿一层者，一则以此事应详见民法债权编，而商法当然适用，可不必更为明定，又一则以本条系对第三者而言，不宜羼入内部之关系故也。

三、来书于原案第四十条，儗加入新股东与公司订立特约，可不担任旧债务一层。谓如公司资本不足，偶一挫折，其势岌岌，而营业上之状况，实有利源可辟，因此另招新股，倘照原案第四十条办理，令加入之股东一律担任清偿旧债，则必致阻碍新股东之加入云云。新股东与公司约明不负旧债务责任，在内部关系自无不可，惟本条系对第三者而言，不能以私订之特约，规免对外清偿债务之责。在债权者，只认公司，不认股东，而细为区别其新旧，设可借口新股而规勉前欠，则债权者每易受欺被累；且原有债务既可不允负担，即原有债权亦自不得享有。又况股东之加入，必非仅限于一次，帐分数截，种种分歧，殊多窒碍。倘公司小受挫折，以后实有利益可图，则新股东虽担任前欠，仍多后望，断不因虑受亏而裹足。且旧股东于此，亦自有迁就招徕之法，务使加入者之权利义务彼此相当，但不能以股东内部之特约而对抗债权者。自经条文明定，使知公司原欠，一律负担责任，庶新股东可于加入之际，格外注意，熟筹利害。而公司营业状况，苟以后实尚有利可图，即旧股东亦不至因此有碍招股，而难于维持，故不加入特约免责一层，于债权者有益，而于新旧股东，实亦两无所损。本案全为公益之规定，比较各国法制，择善而从，详察原案理由书，其得失自昭然矣。

　　四、来书于原案第五十二条脱退股东之责任嶷为减轻，倘得他股东允许，其连带无限之责任可不待二年，至注册公告后，即时消灭云云。原案于本条之责任，不照德国法定为五年之时效期间，而照日本法定为二年之确定期间，实已从宽。盖股东虽经脱退，而原欠债务确与有关，即不能置身事外，因恐年月过远，致多模糊纠葛，而特为缩短其期限，仅止二年，以防诈欺而备追问，为保护债权者计，碍难更为轻减。若许注册公告即时免责，则债权者常受意外之损失，公司全无信用以为担保，虽经他股东允许免其二年之责任，此只公司内部关系，在股东与股东自可作准，却不能以此对抗债权者。本条规定之理与前列第三十九及第四十等条相同，均系对外而注重公益，不能任意轻减股东之责任，无论其为结算当时遗漏与否。总之公司债务果系该股东脱退以前所欠，自有帐据可查，虽或远回乡里，或经身故，而后嗣幼弱，亦断不能置应理之债务于不问。脱退后二年以内之时期，幸不为远，一经追问，自易清理，照原案办法，或不至虑有纷扰也。

　　五、来书于原案第六十一条，合并后存续或创立之公司承顶消灭之公司所有权利及义务，嶷更加入债务一项，以免含混云云。本条之权利义务兼指公司对于债权者及股东两方面而言，债务自可包括义务之中，不必更为加入。

　　六、来书于原案第六十八条，设有自应任咎而诉请解散公司之股东，于判示除名外，嶷更责令赔偿讼费及公司因此所受之损失。谓世风日下，往往有无理取闹、明知已屈而偏好兴讼，以期破坏全局者，此等刁风，亟宜惩儆云云。此言于事理极为切当，非此不足以儆刁顽，但讼费及所有损害由理屈而败讼者赔偿，此系手续法及公法，自应于民事诉讼法中规定之，而商法于此层可不列入。

　　七、来书于原案第八十八条，清理人算结账目后，视为免责之期间，嶷于原定一月以外，更准酌展一月，以便股东之住处较远者得以邮便往复云云。虑及此层，意极周到，惟本条一月之期间，原以股东受信时起算，俾有复核之暇豫，却不必待其寄函答复，为明示之承认，故邮件之得及往复与否，实无重要关系。在住居边地或侨寓外国之股东，虽酌展一月，亦仍不及寄复，且有竟置不复者。设必宽定期间，令得复函明认，则一日未满期，即一日未能卸责，徒令清理人受耽延之累。但书既声明设有情弊不在此例，则虽略定一月之期，过此以往，视为默认，亦不至有损于股东，而清理事务却可迅速了结，实为两便，故照原案所定，亦自已足。

八、来书于原案第一百三十五条，创立总会决议公司之废罢时，倘因创办人欺骗所致，应令独任赔偿废罢以前一切费用及利息等之责任，拟更加入一项云云。此言切中现时情弊，且于法理极合。向来习惯，往往有藉口创业，公司实未办成，而各股东所缴之款，已被侵蚀亏短，不克照还者，其阻害实业之前途，影响甚巨，自不得不加以制裁。惟原案第一百三十一、二、三等条本定有创办之人责任，至总会决议废罢，其应赔偿费用更自无疑。凡契约解除，而当事者之一方有可归责之事由时，应负损害赔偿之责任，此为民法上一般之原则，而商法应一律适用之，可不必另为规定也。

此外如原案第二百六十九条之官命解散一案，来书因鉴晚近官商冲突之弊，拟加入审判厅徇私背法，准公司控诉商、法两部，取销解散之命令，并使赔补亏损等语。近时官吏对于商民确有挟私欺压等弊，不可不严加裁制，以儆官邪而维商业。特赴部控告系行政诉讼，责令赔补亏损系官吏惩戒之一种方法，均属行政范围。欲防遏官吏欺压商民、妄加干涉之弊，惟有上级官厅严重监督，且由行政法令详密规定之，非商法条文所应议及。至如公司并股东之破产仍不足清偿债务，应如何办理云云。此种情形，本事实所罕有。苟公司及各股东均已破产，果真确实，除归债权者损失外，更无他策。来书于此欲处以刑法，亦有所不能。若仅公司破产，或仅公司及一二股东同时破产，此固尚有其它股东之连带责任在，如何清了债务，自应归破产法规定。至若来书所言，股东全数破产，此乃无可如何之事，非法律所能补救。此次大会讨论之结果，公众意见均以破产法之调查修订为必要，主张编辑部之继续进行，亦正为此。

以上各节，仅据编辑员之意见复述理由，逐一诠答，总期折中至当，非敢自护,与来书所谓注重习惯而参以适中之理想用意正同。

《预备立宪公会报》第二年第二十一期,宣统元年十月二十八日(1909年12月25日)

欢迎日本实业团演说辞

孟昭常

今日贵国实业团莅止敝国,北京报界开会欢迎,所有欢迎之意,及两国人民将来之期望,已由报界公会代表朱季贞君详言之矣。抑仆于此举,有特别之感情焉。仆为预备立宪公会职员,公会出版之《宪志日刊》,专载理论,纯乎杂志之性质,并非新闻纸,故仆固非新闻记者,即《宪志日刊》,亦不当忝附于报界之列。今所欲言者,乃仆个人之言,非代表报界之言也。

仆居贵国几及二年,回国之后,即至上海,固商业荟萃之区也。与商业中人往还稍久,时时语及贵国商业组织之善。又常与上海诸君语,谓我国商人应组织一团体,往东西洋游历调查,以国际之贸易为国民之外交,当时商会诸君亦甚以为然,二三年来,迄未实行。今见贵国实业团秩然来止,心窃慕之。有非常之羡慕,即有非常之佩服,此羡慕、佩服之心,即所谓特别之感情也,此欢迎之意所以愈益发越而不能自已也。

又昭常居贵国时,见贵国实业日增月盛,窃以为一国之实业,非有法律为之维持调护,决不能发达。甫归国,即注意于此。因念敝国商法尚未修订,正当调查商习惯,参考各国法理,编纂成文,上供政府之采择。于是由预备立宪公会及上海商会等发起,决办此事。其发起之意见书,曾经贵国翻译日文,载入法学杂志,深叹贵国人于敝国商界上一举一动无不关心,又加一层佩服。发起之后,几及三年,始克成书,其中采用贵国及德意志法为多,盖世界上最新之商法,莫如贵国及德国也。此书名为《商法调查案》,已详具理由书,呈请政府采择施行矣。故以贵国文明法律言,仆固已欢迎而师事之久矣。抑贵国实业之所以发达,实文明法律所驱使,诸君皆享受文明法律者也。见诸君,即想见文明法律之效力,因以欢迎贵国文明法律之心,欢迎贵国享受文明法律之实业团,其感情何如乎!此则欢迎之意所以又加一倍发越而不能自已也。诸君闻之,当知仆之非泛泛也。

《宪志日刊》第二十一号,宣统二年四月二十一日(1910年5月29日)

4. 第二次商法讨论会

《商法调查案》讨论会纪事

商法调查案讨论会于昨日在上海愚园开会,到者数百人。午后一时摇铃开会,先由上海商务总会、商学公会合词报告。本年商会总理为周金箴君,故两会合词,由周君代表。次由预备立宪公会会长郑苏戡君报告办事之次序。次由编辑员代表孟庸生君报告编辑之成绩。

《申报》,宣统元年十一月初八日(1909年12月20日)

预备立宪公会报告商法编辑情形[①]

此事[②]自经上海商务总会、商学公会议归本会主任后,本会即于前年七月间设立编辑所,聘任编辑员秦、张、汤、孟、邵五人,而秦君瑞玠实总其成。至上年秋间,谘议局筹办事起,邵、孟二人先后辞职,本拟续聘一二人,因一时不获其选,遂由秦、张、汤三君终其事,而秦君之辛苦益多。其始终在事料理一切者,为孟君昭常。孟君并不支取薪水,故与编辑所经费无关,而辛苦经营,实亦并匪浅鲜。上年春夏间,以为第一编公司可尽秋间脱稿,故先约各埠商会于秋冬间开会。不意编辑所诸君属稿时反复详审,一再商改,费时遂多。至十二月始克告成,今年三月始印刷成本。及寄至各埠,再假以时日,从容研究,当在秋令,而其时各省谘议局正在开会期内,各商会及编辑所诸君均有被举为议员者,此开会之所以迟延至于今日也。今日应议事件,按之发起时之初意,正宜将所编各稿公同讨论,取一同意,然后上之政府。盖我商人既得同意,则我政府自无故拂舆情之理。故此次开会之结果,宜将呈词商定,本会并拟请编辑员中公推一二人前往京师,亲赴农工商部、法律馆投送,既可向部馆陈述我商人之意见,亦可请示部馆对于我商人之意见。总之,要求早日审定、早日颁行为主。调查案中所列各条,有应认可者则认可之,有应驳改者则驳改之。吾商民固无所容心,惟有此一份资料,或认可,或驳改,均可省却无数时间,而吾商人可早受法律保护之利益,此即前年发起时之本意也。鄙人述此,以定今日会议之范围,至讨论稿中内容,应请编辑员陈述意见,再由公众决之。

《申报》,宣统元年十一月初八日(1909年12月20日)

[①] 原标题"预备立宪公会报告",为"商法调查案讨论会纪事"中之一部分,此标题为编者所加。
[②] 指调查商习惯,拟定商法调查案之事。

《商法调查案》编辑员陈述意见

关于商人适用之法律甚多，在外国谓之商事法令，举其目录不下数十百种。惟有此数十百种之法令，故商人有所遵守，一切纠纷无自而生。我国无之，此商业之所以不振也。今调查案第一编为公司，论者或嫌其不切于日用，不知商人所适用之法律，必达数十百种而后完备，则无论先编何种，皆不能切于日用。而一国之大，商业皆在公司，编辑者先从事于公司，纳一国之大商业于规律之中，庶一切实业皆蒸蒸而起，非无意也。第一编脱稿之后，论者或谓商人所苦者莫如债权、债务之纠葛，似宜先调查破产法，编订破产法调查案。编辑员亦以为然，然用破产法补救于已破产之后，终不如用他种法保全于未破产之先。且此商店与彼商店相互之关系，及店主与店伙相互之关系，又凡普通商人所同有之关系，皆在总则，是其适用之处，较破产法为多，故第二编即续编总则。此编辑员先后施手之大略也。公司理由书及浅说几及四十万字，总则理由书几及十万字。公司费时一年有奇，总则费时仅七阅月。此数十万字无一字可以苟且，其中增删修改，有易稿至十余次者。其意以为我调查案多费一分心，则政府可多几条认可，少几条驳改，而早几日实行。实行之后，我商人可多几分便用，少几分窒碍。此编辑员二年中辛苦经营之大略也。其他商事法令，应否接续调查，是又一问题，今且勿论。公司案系今年三月寄出，诸君是否有签驳之处。各商会先已通信表示赞成之意者有八十余处，已将总协理联名开示，愿合词具呈政府者亦四十余处。今日大会正可将此签驳之处逐一指出，共相讨论。其总则案至今日始能分送，似须延会数日，以便从容商榷。先请诸君讨论公司案有应修改者否。

《申报》，宣统元年十一月初九日（1909年12月21日）

商法讨论案议事录

初七日讨论《商法调查案》之第一编公司。第一件先由周金箴君代述上海商会会员贝君对于本案第三十九条修改之意见。略谓照现在习惯合资营业办法，遇有亏倒，系由各股东按股分摊，并不负连带之责任，原案连带，悉数清偿云云，恐难办到，拟修改。继由李书云君申述前意，语颇详尽，并谓现在合伙营业，契约多系按股分摊，若照此案颁行，则商业必多掣动，影响甚大。当由编辑员秦晋华君说明，本条系公司对于债主之关系，故须由股东连带，悉数清偿，以保全公司之信用，庶几债主不致危险，而经济易于流通。主按股均摊，系各股东内部之事，盖对于内则股份有大小，对于外则责任无轻重也。对内之关系，另见本案第十七条，自不能移作对外，致债主受亏。旋由沈仲礼君言，照英国无限公司办法，各股东均负连带无限责任，故债主甚愿与无限公司往来。公司有此信用，故能经营伟大之事业。本条原文与法理极合。继由王瑞芝君，仍主张修改，免除连带责任。各埠商会赞成此说者亦有二三人，于是陈长初君、张右企君反复讨论，调停两说，语意甚明晰。旋经周金箴君言，此事须分三层说明：一、有限公司本无此问题；二、无限公司既称无限，自当仍照原文，无庸修改；三、现时通行之合资营业，遇有亏倒，照向来习惯，按股均摊。究于三者之中愿办何种，以开办时注册为准，则李君所虑掣动旧时契约之说亦可解决。于是孟庸生君起言：调查案之本意系保公司之信用，主张修改诸君之意见系保护股东诸君，究以何者为重，请主席宣布表决。向淑予君起言：主张修改诸君所虑者，与现时习惯不合，恐此法实行，必将现定之合伙契约作废，方可适用。其实此事应规定于施行法中。国家颁行一种法典，必同时颁布施行法，在施行法中截清之，则旧时所办之合资营业，自然不至掣动。旋经大众公决，本案第三十九条与现在合资营业之习惯稍异，呈请政府时应将此事声明，请政府规定施行法时于此层注意。第二件宣布海参崴商会意见书八条，提出讨论：（甲）原案第二十二条，拟以出资额为准；（乙）

原案第三十九条，拟加入股东之求偿权；（丙）原案第四十条，拟添入新股东之加入，得股东允可，于退股后即时免责；（戊）原案第六十一条，拟加入债务二字；（己）原案第六十八条，拟加入任咎之股东，应任讼费及亏赔等款；（庚）原案第八十八条，拟加远处股东应展缓一月；（辛）原案第一百三十五条，拟加入公司籌办不成，应专由创办人赔偿费用。以上各条，编辑员逐一声明原案理由，谓所提各节均极详核，但其中有为原案别条所包含者，有须规定于他种法令者，理由甚详。旋经公决，原文可无须更改，所有详细理由，仍由编辑员逐条答复，并将答复书宣布。至此，时间已晚，定次日继续讨论，遂摇铃散会。

《申报》，宣统元年十一月初九日（1909年12月21日）

商法讨论会第二日会场纪事

初八日下午，商法讨论会仍在愚园开会，先由主席周金箴君报告调查案第一编公司，各商会尚有提出修改意见书二通，昨日未经宣布，应继续讨论，遂由编辑员秦晋华君依次宣布如左：

第一件，新市商会提出两条：（甲）原案第六条理由书，准备开办指租借市房等而言，恐有不能不在注册之先者，否则恐房主有抬价居奇之患云云。编辑员申述原案理由，并言未注册而先行准备开办，必生龃龉，照原案理由书所言，并无窒碍。周金箴君言：注册时并不将门市指定，所以房主抬价居奇一层可不必考虑。（乙）原案第二十二条，以人数为标准，拟改为以出资额为标准，此与海参崴商会提议意见相同，昨已公决，语在答复海参崴商会书中，此时可无庸讨论。

第二件，常昭商会提出，原案第一百五十二条，创办时不缴第一次股银者，另募他人接受，似其惩罚已足相当，若再要索损害赔偿，自觉偏苛云云。经编辑员秦晋华君申述原案理由之后，由魏在田君起言：但认股而不缴银，虽经另募，并未见有惩罚，而创办人却因此受损，自应索赔，原案并不为苛。近来有种公司，多受此认股而不缴款之累，应无庸修改。周金箴君亦云：现在习惯，于创办公司时有认股及认招二种，既认之后，不特认招者多属悬虚，即认股者亦多不缴，以致公司不成，创办人大受其损失，殊属非是，自应照原案办法，以矫其弊。

第三件，宣布胡二梅君来函，谓原案中所有法律名词，欲一律改从中国旧有之名词，其势有所不能，然欲为便于社会观览起见，似可用浅易之语略为注释。又法律为专门之学，将来商法归商业学堂教授，方能使商界同有法律之知识云云。编辑员声言，名词一层，第一编序例中已详言之。魏在田君言：中国旧时所有法律专名，亦非尽人所能解，将来法学盛行，生名词皆变为熟名词，似可勿虑。某君又言：应仿照词典体例，另编一单行本。魏君言：法典颁行之后，各家注释必多，此时尽可呈递，或注释，或修改，徐为之可也。众赞成。

于是孟庸生君起言：公司编业已议竣，总则编昨日方才印发，尚须详细研究，应展期公决，则此次会议之结果已为完美。但公司编呈递之期不能再缓，而总则编又未经讨论，不知各商会尚有修改之意见否？今将延缓公司呈递之期以待总则乎，抑缩短总则研究之期以就公司乎？抑分作两起，今年递公司，明年递总则乎？此问题极难解决，应请诸君公决。

向淑予君起言：公司与总则分两起呈递，不特劳费无谓，且于事实进行甚有妨碍，自以并作一起办理为是。但总则编既未研究，自未便并呈，似应定一期限，令各商会研究之后，依期邮寄，由递呈员汇集并呈。经众再四斟酌，从本日起，以四十天为限，最远之处除书函往返时间外，尚有二十日之余间，尽足研究，议遂决。随后又商定，呈稿照编辑员所儗之稿略有增改。

至议及签名方法，先由孟庸生君报告已签名者约有六十余处，其余但通信赞成而未及签名者八十余处，此次到会各处当场议事，其赞成自不待言，但有用商会名义通信而未署具总协理之衔名者，亦有知其名而不知其职衔者，呈后列名颇难一律，应如何办法？向淑予君言：商会系团体资格，均用商会名义通信，即不署衔名，亦已认为已签名者，然不知其衔，只可从缺，或速去一信，待其答复，亦无不可，此可请主任者斟酌行之，似不必过于讨论。众皆赞成。

嗣又议及经费问题。众皆以为各商会已任未缴之款，应即发言催收，毋庸谦让。

次又提及继续编订问题。潘伯和君言破产法最为紧要，编订事情必须继续。魏君暨某君亦以为言。众赞成。孟庸生君、秦、张二君现已举为谘议局常驻议员，其余亦均另有事他就，此后继续编辑，经费尚在其次，人才难于搜罗，甚为踌躇。向君、潘君等均谓，此事可仍请预备立宪公会主持。众赞成，并决定以后准续编破产法案。复由主席周金箴君宣布陈艮初君来函，谓须调查华洋讼案之判例及公会之决议，附入调查案，方有实效。周金箴君言此议甚是，但各处公堂之判例甚难调查。秦晋华君言，照英美日新订商约，只须我国改良法律，即许收回治外法权，果能赶速照办，则陈君函中之意自能达其目的。盖我国法律果能改良，则外人并无不肯遵守之理，非必录外人之判决例方能拘束外人也。

孟君又宣布直隶宪政研究会致商法讨论会函请联合请愿国会事（函稿另录），当经众议，印送各商会代表，并分寄未到会之各商会。

复由周金箴君陈述近日发起筹还国债会，亦为请开国会之后劲。后由李书云君言于鄙人发起商法讨论会时，曾拟办华商联合会，现已络续签名，请各代表将同人衔名寄交华商联合报，并请另订章程云云。

再后由湖南商会代表略致谢词。既毕，即公推秦晋华君、孟庸生君为代表赴京，将商法呈部。时天色已晚，遂摇铃散会。

《申报》，宣统元年十一月初十日、十一日（1909年12月22日、23日）

五、国会研究与请愿

1. 国会请愿函电

预备立宪公会提议国会请愿

预备立宪公会以请愿开设国会一事,函致各会员,并发议决票,请各填写,以多少数取决,然后再行会议联合各团体办法。兹将原函录下:

启者。前接本会董事沈友卿先生意见书,略谓:本会以预备立宪为宗旨,宪政权舆,莫亟于开国会。上年某省即用知县熊范舆等上书请愿一次,今年湖南举人雷光宇等又上书一次,均皆留中。今闻各省继之而起者,或分或合,尚有十数行省,而粤省尤力。本会会员遍于各省,海上商会、学会尤林立,似应及时发起联合请愿,以尽我立宪国民之义务,希即提议等因。旋经十一日董事会决议,先由本会将沈君意见通告各会员,请各会员于十九日前,将附去之议决票填送本会事务所,以便分多少数取决,再于十九日开董事会,议联合各团体办法。合亟通告。肃请台安。

再,十五日为本会常会之期,业经登报。此次既有此重要问题,本埠及近便各埠会员,能赴常会决议,尤为便捷。鹄候惠临。

按:今日救亡之策,无过于国会,稍有识者,类皆知之。立宪会会员为国民之先觉,岂有不赞成此议者。记者谨濡笔以待。

《申报》,光绪三十四年三月十五日(1908年4月15日)

上海预备立宪公会覆自治会书

敬复者。十四日接大函，二十三又接公电，并闻报载十六、十七等日开会情形，知粤中民气百倍于他省，足为国家后盾。适郑会长赴宁垣，至今未返，正思邀集同人作复，忽接上海道梁观察来函，谓粤人抵制日货事，迭奉外部、督宪严饬，禁止登报，昨又见各报载粤商自治会致公会电，恐于外交有碍云云。敝会当即以正当之词复之。梁公处于政府之地位，自不能不如此，其如民气何？然敝会纯主张积极主义，以为强国根本在自兴工艺，使百物皆备，足以利民用，则运费省，成本轻，销售易，外货之源不禁而自绝。贵省前有粤汉风潮，而旬月之间集股四千余万，后有西江一役，而航业以兴。此次辰丸之愤，或者其促粤人工艺之思潮乎？兴言及此，不禁起舞，为粤人贺。抑敝会更有进者，实行立宪，其基础在自治，其归宿在国会。方今时事多艰，曰路矿，曰缉捕，曰领土，杂沓洊至，遇事争执，号呶不已，东奔西叫，曾无补于毫末。计惟有速开国会，乃可为根本之解决。盖有国会则此等问题皆可消灭于无形，宪法之效力不独可以对内使上下相维，官民共守，并可以对外使耽耽者知我后盾，而戢其野心。吾人生逢斯世，倘思有以自效，则对于政府当为切挚之请求，对于社会当为黾勉之预备，敝会区区之愿在此。正欲与诸君筹商此事，适见报载贵省亦有请求民选议院之议，欢喜无量。此间十日前曾复贵省地方自治研究社一函，亦已道及之矣。上海政治团体凡四，皆注重此举，敝会曾经民政部立案，尤不敢不努力自效，愿与诸君共勉之。耑此奉复，祇请（均）〔钧〕安。

《申报》，光绪三十四年三月十五日（1908年4月15日）

上宪政编查馆王大臣电

北京宪政编查馆王爷、中堂、宫保钧鉴：近日各省人民请开国会，相继而起。外间传言，枢馆将以六年为限，众情疑惧，以为太缓。窃谓今日时局，外忧内患，乘机并发，必有旋乾转坤之举，使举国人之心思耳目，皆受摄以归于一途，则忧患可以潜弥，富强可以徐图。目前宗旨未定，四海观望，祸端隐伏，移步换形，所有国家预定之计画，执行之力量，断无一气贯注，能及于三年之外者。若期限太远，则中间之变态百出，万一为时势所阻，未能践行，是转因慎重而致杌陧。纵秉钧诸老，心贯日月，亦何以见谅于国人。孝胥等切愿王爷中堂宫保上念朝事之艰，下顺兆民之望，乘此上下同心之际，奋其毅力，一鼓作气，决开国会，以二年为限，庶民气固结，并力兼营。势急则难阻，期短则易达，措天下于泰山之安，其策莫善于此。现上海绅商联合研究开设国会之次序，俟有成稿，谨当缮呈。区区忧国之愚，不避冒渎之罪，伏候钧裁。预备立宪公会郑孝胥、张謇、汤寿潜等谨叩。

《预备立宪公会报》第一年第十期，光绪三十四年六月十三日（1908年7月11日）

再上宪政编查馆王大臣电

北京宪政编查馆王爷、中堂、宫保钧鉴：前电意有未尽，谨披沥再陈，冀终蒙垂听。开国会者，特利用国民之策而已。中国之国会与万国不同，无论何国之政治家，究其学识，无足以裁决中国国会适当之办法者。何则？以我之国大俗殊，为历史所无故也。今欲集中国之学会，裁决此事，虽虚拟年限，要皆随意揣测，不足以为定论。但问朝廷欲开国会否耳，果欲为之，则宜决然为之。直以最捷之法，选举召集，固非甚难。胥等所谓二年，即立与施行之谓。如以二年为简率，则虽五六年至七八年，亦与二年略等，未见其遂为完密也。迟疑顾虑，终于无成，实中国积弱之锢习。必先除去此习，乃有图存之望。时不可失，敌不我待，当世雄杰，或韪斯言，不胜忧愤，伏祈荃察。预备立宪公会郑孝胥、张謇、汤寿潜等百叩。

《预备立宪公会报》第一年第十一期，光绪三十四年六月二十八日（1908年7月26日）

预备立宪公会致请愿国会代表电

北京琉璃厂昆新馆各省代表鉴：恭读二十日上谕，知人民苦衷未邀俞允，曷胜皇迫。敝会拟通告各省谘议局，请开临时会，以各省谘议局名义联合续请。特先电闻诸公，有何善策，乞示。预备立宪公会叩。敬。

《时报》，宣统元年十二月二十五日（1910年1月15日）

预备立宪公会覆代表团函摘录

江苏预备立宪（分）〔公〕会覆代表团函略云：承属通告敝会会员，请其各就本地方鼓吹，唤起国民，准即遵照办理。兹复决议在京师设立敝会事务所，并将本会发行之月报移至北京出版，藉以为诸君子之一助。并拟举员赴京上书，从诸君子后，共谋进行云云。①

《中国报》，宣统二年二月初三日（1910年3月13日）

致各界书

敬启者。上年各省议员诣阙上书，请速开国会一事，联名者十有九省，代表到京者十有六省。十二月初六日赴都察院呈递，二十日由都察院代奏。是日奉旨，未蒙俞允，而爱国之诚，已为朝廷所嘉许。现各代表在京屡次集议，以为时局艰危，国会一日不开，即国是一日不定，国本一日不固，忧心孔亟，不能自已，仍拟于本年二月继续上请，并组织请愿同志会，而各报广载京师又有期成会之设，固已函电交驰矣。现在各省商会、教育会皆将发起合词请愿，期以四月到京，而各埠华侨亦有响应奔走归国者，民心一致，自不难上回圣聪。本会以预备立宪为名，本以合群进化，期成完全立宪政体为宗旨，然欲预备至完全立宪政体，亦必速开国会，然后可言合群，然后可望进化。是国会一日不开，即本会之

---

① 录自"国会请愿三十四志"，标题为编者所加。

预备，亦一日不得尽力，故各省请愿之举，均当视为吾党所共有之义务。凡我同人，均当各就所在地方，提倡立宪政体之美善，使所在士民皆知请开国会为必不可缓之举，联同上请，方不愧为预备立宪时代之国民，方不负朝廷三令五申筹备宪政之至意。各省代表皆谓本会多贤能宏达之士，所望于本会树之风声者甚厚，幸勿怠弃，致辜各省勤勤之望，则本会之幸也。敬此通告，并颂公德无量。预备立宪公会同人公启。

《申报》，宣统二年二月初五日（1910年3月15日）

代表团来书

敬启者。同人等因国会请愿，去冬道出沪上，深蒙招待殷拳，至今纫感。迨到京上书，未邀允准，又承电示，分电各省谘议局即开临时会提议，以为继续上书之举，当经同人等复电台处，热诚国会，良用感叹。岁尾年头，未审日来办理如何，务祈函开详示为幸。抑更有请者，贵会会员遍各直行省，贤能宏达之士所在而有，倘得贵会广发通告，请其各就本地方鼓吹国会二次请愿之举，则风声所树，尤易影响，民心一致，自不难上回圣聪，同人等无任敬祷之至。除将所有请愿即开国会同志会简章另函专布外，合再奉恳，统希示复，祗颂年安。驻京国会请愿同人公叩。

《申报》，宣统二年二月初五日（1910年3月15日）

复代表团书

代表诸君子公鉴：新年奉惠书，敬承一一。以诸君子热心毅力，精诚所感，必能上回圣听。敬为四万万人颂祝。去腊分电各省之议，或以为非宜，且愿闻诸君子之良策，遂不果发。今敝会会员亦有议诣阙上书，从诸君子之后者，但事关全体，非遍意见，不能决议，诣阙之期，正未可定耳。承属通告敝会会员，请其各就本地方鼓吹，此乃敝会会员应尽之义务，通告稿附览。敝会昨日开新年例会，已决议在京师设立事务所，并将本会发行之月报移至京事务所出版，月内即举定职员到京办理，仍冀随时赐教为幸。肃复，敬请任安。预备立宪公会谨启。

《申报》，宣统二年二月初五日（1910年3月15日）

2. 国会研究所

三月十五日本会常会纪事

本月十五日为本会常会之期，是日议案，除各会员随意提议，无关宏旨者不录，录其要者如左：

一、议前日沈友卿君投书提议请求国会一事，已经通告各会员公决矣。惟兹事体大，非赞成二字所能了。报载熊、雷两君上书请愿之后，各省纷纷继起者甚多，本会预备立宪，专以开通智识、指示方法为唯一之宗旨，今对于国会，亦不可不先研究方法，并为政府设身处地计算，如速开国会，当从何处下手。似应及时设一国会研究所，研究开设国会之顺序，按其节目，作为草案，然后上之政府，庶乎切实可行。

一、议国会研究所不当限于本会会员，凡热心此事者均可加入，各省商学会尤应联络，以便征求意见，列入草案之内。

一、议国会研究所以三个月为终止期。

一、议国会研究所应如何发起，如何联络各界，如何征求意见，如何起草，均应由十九日董事决议。

《预备立宪公会报》第一年第五期，光绪三十四年三月二十八日（1908年4月28日）

十九日本会董事会议案

一、议本日开筒检视各会员议决票，赞成者居多数，而不赞成者止有数人。其不赞成之理由有二：一说谓此事宜由各省人民请愿，若用本会名义，转嫌其狭。本会向以开通智识，使人人有立宪国民之资格为主义，较之空言请求者，尤为切实，似不必居请求之名。一说谓宜缓办，俾得从长计议。合观二说，与本会十五日常会所决定之议案正合，则国会研究所自宜从速办理。

一、议十五日议案，谓国会顺序之草案，限三个月拟定，恐来不及，届时应许展缓。

一、议本会既发起此事，应将议案登报。

一、议上海各团体有分省界者，不分省界者，兹事体大，似应通告各团体，请其公举代表加入研究所，并请其通知各本省绅士汇集意见，投书本会，俾得从长计议，以利通行。

一、议研究所应每星期开研究会一次，仍候各团体举定代表之日为始。

一、议研究（会）〔所〕议案即可作为草案底稿，届时应推起草员一二人主稿。

一、议通告各团体应附研究所简章。

《预备立宪公会报》第一年第五期，光绪三十四年三月二十八日（1908年4月28日）

本会通告全体会员

敬启者。三月十五、十九两日为国会研究所事所有议案，业经登载各日报及本会第五期会报，想蒙察入矣。兹于本月初四日董事会议决办法，拟定函稿及简章，分送各团体。除分送外，合即录送。又是日董事会议国会研究所开办后，凡董事及本会编辑员均应入研究会，会员中有愿至所研究者，均可加入，不限人数。专此奉布。如蒙加入，即请于四月十四日起按时惠临为荷。

《预备立宪公会报》第一年第六期，光绪三十四年四月十三日（1908年5月12日）

预备立宪公会致各团体函

为研究国会事

敬启者。本会公议组织一国会研究所，开设国会之顺序，按其节目，作为草案，上之政府，以期切实可行。惟兹事体大，不宜由本会独任，应邀集旅沪各团体，各揣度其本省情形，共同研究，然后可以推行尽利。为此专函奉闻，伏祈贵会即日推举代表数人，加入国会研究所，共同研究。无任盼祷。

附：研究所简章

一、本（会）〔所〕以研究开设国会之顺序，拟定草案为目的。

一、本所以旅沪各团体推举之团体员组织之。

一、各团体推举团体员不限人数。

一、凡非团体员有愿加入者，须得团体之介绍。

一、本所以每星期三下午四点至七点钟开研究会一次，每次议案推定书记一人录存之。

一、研究时有须调查各地方情形者，由旅沪各团体任调查之责。

一、本所会议数次后，推定三人以上为起草员，任编订草案之事。

一、本所以三个月为终止期。

一、本所暂设在预备立宪公会事务所。

一、本所以四月十四日开始。

《申报》，光绪三十四年四月初八日（1908年5月7日）

国会研究所第一次第二次议案

本会组织国会研究所编订草案一事，前于三月十五日常会发起，十九日董事会议定办法，又于本月初四日董事会公拟函稿及研究所章程，分送各团体，定以本月十四日开始。以上各情，均已登载各日报及本会第五期、第六期会报矣。兹将十四、二十一日两次议案录登如左：

四月十四日下午四点钟，第一次在本会事务所开会，旅沪各团体代表及本会董事、编辑员、会员陆续俱到。是日议案二条：

一、公议我国开设国会不可再缓。此次研究，以编订草案为目的，草案内容拟一至简捷之办法，定一至短促之期限，而又不可与正当之法理相背，务使此简捷之国会，可逐渐进步成一至完备之国会为宗旨。然不研究各国极正当之法理、极完备之规则，必不能生出至简捷之办法。盖必以极正当、极完备者为本位，如与中国现在情势不合，则降而思其次，又不合，则又思其次，然后可得简捷之办法，然后可使简捷之法渐进于完备。今日第一次开会，应即推定数人，调查各国法理，于下次开会时逐条提出，请公众斟酌现在情势，定用何法，或照正常法理一一退步至何处，一一录出，可为将来编制草案之依据。众赞成，当时推出雷继兴、孟莼生、孟庸生、汤幼谙、邵仲威、张雄伯、秦晋华诸君担任调查各国议院制度，以备下次开会提出研究。

一、公议未举定代表之各团体应催告，请其补举，已举代表之各团体，应请各本团体分投函告各代表诸君，请于下星期三（即二十一日）仍在预备立宪公会事务所开研究会，不再通知。

七点钟散会。

二十一日下午四点中，仍在本会事务所开第二次会议，旅沪各团体代表及本会董事、编辑员、会员到会如前。是日议案四条：

一、孟莼荪君出意见书一通，论国会可以速成之理。公议此书实为研究所唯一之宗旨，应即印刷分送。按：此书已登本报撰述门。

一、雷继兴君提出意见，谓将来编制草案不宜列作条文，只应分章分节，将各种问题列出，逐条解决，附以理由，较为得体。公议此说极是，应即录出，作为将来草案体裁之依据。

一、雷继兴君提出各国一院制、二院制之概略，并历举各国上议院制度，请众研究。公议今世界各国除挪威一国外，无有用一院制者，我国亦自以二院制为是，至上议院制度，可用孟莼荪君意见书，认资政院为上议院，而专研究民选之下议院。

一、孟庸生君提出意见，谓此项草案宜定一范围，似可分为三节，一组织，二选举召集，三议事规程，请众研究。公议我草案只至各省议员到京之日为止，议事规程应由政府与议员协定，可缓订。定以组织、选举召集为限，此即将来草案范围之依据。

七点钟散会。

《预备立宪公会报》第一年第七期，光绪三十四年四月二十八日（1908年5月27日）

国会研究所第三次议案

四月二十八日下午四点钟，仍在本会事务所开第三次会议。旅沪各团体代表及本会董事、编辑员、会员陆续到会。是日讨论甚久，挈其大要，分为四节：

第一节，孟庸生君覆述第二次议案，提出意见，谓：选举为本所草案上最重要之问题，依鄙见，应分为三节研究：（甲）议员额数，（乙）选举资格，（丙）选举手续，请众研究。

第二节，汤幼谐君言：各国议员额数有取人口比例主义者，有取地方代表主义者，惟地方代表主义近世多不采用，自以人口比例为正当。邵仲威君言：由地方代表改为人口比例，乃进化之阶级，不得因急于成立，而采用未进化时代之主义。于是陆伟士君言：速开国会是本所研究之宗旨，不可中变，地方代表主义则未必适用，却须斟酌。

第三节，秦晋华君反复说明完全与简易两种均有办法，惟迟速不同耳。主迟主速，宗旨不可不定。若主速成，则用地方代表主义未始非计，且即用人口比例主义亦须分区，未尝非代表地方之意也。于是雷继兴君言：国会总以速开为是，地（分）〔方〕代表与人口比例是两种主义，不必因主张速成而狃于地方代表主义，亦不必有意反对地方代表而并诋速成，请众人调查各国法理及中国事实，至下一次解决。

第四节，邵仲威君极言由商会、学会选举之非。第一次行选举，关系至重，万不可苟且袭用。金范澄君言：选举苟且，则何必开国会。叶仲裕君言：吾辈研究，当使国民有尊重国会之意。范秉钧君言：速成主义不可狃，苟得正当，虽迟三五年亦不妨。于是雷继兴君又言：国会之根本不在选举法，选举法可随时变更，此时似毋须过执。吾辈今日所研究者，乃孟莼生君所谓组织国会之国会也。

时已七点钟，遂散会，俟下次解决。

《预备立宪公会报》第一年第八期，光绪三十四年五月十三日（1908年6月11日）

国会研究所第六次议案

按：本报第八期载四月二十八日第三次议案，此后五月初五日第四次以端午节休会，五月十二日第五次未有解决问题，故议案不载，今所载第六次乃五月十九日事也。

五月十九日下午四点钟仍在本会事务所开第六次会议，其议决事项如下：

是日先由孟庸生君复述前数次议案，仍申前议，将草案内选举篇分三节研究：（甲）议员额数，（乙）选举资格，（丙）选举手续。公议本日先解决额数问题。

一、总额数。公议应调查各省人口租税数目，按之各国下议院议员至多若干人，至少若干人，酌中拟定。

一、选举区。公议选举区宜广，使无乏才之虞，投票区宜狭，俾免劳费之苦。应以一省为一选举区，一府为一投票区，其直隶（应）〔厅〕州之不能自成一区者，可将数厅州合并，或附于就近之府。

一、各区之选举额。公议应调查人口租税数目，并按总额数分配。

一、被选举之区域。公议不当以本区为限，此省之人可举彼省人为议员，彼省人亦可受此省之举而为议员。

一、省（坦）〔垣〕市镇侨民复杂之区。公议此等处应自成一投票区。

是日额数问题初定，七点钟闭会。

《预备立宪公会报》第一年第九期，光绪三十四年五月二十八日（1908年6月26日）

国会研究所第七次议案

五月二十六日下午四点钟第七次会议，是日承前次议案，研究选举资格问题，理论甚多。兹将决议要项录左：

一、选举资格。公议宜普及，使人人有选举权，恐事实上有所不便，俟起草时略为制限。

一、被选举资格。公议宜谨严、宜高尚，使不及格者不得滥充，而选举智识薄弱者（赤）〔亦〕不敢滥举。

一、审查机关。公议宜周密，不当偏重商会、学（曾）〔会〕，凡地方自治会及各种公益团体，皆可寄以审查之责。

是日并议定速举起草员，将已议决各案速行起草，并以后会议亦断不可每星期开议一次，致虚糜时日，应即改定日期，通告各团体。七点钟闭会。

《预备立宪公会报》第一年第九期，光绪三十四年五月二十八日（1908年6月26日）

国会研究所第八次议案

六月初三日下午五句钟，仍在本会事务所开第八次会议。议案如下：

公议国会研究所，范围甚广，不特未开国会之时应研究，即已开国会之后，关于国会之改良进步亦应研究。各国国会开设已久，而学者间理论尚多遗憾，日求完密，弥有止境，故既称国会研究所，则当有常存之性质。我等今日之研究，是研究速开国会之方法，只是一部分之事。所谓草案，只可作为说帖，反复申明速开国会，自有办法，自有次序，令阅者了然，不复疑沮，此即是我等研究之功效。起草员本此意以立言，自然得体，下次开会即本此意推举起草员。

《预备立宪公会报》第一年第十期，光绪三十四年六月十三日（1908年7月11日）

六月初十日研究所第九次会议

是日本应推举起草员，因各团体缺席太多，遂改订十四日开特别会。

《预备立宪公会报》第十期，光绪三十四年六月十三日（1908年7月11日）

国会研究所推举起草员

上海预备立宪公会曾于三月间由沈友卿君提议请求开设国会，当经通告各会员公议，以兹事体大，似应先设一国会研究所，研究开设国会之顺序，按其节目，作为草案，然后上之政府，庶乎切实可行，并议定研究时间以□□为终止期。嗣即议定办法及研究所简章，分送各团体，定于四月十四日开□□。现在已届两月，所有研究之事将次就绪，特于昨日在预备立宪公会开□□推举秦晋华、孟纯生、孟庸生、雷继兴、范秉钧五君为起草员，以便将组织□□召集等各方法速行分章属稿。

《中外日报》，光绪三十四年六月十五日（1908年□□日）

六、筹议谘议局活动

预备立宪公会上民政部书

敬禀者。窃敝会自奉大部立案以来，朝夕孜孜，勿敢□□前于本年七月间，蒙上海瑞升道照会在沪各团体如敝会等十二团体，内□□两江总督部堂端札开，承准军机处片，并抄录两广总督部堂岑筹设外省谘议局□折。原折饬司道核议，应即分别照会各团体悉心筹议等因。当由敝会等十二团体一再会议，以为此项章程关系甚巨，非可率尔从事，因公举明习法政之士雷奋、沈同芳、孟昭常、沈恩孚、夏清贻、吴馨、秦瑞玠等七人为起草员，研究各国地方议会之性质，依据法理，草定谘议局章程一通。又以谘议局议员与下级议会息息相通，因并定厅州县会章程一通。起草完毕，又经十二团体开会，逐条逐句，公同协定，大致皆参照各国地方制度及天津自治局章程办理，按之学理与中国官民之体制，似无不合。正拟复请上海道详复各宪，适于九月十三日奉上谕：令各省督抚均在省会速设谘议局，慎选公正明达绅士创办其事，即由各属合格绅民公举贤能，作为该局议员，其各府厅县议事会，一并预为筹画等因。钦此。仰见朝廷推行宪政，挈领提纲之至意。亟思有所献纳，而各省绅士亦同时筹办，因由江苏绅士魏家骥等，将敝会等所拟章程，呈请两江总督、江苏巡抚查核，作为江苏谘议局并厅州县会章程。窃念十二团体，人非一省，学界如江苏教育总会，商界如上海商务总会，研究政治团体如宪政研究会及敝会等，皆在其中，每会会员各数十百人，此项章程既经多数人之公认，即推而放之各省，宜无不可通，推行之利，当不止江苏一省。伏查谘议局为省会，与厅州县会同为地方自治之枢纽，正烦大部之荩筹。此项章程应否推行，是在大部，而敝会遵旨预备立宪，首注意于地方自治，亦不敢不以刍荛之献，稍效微忱。除谘议局与资政院内外相联，应通禀资政院核夺外，用敢敬谨缮呈，环请查核。如蒙裁可，即祈饬发通行，俾各省议会可早日成立，宪政可早日推行，不胜屏息待命之至。（另有上资政院书，亦注重推广各省议会，其文与此大同小异，不再录。）

《申报》，光绪三十三年十二月初三日（1908年1月6日）

本会复湖北谘议局创办所书

敬复者。奉大示，议论崇闳，别有见解，迥非敝会意料所及。惟此项草案系沪上十二团体公举起草员所拟，并非敝会所敢独擅。兹已将原函及驳议录送原起草员公同研究去矣,俟复到即当转呈台察。先此奉复,敬请勋安。

《预备立宪公会报》第一年第一期,光绪三十四年正月二十八日(1908年2月29日)

再复湖北谘议局创办所书

敬再复者。去腊奉大示并驳议一册,仰见精思邃虑,且佩且悚,当将原件转交起草员共同研究,并先具数字奉复,想邀台察。兹原起草员已经复到,合亟录呈尊览。学问之道,不厌求详,如蒙赐教,至深幸感。总之,起草诸君,依据学理,断断辨难,仍是拟议之词,尚不知枢府何以处此也。除将原起草员复书另折录呈外,肃此,敬请勋安。

《预备立宪公会报》第一年第一期,光绪三十四年正月二十八日(1908年2月29日)

原起草员议复本会书

议复者。前承贵会抄示湖北谘议局创办所来函一件,条议一册,以仆等为原起草员,嘱令公同研究,详论得失,以便转复等因。查原书先经《汉口日报》登载,沪上学界指斥疵谬,几于异口同声。上年十二月二十三日《时报》及二十四日《神州日报》均有所论列。沪上新立政法学协会,对于国会及地方议会制度均极注意,将来必有述作,似无烦深论。承示前因,谨将原书随文解答,具复如左。至胪陈学理，折衷群言，当俟诸协会，非仆等一得之愚，穷数日之力所能尽也。

原书云：谕旨以谘议局与资政院直接，与自治事相对待，则为民选议院毫无疑义。

按：作者以为，地方自治既谕饬在先，而谘议局复奉旨创办在后，可决其为两事而非一事。谘议局之议员可升入资政院，则与资政院决为一事而非二事。作者固自以为得一间矣，虽然，前后两旨，朝廷果有成心如原书云云否，资政院果得为正常之议院否，若必以明文为断，恐非臆度之词所能了也。既饬地方自治，则一省宜有一上级议会，谘议局安知非省会耶？东西各国自治制，或两级，或三级，日本府县会为最高级，郡次之，町村又次之。日本之町村广袤，当中国数里或十数里不等，一郡领数町村或十数町村不等，一府县领数郡或十数郡又不等，丝连绳贯，厘然有序。中国地方制不能尽如日本固也，然以事实度之，最下级之自治体必为城厢乡镇，则必有城厢乡镇会。城厢乡镇皆受辖于厅州县，一厅州县有公共关系时，决非城厢乡镇会所能决议，又岂能无厅州县会。厅州县之上有府，有直隶厅州，在中国旧制，只存核转之阶级，并无直接行政之实权，自不能自成一级。众厅州县皆受辖于省，一省有公共关系时，决非各厅州县会所能决议，又岂能无省会。今以谘议局为议院而非省会，则地方自治之上级议会当更设乎，抑付之阙如乎？以谘议局之议员可升入资政院，即认谘议局为资政院之分院。夫选举有直接、间接两主义，用直接主义，则国会议员可从普通人民中选出，用间接主义，则从省会议员中选出亦是正办。今乃谓资政院议员可从谘议局推升，则推出者必为分院，升入者必为总院，若今之官场出分局委员升调总局者，然法理乎，事实乎，识者有以知其必不然矣。

原书又以分科统一之说，力攻我参事会之失，谓以地方议事会与董事会为谘议局之下级机关，遂将参事会强为合并，是立法机关与行政机关相混。

按：分科统一之说，自是一理论。今持此以攻参事会，决不适当。夫董事会之名起于天津，其实不如参事会之谛当，然其性质无甚更变，则名称不足争也，故厅州县之董事会即参事会。厅州县有议会，有参事会，则其上级有省会、省参事会，与日本郡会、郡参事会之上有府县会、府县参事会无异。日本制不尽适用于中国固也，然日本亦仿自欧美，彼中学者未闻以立法、行政混合为病，岂其智慧者皆出吾党下耶？数十百年承讹袭谬，无一人焉出而矫正之，何东西各国之不幸也。

原书又因有贺氏之言，谓中国宜用一院制，仿奥大利之州制，各省皆设下议院。

按：一院制与两院制是另一问题，姑置勿论。奥大利之州制可适用于中国否，有贺氏之理想可见诸实事否，此又一问题，又置勿论。作者唯一无二之主义，在反对我参事会，多方牵合，以证明谘议局之必为议院，既为议院，即不当有参事会，如此而已。然考有贺氏所据之奥大利州制，并有州参事会，奥大利之国会并有上下两院，奥大利之州会并未尝袭用议院之名，此又何说也。作者以谘议局为上下议院之分院，我草案以为地方自治之上级议会，其不同之点在此。夫议院之不可遍设于各省，且不暇致详，今但诘之曰：地方自治之上级议会，当更设耶？当令谘议局兼摄耶？如其更设，则我草案之参事会，固未易更易也；如曰兼摄，则议院非议院，省会非省会，在世界上为何等之一物。辨其性质，语其权限，当以何者为议院，何者为议院所兼摄之省会。必强比而同之，则但谓省会之权限宜扩大，使略具议院之性质可也；灭省会之体制，以造成此议院非议院，省会非省会之一物不可也。窃闻新官制有所谓议政厅者，直隶颇遵用之，欲以谘议局之议员选举六人或八人入议政厅，与督抚司道会议政事，此与参事会何异？明明为参事会，而易其名为议政厅。我草案以省参事会配省会，而作者攻之甚力，若以议政厅配下议院，作者其许乎否耶？

原书云：将来如设上下两院，则资政院为上议院，各省谘议局皆为下议院，彰彰明矣。

按：作者尝言中国只宜设一院，而以资政院为中央议院，以谘议局为地方议院矣。今又云云若是，是上议院有中央的而无地方的，下议院有地方的而无中央的也，此何说也？

原书云：将来若遵旨筹画各府县议事会，是下议院之下复有议会，成三院制，于组织不合，于事实有碍。

按：据此则作者固明言谕旨之不可遵也。始因谕旨有资政院议员由谘议局推升一语，遂认谘议局为资政院之分院，恐是厚诬谕旨。今又昌言府县会之不可设，又恐是抗违谕旨。作者以为谘议局之下不当复有议会，又安知厅州县会之下尚有城厢乡镇会乎？

原书云：府县议事会，惟地方自治实行后得另行设置，国会无府县分设之理。

按：今非实行地方自治之时乎？不实行地方自治，何以各省设谘议局？作者认谘议局与地方自治是两事，则请断言之曰：国会岂特无州县分设之理，并无各省分设之理。各省分设者，必为地方自治之上级议会可无疑也。

原书云：各国对于议会负责任者必为内阁，各省既设谘议局，则督抚亦当组入内阁，必由政党组织而成。设督抚皆为国务大臣而属一党，则内阁变动时，政界受绝大之影响。若属两党，则政策分歧，必无统一之术。

按：据此，则作者亦知谘议局之不可为议院矣。凡事穷则思通，认谘议局为议院则穷，为地方自治之上级议会则通，何为鼠入牛角，自取困苦乎？

原书云：认谘议局为地方自治之省会，亦有宜改定者。如设参事会，既有议决机关与执行机关互相牵混之嫌，府县官为参事会长又有行政官厅与地方团体权限不分之弊。

按：参事会之作用，各国学者间理论甚明，上文既言其略；府县官为参事会长，各国亦具有先例，读近时出版之地方自治各书自明，不赘述。

以上皆随文解答，至于学理，尚未能详尽，将来政法学协会必更有所论列也。其条议系从原书发生，根本上之错误在彼不在此，故置勿论。率复，敬请裁度不宣。

《预备立宪公会报》第一年第一期，光绪三十四年正月二十八日（1908年2月29日）

湖北谘议局创办所原书

敬复者。顷奉督宪发阅贵会拟定草案，展诵数过，卓（谶）〔识〕远谋，佩仰佩仰。惟兹事体大，非可仓猝成立。鄂省奉行，仅属创始，而创始之际，固宜首揭主旨，尤应先辨性质。现在各省地方自治，既奉谕旨专饬筹办，复由各省各议兴举谘议局，于资政院可直接，与自治事相对待，则为民选议院毫无疑义。立法所关，贵在独立，虽孟德斯鸠创分三权，实则既有分科之益，亦有不能统一之弊。近世政治学家，倡统一分科之说以左右之，厥功甚伟。要知统一云者，非举三权而混合之也。若以各地方议事会与董事会视为谘议局之下级机关，遂将参事会强为合并，是立法机关与行政机关相混，恐失统一之旨，复无以收分科之益，详加审度，未见其可。惟将来各省谘议局确定为议会时，尚有骤难解决之问题，不得不请诸公互相讨论者，厥有三端：

一、各国议会有一院制与两院制之别。详究上议院之由来，又大都为废藩封为郡县时特设之制，故曰贵族议院，其无撤藩历史诸国，往往仅立一院制度。我国除皇族尊严当在贵族之上，应俟组织内阁时列入外，凡属臣民，皆以官贵，不以族贵，秦汉以来，往往然矣，实无贵族阶级，即不应有贵族专院。日本法学博士有贺氏以学理印证中国事实，并就各省地域分配，谓将来我国国会组织宜设一院制度，宜访澳大利国会设置方法，中央设一议院，每省各分设一议院，为中央之支会，皆属下议院，悉由民选。关于本省者，由本省支会议决，关于全国者，由各省提案，交中央议决，其说颇有根据。恭绎此次谕旨，由各属合格绅民公举贤能作为该局议员，及将来资政院选举议员，可由该局公推递升之意，亦似中央资政院与各省谘议局实无差别，皆属民选之制，正与有贺氏之意吻合。第引申其义，究非片义单词便可隐括尽净，就中有无出入之处，固非敝所所能悬揣，亦非贵会所能遽定。宜以意见书先呈资政院议决宣布，庶几义蕴晓然，不至互相疑沮。

二、将来如议定设上下两院，则资政院为上议院，各省谘议局皆为下议院，彰彰明矣。若将来再行遵旨筹画各府县议事会，是下议院之下复有议会，无论两院制为世界各国议会定例，今更特创三院制，于组织不合，于事实有碍，即就通过提案言之，亦多隔阂。近世各国议会，议员发言对于会外不负责任，乃对于其选举之地，有代表之权，无代表之责，较之中古时各团体、各阶级选举之员仅各代表其所选举之团体、阶级，立论尤易融洽。若各府县设议事会，其会中议员设遇有与本地之利害相反之提案不能协赞，而就全省统筹其事，又属不能不协赞者，即生种种障碍。倘久持不决，必至府县议会之议案，永无提出省中谘议局之一日，欲再提出资政院，更无期矣。故鄙意府县议事会，惟地方自治实行后得另行设置，国会无府县分设之理。此又非各省所能各自为制，宜由贵会陈之资政院颁行者。

　　三、各国对于议会员责任者皆为内阁总理大臣，我国将来无论定为一院制或两院制，皆须确定负责任之人。各省谘议局若仍由中央内阁大臣担负责任，以地域论，以事实论，皆不免于形格势禁。倘由各省督抚代表内阁大臣，则宜如今之各督抚兼陆军部尚书、侍郎衔之例，皆兼国务大臣，一并组入内阁，方能脉络贯通。但因此又不无困难之处，盖内阁必由政党组织而成，且内阁又必由一政党组合，无两两政党并立之理。设各督抚皆为国务大臣而属一党，则内阁变动时，政界受绝大之影响；如各督抚组入内阁而属两党，则全国政策纷歧，中央无统一之术。此又不能不先呈资政院奏请裁决，而后可为谘议局定制张本者。

　　以上诸端不能确定，草案实无从着手，此外节目之尚待斟酌损益，犹属余事。此专就立法上之谘议局而言也。其它即依尊拟，认谘议局为地方自治之省会，亦有宜改定者。如将参事会并入，且得代议急待施行之件，既有议决机关与执行机关互相牵混之嫌，府县各官得为会长，又有行政官厅权限与地方团体权限不能分析之弊，各省编订自治制度如皆奉此以为标准，其滞碍必多。

　　现在各项新政，在各省宜有精实擘画之谋，而尤贵善终如始；在政府宜有破格非常之举，而后能创制显庸。深维贵会开群薨之先声，奠苞桑之大业，凡所建白，实为朝野观听所系，区区一得，未敢自秘，辄以贡诸左右，并将分注草案各条另纸录奉，尚祈鉴察，付之公议，无任企盼。除折复督宪外，专复，敬请台安。

《预备立宪公会报》第一年第一期，光绪三十四年正月二十八日（1908年2月29日）

预备立宪公会为谘议局选举方法敬告四川陕甘新疆云贵旅沪绅商

谘议局为人民有参政权之始，凡我同胞自无不奋勉从事。苏省交通尚便，而今日实行调查、编造人名册者仅有数属。事以办而知难，因念二十二行省之内，除沿江沿海铁路各省外，如四川、陕甘、新疆、云贵各省，地域之广莫，山路之崎岖，尅期一年成立，几有非人力所能及者。夫谘议局成立之先后，省与省各不相牵制，犹得曰无烦备箸为也。资政院为全国共同组织，而资政院之选举即在明年谘议局成立之后，然则谘议局之成立与否，我二十二省实有共同之关系，万一因一省不成立，致令全国组织之资政院因此愆期，岂非二十二省之大戚？各省热心之士侨居沪上者甚多，不能不呼号商榷，以期共济。凡交通不便诸省，应如何要求各本省长官力图迅速之法，行文等事概用电报；或将最窎远之区万不能行正式选举者，略采地方代表主义，令每府州推举议员数人到省，以便依期开会，仍速行预备，至第二年仍照定章办理。查日本岛厅制度与郡市不同，而北海道、冲绳县等处又与四十九府县不同，因地制宜，原不能概从通法。以二十二省之大，而以四五省之僻远府州行一特别法，似理法与事实两无所背。以上各节，是否可以禀请各本省督抚，或联合各本省京官呈请宪政编查馆变通办法之处，惟希裁察，总以消除障碍，同升共进，乃为厚幸。

《时报》，光绪三十四年九月二十日（1908年10月14日）

上海预备立宪公会为各省谘议局筹办处设立通信部广告

启者。自功令责成大府慎选绅士设立谘议局筹办处以来，各省绅士道出沪上者皆愿在上海设立通信处，俾将来对于章程之解释及施行之办法得以统一，而皆责望于本会。本会地处交通，不敢不勉。近来为谘议局通信者日见其多，特于本月初十日起增设通信部，以副各省勤勤之厚意。敬此通告。

《时报》，光绪三十四年十月十日（1908年11月3日）

上筹办处论同城州县选举书

预备立宪公会 稿

敬肃者。窃查谘议局章程第二条，以一厅州县为一选举区，而同城州县未有特别之规定。伏念同城州县，多析置于雍正之初，乃就一城而析置二州县，非设官之初即置二州县以治之，亦非相度形势，建筑城市，而设官以治之也。故语其区画，则但有官厅之关系，而无形势之关系；核其名实，只可称为二州县，而不可认为两区域。盖其历史地理、人情风俗，以及利害关系、生活根据，未始有别也。即其亲戚故旧桑梓之情谊，与各人相互之间之信仰力，亦毫无歧异，与不同城之邻县风气攸殊者迥别。今行谘议局议员之选举，而于同城州县不加斡旋，但执章程以一厅州县为一选举区之文，概令分额各选，恐非立法者之本意。造册期迫，不能不申请钧处，转详抚院，电商宪政馆通融办理。请为钧处缕晰陈之。如甲县人田庐、坟墓、财产，以及亲戚故旧皆在乙县境，即其利害关系与其所欲举之人皆在乙县，徒以籍隶甲县，而投票区亦限于甲县，不得举其所信仰之人，是以籍贯之虚位，而抛弃其信仰之实际也。此不便者一也。众望之所归，决不以东半城、西半城而异，受全部之信仰，而止受半部之选举，屈抑良多。此不便者二也。向来公益事务，皆系合办，本有不可剖分之势。自选举额分，而选举者、被选举者始有各为其乡之意，于是因畛域而猜疑，因猜疑而冲突，为患滋大。此不便者三也。夫亲爱之心，所以厚于同州县，而薄于他州县者，以无共同关系也。故不同城之人，虽负盛名，而与吾馨欬邈不相涉，则亦淡然遇之。同城异县，则既闻名，又见面，又共事，甚且同居一室，至选举、被选举，则禁不与通，使若陌路、若异域者然，于义何取。若谓分区选举，必因其固有之行政区域，则同城州县，除刑名钱谷分理外，若慈善事业，若警察，若教育会，若商会，若劝学所，若地方公款，若办理公益之人，皆合而为一，则其中一州县尚不可为完全之行政区，必合并之，乃不失因其固有之义。从前考试，非同城州县则有冒籍之禁，同城则往往有父子兄弟异籍者，彼一家之关系，固不以籍贯而异也。分区之制，行于不同城之处，谓之得均平之良剂；行于同城之处，谓之失信仰之自由，似乎不必。至论其手续，则又有难焉者。同处一城之中，各不辨其为何县之人，投票时此县人误投彼县人，则其票为无效，而被选者有无故摒弃之冤。假使投票时必先检对选举人名册，则众人麕集一处，同检一册，既虑耽延，且滋纷扰。而每投一票，监察员必检对选举人名册，而后受之，几与检票时同一手续，其难一。现住本籍相近之投票区，亦有远至七八十乃至百里者，必令跋涉，则放弃滋多，其难二。分配其现住相近之区，何人为之指定，何法可以关照，手续繁多，人情不乐，其难三。某等再四思维，惟有合造一册，并额通选。初选监督会衔会印，厥有常规，即使诉讼，亦当取决于同城绅士之佐证，而决不可限于同籍，以刺取其少数之品评，庶于分区选举之本意，益见融合。宪政馆前复抚院电，只言住所与籍贯不同者，有借区投票之法，而未尝释及同城分选之难题。可否转详抚院，再行电咨宪政馆，俯赐察核，允将同城州县，合造一册，并额通选，以顺舆情。无任惶悚待命之至。

《申报》，光绪三十四年十一月十九日（1908年12月12日）

江苏旅沪议员发起预备会

苏省旅沪议员潘君鸿鼎、秦君瑞玠、张君家镇、孟君昭常等拟于静安寺路预备立宪公会事务所设一议员预备会。闻该会宗旨拟联合江苏全省谘议局议员，研究职任、权限，并对付督抚所交议案及谘议局自行草具议案之预备，现已定于月内开第一次预备会。沪上交通便利，想江苏各属议员赞同此举者必将闻风来会矣。

《申报》，宣统元年五月十六日（1909 年 7 月 3 日）

本年八月致各省谘议局函

敬启者。谘议局有议院之性质，实为中国四千年来未有之创举，海内热心志士无不倾耳而听，注目而视。敝会以预备立宪为宗旨，对于此事尤所兢兢。盖谘议局成绩佳良，则立宪不待九年，而人民之幸福已有增进；稍一失坠，则蹉跌随之，民生消长之机会实系于此。有无穷之希望，则有无涯之儆惧，贵局肩兹重任，谅有同情。敝会自上年发行《预备立宪会报》，多论述国会及地方议会及自治行政事宜，际兹各省谘议局同时召集，自当征求议案，裒集成编，以转输于全国，或且使省与省、局与局之间互相馈饷，而敝会同人亦藉以为研究之资料，或时有所论列。意在于斯，未遑多让，用特函商贵局，所有议案乞抄寄一份，藉登会报，以资研究。如事关紧要者，并可由敝会代送日报，以供天下之研究，各有观摩之益，又多他山之助。贵局诸公虚怀高谊，当无不赞成。兹敬将本年会报寄呈一份，即希察及，如蒙贵局议员订购，即当照寄。静候录案见示，并希先复。肃泐，敬请阄安。

按：本会对于谘议局、地方自治等事均极注意，此函发出后如有效果，藉通各省之邮，影响匪细，故特揭载于本期会报之首。

《预备立宪公会报》第二年第十七期，宣统元年八月二十八日（1909年10月11日）

本会广告各会员函

敬启者。本会上年大会时议决本年进行方针以谘议局、地方自治为枢要，故于筹办时期颇有鼓吹。今各省谘议局一律遵旨于九月初一日开局，今年谘议之成绩，即九年立宪之先声，本会同人尤当兢兢致意。前月已经董事会决议，函告各省谘议局，征求议案，除登入会报、转输各省外，本会同人亦当就事研究，并拟有所论列，以影响于全国。用特订期从九月起，每逢星期三在本会事务所开谈话会一次，以冀各抒心得，共相商榷，实为至要。此订。

《预备立宪公会报》第二年第十七期，宣统元年八月二十八日（1909年10月11日）

本会广告

　　本报前曾致函各省谘议局征求议案汇登本报，俾省与省、局与局得相互观摩之益。今陆续接得各省寄来议案甚多，略儗变通本报体例，将关于各省议局寄来议案，择其要者按期登入，俾热心时事诸君得以浏览焉。本号第三类收辑言论，今已改登谘议局议案，请阅者注意。

《预备立宪公会报》第二年第十七期，宣统元年八月二十八日（1909年10月11日）

七、附设法政讲习所

上海预备立宪公会附设法政讲习所广告

宣统元年正月

　　本会决议，自本年正月始，附设法政讲习所，半年毕业，专养成厅州县城镇乡地方自治之议员、董事，并研究谘议局、资政院议员应有之学识。其学科注重于宪法、行政法、财政学、地方自治制。各处绅士有志讲习者，请即至跑马厅本会事务所或酱园弄江苏教育总会报名。凡各地劝学所、教育会及上海各团体及本会会员均可介绍，以年满二十岁，不染嗜好，能笔述讲义者为合格。学费共十八元，本会会员减半，杂费二元，均于入学时预缴。二月初一日开讲，讲舍在新马路。此布。

《申报》，宣统元年正月初五日（1909年1月26日）

预备立宪公会法政讲习所毕业记事

宣统元年六月初六日

昨日预备立宪公会附设法政讲习所行毕业式，先由孟庸生君报告成绩，续旋由会长郑苏戡先生致奖勉之词，略谓学问之事，不在理想高尚，而在乎现时适用。现今时事多艰，需才孔亟，以培养过渡人才为最要。诸君旧学本有根柢，而又加以法政之新知识，毕业后散布于各方面，以办理国家政治、地方公益，于立宪前途必大有裨益云云。随即一一亲自给发文凭，并于前列优赠奖品，礼毕散会。复同至立宪公会，合撮一影，以留记念。计毕业者八十八人，兹将姓氏附录于左：

最优等七名：宋宝仁（南汇）、王向春（江阴）、潘诒曾（荆溪）、张□仁（江都）、滕文玉（泰州）、崔祖棠（荆溪）、钱家福（嘉兴）。

优等四十八名：吴道达（崇仁）、唐炳荣（临川）、顾维均（海宁）、葛荫楣（荆溪）、朱衡基（余姚）、戴秉伦（泰兴）、赵文蔚（泰兴）、王廷贻（江阴）、俞钦（宜兴）、林维均（商城）、李福保（无锡）、许子锵（无锡）、庄承祜（武进）、李也白（临海）、魏宣鸿（余姚）、周伍（嘉善）、何宗熙（临海）、张履谦（临川）、李锡同（临海）、沈寿楠（南汇）、张金石（海州）、华承堪（崇仁）、谢士珍（崇仁）、谢树芝（临海）、金旭昇（临海）、张祖荫（临川）、傅钟泽（如皋）、张崇义（临川）、储仁（宜兴）、江福麟（婺源）、华广垓（崇仁）、陈宪邦（天台）、张聘时（江阴）、龚廷直（新阳）、顾彦祥（嘉善）、万维庆（钱塘）、陈元复（宜兴）、金镇（临海）、刘效纯（泰州）、袁邦幹（睢宁）、潘行坊（广丰）、夏本善（青浦）、廖家杰（临川）、杨树勋（乐安）、叶嘉谋（临海）、艾延年（东乡）、朱葆煌（金匮）、项美权（临海）。

中等三十三名：陈标（天台）、梁民望（临海）、唐恩荣（江阴）、金贤华（临海）、洪福谦（婺源）、卢锡光（临海）、丁善（东台）、蔡树勋（宿迁）、陈泽霖（诸暨）、周锐卿（海州）、陶师侃（如皋）、董禹书（临海）、林裳（萧山）、饶呈桢（临川）、陆同绅（常熟）、周敬熙（如皋）、蔡星源（宿迁）、姜宝璜（南汇）、洪家骅（婺源）、蒋炳文（天台）、陈音（天台）、吴广田（清河）、陆熙轮（天台）、陆鼎成（崇明）、蔡崇厚（宿迁）、周岐阳（阳湖）、金镇西（临海）、柳晟（临海）、施湘（崇明）、江贻俊（沭阳）、傅希贤（临川）、谢发再（临桂）、许普仁（泰州）。

《申报》，宣统元年六月初七日（1909年7月23日）

预备立宪公会附设法政讲习所广告（一）

宣统元年六月

本会附设法政讲习所半年毕业，今年上半年已毕业一班，下半年仍照旧章办理，其宗旨专养成厅州县城镇乡地方自治之议员、董事，并研究谘议局、资政院议员应有之学识。其学科注重于宪法、行政法、财政学、地方自治制。定于七月二十一日开讲。各处绅士有志讲习者，请即至跑马厅事务所报名。凡厅州县劝学所、教育会及上海各团体及本会会员及第一班听讲员均可介绍，以年满二十岁，不染嗜好，能笔述讲义者为合格。学费共十八元，杂费二元，均于入学时预缴。特此布告。

《申报》，宣统元年六月二十八日（1909年7月26日）

预备立宪公会附设法政讲习所广告（二）

宣统二年正月

预备立宪公会决议本年续办一年班、半年班两组，一年班注重法律，造就司法人材，半年班注重地方自治应有之学识，于财政预算决算尤为致意。开学期定正月念一日，各处士绅有志讲习者，请即至跑马厅预备立宪公会事务所或新马路梅福里本讲习所报名。凡各厅州县劝学所、教育会、预备立宪公会会员及本讲习所前两届毕业诸君，均可介绍。资格以年满二十岁，不染嗜好，能笔述讲义者为合格。学费每半年十八元，杂费二元，均于入学时预缴。听讲员（暨）〔即〕不膳宿，但本讲习所近旁有指定寄宿舍，愿入者听。特此布告。

《时报》，宣统二年正月十六日（1910年2月25日）

预备立宪公会附设法政讲习所广告（三）

宣统二年正月

本讲习所定于本月廿九日举行开讲式，二月初一日开课，已报名诸君务祈廿九日午后三时惠临新马路梅福里，未报名者务尽月内来所报名，以免后期。

《申报》，宣统二年正月廿三日（1910年3月4日）

预备立宪公会附设法政讲习所广告（四）

宣统二年六月

  本所今年举行第三届毕业，共计三十八，中最优等者九人，优等者廿九人，又中等者四人（名单已列新闻内）。惟照部章，不满六十分者不能给予毕业文凭，故中等四名均给修业文凭，以符部例。兹有考列中等邓元量一名，于举行毕业式之后，擅入事务所，窃去空白文凭乙纸。除将毕业各生姓名开列登报，以杜弊端外，合再声明，一面不认邓元量为本会附设法政讲习所之修业学生。此布。

《时报》，宣统二年六月十五日（1910年7月21日）

八、其　它

预备立宪公会立案

  预备立宪公会禀请民政部立案，并呈送出版各书，请部饬发通行，已经批准。原批录左：
  据禀及章程并书籍三种均悉。该职员等组织预备立宪公会，专任启发人民智识之责，以期宪政实行，具见热心，深堪嘉许，应即准予立案。至附呈各书，详加批阅，如《地方自治【制】纲要》、《地方行政制度》种种，条理完备，剖析详明，堪资讲习之用；其编辑之《公民必读》，纲举目张，颇合现今人民程度，足牖童蒙，仰候通行各省可也。此批。

《时报》，光绪三十三年十月三日（1907年11月8日）

预备立宪公会致各处教育会论各地方亟宜遍设宣讲所书

孟昭常 稿

各省府厅州县教育会诸君同鉴：本会以预备立宪为宗旨，贵会以普及教育为宗旨，其趣一也。非教育普及，人人有普通之智识，不足以言立宪；非以立宪为目的，则天下之学术无所归属，而教育之原理，终以不彰。此会与会联合之责任，犹《周礼》所谓官联，即社会学者所谓组成的社会也。会与会既负同一之责任，同为组成之一体，则【其】联合组织之法固当协定之。今本会所切盼于教育诸君者，乃在宣讲所一事。何则？今朝野上下竞昌言立宪矣，立宪国之公民，以年满二十五岁为及格，今天下二十五岁以上之民，皆未经学堂卒业者也。二十五岁以上之民之心志耳目，皆专制政体无责任之民之心志耳目，非立宪国民之心志耳目也。所谓公民，乃皆村夫野老、闾井细氓，非莘莘学子，识史书，通文义，能自牖迪者也。诸君以为教育自教育，立宪自立宪，各不相涉，因亦漠然无所动于中，斯已而已耳；若其否也，则彼二十五岁以上之村夫野老、闾井细氓，未尝受普通之教育者，皆废人耶？皆不在诸君教育范围之内耶？抑立宪事缓，必待十年、二十年，教育普及之后，乃徐图之耶？颇闻各府厅州县之初等、高等小学犹有未设者，即设矣，犹多不如法者，度其时正未可待也。夫学堂之不设与不如法，诸君既引为不己责矣，愿诸君之责只在养成数十年以后之立宪国民，而其余现实为立宪国之公民者，一切勿问，则非所望于诸君者也。

二十五岁以上人之教育，将于何设施，以诸君之明，不当不一筹及，度筹之而未有策耳。今天下有所谓宣讲所者，即二十五岁以上之公民之学堂也。今盈天下计之，宣讲所度不足十所，且皆官立，非民立。民不知立宣讲所，则民之程度

可知。诸君知之而以为难,请释其所难,疏陈如左,诸君共图之:

一曰时间之难。二十五岁以上之男子,必须有业,然后可谓公民。夫既曰有业矣,则农者不能弃田畴而即校舍,商者不能废筹策而眈文书,工者不能舍斤斧而弄笔墨,其号为士者,亦不能辍其故业来受新知。若而人者,吾日召之来,强民之学,彼必引为大戚,有掩耳而不欲闻者,此诚无如之何也。然若小变其例,立一宣讲所,五日召集,每集不为辰至午,即为未至酉,率以四小时为常,一月凡六日,得二十四小时。每二小时讲演一事,则一月可讲演十二事,积六月毕业,可讲演七十二事。士农工商不废其业,而城乡公民皆具有议员、董事之智识矣。然则时间难,时间并不难。

一曰场所之难。一厅州县之地,纵广各数十里、数百里不等,四乡之民,势不麕集于城市。欲道里适均,四方来者无奔驰之苦,则必每五里设一所然后可。五里设一所,一厅州县当设二三十所,每所须宽敞,可容二三百人坐者,闻者无不骇其繁难。然每五日一集,周而复始,则设五所无异设一所,每五里设一所无异每二十五里设一所,每五里之内不应无祠庙或其他公共营造物可假借使用者。然则场所难,场所并不难。

一曰讲师之难。立宪国民之责任与其智识,及地方自治之制度,选举议会之方式,非尽人所能知也。今欲为多数公民得良教师,非求之法政学者不可。一厅州县中,乌得如许之法政学者乎?然城市设四所,四日而复,只须讲师一人;四乡共设二十余所,五日而复,则仅须讲师四五人。通计一厅州县须五六人,亦决不须专门之学者。今宣讲课本盖稍稍出矣,士有能随人释义,明习世故,于社会事实多所经验者,手持一定本,随机而引伸之,则施者不劳,而受者餍矣。然则教习虽难,教习并不难。

一曰经费之难。今之教育者,每苦费绌。筹学堂费已如此,又益之以宣讲费,是重困也。然费之多寡,须视其种物之繁简。节省经济,而谋教育之普及,尚非无法,况区区暂设之宣讲所。其场所以公共祠庙,五日一使用,则校舍无费;讲者、听者皆不滞留,则膳宿无费;课本止值百数十文,各人自备,则书籍无费。所费者,讲师之酬金耳。讲师之酬金每日一圆,流通五所,又增舟车费每日一圆,一讲师每月共费银六十圆。五所分担之,每所每月需费十二圆。每五里以内之公民无虑数十百人,皆有身家之民也,必自愿分担此费,则每人每月仅担数百文。即不然，别筹公款以支给之，一厅州县二十余所，六月毕业，亦不过费千数百圆。以千数百圆之费，易无数有知识之公民，其利市可谓厚矣。然则经济难，经济并不难。

释此四难，其又奚虑？夫宣讲所非高等、非专门、非中学、非初等高等之小学，而不谓之教育不得也，谓之教育而不谓之预备立宪，亦并不得也。诸君以教育为天职，而顾以关于立宪，遂外之不一相过问，此非诸君之所宜出也。审视课本、检查场所、延订教师，非教育家不办，亦非各就其乡里为之不成。故编订课本，号呼于当世，以待天下之协应，是敝会之责；翕然响应，令数月之间，宣讲所遍设，则诸君之事也。会与会联合之责任如此，诸君倘有意乎？临词恳切，不尽所言。

《申报》，光绪三十三年九月廿一日（1907年10月27日）

会员寄稿

会员秦君其增投书本会，并抄寄农会章程草案一通，嘱本会同人逐条研究，详细答复。同人阅后，觉条理分明，至周至密。且章程所列，悉本之地方风俗而来，即欲商改，莫能措辞，因请编辑所诸君录登本报，俾本会散处四方之同志，咸庽观览，设欲参加意见，即函至本会转寄，以副秦君殷殷询访、集思广益之至意。抑昭常更有进者，本会会员业商者多，业工者次之，业农者又次之，业农而有公共心，能借文字之力有所表见，以泽及于社会者尤不一二观也。农业不兴则产物绌劣，工无以为制造之资，商无以为贸迁之具，生计萧索，虽日号于众曰预备立宪，预备立宪，宁有益哉！今全国商会订阅本报已十之七八，商之知识类高于农，提倡农会繄商人是赖。本报录登此稿，以介绍于我同会，并介绍于各商会，以及于农工。本报之所希望，固不仅在农，抑不仅在我同会或商会之有数特定人而止也。秦君字伯厚，盱眙人。戊申二月孟昭常识。

敬告同邑诸父老昆季议办农会书

秦其增 稿

其增与诸父老昆季别十九年矣，南粤北燕，久劳于外，一官虚寄，又复六年，一从事于兵政，一从事于榷政，守此贞白，幸未贻羞。白下军籍，南通商报，谓予不信，可以覆按。近年朝旨预备立宪，都邑人士日有讨论，其增不自揣量，亦尝究心，窃谓吾国工商政策已落后步，挽此国势实先在农。适于上年见邸抄农工商部九月十四日筹办农会之奏，杏城侍郎为吾泗产，敬闻此奏，实主持之。顾吾泗属倚山带湖，相厥土宜，百物咸备，听其榛莽，士君子之耻也。其增盱产，请设盱会。细译部章，其为要义者三，曰开通智识，曰改良种植，曰联合社会；其为宗旨者一，曰互结团体，共图公益。谨本此意，悉为条缕，曰拟办盱眙农务分会分所总章，符奏案也；曰分会办事规则，清总汇也；曰分所分配道里远近表，谋普及也；曰农事半日学堂规则、农事演说会场规则，期画一也；曰农事简易试验所办法，求速效也；曰选举董事及会员会友入会规则，重民望也；曰经收会员会友会费及报部核销办法，昭大信也。以上皆遵照部章开通改良联合之事。抑其增更有请者。四境多盗，农不安枕，夜惊昼睡，安能力耕。官虽维持，不如自卫，欲鼓其勇，当善其后，立农民互卫章程。一人好讼，波及全村，当耕不耕，收获自薄，孰非邻里，岂有世仇，曲直公决，片言可解，立农民息讼章程。主出其赀，佃出其力，旧俗相沿，仅此菽麦，欲兴树艺，先谋交通，利益均沾，方易入手，立农业主佃交接章程。有田不耕，不如易主，缠索不休，便生疑畏，土地荒废，亦一原因，预为条例，以保富农，立农业买卖章程。丁漕正供，是为国税，例定羡余，亦关经费，早日输将，官民两益，不假胥役，以免繁扰，立农业纳粮章程。此又敬衍部章互结团体、共图公益宗旨而绸缪于农事之先者也。罄所见闻，贡此嚆矢，胪列案左，敬听教言。①

《预备立宪公会报》第一年第三期，光绪三十四年二月二十八日（1908年3月30日）

秦君最近来函

其增到盱发布章程后，环而和者数百人，大约此会不难成立。其增虑社会之气一泄而莫之继也，现发签名簿，由各乡各镇愿入为会员会友者，先行签名，将来决算各乡人数多寡，分配分所区域。鄙意注重分所，分会不过为之总机关而已。农界一提倡，商界诸人复行鼓舞，要求兼设商会。其增拟设农学会目的在改植土产。盱邑向来只种五谷，今年禁止米粮出口之议倡行，障害于农业，实大非个人口舌所能争。改植土产，所谓出间道以制胜也。然果蒙社会信用，大家改植，则土产滞销，又一障害。谋此交通，商是赖矣。盱邑商业，航路须经过凤阳关、淮关、漕捐局、江宁捐局、镇江关五辖境，通乎塞乎，无庸多述。津浦路线已成铁案，又非口舌所能争，然其路线不走盱邑东境之蒋坝，即走盱邑西境之明光。见兔顾犬，得寸则寸，俟农会成立后，其增将以此第二义提倡之，另拟组织一交通农业公司，使改植之农产无阻滞，商业之交通有依赖，另辟运道，以视路线之远近而利用之。是又辟间道以制胜也。果使农界受改植之益，商界受交通之益，人人知公司性质之益，十年赎路之期，或可收效于社会乎。然其增宗旨主缓进，不主急进，拟俟农会成立后，再议商会，商会成立后，再议公司，果能处处应手，则江东虽小，尚可为也。抄寄之稿，在会诸公如有所讨论，仍求赐寄。看

---

① 与此信一同寄与预备立宪公会的，尚有《拟定盱眙农务会分会总章》、《拟定盱眙农务分会办事规则》、《拟订盱眙农务分会会议规则》、《拟定盱眙农务分会选举总理董事及会员友入会规则》、《拟定盱眙农务分会经收入款核发出款及报部核销办法》、《拟定农事半日学堂规则》、《拟定农事演说会场规则》、《拟订农事简易试验场办法》、《拟定农民互助章程》、《拟定农民息讼章程》、《拟定农业主佃交接章程》、《拟定农业买卖章程》、《拟定农业纳粮章程》等，见《预备立宪公会报》第一年第三、四、五、六等期，兹均不录。

来此会成立不远,其增急欲征诸公之意见也。

《预备立宪公会报》第一年第六期,光绪三十四年四月十三日(1908年5月12日)

预备立宪公会招集各会员举哀

启者。两宫宾天,普天哀痛,本会定于本月二十七日下午三点钟齐集本会事务所举哀。因本会并非公廨,不敢设位置。又各会员不尽系官职,不能悉备官服,应各着元青灰色常服到会,北望举哀。特此通告。

《时报》,光绪三十四年十月廿七日(1908年11月20日)

本会会员在事务所举哀

本月二十七日下午三点钟,本会会员在事务所举哀。众人分行北向立,一人宣读哀辞,读毕,众皆失声恸哭良久。会长郑孝胥又自述哀辞,且哭且述,几不能成声,众又哭。旋议电请江督代奏,恭慰圣孝,哀辞见前,电文录左:

端督帅钧鉴:大行皇帝、大行太皇太后相继升遐,普天哀痛。泣读两次顾命,均以筹备立宪年期为言,薄海臣民,感入骨髓。皇上寅承大统,必以继志述事为孝。摄政王公忠亮节,海内所仰,必能翊赞圣谟。伏愿节哀顺变,饬戒臣工,凛遵遗诏,以慰天下之望。谨乞代奏。预备立宪公会郑孝胥等同叩。感。

附录：复电

上海郑苏戡兄：感电敬悉，已即日由电代奏，并请转致立宪公会诸君。方。州。①

《预备立宪公会报》第一年第十九期，光绪三十四年十月二十八日（1908年11月21日）

十月二十七日全体会员为大行太皇太后大行皇帝举哀辞

呜呼！我大行皇帝、大行太皇太后先后一日宾天，此我全国人民之奇痛也。

呜呼哀哉！我大行太皇太后、大行皇帝圣德渊涵，弥纶无间，不可殚述，重以哀痛之余，泪血交迸，肝肠剺裂，又不忍殚述。其迈越千古，超轶全球，为我臣民所尤感激次于骨髓者，莫如预备立宪。盖大行太皇太后、大行皇帝勤恤民隐，无微不至，惟恐我民有一毫疾苦勿达于宸聪，匹夫痌瘝勿释于慈厪，因洞观世界大势，折中中外，决然授我民以与闻政事之权，于是以光绪三十二年七月下诏预备立宪。嗣是厥后谕设资政院，谕令各省设谘议局，筹办地方自治。今年六月二十四日颁谘议局章程，八月一日颁九年筹备立宪事宜次序，地方自治章程亦将降旨宣布矣。薄海臣民，喁喁企望，而一日夜之间，天崩地坼，哀诏洊至，我大行皇帝、大行太皇太后罔顾念我臣民，一瞑而不视矣。

呜呼哀哉！前年十一月间，同人等勉为立宪国民，恭应明诏，成立此会，即以预备立宪为名。呜呼！自今以后，念斯会之所由起，溯名称之所自锡，有不哀恸欲绝者哉！大行皇帝遗诏曰：尔京外文武臣工，各按逐年筹备事宜切实

---

① 录自"本会纪事"，标题为编者所加。

办理，庶几九年之后颁布立宪，克终朕未竟之志，在天之灵庶稍慰焉。大行太皇太后遗诏曰：前年宣布预备立宪诏书，本年宣示筹备立宪年限，万机待理，心力俱殚。呜呼！我百姓生生世世，亿万年之生机，皆我大行太皇太后、大行皇帝之赐也。今谘议局选举稍有端倪，同人方日夜谋补助各省绅民速立基础，而明年九月谘议局成立，我大行太皇太后、大行皇帝不及见矣；地方自治章程将降，同人方日夜谋启迪各地方士民，俾增益知识，速行试办，而明年城乡镇试办之成绩，我大行太皇太后、大行皇帝不及见矣；推之后年设资政院，逐年筹备，至国民识字者达二十分之一，而上下议院以次成立，我大行太皇太后、大行皇帝皆不及见矣。

呜呼哀哉！我百姓亿万年受其赐，而大行太皇太后、大行皇帝乃不及见，徒以未竟之志，待慰藉于在天之灵，敷天之痛，其有极哉！抑我国民日益勉励，敦行筹备立宪各事，以应遗命，又曷可缓哉！

《预备立宪公会报》第一年第十九期，光绪三十四年十月二十八日（1908年11月21日）

会长郑孝胥述哀辞

本会今日为大行太皇太后、大行皇帝举哀，视寻常臣民爱戴之衷，有更深千倍者。何也？盖预备立宪之名，最为专制国所忌。庚子以后，朝廷虽布立宪之令，本会虽系遵旨成立，而天下官吏之守旧者，莫不隐相憎恶。使两宫稍有所疑，则倾陷者竞起，党锢之祸，伊于胡底。直至今日，大行太皇太后、大行皇帝道扬末命，犹谆谆以立宪为嘱，然后守旧者无所施其破坏之技。乃知本会之能独立于世，实赖我大行太皇太后、大行皇帝宗旨坚定，不受众惑，既保存之于生前，并保存之于千秋万岁之后。从此以后，本会必当同心协力，守遗诏之宗旨，不避艰险，尽其义务。即有反对本会者，本会亦将发明大行太皇太后、大行皇帝遗诏所言，以正其谬。此诚本会同人之志愿，孝胥可得而代白者也。

孝胥及事大行皇帝。戊戌之夏，今南皮相国荐举五人，奉旨召见二人，孝胥预其末。七月二十日，召对于乾清宫，垂询练兵事宜。逾日，以同知特擢道员，并在总理衙门章京行走。朝事既变，孝胥亦以病去，距今十年，未入国门，遂为终天永诀。大行皇帝尝误以国士遇之，而此人孤负圣恩，曾无毫发之报，眼枯心腐，何以自明。今当谨告诸公，人生世间，知己难得，欲报知遇者，愿各及时自效，且以孝胥之负大行皇帝，终生抱恨，欲报无及之哀，引为大戒可也。

《预备立宪公会报》第一年第十九期，光绪三十四年十月二十八日（1908年11月21日）

补记十月间预备立宪公会与湖北教育总会电信往来事

十月二十五日，湖北教育总会由时报馆转本会电，嘱本会发起吁请政府组织责任内阁事，见二十六日《时报》专电栏，其实本会尚未接到电码也。二十六日晚由时报馆送来电码两纸，其一即二十六日《时报》所载，其一则吴兆泰致时报馆电也，其文曰：

时报馆鉴：湖北教育会转预备立宪公会之电，事关大计，泰蚁虬草莽，不敢预闻。

至二十七日，见此电又登《时报》专电栏。是日本会会员至事务所举哀毕，研究此事，金谓此必湖北教育会会员所发，其会长不承认，故发电取消，大可不复。旋有人议湖北两次来电皆已登报，本会亦当复一电以见意，即复云：

武昌教育总会鉴：电悉。责任内阁与国会之先后尚待研究，哀痛不暇致详。敬复。

近见各报载湖北教育会会长辞职事，乃谓本会先电致该会，其会长不谋于众，径自作复，为各会员所攻诘，故辞职云。按：各报所载必得自湖北访函，与当时情节大异，故补录于此。

《预备立宪公会报》第一年第二十二期，光绪三十四年十二月十三日（1909年1月4日）

预备立宪会等致宪政馆电

宪政编查馆王爷中堂钧鉴：自恭读钦定立宪筹备次序之后，日月以几，有如望岁。本年应颁布《城镇乡地方自治章程》、《调查户口章程》、《清理财政章程》，转瞬岁阑，饥渴之思，不能自已，谨合词上达，喁喁待命。预备立宪公会、江苏教育总会、上海商务总会、上海商学公会、浙江旅沪学会同叩。号。

《申报》，光绪三十四年十二月廿一日（1909年1月12日）

江苏各团体公饯端督颂答词汇录

预备立宪公会公饯颂词

岁丙午，尚书溧阳公奉考察各国宪政之命归，而立宪之诏下。比公督南洋，苏省谘议局筹办处之成立，与复选议员之期限，其敏速冠诸省。说者谓时至今日，非立宪无以（极）〔拯〕中国之危亡，非公考察措施无以促立宪之进步。是公利在万年，非仅在一世；公之功在天下，非仅在一方也。当公返国时，薄海人士知公必能决大疑，定大计，故当立宪明谕未颁之前，旅沪诸同人即有豫备立宪公会之组织。其后又以近讬骈幪，仰承维助，以在会诸人知识之短浅，掬流捧土，莫益高深，公尤殷殷提倡赞成。若是则知公图国民之幸福，倡议新政，为发于中心之至诚，而邦人士信而孚之，乐于趋公之令，而无所于沮者，盖非无由。今者上承朝命，移督近畿，行将入长枢垣，模型百辟。推朝廷之意，岂不以公之功在天下，乃畀公以兼善天下之权；公之利在万年，乃与公图有道万年之策。夫以中国论，财物殷凑，足以有为，未有若南洋者也；居畿辅之重，为政治之本，未有若北洋者也。谋谟新政，旁求俊义，择地畀公，而因以作范于天下，亦朝廷意也。然则公之去就，非南洋所得而私戚，非北洋所得而私喜，邦人士虽欲私公而留之江南，岂可得哉！公今受代将行，会员数百人佥以宪政之事夙所期于公者，举孝胥、謇、寿潜代表其私，因饯而陈于公，而侑以词曰：立宪之制，匪出西欧，悬象读法，昉于殷周，好恶同民，用舍询众，古无其民，实有其用。下士梼昧，萃其朋僚，掇拾讨论，思陈刍荛。惶惶我公，哂其一得，扶之翼之，时予采择。公为霖雨，实济仓生，既移节钺，行长合衡。夙被仁风，敬陈祖席，祝公之荣，与国无极。

《申报》，宣统元年六月初四日（1909年7月20日）

致各会员书

全体会员诸君（均）〔钧〕鉴：敬启者。本会上年所印书籍及全年会报二十四册，均已按期发寄。又上年十一月大会选举董事，及十二月初九日互选正副会长各情，均经印刷，夹入报册附送，其大会议事情形，业登各报，想均察入矣。上年十一月，本会驻办员孟庸生先生因商法事赴部，至今年正月始行返沪，商法案已分递农工商部及法律馆。部馆深为喜悦，因在封印期内，办法未能商定，故约本年开印后再至京师，大约春间必可办毕，事竣后当再行通告，并当通告各商会也。今年本会进行政策由董事会提出，正月十八日开新年例会，又经到会会员公议，决定至北京设立事务所，并将会报改名《宪志》，移至京事务所出版，及对于各省请愿国会代表应办事宜。兹将董事会提出意见书、十二日董事会议案、十八日大会议案暨北京请愿代表往复各书一并印刷呈览。京事务所二月中必可成立矣,俟住址确定之后即当登报。此后会员诸君如遇会务,仍请函寄上海事务所,遇报务及与驻办员孟君通信,则请径寄京事务所。会中各事仍当随时通告,或夹入《宪志》附送,至希查阅。专肃,敬请任安。预备立宪公会事务所谨启。

《申报》,宣统二年二月初五日(1910年3月15日)

预备立宪公会沪事务所迁移广告

宣统三年三月

本会与商学公会于三月初一日迁至跑马厅对面退省路八十七号门牌,即在本会旧址西间壁转湾。此布。

《申报》,宣统三年三月初二日(1911年3月31日)

郑孝胥日记（节录）

丙午日记 光绪三十二年（1906年）

【七月】廿二日（9月10日）刘厚生邀宴于商学公会,晤陆伟士,在岑云帅幕中,云云帅有信与季直,欲立法政研究会,愿助开办费一万元,仍筹常费岁壹千。同席有陆仲芳（将入都，在户部计学馆）、董懋堂（入都应学部辟）、胡雨人（新马路办商务中学堂）、白振民、沈友卿等。余为众言：上海宜立国民会，会中集股，设科学高等讲习所及大报馆一区，而设法政、交涉、财政、工商各研究所隶于报馆，其宗旨以研治实业、主持清议为主。众皆赞成，振民、厚生、友卿皆言愿先立会以谋此事。

廿三日（9月11日）过狄楚青，谈国民会事。

【八月】初六日（9月23日）赴刘厚生、沈友卿之约于商学公会，在座者王丹揆、张季直、王胜之、曾少卿、李平书、陆伟士，议立宪政研究公会。曾少卿、李平书先去，余人皆署名入会为发起人，各捐入会费五十元。

初七日（9月24日）晨，过陆伟士、沈友卿、高梦旦、张菊生，约高、张入会，皆诺。

十九日（10月6日）午后，过商学公会，为宪政研究公会第二次谈判会。是日新入会者：张菊生、夏穗卿、高梦旦，为余所约；刘伯生、孙荫廷、王□□，为刘厚生约；叶浩吾来旁听，余皆未到。

廿七日（10月14日）宪政公会第三次会议。

廿九日（10月16日）夜，诣宪政公会，交入会费五十元。

三十日（10月17日）午刻，楚青邀至一品香，座有季直、丹揆、胜之、友卿、厚生、振民及沈信卿、林康侯，议宪政研究事。

九月朔（10月18日）夜，赴宪政公会，晤厚生、友卿，新入会者何邠威，乃秋辇之子，李木斋之婿。

初三日（10月20日）夜，至宪政公会，公宴沈信卿、雷继兴、狄楚青、林康侯。季直言，学部照会已到，所奏辟头等谘议官八人、二等谘议官二十五人，刘若曾、陈宝琛、张謇、郑孝胥、汤寿潜、王树枬、梁鼎芬、严复皆头等

初四日（10月21日）午后，诣公会，会议改名曰"预备立宪公会"，入会者凡二十七人。

初五日（10月22日）夜，诣公会，晤刘伯生、王一亭。苇杭及淦侄妇、金金皆到。

初六日（10月23日）晚，诣公会，王一亭交华成收款单三千两。

十一日（10月28日）至预备立宪公会，公举起草员八人，余得十六票最

多；复议发起人各以私函邀各省有名望者入会。

十二日（10月29日）与陈伯潜书，邀入会。

廿一日（11月7日）晨，过朱古微，邀入立宪公会，以懒辞。

廿八日（11月14日）遂至宪政公会，刘葆良新入会。是日，约定各起草员每星期二、五夜六点至八点到会议事，各会员皆以星期日午后二点到四点到会。

【十月】初三日（11月18日）偕一琴同至立宪公会，是日入会者李兰舟、李一琴。公议定于十一月初一日开会。王丹揆荐书记一员钱礼南，江苏人。

初五日（11月20日）至苏路公司，晤王丹揆，出示云帅致余及蛰仙、季直、菊生来函，捐款一万两于立宪公会。夜，诣公会，商拟收据、证券各式。闻云帅已到，遂诣舢板厂，晤谈久之，子益、伟士皆在座。

初十日（11月25日）遂至立宪公会，到者才五六人。偕厚生持云帅信至协成乾取款一万两，交厚生付存信成储蓄银行。

廿二日（12月7日）夜，赴立宪公会，编立【宪】章程底稿，到者沈友卿、刘厚生、王丹揆，皆起草员，张中方惟一、陆伟士亦参酌讨论，至夜十二点始脱稿。

廿四日（12月9日）过立宪公会，公决《暂行章程》，十一点始返。

廿八日（12月13日）夜，过宪政公会，狄楚青托余题名入会。

三十日（12月15日）至立宪公会。旋诣愚园，视明日开会之预备。

十一月朔（12月16日）是日，为立宪公会第一次开会，会员、来宾二百余人。马湘伯、柯贞贤、雷继兴、伍昭扆相继演说毕，会员自行选举会董十五人，余得四十六票为最多。继复由会董十五人互举，余得十四票，应为会长，而张季直、汤蛰先为副会长。

初三日（12月18日）夜，赴立宪公会，为会董谈判会。

初六日（12月21日）过公会，与友卿、厚生谈久之乃返。

【十二月】初七日（【1907年】1月20日）遂诣公会，议明年应办各事，议定董事会规则，至夜七点乃毕。

初九日（1月22日）过胡二梅，同观屋，将以为立宪会所。午后，复偕厚生往看，议与定租。

十二日（1月25日）伟士谢公会驻办员不就。

十四日（1月27日）徐仲可来示立宪公会会员、署山西冀宁道曹君滋田受培来书及相片，并为唐君桂介绍入会。

十五日（1月28日）午后，至立宪公会，复议会所事，定不移所；又唐子文桂入会，经众全体赞成。

丁未日记 光绪三十三年（1907年）

【正月】十二日（2月24日）午帅使余仍居前读书处。余以正月未开印，而立宪以十九日开会，欲返沪，请自二月始；午帅如约，乃出。

十九日（3月3日）遂至立宪公会，到者才二十七人，照相毕开会，报告用款及讲习所。余告众曰："预备立宪公会者，非徒上应明诏，盖将以转移风气耳。今日立宪之焰已熄，而吾党亦将涣散；然则回思去岁开会之举，殆为揣摩风气，非欲转移风气也！"

【二月】初四日（3月17日）午后，诣立宪公会，为第一次董事会。

初六日（3月19日）孙镜清来，求入立宪公会。

廿九日（4月11日）宗子戴约诣江宁教育总会余为说教育完备之期甚远并言拟设预【备】立宪公会于江宁。有日本法政大学卒业生上元陶保晋席山，出示法政讲习所章程。

廿一日（5月3日）晚，与午帅谈，请以潘学祖所没官屋借余为法政讲习所，又沙洲公产千五百元充法政讲习所常年经费，帅皆允诺。

四月朔（5月12日）晨，诣法政讲习所，与宗子戴、陶席山、钟叔进、卢善之、夏荫阶、王光燮等同照相。

初六日（5月17日）午后，诣立宪公会，晤孟纯孙、庸孙。

初八日（5月19日）孟庸孙来，同过立宪公会，晤季直、黄叔颂、刘伯生、厚生等，示云帅来电，众皆赞决必行。

初九日（5月20日）夜，与伯平同至立宪公会，晤二孟、李兰舟、胡二梅。

十一日（5月22日）诣立宪公会，议出版月报事。

十五日（5月26日）诣法政讲习所，是日开学，报名者三百余人。午帅亲为演说，众又请余演说，乃为言"欧洲以科学立国，非一时所能及；能使国人悉有法政之知识，亦足以暂图自存"之意。

十七日（28日）法政讲习所职员、教员陶席山、钟叔进、王仲调、卢善之、徐荫阶、何仲韩邀余及宗子岱、傅苕生至宝记照相。

廿九日（6月9日）过梦旦，遂同诣立宪公会。

【五月】初八日（6月18日）诣立宪公会，晤陆伟士、孟庸生。

十二日（6月22日）赴季直、久香之约于公会，晤周少朴、史绳之、叶揆初。

十三日（6月23日）赴刘厚生约于公会。

廿三日（7月3日）午后，至立宪公会，与邵仲威、孟庸生谈。

【六月】二日（7月11日）晨，过法政讲习所，已放暑假，与陶席山谈有顷。午帅示折稿《请化满汉界限》，以除满缺、废驻防为言，使余润色之，细视原稿，无可增意，乃另拟一片，请速将宪法及皇室典范二端提议编纂，布告天下，有曰："今宜利用多数希望立宪之人心，以制少数鼓动排满之乱党。各省所立立宪公会，如主持得人，则宗旨甚正，朝廷宜加考察，量与扶助，使信从渐广，亦可暗销乱党煽惑愚氓之力"等语。

初九日（7月18日）遂诣立宪公会，晤汤右安。

十六日（7月25日）过立宪公会。以公举章伯初之电付报馆。

廿九日（8月7日）又过立宪公会，晤孟庸生。

七月朔（8月9日）夜，同赴立宪公会孟莼孙昆仲之约，

初六日（8月14日）庸生约至立宪公会，晤贵州蹇念益季常、陈国祥敬民，江苏陈福颐瀛生，谈久之。

初八日（8月16日）过立宪公会。租得白克路二楼二底屋为商法草案事务所，秦晋华函复孟庸生，愿充总纂。

初十日（8月18日）至立宪会，逢秦晋华来应商法草案之约。

十二日（8月20日）淇泉亦宴客于楼下，于座晤朱古微。席散，偕古微步月至立宪公会，与孟庸生谈久之乃去。

十三日（8月21日）午后，过高啸桐，至修德里新立编辑所。

廿七日（9月4日）周子迪、沙健庵、周松孙、张树屏皆请介绍入立宪公会。

【八月】初三日（9月10日）至立宪公会，晤孟庸生。

初四日（9月11日）杨寿彤、张哲史来。孟庸生来。张乃胡国廉之伙友，广东人，自京领安溪矿照赴闽，昨过沪，求入立宪会，并为胡国廉代表入会。

初五日（9月12日）晚，过立宪公会编辑所，晤秦晋卿、张雄伯、邵仲威及孟氏昆仲，与莼孙、仲威同至公会晚饭。

初七日（9月14日）又至立宪公会议事。

初八日（9月15日）午后，过柯贞贤，同诣立宪会。

初九日（9月16日）晨，诣立宪公会，孟庸生出示所拟《公民教科书》草稿。沈友卿来书询三事，并限十日作复，即作书条答之。

初十日（9月17日）余复友卿书有曰："孝胥虽被众举，实不得已，非有所利于会长也。若谓会长以一人之意思强制全会之行为，则孝胥既闻此言，理合引退。"致书辞会长。

十一日（9月18日）孟庸生来。夜，作《公民必读》序。

二十日（9月27日）晨过沈友卿，友卿与庸生因公会杂志事相龃龉，余譬解之，不听。庸生来，久谈之。

廿三日（9月30日）孟庸生来，李兰舟来，皆言立宪会昨日董事会议，于余辞会长事皆言不宜宣布，恐全会解体。

廿四日（10月1日）立宪董事会送还会长辞职书，公函请留。

廿八日（10月5日）赴盛杏孙演说汉冶萍公司事略之会，到者约三十人。苏宝森谈汉冶萍公司事，余劝约同志十余人预商赴汉阳拟办之政策。

廿九日（10月6日）汤蛰先来。饭讫，至立宪公会。有顷，季直亦至，余起言曰："华人之为各国所践踏久矣，吾侪皆老，虽有腾身奋起之志，望之政府固已无及，若能以中国为大市场，华人自为主人，不过十年，当使列国仰我鼻息，非难致也。盖世界为煤铁之世界，中国为煤铁之国，华人之社会宜为煤铁之股东，华人之财产宜为煤铁之资本，使举国专售煤铁，即以他业悉委之外人，计利相抵，犹十与三之比例耳。今盛氏内为政府所迫，外为商业所叛，铤而走险，将走投日本之罗网。苟汉冶萍公司一失，则煤铁遂亡；煤铁亡，则中国、华人与之俱亡。公等亟宜纠合中国煤铁公会，以图接办汉冶萍公司之策。公会成立，视立宪实行之效，孰难孰易，必有能办之者。愿速营之！"汤、张皆韪之。

九月朔（10月7日）午后，与蛰先同观日辉厂。返至立宪公会，议立案禀稿。

初二日（10月8日）汤蛰先邀至浙路公司，晤蒋抑之、汪穰卿。抑之出示调查汉冶萍煤铁事，拟明日集众于商学公会议之，使余与蛰先出名。

初三日（10月9日）汤蛰先来，同过赵竹君。遂至立宪公会，议汉冶萍公司事，到者十余人，皆赞成。

初七日（10月13日）饭毕，与梦旦同步至立宪公会，孟庸生已归常州。有顷，啸桐、陶惺存、朱古微皆来，谈久之。

初九日（10月15日）附坐贞贤马车至立宪公会，适逢康特璋及休宁藩伟人杰，谈久之。康、藩去，余就公会饭毕，步月返虹口。

十一日（10月17日）遂至立宪公会，交郭礼征会费。

十五日（10月21日）诣立宪公会，门外逢龚景张，愿入会。是日，入会者七人。

【十月】初三日（11月8日）过日辉账房，立宪公会民政部已批准立案。

初七日（11月12日）过立宪公会，遇周舜卿、雷继兴、曾孟朴等。

初九日（11月14日）午后，诣立宪公会，晤庸生。

十二日（11月17日）诣立宪公会，邀集上海诸商补签汉厂议单。又至立宪公会，为董事临时会。

十九日（11月24日）又过立宪公会，载孟纯孙俱至愚园。是日为预备立宪公会第二年大会，会员到者七十余人，来宾亦数十人而已，选举来年会董，予得六十余票，复为会长。傍晚散会。

廿一日（11月26日）留学生张嘉森字君劢、黄可权字与之来见，言将联合国会期成会，入京要求速行。

廿二日（11月27日）至立宪会，有日本留学生三人候余，为长沙方表叔章、杨德邻性恂、陆鸿逵咏仪也，所言国会期成会事，与张嘉森、黄可权略同。

廿七日（12月2日）午后，至立宪公会，方叔章等邀论国会期成会事。归，又过公会，江浙铁路邀议代表入京事，苏代表许久香、王胜之，浙代表孙问清、孙仲容，是日，孙仲容未到。

【十一月】初四日（12月8日）是日，立宪公会董事常会，到者不及六人，议俟铁路代表启程后开临时会。

初六日（12月10日）诣立宪公会取谘议局章程。夜，至隆和，送苏浙代表入都，与孟莼孙谈久之。

初十日（12月14日）至立宪公会，董事到者太少，遂以会员代理董事，议决入会各员。

十五日（12月19日）至立宪公会，观吉林地方自治局报告书，其会长松君来入立宪会。

十六日（12月20日）林惠亭来书，托购《公民必读》一百本，至立宪公会使即寄。

廿一日（12月25日）过苏路公司，与沈友卿谈立宪公会月报事。

廿五日（12月29日）立宪公会董事会，是日议决入会者十七人。

廿七日（12月31日）孟庸生来，示莼孙北京来书，云法律馆有愿与立宪会合办商法之意，已将上书于南皮。

廿八日（1908年1月1日）至立宪公会看报，有袁世彤致其兄世凯书，甚奇。曾少卿致英公使书传单，欲抵制英货以报借款之役。

三十日（1月3日）诣日辉账房、立宪公会。于立宪公会又得胡子春复函。

十二月初二日（1月5日）至立宪公会，选举会计，开筒：刘厚生仍为会计员，胡二梅为查账员。

初五日（1月8日）遂至立宪公会，晤庸生，谈久之。

初六日（1月9日）刘厚生来，言代表电请撤销借款，已不可挽。余谓：宜即撤回代表，江浙股东合词求太后、皇上主持，由都察院代奏，并请王夔帅电奏"众情惶急"，已陈情代奏，"乞缓签约"。

初八日（1月11日）诣立宪公会观报，晤庸生。

初九日（1月12日）政闻社寄赠《政论》第一册、第二册，中有大隈及阪垣演说政党之义。

十四日（1月17日）孟庸生来，言法律馆已派章宗祥来沪，与立宪公会商办编辑商法事。

十六日（1月19日）与啸桐同诣立宪公会，为董事常会，议决入会者七人。

十八日（1月21日）孟庸生、徐佛苏公勉来，徐乃政闻社编辑员，长沙人。

廿二日（1月25日）晨，过立宪公会，晤孟庸生。

戊申日记 光绪三十四年（1908年）

【一月】初四日（2月5日）过立宪公会，晤孟庸生、张雄伯。

初九日（2月10日）复至公会，晤陆伟士、孟庸生，观粤商自治会来函，购《公民必读》一千部。

初十日（2月11日）至立宪公会，晤庸生、仲威、伟士、沈戟仪等。

十二日（2月13日）复粤商自治会书。

十三日（2月14日）诣立宪公会，董事皆不至。

十五日（2月16日）遂诣商法编辑所，与秦晋华、张雄伯、汤右谱同至立宪公会，是日为会员第一次常会，到者四十四人，提议私立法政大学、求开国会、设宣讲研习所三事。蛰先、季直、庸生相继演说，合照相片而散。庸生留余晚宴，座客为蔡燕生同年、谢敬虚、顾枚亮无锡、文公达等。

十七日（2月18日）孟庸生来，请作《立宪公会报》出报文。

十九日（2月20日）遂至立宪公会，逢高啸桐，谈久之。

廿一日（2月22日）诣立宪公会，与孟庸生谈久之，观莼孙自京来书一通。

【二月】初三日（3月5日）与厚生同至立宪公会，晤伯生、庸生等。

初六日（3月8日）遂至立宪公会，董事会。

廿六日（3月28日）至法政讲习所。陶席三等因法政学堂已开办，虑讲习所将为所并，余曰："不然。学堂以五年卒业，且须补习普通；而讲习所专收学年已过者，修业速成，即可应用，此固不相妨害。使讲习所办事精神不懈，从学者反盛，未可知也。"

【三月】十一日（4月11日）诣立宪公会，议决入会者九人；提议联合各会，公呈求开国会。

十五日（4月15日）又至立宪公会，是日为会员常会，到者十余人。余议设国会研究所，合有志之士共编速成国会草案，俟草案成，合各省上书进呈草案，请政府实行。众皆赞成。

十九日（4月19日）晚，诣立宪公会，议国会研究所事。余意，以先举一时旅沪知名之士为会员，专以速成为主义，非独破坏腐烂专制之政府，兼欲删改列国完全之法度。

【四月】初七日（5月6日）应孟莼孙之约于立宪公会，晤孙问清、许久香、杨翼之等。

初八日（5月7日）得吉林民政司谢汝钦来信，求入立宪公会，交来会费二十元，并欲聘孟氏昆仲一人至吉林。

十四日（5月13日）四点半，过立宪公会，是日为国会研究所成立之第一会，余议请会员曾学法政者于第二会提出各国议会制度报告，再由会员研究，各表意见，归于一是，即为草案之底稿；今宜先提国会院制及国会召集法二端为研究入手之题目。雷继兴担任第二会报告之事。乃属孟庸生录议案登报宣布。

廿一日（5月20日）四点半，至立宪公会，是日为国会研究所第二次开会，提议院制，定为请开下议院，其上议院制度待下议院成立后再由众议承认。

【五月】十六日（6月14日）晚，至立宪公会，与孟庸生谈久之。

十九日（6月17日）归，至立宪公会，为第四次国会研究会。

廿六日（6月24日）归，过立宪公会，为研究国会之期，至者不及十人。是日，议选举资格，余以为选举权宜普及、宜宽，被选举者立格宜稍严，审查之法宜稍密。众皆然之。

廿七日（6月25日）拟致宪政编查馆电。

廿九日（6月27日）拟致宪政编查馆电云：

北京宪政编查馆王爷、中堂大人钧鉴：近日，各省人民请开国会者相继而起，外间传言，枢馆将以六年为限，众情疑惧，以为太缓。窃谓今日时局，外忧内患，乘机并发，必有旋乾转坤之举，使举国之人，心思耳目皆受摄以归于一途，则忧患可以潜弭，富强可以徐图。目前宗旨未定，四海观望，祸端隐伏，移步换形，所有国家预定之计画，执行之力量，断无一气贯注能及于三年之外者。若期限太远，则中间之变态百出，万一外忧内患从而乘之，所期之事必成虚语。纵秉钧诸老心贯日月，亦惧负荷太重，不能取信于国人。欲求践言，诚非易易。脱有中变，悔之何及。某等切愿王爷、中堂大人上念朝事之艰，下顺兆民之望，乘此上下同心之际，奋其毅力，一鼓作气，决开国会，以二年为限，庶民气固结，并力兼营。势急则难阻，期短则易达。措天下于泰山之安，其策莫善于此。现上海绅商联合研究，拟将开设国会之法，按其次序编具草案，俟脱稿后，即当缮呈。区区忧国之愚，不避冒渎之罪。伏候钧裁。

此稿交孟庸生商之季直、蛰先,以立宪会名义发电。

三十日(6月28日)至立宪会,见林子有书,言"龚景张、章希援亦入会,流品颇杂"等语。

【六月】初二日(6月30日)归,过立宪公会,电稿为季直、蛰先各易数语,遂令即发。

初三日(7月1日)是日《中外日报》言:"得专电,闻廷意有擢用郑苏庵京卿消息。"《神州日报》亦云:"初二日酉刻北京电,言政府议奏保郑孝胥襄办宪政。"

初四日(7月2日)晴。国会之电,昨日计已到京,政府纵有推荐之意,得此电必中止。无心适凑,可谓巧也,不知者疑为臧武仲对齐侯抑君似鼠之智矣。

初六日(7月4日)致宪政编查馆之电是日始见报。

十二日(7月10日)孟庸生来,议再发京电。夜,拟稿曰:

前电意有未尽,谨披沥再陈,冀获动听。开国会者,特利用国民之策而已。中国之国会与万国不同,无论何国之政治家,究其学识,无足以裁决中国国会适当之办法者。何则?以我之国大俗殊,为历史所无故也。今欲集中国之学者裁决此事,虽虚拟年限,要皆随意揣测,不足以为定论。但问朝廷欲开国会否耳,果欲为之,则宜决然为之,直以最捷之法选举,召集固非甚难。胥等所谓二年,即立与施行之谓。如以二年为太简率,则虽五六年至七八年,亦与二年略等,未见其遂为完密也。迟疑顾虑,终于无成,实中国积弱之锢习;必先除去此习,乃有图存之望。当世雄杰,或韪斯言。不胜忧愤,伏祈荃察。

十三日(7月11日)孟庸生来取电稿,示汤蛰先,稍有增改,余留其所增"时不可失,敌不我待"二语于"望"字之下。张季直已赴通州,录稿寄之。定今日发电,明日登报。

十四日(7月12日)去诣立宪公会,国会研究所特别会举起草员五人,既毕,复开董事会,议决入会者三人。

廿六日(7月24日)晚,过立宪公会,与刘厚生谈久之。

廿八日(7月26日)五点,赴立宪公会,是日为董事会,新入会者十余人。报传上谕:政闻社法部主事陈景仁请三年内开国会,革于式枚谢天下等语。陈景仁革职,地方官查传管束云云。余言于会曰:天下请立宪者宜联合劾于式枚。何则？朝廷考求立宪，而于式枚阻挠之；于式枚阻挠立宪，而朝廷迁擢之。举国哗然，皆以朝廷为行诈，诚不知朝廷何以自明。内以激海内之不平，外以贻列国之笑柄。若持此力争，即可益张请求国会之力矣。

【七月】十三日（8月9日）午后，至立宪公会，与莼孙谈国会请愿事。余谓宜以中央集权为请，求政府先开国会，以财政、军政、刑律速定统一之法，则疆吏之权既销，地方自治必盛；否则，非统一，非联邦，国民与政府不能直接，而督抚横亘其间，何有于立宪乎？

廿七日（8月23日）午后，至立宪公会，晤莼孙兄弟。庸生言："都察院受各省国会请愿，屡延不即上。十八日拟决上矣，又为庆邸授意而止。项城则讽令咨送军机处，至今犹回惑不决也。"余曰："台谏有三罪：迎合宫廷意旨，一罪也；私通枢府，二罪也；阻挠叩阍，三罪也。宜合国民致书诘问，言官风裁扫地矣。"

【八月】十三日（9月8日）南京陶席三来电，云"十八毕业，请惠临。"即法政讲习所也。

【九月】初三日（9月27日）诣立宪公会，决议入会者三人。

十一日（10月5日）归过立宪公会，晤孟庸生。

十七日（10月11日）午后，视啸桐，遂与梦旦俱诣立宪公会，定十一月初六日开本年大会。

【十月】十三日（11月6日）诣立宪公会，坐久之。

十五日（11月8日）晚，偕梦旦赴立宪公会。

廿二日（11月15日）又过立宪公会，晤常州屠振初。

廿六日（11月19日）午后，过高啸桐、夏穗卿，遂至立宪公会而返。午帅自太湖来电云："如公会有电入京，可为代奏。"

廿七日（11月20日）诣立宪公会，会员到者二十余人，北望举哀，宣读哀辞毕，余别为《述哀》一篇。议复午帅电，颇有反对者。前日有武昌教育会来电，请由立宪公会发起，奏请立责任内阁；次日又有吴兆泰电，称"不敢与闻此事"；拟以"再加研究"复之。

【十一月】初十日（12月3日）晚，步至立宪公会，逢程雪楼策杖立于道左。议十三日大会选举职员事。

十三日（12月6日）遂诣立宪公会，是日大会，到者四十余人，选举职员，余得六十四票，为最多，孟庸生次之，季直、蛰先又次之。于二十一人投票互推会长三人。

十七日（12月10日）归诣立宪公会董事会，余陈己意，不愿再举会长，且言副会长二人宜分举商界、学界充之，则本会之进步必更易振作矣。

二十日（12月13日）投票举张季直为立宪公会会长，孟庸生、周舜卿为副会长。

廿七日（12月20日）赴立宪公会，选举会长，开筒，余得十七票，季直得十票，蛰先得七票，菊生得五票。查账人举得苏宝森。

廿八日（12月21日）致书立宪公会辞会长。

【十二月】初九日（12月31日）汤蛰先以立宪公会所寄与汤之信四函，原封寄余，以示不阅告绝之意，其褊佻可笑也。过公会，以信交之。

己酉日记　宣统元年（1909年）

【正月】初八日（1909年1月29日）夜，赴孟庸生之约于立宪公会，座有林惠亭、吴和甫等。

【二月】十二月（3月3日）赴张菊生之约于预备立宪公会，晤朱桂卿福诜、濮紫泉、严岛芗、汪子渊等。

【闰二月】十四日（4月4日）至立宪公会，是日为第四次董事会，拟定廿四日开特别会，商分会事。

廿四日（4月14日）晚，至立宪公会，议福建分会事。

【三月】廿七日（5月16日）晚，赴立宪公会董事会，见邮传部电，准许招商局举董事会。

【四月】初三日（5月21日）答访萧秋恕于和记栈，萧言，欲入立宪公会。又至立宪公会而返。

二十日（6月7日）遂至立宪公会，晤刘厚生。

廿二日（6月9日）复至立宪会铜元研究会。

【五月】十三日（6月30日）过立宪公会，庸生方集众研究铜元之害。余以为宜由商会公议，物价过一角以上，必用小银元，不得纯收铜元，则铜元不能为害；若完税厘，则以铜元完税，官不能拒而不受也。

廿八日（7月15日）饭后，至立宪公会，晤孟庸生、吴寄尘。

【六月】初九日（7月25日）五点，至立宪公会，晤孟庸生，闻新丧八岁爱女。

廿三日（8月8日）五点，诣立宪董事会。

廿八日（8月13日）诣海藏楼，孟庸生来谈报馆事。

【七月】廿五日（9月9日）午后，赴法政讲习所，行开讲式。遂至预备立宪公会。

【八月】初四日（9月17日）午后，至立宪公会，以高邮绅民公电一、王士珍电奏二托登《申报》、《新闻报》、《时报》、《神州报》四家，可省费一半。

十三日（9月26日）又与莼孙同步至立宪公会，谈久之。余拟由公会发函致各省谘议局，请其将议案有关系者悉寄公会，先登会报，或为转交各报馆，以公会为各省谘议局之总机关，但须有数人担任此事。莼孙言，杨晳子告人曰："上海名人，惟郑苏戡尚有野性。"

十四日（9月27日）遂至立宪公会，与庸生谈久之。

【九月】初四日（10月17日）孟庸生来，谈请早开国会事。

初五日（10月18日）过立宪公会，与庸生谈久之。

初七日（10月20日）晚，诣立宪公会，至者梦旦、炜士、右谙、渊士、叔详、文虎，饭毕乃散，复至海藏楼。

廿一日（11月3日）晚，诣立宪公会董事会，以《孔教新编》稿示梦旦。

【十月】初五日（11月17日）夜，赴立宪公会董事会。

十二（11月24日）夜，赴立宪公会谈话会。

十九日（12月1日）立宪公会董事会，始宣布华侨公会创议。

廿六日（12月8日）晚，赴立宪董事会。

【十一月】初四日（12月16日）至立宪公会，周晋镳开筹还国债会，到者二十余人。立宪董事会商初七商会事。

初七日（12月19日）赴愚园商法讨论会。至立宪公会。

初十日（12月22日）梦旦、炜士皆言：外间筹还国债之论其［甚］狂，立宪公会宜发正论以镇抚之。与孟莼孙同至立宪公会。

十一日（12月23日）至立宪会，公晏各省国会代表，梦旦、炜士要余书《筹还国债意见》一篇以示请开国会代表，欲其赞成登报宣布，众皆不敢登而罢。

十三日（12月23日）公宴瑞莘儒于立宪公会，席间谈盐法事，余曰度支部宜总揽盐政，先于部中设盐法局，以张季直为局长，调查报告，再定办法，奏明施行，诚整理财政最巨最速之良策也。不过三年，可增岁入二万万矣。

十四日（12月26日）立宪公会大会，新举职员，余声言不能再任正副会长。

廿一日（1910年1月2日）赴立宪公会董事会。

【十二月】初五日（1月15日）至立宪公会董事会，董事多不至，改初九日。

初九日（1月19日）夜，饭讫，至立宪会，是日选举会长。开筒，朱福诜得十票，张季直得八票，孟庸生七票。朱为正会长，张、孟为副会长。

庚戌日记　宣统二年（1910年）

【四月】廿六日（6月3日）夜，赴刘伯生之约于立宪公会，晤汤蛰先、樊时勋等。

廿九日（6月6日）炜士、梦旦约至立宪公会，商请开国会呈稿，皆不满意，乃由事务所致电北京事务所，曰："呈稿不能通过。"

【六月】初七日（7月13日）过立宪公会，柏文卿云，吴锦堂取去章程三十本。

二十日（7月26日）庸生与莼孙书中言得日本人得《预备立宪题名录》，大喜，以为中国政党尽在是矣，预论某人可居某职，某人可任某事云云，未知见于何处。

廿八日（8月3日）屠翰甫来，示《宪政日刊》用帐。陆君略来，言华侨见公会章程，皆畏葸不敢议。

【七月】初六日（8月10日）晚，赴立宪公会董事会，到者胡二梅、陆炜士、李云书、高梦旦、屠翰甫，议以每月第一星期三及第三星期三为会期。请孟庸生将京都办事情形及新闻报告一次，于第一次会期拆阅，余亦按期报告东三省新闻。凡会员欲有报告何事者，均可以会期到会。

廿一日（8月25日）作家信及致预备立宪公会书。

【八月】廿三日（9月26日）寄预备立宪董事会书，录锡、瑞合电及李仲仙复电与之。

【九月】廿九日（10月31日）寄伯平、郑仲敬、立宪公会书。

【十月】十九日（11月20日）得清帅啸电，云："国会缩短，为期尚遥。资政院开院，实为国民参与政权之始。时事积敝，岂一旦所能湔除，先有立法机关，自可为政府所渐信；乃开院愈月，虽主持正议，而吹毛索瘢亦或不免。内阁本未成立，近且责任枢府，恐国会未立，先酿官民之冲突，致当局转以宪政为忧。时局日艰，何堪自误。我公提倡立宪，且素持大体，在院民选诸君又皆同志为多，事关朝野大局、宪院前途，敬请裁酌匡正。大从何时北来？企盼行旌，惟日为岁！良。"

二十日（11月21日）复清帅电曰："官民程度皆低，非冲突不能进步。老成有识者望其和平渐进，恐难如愿。胥年来颇忤舆论，故辞立宪会长，同志转少，无从为力。拟下月初旬来谒。胥。哿。"

【十一月】初六日（12月7日）晚，赴立宪公会董事会。

辛亥日记 宣统三年（1911年）

三月朔（1911年3月30日）过立宪公会，晤屠翰甫，以《觇国谈》与之。

【四月】十一日（5月9日）作《觇国谈》第三篇，夜，至达子桥遗孟庸生。孟已出，交其友蒋君。蒋云，《宪报》及预备立宪公会明日均移至八角琉璃井。

十二月（5月10日）赴李一琴之约于六国饭店，座有高子益、许久香、叶揆初、孟庸生、雷继兴等，议办大报馆事。孟庸生主就北京推广《宪报》。余谓如以报馆为政党之根据地，则宜在上海。雷主余说。众多主推广《宪报》者，遂定议。

五月廿九日（6月25日）赴立宪公会京事务所，是日开茶会，到者十余人。

中国历史博物馆编，劳祖德整理：《郑孝胥日记》，中华书局1993年版，第1056—1327页

张謇日记（节录）

光绪三十二年（1906年）

【九月】四日苏堪同议预备立宪公会简章。
十一日复会议预备立宪事，仆谓与其多言，不如各图实地实行，得寸则寸。
十一月一日预备立宪会议事，公推苏堪为会长，蛰仙与余副之，辞不获已。

宣统元年（1909年）

【十一月】五日至沪，各代表已至者七省。
六日定每日聚论一次于立宪公会。
九日改定莼生稿。
十日预备立宪公会为各省代表饯行。

张謇研究中心，南通市图书馆编：《张謇全集》第六卷，江苏古籍出版社1994年版，第579—582页、628页

啬翁自订年谱（节录）

光绪三十二年丙午（1906年），五十四岁

郑孝胥同议设预备立宪公会，会成，主急主缓，议论极驳杂。余谓："立宪大本在政府，人民则宜各任实业、教育为自治基础。与其多言，不如人人实行，得尺则尺，得寸则寸。"公推孝胥为会长，寿潜与余副之。

宣统元年己酉（1909），五十七岁

十一月，七省谘议局代表会于上海立宪公会，上书请愿国会。

张謇研究中心，南通市图书馆编：《张謇全集》第六卷，江苏古籍出版社1994年版，第868页、870页

祝预备立宪分会之成立

选

自预备立宪之明诏颁布于先朝，一时王公、大夫、士庶咸相庆祝曰，吾国其豫备立宪也；议朝政者曰，吾等其豫备立宪也；里谈充斥亦曰，政府其豫备立宪也。甚矣，夫豫备立宪之名词，于今妇孺皆知，而按实行豫备立宪事宜，除各衙门公文奏报谓筹办有成绩以外，见所谓预备立宪之实政何也？中外有心人，无弗窥伺其间者，而廿二省（志）〔士〕中，政治思想既形发达，目击时艰迫蹙日

甚，若但坐视当道者之预备立宪，以图敷衍了事，冀转弱而为强，必至贻误于国计之大。届期立宪不能实行，而归罪于豫备之寡效，不亦晚乎？

去年各省公举代表上书政府，请愿速开国会，以催促实行豫备立宪之进步，而未能称旨。代表诸君拟继续请愿，有黎君宗岳等，恐其势孤力薄，联合在京同志数百人，组织国会期成会，以为代表之后援。当时即致电各省谘议局、学会、商会，请其举第二次代表入京。后复致书谘议局、教育会，言国会一日不开，国是一日不定；惟国是一日不能定，则国困即一日不能苏，请联合各地方自治、宪政等会，组织国会期成分会，公举代表人偕教育会、商会各代表，准三月初十前到京，会同联名上书，以达请愿速开国会之目的。以此见中国民对于国会之热诚，不可谓不挚也。然究其情实，亦谓当道者之豫备立宪不足恃，速开国会以催进云尔。

善夫！沪上已有预备立宪公会之设也。日前会员孟君昭常来京，拟组织分会于（辇）〔辇〕毂下，与京中志士等迭经会商，择定公所以便扩张该会事宜，并招集会员相与研究中国举行豫备立宪之道。其计画诚善，其热心堪嘉，其宗旨所定确切于时事，果使同人等力勉前途，勿或作辍，断不能不收成效于将来。如以为致饰外观，而内容缺陷，将安用此标名豫备立宪。盖欲实行立宪，所有预备各项事，上下本皆与有责焉，在上之当道诸人，其所豫备者既不足恃，下之国民等起而速图之，以相与维持大势，从切实处筹策，亦道有固然。虽曰去年各省开办谘议局已未尝愆期，而谘议局既开，所有会议地方各庶政已未尝贻误也，然究之谘议局所议者，仅就各省地方上言。各省同以谘议局名，而不能必办理者事同一律，故收效差有所间。

今年九月，定期开办资政院，各省谘议局得互选议员，与王公大吏抗席而坐，以相与讨论国家大政，为豫备立宪第一期。官府与人民合议之政体，是会议之最关紧要者，注重公论，不矜权势，正可断言。且资政院议员之由钦选者不必论，而由各省谘议局互选之资政院议员等，若政见纷歧，临时开会，以致茫然失措，其贻误也大矣。有热诚者提倡豫备立宪公会之举，先期约集资政院议员，将会议各要项在公会运用办法，决定议题，以免贻误于临时，固分所应尔。且京师现在择定公所以扩张豫备立宪分会事，与沪上预备立宪公会相辅而行，循名责实，会员同人抱持预备立宪之定主义，尽力以相筹，旅京志士既有表同情者矣。

吾想各省谘议局互选资政院议员诸君，对兹预备立宪分会之设于京师，尤必闻风而响应。盖实行立宪之须切实豫备，臣民当共负其责任，况今日时事危迫已至，苟动爱国思想者，见改良政体势不容缓图，豫备立宪诸要务更不能以因循从事，有公会以相与讨论之力，为认真研究之，与大局所关殊属重要之至者。故先是豫备立宪公会之设于沪上也，由郑君孝胥等加意提倡，而各地闻之兴起投入该会充正会员者已有六百人之谱，此可见中国人士之热心豫备立宪者多也。矧京师为首善之区，现又值资政院开会之期，在迩各省人民翘首仰望，固无敢或忽者，公举代表来京，以相与聚集同堂，联为一气，虽名谓豫备立宪分会云尔，实则视沪上公会之创立，倍见其切急，国会速开之请愿与此亦声息相通矣。

驻京分会会长既举得其人，拟于四月初一日发刊《宪志》，除宣布该会宗旨外，并登载宪政事及运用公会办法，务期确收成效，虽有权势者勿得而间之。由是以思，国民等热心于豫备立宪者深，而不徒责之当道，中国竞强，其庶几矣。窃不禁为之祝。

《厦门日报》，宣统二年三月初五日（1910年4月14日）

国家清史编纂委员会·文献丛刊

清末立宪运动史料丛刊 ⑧

主编 胡绳武

副主编 牛贯杰 戴鞍钢

立宪团体 下卷

尚小明 编

山西人民出版社

本书获中国人民大学"中央高校建设世界一流大学（学科）和特色发展引导专项资金"支持

"十二五"国家重点图书出版规划项目

国家清史编纂委员会出版委员会

主　　任　　戴　逸

执行主任　　马大正　崔建飞

委　　员　　卜　键　朱诚如　成崇德　郭成康

潘振平　徐兆仁　邹爱莲

学术秘书　　赫晓琳　李　岚

《清末立宪运动史料丛刊》出版工作委员会

主　　任　　贾新田　胡彦威

副 主 任　　姚　军　梁晋华

统　　筹　　蒙莉莉

委　　员　　（以姓氏笔画为序）

王新斐　冯灵芝　史美珍　刘小玲　吉　昊

李　靖　李　鑫　张小芳　张志杰　何赵云

杜厚勤　张彦彬　柳承旭　武　静　郝文霞

贺　权　贾登红　崔人杰　阎卫斌　傅晓红

翟丽娟　蔡咏卉　魏美荣

目录

下 卷

第四编　粤商自治会

一、电　文

发北京军机处、外务部、农工商部电 …………………………………………… 409

发上海总商会电 ………………………………………………………………… 410

发堤岸广肇公所、星架坡华总商会、横滨中华会馆、汉口岭南会馆、
　　上海广肇公所电 …………………………………………………………… 410

再发北京外务部、农工商部、邮传部、法部电 ………………………………… 411

三发北京军机处、外务部、税务处、度支部电 ………………………………… 411

四发北京外务部、税务处电 …………………………………………………… 412

五发北京都察院、法部戴尚书暨同乡京官电 ……………………………… 412
发桂林抚宪电 ……………………………………………………………… 413
发浔州劝学所、南宁粤东会馆、柳州粤东会馆、梧州总商会、
　　上海总商会电 ………………………………………………………… 413
再发上海广肇公所暨同乡会电 …………………………………………… 414
发日本东京两广留学生会馆电 …………………………………………… 414
六发北京外务部、税务处电 ……………………………………………… 414
三发上海总商会、广肇公所、两粤同乡会电 …………………………… 415
七发北京军机处、外务部、陆军部、农工商部、邮传部、
　　民政部、法部电 ……………………………………………………… 415
再发横滨中华会馆电 ……………………………………………………… 416
八发北京农工商部、邮传部、税务处电 ………………………………… 416
九发北京军机处、外务部、农工商部、度支部、陆军部、
　　民政部、税务处电 …………………………………………………… 417
潮州来电 …………………………………………………………………… 417
巴拿孖个郎埠来电 ………………………………………………………… 418
自治会呈请革除郭苏娣电文 ……………………………………………… 418
自治会力争二辰丸案电文 ………………………………………………… 419
国耻会致二十一省及各埠电文 …………………………………………… 419
上海预备立宪公会来电 …………………………………………………… 420
粤自治会与各埠电 ………………………………………………………… 420
汉口会馆复电 ……………………………………………………………… 421
星架坡华侨复电 …………………………………………………………… 421
粤自治会电请美国删除苛例 ……………………………………………… 421
发京军机处、宪政馆、资政院、外务部、度支部、农工商部、
　　民政部电 ……………………………………………………………… 422

二、公　事

呈两广总督部堂 … 423
再呈两广总督部堂 … 424
三呈两广总督部堂 … 425
四呈两广总督部堂 … 426
五呈两广总督部堂 … 427
六呈两广总督部堂 … 428
呈广东巡警总局 … 429
七呈两广总督部堂 … 430
禀请购阅《公民必读》奉督批 … 431
张督为西江捕权事照会总商会 … 432
广东自治会禀陈巡警章程 … 432
粤商自治会禀请警局实行四乡巡警 … 433
自治会为二辰丸案再上张督禀词 … 434
禀催开办四乡巡警 … 434
农工商部批回粤商自治会禀 … 435
粤督札复弭盗治匪议案 … 435

三、函　牍

致总商会函 … 436
致广东内河商轮公会函 … 437
致九善堂函 … 437
致谭荔垣函 … 438
再致内河商轮公会函 … 438
致商轮公会、佛山商会、西南公局函 … 439
致梧州广东会馆、肇庆挽救国权会、河口同志社会函 … 439

复法政学堂各员函 …… 440
致国权挽救会函 …… 440
复梧州广东会馆函 …… 441
复河口同志社会函 …… 441
复江门七堡团练局函 …… 442
复肇庆地方自治会函 …… 442
复梧州总商会函 …… 443
复河口自治会函 …… 443
致上海预备立宪公会前广东按察使郑 …… 444
致自来水公司 …… 445
致育才书社 …… 445
致冯华川、刘铸伯 …… 446
敬告中外同胞书 …… 446
轮船会社致各埠函稿 …… 447
自治会覆西报记者函 …… 449
粤省自治会覆预备立宪公会函 …… 449
自治会因轮船命案致葡领事函 …… 450
粤商自治会陈请建议意见书 …… 451
麦仲符来函 …… 454
集木行商彭树培来函 …… 455
商船公会来节略 …… 455
小唐团练局黄炳来函 …… 457
梧州总商会来函（附电文） …… 458
肇庆杞忧子来电 …… 459
横滨亲仁会来函（附电文） …… 459
叶廷槐来函（附本会答言） …… 460
杜忧愤来函 …… 460
南海九江四民来函 …… 461
肇庆挽救国权会来函 …… 462

梧州自治会来函	462
上海两广同乡会来函	463
堤岸广肇会馆来函（附电文）	463
三水河口同志社会来函	464
陈村延陵学堂来函	464
上海两广同乡再来函	465
河口同志社会再来函	466
上海吴沃尧来函	466
河口同志社会第三次来函	467
政法学员诸君来函	468
梧州众商公函	468
肇庆国权挽救会再来函	469
梧州粤东会馆来函（附电文）	469
萧宝琛来函	470
江门七堡局来函	470
河口同志会社第四次来函	471
梧州自治会再来函	471
何恒斋来函	472
旅鄂两广同乡会来函	472
阐德、德育女学堂来函	473
肇府地方自治研究社来函	473
嘉应商务分会来函	474
东莞国权补救会来函	475
三水河口自治会来函	476
汉口冯霞初等来函	476
梧州商务总会再来函	477
梧州航业有限公司来函（附电文）	477
佛山兴宁布帮来函	478
自来水公司复函	478

区金铎来函……479

黄嘉猷来函……485

惠州同乡学会来函（附呈督宪禀稿）……486

陈作纲等来函（附葡人侵地节略）……487

新安商界代表黄日襄等来节略（附府县批）……488

智梨华侨来函……489

小吕宋复函……490

香港时事画报致粤商自治会等函……491

粤自治会致李军门请通饬各兵轮升旗纪念粤省禁督函……491

四、议　案

十四日羊城商界会议力争西江捕权议案……492

商界力争西江捕权第二期议案……493

粤商自治会二十议案……495

粤商西江缉捕权大会议……496

粤商自治会集议西江缉捕权详情……497

粤商自治会大集议详情……499

自治会特别大会紧要议案……500

十一日粤商自治会会议情形……502

粤商自治会特别大会详情……503

粤商自治会第十期集议情形……504

粤商自治会第十一期议案……506

粤商自治会第十三期议案……507

粤商自治会第十四期议案……508

广东自治会十七期紧要议案……508

粤商自治会第十八期议案……509

粤商自治会十九期议案……511

粤商自治会议案……512

粤东自治会因二辰丸案大集议详情……513
记粤东自治会为辰丸案集议详情……514
自治会二十五日大会议提议事项……518
粤东自治会特别大会详情……519
补录粤省自治会大集议议案……520
广东自治会大会议议案……521
广东自治会大集议详情……522
自治会大集议纪事……523
粤省自治会大会议案……524
广东自治会集议详情……525
广东自治会大会议详情……526
粤省自治会大集议详情……527
粤省自治会紧要议案……528
自治会集议尊孔办法……529
自治会劝戒暴动议案……530
粤省自治会会议澳门划界事……530
广东自治会为澳门勘界及维护东沙渔业大会议详情……531
粤人对于佛山轮船命案之筹议……533
广东自治会为佛山轮船命案及澳门勘界事大会议详情……534
广东自治会念四日开大会议详情……535
粤商自治会集议禁赌之详情……537

五、传　单

商界力争西江捕权之传单……538
粤省自治会第一次劝勿暴动传单……539
粤商自治会第六期会议传单……539
粤商自治会第七期会议传单……540
粤商自治会第八期集议传单……540

粤省自治会第九期会议传单 …… 541
粤商自治会第十期会议传单 …… 541
粤商自治会因办邮船会社函告各行商 …… 542
自治会第十三期大会议传单 …… 542
粤商自治会第十五期会议传单 …… 543
粤商自治会第十六期会议传单 …… 544
自治会派员分赴各埠设立分局招收轮船股银传单 …… 544
粤东自治会为辰丸案集议传单 …… 545
二辰丸释放后自治会集议传单 …… 546
自治会调查日货传单 …… 547
自治会劝弗暴动传单（节录） …… 547
自治会二十五日大会议传单 …… 548
自治会第四次劝止暴动传单 …… 548
粤东自治会开大会议传单 …… 549
自治会第五次劝止暴动传单 …… 549
自治会开大会议传单 …… 550
自治会开大会议之布告 …… 551
自治会提议国会传单 …… 551
粤商自治会为救灾公所劝 …… 552
自治会会议传单 …… 552
粤省自治会会议渔业传单 …… 553
广东自治会定期会议谘议局事 …… 553
广东选举谘议局议员办法 …… 554
广东自治会布告组织谘议局应办事宜 …… 555
粤省自治会为香港风潮会议传单 …… 556
自治会劝戒暴动传单 …… 557
粤商自治会因葡领诬捏事开大会议传单 …… 557
广东自治会开大会议传单 …… 558
广东自治会关于澳门划界事之布告 …… 558

自治会廿七日开大会议传单…… 559
广州自治会开大会议传单…… 560
广东自治会因佛山轮船命案事开大会议传单…… 561
自治会会议传单…… 561
广东自治会请商民如常开市传单…… 562
为维持新军前途及沙基新涌船牌事请议传单…… 563
自治会宣布回籍新军截遣传单…… 564
各公团布告酒捐暂行停办传单…… 565

六、章　程

粤商自治会章程（第一次草稿）…… 565
天津自治会章程要义（节录）…… 567
粤商自治会草订西江沿岸四乡巡警章程十二条…… 570
邮船会社有限公司招股章程…… 574

七、集　议

商界会议力争西江缉捕主权…… 576
商界联赴督辕请争西江缉捕权情形…… 576
自治会第三次集议递禀详情…… 577
粤人对于释放二辰丸之义愤…… 578
国耻纪念会开会情形…… 579
粤人对于二辰丸之感情…… 580
佛山续开国耻大会详情…… 581
广东自治会大集议详情…… 583
自治会又定期开会…… 583
自治会又定期大集议…… 584
粤垣自治会求开国会…… 584

粤人为张督移节事大会议详情……585
粤商自治研究所开幕纪事……586
广东自治会斥梁敦彦详情……587
广东自治会大会议详情……588
广东人为《民吁报》不平……590
广东人再电斥梁敦彦……591
粤省自治会欢迎美洲代表……592

八、其　它

粤商自治会宣布温灏卖国电文……593
陈基建传案申斥……593
订购《公民必读》……594
论粤商自治会有政治上之特识敬告我全国民……594
粤商争求设立民议院……596
广州自治会陈列自造物品……596
粤督查覆自治会并无嚣张举动……597
有人欲破坏粤省自治会……597
自治会几遭解散……598
粤省自治会研究佛山号船员踢毙搭客事件……599
自治会初八日安抚逃兵情形……603
广东自治会初二日讲学纪盛……603

九、附　录

《粤商自治会函件初编》序……604
《粤商自治会函件初编》例言……605

第五编　直省谘议局议员联合会

一、直省谘议局议员联合会第一届会议

1. 章　则
直省谘议局议员联合会章程 …… 606
直省谘议局联合会议事规则 …… 609
直省谘议局联合会临时办事处办事规则 …… 611

2. 会员及办事处职员
直省谘议局议员联合会会员表 …… 612
直省谘议局议员联合会正副主席及审查员表 …… 614
直省谘议局议员联合会办事处职员表 …… 614

3. 议案及通告
直省谘议局议员联合会议案汇表 …… 615
直省谘议局议员联合会审查报告 …… 618
陈请申明资政院范围议案 …… 623
谘议局联合会陈请资政院提议请速开国会提议案 …… 624
代表团提交谘议局联合会议案 …… 628
各省谘议局应一律办理事件通告书 …… 630
各省法令公布规则草案 …… 634
公决豫筹对待今年谘议局预算之法 …… 635
对于城乡地方自治经费附捐之意见 …… 636

4. 记事录
联合会第一次会员记事录 …… 638
联合会第二次会员记事录 …… 642
联合会第三次会员记事录 …… 648
联合会第四次会员记事录 …… 652

联合会第五次会员记事录……656
联合会第六次会员记事录……661
联合会第七次会员记事录……666
联合会第八次会员记事录……670
联合会第九次会员记事录……676
联合会第十次会员记事录……681
联合会第十一次会员记事录……685
联合会第十二次会员记事录……689
联合会第十三次会员记事录……692

二、直省谘议局议员联合会第二届会议

1. 举定代表入京

鄂谘议局已举定联合会代表……696
广西谘议局举定联合会代表……696
福建谘议局举定联合会代表……697
宁晋谘议局举定联合会代表……697
联合会进行种种……697
紧要启示……698
蜀豫谘议局举定代表……698
联合会代表纷纷入京……699
议长入京再志……699
联合会口舌耳后援则在国民……700
江西谘议局之电……700
广东暂不派联合会代表……701
联合会代表云集……701
谘议局联合会已到会员录……701
联合会员之委任……703

2. 代表集议情形

条目	页码
直省谘议局联合会提前	703
反对大借外债之通电	704
直省谘议局联合会谈话会纪事	704
蜀谘议局提议各事	705
谘议局联合会开成立会	705
联合会开幕纪事	706
联合会之风云梦	706
联合会拟议之效果	708
组织政党之先声	708
联合会之双力演进	709
联合会重要之议题	709
联合会要见王爷	710
联合会建议之第一着	711
直省谘议局联合会往来电报汇记	711
联合会提议审计院	712
都察院代奏联合会呈	712
联合会之监督借债	713
联合会进行种种	713
联合会暂行休会	714
联合会之续议奏争	714
联合会之后援	715
联合会代奏案之搁部	715
联合会监督外交	716
中国尚有民气	716
联合会之后盾	717
联合会之后劲	717
联合会之余勇	718
联合会之争界文章	718

联合会暂行闭会 719
联合会最后之呼吁 720

3. 议案与通告
咨议局联合会呈都察院代奏皇族不宜充内阁总理大臣折 721
联合会呈请代奏明降谕旨另简大臣组织内阁稿 723
陈请提议实行内阁官制另简大臣组织责任内阁案 725
直省咨议局联合会呈都察院代奏增练备补兵为征兵预备文 726
咨议局联合会宣告全国书 729
咨议局联合会请饬阁臣宣布借债政策呈都察院代奏文 735
咨议局联合会请废禁烟条件呈稿 738
为内阁案续行请愿通告各团体书　　咨议局联合会 稿 741

三、直省咨议局议员联合会相关评论

直省咨议局议员联合会报告书序 745
对于咨议局连合会开会地方之意见书　　星 746
论联合会宜讲求完全进行之法 749
余所希望于直省咨议局联合会者　　思 农 投稿 751
对于咨议局联合会之希望　　选 752
论全国议员联合会宜速成立 754
欢迎联合会并商榷其宗旨 755
论国民宜为咨议局联合会之后盾　　孤 愤 758
咨议局联合会奏皇族不宜充内阁总理折书后　　惜 诵 759
咨议局联合会第二次呈奏之希望 761

第六编　其它立宪团体

一、宪政公会

东京中国宪政讲习会意见书……………………………………………… 763
记东京宪政讲习会集会事………………………………………………… 765
湘省宪政讲习所成立……………………………………………………… 766
宪政公会会员致粤商自治会电文………………………………………… 766
宪政公会之设置…………………………………………………………… 767
宪政公会之评议会………………………………………………………… 767
宪政公会宣言书…………………………………………………………… 768
论宪政公会之创立………………………………………………………… 769
北京宪政公会章程………………………………………………………… 771
宪政公会之人物…………………………………………………………… 772
宪政公会欢迎各省国会请愿代表演说…………………………………… 773
宪政公会常务员长杨度布告宪政公会文………………………………… 775
各省谘议局聘请宪政公会员……………………………………………… 777
宪政公会常务员长杨度与各地宪政公会会员书………………………… 778

二、宪政研究会

宪政研究会第一次大会纪事……………………………………………… 780
宪政研究会暂定章程……………………………………………………… 781
宪政研究会纪事…………………………………………………………… 786
宪政研究会会员名单（第一次）………………………………………… 789
宪政研究会会员名单（第二次）………………………………………… 791

三、湖北宪政筹备会

鄂省组织宪政筹备会 …………………………………………… 797
湖北宪政筹备会成立会情形 …………………………………… 797
湖北宪政筹备会成立 …………………………………………… 798
湖北官界近闻录 ………………………………………………… 799
湖北宪政筹备会设立会所开用钤记 …………………………… 799
鄂绅请宣布川汉借款合同 ……………………………………… 800
湖北宪政筹备会上张枢相公电 ………………………………… 801
湖北宪政筹备会致北京同乡官公电 …………………………… 801
宪政筹备会拟举行立宪周年纪念会上督宪呈 ………………… 802
鄂省举办立宪纪念会 …………………………………………… 803
湖北请愿国会同志会成立纪事 ………………………………… 804
宪政会筹备移民经费 …………………………………………… 805
宪政筹备会纪事一 ……………………………………………… 805
宪政筹备会纪事二 ……………………………………………… 806
宪政筹备会纪事一 ……………………………………………… 806
宪政筹备会纪事二 ……………………………………………… 807
宪政筹备会牌示一 ……………………………………………… 807
宪政筹备会牌示二 ……………………………………………… 808
湖北宪政筹备会职员一览表 …………………………………… 808
湖北宪政筹备会会员一览表 …………………………………… 809
宪政筹备会订期会议移民事 …………………………………… 812
鄂省国会请愿之后援 …………………………………………… 812
宪政筹备会经费之难支 ………………………………………… 813
鄂人争路之函电 ………………………………………………… 813

四、八旗宪政会

八旗宪政会亦责难政府矣 ………………………………………… 814
八旗宪政会公启 ………………………………………………… 815
旗人一线之希望 ………………………………………………… 816
八旗子弟力争生计之集会 ……………………………………… 816
八旗人士之活动 ………………………………………………… 818
八旗呈递都察院之公呈 ………………………………………… 818
八旗宪政会进行办法 …………………………………………… 819
八旗宪政会大会纪事 …………………………………………… 819
八旗宪政会移垦特别募捐启 …………………………………… 820
八旗宪政会章程 ………………………………………………… 822

五、其它团体

宪政预备会之动机 ……………………………………………… 824
贵州发起宪政预备会大会纪详 ………………………………… 825
闽省设立政与会之宗旨 ………………………………………… 826
政与会之现状 …………………………………………………… 827
政与会宣言书 …………………………………………………… 828
旗人之大活动 …………………………………………………… 829
宪政研究会开会纪事 …………………………………………… 830
八旗期成公民会通告书 ………………………………………… 830
八旗期成公民会简章 …………………………………………… 831
旗人且欲以血改造旗制 ………………………………………… 832

第四编　粤商自治会

一、电　文

发北京军机处、外务部、农工商部电

丁未拾月十四晚电

北京分呈军机处、外务部、农工商部列宪钧鉴：西江缉捕，是我主权。英人以盗劫小轮，越俎干预。钧部径徇其请，兵力所及，即国权所张，沿江商民，诧为卖国。此风一长，各国援均沾之例，则（杨）〔扬〕子江非我有矣。华商多冒洋旗，咎在关卡司巡为丛驱雀。欲杜此弊，非整顿关卡，华洋一律不可；又非截留洋税百万，遍布水师不可。不此之务，而以兵柄授人，将来搜捕民船，剿洗乡村，等于昆冈之焚，甚于珠崖之弃。粤人自保其生命财产，特恳钧部始终拒绝，速电粤督，严惩关卡，大治水师，五岭以南，尚有天日。合省行商陈基建等叩。寒。

发上海总商会电

同日电

上海总商会鉴：西江缉捕，是我主权。英人以盗劫洋旗小轮，越俎干预。外部谬允，中外哗然，诧为卖国。主权一失，（杨）〔扬〕子江及各省内河将非我有，亡可立待。粤已开会死拒，乞转各省商会合力粤争。广东七十二行商陈基建等叩。寒。

发堤岸广肇公所、星架坡华总商会、横滨中华会馆、汉口岭南会馆、上海广肇公所电

同日电

（提）〔堤〕岸广肇公所鉴：

星架坡华总商会鉴：

横滨中华会馆鉴：

汉口岭南会馆鉴：

上海广肇公所鉴：

西江缉捕，是我主权，英人以盗劫小轮，越俎干预，外部谬允，中外哗然，诧为卖国。主权一失，（杨）〔扬〕子江及全国内河将非我有，亡可立待。粤已死拒，乞转各埠同胞合力电争。广东七十二行商陈惠普等叩。寒。

再发北京外务部、农工商部、邮传部、法部电

十七日电

北京分呈外务部、农工商部、邮传部、法部列宪钧鉴：西江缉捕，英夺主权。全粤奇愤，誓死拒绝。查内河航业，尽挂洋旗，原因洋关苛罚，验司掣肘，驱迫至此。每一被劫，洋商出头。若不收回捕权，严惩关卡，整顿缉捕，主权一失，各国援例，亡可立待。善堂为行商代表，谨电乞挽救。爱育等九善堂谨禀。筱。

三发北京军机处、外务部、税务处、度支部电

十八日电

北京分呈军机处、外务部、税务处、度支部列宪钧鉴：英人干预西江缉捕，匪踪所至，剿洗其村。全粤哀号，决议死拒。粤为盗薮，加以关卡抑勒，船户尽挂洋旗，致令外人藉口，酿成今日恶剧。朝廷若不弃粤，特恳以粤财救粤命，截留洋税百万，交粤督大治水师。亡羊补牢，犹为未晚。若主权已失，兵柄授人，丁税、厘捐，皆外人掌中物。乞从大处着想，以固吾圉。广东七十二行商董陈基建等叩。巧。

四发北京外务部、税务处电

二十日电　北京

北京分呈外务部、税务处列宪钧鉴：张督传钧部电，严词驳拒，全粤感动。惟增船协巡属海关，海关税司为洋人，魁柄潜移，履霜坚冰，不可不慎。查薛福成《庸庵文编·上李傅相论赫德不宜总司海防书》最为痛切。粤人止承认粤督添船巡缉，不承认海关增船协巡，乞收回成命，并速行宣布税司权限，以定人心。七十二行商陈基建、陈章甫等。号。

五发北京都察院、法部戴尚书暨同乡京官电

仝日电

北京分呈都察院列宪暨法部尚书、同乡京官鉴：奉外部电，西江缉捕，由海关增船协巡。既授税权，又假兵柄，一误再误，犹云未许外人著手，商民汹汹，大惑不解。乞转税务处宪，明示税司权限，并代奏，请截留洋税百万，交粤督大治水师，以杜后患而保主权。七十二行商陈基建、陈章甫等。号。

发桂林抚宪电

仝日电

桂林抚宪钧鉴：外部电示，西江缉捕，系由海关增船协巡，并未许外人着手，全体哗然。既授税权，又假兵柄，一误再误，自欺欺天。执政如斯，无死所矣。粤誓坚拒，哀乞会督宪电奏，以救危亡。七十二行商陈基建等。号。

发浔州劝学所、南宁粤东会馆、柳州粤东会馆、梧州总商会、上海总商会电

仝日电

浔州劝学所转各绅商鉴：
南宁粤东会馆鉴：
柳州粤东会馆鉴：
梧州总商会鉴：
上海总商会鉴：
外部电示，系由海关增船协巡。海关即税关，既授税权，又假兵柄，一误再误，务乞坚拒。七十二行商陈惠普等。号。

再发上海广肇公所暨同乡会电

廿四日电

上海广肇公所暨同乡会鉴：外部电复，西江由海关增船协巡，税权、兵权，一误再误。已电诘外部，划清税司权限宣示，并联沿江立民团为后盾。速寄沪义勇队章程，并示办法。粤商自治会陈惠普等。敬。

发日本东京两广留学生会馆电

仝日电

东京两广留学生馆：捕权可望挽回，已立会自治为后盾。粤商。敬。

六发北京外务部、税务处电

仝日电

北京分呈外务部、税务处列宪钧鉴：号电谅达。粤船巡缉，又令税司协巡，显授以柄。粤水陆提奉旨分设，请照长江水师营制，改为巡阅西江水提，内外控制，保我主权。粤人誓拒税司协巡，乞速宣示权限，以解大惑。七十二行商陈基建等。敬。

三发上海总商会、广肇公所、两粤同乡会电

廿九日电

上海总商会暨广肇公所、两粤同乡会鉴：英派兵轮驶赴西江，事机危迫，速寄义勇队章程，【合】力协争。粤商自治会陈惠普等。艳。

七发北京军机处、外务部、陆军部、农工商部、邮传部、民政部、法部电

十一月十二日【电】

北京分呈军机处、外务部、陆军部、农工商部、邮传部、民政部、法部列宪钧鉴：西江属内河，连旬英水师大队搜查，商民哗愤，经禀粤督，示禁暴动。惟群情汹汹，怒不可遏。西江商轮，英只两艘，华轮公愤，已决尽复龙旗。商等立会自治，推办沿江巡警，粤督亦大治水师。独立国主权，断无他人可干预兵柄、警察、行轮之理。乞促英兵速退，以全邦交，否则祸变之来，大部实制造之，幸勿咎沿江商民为戎首。粤省七十二行商陈基建等谨禀。文。

再发横滨中华会馆电

十三日【电】

横滨中华会馆代表四君已到,感极。英舰遍布,各国藉口派兵。粤亡国亡,速转东京,呈详办法。粤省自治会陈惠普、陈章甫等。元。

八发北京农工商部、邮传部、税务处电

十二月十四日电

北京分呈农工商部、邮传部、税务大臣列宪钧鉴:英师船驶入西江,干涉捕权,全粤骚扰。查西江英轮,只有西南、南宁两艘,余船虽挂洋旗,实皆华商资本,原因海验开,船司任用郭苏娣,验船作弊,迫而为此。偶遇劫案,外人藉口,查验船司。光绪廿七年由粤海关税司禀奉陶前督批准。今既法立弊生,应请速予改良,全收主权,专责粤督,选派魏京卿秉公查验,革除郭苏娣,俾商情浃洽,尽复龙旗,至感。粤商自治会、广州总商会、广东全省商船总会仝叩。

九发北京军机处、外务部、农工商部、度支部、陆军部、民政部、税务处电

廿二日电

北京分呈军机处、外务部、农工部、度支部、陆军部、民政部、税务处列宪暨法部戴尚书、同乡京官钧鉴：外人干涉西江捕权，大部与粤督合力坚拒争回，洋兵轮陆续退出，商界欢呼。但善后政策，全在筹款治兵。粤省财穷，公私交困，张督治粤最久，尤所深知。昨奏减解赔款一百一十八万，皆商民痛切呼号之。隐计粤省岁入仅千万，乃孤解赔款竟与岁入五千万之江苏省相埒，岂得谓平？矧近年洋货值百抽五，免税货亦完税，两者溢征已巨，即连年磅余，所盈尤多。两粤祸机遍地，乞念南陲危局，请旨如张督所奏，减解赔款，以资整顿。急切待命。粤省行商自治会陈基建、陈章甫等叩。

潮州来电

分送督宪、自治会鉴：英索捕权，葡侵香界，群情愤激力抗，乞坚拒。镇平商会陈颖基、劝学所钟应熙暨府学堂邱逢年等叩。

巴拿孖个郎埠来电

丁未十二月十五日上午十一点到

西江捕权,坚持。巴国个郎华商叩。①

自治会呈请革除郭苏娣电文

北京分呈农工商部、邮传部、税务大臣列宪钧鉴:洋师船驶入西江,干涉捕权,全粤骚扰。查西江洋轮,只有西南、南宁两艘,余船虽挂洋旗,实皆华商资本,原因海关验船司任用郭苏娣,验船作弊,迫而为此。偶遇劫案,外人藉口。查验船司光绪廿七年由粤海关税司禀奉陶前督批准,今既法立弊生,应请速予改良,全收主权,专责粤督,选派魏京卿瀚秉公查验,革除郭苏娣,俾商情浃洽,尽复龙旗,至感。粤省自治会、广东全省商船总会同叩。

《中国日报》,丁未年十二月廿九日(1908年1月20日)

---

① 以上各电皆录自清末粤商自治会编印《粤商自治会函件初编》(光绪三十四年)。

自治会力争二辰丸案电文

北京分呈军机处、外务部、税务大臣、同乡戴尚书、梁侍郎统鉴：粤官扣留日二辰丸军火，捕获起卸地为九澳咀外一海里半之沙沥地方，是内河，非外海。通商设立海关以来，各国船驻此落货，均须报领中国拱北关准单，一律公认我国领海，向有完全稽查缉捕之权。粤督兼监督海关，派轮巡缉，是其权责，被获扣留，饬照关章办理，尤无不合。日人混指为公共海，葡直认为己国海界，无理抵赖。若谓寄椗候潮，则驳艇俱在，证据昭然，一经会讯，万难脱卸。日人明知理屈，竟用强权恫喝，逼胁释放。是以国家势力包庇走私，妨害他国治安，违公理，蔑商约，若不力争，按章惩罚，恐海权一失，领土属之外人，后此私运愈难究诘。军火流入内地，接济会党，资助劫斗，粤无宁日。澳门为私运军火地，尤宜设法杜绝。粤人为自保其生命财产计，集议会筹对待，吁乞钧部各宪力争坚持，勿稍退让。全粤待命。广东七十二行商自治会陈基建等叩。（致各埠电文大致略同，不赘录。）

《中外日报》，光绪三十四年二月十四（1908年3月16日）

国耻会致二十一省及各埠电文

辰丸案袁世凯蔑视约章，全国蒙耻。粤已开国耻纪念大会，誓死昭雪。速同盟。自治会陈惠普等十余万人联名泣叩。巧。

京电略同。

《时报》，光绪三十四年二月廿六日（1908年3月28日）

上海预备立宪公会来电

粤商自治会鉴：电悉，热忱可佩。敝会现在调查各国法例，遇此等事应作何办理，以绝外侮而正国权，容缓再复。预备立宪公会。佳。

《中外日报》，光绪三十四年二月念三日（1908年3月25日）

粤自治会与各埠电

赌毒惨剧，本会提议设专煮烟膏官局，每两煮费五毫，岁得千二百万，烟减费加。禁烟禁赌，立宪除弊，统一财政，赌饷渐应销减。经谘议局表决，讵一般豺狼虎豹，以千二万托词抵赌，包承盐务，加抽食盐，男妇老幼均永受害，实行势必激变。乞力拒，遏乱机。自治会陈惠普。覃。

《申报》，宣统元年十二月初三日（1910年1月13日）

汉口会馆复电

自治会公鉴：覃电悉。粤省赌风为害最巨，官绅设法禁止，煮烟膏费办法甚善。盐斤加价，归商包揽，辗转分承，滋扰酿祸。诸公智珠在握，权衡利害，以保治安，而维桑梓。决合力抵拒。岭南会馆。

《申报》，宣统元年十二月初三日（1910年1月13日）

星架坡华侨复电

自治会：覃电悉。抽烟禁赌均赞成。盐饷大害誓反对勿馁。南洋全体华商陈锡嘉等。

《申报》，宣统元年十二月初三日（1910年1月13日）

粤自治会电请美国删除苛例

北京分呈美使馆、外务部钧鉴：金山大埠税关，复行苛例。华商游学，经美领事查确，签名给照，到美仍拨木屋囚禁苛待。粤人愤极，恐伤感情。请电美总统，饬关吏删除。自治会陈惠普等叩。

《申报》，宣统二年三月十八日（1910年4月27日）

发京军机处、宪政馆、资政院、外务部、度支部、农工商部、民政部电

北京军机处、宪政馆、资政院、外务部、度支部、农工商部、民政部钧鉴：赌毒害粤，收饷违法，历年请禁，藉口延搁。政府开赌，议员益受贿庇赌。粤民不甘，义愤剧烈，誓立禁绝。政费绌愿担，粤商急公，况激义愤，代表敬电，信有把握。省港迭议，均愿力担。万众签名，要约政府，赌立禁绝，限三阅月，负担不足，请杀商等，以谢天下。粤民浮动，若再延宕，日暮有变，政府实激成之，湘乱前车，绅商断不任咎。庶政需款逼胁，自上当反抗奋任，自下可立筹，顺逆潮流，治乱立见。乞请旨禁绝。自治会陈惠普、李鉴诚、陈兆祥、全国忠等四百五十二人，旅港侨商李煜堂等，佛山代表、商务分会会董霍子常等同叩。

《帝国日报》，宣统二年十一月二十七日（1910年12月28日）

二、公 事

呈两广总督部堂

具禀七十二行商董陈基建、陈章甫等，为英人干预西江缉捕，商民设会坚拒，谨陈办法，乞恩准予奏咨，以维大局事。

窃查环球公例，兵柄为独立国主权。朝廷锐意图强，正在筹饷练兵，以救危局。我国三大流域，如人身督脉，一失即死。西江上达云贵，下通两广，自梧州通商后，商务益盛，英人觊觎，未得其间。去年西南轮船被劫，即欲干涉捕权，幸岑前宪缉匪捕凶，力为拒绝，事遂中止。现复因盗劫洋旗小轮，向外务部要求将捕权交税司管理。计英人得香港后，视吾粤为砧上肉久矣。既握捕权，蚕食日进，设各国援利益均沾之例，则黄河、（杨）〔扬〕子江一带，血脉既断，手足不灵。国如人身，遂将支解。商等连日与绅界、学界分头开议，查悉沿江轮船栉比，尽冒洋旗，其咎实因洋关勒罚，验船司掣肘，补抽厂苛抽，遂不得不借洋商出头，以保全生业。故每一被劫，动辄为所藉口，致成今日种种为难交涉。今欲筹挽救，应请一面拒绝英使，一面整顿缉捕，以为御外侮、靖内讧之张本。惟缉捕乃地方文武之责，西江辽远，但拨款廿万，派轮四艘，杯水车薪，既已无济于事，况粤为盗薮，遍地皆贼，彼剿此遯，出没无常，水陆不能兼施，剿抚俱穷于术。商等伏查粤海关岁收洋税陆百余万，除还庚子赔款、四国洋款二百余万，税司经费六十万，出使经费二十余万之不能移动者，余如固本京饷、东北边防、内廷供奉及贡金、絺巾等经费，均在可以缓解之列。今西江事急，自应移缓就紧，截留洋税百万，由宪帅大治水陆各师，以救燃眉。若兵柄授人，主权已失，则通省丁税、厘捐，皆外人掌中物，是因小失大，为悔已迟。朝廷廑念南邮，若仗宪台急切上陈，必蒙俯如所请。商等为国权、生命、财产所系，迫得设立自治会，联结团体，分电中外，合力坚拒。宪台为两粤保障，为此联同泣叩，乞恩俯念危局，准予照办，并据情奏咨，以固主权，以维邦本，实为公便。除电禀军机处、外务部、度支部暨税务处各宪外，理合具禀，切赴两广总督部堂大人爵前核准施行。

批：据禀已悉。查西江一带，前因悬挂英旗商轮迭被匪劫，英国水师提督派拨小兵轮，前往西江游弋，只系稽查英旗商轮，并不扰及华商船只。迭经本部堂与英官再三辩论，令将兵轮退出，由本部堂自行认真缉捕。并电请驻英钦差大臣，切商英国外务部，迅电阻止在案。中英两国邦交亦最和睦，英国系文明大国，断无强暴之举。现在正与英官切实磋商，务令将船早日退出，商民人等不必怀疑惊惧，更不得稍有暴动之事，至碍邦交。除出示晓谕外，仰即分别劝谕遵照。此缴。

再呈两广总督部堂

具禀粤省自治会代表陈基建、陈章甫等，为据情转达事。

窃本年十月二十日，据新安县城厢内外商民南盛店投称：窃商等新安县城厢内外南头乡等处，生意淡薄，所有商货，其由省佛石龙、东莞太平等处运至者，向例必经粤海关，或紫坭关、金鳌洲关、镇口关；由港澳运至者，其前海必经大铲关，后海必经桂庙厂，均照章挂号完税，即准运入新安内地零星发售，向无重抽经税货物等弊。乃本年六月间，桂庙厂洋员突于内地界边坊盐厂旧址添设厂卡，遇由省佛石龙、东莞太平各内地贩回经税货物，任意重抽。商等以生意淡薄，又复重抽敲诈，血本多亏，相继裹足，不敢办货。各渡船既无商货可载，迫于九月廿四日一律歇业。现在来货日少，商务凋残，长此终古，此间商民，永无生活。夫税司岂不知货已税，不能复抽？只以添设界边坊之关员，因厂设内地，无出入口货之可税，乃遇一切运入新安内地已税各货，逢物便抽，商民莫敢与校，虽有定例，等于虚文。是此厂一设，于国课无补，而新安一邑，实受无穷之祸。贵会维持商务，断不忍敝邑商民受此脧削，用恳据情转禀督宪，迅赐札饬九龙新关税司，刻日将界边坊内地添设厂卡裁撤，以恤商艰，而苏民困等语。当以事关民生日用，商务兴衰，再四查询，均与所投无异。新安自英人割据后，全属几入外人范围。该处税务，前海大铲关，与后海桂庙关，已无遗漏。嗣税司以香港出入货物多有走漏，六月间遂添设界边坊新厂。该厂设在内地，并无出入口货之可抽，该关员乃以苛抽为能，并将运入新安内地已税之货物，概行抽税。关员气焰，小民不敢与争，只得群相裹足，其情亦殊可悯。据投前情，用特转禀宪台察核，应如何办理之处，伏乞宪裁。为此切赴两广总督部堂大人爵前核准施行。

三呈两广总督部堂

具禀粤省自治会代表陈建基等，为英轮游弋，商民疑惧，乞恩迅赐出示晓谕，以免暴动事。

窃西江缉捕，为我国自有主权，前因英人藉词干预，经宪台暨外务部严词驳拒。董等以捕权为国命脉，并经联结团体，遵旨设立自治会，联络商民，自清内匪，并禀请宪台截留洋税，自行整顿水陆缉捕，以保国权在案。连旬以来，迭经奉传宪谕，劝令各商民切勿暴动，筹议省中举办商团，并妥订四乡警章，先从沿江各城乡推广自治，密探匪踪，悬红购缉，并商请内河轮船行一律挂回龙旗，以免外人藉口。十月廿八日，阅香港《士蔑西报》，载英轮多艘驶赴西江游弋，当即刊派传单，切劝粤人戒勿暴动。各商民深知中英邦交，共相辑睦。昨初二日会议，宣布天津自治章程，切实推行自治。中英交厚，英人素号文明，我能自治，商轮亦尽挂龙旗，外人断无干预捕权之理。乃接三水河口同志社函，称英轮多艘到巡，商民大为震动。并接商船行投，称英轮大队，凡遇小轮，喝令停船，恐酿祸变等语。经众议决，禀请宪台查明此次船轮游弋，确无干涉捕权，应即订定游弋日期，迅赐出示晓谕。并由本会刊印宪示，速赴沿江城乡张贴，传谕商民切勿暴动，以固邦交而维大局。是否有当，伏乞宪裁。为此切赴两广总督部堂大人爵前核准施行。

四呈两广总督部堂

具禀粤省自治会代表陈基建等,为挽救捕权,先除苛政,谨据情代禀,乞恩准予照办,以维危局事。

窃现据内河商船公会总理余乾耀等函称:英人干预捕权,只以保护洋轮为藉口,不知内河洋轮,原属华人资本,以迫于验船司苛勒,关卡留难,相率改挂洋旗,托洋人代理,偶一遭劫,遂予口实。故欲消隐患,莫要于整顿验船苛政。查陶前督宪徇海关庆税司之请,设立验船司,洋员既不达华情,华商又不谙西语,加以验船司任用郭苏娣为二手,从中播弄,每验一船,不遂所欲,多方掣肘,或阻误时日,或少予士店,或暗伤机器,不一而足。去岁有人禀请岑前督宪批撤,郭苏娣益挟恨以肆其毒。各商为避祸起见,不数月改用洋旗者三十余艘。其龙旗现在候验稽时耗费,及畏难拆卖,与夫停歇不愿请验者,又四十余艘。从此洋旗有事,领事力任保护,龙旗则官不过问。如被抢劫,龙旗报案,扣船候讯,阻滞生意;洋旗一面开驶,一面由领事照会地方官严缉。今日牵涉外交,追原祸首,验船司郭苏娣实为阶厉。迭经集会筹商,佥称欲挽捕权,必先自禁冒洋旗始;欲禁冒洋旗,必先自革除验船苛政始。当此主权未失之时,亟应自筹挽救。应请贵会据情禀请督宪,俯察商情,准予仿照香港验船例,由商船自行公聘高等毕业生妥验,缴呈验司备案,给牌放行,以免受其苛制。并严将郭苏娣惩革,及关津所过之地,妥为保护,不准留难。商轮自可指日复改龙旗,以保国权而消后患等语。董等伏查西江航业,除西南、南宁两轮外,其余尽属华轮,只以验船受权外人,为渊驱鱼,铸成大错;重以关员媚外,遇洋旗则枉纵,遇龙旗则留难,或且从而苛虐,言之良深悲恸。据函前情,用敢据情转乞宪恩,准予照办,以顺舆情。此后华轮改复龙旗,凡各关员稍具天良,自当华洋一律优待。若仍有留难苛虐情事,查有实据,本会实行自治,有代达下情之义务,自当随时禀请严办,断不忍稍自放弃,以上副宪谕官绅、商民联络一气之至意。是否有当,伏乞钧裁。

为此切赴两广总督部堂大人爵前核准施行。

五呈两广总督部堂

具禀粤省自治会商董陈基建等,为英轮搜掳华轮,恐酿巨变,乞恩照会英领事严诘,并电外部促英轮速撤,以弭祸乱事。

窃敝会顷接三水河口同志社初十日函称:是日龙旗会安火船由香港拖带火水船来河口,适到河清地方,与英兵轮摩轩相遇,大喝停车,立即过船搜查,不由分说,当即将船牌、船抄、准单等件拿去,并掳去船主一名、水手二名,至今尚未放还。噫!横暴若此,情何以堪!英官既称查洋旗火船,何以龙旗火船亦被稽查?稽查之不已,且至于掳捉。深恐自此以后,稽查龙旗火船之不已,更及于民船;稽查民船之不已,更及于乡村,则祸乱之成,指日可待。若非速筹文明对待之法,迫令英轮退出,则五岭以南,尚有一片干净土乎?为此特恳诸志士代禀督宪,照会英领事,严词诘责,迅饬各轮撤退,以安人心,而弭祸乱为盼等语。伏思英轮驶入内河,已背公法,惟既以游弋为词,宪台笃念邦交,暂准通融游弋,迭经饬商民切勿暴动,粤人无不隐忍。乃连日迭接各处纷纷警告,以英轮遍布沿江,逢轮喝停,任意搜扰,群情愤激,势将决裂。敝会昨经一面劝勉粤人忍辱负重,实行自治,并订章程,推办沿江巡警;一面电禀军机处暨各部堂宪,哀乞据理力争,照会英使,促英兵撤退,以全邦交,否则设有祸变,商民不任其咎。据函前情,无怪沿江商民,怒不可遏。事机危迫,用特粘函,禀请宪台迅赐照会英领事官,饬令各兵轮从速撤退,以弭祸乱,而全邦交,实为公便。为此切赴两广总督部堂大人爵前核准施行。计粘电文一纸,三水河口同志社会原函一纸。

批:禀悉。已据情札饬粤海关税务司查明覆候核办。此事关系主权,本部堂无不力任维持,该商等应广劝商民,务须静候办理,毋得纷抗生事,是为至要。仰即知照。

六呈两广总督部堂

具禀粤省自治会商董陈惠普等,为草订警章,呈请核饬东西沿江文武,督令绅商勒限举办,以保治安事。

窃粤省盗贼,势日披猖,推厥原由,实由地方文武不能联络绅商,早清内匪,驯至劫及商轮,酿成交涉,上烦宪廑,大治水军。董等以为,沿江劫盗,实不在水而在陆。历年如东江巨匪戴梅香、新会海盗林柏甫、西江上游海盗李北海、下游海盗区新,俱广、肇两属乡人。其出没也,忽江忽陆,而缉获仍在陆路之村庄,未闻沿江水军有捕获巨盗者,是其明证。伏维今日治盗,首在清源,似非急办四乡巡警,无以保治安。迩年盗匪纵横,劫夺资财,继以掳掠,素封远徙,贫者辍耕,光天化日中,朝夕如遭兵燹,言之可为痛心。昨经本会分布警章,沿江商民盼切兴办,以图保卫家身,只以地方文武未能切实提倡,故难猝办。用敢粘付草订警章拾条,禀请察核。伏乞俯悯盗匪纵横,四民琐尾,迅赐通饬东西沿江文武,督同绅商,勒限三个月内就地筹款,一律举办。开办之初,总期疏节阔目,因地制宜,渐致完善。倘仍玩视因循,一经逾限,立将该文武撤参一二,以儆其余。是在帅宪振聩发聋,风行雷厉。董等为维持治安起见,冒渎上陈,是否有当,伏乞钧裁。为此切赴两广【总】督大人爵前核准施行。

粤省自治会禀核议沿江警章由,奉督宪批:整顿缉捕,自以水陆兼筹,官民合力,方易戢靖盗风。该商董等现请饬行东西江各乡举办巡警,由官督率绅商就地筹款开办,不为无见。惟东西两江幅员甚广,地方贫富不一,村乡大小不同,必须体察情形,统筹全局,方免阻碍。究竟所拟章程各款是否悉臻妥协,能否一律照办,仰广东巡警总局会同按察司,分饬沿江各州县,悉心筹议具复,由该司局汇案核明,详候察夺饬遵。章程抄发。十一月三十日登报。

呈广东巡警总局

具禀粤省自治会商董陈基建、卢贺华、朱卓卿、朱文博、陈章甫、郭仙舟、梁蔚廷、李幹若、赖燕山、王劭南、何茀禄，为草订警章，呈请核饬东西沿江文武，督令绅商勒限举办，以保治安事。

窃粤省盗贼，势日披猖，推厥原因，实由地方文武不能联络绅商，早清内匪，驯至劫及商轮，酿成交涉，上烦宪廑。董等以为，沿江劫（进）〔盗〕，实不在水而在陆。历年如东江巨匪戴梅香、新会海盗林柏甫、西江上游海盗李北海、下游海盗区新，俱广、肇两属乡人。其出没也，忽江（巡）〔忽〕陆，而缉获仍在陆路之村庄，未闻沿江水军有捕获巨盗者，是其明证。伏维今日治盗，首在清源，似非急办四乡巡警，无以保治安。迩年盗匪纵横，劫夺资财，继以掳勒，素封远徙，贫者辍耕，光天化日，朝夕如遭兵燹，言之可为痛心。昨经本会分布警章，沿江商民盼切兴办，以图保卫身家，只以地方文武未能切实提倡，故难猝办。用敢粘附草订警章十条，禀请察核。伏乞俯悯粤省盗匪纵横，四民琐尾，迅赐通饬东西沿江文武，督同绅商，勒限三月内就地筹款，一律举办。开办之初，总期疏节阔目，因地制宜，渐致完善。倘仍玩视因循，一经逾限，立将该文武详请督宪参撤，以为玩视警政者戒，实为公便。董等为维持治安起见，冒渎上陈，是否有当，伏乞钧裁。切赴广东巡警总局宪大人台前核准施行。计呈草订沿江四乡巡警章程十条。光绪三十三年十一月。

七呈两广总督部堂

具禀粤省自治会商董陈基建、陈章甫等,为研究自治,乞恩饬局札行各府县出示晓谕事。

窃董等恭读上谕:预备立宪,原以君主立宪为吾国政体所最宜,薄海臣民咸当确切辨明,免涉误会。又谕:该各省督抚均在省速立谘议局,即由各局令选绅民,公举贤能,作为该局民议员。其各府州县议事会,一并预为筹画各等因。钦此。仰见朝廷锐志图强,与民更始之至意。窃维欲行宪政,必使一国之民各有民选资格,出为郡县议士,由郡县议士选为省谘议局民议员,由省议员各举代表组织中央国会,如身使臂,臂使指,然后可以实行。今者外侮纷乘,各国协而谋我,与其空言无实,深恐说经未竟,兵已渡河,何如急起直追,或者歧路亡羊,补牢未晚。本会遵旨预备立宪,先与同胞谋自治,将以研究内政、外交之得失,发为议论,以供朝廷采择;调查工商事业之利弊,力为整顿,以谋地方公益。甫立会,适西江捕权事起,董等既以民与民私法交涉,复研究理法,发为条议,以仰副朝旨庶政公诸舆论之至意。幸蒙我帅宪据理力争,收回自办,革除关卡苛例,整顿水陆警察,官与民同负责任。此后地方自治,尤为善后切要之图。惟风气初开,欲谋自治,必自州县议会始,州县议会必自城乡自治团体始,城乡自治团体必先使人人知官民同负责任之意义,及一切自治理法,乃可图成。欲使人人有普通知识,当思有以解说之,然立说过高,商民多不易解,求深反晦,于事何裨。查上海《公民必读初编》,为前广东臬司郑廉访所刊行,是编专为城市、乡村自治团体而设,其言明白易晓,每本价银一毫五仙。香港刘君铸伯《自治须知》一书,于议会规则,绘图贴说,切要简明,每本价银五仙,用广费廉。二者均便普通社会之研究,而尤以《公民必读初编》为必不可少。书甫出版,即经苏、浙、两湖、川、(汴)〔陕〕、云贵各省督抚购置数十万份,广为传布。本会调查宪政各书汗牛充栋,求其便于商民披阅,适于州县城乡之用者,当以二书为最。除议决定购壹万份以资研究外，理合禀请帅宪饬局札行各府厅州县出示晓谕，劝令绅商购阅，或拨地方公款置送，务使家喻户晓，以期自治之有成，似于立宪前途有裨不少。是否有当，伏乞两广总督部堂大人爵前核准施行。

禀请购阅《公民必读》奉督批

广东提学使司王、广东布政使司胡、广东按察使司蒋，为照会事。光绪三十四年正月二十八日，奉两广总督部堂张批，据该会商董等赴辕禀称云云（禀见十页），奉批：地方自治实为宪政始基，该会商董等设会研究，发抒议论，以备采择，力图公益，以资整顿，宏愿热心，良堪嘉与。惟自治须以学理为根本，以法则为范围，是必兼采东西学说，参以地方情势，折衷至当，方能施措咸宜。《公民必读初编》立法简净浅易，足牖愚蒙。前接民政部来函，即经行司饬属购阅。现禀请饬各府厅州县出示晓谕，劝令绅商一体购取，或酌拨公款置送，以期家喻户晓，自可准行。仰广东布政司会同学、按二司，通饬各属遵照。至《自治须知》应否一并示购，应由司饬取此书，呈候核明，再行察夺。禀抄发等因。奉此，除通饬各属遵照外，合行照会。为此照会该商董即便遵照，将《自治须知》一书缴司查阅，以凭呈候督宪核明察夺饬遵。须至照会者。右照会粤省自治会商董。①

---

① 以上各呈及批皆录自清末粤商自治会编印《粤商自治会函件初编》（光绪三十四年）。

张督为西江捕权事照会总商会

督部堂张为照会事。光绪三十三年十月十七日，承准外务部电开：顷据七十二行商陈基建等电禀，西江缉捕事，本部径徇英请，兵柄授人等语。查此案迭经该使以英轮屡被抢劫，坚请由英水提保护，本部严词驳拒。现既与尊处妥筹办法，由粤省添船巡缉，并由中国海关增船协巡，并未许外人著手。该商等不识此案原委，任意喧嚣，殊为冒昧。应由尊处剀切谕饬，勿得造谣生事等因到本部堂。承准此，相应照会贵总理查照，希即转谕七十二行商陈基建等遵照施行。须至照会者。右照会广州商会总理张。按：西江捕权授之外人一事，外部虽有允意，实未决定，本报特电已先言之。

《中国日报》，丁未年十月廿一日（1907年11月26日）

广东自治会禀陈巡警章程

广州粤商自治会商董陈基建等，现已拟就警章，具禀督院，请饬东西江文武，督令绅商勒限举办，以保治安。略谓：粤盗猖獗，固由地方官无用所致，然握要穷源，仍由四乡未能遍办巡警所致。若以为大治水师便可消弭匪患，似非探本之论。如东江巨盗戴梅香、新会海盗林柏甫、西江上游海盗李北海、西江下游海盗区新，俱广、肇两属之某乡人，其出没也，忽江忽陆，而缉获仍在陆路之村庄，可为明证。连日复迭接沿江商民来函，以此事相询，嘱急禀宪台通饬开办。用敢查取天津四乡巡警章程，参以商民献议粤省地方情形，共草订西江沿岸四乡巡警章程十二条，禀呈察夺。伏乞通饬文武，督同绅商，勒现三月内一律就地筹款举办，由沿江各乡而推行通省，如有玩视功令，即将该文武参撤一二，以儆其余云。

《中外日报》，光绪三十三年十一月念八日（1908年1月1日）

粤商自治会禀请警局实行四乡巡警

警察为治内第一要政，乡落久未推行，以致盗匪纵横，劫及洋轮，贻国家以隐患。昨基建等不揣冒昧，谬订沿江警章，蒙张帅许可，札由贵局分行沿江州县筹议。因念今日宪政未举，三权未立，地方百务均萃于有司之一身，州县衙繁，断难兼筹警察。此事利在急办，概诿之州县筹议，窃恐空文塞责，徒苦幕宾撰稿之劳。就令与绅士筹商，而地方缙绅不谙警察，闻之生畏，势必群以为难。本题关键在提取无益之资，充支警费，然此等公款，多为劣绅所把持，还以问之劣绅，是何异谋之狐而取其皮，虽三尺之童，亦知其无济。今日四乡匪势已达极点，富者远徙，贫者辍耕，水深火热之中，警察推行岂复有须臾可缓。况地方官迟迟禀复，必致耽延，徒令沿江商民，拭目翘瞻，观成无自。时事日亟，待解倒悬，似不如径由贵局特派熟悉警务各员弛往，会同公正绅商刻期举办，而以地方官为辅，较为有济。章程未备，因地增删，劣绅阻挠，择尤惩创，一区既办，续设别区，东西沿江，迎刃而解，徐而推及各属，警察森严。是在大公祖勤政爱民，以实心行实政，破除成例，执简驭繁，握要以图，事无不举。若拘牵文义，必俟地方官议覆始与筹商，恐四乡万民喁喁望治之心，不知何年方有积偿之一日。设使盗风更炽，又复劫及洋轮，岂不覆辙相寻，上下交受其困。我大公祖热心爱国，素著开通，当必不忍出此。冒昧再渎，极知越俎，然狂夫之言，圣贤择焉，区区愚诚，诸乞海宥。

《申报》，光绪三十三年十二月十三日（1908年1月16日）

自治会为二辰丸案再上张督禀词

具禀粤省自治会商董等，为主权损失，势将罢市，乞速设法挽救事。窃日、葡私运军火，二辰丸偷泊起卸地确为我国领土内河，并非公海。既经帅宪以粤海关监督之责任派轮捕获，按照关章，应将船货充公。前经禀请帅宪坚持办理，并电禀政府按章惩办在案。连日报载日人强权要挟，欺侮已极，全体愤恨，群情汹汹，莫不痛哭流涕，奔走相告，势将罢市。本会恐旦夕致有暴动，已一面传单劝止，一面将日、葡违背公法种种不法之行为，接续详布中外，以求公理之伸张。一面联恳帅宪，迅将国民愤激情形，电请外务部，设法挽救，实为公便。切赴两广总督部堂大人核准施行。

《中外日报》，光绪三十四年二月念三日（1908 年 3 月 25 日）

禀催开办四乡巡警

日前粤垣自治会提倡举办四乡巡警，以靖盗风，且为自治之预备，经拟就章程，禀请张安帅饬地方官举行，又请将现有之江浦行营，改为四乡巡警正局等词。随奉批：饬警局核议。现自治会商董，以此举断难从缓，昨又再赴巡警总局，禀请实行开办。大意以四乡盗风日盛一日，贫者辍耕，富者远徙，虽有江浦行营之设，而盗风如故，良由缉捕不力所致。若将行营改为总警正局，隶于省总局之下，另设四五分局于西江沿海各乡，每局每月费用所需无几，就该乡公款拨用，不足然后由官补助。至江浦行营，每年糜费至二万余金，系由戏捐项下捐拨，另拱卫各营每年亦糜费万金，曷若化无用为有用，一举两得云云。不悉警局又将如何处置耳。

《中外日报》，光绪三十四年二月廿九日（1908年3月31日）

农工商部批回粤商自治会禀

旅暹华侨因暹政府苛加身税，求免不得，惨被拘囚殴毙，经粤商自治会迭电北京外、商部力请设法订约，派使保护。昨该会接到商部邮寄禀批如下：

农工商部批：前据电禀，旅暹华侨被暹苛加身税，乞设法保护等情。当经咨行外务部核办去后。兹准复称：准驻法刘大臣转据驻法暹使称，暹政府并无苛待华侨情事，陈基建等所禀各节，恐系传闻失实。除再电刘大臣切商暹使，转电政府，优待良善华侨，并将订约通使各节由本部妥为筹办外，相应咨复查照等语。合行批示，遵照可也。

《厦门日报》，宣统二年七月十六日（1910年8月20日）

粤督札复弭盗治匪议案

粤商自治会前以匪风日炽，呈请谘议局，建议由团保总局联合各大团体，妥商缉捕办法，经谘议局会议表决，照详代请督院察核。现该局接奉督院札文云：为札复事。接谘议局呈称，据粤商自治会呈请建议书称，据商人刘咸泽等函称，近来粤省盗贼横行，匪风甚炽，焚劫掳杀，靡日不闻，甚至省垣重地，兵警森严，乃敢杀人于大道之中，掠物于光天之下，猖獗情形，为十年来所未睹。请建议由团保总局联合省中大团体，妥商办法，严加防范等由。查广东盗风猖獗，堤岸一带会匪潜迹，本署部堂久经访闻，迭饬地方文武官及巡警道严行查拿，从严惩办，以遏乱萌，并奏明在案。现建议由团保总局联合省中大团体，妥商办法，官绅共负责任，系为保护公安起见。除照会团保总局妥议核办外，为此札复知照。

《申报》，宣统二年六月初七日（1910年7月13日）

三、函牍

致总商会函

丁未拾月十五日

总商会总协理大人阁下：敬启者。西江缉捕，兵柄不可假人。去年西南轮船被劫，英人欲干涉捕权，经前督岑宫保拒绝。近因盗劫洋旗小轮，英人越俎干预，竟向外部要求西江捕权交税司管理。外部遽尔允许，为虎作伥，甘授外人以柄。此风一长，扬子江及各省内河将非我有，亡可立待。应速一面坚拒，一面妥筹自治办法，以杜口实。昨已电政府力争，并警告各埠及上海总商会。事关粤人生死问题，西江为两粤枢纽，贵总会犹有密切之关系，应请刻日电京力拒，并分电各省商会合力电争。十六、十八会议务乞惠临，共筹办法，至感至祷。此请近安。粤商自治会同人顿。

致广东内河商轮公会函

同日

广东内河商轮总会各同胞（均）〔钧〕鉴：西江缉捕，外部授权外人，朝廷甘心弃粤，各国援例，瓜分即在目前。推厥原因，实由关卡司巡苛虐华商之所致。昨已电政府拒绝，并警告中外合力电争。泰山可移，主权誓不可失。现定期十六、十八两日，假座戒烟会开大会，议妥筹自治办法，以善其后。应请贵行同人踊跃莅会，并将轮船被虐情形详告，共筹办法。事机危迫，万务稽延，是所切祷。此请近安。粤商自治会谨启。

致九善堂函

十七日

爱育善堂、广济医院、广仁善堂、崇正善堂、述善善堂、惠行善院、方便医院、明善善堂、润身善社列位善长大人阁下：敬启者。西江缉捕，兵柄不可假人。去年西南轮船被劫，英人干涉捕权，经前督岑宫保拒绝。近因盗劫洋旗小轮，英人越俎干预，竟向外部要求西江捕权交税务司管理。外部遽尔允许，为虎作伥，甘授外人以柄。此风一张，扬子江及各省内河将非我有，亡可立待。应速一面坚拒，一面妥筹自治办法，以杜口实。昨已电政府力争，并警告各埠及上海总商会。事关粤人生死问题，西江为两粤商务枢纽，经于十六日公议，请贵善堂联电政府力拒，并分电各省商会合力电争。十八日第三次会议务乞惠临，共筹办法，至感至盼。此请近安。

致谭荔垣函

廿一日

荔垣先生大人阁下：昨午各界同胞会议，电驳外部准由海关增船协巡，并电请都察院及同乡【京】官代奏，分电各埠协争，兼电请西抚电奏。公议空言争驳，不如会同沿江商民各立自治会，为挽救捕权之后劲，尤有实际。经众公推阁下会订自治章程及各条例。迩来列强环立，纷纷要挟，瓜分即在目前。政府不谙外交，事事入外人圈套，自治万不可缓。我公留心时事，慷慨激昂，其所以为同胞计者最为恳切，应请阁下担任组织，刻日调取各地方自治章程，参酌地方情形，妥为详订见示，并请移玉随时莅会指示一切，盼祷之至。此请近安。粤商自治会同人谨启。

再致内河商轮公会函

十一月初五日

内河商轮公会列位先生大人（均）〔钧〕鉴：敬启者。昨承贵会代表余君命，西江事亟，宜速派员演说，所有各乡轮拖一律担任招待，具见热心爱国，钦佩莫名。同人举定张君崧云、胡君心澄二位前往演说，随时可以起程，拟请贵会准明早派人前来引导为感。至演说员修金、夫马等费，概由本会支给。请知照各轮渡，除饭食照常招待外，不必另有馈送，以免授人口实，尤盼。此请筹安。

致商轮公会、佛山商会、西南公局函

初八日

商轮公会、佛山商会、西南公局列位先生大人阁下：敬启者。英人派船干预捕权，经于初二日第六期会议，由自治会入禀督宪，切实示谕，以安人心。兹奉到宪示，即日恭录，刊派传单，转知各处。为此函恳贵局会代为布告，凡我同胞，共宜坚持文明对待办法，切勿稍涉暴动，致贻外人口实为要。现督示既晓谕办法，而英轮尚未退出，兹定期初八日第七期会议，共筹对外治内之策，届期务恳踊跃莅会为祷，并告示一札，恳希转派，俾一律遵照，感切祷切。耑此，敬请崇安，唯照不一。粤商自治会同人顿。

致梧州广东会馆、肇庆挽救国权会、河口同志社会函

梧州广东会馆、肇庆挽救国权会、河口同志社会列位大人阁下：敬启者。日前议决由敝会禀请督宪颁发示谕，以安人心。兹奉到宪示，即行恭录，刊印传单，分发沿江城镇，俾知现在情形。凡我同胞，宜守文明对待办法，切勿稍有暴动，致碍大局。一面赶速开议，妥筹对外治内之策，以图自立。兹付上传单一札，恳希转发沿江商民知照，盼切祷切。耑此，顺请团安，唯照不一。

复法政学堂各员函

十四日

列位先生大人阁下：来示敬悉，具见热诚义愤，钦佩莫名。兹定期明天开大会议，谨将传单奉呈，届时务恳多约贵同人莅会，共商办法。事关两粤生死问题，想诸君子桑梓关怀，定当尽义务以图挽救，盼切祷切。耑此，敬请侠安，唯照不备。

致国权挽救会函

仝日

国权挽救会列位先生大人（均）〔钧〕鉴：敬启者。连日警告，英轮骚扰，主权损失，粤亡国亡。贵会挽救国权，义愤热诚，夙所钦佩。现两广协会留日学生代表苏、邱、黄、李四君昨已抵省，经定期十五开大会议，届期务恳贵会同人踊跃莅会，共商办法。事关两粤生死问题，自当联结大群，合力挽救，盼切祷切。专此，敬请侠安，唯照不一。

复梧州广东会馆函

十五日

梧州粤东会馆列位先生大人阁下：敬覆者。连奉大函，备悉英舰种种骚扰，不胜发指，并悉集议再电政府挽救，具见热诚义愤，钦佩莫名。惟挽救之法，似非空谭所可济事。贵同人提倡航业公司，敝会甚表同情。此举自是对待机关，并可保海权而挽溢利，办法莫善于此。观贵埠认股踊跃，自可顷刻观成。现英焰方张，事机危迫，所可恃者，民气耳。若民气一馁，粤可立待而亡，粤亡国亡，家国前途大不可问。昨两粤协会留日商学界代表李、黄、苏、邱诸君已经抵省，定于本月开大会议，筹商抵抗之法，并招航业公司股份，俟决议如何，再行达知。务乞随时将英舰举动及办理情形函知，是盼是祷。专此，顺请团安，唯照不宣。

复河口同志社会函

十六日

河口同志社会列位先生大人阁下：敬覆者。连奉华缄，已于迭次会议时宣布，并初十日函陈会安龙旗被英轮搜掳等情，已据情代禀督宪矣。此次英人干涉捕权，违背公法，凡有血气，莫不奋袂而争。贵埠控制西江，英轮举动，自必先知，一切务乞随时调查示知，以凭筹商抵抗之法。事关两粤生死问题，自当联结大群，合力挽救。贵社会迭函警告，具见热诚义愤，钦佩莫名。今英焰方张，事机危迫，所可恃者，民气耳。若民气一馁，粤可立亡，粤亡国亡，家国前途不堪设想。贵同人关怀桑梓，务乞鼓励沿江民气，藉以挽救危局，是盼是祷。专此，顺请伟安，唯照不一。

复江门七堡团练局函

廿三日

江门七堡团练局列位先生大人阁下：敬复者。日前奉到大函，备悉诸君子热心公益，引自治为己任，钦佩无已。兹如命付上草订四乡自治章程一札，到日恳为察收。至贵局之章程，容日检出奉还便是。专此，敬请伟安，唯照不一。

复肇庆地方自治会函

仝日

肇庆地方自治会列位先生大人阁下：敬复者。顷奉大函，备悉贵社成立，欣忭无已。捕权关系行政权，此权畀于外人，非国民自治不能挽救。西江于贵埠实当冲要，地方自治万难稍缓。今诸君子组织自治，为桑梓谋治安，义愤热诚，夙所钦佩。兹付上草订四乡自治章程一札，希备参观。专此，敬请团安，唯照不备。

复梧州总商会函

梧州总商会暨合埠行商先生大人阁下：敬启者。前接惠缄，并省港梧航业有限公司招股章程，嘱即集众认股。经本月十五第九期、廿一日第十期迭次会议，由日本商学界代表苏、黄、李、邱四君提议，拟仿照日本邮船社办法推广航业，设立两广邮船会社，即由省梧七十二行商联络一气，担任招股。本日经粤省七十二行商齐集会议，妥筹速办，并按照商律第十六条重订招股章程，即日举定义务员，切实担任。此次力争捕权，实为全国安危之所系，各省各外埠月来皆因此事设立两广同乡会，殷殷以竭力协助为词。是邮船会社之倡，尤为中外同胞所切望，规模未可稍隘。日本邮船会社以六百万资本，不数十年，势已横绝太平洋。中外同胞盼切龙旗辉映之光荣，直同性命，一经省梧行商担任，闻风响应，但使人认一股，其数已逾千万。由是华轮布满，由内河而行驶外洋，固以接济同胞，更以壮我海军声势。救家救国，咸在于斯。尚祈诸君子全局通筹，破除成见，从速议决，见复施行，至感至祷。除即日电告外，谨此详述，敬请钧安。粤省七十二商行陈惠普、朱伯乾、卢涌宸、朱卓卿同启。

附呈自治会布告同胞公函万纸，乞转西省各埠为盼，又及。

复河口自治会函

十二月廿二日

敬复者。奉读惠函，聆悉种种。贵埠热心诸君组织自治研究会，上襄政府，下益乡间，佩甚慰甚。经将来函分递各报，俾藉鼓吹，异日各处之闻风兴起者，皆赖贵埠诸君子有以树之先声也。至于办法条理，知诸君早已成竹在胸，辱承垂询，不知所对，谨将敝会前所刊发天津自治章程要义数纸奉上。又近来上海有《公民必读初编》出版，此书关于地方自治之界说备极精审，敝同人现拟函托申友多购回粤分送，如有贩到，当即寄呈。贵会订有章程，亦祈随时赐读，俾得交换智识为盼。敝会设立省垣，自表面视之，似觉风气较开，交通较便，然其组织实比乡村、市镇尤难，各界中人不易融洽联络故也。惟是地方弊病，虽则困苦同沾，而商人更有密切之关系，西江捕权，此其一端，故不得不先由商界发起，俾易召号。现时不特条理未能完全，即定名容有未当，是亦地时事位所使然，无可如何者。逐渐改良，期诸异日，有如来示所谓事难一蹴而几，势必循序渐进矣。至所发起两粤华商轮船会社，其招股章程现在仍未妥订，一经刊就，定必从速附上。今得贵会许以鼎力，广为招徕，所至愿也。今天有香港商人刘君铸伯送来所著《自治须知》十本，敝同人均未暇寓目，优劣实所不知，便夹一本奉呈，并希察收。顺候伟安，惟照不备。名正肃。丁十二月廿二日发。

致上海预备立宪公会前广东按察使郑

十二月廿七日

敬启者。立宪要旨，原欲吾民担任国家之义务，而享有立法之权利也。惟是吾国平民向乏政治思想，端赖先觉者有以开导之。顷读我公所刊《公民必读初编》，提纲挈领，条理精详，真可谓语语千金，匡时鸿宝。敝会众议，定购万本，分送同人，俾资研究。并禀请粤督札行各府州县，示谕各商民一体购阅。为此函请大公祖迅赐饬刊一万份，陆续附粤华林寺内自治会，该款若干，当随时汇沪广邦交上。我粤为公旧治，其中状况，知之最深，伏乞时赐教言，正其愚谬。敝会发起之始，适当西江捕权之冲，一时奔走呼号，声传遐迩。今幸英舰已退，捕权收回，敝同人虽不敢引为己功，要亦使彼族知吾国民气之大可恃也。现各商人图谋善后之策，倡办两粤华商轮船会社，不特欲挽回利权，亦藉以抵制彼族，到时章程刊就，定必迅速寄上，仍望大公祖福照粤人，力为鼓舞，至感至盼。肃此，敬请筹安，伏乞垂鉴。名正肃。丁十二月廿七日。右寄上海预备立宪公会前广东按察使郑。

致自来水公司

敬肃者。昨自治会十四期会议，经众决议，省城商务殷繁，腊月望后，各四乡之来省办货，及省中商店之贩运收账，互相交通，其往来挤拥，当比寻常十倍。现贵公司在各街道安设水管，多未完工，于往来交通，殊大阻碍。拟请贵公司饬将现在各街掘开之处，赶于二十前完工。其万难赶及者，应行变通办理，一律于二十前砌回阶石，暂行完工，统俟正月，随时照常兴作，以维商务而顺舆情，实为公便。肃此，敬请崇安，伏乞垂鉴。自治会商董陈基建、李鉴诚等谨呈。

致育才书社

十二月廿一日

育才书社列位先生大人阁下：贵社教育，久著成效，现届年假，各绅董莅堂给奖，欣慕之至。廿二午两句钟，敝同人已布告开会，届时务请诸公邀同香港诸公，移玉惠临华林寺内，指示一切为盼。此请近安，惟照不备。名另肃。十二月廿一。

致冯华川、刘铸伯

十二月廿一日

铸伯华川先生暨列位先生大人阁下：闻公等来省，昨同人已布告开会，恭候赐教。诸公热心救世，熟悉中外情形，凡所以为同胞谋幸福者，无不筹之已熟。廿二午两句钟，同人鹄候，务请邀同各位惠临，指示一切为盼。此请筹安，惟照不一。名另肃。十二月廿一。

敬告中外同胞书

列位同胞先生大人阁下：西江上通云贵，为两粤咽喉，实与黄河、扬子江同为中国命脉，一失即死。环球通例，警察为独立国自有主权，英人去年以盗劫西南轮船，即欲干预西江缉捕，经岑前督缉匪交凶，极力拒绝，事已中止。乃自四国协约而后，英人竟向外部要索，外部聋聩，允由海关税司增船协巡。粤人以此举为中国存亡所关，奔走呼号，驰电京外死拒，并禀请粤督大治水师，收回自办，电请政府力驳。不意英人竟强硬干涉，突于十月杪，由港派兵舰十余艘直驶西江，沿江遍布，逢轮搜扰，掳禁拘罚，种种苛虐，目中已无华人。既夺西江，则两广、云贵即非我有，而黄河、扬子江及各省内河，亦将连类而及，瓜分惨祸，即在目前。政府无能，既不力图挽救，反以本自治会电词切直，严电拘拿。泣诉无门，惟有哭告同胞，共同补救。与其束手待毙，国破家亡，不独吾人之性命、身家同归于尽，而且种族灭绝，华人之孙子，虽欲为他人之牛马奴隶而不可得，何如及今未死，通力合作，联结团体，或者可以自存。同人等用是设立自治会，计自第一期会议至第十期，所以为挽救捕权计者，约有数事，敬为我同胞略告之：

（一）禀粤督截留洋税一百万，整顿全省水陆缉捕，并分设水陆提督，东西江密布水师巡缉。

（二）商请内河轮船公会一律改复龙旗，如有关卡留难苛虐，本会随时禀请严办。

（三）订定四乡巡警章程，已禀督宪核饬东西沿江文武，督令绅商，限三个月一律举办，以次推及各州县。

（四）由本会密派侦探队，随时或扮占卦算命，或扮贩卖种种色色，秘密调查各处匪巢，密禀派兵痛剿。如查有庇匪土豪，一律密禀惩办，以清内匪。

（五）西江英轮只有两艘，决议仿照日本邮船会社办法，设立两广邮船会社，由粤省七十二行商担任招股，每股五元，先集一百万股，自置轮船行驶，推广内河外埠，以挽海权，并为中国海军之助力。

前四条现已切实举办，其第五条省梧行商业已认股数十万。日本邮船会社以六百万资本，不十数载，其势力已横绝太平洋。我同胞各有身家，但使各认一股，其数已逾千万。从此水陆缉捕布置森严，四乡巡警互相联络，内匪不作，而外人轮船已受华轮文明之抵制。由是华轮遍布，行驶各埠，接济中外华人，并以壮我国海军声势。救亡之策且在于斯，而何捕权之不挽乎？昔日本以区区三岛，不四十年而雄视天下，我胡让步？人孰无情，天下事尚有可为，我同胞时不可失，其各踊跃图之。哀此布告，敬请钧安，诸惟朗照不备。粤省行商自治会同人谨启。

轮船会社致各埠函稿

列位先生大人阁下：敬启者。去冬西江捕权事起，蒙各同胞合力抗争，卒幸团体坚持，英舰撤退。现粤督已整顿缉捕，同人等妥订沿江巡警章程，亦已蒙巡警总局派员举办，藉清内匪，并极力提倡自治，稍补时艰。数月以来，叠接海外各埠来函，咸切嘱速办轮船会社，自置轮船行驶，接济内外华商。横滨热心诸公，会同旅日同胞，并举代表苏、李、邱、黄四君回粤鼓舞，力嘱仿照日本邮船会社办法，由省会提起，派员联同内外各埠同胞，集股兴办。群情踊跃，盼切观成。现省中同人有鉴于铁路风潮，审时度势，不能不由吾商界同人始终切实担任，先由内地组织热心同志联结团体，次由海外各埠各自组织团体，复合内外成一大商团。商团既成，不特轮船会社指日可成，此后无限大事业，皆可次第举办。然团体非无端而能结合，必有赖于外力之逼压，故此次力争西江捕权，实为吾商人团结之绝大好时机，英雄利用时势，岂容迟疑错过？将来轮船会社办有成效，则银行、矿产、种植、畜牧、工艺诸大事业，不难登高一呼，四方响应，皆于此大商团基之。且吾中国货财之弃于地也，亦多矣，欲兴大利，必用大资本。然吾中国之大资本家，向持保守主义，不特无益群思想，即生利一途，亦似为若辈所畏惧。大资本家既不易靠，不得不合无数小资本，以成此大资本。然无数小资本家有如空中散质，非得一团大热力以吸引之，其势不能聚合。矧环球以商立国，而托辣斯实为世界之主人翁，吾商人果能结成一团大热力，不特事事可办，即他日中国之富强，亦惟此一团大热力是赖。何则？夫欲强吾国，必先富吾国；欲富吾国，必先辟利源；欲辟利源，必先得大资本；欲得大资本，尤必先结大商团。然则吾商人岂惟时机不可失，抑亦责无旁贷矣。诸君热心公益，关怀祖国，英雄所见，大抵皆同，务请速集贵埠同人，从速签名，担任招收股本，即由各埠同人各推主席、经理，汇为置船之用。将来各埠客货生意，即责成各埠同人担任，共保利权，并希随时互商，妥筹举办，毋令让步外人，是所切盼。专此，敬请钧安，诸惟荃照不备。正月廿五日。粤省七十二行商同人谨启。①

---

① 以上各函皆录自清末粤商自治会编印《粤商自治会函件初编》（光绪三十四年）。

自治会覆西报记者函

西报记者阿路与李心灵两人致函自治会,约期到会参观。方作复函,两记者因事回港,会员复作一函,略谓:前接大函,拟枉顾敝会,垂询文明对待办法,即投函贵寓所,敬约翌日二句钟领教。倏因大记者以事回港,未获觌面,深以为憾。此次辰丸一案,举国同愤,文明对待,忍辱图强,坚守贸易自由为宗旨,赶速改良土货,振兴实业,以期商务发达,办法不外如是而已。贵记者主持公论,尚希随时赐教为望。

《申报》,光绪三十四年三月十五日(1908年4月15日)

粤省自治会覆预备立宪公会函

为国会请愿事

敬启者。初七日接奉手示,即于初九日刊布传单,定期十一日开大会议,筹商要求国会之举。佥以贵会为东南领袖,上海总南北机关,郑廉访爱国热忱,于宪政之组织筹之尤熟,当议决公请贵会联同各团体,于沪上从速设立期成会,函电各省,定期各举代表赴沪妥议,即联同北上,为切挚之请求,纵不能如愿以偿,而得此以振自治之精神,其进步当不可以道里计。国事亟矣,论者皆以程度尚浅,未可遽行立宪为词,庸讵知地方自治以行政为根据,文明各国未有宪政不立而政法能完全者,即未有国会不开而地方自治能发达者。今欲实行自治,自不得不从请开国会求之。或未遽得,而制造无形国会于国民脑根上,使为一致之进行，即以激刺普通社会，使自治能力之奋发锐进，其事又乌可以已。嗟乎！朝廷日言立宪，而未得要领，上既偷活，下亦放任，贼民与外侮乘，亡无日矣。不惟亡国，种且不保。国民纵不为大局计，亦当虑其子孙梦梦者即不知死所，我辈亦安肯同归于尽耶！贵会苟得民政部许可，予以提倡立宪之权，对此茫茫，其不能遽蹈东海，即不得不秉明烛以照长夜也，责无旁贷矣。语曰，虽有智慧，不如乘势行矣。粤虽僻陋，当执鞭以随其后。肃此，敬请筹安。

《申报》，光绪三十四年三月廿三日（1908年4月23日）

自治会因轮船命案致葡领事函

敬启者。去冬贵领事因佛山轮船命案照会粤督，文内种种诬蔑证人、报馆及敝会之处，殊骇听闻，当经我粤督据理驳复，并饬敝会静候办理。敝会以贵领事之持公理，共保和平，此种无稽之言，终当自见，乃数月以来，未见有所答覆。敝会以（诬）〔证〕人热诚仗义，报界言论自由，社会代表舆论，惨被诬蔑，有损名誉，情实不甘，用敢以私人交谊，函请贵领事速将前所谓证人应严办、报馆应严办之理由，并假爱国、不合例之名称果何所指，其证人口供既云明明系敝会贿赂者，必有证据，务于三日内致覆省城西关华林寺内敝会，至祷至盼。肃此，敬请台安，诸惟朗照不备。

《时报》，宣统元年五月初八日（1909年6月25日）

粤商自治会陈请建议意见书

敬复者。前奉大函，殷殷以整顿路事、筹议禁赌两问题垂询，嘱即详细答复，以凭建议，具见大君子采取舆论，一秉大公至意，钦佩莫名。敝会经于去月二十三日集众宣布，广为征集，月来调查所及，粤路弊混，其见于查赈员布告、清册，及自治研究社、总商会、公济会股东各团体之指摘，路局之禀揭，督宪之参折者，铁案如山，亦已昭如日月。路弊丛杂，触处皆然，敝会谨就工程、购地、材料、行车各部另筹清折，略举一二，以概其余。其总公司已酉年结，至今迄未宣布，尤可概见。而其中尤不可解者，迭经股东函请，以梁总理前办粤路，一闻查账，立即潜逃。今日拜使命矣，究竟粤路奉旨查办，是否经已查明，其所查者有无弊混，既有弊混，梁总理是否有罪，有罪出使则辱国，欲全国体，则当为梁诚饰卸，以梁诚为特别人员，虽有罪不当在查办之列，以示优异。然铁路要政，不能不办，梁诚既可免，其余办路诸人是否亦邀倖免；如诸人不免，主持其事且得事外逍遥，又将无以服罪。语曰：是非不明，天下大乱。股东愚昧，窃所未解。敝会浅陋，于右所谘询，亦无以应，用敢赘述，统请贵局建议，呈请督院电咨邮部，请旨明白宣示，以解大惑。至赌毒惨烈，不速禁，不禁绝，不可以言立宪，不可以言自治，其承商受饷者，更不可以为人。贻笑列强，自残同种，莫此为甚。敝会现已倡设禁赌会，自行禁革，一切办法，另日列折具呈，统希建议，呈请督院执行，至感。肃复，敬请筹安，诸惟荃照不备。名另肃。附呈清折一扣，谨将众论指揭粤路弊混摘录，呈请察核。计开：

总公司

一、公司本年股东定期会，并不宣布年结，违背商律、公司律。每年应由董事造具年结，开股东定期会宣布，本年二月二十八日开定期会，已酉年结迄未宣布。据各员调查，系因工程处吞没万金，故管帐黄兆之核计称存银六万五千六余两，管数尤辉廷核数则称存银六万二千八百余两，管银周辛垣核计则云实存银五万一千三百余两，彼此攻诘，至今仍无办法。总公司银两数目尚如此，其他可不必言。

工　程

一、土方码数不符。据总工程司报告，各段土石码数，本工程司早已测定等语。及查各包工合同，与所估码数不符甚巨，甚至以泥作石，混计串支，非工程司之庸劣，则办事人之作弊，二者必居一于此。

一、梁总理、邝工程滥用私人，有梁家祠之谚。邝久据工程，引用亲友，布满全路，如邝芹生等，其尤贪劣，迭被攻诘有据者。梁一任事，则以节省为词，开除各职。旋插用私人，凡六七十员，类皆擅作威福，优支薪水。如引用朱琴叔，吞款八万余两。特立名目，以胞兄梁伯宪管印，月支百两，其尤不顾颜面者，公司前后职员册具在，可按而稽也。人言啧啧，职此之由。

购　地

一、以少报多，被控有案。花、清、英、北江各地时价，上者每亩三十两左右，中下二十两左右，人所共知。今所购北江地，上者八九十两，中六七十两，至少亦五十两左右，吞价之外，以少报多，控案累累，尤难指数。如七段廿六图第十二号业户苏仲记田一坵，仅五亩余地，司事陈卓廷串【同】业户，以九亩五分一厘立契，经龙参议传讯确实有据。其余青苗、坟屋如此类者甚多，业经龙参议报告。此后有人告发，仍当接续严办，不得以查案已结，遂至（沈）〔耽〕搁。

车　务

一、滥发长行免票，暗耗巨款。公司滥发免票，迭经稽察员纠举有据。查由黄沙至清远，头二等免票，每日往来价值数元，得票者逐日转售，每票年耗千金，十票年耗万金，其弊多未及觉。

材 料

一、点存货仓各物料，多少不一，与账不（附）〔符〕。

一、账目错乱舛误，所在多有。

一、华洋账目不完全。

一、前任总管月薪九十员，现任总管月薪三百二十五员，相去径庭。

一、货仓无正式之簿记，无一定之办法。

一、账目延不交出，任意坚匿。

一、许裁之经理货仓数年，并不将存货真数列册点验，货仓或多或少，且任意作价，相差四五万员。

查货仓材料常□百十万，最易滋弊，故管理员尤须得人。粤路货仓经历季稽察及查账员点验，不（附）〔符〕账目多用洋文，以图饰卸。每遇诘驳，则含糊以对，以洋文可任意指划也。规则错乱，百弊丛生，莫可究诘。其相差四五万之数，只就彼前后所答比较而知，其中侵吞者更不胜计，略举数端，已可想见。一、五段工程司李耀祥串同卫章甫，勒叩联昌石价千余有据。各段工程，非先贿托公司中人，不能核准。承办之后，有重贿者则随时点收，否则多方为难，不至承办人亏累不止，故承办者亦乐以贿通。此等情弊，人所共悉，莫可如何。五段工程李、卫串勒联昌石价千金，至联昌承办人愤极，自尽数命，含冤地下，耳目昭著，经稽察员查确有据。诸如此类，比比皆是，举此一端，余可概见。①

《时报》，宣统二年四月廿八日、廿九日（1910年6月5日、6日）

---

① 此篇为粤商自治会向广东谘议局陈请建议书，似未完，但未见续登。

麦仲符来函

列位先生钧鉴：税务司节制西江缉捕问题，丧辱国体，最关紧要，必须能自整顿，方可力与争回。仁彪久戍西江，颇悉该处情形，敬为诸公详晰陈之。查西省梧州以至省城中间，如封川、界首江口、了哥孔、华表石、南江口、马墟口、鸡关石、六都墟、勒头沙、九宫墟、都骑墟、杨柳沙、金鱼沙、墨坑口、禄部、大箱、华光、顶新、兴江口、永安、青旗、思贤、溶马口、白泥、金利、金洲、太平、沙河、清古劳以至东西马宁等处，多是盗贼渊薮，附近乡村常被欺凌，断难联络以拒暴。现在沿江巡船均已裁撤，改派浅水兵轮数艘分段巡防。然数百里河面，巡缉必难周密，而陆路防营又腐败之极，河面遇警从不过问，乃贼党伪为搭客而应于内，盘守险要而攻于外，得赃登陆，从容而去，乡民瞠视，莫奈伊何。防勇佯作不见不闻，贼势因而愈肆。洋人商轮被劫，方能报案勒缉，而内地民船被掠不知凡几，泣告无门，付之一叹。为今之计，宜迅募安勇旧部年尚精壮、能守军法之弁勇，分絜各要隘，并分队乘船，在来河面游弋，密派侦探，在沿江上落客商埠头之处严为查缉。如侦得贼踪，即行往剿。若能破除情面，认真办理，贼风必戢。又查西江杉牌，每年所费行水及自募勇粮为数不赀，每年尚有掳捉排夫、枪毙勇丁之案，拟提杉行此费，拨为招募安勇之用。该款有（嬴）〔赢〕无亏，即派此勇保护杉排，并巡缉河面，一举而两得也。愚昧之见，是否可行，希为卓裁。尊此，敬请公安。愚弟麦仁彪仲符叩上。①

---

① 此函及以下各函皆录自清末粤商自治会编印《粤商自治会函件初编》（光绪三十四年）。

集木行商彭树培来函

自治会列位大商董（均）〔钧〕鉴：敬启者。西江缉捕，英人竟越俎干预，若主权一失，大局危矣，我粤人之生命财产，其能永保乎？乞诸君如何极力争拒，其济则已，不济愿与诸君一死殉之。草此，叩请筹安。十月十七日集木行商彭树培拜言。

商船公会来节略

窃维振兴商务，莫不利赖舟车，陆路则肇牵车牛，水行则端资舟楫，自古皆然，于今维烈。粤东地处海滨，凡客商往来，运载货物，江河四达，亦莫不改良，以轮拖为利便。凡轮拖通行之处，即商业畅盛之处。光绪初年，华商渐设内河行轮，未尝设有验船司也，商民自顾性命，每岁安堵，而轮业日兴。自廿八年起，洋关始设有验船司，以督验为名，实则法立弊生，轮商受制，不堪设想，现竟纷纷辍业。而洋旗小轮船遂遍布海内，损国体，失利权，言之可痛。幸奉部章，有振兴航业之议，职等于本年五月间，集商组织广东内河商船总公会，调查原委，始悉一由验司之藉端掣肘，一由关吏之苛例留难，为渊驱鱼，为丛驱爵，航业维艰，实商业大受影响。谨将情弊胪陈，伏希高明鉴谅，设法维持，粤省商民幸甚。计开：

一、内河小轮受洋关之苛罚。

（甲）在验司限制小轮汽唔吡太严。小轮行驶，有时中途倏遇风雨，或潦水涨发，或防遇劫而赶站，不得已多开士店，以期出险就安，此权宜之举，各国行轮例所不禁。今粤海关税务司不问情由，但凭关役查获，即作违例，以偷晒论，每次重罚，缴纹银五百两，否则全船充公。不知小轮每年所入有限，一罹重罚，势即难支。况粤东河面，风涛不测，盗贼时虞，若不变通苛例，并饬验司，凡属拖渡小轮，较单行者宽予二十余磅限力，恐一旦遇险而全船受祸，甚于轮机炸裂之灾也。查外国行轮遇险，例得多开士店，即如香港轮章最严，然值商轮开汽晒，过限者仅罚银二十五员，何独粤商小轮被罚，比各国通例竟多至三十余倍乎？

（乙）在禁放汽笛之无理。轮船行驶，遇前途船只防碍航路，例放汽笛，使知预避，以免碰撞。今海关无故指小轮在白鹅潭面放汽笛为违例，每罚缴纹银十两，不数日而被罚者三十余艘。各轮逼遵苛例，奈该河面小艇来往如织，汽笛不闻，无由防避，或遭撞沉，或因溺毙，酿成控案，贻累日多，此航业所以日衰也。

（丙）在轮停勒缴牌簿之窒碍生理。凡各小轮回省停泊，牌簿向存船上，遇招运载，随时得请准单放行。今则新定关章，如小轮停泊，牌簿缴入关内，倘过四打钟，虽接有运载生理，以牌簿留关，概不能出夜准单放行，是轮行迟滞，即商业有妨也。

二、内河小轮受验司之掣肘。

小轮每艘需本万余元，业主谁不知，务坚固方利行驶。自归验司管辖，往往假名慎重，实滋弊端。如每年牌满，例当请验，验司即任意为之，不应修换而勒令修换。况请验初时，既不指明某处宜如何修，某处宜如何换，及至工竣，复验请牌，始谓某件未妥。如换湾柴、修船根、拆底骨，绞炉上排，种种为难，动至全船更易，迁延数月，不能竣工，每费不下数千元。甚或修整全船完好，又短限士店，如人有足而不能行，虽坚致之轮，几等无用。推原祸始，固因权授外人，可否由彼，实缘二手郭苏娣挟去年被商赴岑督指控勒贿之恨，播弄洋员，不使龙旗小轮尽行失业不止，可恨亦可痛恨也。

三、内河小轮挂洋旗之损失。

内河贸易多用龙旗小轮，华商亦与有荣。今则洋旗小轮盛行海内，有亏国体，其损失一也。龙旗小轮每年每艘缴补抽局饷钞不下数十元，洋旗则无，其损失二也。龙旗小船若多，地方有事，运饷运兵，足资调用，洋旗则彼有备而我无权,其损失三也。洋旗小轮既盛,人载货载尽归彼揽权,利权外溢,其损失四也。又或以华商资本而挂洋旗,用洋人代理,既多耗费,复虞牵累,其损失五也。噫!我国无保护权,而使华商仰鼻息于外人,谁职其咎哉?

四、内河小轮受补抽厂违章之查抄。

小轮内河运送拖带,与省港轮船入口出口迥殊。省河补抽厘厂,原为补抽六口之不及而设,是专指查抽省港澳各轮渡耳。今则凡属四乡小轮,来往内河,无不受补抽局干涉,以内地作外洋,厘税重复,商业坐困。尤不解者,同一货物,同一所到之处,车渡帆船,两不过问,轮拖则必查抽。近因海道不靖,船渡多用轮拖,而每日开行,均在白鹅潭,海面纷纷稽验。统核每年进厘不过数千元,而阻碍行旅,怨声载道。亟宜查照向章,禀请内河轮拖概免查抄。

以上各条,仅举其大略而言,其实商人受屈,常出情理之外。如本年正月间,本公会总理余乾耀经将轮商艰苦情形面陈穆税司,许可以后务当验恤商艰,初次违例许罚银五元,第二次罚银十元,第三次至多不过罚银二十元而止,遍布告白。乃不旋踵而湖山小轮被罚纹银五百两,赛电小轮被罚纹银五百两,又因放汽笛不诚,被罚者三十余艘。不知我粤地贸易,均赖轮航为运载,航业失败,即商业困艰。欲救其弊,一在免洋关之苛罚,二在除补抽之骚扰,而其要尤在去验司之掣肘。拟请凡华商小轮,每届修验,报由本公会聘请华洋高等毕业机器博士,执有大车文凭机师,均准监验妥当,即依式转报关务处宪及税司备案,发牌放行,不得阻搁。该机师验费由商自备,至海关向章验费纹银二十两,仍令商照缴,如是则于关处公费无损,于商轮利便益多,诚一举两得也。查(大)〔太〕古、怡和洋行等航业在香港最大,亦自雇毕业文凭总车监修督验,妥即照会皇家验司出牌,向无延搁。仿此而行,轮商必悦服,吾粤航业前途其可兴乎。

小唐团练局黄炳来函

诸位乡先生大人阁下:敬启者。方今时局阽危,内外交逼,迭奉明诏,预备立宪政体，试办地方自治，无非联朝野为一心，通上下为一气，使内患不能潜滋，外侮无从乘间。斯诚救时要政也，凡我国民企望深矣。前阅报，知我粤搢绅有自治研究社之组织，不胜欣慰。兹阅报，复有粤商争西江捕权，组织自治会之举，内载第二次假座戒烟总会集议，是日议案三款，办法十条，捧诵再三，仰见命名既正，复语语切实经营。所谓本会自治，为保守捕权起见，自以治盗为第一级办法，此外凡关于地方自治范围者，当次第推举等因，此条直达目的。盖治盗得力，则内患平而外侮自消，不独吾粤叨安，实大局幸福也。敝乡小唐，地当水陆之冲，时闻盗警，但地瘠民贫，措置维难。兹藉大力统筹，骈幪托庇，感激奚如，用特肃函奉祷，伏祈照议坚持实行，庶几保治安即以保国权，上副宸厪，下洽舆情，鼓舞欢欣，非仅个人已也。至盼至祷。即颂筹安，惟照不宣。小唐团练公局小弟黄炳顿首。十月十九日寄。

梧州总商会来函（附电文）

广东自治会列位台鉴：顷奉电示，西江缉捕主权，被英使向外务部要准归税司管理，不胜诧异。我国政权多被列强挟制，今复分外要索，其诡谋远虑，实不忍言。凡我同胞，无不愤激，敝同人即日径电外务部力拒，并分电请广州督帅、桂林抚帅电部勇争。伏望诸公设法力阻，以存两粤，但有教益，请赐函为盼。肃此，并候团安，统祈维照不备。梧州广东会馆弟林觉民、周涟生、孙爱博等顿启。十月十九泐，并（付）〔附〕电文呈阅。

北京外务部堂宪（均）〔钧〕鉴：西江缉捕，我国主权，英遽要求由税司管理，后患无穷。乞钧部始终力拒，以存两粤。惶迫待命。梧州商民全体公叩。十月二十三日。

梧州商民致粤督电：督宪钧鉴：闻英要西江缉捕权，外部允由税司协缉，后患无穷。乞电外务部（竣）〔峻〕拒。梧州商民全体公叩。

又，电桂林抚宪文同上。

肇庆杞忧子来电

粤商自治会鉴：昨督电道府，业以捕权许英，且准搜查商船。英现实行，望速研挽。肇杞忧。危。

横滨亲仁会来函（附电文）

惠普乡先生大人阁下：即早接阁下等来电，以英人干预我国警察内政，主权尽失，国亦随亡，是以传集华商，分电外、商二部力拒，并传柬就近各处，及东京留学同乡会、政闻社、神户商话别墅、长崎商会等合力电拒。关心桑梓，各有同情。兹并电文、传单等附呈台览，匆匆不具，敬问义安。丁未十月十五日。横滨亲仁会叩。

北京外务部王大臣鉴：西江缉捕，是我主权，英人干涉，万难承允，商等誓以死拒，乞力争。横滨华商等叩。丁未十月十五日（下）〔上〕午八点钟发电。

北京商部王大臣鉴：西江缉捕，是我主权，英人干涉，万难承允，商等誓以死拒，乞咨外部力争。横滨华商等叩。十月十五日上午八点钟发电。

叶廷槐来函（附本会答言）

粤商自治会列位仁翁大人阁下：敬启者。现英人实行干涉西江捕权矣，而贵会同人犹以妇孺之气概，泥守文明，殊堪叹息。现今政府诸公弃我两粤，本省大吏置而不理，外人视我如同草芥，此为我粤人最羞、最愧、最堪痛恨之时代也。凡属粤人，即血染西江，亦不之惜，何斤斤犹以文明对待言之，殊不可解。近日英人虎视眈眈，久欲踞我南洋门户，故先夺我海关之税务权，后又排去岑督，图占九广铁路，今又窃我西江缉捕主权，其居心实不堪问。凡我两粤同胞，不欲保身家性命则已，欲保身家性命，舍却暴动，殊无别策。因此函请贵会速行设法，如果稍有用弟之处，须赴汤踏火，无不从命。谨此上达，并请禧安，诸惟原照不宣。若果用弟，登《国事报》请叶廷槐便合。弟叶廷槐字顿。

外人方利我暴动，我若暴动，是堕其术耳。敬告叶君及一般之热血喷涌如叶君者。——本会答言。

杜忱愤来函

敬启者。英人干涉西江捕权一事，业由贵会电争在案，爱国热诚，钦佩奚似。昨阅《国事报》载，英国实派出水雷艇三艘，水雷驱逐艇四艘，载兵桅船二艘，由港启行，入西江游弋，为初级办法。始犹以为恐吓之计，讵初二日《广州商会报》接三水河口同志社致函商会云，初一四点五十分钟，已有英国鱼雷船三号，忽来敝埠巡缉，并闻太平沙、肇庆一带已有英国鱼雷十号之多，是其进取猛撄、不稍退让之雄心昭然若揭。现立自治会为后盾，补救未迟，奈祸切寇深，危在旦夕，非合大群，难御外侮，迫得恳请迅速开特别大会，遍请各界研究力争。尤须多派演说员，逢场开演，激发民气，以无暴动、无自馁为宗旨。两粤存亡，在此瞬息，不揣冒昧，迫切苦陈，伏惟垂鉴。自治会列翁大人团安。粤民一份子杜忧愤拜手上言。

一、昨初二日，吉利、波山等渡，由乡到省，竟被该英轮盘查滋扰，此为实行干涉之据。

一、请由城中及四乡多派演说员，将捕权旁落之害痛陈透切，俾民气得以激发，并劝同胞认捐款项，以资办公，一如从前抵制美约会、戒烟会劝捐之例。

一、请先联两粤保海陆权会，次联两粤之旅居外洋外埠者，次联二十一行省，如江浙拒约会之例，以厚财政而壮势力，更宜勿分畛域为目的。现在绅商学界各自会议，未能联络一气，似宜合全省士农工商界组织大团体，以壮声援。

一、请督帅先行电知外部严拒，一面照会英领事，将河口之鱼雷船及时退出。如办不到，是官不爱粤，非粤不爱官也，请以闽浙之待丁氏待之。

一、现在英船已到，而外部犹以冒昧纷扰为辞，欺民弃粤，实为卖国之证。我等本非叛民，但为渊（殴）〔驱〕鱼，断难哑忍，不若援江浙之议，先停房捐，自立民团，选举公正大绅为之主持，将房捐之入以为置船、购械、养兵之用，则进可以战，退可以守，犹愈于不药而死也。

鄙人识疏学陋，本无补于时艰，但天下兴亡，匹夫有责，故一得之愚，不敢不贡献于诸君子之前，以备研究耳。杜忧愤再拜。

南海九江四民来函

粤商自治会诸公鉴：英国兵轮沿途登岸，乡民惶惑，势激事变。请速公呈督院，照会英领事，先明定限制，不准登陆，徐图挽救，并由督院出示，晓谕沿海乡民，禁勿暴动，以弭祸机。痛切剥肤，用急吁告。南海九江四民惶叩。十一月初六日。

肇庆挽救国权会来函

粤商自治会同志诸公鉴：初三日有英兵船数艘，在肇河一带游弋，时有肇省午渡，拖带某号猪船来省，该兵船竟出而阻止，不准拖带。查海关条例，凡商轮既拖客船，即不得再拖货船，今该商轮违例拖带，虽悬挂洋旗，系归税务司管辖，仍与兵船无涉。该兵船既声明游弋，本无管理之权，何得强为干预？敝会除禀请总督向英领事诘问外，应请贵会协力挽救。耑此，恭颂团安。肇庆挽救国权会同人公启。

梧州自治会来函

列位先生大人钧鉴：敬启者。西江捕权，关两粤安危大局，前蒙尊处电达商部，联禀督宪力争，远见深谋，莫名钦佩。乃本月初四日，即有兵轮两艘，到梧停泊，各洋兵携枪上街，三五成队，联翩而行，来往途人，无不趑趄却顾。本日有江口载客小轮，适由上河抵埠，船上巡警、卫商营勇，因挟有枪械，竟被拘去。迭由总办多方解说，始允放回。其搭客包裹无不搜检，船到中关，即勒驱各客上岸，不任到埠。似此强横苛扰，其何以堪！本日并有三数洋人，到店勒换银币，店商畏避，竟抢进账房，攫银抛撒，必得换而后已。种种怪剧，无非狐假虎威。计兵轮到埠未及两天，骚扰已如此极，倘停泊日久，为害更何可言。闻东省肇庆下游，其搭客之肇河轮船，上落搜查，诸多迫胁，行旅视为畏途，彼此情形如出一辙。现敝埠众情惶怖，亟筹抵御之策，尚恐力有未逮，用敢将兵轮苛扰实情专函奉达，列位关心时局，应如何对待，想必自有权衡，仍恳赐以教言，俾资倚重为盼。专此,敬请公安。梧州自治会乡愚弟等顿首。

上海两广同乡会来函

自治会诸公大鉴:顷奉艳电,敬悉诸君子热心桑梓,刱办商团,嘱觅义勇队章程。兹访得五种寄上,乞察收。近日时局阽危,国权旁落,政府之芬督于上,外人之束胁于外,非由国民自治,创立国会,以为改造政府、监督政府,则无由去亡而言存。粤垣近闻纷纷集会,可见国民之热诚日加一日,同人在沪创立兹会,亦同此志。顷沪中有屠君寄(此君为武昌人,京师大学教习),致书敝会,条陈西江自治之法,谓由商界自购浅水轮船五艘,每一小时行十八海里者,每艘置快炮二门,快枪五十枝,日夜巡(暹)〔逻〕,不准停泊过二小时。自此政见,正与诸君子同志。惟他仍有一说,谓必由商办,洒得认真,不得已由官办,则商家必有去取勇目之权乃可,此屠君之大意也。望诸君子组织完备,以维国权,而安桑梓,两粤幸甚。至自治会董衔名、广东商会各董衔名暨铁路董事衔名,乞统为示知,俾得时时通讯。南望岭云,惓惓不已,匆匆草此,未尽所怀。专此,敬候筹安,并问惠普先生(均)〔钧〕安。上海两广同乡会顿首。事务所在上海虹口武昌路同德里七十二行商董先生。

堤岸广肇会馆来函(附电文)

惠普老兄先生足下:得接寒电,敬悉,随于十九日议稿,径致北京外务部。复遵示转告越属内地同胞,谅亦纷纷驰电矣。报纸所云外部与张督一电,有严词驳拒,并未许外人著手之句,是则尚可挽回,然非诸公之力,不克臻此,感甚。

恐劳尊系，谨此奉复，并颂台安。十月二十七日。堤岸广肇会馆值事等顿。

十九日致外务部电文：外部列宪鉴：西江缉捕，理势应该自办，许界外国，祸患丛生，放弃主权，丧亡阶厉，商等决不公认，乞力拒，两粤幸甚，中国幸甚。旅越堤岸广东侨商等叩。

三水河口同志社会来函

敬启者。曩阅报纸，见载有西江缉捕权，外部授与英人一节，敝社会大动公愤，即欲电外部力争。后阅报纸，藉悉贵会诸君子热心救国，（经）〔径〕电外部并禀督宪力争，以为转圜可望，庶我粤（士）〔土〕地、人民、财产不致断送于英人之手。不料是日四点五十分钟，已有英国鱼雷船三号，忽来敝埠巡缉，并闻太平沙、肇庆一带，已有英国鱼雷船十号之多，是外部甘卖我粤，罪无可讳。敝埠瞥见之下，人心惶惶，大为震动，已有誓不干休之势。用此奉告，务望贵会再电北京同乡京官，并禀督宪代奏，设法饬令英国撤退巡缉各船，免酿巨变，大局幸甚，敝埠幸甚。顺颂公安。粤商自治会列位先生鉴。十月廿九日。三水河口同志社会顿。

陈村延陵学堂来函

惠普戒欺仁翁会长大人（均）〔钧〕鉴：敬启者。西江缉捕，事关两粤主权，今正千钧一发之时，稍纵即逝，凡属粤人，应如何同仇敌忾，断不应各存界限。贵商自治会乘外力刺激，首告成立，实深欣慰。日来叠开大会，研究存亡问题，影响所及，远近电信相告，均视省会为主脑，诚以居中建瓴，一呼四应，而商界之富于团体性质，易于联结也。敝校阅前期议案，有派员赴西江各轮渡演说爱国及力戒暴动一节，此本为要着，但鄙见以为尤有更要者，则及今宜急派员赴沿江各地，如善堂，如商会公所等处，力劝开办自治会团练，以为救亡之策，乘潮流而提倡之。一则各该处有盗匪，自治会可就近查报、缉捕，不至有鞭长莫及之忧；二则急公警电各埠，与省会能遥为声援，互相联络。且不特此也，今讲缉捕者，专注重于水面，彼盗匪既无所劫获，势必弃水而登陆，此后沿江各处地方糜烂，更有不堪设想者。西江内有外人商轮，沿江地岂无外国教堂？消隐患，可以改挂龙旗；倡抵制，不能施行宗教。是水面之问题方罢，陆地之交涉又生，开会集议，疲于奔命。粤省多盗，亡国之媒，言之痛心。故急宜倡立自治，设防团练，安内保外，免贻口实。如只谓派员在西江各轮渡演说，力戒暴动，窃以为派一二寻常人宣讲足矣。倘求其鼓爱国热诚，励目前民气，非趁潮流提倡地方自治不可。贵会诚宜照会沿江各商会、善堂、公所，宣明意旨，然后特派代表莅各处演说危急情形，互相联络，共保主权，毋谓缓不济急，须知未雨绸缪。敝校为大局起见，特函献议，请即代为宣布，凭众采择，大局幸甚，敝校幸甚。诸维朗照，敬请热诚。顺德陈村延陵学堂李少擎上。

上海两广同乡再来函

粤商自治会列位先生执事：初一日接艳电，即日遵寄团练章程五种，计达览矣。西江问题，沪上消息日紧一日，同人等云天远隔，不能为故园效尺寸之力，无任恐惶。此事开始不过由海关税务司协巡，今竟由香港径派兵轮蹴入，其欺粤人实甚。粤人程度，似非昔年可比，经此风潮，不难激成暴动，诸君子引自治为己任，不可不慎防之。而防之之术，又非仅事前劝导，临事弹压所可了事。须知英人此时利我暴动，而当筹不为彼所利用之策，方为上乘，乞有以图之。再，此时我国势力薄弱，对外政策除恃民气抵制外，竟无他法。传闻西江沿江各商民，凡遇洋旗之船到埠，劳动家将相戒勿与起卸货物，即沪之所谓苦力罢市者，似亦抵制之一法，未审已实行否。至于商人抵制不用英货一层，闻近日粤中社会情形，人人皆持此主义，沪中人士极表同情，心系国家，力当自勉。匆此，敬请侠安。上海两广同乡会顿。冬月初五。

河口同志社会再来函

敬启者。英轮驶入西江，既称游弋各事，自不应干涉。乃初六日有省梧拖渡，拖带货船数只，该安陶火船即被英轮扣留三天，并将船主拘囚英轮之内，迫使税司罚银二十两，始行释放。初八日有都城西南渡船，其定发火船上之卫旅营有枪械数枝，英轮以该火船未领枪械凭照，不应存储，立即扣留，至今仍未释放。似此横行苛扰，后患何可胜言。伏望诸志士迅筹良策，务使英轮退出，以维航业而保国权，不胜迫切之至。顺颂筹安。粤商自治会列位先生鉴。三水河口同志社会顿。

上海吴沃尧来函

自治会列位议长先生阁下：初一晨接艳电，敬悉诸君子热心桑梓，关怀时局，曷胜钦佩。承委觅义勇队章程，已觅就五种，交敝会书记员加紧即日付邮寄上，计日当可达览矣。西江问题，关系我粤存亡，而所以召此之原因，旗船实尸其咎。窃谓诸君子处实业界中，握商务之机关，莫如仿抵制美约之法，嗣后凡挂洋旗之船，相戒勿载货，勿搭客，不数日，外人之旗自绝于江面，外人自无所藉口（初一上海报载，有各船换挂龙旗之说，不悉是否此办法）。一面由诸君子禀诸大吏，严饬厘金、统捐等局毋得滋扰，或另订统捐等章程，务安行旅，以免再为渊（殴）〔驱〕鱼，为丛驱爵。则利用此次交涉，以改良内政，皆群公之大力。将来西江一带，载道口碑，有不颂群公之德者，吾不信也。至于缉捕一事，窃计不如规复猪头山驻兵之制，仍多派小轮为之协巡，地方自可宁谧。鄙人自别乡党以来，二十有五年矣，故园地理多不复忆，不悉有当否？翘望云天，桑梓情切，自此事之消息传来，夜眠为之不能贴席，中夜念及此事，因计猪头山屯兵、整顿厘金、统捐两节，似不可缓。同乡会章程，凡有一意见，必当商诸众人，经众认可，然后可办。此意因不及商诸同人，未便由同乡会缄发，谨以个人名义驰书奉告。愚者千虑，或有一得，伏祈酌夺。冒昧陈说，乞恕荒唐。专此，敬请侠安。吴沃尧顿。初二夜半。赐示请寄上海武昌路同德里两广同乡会事务所。

河口同志社会第三次来函

敬启者。是日龙旗会安火船由香港拖带火水船来河口，适到河清地方，与英兵轮摩轩相遇，大喝停车，立即过船搜查，不由分说，当即将船牌、船钞、准单等件拿去，并掳去船主一名，水手二名，至今尚未放还。噫！横暴若此，情何以堪！英官既称稽查洋旗火船，何以龙旗火船亦被稽查？稽查之不已，且至于掳捉。深恐自此以后，稽查龙旗火船不之已，更及于民船；稽查民船之不已，更及于乡村，则祸乱之成，指日可待。若非速筹文明对待之法，迫令英船退出，则五岭以南，尚有一片干净土乎？为此特恳诸志士代禀督宪，照会英领事，严词诘责，迅饬各轮撤退，以安人心而弭祸患为盼。敬颂团安。粤商自治会列位先生鉴。三水河口同志社会顿。十一月初十日泐。

政法学员诸君来函

承示敬悉。诸先生热心公益，夙所钦佩，鸿秋等虽浅学菲材，亦当趋候左右，祗领教言。但本日上午为本校学员法政学会开学之期，下午为文园研究社决议章程之日，鸿秋等不得不始终其事，周旋两地，晷刻无多，以致不能躬与盛会，无任歉仄。下次会期，定当连袂偕来，亲领大教，伏希谅察。专此，敬请大安。弟杜之杕、莫鸿秋、黎庆恩、叶夏声、曹伯陶、姚礼修、骆鸿年、骆鸿翔、张澍棠、张澍枬、朱大符、古应芬仝顿。

梧州众商公函

敬启者。昨初五晚寅具草函，所言英舰到梧，甚为滋扰等情，谅已早邀青鉴矣。敝埠昨日大集会馆，共筹对待，随即分电督抚、北京各部，力求挽救。并提议欲保西江主权，宜速联集各行，厚集资本三十万元，分为六万股，每股五员，创立航业公司，即置轮船，来往港梧、省梧。倘能群策群力，则外溢可挽，而海权永保等语。众皆赞成。各同志即日在总商会集股，一日之间，已得股本银一十余万元，仍有许多行未曾落笔，谅卅万元之数定可招足也。迩日民气颇似进步，无如官家之不实力保护何。贵会自治章程希即赐悉为幸，夹呈电稿，请洞鉴，余事欠申。此请团安。上粤商自治会列位同志先生统鉴。丁十一月初七。梧州众商公叩。

肇庆国权挽救会再来函

粤商自治会列位先生大人阁下：十一日接到贵会传单五千张，当经分派附城各商民，并即分寄沿江城乡市镇，无敢负诸公热心雅望。现仍连日在广善堂演说，以劝人恪守文明、力戒暴动为宗旨。但肇属地方闭塞，同人等复学识谫陋，深望时锡教言，以匡不逮，是为至祷。耑此，恭颂团安。肇挽救国权会。

梧州粤东会馆来函（附电文）

敬启者。自外人要索西江缉捕权以来，凡我同胞，均知两粤岌岌垂危，共筹自治之法。东省绅商力争，各埠华侨亦函电交驰，以求补救。敝埠绅商亦两电督抚、北京。惟外人竟于本月初四派到兵舰二艘，截搜商船，荷枪入市，实以属土而看待中国矣。据伊之实行干涉者，以保护伊国之商船为词。查该国商务在西江者，只航业而已。同人等提议云，如求永远相安，惟有联合众力，厚集资本，共营航业，一可挽利权，二可全国体，众皆赞成。兹连日在总商会集股，已得十余万元，但此公司为两粤之公益，亦期利益均沾，谨将草创章程呈览。素仰诸君子具有热诚，伏祈借重鼎言，广为劝认，以保我粤自有之利权，实有厚望焉。耑此，即候公安，惟照不备。广东自治会诸君鉴。梧州粤东会馆、自治会顿。

北京分呈法部戴尚书、外务部、农工商部列堂宪钧鉴：英舰到梧，截搜商轮，留勇逐客，荷枪入市，商民震惊，恐酿巨祸，乞设法挽救，以全大局。梧州众商民何聘安等叩。鱼。

萧宝琛来函

督抚同惠甫仁翁大人台鉴：弟曩者踵谒，亲聆矩训，鄙吝顿消，并承嘱开办香山自治会，给以详细章程二百余纸。当经返香，与各界诸君商议，莫不乐与赞成。现计有志入会者不下百余人，此会之成立，指顾间事耳。惟开办伊始，须藉贵会频赐教言，以助发达，且前给发章程未敷分派，为此再告台端，伏祈贵会早日再发章程一二百张，以便订期开会，异日自治之成，皆荷贵会启发之力也。专此，并请善安。弟萧宝琛上言。

江门七堡局来函

敬启者。兹闻贵总会拟就自治章程，分发各处，俾得知所遵依。此诚划一之道，敝局翘企以待，实深钦仰。前经拟具警察自治章程，函送编订，谅邀青览。惟公定自治章程如何，敝局未经奉到颁发，谅贵总局物与为怀，当必垂鉴。兹特修片芜，恭候训示，统请将前敝局付上之章程流阅，一切是否有当，伏恳编订，一并掷回，庶合知所规守，感戴靡涯矣。肃此，恭请台安，伏惟丙鉴不一。江门七堡局顿。

河口同志会社^①第四次来函

敬启者。初十日奉呈片函，缕陈龙旗会安火船被英兵轮摩轩掳去船主并水手二名等因。兹再派员查确，会安船主系郭连胜，英轮掳伊过船之后，诘其何以不将国旗升起，大肆咆哮。由河清直至九江地方，始将伊三人逐落小艇，又不稍为停轮，以致浪大船小，入水沈下，幸伊三人双手扳实英轮船旁，不致溺毙。后乃得小艇扛起，泼清艇中之水，方能埋岸。伊三人遂另雇别船，载来河口，至十二早始行抵埠，此实在之情形也。查西江行走各轮，未到关卡之时，升旗甚少，亦习惯使然。但英轮既搜查其船牌，即可知其为龙旗矣，何以复为掳人过船，直驶至数十里之多，始行放还？兼之鼓轮沉艇，几遭灭顶之凶，此非骚扰横虐之甚乎？敝埠地居冲要，消息稍通，用敢再函奉告，以资查核，并颂团安。粤商自治会列位先生阁下。河口同志社。

梧州自治会再来函

章甫、惠普二位仁兄暨诸位台鉴：径复者。接奉来函，着将洋兵骚扰各节详细再达等因，足见诸公关怀大局，感激何似。查英舰本月初四日到梧，停泊抚河口，连日将由江口返梧之英旗小轮船，在中关面截搜，驱逐搭客上岸。其护轮之水巡勇，英船云无凭据，亦被拘留。迨巡勇诸多调处，始肯释放。且有洋兵三

---

① 原文有时称"河口同志社"，有时称"河口同志社会"，有时又称"河口同志会社"，皆依原文，不作改动。

人，荷枪游行街上，随返落河滩之和合筏口之妓艇骚扰一番。此乃英舰在梧之实在情形也。又有三西人，非兵家衣式，沿街而行，窥见铺内兑银，则直入铺内，借为将银纸换银元，及换银过手，则谓此银元不合用，即乱撒于地下，索回银纸。后该店伴拾回所撒之银，不足所换出之数，实当时喧哗，不及关照，已被暗攫去也。查均隆杂货店失银二元，八粤丰平码店失银六两余，和发杂货店失银二元，晏安食物店失银一元八。似此行同滋扰，难保非借意挑衅，幸各商不与之较，故无牵入交涉之虞矣。专此奉复，并请公安。梧州自治会同人等顿。十一月十五。该英舰昨已驶去，不泊梧州矣。

何恒斋来函

广东自治会列位同志钧照：敬启者。日来敝埠同人以脑有所激，创设一省港梧轮船有限公司，弟不才，亦忝附于发起人之列，招股之责，义不容辞。素仰诸君子热心公益，特将粗定简明章程并认股册一本寄上，希照察存。伏望踊跃附股，并恳鼎力代招。此不特国权攸关，抑且利权所在，是以旬日之内，敝埠集股将及廿万。但团体愈大，则势力愈宏，故必各埠均沾，而后根基益厚，此则敝同人区区维持大局之苦衷也。肃此布达，统为钧照，并颂筹安不一。弟何恒斋顿。十一月十六日。

旅鄂两广同乡会来函

戒烟总会惠普乡翁大人台鉴：久耳盛名，热心公益，四海咸钦。遥惟筹祺笃祜，潭祉延禧，引领停云，曷胜祝露。启者日前接阅来电，英人干预西江缉捕权,着令旅鄂同乡善筹对待,已于十月廿六日开会集议,会电粤督、京官补救,并即复电贵会,务请详示办法,想邀诸公洞鉴。今旅鄂两广同人将此拒舰会改为旅鄂两广同乡会,以便日后研究各问题,曾于日前邮呈中西日报一纸,料投青鉴。今同人等于同乡会办法颇有头绪,惟望贵会将本省各会宗旨邮寄一二,俾得联同一气,以厚魄力而固吾圉,亦是地方自治之基础乎,想本省诸会亦表同情也。谨此奉托,即请台安,暨颂诸公台祉。旅鄂两广同乡会吴晓湘、韦紫封及同人等顿。赐函请寄汉口花楼街广恒信代收即可也。

闽德、德育女学堂来函

粤商自治会列位先生执事:英索捕权,全粤皆愤,主权所系,在所必争。敝校亦国民份子,曷敢放弃。不揣固陋,敢为女界倡。所幸众情一致,再集议之日,与会者盈座,人心未死,事或可为也。闻执事发起集股,成立邮船会社,添置商轮,行驶西江,挽回利权,经议定速行集股。敝校不敢自外,可否赐以章程、股册,敝校当竭微力,鼓舞女界,非敢云助,亦以尽国民义务云尔。敬请伟安,诸惟亮照不备。闽德女学堂刘守初 德育女学堂李撷薇公启。十一月十八日。

肇府地方自治研究社来函

敬启者。英人近以英轮被劫,藉口保护,谋夺我捕权,非理要求,令人发指。诸君子开会挽救,电部力争,引企热诚,曷胜钦佩。乃英人日前遽以兵舰十余艘,由港开来,沿江游弋,其是否得外部允许,即为代我缉捕张本,抑行将退出,均未可知。然观其兵舰,扬威恫喝,逢船搜查,则叵测之心,路人皆见。而敝府适当其冲，尤为害先祸剧，若不乘此力谋挽救，后患更何堪设想。现敝府同人集议于郡城，组立肇府地方自治研究社，联合各属，讲求地方自治，以为对待。内力充足，斯外患自消，使外人无所藉口，庶于挽救之道，不无小补焉。第敝社百事草创，诸凡未谙，加以自治中事理繁赜，更非旦夕所能研究。诸君子热心公益，夙佩下风，此后务望随时示教，鼎立提倡，是则敝社所切求，抑亦大局所攸赖。至目下贵会对于捕权及自治之事，想已指挥略定，施措灿然，尚祈统将办法示知，俾资取益。敝社现假座府学西斋为议事之所，月之十二日集议，投筒公举正社长一人——周葆真（前咸阳县在任坐升知州，丙戌进士）良玉；副社长四人——邱邝君孝廉云鹤（余三人俟下期再举）；干事员四人，议员二十人，调查员一人，宣布员一人，书记员一人，会计员一人。是日，同志与会者共二百余人，公同认可，并拟定期十二月初七日开大会议，届期务请举派代表，惠临指示一切，尤为至幸。惟敝社赤地起立，经始之费皆由发起人认捐，困绌情形想在洞鉴。倘蒙枉顾，舟车、膳宿之费希自行筹备，伏乞原宥。至社章，俟刊印后再行寄呈削（政）〔改〕。专此布达，并颂筹安，统惟关照不备。肇府地方自治研究社。

嘉应商务分会来函

自治会列翁大人钧鉴：敬启者。英人要求西江缉捕权，外部遽狥其请。夫兵权为独立国之主权，而肯授与英人，是不啻以两粤授之英人矣。政府甘弃吾两粤，我两（人）〔粤〕断不愿听其断送于外人之手。况外人之诛求何厌，设援照西江捕权条约，再要求东江、北江，其将许之否乎？得水求陆，其又将许之否乎？许之，则两粤兵权尽失，而两粤已；不许，则用强占九龙手段，其将何以御之？今西江捕权，外部既许之矣，犹复包藏祸心，径派兵轮到惠州沿海，竖旗划界。葡萄牙小幺么，亦敢侵占香山湾仔，此法人亡我安南之故智也。前车既覆，后车可鉴。敝商会闻此恶耗，遍发传单，开会集议，设法挽救，当时到会者五百余人。绅商界亦连日会议，众情愤激。演说时，有黄君痛哭流涕，闻之多泪下者。兹议定办法，除电禀北京拒绝外，上书粤督，请其转奏力拒。一面筹办商团，聘员教练，以充实力，并劝令各乡，加练义勇队，以防内忧，以杜外侵。盖吾人处此外患日迫之秋，断非电牍所能阻其野心也。闻贵会、广州总商会、国权挽救会力谋对待，并截留洋税一百万，以为募勇缉捕之用，最为要旨。务恳聘员，实心训练，编成劲旅，万勿如从前招集流亡，藉充兵数也。仍恳设法筹办商团，并练义勇队，购置军备，以防不虞。敝州人士极表同情，应如何协调挽救之处，贵会即专函前来，必尽心协助，断不敢放弃责任也。临书发指，意不尽宣。肃此，敬请筹安，统希垂注。嘉应商务分会暨合州全体商人顿首。十一月初九日。

东莞国权补救会来函

粤商自治会列位先生鉴：前敝会派代表员到贵会参观，回报办法甚有条理，敝会钦佩无量。惟捕权一事，英人尚强硬要求，兵轮尚无退志，其最善之对待，计将何出？敝会僻处一隅，未得时陪末议，惟藉报章，以瞻举动，究未得睹全豹也。现在敝会办法，注意演说，使国民知捕权之重要，而激发其御侮之心。此不过适于最后之计划耳，而于急者治标之术，仍无一效也。闻说贵会有创办航业为抵制手段，此亦是一法。至其章程如何，请即付来，俾好作一裘之腋，实切祷也。若近来有无办法，可一达知，不胜感感。敝会月之初四日已成立，现各会员公议来月初二行开幕礼，望派员临示，一切是盼，并候幸福。东莞国权补救【会】。（此函由东莞戒烟振武宗社寄来）

三水河口自治会来函

敬启者。自立宪之诏既下,薄海腾欢,莫不自冀以后同服国民之义务,以享国民之利权。然事难一蹴而几,势必序循渐进。今当预备立宪时期,宜先讲求地方自治,以为立宪之基础,况大宪迭次札行筹设,尤为刻不容缓之端。同人等不揣愚昧,在敝埠组织自治研究会,幸同胞均甚赞成,规模略具。自治之法,万绪千条,当须提纲挈领,同人等学浅才疏,自必集思广益,(万)〔方〕能有所适从。夙仰诸君学问优长,讲求有素,用敢专函求教,务恳统示办法,俾资取益,无任感佩之至。

再启者。顷阅报章,藉悉诸君发起两粤华商轮船有限公司,以振兴航业,挽救捕权,收回溢利,且为航行外洋起点,敝会甚表同情。如招股章程刊就,祈即赐来,俾得分任招股,稍尽国民之义务。专此,并颂公安。回三水河口自治会。

汉口冯霞初等来函

惠普乡翁大人阁下:日前得奉专电,因西江缉捕,外部谬允英人所请,着旅鄂同乡据理力争,曾于十月廿六日邀集同乡筹议,已电京、广,务期拒绝,以图补救,并拟电复阁下。因当时事杂人庞,其主电稿者一时忽略,错电回粤总商会。随后调查,乃知偶误,故弟等特将初时复电抄录呈鉴,务希鼎力与敝埠联同一气,以厚魄力,而固吾圉。想阁下热心公益,定必不以敝埠错电见怪也。并日昨有函交邮局径递戒烟会阁下收者,内附报章一纸,是因同人等将拒舰会改为团体会一节,料已达览,惟团体、自治两标目,尚未订定何名。今请将我粤自治各会章程邮寄前来，以得取其宗旨，粤、鄂联同，冀得研究日后各件问题也。专此续布，即请台安，诸惟丙照不庄。乡愚弟冯霞初、月华楼、夏扬生、吴晓湘、普源长等同顿。十一月十九日。

梧州商务总会再来函

自治会列位先生大人台鉴：前奉复函，谅邀台鉴。敝会人等日昨再将尊电复行提议，佥谓事情重大，非笔所能尽罄，拟日间公举代表员前来就商，一俟举定后，当即将行期奉布，合亟预闻。专泐，即颂公益。十二月初二日。广西梧州商务总会。

梧州航业有限公司来函（附电文）

自治会诸位先生大人阁下：顷奉函电，敬聆种切，敝公司遵即邀集各行商，速举代表前来就教。兹从多数，举定周君濂生、林君觉民为本公司会议航业代表员，两君慨然允诺，愿当义务，力辞川费。惟据称公冗纷繁，一俟经理就绪，当即首途。俟定行期，即当电布。知念先复，敬颂伟安。商办梧州航业有限公司。十二月初七日。梧州来电：

粤商自治会鉴：敝代表即辰赴省，元到航业公司。文。

佛山兴宁布帮来函

　　窃以非常创举,必有非常人以主持之,事方有济。朝廷锐意维新,将见举行立宪,自治实为先声。敬惟列翁先生大人执事,抱经济之奇才,负阛阓之雅望,关心时局,热血为怀,桑梓赖之,客商慕之。内治方能御外,观昔可以证今。西江捕务,从前守土者(慢)〔漫〕不经心,致外人觊觎。今者江河不靖,非独西江为然,东江盗劫,不可悉举。他事不必远征,即敝布帮遭盗劫之事,敬为执事详言之。敝帮布疋自兴宁贩运,由老隆雇船东下,经水程八百余里,方到省佛。溯自十年内,途中被劫不止二三十次,所值资本不下数十万,每次禀控,从无起一赃、获一匪、破一案者。最骇人听闻者,敝帮布船由惠州满载布疋,于本月初九晚抵佛山,泊于鹰沙尾。初更时候,突有匪徒数十,驾长龙而至,劫去布疋一百一十余件,并银物共值本银一万二千余元之多,经即禀明地方勘验。夫佛山一绝大市镇,鳞户栉比之地方也,劫匪尚如此猖獗,他处可知矣。(中略)执事谅其苦衷,设法以杜将来之患,地方幸甚,商旅幸甚。谨此,敬请钧安,诸希朗照不庄。佛山兴宁布帮宏业堂刘崇高等顿。

自来水公司复函

　　敬复者。接奉大函,以省城商务殷繁,腊月望后,四乡来省办货,尤形拥挤,各街安管,务赶于二十日前完工,其未完者,砌回街石,俟正月兴作,以便行人等情。查本公司各项工程,自上年六月开工以来,所有水池、水塔次第告竣,惟安装水管,上年冬间,员董已召商匠承办。今正李总董到粤,复订与庇利公司承办，前总经理、徐道台均未核准。延至本年四月底始行开工，加以夏秋雨水泥（宁）〔泞〕，难施工力，且街衢狭隘，来往人稠，入夜始能工作，以致应装干管，尚未一律完工，良深焦灼。目下时近岁晚，应行相其缓急，分别暂停。本公司早经筹度，乃复承贵会代为筹及，具见关心公益，佩服莫名。查本公司安装水管，以二十四寸、二十寸、十六寸口径为干管，其二十四寸干管由增步水厂递至旧长寿寺水塔，再由旧长寿寺水塔递至太平桥前，共一千三百余丈，其未成者仅六十余丈。太平街东头稍为繁盛，尚欠十丈，数日可完，二十一日当能停工。其大巷洪寿街等处五十余丈，地较偏僻，业已督率员司，不遗余力，无论如何，赶于年内完工。二十寸口径干管，由太平桥历状元坊、天平街、大新街、高第街，递至东横街口，共七百余丈。其未成者，只天平街十余丈地方，南门外数丈。南门外二十一日可以完工，天平街则须二十五日停止。十六寸口径一千五百丈，一由第六甫递至藩台前，未成者六十余丈，地方较繁，准于二十一日停止；一第十甫等街，尚欠六十余丈，地方稍简，应于二十五日停止；一太平街西头及桨栏街两处，未成者数丈，已与街坊商妥，入夜八点钟关闸赶做，尽二十一日完工。其装帽街、故衣街、十三行、显镇坊等处，地近渡头，冲繁更甚，不必俟至二十外，应即日饬工停止。其余十二寸口径以下枝管，如五仙门口、南门直街等处，可于二十一日停止。其天官里等街，则须二十六日停工，统俟来年正月初六日开工。所有余泥应即挑清，街石应即铺好，堆积水管应亦一律迁移，以便行人来往，庶为两便。本公司官商股本甚巨，居民铺户望用自来水者尤殷，稍延一日即多费一日成本，而公益亦因之迟成，不能不并顾兼筹，视地方之繁简，定工程之缓急，想高明亦当以为然也。专此布覆，敬请大安。十二月十七日。广东省城河南等处自来水公司。

区金铎来函

自治会诸公执事：敬启者。窃鄙人连读近日报章，见诸公于西江缉捕权事，议论崇宏，不胜钦佩。惟谘议之局不厌求详，鄙人谨以千虑一得之愚，而为片壤细流之助，试将六难七拟之说开列于后。

一难在请拨洋税之百万也。现下库储支绌，司农仰屋，罗掘俱穷，虽此百万之帑金，亦是民间之公款。泰西议院，例得以地方之财，办地方之事，但宪政未立，仍然专制，商民无议拨之权。若婉转乞恩，势不能邀政府之许可也。至于请拨省城之房捐，以办西江之巡警，则更渺不相涉。况省城警费又非绰有盈余，断不能移此以就彼也。

二难在专设巡缉之提镇也。办事之成效与否全在得人，得人则参游可胜任而有余，失人虽倍增提镇而无济。绿林豪客，非可以位尊职重而镇摄之也。若禀请李提、龚道，一则办贼素著，一则办事认真，苟上宪授以特权，又令不分心于他事，则节节布置，刻刻改良，则比派他员较为得当尔。

三难在公举出洋之代表也。此事由公使求之，外部许之，是国际交涉，而非商民交涉。我商民只可条列办法，近求粤督，远求外部，为间接而不能直接。至于更高一着，欲举代表往英京，不成则更往海牙和平会，此两事则更似不必。姑无论此代表之声望、爵位，熟谙交涉，实难其人，即或有之，亦难强其历数万里之风涛，而侥倖此必不可得之事。万一英政府及和平会皆不公认，斯时进退维谷，又将何法以善其后耶？试观高丽国君，为日本之监制，派特使三人同到莅会，而会内不允招待，矧以商民之请求者哉！他若登各国之报纸，批评其曲直之理由，使彼顾文明之声誉而不敢妄作，斯意也，施之于个人之交涉则可，若国际交涉，内容秘密，自各国协约既成之后，列强方欲聚而谋我，每诟我不能自治而欲为代治，以行天演优劣之公例，此皆日前屡见于外国报章者，故此节亦恐其无当也。

四难在添购小轮之巡缉也。照屠君来函，谓自置小轮五艘，众议现下猝难办到，鄙人则谓现下不难办到，而将来实难办到。因购买小轮，每艘不过万余元，尚可设法挪移。惟常年经费，此五艘小轮昼夜梭巡，不准久泊，计每日每艘用煤总在六十元以外，是连勇饷、火药、修葺，每年须用十万两之多，断非商人之力所能筹措也。

五难在监督撤换之有权也。商力既不能自购，惟有由官派缉。在屠君卓论，谓必须办理由官，去取由商，乃能有济。斯说也，鄙人非不谓然，但目下议院未开，政府未予吾民监督之实权，倘总巡者为上峰之私人，或为大力者之所荐举，商民虽禀请撤换，而在上者置之弗恤，又将奈何？况地球公理，有义务而后有权利，倘商人能肩任此种捕费，如各乡之禀请安勇，自捐饷项，则监督之权或者可自我操；若饷糈由官，而撤换由商，恐上宪亦无如是之将就办法也。

六难在兴办巡警之得法也。巡警一道，取天津四乡自治之章程，斟酌损益，决议实行，鄙人亦以为治盗善法。然有不得不再为剖决者，非问难也，实欲舍短从长，以归尽善。再，查天津乡落，与吾粤迥殊。鄙人尝到天津，见其十里、五里、十家、八家，散沙一盘，范以警章，易于部勒。我粤则各乡巨族，棋布星罗，东南与西北异治之言，诚确论也。兹拟由省至梧划分六局，每局又分列数区，计上游自封川至肇庆约三百余里，下游自肇庆至猪头山约四百余里，而自猪头山至省城又有二百余里，是概计不下千里。每局约辖一百五、六十里，即使设立居中，而首尾相关，已在六、七十里之外。是警兵每日行六、七十里而始上班，又行六、七十里而始下班，每日以当八点或十点之差，已大半消磨于行路。况换班之际，局中必丁役无多，万一猝警，局员何从于六、七十里外而征调救应耶？况训练之日，又准其日到夜归，则更有名而无实矣。此路远之窒碍者一。五十户或一百户，例出警兵一名，若以二百户之乡村，已有丁口千人，其地不为小矣，乃只出警兵三、四名，于东西南北十字闸门，以分班轮值，即使倍之，亦不敷分布。夫警兵之胜于更练者，以其多而密也，今寥若晨星，偶有盗劫，亦必赖丁壮、防勇以为后盾，是其得力仍无殊于更练，乡人必以为赘疣而不甚赞成也。此人少之窒碍者二。所定规条细密极矣，苟能办到，则鄙人亦是居西江近水之乡，当馨香祷祝而急望其成功。虽然，乡间办事与城镇不同，有绅权、族法、乡例之各异，即以地方父母官之力，亦不能尽强之使入范围，故往往有乡人犯事，或子侄犯事，而执之乡约、祖祠以处治，而不愿送官者。非尽畏其繁难，因绅者决事不能全以理断，而必兼情与势者。何也？盖一乡中有强姓、弱姓之分，一姓中又有强房、弱房之别，假如犯事者为大姓，而警兵为弱姓，犯事者为强房，而警兵为弱房，则警兵必有所顾忌，而不敢十分干涉，以取寻仇报复之虞。所以，体察情形，劝谕各乡之自联自治则可，强分六局而合为自治，则不可也。倘警局若设，办事而仍有界限、情势之分，则与目下之乡局无殊，何必多此一举？若事事持正，照现拟之章程，则省城现下尚不能办到，遑论此尚未开通之乡落也？此俗异之窒碍者三。办警一节，筹款为至难。日前警局札行各县转饬各局绅耆，将原有之更练、团丁一概改练巡警，倘经费不足，则提该乡之庙尝公款，以为襄助。卒之各乡局俱置若罔闻，一则不愿舍私利而为公益之图，再则不愿将实权分与他人之手。即以巡警之毕业生，承总局之谕，各将其乡之公款、局款和盘托出，至有请札委员以作官威之助力者，卒之举办之处，亦属寥寥。诚以各局绅蒂固根深，不能尽【以】理谕势禁也。顺德总团，虽数载清乡而无实效，东莞、沙田自治，互分党派而未见有成，各县各绅，易地皆然。此筹款之窒碍者四。将以为救海面之被劫乎？则各局非尽近海边。尝有离海十里、八里者，若闻警赴救，贼已远飏，已属无济；即见贼矣，而一河两岸，警兵东逐，而贼众西奔，飞渡无能，徒呼荷荷。此御海盗之窒碍者五。抑或以救陆地之被劫乎？近日贼匪百十成群，枪械快利，来去如风。试观黄连、乐从之被劫，虽以能征惯战之安勇以为拒敌，尚且被伤被毙，捆负而逃，矧以区区微弱之巡警当之，正如以卵之击石也。此御陆盗之窒碍者六。抑更谓御盗不能，然可藉其绵密之规条，作侦探而为报信也。夫报信引拿，每有同党寻仇，终至于身命不保者。故作线之辈，一则将功赎罪，所谓箭在弦上，不得不发；一则贪领花红，得赏之后，即跳虎离山，不回故土，虽欲报复，亦无隙可寻。若以土著之警兵，而缉获近乡之悍匪，人虽至愚，其肯以七、八元或五、六元之月饷而蹈此危机乎？此侦探之窒碍者七。以上诸端，鄙人窃以为颇多窒碍，而尚待再酌也。夫鄙人非谓巡警之不可推广也，但以为立宪自治则有功，以为西江缉捕则无效尔。或曰，然则畏其繁难而不为之补救乎？是又不然。谨拟官力、商力两大法门，而条目有八。

计开官力三条：

一、拟行添船巡缉之法。查张香帅督粤，购有鱼雷船十号，除现下调用之外，大抵尚有存者，贮于黄埔旱坞，可一考而知。虽贮岸日久，不无毁败，然加工修葺，亦不为难。此外，陈联泰充公之小轮数艘，当时用为拖渡，究属快轮，若配置枪砲，旁加铁板，以御弹力，亦可暂资巡缉，俟他日新轮落成，然后更换。急则治标，请再覆查属实，然后禀请粤督，谅可邀准。

二、拟行陆路分段之法。水路分段巡缉，粤督已经议及，惟不及陆路，是其缺憾。今如以南海划开东西南北四路，每路派侦探官一员，带侦探兵四名，以熟悉地方情形之外委充之，倘侦知某某外匪旋乡，即报信围拿，以免兵来贼去，兵去贼归之弊。倘该段有贼聚集,被他人先期禀报者,即以失于觉察论,轻则罚饷,重则撤差。倘能察及邻段者,记功加奖。侦缉严密,而谓贼匪尚有容身之地者,无是理也。

三、拟行代表襄助之法。此事虽由外部应允,然既交粤督与提督相商,是其权已在粤督。若与领事磋磨,必以洋务局委员当折冲樽俎之任。查洋务大委温道,籍隶粤东,痛痒相关,素善交涉,似宜由我会内举熟于公法、善于词令之人,作商民之代表,禀准粤督随委员同往,一则使官民之气得以相通,二则令应对之间有所赞助也。此节简而易行,粤督体谅下情,亦可邀准。其余各节,粤督已经札行,毋庸赘及。

计开商力四条:

一、拟联行船联行互卫之法。夫官之卫民,不如民之自卫,虽属老生常谈,究为今日急务。于西江适中之地,设立船团互卫局,刊发传单,令各船报名挂号,收费不可太多,以免人疑我近于图利,不论拖轮、货船俱可报名。既报之后,即发一白板,黑字大书船团互卫第几号,钉于船首,以便日夜可见,易于认识。倘海上遇劫,或以冲天火箭为号,或以起火数枝为号,各船望见,不论远近,皆须救援。而又恐其阳奉阴违也,于是励以重赏。能生获一贼者,赏三百元;击毙一贼者,赏二百元;拒贼致命者,安家三百元;拒贼受伤者,除医愈外,每日给食用半元。此费酌量月捐所出。执得贼船贼械者,大众均分;劫赃复得者,以三成充赏。是既有此牌,各船必以为已结团体,必加亲密爱惜,日则可以联帮,夜则可以联泊,而团局又于各埠泊船之聚处派员演说,以动其感情。重赏之下必有勇夫,如是庶足以寒绿林之胆耳。其不报者,亦任从其便,惟遇有盗劫,则各船不为救护,以示其首先自外之罚。

二、拟行坚壁自卫之法。贼劫轮船,必以枪械指吓司舵、司机,令其加倍添煤,改行他驶。宜于舵舱、机舱两处添整铁板、铁闸,务使贼即上船,亦不能到此两处,是我可击贼,贼难击我,而我又可以暗中测度,或直前,或转后,以待救援。在船主以一万八千资本而购置此船,则加多三二百之工程,亦似非难事也。

以上二法所以治外匪,以下二法所以治内匪,再列于后:

三、拟行联乡攻保之法。譬如联十乡为一局,每月朔望齐集,互相攻诘,任九乡攻一乡，各书邻匪之姓名、住址、面貌、年岁，投诸筒中，不必书攻者之名。投齐之后，当众开视。而又防挟仇诬陷之弊也，于是被攻者倘为良民，准该族之绅耆亲属有实居营业者，具结书保，即准注销，倘混保而日后发觉者，（为）〔唯〕保人是问。若至无人肯保，即亲属亦不敢签名，则其人必非良善可知矣，遂十乡联名禀攻于官，或联名通知防营迅为捕捉。如是则绅耆无可容其庇匪之谋，而贼匪亦无可容其寻仇之计，能逃于自己一乡之私论，而不能逃于九乡众人（互）〔之〕公论。（乏）〔互〕相攻诘，又互相保释，以剂于平，其办法可谓尽善而尽美，比之责无权无勇之绅耆，以捆解责不相干涉之亲属以缴红者，其得失究如何也？

四、拟行正本清源之法。近日米珠薪桂，衣食维艰，然苟能安份营生，自食其力，亦可不至饥寒。无如烟馆、赌场遍地皆是，消耗既尽，即起意为非，但各乡赌馆俱承饷招充，非绅士之力所能禁阻。惟开灯烟馆既奉明谕，似宜由我自治会派出代表，与禁烟会到各乡协力调查，赌为盗媒，烟亦为盗媒，或于治匪源头，不无小补耳。此外，议立两广邮船会社，及译成洋文以布告英商，禀魏京卿以司验船，皆为握要之办法也。

再者，计西江捕权，起于外部谓指有匪之地，派船协缉，商民不可误会等语。我商民以既失税权，又失捕权，万难公认。是税司派船尚不可，何有于英水师提督之派船，以搜寻军械？盖彼之洋轮，亦是归我保护，不能由彼混搜也。乃搜寻不已，遂为骚扰商船，骚扰不已，遂为留难掳捉。勒罚巨款，词严义正，逐层诘驳，问领事将何词以对也？若徒浑轮立论，以顾邦交、保商务为言，似亦未能中窍也。

以上诸说，草草无文，不过据事直书，辞达而止。是献议也，非攻驳也，倘以为少可采择，垂询未尽事宜，传示片函，鄙人当拨冗亲来，藉领大教。言不尽意，并请筹安，伏希亮照不宣。愚弟区金铎顿首。十一月十八日。

拜读惠书，言多中肯，佩服，佩服。当经倩介，持片走请，适大驾乡旋，良用怅怅。如不以敝会同人为不可教，无论何时晋省，务望惠临指示一切，至祷至盼。——本会答言

黄嘉猷来函

自治会诸公仝鉴：闻之善用兵者，必有以制敌之死命，故不战而能屈人之兵，势胜故也。至于国人之筹御强权，何不当如是。呜呼！今日英索我捕权，我粤人士奔走号呼，函电交驰，竭力尽智，亟图整顿之策，以为地方官吏之后盾，而外部之坚持也如故，英人之自若也如故。不宁惟是，且定造浅水炮舰矣，且派鱼雷船溯流而上及梧矣。我日惶惶，彼自扬扬，发指眦裂，彼庸何伤？然而无足怪也。彼稔知我政府乐为人用，故挟政府以制我，我政府又稔知我国民素无能力，故悍然排舆论而不顾。我于此不思所以制之，而唯是哓哓以与之争，无待智者而知其无效矣。且蒙所谓制之之策，亦不难之事也。夫英人之所以欲索捕权者，曰保护彼国商轮也，使彼无商轮之可保，即欲侵夺，又将何辞？然则在我之能否拒用彼国商轮而已。且近年以来，香港商务日衰，迩更甘为出此卑劣之下策以图振兴，中干情形，昭然若揭。我若以抵制美货之策行之，凡属英轮，旅客、百货均不搭载，同心合力，联两粤为一气，不必久持也，但能坚拒两三礼拜，而彼不低首降心，就我范围，吾敢断言必无之事。且西江轮船，非仅彼国，英受抵制，正他国之所喜，而我贸迁往来，更无留滞之堪虞。即使稍有窒碍，而牺牲一时之微利，即足以救危亡而有余，想我诸公为桑梓久长计，必乐为之矣。而或者虑英人将胁政府以干涉，不知我粤民不乐用彼船，政府亦何从施其压力？故今日苟欲挽回捕权，舍此实无善策也。诸公热诚爱国，不思所以制人，而惟日日劝人切勿暴动，窃为诸公所不取。然杯葛之义，人心所同，谅亦非公等所能禁制也。敢告愚直，惟鉴察焉。黄嘉猷顿首。

惠州同乡学会来函（附呈督宪禀稿）

英人占地，侵犯国疆，业经敝郡学界禀陈督宪，电达外部在案。念一发之动，全体为牵，协约告成，瓜分在即，事关吾粤前途，谨将禀稿、电文印呈公鉴，恳合力主持，大局幸甚。惠州同乡学会敬告。

具呈法政学员廪生李兆书等，为英人内占，阖郡震惊，联恳派员查勘，力争主权事。窃领土为组织国家之要素，一寸一尺断不容轻易与人，故有非条约而强行侵占者，被侵占国可提议反抗之，此万国所公认，而为国际法上之原则也。我惠州沿海一带，港深湾广，岸线延长，领海洲屿，星罗棋布，鱼盐之利甚溥焉。此实当今之要地，为我惠州人之命脉也。不料九月中旬，凡由惠属来者，皆云英人内占海岛，群情惶急等语，聆闻之余，悲愤交集，当即驰函环海居民详细调查。据覆，查得英人在三门岛北之归善领海内，如平海境之巽寮港、凤凰池、红石湾，稔山境之坪士洲、黄埔、角范，和冈澳头境之马鞍诸岛，纵横四五十里，俱竖旗及划石为碑。又派军舰梭巡海面，遣兵士登坪士洲下帐驻扎。夫此诸岛或连大陆，或去岸咫尺，皆属我国领土范围。今英人无端派舰驻兵，树旗划界，种种举动，显系谋占我疆土，损害我主权。若不早行干涉，诚恐盘踞日久，势力愈张，开商埠则我惠生活之计穷，辟军港则我惠出海之路绝。而且向来鱼盐之利薮，异日南北之交通，皆赖焉，万一落于英人之手，将南部何以资控驭，饷务何以赖维持，极其弊势不至全粤隶属英版图不止。生等有虑及此，又迫于群情汹汹，恐酿巨变，用敢干冒，据实驰陈。伏乞俯念间阎公愤，准即派员查勘，果占据非虚，望即作主力争，以定人心，而保主权。阖郡幸甚，大局幸甚。切赴督帅大人台前察核施行。十月十一日。

外务部各堂宪鉴：惠州沿海，九月初英人突派兵轮竖旗划界，民心惶急，恐酿巨变，乞主持。惠州学会李绥青等禀。

陈作纲等来函（附葡人侵地节略）

诏平、惠甫、少翱、戒欺、章甫诸公鉴：敬启者。葡人图占香山领土地一事，今日在明伦堂再行集议。香山为岭海屏藩，上接西江，下通琼海，其关系于我粤大局，亦一重大问题。诸公见微知著，识见高明，敢恳于今日集议西江缉捕一事，将葡人侵占一节，在贵会宣布，切实研究。弟等适于今日集议于明伦堂，故未能亲到领教，特举代表员张君崧云带呈敝处地图一纸、葡人图占节略一纸，希为鉴察，不胜切盼之至。谨此，敬叩公安。十八晨。弟陈作纲、陈桐若。

谨将葡人已占地方及侵权虐待各情形，缮具各节略，呈请钧鉴。

窃本年六月十三、四等日，葡人强将湾仔大小渔船轮拖回澳，七月二十三日潜移海面，水泡帖放湾仔埠头，背约图占，当经各乡绅商分词禀请力争。惟葡谋日逼，隐患方长，不得不将确查已占地方，暨侵权虐待各情形，为大人详陈之。澳门自被葡人占居，虽有围墙为界，而野心未已。其始占旺厦、龙田村两处，遍钉门牌，居民不服，旋钉旋毁，数十年来，欲未大逞。光绪十三年，吴前抚宪到澳巡视，分界未清。光绪二十二年间，复将两处门牌钉上。光绪二十四年，葡竟征收两处业钞，经旺厦乡职员何广成等禀控有案，当时争之不力，致今旺厦、龙田村两处不复为我中国所有，其占我土地者一。青洲虽澳门最近之岛，实居界外，向以未经开辟，葡不垂涎。光绪八、九年间，商人余瑞云拟于青洲地方倡办红毛坭公司，成立后办理未善，复顶与美商旗昌洋行。葡见辟建发达，遂于光绪十五、六年间接筑新路，将青洲圈入澳门，此后青洲又不复为我中国所有，其占我土地者二。然犹曰该地（昆）〔毗〕连澳门，侵占或所不免，不料与澳隔海之潭仔、过路环、荔枝湾、石澳等处，葡竟伸其权力，越海占夺。现各该处地方葡人或筑砲垒，或建兵房，实行管辖，所有著匪，从前如林瓜四等，现在如梁义华、谢玉衡等，无不藉此为逋逃薮，中国兵弁不敢过问，其占我土地者三。此皆查明已占地方之实在情形也。

尤可惊异者，湾仔为中国领土，葡人无张贴告示之权，本年七月间，葡竟谬然为之。该示现由湾仔警局揭存，（积）〔脐〕噬之心已开其渐，其侵我【主】权者一。湾仔之车渡、渔船，向领有中国牌照者，葡人此次一律迫令缴回，转领葡照。七月二十一日，复拘各船回澳，如船户黄渐章、周蕴、黄胜章等均被罚银十元，详载各报，其侵我主权者二。湾仔医院乃我国绅商组织而成，本年疫气流行，所有就医病人已愈者，葡人竟派医生到诊，给予一照，否则不准出院，其侵我主权者三。湾仔（昆）〔毗〕连之银坑地方，向设有草油厂，为各渔船燂油之处，历皆相安。近十余年来，葡人亦强迫各船户先领西洋人情纸，始湾泊该处燂油，领费有多至一、二十元者，其占我主权者四。至其虐待我民，尤有痛心疾首者一事。本年葡人拟在龙田村等处辟筑马路，以贱价强买民居，多有不愿者。及四月间到期，葡施蛮威，驱逐各家人口，将屋封锁，所有家具什物，一概不准搬出，惨用煤油引火，尽付一炬，计约焚烧屋宇三十余家。该处居民流离失所，饮恨吞声，葡之残酷，一至于是。此又查明侵权虐待之实在情形也。

葡自入澳以来，蓄谋吞并，已非一日。光绪二十八年曾有索地之举，我都人士愤起与争，禀蒙陶前督宪电部阻止，葡欲未遂。今又变计，先将海界占管，以图渐进。倘不据约力争，葡人之取求无餍，地方之受害靡涯。各乡接连湾仔，祸尤切近，迫将确查情由，缮具节略，呈恳坚持旧有围墙为界，其界外已占之地力与争回，界外图占之地毫勿退让，庶主权可复而边地可保，大局幸甚。谨呈节略。新安县商界代表人黄日襄、梁勉周仝敬呈。

新安商界代表黄日襄等来节略（附府县批）

谨将新安县南头乡新设分卡、苛抽扰商各情形节略呈电。

缘敝县洋关之设，南头前海则有大铲关，后海则有桂庙分关。凡商民贸易，所有运入货物，除港澳洋货由前后海两关照例输税领单外，其余省佛、太平各内地来者，俱属零碎小包货物，先已由大帮运载各口。时经运之货，向例由省河者，有粤海大关；由佛山者，有紫泥【关】；由太平者，有镇口关。挂号纳钞，免税放行，准渡附运入新安内地，向无重抽苛剥等弊。嗣因后海桂庙厂总办格外苛抽，虽微末至腌鱼一二斤，自来火二三包，所值不逾一二角小洋之物，实为家常日用食饮之需者，亦被勒抽索扰，又不给与税单，久为商民怨怅。近复请税司添设厂卡于前海盐埠旧址，土名南头界边村，与大铲关相对，实则此地为大铲关员瞭望所及之处，无物税可抽，无私货可缉。但厂既设此，万无虚设，势必执历来挂号免税之物，（今）〔令〕免挂销号，（即）〔既〕无号单，指为走漏，恣其苛抽剥罚。商民惊恐，渡船畏惧停摆，货物不接，人心惶惶，殊于地方商业、民生大有干碍。且该厂巡丁向无约束，专事调戏来往少妇，动以搜查军火为名，肆意摸弄，不至酿祸不止。商等为地方利弊起见，故敢沥情，敬请贵自治会转达列宪主持，札行税务司转饬该厂刻日裁撤，阖邑永沾鸿恩矣。此厂经本年九月廿三日开抽，兹将县、府宪批词附录。

县宪批：县城饷渡墟艇载运货物，均在省佛完厘输税，曾奉前水师提宪翟咨请粤海关部院，饬令关口不得重征，出示泐石。现洋关在城外新设分卡，饬令完纳税饷，候据情禀请大宪核示，该商等务须安分营生，慎毋藉端生事，致干重咎。碑示、图章均附。

府宪批：界边坊添设子卡，如何办理，本府无案可核。据呈前情，仰新安县会商税司，妥定章程，毋涉苛扰，以惠商旅。碑文、榻店名单及粘抄保状均发。①

智梨华侨来函

敬启者。西历一千九百零七年四月下旬至五月一号，智梨工党纠合全国人民，谋驱华商出境，势甚汹涌，我华商至停市避之。即电达北京政府，设法禁阻

---

① 以上各函皆录自清末粤商自治会编印《粤商自治会函件初编》（光绪三十四年）。

华人来智;又函电香港东华医院,代刊报纸,劝令同胞,不可前来;又电驻庇参宪陈始昌,遥为设法保护;又公呈梁钦使诚,请其托别国领事代向智政府交涉;又请状师驳案。共计破费七八千元,殊无效果。至七月三十一号,笠户丸载到华客一百三十一名,登岸时被工党殴打,并掷以颁粪沙石,百端形辱。此事经聚义堂函布中国内地,闻报界中已有登录,而智之工党及报馆,仍逐日将华人丑态,分门别类,著论说鼓动国民,怂恿政府出而反对。十月,又再发痛论,立苛例,派传单,专与我华人为难,比之五、七月时,更为剧烈,其宗旨在以死命拒我华人,谓再有入境,即以杀戮手段对待云。埠内华侨,同深危惧。我国未与智国通商,无从保护,我等财产性命,且旦夕危亡。顷阅西报,得悉七十二行商陈惠普先生,电约华侨,力争西江捕权,为我华人争气,甚为感激。敢求列位同乡,普劝同胞,切勿来智,并将此中惨状电达政府,设法速与智国通商,派领事驻扎保护,以免驻智华侨,尽被驱逐。现闻伍钦差有重来美国消息,如果确实,并请联禀伍大臣设法,以救我同胞性命财产,海外华侨商得免死亡,皆拜诸公之赐矣。

《中外日报》,光绪三十四年正月十七日(1908年2月18日)

小吕宋复函

敬复者。十四日两点钟接到覃电,得悉袁督加盐税,准奸商承揽,藉口抵赌,病民肇乱,永无穷期。即集众两次会商,拟就电稿,十七日电达北京摄政王并粤省袁督力争,并发电各埠协力维持,挽狂澜于既倒。光景如何,请随时墨函详示。兹将电稿列呈,请看尽悉。肃此敬复,并请团安。小吕宋广东会馆书束。十九日。电文录附。

北京戴军机转呈摄政王鉴:粤督加盐税,抵赌饷,准奸商增价揽承,病民肇乱,比赌尤烈,害无穷期。乞电饬袁督,批销另筹,粤民幸甚。小吕宋广东会馆何楚楠等叩。

广东袁督宪鉴：加盐税，抵赌饷，全粤受害，甚赌百倍。盐乃民命，迫民走饷，乱从此起，势所必然。乞抽煮烟膏费，或抽别款，全粤幸甚。小吕宋广东会馆何楚楠等叩。

《申报》，宣统元年十二月初三日（1910年1月13日）

香港时事画报致粤商自治会等函

径启者。迩闻诸公集议兵变善后事宜，热心宏愿，粤人共仰。仆等颇闻港中多有贩卖猪仔之人，纷纷往省引诱流落军人来港，卖往南洋，经有多人眼见。彼辈良心尽丧，骗卖同胞性命，虽寸磔不足蔽辜。我粤素有名誉之军人，竟入其笠，可怜孰甚。诸公自任善后，望从速设法，杜其根源，则同胞幸甚。①

《申报》，宣统二年二月初四日（1910年3月14日）

粤自治会致李军门请通饬各兵轮升旗纪念粤省禁督函

粤自治会函李军门请通饬各兵轮升旗纪念云：粤省赌害，鸩毒人群，经岑宫保发策筹禁于前，今海丰张制府毅然奏奉恩旨实行，于三月朔日一律禁赌，伟烈丰功，并垂不朽。是日，合省人士举行纪念，聊以慰国民负担之劳，诚以外侮纷乘，大局已去，而人心未死，岂甘心挖肉医疮。从此盗源或清，斗祸渐熄，振兴

---

① 录自"自治会会议军政外交"，标题为编者所加。

实业，教养游民，于内政、治安，未始非亡羊补牢、临渴掘井之一助。虽查烟禁赌，无补灭亡，而忍死须臾，犹思易箦。异日知人论世，或以粤人智识，终非亡国之民，则聊以解嘲，此举亦非无谓。军门捕盗，久仰贤劳，扫除盗媒，俾民穷财尽之秋，尚有生机一线，则对于此事，军门谅表同情。拟请通饬粤省各兵轮，届日悬挂国旗，以为反对禁赌者下一针砭，并以仰副海丰制府官民负责之至意云。①

《时报》，宣统三年三月初二日（1911年3月31日）

四、议　案

十四日羊城商界会议力争西江捕权议案

第一条，宗旨。

（甲）西江缉捕与扬子江及各省内河，均系我国主权，外部不商粤督，不察舆情，遽以兵柄授人，直欲卖国，当合力坚拒。（众认可）

（乙）速电政府坚拒，并禀督宪整顿水师，严惩关卡。（众认可）

（丙）华洋商轮一律看待。（众认可）

（丁）禀请截留洋税，以粤财办粤事。李戒欺起言：截留洋税，系一定要办之事。办事须先从经济问题起手，若经济不敷，则事难办。主席起言：禀请截留，系粤商应为之事，宜定截留若干。罗少翱②起言：应请主席决定。旋由主席定禀请截留一百万元。

---

① 录自"粤省禁督之风云片片"，标题为编者所加。
② 又作"罗少敖"。

第二条，办法。

（甲）筹捐电费，函电中外。众议此事关系全省全国，宜由同胞量力认捐，不拘多少。随由主席先捐银一百元，以为提倡。卢辅臣起言：请由平籴项下捐银二百元。陈惠普起言：请由戒烟项下捐银二百元。其余座中同人捐者甚为踊跃。

（乙）假座戒烟总会为会议所。众议定名为粤商自治会。

（丙）除电政府坚拒，及布告中外【外】，联名呈请都察院代奏。（众赞成）

（丁）如外人硬行干预，当力筹抵制。（众认可）

第三条，宣布电。另录。众议投筒公举领衔，随举定最占多数者陈漳浦、陈基建二人，并定期十六、十八两日再行集议研究，明日刊派传单。

第四条，联名具禀督宪。（众认可）

第五条，函电沿江海及中外同胞，合力电争。其电文照录如下。①

《中国日报》，丁未年十月十七日（1907年11月22日）

商界力争西江捕权第二期议案

十六日，粤商自治会第二次假座戒烟总会，集议力争西江捕权，莅会者人如山海，几无隙地。公推朱伯乾、黄诏平主席。一句钟，先由罗少翱等次第演说，大旨不外言西江捕权，必须合全省人之力，始终拒绝，以保主权等语。次由宣布员罗少翱宣读神户来电，并宣读广东内河商船总公会余乾耀君条陈利弊情形清折一扣毕，随宣布是日议案三款。

一、研究西江缉捕授权外人之害，与其致此之原因，据情再电政府，拒绝挽救。（众赞成）

二、西江捕权，决定始终坚持，请政府拒绝。今请妥筹办法，以善其后。黄

---

① 见"电文"类"发北京军机处、外务部、农工商部电 丁未拾月十四晚电"，此处略。

诏平起言：西江捕权，第一期已决议拒绝，今第二期会议，应请切实妥筹办法。陈惠普言：即由九善堂再发电力争。陈子容言：宜发电都察院代奏。陈章甫言：须合一省之人死争。（众赞成）

办法十条：

（甲）本会以力保国权为宗旨。

（乙）除捕权坚持拒绝外，全粤领土权利，政府不畀与外人。

（丙）请政府切实优待华商轮船，以维国脉。

（丁）本会自治，为力保捕权起见，自以治盗为第一级办法，此外凡关于地方自治范围者，当次第推举。

（戊）除要求政府截留洋税整顿捕务外，全粤水陆均当以此为戒，预为之防。

（己）联络各乡村，凡有打单劫掳匪巢，由本会禀请痛剿，窝庇者加等严办。缉捕不力，随时禀地方大吏及电禀政府整顿，务达目的。

（庚）要求政府承认本会有监察地方缉捕权。

（辛）本会成立后，每年多派侦探队，分往各乡村侦【探】匪情，随时禀报，其经费多少，分别预算决算公同议决，官任一半，本会自筹一半。（以上均经众赞成）

（壬）本会以有商本一千元以上，不动产一千元以上者，得有选举权。张崧云言：须有事业，人品端正，而能纳会费者，即有选举权。黄诏平言：初办自治，未能十分完善，似可照张崧云先生所言办理，其详细章程容后再订。（众赞成，并决议每年每人入会费一元，即作为会员。）

（癸）本会会长、董事、议员，每年选举一次，由有选举权者选举，其去留由本会全体主持，地方官不得干预。（众赞成）

三、联禀督宪，大旨请力争捕权，并请整顿缉捕办法。陈惠普起言：请定期十八日，各穿长衣，环叩督辕，禀求挽救西江缉捕权。（众决议）

《中国日报》，丁未年十月十八日（1907年11月23日）

粤商自治会二十议案

日昨粤商自治会开特别大会，到者人山人海，公推江少荃为主席，罗少敖宣布，李仲生书记。随宣议案六款，照录如下：

（一）昨奉督宪传示外部电开：西江捕权，本部严词驳拒，现由粤督添船巡缉，并由清国海关增船协巡等因。查清国税关，授权外人，已属非计。税关为洋税司范围，今复令其增船协巡，侵越地方官权限，实即为外人攘窃兵柄之渐。外人屈于公理，变计要求，实欲间接潜移，使我不觉。若允所求，是真忍心弃粤，自欺欺民，外交岂可复问？应即公同决定，再行电外部力拒，并电都察院暨同乡京官代奏，请旨拒绝，并准截留洋税，交粤省全权办理缉捕，不准洋税司干涉，以清权限。主席起言，现奉督宪传示外务部来电，谓粤商不识此案原委，任意喧嚣等语。查此事发起时，因张督前经电部坚拒，而外部覆督宪电，有无论窒碍越俎，外人万难应允之语。人心哗愤，实由于此。现电仍有由海关增船协巡字样。海关乃洋税司管理，即令其协巡，为侵越权限，本会应只承认粤督添船巡缉，不能承认海关增船协巡。查己卯六月薛叔耘侍郎上李傅相赫德不宜总司海防书，言之最详。此后应如何再电力争，务令税司不能干涉捕权，分清界限，以保主权。（众认可）

（二）宣布外务部电文。主席起言：应切实研究速发。

（三）宣布致都察院暨同乡京官电文。（经众认可）

（四）我商民应即由省自治推广村町自治，联络西江沿江各乡村，速行举办民团，自治内匪，以为地方官缉捕之助力。主席起言：商民自治会，宜从实事上着想，现在上海、镇江、汉口次第举办义勇队，成效大著，宜商议仿行，改名商团。（众赞成）李造亮起言：上海义勇队已有成效，若省会创设商团，宜调查西江梧州沿江乡村，一律从速设立，乃为联络。众议公推主席拟订商团章程，以资遵守。主席起言：尽可担任，惟沿江乡村，应派传单布告。陈惠普请拟定自治会章程，陈漳浦起言：自治会章程，非一二人可能编订，必须多请高明之士，择天津自治会章程，并各国自治通考，就我粤所宜而定方可。随公推陈漳浦、李戒欺、黄清海，并专函谭荔垣另请多人协同妥订。李戒欺起言：宜先草创简明章程数条。（众赞成）

（五）研究葡占国土问题，另电力争。黄清海起言：葡人屡占内地，旋争旋占，宜请贵会合力电争，明立界线，以杜将来。并言租界向只陆路，今竟占及水界，今若划清界线，宜以河中为界。主席起言：宜先禀粤督，协同熟识水陆界线之人，同往划清。（众认可）香山代表请电后再补外务部坚拒而杜后患。（众认可）

（六）研究新安添设洋关一事，代禀粤督。随宣布新安县详粤督文件。新安各代表力言新关重抽，已纳厘税，运回新安内地货物之受害，请代入粤督禀。（众认可）①

《中国日报》，丁未年十月廿二日、廿三日（1907年11月27日、28日）

粤商西江缉捕权大会议

昨十七日，粤商自治会集议，宣布议案三条，举定代表陈惠普、陈章甫、李戒欺、赖燕山、郭仙洲、李兆初、林子祥、麦吉甫八人，前赴督辕，面递公禀，同行者千数百人。众商群聚头门外，即由巡捕传各代表入见。张督阅禀后谓：西江缉捕，原系我国主权，应不能授权外人。本部堂已与税司磋商，今众商热心爱国，联络团体，设会自治，力保主权，是狠好的。众请张督维持，以保两省财命。张督谕以粤省江防【上】千里，盗贼遍地，此捕彼窜，出没无常，欲清盗

---

① 此篇原分两次登载于《中国日报》，前半部分标题"粤商自治会二十日大集议详情"，后半部分标题"续粤商自治会二十议案"，兹合为一篇，以"粤商自治会二十议案"为题。

源,自应禁赌。惟粤库支绌,未易实行。现在补救之方,急应整顿水陆缉捕,总望各地方绅商联络各乡村,务将匪党清除,则缉捕方易得手。众又请据情电奏截留洋税百万,认真整顿。张督以截留洋税一事狠难,既据众商公请,自当转请政府核办。惟须传谕各商民,切勿暴动,以免生事,转致政府为难。各代表唯唯退出,至头门传述督谕,全群遂欢悦而散。是日议案及电文、禀稿汇录于下:

(一)本会以治盗为入手办法,现在未有侦探队,应先布告沿江各地方乡村,凡有匪巢及窝匪庇匪土棍,刻日开列,秘报本会,以凭从【违】,禀请痛剿。

(二)宣布电请税务处截留洋税百万整顿西江缉捕电文。

(三)宣读本日联递督院禀词请截留洋税电文。①

《时报》,光绪三十三年十月廿七日(1907年12月2日)

粤商自治会集议西江缉捕权详情

二十四日,粤商自治会开特别大会议,到会者拥挤异常,随公推江君少荃主席,宣布议案三条,照录如下:

(一)议挽救西江捕权,必须整顿全省水陆缉捕最为要点。各行商前奉督宪面谕,以沿江辽远,缉捕最难,非官绅士庶合力筹议,不足以善其后。前订定条陈数则,呈之当道,以备采择,是否妥当及应增应删之处请研究。(甲)水陆提督现奉旨分设两缺,应请将水师提督改为巡阅西江两省水师提督,周年驻船,照长江营制,不设衙署。(众赞成)(乙)东江设水师总兵一员,北江设水师总兵一员,营制与西江同。(众认可)(丙)拟请将防营酌裁,留数成改为巡警,分

---

① 电文、禀稿分别见"电文"类"三发北京军机处、外务部、税务处、度支部电 十八日电"及"公事"类"呈两广督部堂",此处略。

布各属，并请照天津四乡巡警章程颁发，勒限开办。（众赞成）（丁）清乡经费岁需甚巨，应请酌行撙节裁留，改为开办巡警经费。（众赞成）（戊）东西北三江沿海地面，拟请酌量妥设行军电报。（己）请粤督札所属通饬沿江乡村举办民团，即以警法部勒之，分隶于警局，并与省会商团互相连络，以期官绅商民联同一气。商团、民团章程专员编辑，迟日宣布。

主席起言：今日宣布办法六条，不过条陈当道采议，并非干地方官权限。劳次生提议，请将民团、巡警章程从速拟就，限五日或十日献议。随由主席决议并延聘通人专任编辑外，再登报一月，请各界献议。（众赞成）

陈漳浦起言：今日西江捕权，人人要争，即使填满西江，亦本份之事。今温佐才电省反对争捕权事，请公议。主席起言：自全省发起争回捕权，万众一心，俱无异志，即各界电争同人，并未有邀温某附名，亦何所用其附和，该电可谓别有肺肠矣。公议刊形示辱，署戒烟会门首，以为凡百温某之观念。张崧云提议请沿江沿海演说，俾乡民皆知争回捕权之关系。主席起言：应审定宗旨界线，不可牵及他事。陈（章）〔漳〕甫言：派人往西江演说，其词尤以激发爱国精神，禁止乡民暴动为主义，恐乡民无知，以致酿成隐祸。随举定张崧云前往演说，陈（章）〔漳〕甫纠正演说员之得失。

（二）宣布留日两广学生电文。（众议由本会电覆。）

（三）宣布由邓小赤传阅同乡京官所覆电文，请众议。主席起言：现闻西江缉捕一事，粤督坚拒外部，止准由税司添设小轮二艘，专任缉私，不涉缉捕，但必须有外部切实宣布划分权限电文，确无影射，方可作准，诸君仍未可松劲。（众议仍电问外务部，得明文宣布。）

《中外日报》，光绪三十三年十一月初四日、初五日（1907年12月8日、9日）

粤商自治会大集议详情

粤商自治会以英派兵轮游弋西江,初二日请各界集议。是日各界人士均集,未议事之先,张崧云、林惠南次第演说,劝止暴动,筹议文明对待,众皆拍掌。两点钟开议,主席为陈章甫、朱伯乾两君,宣布一切罗少翱。以次决议,最后宣布自治会简明章程数千言,六点钟乃散。兹将议案五条录下:

(一)宣布三水河口同志社来函。

(二)议英人现派兵轮驶赴西江,既以游弋为词,自是条约所不禁,凡我同胞,均宜坐观动静,切勿稍有暴动。(众赞成)

(三)西江捕权一失,则粤人之性命身家亦同归于尽,现在事机危迫,一息尚存,亟应共筹文明对待之策。陈惠普起言:英派兵轮究竟是游弋,抑或干涉捕权,尚未可知。应禀请粤督切实批示,以安人心(众议决刻日由自治会入禀)。陈漳浦起言:第一级办法已决后,倘非游弋,则行第二级办法,惟第二级办法拟请同人举代表往英领事署开谭判。(众赞成)马叔平起言:第一级宜请粤督将英轮游弋日期示谕沿江乡民,禁止暴动。(众赞成)

(四)保守国权自以去火抽薪为第一要义,现在西江小轮已决议挂回龙旗,前议组织商团及四乡巡警,互相联保,自清内匪,先订简章,切实举办。众议商船行既热心爱国,挂回龙旗,自后如有关卡为难情形,本会力任禀官整顿。至商团及四乡巡警亟须举办,尤以联络为急务,应刻日派员前往沿江各乡各埠,一面劝止暴动,一面密查匪踪,一面调查各地方情形,因地制宜,切实与各处绅商酌议办理。

(五)宣布天津自治章程要义。(众认可)轮船行代表余明生起言:自去年由税司设验船司掣肘,是以多挂洋旗,现该行已决于十二月初一日一律挂回龙旗,自后自聘员验船。查外人船业,只有西南、南宁两艘,吾粤商力,何难自设一、二艘,如此则内河航业尽属华人,自可无交涉之患,请自治会据情禀请粤

督，准予办理。（众认可）

《中外日报》，光绪三十三年十一月十三日（1907年12月17日）

自治会特别大会紧要议案

初七日，粤商自治会开特别大会议，莅会者不可以数计，随公推黄诏平、江少荃两君主席。是日议案七款：

（一）宣布肇庆挽救国权会来函。

（二）宣布梧州自治会来函。众议应即函问梧州自治会，将被虐之店名并月日时刻，有洋兵入店骚扰确实情形函复，再行代禀督院与英领事交涉。

（三）英轮阑入西江，侵我捕权，今日所闻如水兵携械登岸，查搜商船等事，已不一而足。查捕事已由张督一面切实整顿，一面坚拒侵越，可谓克尽义务，代表舆情。乃英水师提督不体会中外民情，强硬干涉，我国外部复诸形放弃，民心愤激。虽经大吏迭次切谕，谆戒暴动，且近日民情亦断不出此，但目下民智日开，恐不免有文明抵制之举动出现。两广商业以英国占优点，且中英交通最久，人民感情特深，若以此事忽生恶感，致成商务上种种之阻碍，殊非中英两国商民所愿。窃谓国际交涉，虽属政府权限，但此事于人民大有不利便之处，则人民与人民交涉，自可将一切为难情形，由我粤商民先行布告省港英国商民，令其忠告英领事及英水师提督，速将此举作罢，以顾全中外商情。如仍无效，计惟有集议，公举明白理由、通晓语言之绅商，前往英京，与彼国之绅商直接谈判。彼国绅商中人，多曾（遽）〔居〕高位、深明公理之政治家在内，当能主持公论，代表舆情，使此事速就消灭。并应一面将此事绎成洋文，布告中外报界及万国和平会，使共知晓，以觇公论。（众赞成）

众议刻日函请出口洋庄商会，请其代表舆情，与洋商共申公论，并将各情刊函，通请各洋商共维商业。（众赞成）

主席黄提议请商船行本月十五日即行改复龙旗。商船公会代表余君起言：如能即日将验船苛例革除，众商自当即日挂回龙旗，请代禀督院，速派魏京卿验船，则十五换旗之事当可办到。

（四）宣布（提）〔堤〕岸穗城会馆来函。

（五）宣布上海两广同乡会来函。

众议屠氏之论最当，惟自置兵轮，现时猝难办到。惟办理由官，去取由商，最为文明办法。应先禀请督宪，准予商船公会及自治会有随时禀请撤换勇目之权利。

（六）宣布上海商团各章程：（甲）上海体操会章程，（乙）商团公会简章，（丙）团商遵守规则，（丁）体操规则。众议上海商团组织完善，方今时事日亟，应速仿办。商团系为商家自卫而设，与自治范围不同，似应另日专请七十二行商妥筹办理。

（七）议连日接各同胞献议不下二百余函，其于推广沿江自治，筹办四乡巡警各办法，参以天津四乡警章，已稍详尽，应定日专议此事，并派员切实举行。众议十一日星期再大会议。

随有李济良起言：今日各同胞踊跃莅会，足见吾粤民气发达，鄙人愿送时钟一个，悬挂议事堂，此后定两打开议，共相信守。陈漳浦言：自古皆有死民，无信不立，李君此举，系勉励同胞坚持以信之意。

陈元普言：今日英人干涉捕权，正我商民自治之日，从前决议入会基本金一元似尚嫌多，今拟每人入会科银五角，俾得合大群，办大事。

主席江起言：可否函请法政夏监督暨法政员莅会，组织自治章程。（以上众赞成）

《中外日报》，光绪三十三年十一月十七日、二十日（1907年12月21日、24日）

十一日粤商自治会会议情形

十一日,自治会第八次会议,莅会者甚形踊跃。至一句钟,有谭君霸图登坛演说,痛陈捕权操诸外人,则为丧失主权,主权失则国亡,极言国亡之惨,痛哭流涕,声泪俱下,并陈实力挽救之策。

至二句钟,始行开议,随公举李幹若、梁蔚廷两人主席。是日议案六条录下:

(一)宣布上海两广同乡会来函。(众鼓掌赞成)

(二)宣布河口同志社来函。(众议请警告外部促英轮速退。)

(三)宣布梧州黄嘉猷来函。(全体鼓掌赞成)

(四)宣布草订沿江四乡巡警章程。(众认可)

(五)西江属内河,捕权、警政、轮政,皆独立国自有主权,我国不能径赴香港搜查华人,即英亦何能任意入内地搜扰。乃连旬英兵轮、鱼雷船十余艘,遍布沿江,逢轮喝停,肆意骚扰。商民积愤,虽经本会禀奉督宪出示,劝勿暴动,仍恐沿江商民怒不可遏,其祸不可思议。迭接各处纷纷警告,本会有维持地方治安之义务,再行普劝粤人忍辱负重,切实自治,以免暴动外,可否据情警告军机处及各部挽救危局。主席起言:此电万不可缓,本会对于此事,既已实行自治,现商轮亦续渐复挂龙旗,并禀请督宪整顿水师,沿江举办巡警,义务已尽,而连日纷纷警告,大局将不可问。今先向政府声明,即一旦决裂,本会亦不任咎。(众赞成)

(六)宣读致北京电稿,请酌定。众议立即电去。①

《中外日报》,光绪三十三年十一月十九日(1907年12月23日)

---

① 以下原附录"粤商自治会第四次致北京电文"及"上海两广同乡会来函",见"电文"及"函牍"类,此处不录。

粤商自治会特别大会详情

十五日，粤商自治会大开特别会议，到者三四千人，并有东洋商学界派回代表苏绍章、李自明、邱树人、黄庆翰四君莅会。旋公推陈惠普主席，罗少翱宣布，并将是日议案七条录下：

（一）请东洋商学界代表宣布挽救捕权宗旨。

随由代表苏君演说，极言今日捕权已失，两粤已亡，声情激越，呜咽不能成声，全座皆为感泣。旋力言两广速宜结大团体，实行自治，并言日本以六百万邮船〈社〉会【社】，卒收回全国航权，今日应速仿日本，设立邮船〈社〉会【社】，实为救亡要策云云。（全群鼓掌赞成）次由黄、李、邱诸君次第登台，均痛陈危亡惨状，尤以成立两省自治之总机关，以图改良内政，消内患而弭外忧。并力言自四国协约成而实行瓜分之期日迫，西江警察权之攘夺此其先声，处此时机，一宜和平交涉，以挽主权，一宜预储实、练兵、恤贫，以为后来强劲自立之基础云。

（二）宣布桂林粤东会馆来电。众议决各办法函告协助。

（三）宣布梧州粤东会馆、自治会来函，并梧州省港梧轮船公司招股章程。

苏君言：三十万股本太少，宜厚集资本，设立两广邮船会社，以推广商业而保国权。（全体鼓掌赞成）

（四）速行集股，成立邮船会社，添置商船，行驶西江，挽回利权，与梧州商船公司联成一气。（众议速行集股）随议定每股五元，当经认股，已有数千之多。

（五）省外商人纷纷投函，筹议文明对待之法。查抵制为个人自由，为文明国所公认，但必须各抱热心，审明界线，不栏入国制，不干涉别人，方不致贻人口实。且此举一成，牵动中外商业，诚属万不得已之事。若能和平办理，不至酿最后之举动，尤为中外莫大之福。应即重提第七期议案，速将英轮驶入西江，侵权越俎，及中国商民种种受扰情形，译成洋文，定日邀集出口洋庄商会，公举明理晓事之人，及函请港中体面绅商，一同莅会，分别商议布告英商，要求忠告英官及早和平了结，以顺人心而维商业。（众议应函请出口洋庄商会全体同人会同研究，切实实行。）

（六）收回捕权自办，督宪札饬税司条议章程，本甚妥协，但仓猝造船不及，应请租雇商轮，配置兵械，分上中下三游，速日举办。即与英水提订明，梧州都城以下既派有华轮巡缉，英船即须退出肇庆水面以外；肇庆以下派有小轮，英船即便退出省河以外；南海、顺德、三水、新会各水面一律妥派，所有西江英轮即须一律驶回香港，以尽责任而保主权。众议应即禀请督宪从速办理。

（七）行轮章程海关验船一事，原有准派华官之例，应公请邓小赤中丞代表全体商民，据例商请督宪，速准照会魏京卿，会同验船司，使华洋商轮享受一律看待之利益，不至再有误会苛扰之事。众议同人公请邓中丞速商督宪准予照办。

《中外日报》，光绪三十三年十一月念五日（1907年12月29日）

粤商自治会第十期集议情形

日昨粤商自治会第十期会议，各行商冒雨赴会，甚形踊跃。时计一晌，有康仰莘君演说，力言所争捕权，较之江浙拒款、苛待华侨尤为重要，激昂慷慨，声泪俱下。次由蔡荫余、罗少翱两君继之，均陈捕权损失之惨，闻者无不奋激。陈惠普又频频以己虽奉部电查究，必不牵累各人等言泐勉，大众鼓掌之声不绝。至两句钟开议，公推上海帮卢辅宸、疋头行朱卓卿主席，罗少翱宣布。是日议案四条，照录如下：

（一）议除禀督宪速派员验船，俾华轮一律改复龙旗外，前第八期草订四乡警章，派员沿江分布，据各员回称，沿江商民均拭目以俟。应即据情禀请督宪核定，通饬东西沿江文武，督令绅商就地筹款，勒限三个月一律举办，并责令各乡联保，以清内匪。（众议四乡被匪打单掳勒，惨无天日，应速禀督宪饬办，并由本会员侦探，并印长红十万遍贴。）

（二）宣布督宪禀稿。（众认可）

（三）议除禀请饬办四乡巡警外，可否即照前第二期议案，由本会刻日派秘密侦探六员，先行暗查沿江匪巢，以凭禀请痛剿。众议侦探员宜因人或扮地理算命，或作贩卖，种种不一。每人各设日记，先查一次后，再派员复查，相符即行禀请剿办，并须密查庇匪土豪，密禀承办。

（四）议研究商船会社招股办法。苏代表起言：今日争西江捕权，各级经已陆续举办，惟最良之效果，以举办邮船会社、挽回东西江利权为最要，而招股之法，应请七十二行商从速担任，因中外同胞只信七十二行商办事。弟等四人蒙日本商学界公举回粤，时候无多，至迟年底须赴东洋。此次举邮船会社，系横滨各商家所最切望，如蒙七十二行商担任，日本华商尽可认股一百万。（众鼓掌赞成）

陈惠普言：邮船之利最大，应从速组织。并言：今日之事，座上诸君切勿因鄙人致奉拿究，便尔灰心。鄙人忝为一省代表，今日有进无退，无负吾粤同胞厚望。（众鼓掌赞成）

李戒欺言：现东洋代表诸君急于回东，自应速请七十二行担任招股，至今日在座各行应即认定。（众赞成）随认定上海帮卢辅臣，疋头行朱卓卿、林焕堂、朱梦吉，四川帮梁蔚廷，玉器行郭仙舟，药材行李幹若，石叻帮朱伯乾，米埠行张子谦，油行王劭南，豆行何苇禄，土丝行梁少伯，烟丝行赖燕山，布行熊礼庭诸君担任招股，刻日开办。

（随宣布汉口同乡会来函，并德育、闽德女学堂来函。①）

《中外日报》，光绪三十三年十一月念九日（1908年1月2日）

---

① 以下附录"德育、闽德两女校函"及"汉口同乡会函"内容大略，兹皆略去，全文见"函牍"类。

粤商自治会第十一期议案[①]

廿八日，粤商自治会第十一期集议，莅会者极形踊跃，公推郭仙舟、杨辉严二人主席，罗少敖宣布，李仲生书记。是日议案四条，照录如下：

（一）议挽回捕权，以设立两广邮船会社为最良之效果，经第九、第十两期会议决定，由粤省七十二行商担任招股。此事为中外同胞所最切望，月来内外各埠，皆因此事设立两广同乡会，函询办法，殷殷竭力协助为词。事关大局安危，应请行商诸公，切实妥筹举办。郭主席言：创办邮船会社，实为救国之本，七十二行自应同担义务。（众鼓掌赞成）陈惠普言：日本华商因见日本邮船之发达，公举代表回粤，请两粤行商举办邮船，最为今日挽救捕权之目的。且每股五元，外埠人人切望，一经行商担任，二三千万，立刻可集。

（二）宣布草订邮船会社招股章程。（原文另录）陈惠普言：如个人自认百股，或招五千股，可作创办人否？众议创办名目，自应归一行担任，不能以个人称创办人。林焕堂言：轮船商业与别项生意不同，必须一次收足股银，方敷布置。陈立三言：恐做一万、二万股者，一时难交。陈嘉普言：此业以多人附股为佳，如一人作万股、千股者，不若每人一股，各同胞皆沾利益。（众举手赞成）

（三）议请暂举义务员数十员，主持会社事务。杨主席起言：请发专函各行商，集行选举。众议准明日函请各行，一律于三日内举定义务员。陈章甫言：发函各行固要，应请今日在座数十行商，先行集行，举人担任，尤为切实。（众赞成）

（四）宣布致梧州行商电。（众认可）

《中国日报》，丁未年十一月三十日（1908年1月3日）

[①] 原标题"粤商自治会紧要议案"，兹拟题为"粤商自治会第十一期议案"。

粤商自治会第十三期议案

初七日,粤商自治会第十三次议事,公推黄玉泉、黄澄波主席,宣布议案三条:

(一)宣布各处寄来函电。

(二)议轮船招股章程。昨十二期经已妥订,并公举各善堂收银,惟收股费用如何拨还,所收股银如何交付,应先行订章声明,以昭信守而免后议。众决议各善堂聘员役收股,一切费用概由公司支还,其所收股银,随时概交总公司。七十二行所举主席担任存放。其暂时主席,一俟各行举定义务员之后,齐集投筒互举。该主席担任一切,至公司成立之日,方得卸责。其香港、上海、日本、檀香山、新旧金山、南洋安暹中外各埠,皆由该埠众商公举主席,设立分局,主持该埠事务,有权收存股银;所收股银先以一半汇总公司,一半存中外各分局,以后办理该埠轮船事务,即由该埠分局众商举员,遵照总公司章程办理。

(三)重订轮船公司招股章程。港商熊君起言,似宜改为两粤华商轮船有限公司。再言章程第一条宜改为所有章程悉照商律有限公司办理,第二条宜删去燕梳一层,第七条改为其办公费用由本公司照数送回,十四条宜删去。(众均赞成)至第八条,众议改为招五千股以上,送回费用银二百元。

《中外日报》,光绪三十三年十二月十六日(1908年1月19日)

粤商自治会第十四期议案

十四日，粤商自治会因梧州代表周、林两君抵省，开特别会议，公推王劭南、朱伯乾为主席，宣布议案五款：（一）议河南商船公会前经议决，东西江各华轮一律挂回龙旗，以免藉口，只以督宪派员会同验船，尚未尽完全办法，拟据情电禀商、邮两部暨税务大臣，将中国海关验船例收回成命，由粤督派委，秉公会验，并从速革去郭苏娣，以顺舆情。（众赞成）（二）宣布致商、邮两部、税务处电。（三）宣布梧州来电（已见前报）及佛山兴宁布行来函。（四）议两粤华商轮船公司招股章程。梧商代表周、林两君称，梧商对于此事极表同情，应即将章程公同议决，宣布中外。旋由梧州代表周君言西江缉捕为两粤生死问题，于省城梧州商家尤有密切关系，挽救之法尤以自置轮船行驶为最切实。此事梧商望之更切，鄙人等被举来议，惟望万众一心，联结团体，以期共挽利权。（众赞成）（五）请定轮船总公司开局办事日期。众议决明年正月初八日为两粤华商轮船有限总公司开局办事之期，所有七十二行被举各员轮流值日，常川办事，以重责成。随宣布招股章程已经通过。

《申报》，光绪三十三年十二月廿二日（1908年1月25日）

广东自治会十七期紧要议案

初九日，自治会十七期会议，到者极形拥挤。一点钟，先由谭君荔垣演说，先言中国危亡之惨状，次言救亡之策，略谓：环球以商立国，现商力尚属幼稚，欲收速效，当以提倡国民海军捐为第一要义。现政府急欲兴复海军，苦无资款，我国民当以海军捐为实行立宪之代价。当由本会联合中外同胞要求政府，如果国家认真立宪，则我国民担任海军关办费、常年费，相与有成。此事难在发起之人，鄙人甚望轮船公司早日成立，即由轮船公司各行商提倡海军捐，中国之强指日可待，鄙人当预为之颂曰：中国万岁！同胞万岁！演毕，鼓掌之声不绝。

旋由陈惠普、罗少敖次第演说，均赞成谭君之议，并力言外域华侨，孤身异地，惨受苛虐，切望轮船会社成立，得以接济，此事各行商当为华侨尽义务，切实担任云云。

至二点半钟开议，公推张子谦、王（召）〔劭〕南二人主席，罗少敖宣布。议案录下：

一、议轮船招股事宜。昨经议决，由七十二行同人签名，联合各埠商家，切实担任。此事为接济华商、扩张国权第一要务，应请遴员前往佛山、西南、肇庆组织，并赶紧遴员，一赴安南、暹罗、南洋，一赴上海、汉口、日本、檀香山、旧金山各处，设立分局收股。

杨辉岩言：此次招股，自当认定宗旨，由行商签名，联合中外华商，着实担任，乃可收股，俾得永绝风潮。今日要著，应速举员分赴各埠，联合殷实商家，设立分局。众决议刊布传单，通请七十二行商会议，遴员先往佛山各处，并即分赴各埠，遍设分局收银云。①

《中外日报》，光绪三十四年正月十七日（1908年2月18日）

粤商自治会第十八期议案

初十日，粤商自治会第十八期集议开办轮船事宜，行商到者极众，公推商船

---

① 以下为"自治会派员分赴各埠设立分局招收轮船股银传单"及附录"智梨华侨来函"，此处皆不录，分别见"传单"及"函牍"类。

公会总理余云眉、土丝行梁少伯二人主席，胡心澄宣布。一句钟，先由胡心泉、张崧云次第演说，极言轮船行驶中外，为我国莫大之名誉，并力述我华人近年人人有爱国之心，一有商家轮船，客货生意必能畅旺，获利当比招商局为尤厚云云。满座为之鼓掌。至二句钟开议，是日议案三款，照录如下：

（一）议轮船集股。迭经决议，由七十二行同人签名，联合中外各埠商家担任。应否另行择地，设立轮船集股商行办事所，由同人分班值日办事，以专责成。梁蔚廷言：同人分班值日，应订定规则，凡值日同人，是日之事，是其担任，如有要事，必须告假，断不可有名无实。陈惠普言：此次收股后，当在长堤大马路旁建筑洋式大公司，设立总局，现应于日内择一适中之地，暂为行商办事所。（众决议）

（二）议昨十七期决议，请同人先往佛山各处组织，并赶紧分赴香港、上海、南北洋各埠，联合中外各华商设立分局收股，应即刻日决定。公议请郭仙舟、陈惠普、王劭南定期十四早搭车先到佛山，十五到西南，梁蔚廷、杨辉严往陈村、江门。其分赴香港、安暹、南洋及上海、日本、北洋各埠者，下期再定。

（三）议订定开收股银收条式及各项图章。主席余言：鄙人曾见日本股份收条，甚为精美，此次收条务当审慎，以免伪造。众议决：此次收条须格外慎重，应请主席担任，并必要在骑缝空开两格，一填号数，一填股数。凡收银处收到各股友股份银，立即注明姓名、籍贯、股数、银数、年月日，并代收股银处，加盖图章，经手人加签名字，发回收条存据。日后转换股票，必将收条呈投经手收银处，对图字迹，转换股票息折。其各项图章，由主席严密筹办。

附录梧州西江航业公司议案五条：（一）议公推殷实行店，担任代收股银。众议推定均隆店、寅安庭、怡亨店、源昌店、逢源店、平安店、惠成店、兴昌店等代收。（一）议即分函上下河各埠，着将股册尽正月内缴回，并将担任代收股银之家报知，俾其汇交该号代收。众议即由书记行信前往各埠。（一）议定期开收小股银。众议准逢一、四、七日一点钟至四点钟止，暂寓梧州商业研究所开收。（一）议公推义务员，帮理收股事宜，并筹划一切开办事务。（一）议附贮银两部。据众议，公推兆丰平码店黄君伯浩收管。

《中外日报》，光绪三十四年正月二十日（1908 年 2 月 21 日）

粤商自治会十九期议案

十八日，粤商自治会第十九期会议，行商齐集，公推火水行陈秋舫、花生行陈持行二人为临时主席，罗少翱宣布，至二点钟开议。是日议案五条，照录【如】下：

（一）宣布上海预备立宪公会来函，并郑苏庵京卿来函。众议上海预备立宪公会为郑公所主持，海内名流无不赞助，郑公前督办广西边防，复补授广东臬司，来书奖劝备至，其爱我粤人为最深，应即复函，将现办情形详述，请其指教，陆续再将入会衔名付寄。

（二）宣布派办西江警察学员来函。众议四乡劫盗掳勒，惨无天日，现蒙警局派员，先向沿江筹办警察，务清盗源，应由本会将人民应负责任之义，用浅白文字刊印长红，遍贴各城，以免乡民疑虑。

（三）宣布古敬辉为大吕宋华侨事献议。众议自美禁华工后，华人生计多向大吕宋各埠，古君献议于大吕宋内容言之极当，应一面禀请政府通商，一面禀请伍钦使速行设法，转求驻智国英领事保护。

（四）议轮船会社股份收条。昨经余云眉先生商定式样，拟用铜板或石印，赶于月内先印起二十万张，应请同人妥议。众议应邀请各印务馆妥商，务期精美而价廉者，从速定造，限月内即起。

（五）议速定轮船会社行商办事所，布告中外。众议应以今日同人提议下九甫、十八甫、沙基三处，限于三日内租定，即行设立，布告开办。

《中外日报》，光绪三十四年正月念五日（1908年2月26日）

粤商自治会议案

上月三十日自治会会议，行商齐集，适上海已附到第一批《公民必读初编》数千本，一句钟，先由罗少翱将是书要义演说，全座鼓掌不置，并公定每逢会议，将该书要义逐节演说。至两点钟开议，公推黎侣棠、李耀川二人主席。是日议案四款，照录如下：

（一）议昨二十期会议，经佛山代表四君将轮船会社招股节略逐条改订，并将各分局办事简章订定，再议决宣布。（随宣布改定招股节略十五条，并各分局办事简章。众赞成。）

（二）议轮船会社宗旨。前经决定，由各埠同人联同担任，现省城西江各埠行商，均已签名切实担任，应即举员赴港东华医院，联合众商，共襄盛举。次及中外各埠。（众决议公举陈惠普、陈香邻、黄澄波、凌蔚廷、郭仙舟等，再约同人多位，于初五赴港。）

（三）议昨经同人议决，由秦祥光翁顶受十七甫两便过、四进深吉铺全间，价银六千五百元，现即兴工修改，设立轮船会社行商办事所，应即定期开办，由同人分班常川办事，以专责成。（众议请黄澄波翁监工修改，限十日内完工开办。）

（四）议轮船会社，外埠华侨望之最切，迭接中外各埠函催速办，并嘱速寄章程，以凭收银等语，应即电复，以慰各外埠同胞之望。（众赞成，随拟定致各埠电稿，即日分电。）

致各埠电稿录下：挽回捕权，决由各埠众商集轮船股，五元，一次交足。

《中外日报》，光绪三十四年二月初九日（1908年3月11日）

粤东自治会因二辰丸案大集议详情

初五日自治会特别大会，全省绅、商、学、报、慈善各界均到。十二点钟，罗少（翔）〔翱〕演说辰丸当日缉获情形，并痛驳总税务司节略十七条最后以葡、日两使硬指二辰丸泊处之珠江大西沥为公海，使吾粤尽失门户，立见危亡等语。众极奋厉，旋将地图画黑板上，观者无不谓政府之昏瞢。次陈惠普、张崧云及各商纷纷演说，淋漓痛快，鼓掌之声不绝。至两点钟，摇铃开议，公推江少荃主席，罗少翱宣布。议案录下：

（一）主席宣布宗旨。此次葡人串同日辰丸私运军火被获扣留一案，系由粤海关监督部堂特派中国兵轮，在我国九澳嘴外一海里半之沙沥地方缉获。按之经纬线度，确系中国海面，为内河，非外海。向来洋船在该处落载货物及装贩鸦片烟膏出口，均须领有中国拱北关准照，方许落货。中国于此向自有完全稽查缉捕之权，自通商设立海关以来，皆照此办法，久为各国所公认。日、葡因私运军火被获，混指为公共海，又指为葡海界，种种无理。若谓停泊候潮，非系卸货，则葡人未报关，所雇驳货华船具在，经已送税关取供，证据齐备，是粤官扣留该船，并无不合。乃日人不允会讯，硬用强权恫喝政府，逼胁粤督将船释放，实属显违公法，蔑弃商约。澳门为贩卖军火之区，内地盗劫，四乡械斗，皆取资于此，为数十年来腹心之患。此次若不要求政府坚持力争，按照商约将货船充公，恐一涉迁就，此后外人私运军火，无可究诘，输入内地，既妨害国民治安，且领海一失，主权尽丧。我国民为保护生命财产即顾存全粤门户起见，全体要求，乃应有之请愿，并非侵入政府国际交涉问题，我同胞均须认定界线。（众赞成）

（二）议电请军机处、外务部暨同乡京官力争。众决议详指确证速电。

（三）议电致外埠华侨及各省协力电争。众议由同胞即日捐助电费。

（四）议将二辰丸私运军火之证据详细叙明，分寄中外华文报馆，并译作洋文，分寄外国报馆，及由本会刊印传单，散布中外。随宣布各证据，（众议决）

证据录下:

此次葡人私运军火,二丸辰确负私运之罪,证据确凿,毫无疑义。日本图翻此案,混称二辰丸所泊之地为公海。查公法以本国领土各尽头处半线外三海里为领海,以外始有公海界线。当日二辰丸所泊之地为沙沥,系在经线东一百一十三度三十七分三十秒,纬线北二十二度八十分秒,实为珠江大西沥。由二辰丸寄泊处再出三十(咪)〔米〕外,左为担杆山,右为尖山等处,皆中国领土。领土范围内之流域皆属内河,是二辰丸所泊之地,确非公海,已成铁案。至葡人雇使华人驳艇,预备卸货,已由华官将该原驳艇梁就利船扣送税司提讯。据供,当时系由澳门小轮马蛟仔拖往起货,并嘱不必报关,及拖至第二辰丸船边,始知所起货系军火,可以指证,均为此案私运之确据。

(五)议请法政学员研究国际公法及检查约章成案关于私运军火事项,详细列条,分录二份,一份呈大吏,以一份寄中外华文报馆,并由本会刊印传单,散布中外。(众赞成)

(六)议力争无效,宜调查日本输入中国全境之工商品,及日教育员之实数,为最后解决之问题。(全体鼓掌赞成)

议毕,有无名氏先捐电费银一百元,一时争先恐后,全体纷纷解囊,投之案上。办事人急置筒大堂,复纷纷投入筒内。至五句钟,犹多悲愤不散,粤人爱国热诚于此可见一斑。①

《中外日报》,光绪三十四年二月十四(1908年3月16日)

记粤东自治会为辰丸案集议详情

辰丸案件,今已议结矣。然国民对于此事,盖甚有违言,未必因案已议结,

---

① 以下附录"自治会力争二辰丸案电文",此处不录,见"电文类"。

而遂置之淡忘。则粤人事前之力争，与夫事后之聚议，自当揭载报端，以征公愤，亦以见吾国有此民气，而政府不能利用之，为足使人痛哭也。

初十日，自治会大会议，莅会者比前加倍挤拥，会内几无隙地，即附近各街，亦途为之塞。一点钟，先由陈惠普、吴绣明暨众商等次第演说，均力言日人无理及二辰丸必应充公，淋漓痛快，无不愤激痛恨。至二句钟开议，公推赖燕山主席，宣布议案五条。至四句钟摇铃散会，在座者仍不少动，冉伯、黎少岐登台演说，痛言二辰丸得失之比较，众口同声，必须坚持到底。至五句钟始渐散去。议案录下：

（一）宣布上海预备会立宪公会来电。（全体鼓掌）

（二）日、葡私运军火证据及二辰丸偷泊处确为中国内河，昨念二期经略宣布，现续查其种种证据，应再宣布中外。随宣布各证据。（众决议）

（三）二辰丸案，我直彼曲，铁证昭然，经各会认查及各报著录，大略已备。两粤乱党偏地，屡贻朝廷南顾之忧，而济汇军火，澳门实为渊薮。二辰丸经已缉获，若不照章将船货充公，此后公然济匪，我粤人民先受其害，且及全国。我同胞各有身家性命，自应坚持，务达目的。应办各事除二、三、四条已议实行，第五条已有人担任外，尚有调查日本输入工商品与各教育员一条最为紧要，应请共负责任，详细调查。

（四）禁运军火，自清内匪，为今日最要办法。本会前订四乡警章，已禀督院批行，警局派员催办。迭接同胞献议，均以乡民程度尚属幼稚，虽人人切望，恐难一律告成，力嘱本会据情并查照台湾初级乡警经费概由官支，除向地方筹款办法，禀请督院照行，以保我粤人财命。随宣布奏稿。（众认可）

（五）议轮船会社为申张国权要举，现经同人择定富善西街大屋，暂设行商办事所。迭接梧州来函，应派员前往，联络众商，切实举办，俾速派员分赴各外埠。众举陈惠普、陈香邻、黎侣堂各位约期前往。①

十六日，粤商自治会为二辰丸案外部已允了结，电饬粤督将船释放，布请各界集议，各商赴会者不可悉数。将午，有徐茂均登座演说，力言此案关系中国存

---

① 以下附录"上海预备立宪公会来电"及"粤东自治会为辰丸案集议传单"，此处皆不录，分别见"电文"及"传单"类。

亡，声泪俱下，众皆感泣。又言吾国民当永结团体，消除意见。此次日本凌我，即是逼我国民日图进步，当速设法挽救。众皆击掌。又云中国四万万人，死去一半，尚有可为，若不协力，则四万万同处绝地。演毕，众极愤激。李某君及陈惠普诸商又相继演说。既已，群议赴督辕禀求挽救，若不得当，则相率罢市。又有慰阻之者。

时至点半钟，摇铃开议，众虽挤拥，而肃静异常。旋推陈惠普主席，宣布议案三条。至具禀督辕一层，徐君起言：此举恐不济事，不如照顷间众所言，罢市要求，较为切实。（众皆鼓掌）李戒欺旋起言：此事督宪主持极力，请先具禀恳求。至切实办法，仍以文明对待为最直捷。鄙见以为，此事万勿急激，应以最沈毅、最柔软之手段与之相持，必使公理昭明，强权慴服，然后罢手，方占优胜。言毕，关某君起而赞成，并推论一切，众颇倾听。无何，有某君起言：自治会对于今日之事，如议院大集。国家既有预备立宪之举，必当俯顺民情，必使两国商民共归和好，惟将来能挽救与否，仍在国民共担责任，自当酌筹文明对待之法，以为后盾。于是，梧州商董何某君又起言，宜另设调查局。某君又起言，彼国之货与别国小同，调查亦非难事云云。

主席旋言：此次私运军火，澳门租界实为祸首。查澳门只靠妓馆及赌馆各饷为生活，该处同胞宜先将此两项戒除，亦为文明对待最切近、最有益之事。（众击掌）旋将议案以次决议。既毕，各商仍不允散，互相讨论。

旋有甘某君登座演说，详论事实，言日人恫吓无理，彼若但恃兵力，将为万国所不容。今事势已急，应请即撰禀词，赴督辕要求，或可挽救。众极闳动，纷纷促诸办事人议稿。徐君又再演说一番。既而座上纷纷取纸签名，拟同赴辕递禀，不能止。无何禀稿成，众趋往观，即饬书记赶录，举陈基建、李鉴诚、郭贤冠、何聘安（梧州代表）、关成材、冯应元（港商）、谢永年等诸商领衔。

又有言须声明今日赴辕之事，免众惊疑者。众议用白布作小旗，书"联禀挽救国权"六大字，下书"为二辰丸事"（四）〔五〕小字，即向车衣店制旗三枝，以为标识。既妥，即起程前赴督辕，欢声雷动，领衔各商亲持手本先行，同行者不计其数。到署时，已四点半钟，领衔诸人入见，同到洋花厅，先面递禀并述群情愤激，恐致罢市情形，求张督挽救。

张督谕以辰丸应照关章充公，本部堂始终不顾功名，不惜身命，极力电争，并屡电请由粤办理。乃外务部不知此中情形,轻弃条约关章,遽受外人恫喝,竟责下旗之过,不知辰丸犯法被获,国旗已无价值。本部堂忧愤成疾,愿电部以功名偿日旗,仍请照关章将船货充公,外部弗恤,莫可如何。来禀自当据情即电外部,各位务劝各商民切勿暴动,转资人以口实。众皆力陈澳门私运军火为地方大害,请为维持。晤谈四十分钟,乃退出门外,由陈惠普宣布张督传谕大意,全体鼓掌。时有宝纶店场,拍相以留纪念而散。计各人散时,已五点半钟矣。①

附录:自治会议案

(一)宣布中外各埠来电。

(二)议日、葡私运军火,二辰丸偷泊起卸处确为我领土内之内河,所有证据及其种种不法之行为,迭经传单宣布,中外皆知。连日各报载日人强权要挟,全体愤激,深恐激成事变,应速一面禁止罢市,一面禀请督宪设法挽救。日人违背公法,无可逃于天地之间,公理所存,岂能磨灭?政府不足靠,所恃者我国民团结力之伸张,言论自由。并应一面再由本会将日、葡不法之行为,随时接续详报中外,联合四万万同胞,各尽文明对待之义务,至尽达目的而后已。(众议决)一面全体赴督辕递禀,一面严电外部诘责,决不公认,并分电中外,施行文明对待。

(三)两粤乱匪猖獗,为各省之冠,推其原因,皆由内地奸人串外人私运军火接济所至。此等奸商实与谋反大逆无异,应速调查其人姓名,禀请严办,并应联同各州县四乡各家族,各以家法治以叛逆不孝之大罪,以绝后患而保中外之和平。众议此等奸商,人人皆曰可杀,家法严惩,尤为直捷。

《中外日报》,光绪三十四年二月念三日(1908年3月25日)

---

① 以下附录"自治会为二辰丸案再上张督禀词",此处不录,见"公事"类。

自治会二十五日大会议提议事项

（一）宣布张督告示。该告示大旨严禁暴动，恳挚详明，兹从略。

（二）我同胞既泣血同盟，誓雪国耻，须认定本会忍辱图强，誓雪国耻宗旨。目前机关，尤须预防日人见我同胞共守文明规则，无从挑衅，恐用苦肉计，凭空在街上以野蛮手段施之我国民，我国民稍与争执，彼便藉口被我国人殴辱，借端生事。我同胞如见有此等举动，且宜忍耐，立邀巡警与之理论，切不可误中其计。

（三）欲雪国耻，须我国民担负责任。拟先由两粤签名，后联廿二行省，要求政府速开民选议院。

（四）决定政府许我以民选议院权利，我国民即担任海军捐之义务。

（五）现已先行调查日本商品，改良工艺，振兴商务，以图自强。惟缓不济急，拟请七十二行商轮船会社改为中国商务轮船会社有限公司，推广股本，先以三十万在省建设货场二三处，如香港先施公司之类。公司内所有中外各货品齐备，概以不二价发卖，以期商品划一，操纵自如，立刻获利。然后一面自置轮船行驶内河外洋，一面设工艺场，此外银行、燕梳、煤矿等实业次第举办。①

《时报》，光绪三十四年三月初二日（1908年4月2日）

---

① 此篇原在"自治会二十五日大会议传单"后附列，兹单独录出，标题为编者所加。

粤东自治会特别大会详情

二月念五日，粤商自治会以二辰丸事，人皆痛切，引为大耻，虽共守文明规则，仍恐外人藉口，或暗挑衅，特刊派传单，开会宣布宗旨，要求速开国会，并议振兴商务，以图自强。

是日到会者络绎不绝。十二句钟，先由仇春荣、张崧云、李铁尧、黄傲孟等先后演说，痛陈政府腐败，（至）〔致〕我国人如此凌辱，我同胞务须共担国家义务，奋志做人，以雪此耻。次由陈惠普、徐君勉、陈仪侃、陈荫农、冯觉芸、何恒斋等十余人次第演说，会外亦多团聚分头演说，均以知耻忍辱，振兴实业为劝勉，并戒切勿暴动。

两点钟摇铃开会，公推陈惠普主席，宣布议案五条。兹将决词录下：

（一）宣读一句，拍掌一周。

（二）众赞成。

（三）众议速电中外，联盟要求，务达目的。

（四）众决议今日中国非速设海军不能自立。如允设议院，立即举行海军捐。义捐不足，即因地科派，以该地方捐科若干，即举议员若干。

（五）众议由七十二行担任，即日集股，立刻建设不二价大货场，举办各实业，实行文明对待。

议毕，主席起言：今日同胞已被外人欺侮殆极，将来财命、种族亦同归于尽。今幸民气未死，急宜结大团体，集大资本，为中国争气，如系中国人，请速认股。众皆赞成，随纷纷索取笔纸认股，大有争先恐后之势，不旋踵已集股数十万。现决三月初二日开收股份，并举定陈惠普、陈章甫、陈香邻、郭仙舟、黎侣棠、罗少翱等念七日往佛山，念八日往梧州组织一起发起云。

是日虽异常挤拥，而会场内外均皆肃静，毫无喧嚣陋习，可见国民程度日高，更非外人意料所及矣。

《中外日报》，光绪三十四年三月初八日（1908年4月8日）

补录粤省自治会大集议议案

（一）宣布与梧州官绅妥议西省弛禁事。

（二）连日已发函各省商会、学会及各省自治团体，联同要求速开民选议院。其中应行预备事宜甚多，应如何筹定，谨请议。众议其中事理甚繁，应速邀请精明于宪政各同胞，预筹一切，并再定期邀本省各府县员，开大会决定。

（三）前议调查日本商品，改良仿造，从速设立销场，以期商品画一，操纵自如，为永图保全国粹办法。连日各埠函促举议，以期实行，应亟明定宗旨，先遍查本国制造各商品，以广销流。其应行仿造者，并逐一布告，速将土货改良，以期商务、轮船日益发达。关佐田言，外国各埠无不设有劝工销货场，此为振兴工艺之第一要点。众议应定期兴办劝工场，恪守文明规则，切实举办。

（四）连日各处投函，多以普人胜法，法人引为大耻，随时将当日战败情形，绘为图画，播诸歌谣，以志纪念，似应立刻仿行。主席言现禅布商陈君所作国耻纪念歌，众极欢迎，应即广为刊送。众议即请陈柱朝担任歌曲，并函请省城河南画界同人，多任图画。

《中外日报》，光绪三十四年三月十五日（1908年4月15日）

广东自治会大会议议案

十二日,自治会大开会议。兹将议案五条照录如左:

(一)宣布上海预备立宪公会来函、宪政公会来电。

(二)宣布前经议决,联合各省,要求民选议院,建设劝工场,改良土货,推广航业。昨接沪、汴函电,拟请开国会,均表同情,沪函尤注意改良土货,以立强国之基。立宪公会久经民政部立案,会长郑廉访尤甚热心,上海地面交通中外最捷,拟请函复立宪公会,从速组织立宪期成会,函电各省,定期各举代表赴沪,议决连同入京,呈请都察院代奏,请旨速开国会,共负责任,以免政府独任其难。如何,谨请议。(众决议请函复预备立宪公会,从速组织立宪期成会,以为立宪之基础。)

(三)爱国主义,尤以博爱人群,服用本国货物为目的。前经议决,请七十二行商速设劝工场,改良土货。惟建筑尚须时日,似应博采工师,从速研究最新款式,将各行旧制改良,以收速效。陈柱朝言:劝工场宜在堤岸适中之地建设,分八面门户,陈列各货品,将唛头标列,逐日刊传单宣布,使同胞知所改良。如有能独出心裁,创兴工艺,劝工场代为销货,并禀请农工商局,准其专利。(众赞成)

(四)商务轮船会社股本,已定十二日开收,其工场之大小,工程之规画,应先妥为筹议。(此条未决议)

(五)西省允弛米禁,未见明文,应如何办理。众议决一面电梧州府,一面电禀张抚,须从速弛禁,并禀请张督电咨张抚,以裕民食。(众赞成)

《中外日报》,光绪三十四年三月二十日(1908年4月20日)

广东自治会大集议详情

十八日，自治会因内河轮船罢市，及轮船会社倡办工艺，开会大议。是日大雨如注，各商冒雨赴会，依然座不能容，至有持伞而立阶下者。午间黄焕庭君登演台，详述轮船罢市原因及现在情形。次何耀廷君演说工艺。两点钟开议，陈惠普主席，宣布请议原由，在研究工艺问题，嗣以轮船罢市之事出现，此事关系西江捕权，本会与有其责，应先为提议，随宣布第一条议案。有某商起言，应请张督将柯、郭革除，并收回验船权，准予轮船公会自雇毕业机师察验，速劝轮业复行开摆，免碍商业，众皆赞成。次宣布第二条议案，并严易朋君工艺献议，每宣一条，众皆拍掌。既毕，严易朋君起立申论一切，众皆感悦。余二条以次决议而散。是时有新会张君朗轩，绘出轮船图，内快船、钢船、浅水船各式，众商传观，无不称叹。散议后群以为商界多才，可决将来之发达云。兹将议案照录如下：

（一）十七日省河轮渡，因税司频年袒护验船司柯布庇，劣役郭苏娣验船苛虐，经张督札饬革除，仍始终庇护，大动公愤，相率停摆。昨午奉陈太守面传督谕，饬劝勿暴动，即有示谕将验船司试办之案撤销，此后验船由善后局派员秉公办理，应速请各轮立即照常开行，一面妥筹善后办法。众议验船为慎重航业起见，商家资本所在，尤为密切关系。查香港验船皆由各商自雇毕业机师，验明具报核行，现正振兴航业之时，应禀请督院核准，由商船公会自聘毕业生查验，即由公会出牌，呈由善后局盖印核行，不必再由税司干预，方免流弊。

（二）迭接港商严君等献议，以改良土货，宜先从简易办法，如纸行、木、铅、铜、铁、锡等物件，仿造东洋信封、灯笼、纸花各种小器皿家私，玩器等女红，逐渐推广，方能普及等语，请诸君研究。众议严君献议各条，由粗而细，由小而大，可期人各一艺，利赖无穷，办法极当，更请由严君商妥章程举办。

（三）陈、冯二君献议开采煤矿，雇用湖南工头，督同土人，以土法试办，需本不过数千,俟办有成效,再行推广集股,购机开办,办理甚为简便,且寓以工代赈之意。粤省煤矿甚多,应速调查布告,分别举办,以辟利源。众议煤矿销流最大,以土法开采,最益地方贫民。近年各省煤矿权,多为外人所窥伺,应速调查布告,兼禀督院咨外部、商部立案,声明两粤矿产,应由华人集资开采,不得畀与外人。

(四)西医张女士献议防疫卫生法,详论海味一物无资养料,为各国卫生家所不食,并以近日市面有等霉变海味,其中微生物最多,于卫生尤碍,现当春夏之交,防疫均应注意等语。诸君以为何如?众赞成。

《中外日报》,光绪三十四年三月念八日(1908年4月28日)

自治会大集议纪事

二十五日,自治会开大会议,莅会者数千人,公推朱伯乾、左达波主席。议案照录如下:

(一)我国人口已将增至五万万,大有人满之忧,现经七十二行商举办轮船工艺,为同胞兴大利,而目前急务,尤以采煤为切要之图。昨接刘鸣伯观察函,称奉西抚电嘱,邀本会倡办贺县西湾煤矿。查该矿煤质甚佳,距河亦近,运费甚廉,现准粤商承办,西抚力任保护,并予优给利权,应否担任举办,请公议。众决议由自治团体担任,即责成主席朱、左两君从速调查试办。

(二)我国自日俄战争后,朝野上下皆晓然于专制政体,断不足自立于地球,乃亟亟预备立宪,讲求地方自治。然国会不开,则自治断难发达,稍识时者皆知之,而政府诸大老固梦梦也。昨已函电上海郑、汤诸先生,联合各省,要求速开国会。惟政府聋聩,终恐徒洒血泪,无补时艰。现在朝廷拟兴海军,连旬同胞函认海军捐者甚巨,似应由国民普通担任,持此以要求开设国会,较为操纵自如。众决议外埠华侨苦无军舰保护,惨受外人苛虐,应即布告中外,由国民担任海军开办费，此款先行认定，候国会成立，即行交银□缴。至海军常年费，届时应由国会议决，仿照小吕宋华侨献议，妥酌举行。

《申报》，光绪三十四年四月初五日（1908年5月4日）

粤省自治会大会议案

初三日，粤商自治会又开大会议，公推陈持衡、张道三为主席，罗少翱宣布。议案录下：（一）宣布上海预备立宪公会来函。众议本会前请速设期成会，来函所述尤为周妥，应即函复赞成，并由同人酌捐经费，随时汇沪。（二）宣布雪梨埠保商会来函。众议外埠各华侨热心爱国，应由本会致谢徽章，以致景慕。（三）宣布西江瓷业公司及石湾缸瓦行来函。众议应函知粤省瓷器行，广为代销，并劝石湾各商改良本会，随时提倡协助。（四）渔业关系海权，我国自上海张殿撰振兴渔业外，粤省虽有提倡，仍未就绪，应速办渔业，以挽利权。众议本省前设渔业，应函知该商克日开办，如无把握，应请海味行担任。（五）连旬迭接各工界函述改良土货各情，具见商智发达。此外如漆盒行仿造东洋大小漆器，遮扇各行仿造鬼婆各墨遮、各油纸折扇等，竹器、籐器各行仿造竹夹毕袋、大小籐篮等类甚多，亟应通请各行切实改良仿造。（众赞成）（六）本会调查纲要凡分四类：一必要类，二推广类，三密查类，四附加类。每类各分纲目，头绪极繁。查推广类内大纲：一农业，二工业，三商业，四物产。现在振兴工艺，工业一项应先从速调查。工业门类：一工厂，二机器制造，三土木工，四纺织，五染色，六手造器具，七日用必需工，八皮工，九缝纫刺绣，十窑工，十一铸冶，十二雕刻，十三玩具，十四文具，十五美术。应如何分【任】调查之处，请公议。众议由七十二行东西家分任。如有改良著效者，本会当宣布于众，并分别奖励。陈君又提议，现查某洋行经纪某纷纷运动奸商，串立办货空头单，不知何故，请研究。关某言，此等汉奸将欲串外食

内，当由个人对待之。（众鼓掌）

《申报》，光绪三十四年四月十二日（1908年5月11日）

广东自治会集议详情

初十日，自治会会议，公推北江行商李伯桓〈席〉主【席】，罗少翱宣布。兹将其议案六条录下：

（一）宣布南雄广州会馆专函及佳电。众议雄商贩运江西省谷米，前经在平粜公所会议敦促，并蒙府面准转请督院饬令前往贩运，以裕米源。今据函电，显系该州有意鱼肉，代禀督院，并电州官一律放行，以济民食。随宣布禀、电稿。（众赞成）

（二）宣布渔业公司复函。众议渔业海权，关系甚重，该公司既函称五月即可开办等语，俟届时察看情形再议。

（三）议张君献议改良花梨行各椅案，随宣读来函。众议由本会函催该行从速改良，以挽利权。

（四）议瓷器行函，允代销西江改良各瓷品，惟声明请函致康君，各瓷新绘图画，统以激动国民脑根为妙。众议应再函康君改良各瓷，必须多作西式，绘入洋花及时事各种形图，使社会争购。

（五）议美术漆器行送来改良漆品，请研究。众议该行王应昌送来研究之改良漆器品甚佳，应请集行再改良花草、时事形图，随时送到本会研究。

（六）昨接上海预备立宪公会函，称已决定设立国会研究所，订国会顺序，定至短之期限，作为草案，联合各省上书请愿，具见实事求是，不尚空言。现在政府拟兴海军，其开办经费不过千万，为数无多。我国同胞四万万，即外埠华侨人数，亦以千万计，况自预备立宪后，国民程度日进文明，我同胞爱国同心，且夕盼切立宪，如政府准开国会，则千万之款，捐集无难。应将此项海军捐先行筹定，再缩极短期限，为切挚之请求，办理尤有把握。众议海军捐应先定表册，分送中外同胞，限期汇交本会，汇计认定后，即电沪公会办理。

《中外日报》，光绪三十四年五月初二日（1908年5月30日）

广东自治会大会议详情

前月某日，粤商自治会集议，到会者极为踊跃。各商改良之土货，悬挂议堂前，中有纸花、纸扇、火柴、灯扫、必得胜药品、漆器各物。张、关、林各君相继演说，均主振兴土货，众无不击掌者。两点钟摇铃开议，主席为白糖行商陈立三、梧州行商潘厚符。宣布第一条议案为留日学生来书，宣布员以次解释，宣至抵制目的在日人干涉间岛路矿诸问题等语，各商无不拍掌，疾声赞成。既毕，众决议将此函宣布中外，主席提议先刊录此函，即于怀中各捐洋元，为刊刻费。旋将第二、三、四各条宣布，力劝同胞以爱土货为爱国，众皆欢悦。宣至第五条，决议电请政府速开国会，旋由张崧云详论国会为救亡之策，提议请众公举领衔，随举李君戒欺担任，即议电稿宣布，决议而散。议案录下：

（一）宣布留日学生来函。众议此次贸易自由，推其原因，实由日本频年图治东三省，种种强横无理，故国民因辰丸事，触动公愤，不约而同。来函所云，足见学生等热心，本会当代为表扬，以伸爱慕。（众赞成）

（二）我国近年商务日就凋残，推厥原因，实由工商劣败所（至）〔致〕。查文明各国，人人均以服用本国货品为荣，故其国工商日益发达。现在七十二行商振兴商务，改良工艺，我同胞爱群爱国，尤当保全国粹，销售土货，以期商务日兴。（众赞成）

（三）我国同胞四万万，商务遍环球，工商一兴，必获大利。连旬各行改良土货，日见其多，应如何分别表扬，以为中外同胞劝。随宣布佛上升平街广安祥自制纸花，吉星里公益公司改良折扇，清远老怡和公司自制土火柴枝，美术漆器行改良各漆器，老城编译公司自制学校各用品，实业社自制标本图画，吹料行自制白灯罩，药房砖必得胜丹肺宝药水，刘禄衡补脑丸，奇和堂保丹锭，显记灯扫。众决议刻日邀请海内外各行商，将所制改良各工商品，准于五月初九上午九点钟，交到本会陈列，由众评定，分别致送徽章，并通请同胞，联同鼓励，以昭激劝。

（四）李、邓二君献议，吹料行改良虽佳，仍恐未能化砂。自治玻璃一项，销流最广，前花地启新公司，自行化砂制成各等白罩，今已废业多年，宜提倡租借该厂从速制造，以挽利权。众决议应请函邀吹料行商到会研究办理。

（五）现在云南告警，远东事亟，西藏濒危，四面楚歌，举目有山河之感，中外同胞，痛心疾首。月来迭函本会担任海军捐者凡数百起，我国地大民众，即国内开通士庶当有数千万，即外埠华侨人数亦以千万计，但使国会立开，即千万海军经费，共乐输诚，急救危亡，计无逾此。方今时局日亟，待无可待，可否据情联电都察院代奏，切恳即开国会，并禀督宪代达，以救危局。众赞成，〈众〉公举李戒欺领衔。

《中外日报》，光绪三十四年五月初三日（1908年6月1日）

粤省自治会大集议详情

日前粤省自治会大会议时，公推郭仙舟、杨辉严主席，罗少翱宣布，胡心澄、张崧云、关佐田演说。兹将议案照录如下：

（一）现接海味行拨助本会经费银二十五两正，函称此项系因行内某号误买某国货物，旋知失察，自愿缴出罚款一百两，以补己过，特以四分之一拨充本会经费。惟本会力辞不获，应否收纳之处，请公议。众议收纳。

（二）议前经定期初九日将改良各土货分别表扬，嗣迭接各同胞函称，均以文明国民，无不自爱其本国之货品，拟由各行店各将自制商品，于初九早八点钟以前，自行铺设，齐到本会，联同巡游，以供众览，更足为畅销之助力。此说是否可行，请公议。（众议改期本月二十三日举行，自本月初九日起，逐日先行挂号。）

（三）上海曾少卿先生，前创议抵制美约，嗣复首先提倡禁烟，生平力办商务、工程、学校、拯灾、筹赈、恤贫及一切地方公益，卓然为中国伟人，乃竟为世忧劳，于四月念六日子时病终，中外闻之，同深悲悼，应定何日公祭，以伸爱慕。众决议本月十六日在本会联合各同胞举行，并即电沪志哀。

（四）议分别表扬土货徽章，徽章用醒狮滚球式分别之。

（五）议卫生生理与世界文明相进步，本会筹办地方自治，卫生一部尤应切实讲求，可否另设卫生部部长，责成料理地方一切卫生事宜，维持人生生活之真理，请公议。众公推刘禄衡、陈则参、伍汉持、陈吉中、卢衡石、黄满荣、关佐田诸先生担任组织。

（六）昨奉广府陈太守转奉督院面谕：香港现有时症，由轮船载回省城就医，虽经方便医院派人招待，送院赠医，认真办理，惟闻每日载回病人不少，方便医院地方无多，难免拥挤，不如另择河川、龙口川东空旷地方，搭厂留医，迎纳海风，吸收空气，于病人卫生尤有裨益。此项捐款如有不足，尽可由官补助，希即速筹办理等因。奉此，查方便办理此事最为认真，只以经费支绌，故未能另行设厂，似应由本会提倡赞助，公请方便同人，刻日妥办，以副督院视民如伤之美意。公推方便医院招待，所有此项经费，先请督院拨助，并由本会担任筹捐。

《中外日报》，光绪三十四年五月十七日（1908年6月15日）

粤省自治会紧要议案

十三日粤省自治会议，公推朱伯乾、叶辉墀主席，罗少翱宣布。兹将议案三条照录如下：

（一）议阳江皮枕为吾粤著名土产，现在夹必袋畅销，固应函请皮枕行仿造。其各乡多有藤织、竹织篮盒等物，益应劝令改良，仿效大小藤竹各夹必袋，及便于携带等器，以期各农民于耕作之余，可执此项手工，推广谋生之路。（众议应分别函致皮枕行同胞，切实仿造，以挽利权，而兴商业。）

（二）议背囊水罇为军事所必需，现在省城广益公司已能仿造，并应汇为刊布。（众赞成）

（三）议渔盐为天下大利，盐运归国有，独沿江海之渔业，利归于商。上海张殿撰倡设渔业公司，大著成效，我粤濒海，何可自弃利权。七十二行中海味、咸鱼、鲜鱼各行，均于渔业有密切关系，似应函致该行，请其刻日筹议，举员集股开办，以兴大利。众议责成海味、咸鱼、鲜鱼三行担任发起，组合七十二行商，设立渔业公司，集股开办。旋由袁君香浦提议，先派代表赴沪调查，一面由三行担任发起。众皆赞成，即举定海味行张道生、黎勉之代表赴沪。

《中外日报》，光绪三十四年八月二十日（1908年9月15日）

自治会集议尊孔办法

二十二日，自治会开大会议，推何弗六为主席，由罗少翱君宣布议案四条，其一为尊孔办法，略谓：我国尊崇孔教，特奉谕旨，升入大祀，通饬一律奉行。本月二十七日为孔子圣诞之辰，学界已尊旨休业，凡我同胞均应一体休业庆祝。现接广仁善堂同人献议，拟于是日由本会联同各界共诣圣庙，举行祀典。并拟联合同胞，仿照东西各国尊崇宗教之例，筹款建设礼堂宣讲所，随时聘员宣扬圣道，以正人心，已经分禀学宪、抚宪批示开办等语。应如何协襄之处，请公议。众议决学界是日休业，所有工商各界由本会刊派传单，亦均一律休业。各善堂、会馆、坊众，各悬恭祝孔子圣诞灯笼，以志纪念。至建设礼堂之处，俟奉禀批后再行筹办。

《申报》，光绪三十四年九月初一日（1908年9月25日）

自治会劝戒暴动议案

十三日，粤省自治会会议，公推李戒欺主席，胡心澄宣布议案，略谓：连旬报载，香港及外洋各埠，割耳殴打之事层见迭出。昨西报载，初八、九连日，香港华人因谣传日本有造出有头无尾之鱼灯、兽灯，及写"克服中国"灯笼万余个巡游街道，以至华人有抢掷日货之事等语。我同胞热心爱国，系出个人血诚，断无被人煽惑之理。现在香港已共守文明规则，惟闻各激烈之徒，已离港他遁，难保不纷集省城，鼓众生事。应如何预为防范之处，请公议。众议此事各西报皆谓日人不是，我同胞只宜坚心忍辱，切不可有激烈举动，自坏团体。应一面传单，劝止暴动，令个人自行防范，以保治安。

《申报》，光绪三十四年十月二十日（1908年11月13日）

粤省自治会会议澳门划界事

十七日，粤省自治会因澳门划界事，特开大会议，各界到者甚众。香山、恭谷两都特派代表赵绅襄平、杨绅让如、柳绅璧臣等赴会，宣布言：本日邑人亦正集议，昨闻省开大会议，即派弟等来省，先将地图呈览，并将前张中堂督粤奏案备查，俟邑人再举代表多人到会，切实筹商办法，务望同胞毅力坚持，务达目的。随由胡心澄、张崧云、陈敬淑等十余人演说领土、领海之关系，尺寸不得轻以与人等语，鼓掌声震屋瓦。两点半摇铃开议，主席李戒欺，议案如下：

（一）宣布香山、恭谷两都代表杨让如、赵襄平、柳璧臣等交来澳门地图。

（二）议去年今日为二辰丸案我国鸣廿一响炮，放船、谢罪、购械、赔款之期，丧失主权，全国蒙耻。现奉谕旨，特派高大臣而谦办理澳门划界。查葡人租借澳门陆岸，原有围墙为记，此外地界，全系我国领海权，类皆凭空影射。去年二辰丸私运军火被获之地，据经纬线为珠江西口大沙沥洋面，系属我国内河，日人妄称公海，葡人竟冒称领海，尤为无稽。今虽公理大明，而已举国含羞，此恨绵绵，凡我同胞，今日尤应注意。应如何妥筹办理，以保主权，请公议。众议派员前往，切实查调，认真办理，不得稍有放弃。

（三）议立宪宗旨，国家要政，官民同负责任。划界大臣高大臣而谦熟悉外交，向无贻误，现将抵粤。兹事重大，凡属国民，均应负担义务，分任调查，以匡官力之不逮。（众赞成）

（四）议奏定自治会章程第五条，自治会有整理商业、改良工艺之责。本会年来提倡土货，中外各埠踊跃振兴，具见我国人民进步甚速，似应分别奖励，以资鼓舞。众议由本会布告，如各土货有制造特色者，随时实行奖励。

《中外日报》，宣统元年二月廿六日（1909年3月17日）

广东自治会为澳门勘界及维护东沙渔业大会议详情[①]

自治会初十日开大会议，到者极众。先由张崧云等数人演说，至两点钟摇铃开议，公推香山代表陈仲夔、惠州代表周孔博主席，罗少翱、黄清海宣布，陈衡

[①] 原标题为"广东自治会大会议详情"，兹拟标题"广东自治会为澳门勘界及维护东沙渔业大会议详情"。

石书记。先宣布请议澳门勘界及维持我国大东沙渔业传单。次宣布香山代表请议理由，略谓：葡人租我澳门陆地，原以旧围墙为界，每年纳我租银五百两。国朝定鼎，即设立三巴门、水坑门、新关门，旧址可考。道光十九年，林文忠公督粤，严禁鸦片，奏调钦廉道移驻澳门，拨隶水师，俾资控制。道光十九年九月奉上谕：林则徐等奏巡阅澳门抽查华夷户口一折，澳门为夷商聚集之所，夷楼屯贮烟土，办理甚属妥协。惟该处华夷丛杂，保甲难施，且由同知、县丞每岁编查，恐有名无实，易滋流弊。至督抚、两司分年轮往抽查之处，亦涉烦琐。其应如何立定章程，以清弊窦而垂久远，著该大臣等另行妥议具奏。钦此。道光二十年三月，林文忠公奏内略谓：现因西洋夷人禀称，澳内华夷杂处，若因查鸦片，用兵役围拿，恐致扰动，特限时月，驱逐净尽。若过期尚未妥办，即暂停西洋贸易，以示操纵之意。执从前之案以证之，是澳门之为租界，固无疑义矣。又试证以最近之案。据光绪三十三年七月，葡人竟突过湾仔，张贴告示，并拘领有我国执照各车渡渔船，迫转葡照。七月二十一日，复拘各船回澳，船户黄渐奉、周腾、黄胜章等均被勒罚银十五员。湾仔医院乃我国绅商禀官设立，光绪三十三年时疫流行，所有病愈出院者，葡人竟派医到诊，硬给凭照。种种横暴无理，当为万国所不容。其尤令人痛愤者，旺夏乡、龙田乡与龙环、叠石、沙岗、新桥、沙梨头各乡等，租界毗连，向归香山县征收赋税，光绪十一年，葡官越界编订门牌，勒收房捐，经吴清帅赴澳，饬将葡官所编门牌尽行撤去，葡已慑服。讵光绪二十四年，葡竟威逼居民，如不遵纳，立令拆屋充公。诸绅联禀力争，当时谭督耳聋目盲，大懵未觉，葡人是年始勒收业钞，增辟马路。光绪二十五年，毁叠石村，掘骨骸千数百，投之海中。光绪三十三年，葡人复在龙田乡开辟马路，以贱价勒买民居，众皆不允。四月间，葡官竟驱逐各家人口，将屋封锁，所有家具什物，概用煤油引火焚烧，屋宇净尽，居民流离失所，惨不忍言。向来开赌聚匪，私运军火、烟膏等，扰害治安，无所不至。历庇著匪林瓜四、梁义华等，不可胜计。光绪三十四年正月，日本二辰丸私运军火，驶泊我国内河，葡人竟敢冒为领海。其侵夺我国主权，于光绪十三年未立约之前，固为无理；其凶横残暴，混越侵占，于未经会勘之先，尤为公法所不容。光绪十三年十月所立和约，未经会勘，彼此不得稍有增改。今葡人于未会勘之前，先自背约，是废约自彼。旧有之租界具在，力能收赎则收赎之，暂予通融，则勘定此次租借之界址，如是而已。租界主义之外，万无第二办法也。诸君，诸君，国权、民权之所关，为国家计，为身命财产计，能稍甘退让乎？如其不甘，则誓死以争之，斯已矣。诸公以为如何？全体皆愤，随经众决定三级办法。第一级，葡已先自废约，今当联请政府，实行废去光绪十三年中葡和约，始终坚持租界主义。第二级，请政府将澳门收赎，如暂未收赎，则决定方针，只能通融，酌定租界，仍照旧租五百两，加租若干，责成高大臣办理。第三级，如葡人不服，则合全国之力，为最后之对待。继由周孔博宣布东沙岛出产富厚，关系国权及国民生计，应行力争理由（另日录），请众公议。众议决定三级办法：第一级，速将此事布告中外同胞，公同研究；第二级，联禀政府，切实保护我国渔业并该岛财产；第三级，如政府放弃，则竭尽我国民之能力以挽救之。

《时报》，宣统元年闰二月十八日（1909年4月8日）

粤人对于佛山轮船命案之筹议

上月廿九日，自治会为佛山轮船命案被葡领事诬蔑延搁，特开大会议，到者人山人海。先由胡心澄、陈惠普、陈柱朝、谭少圃演说佛山命案之关系，葡领种种诬蔑无理，并中外同胞愤激之情形，掌声频震屋瓦。至两点钟摇铃开议，公推主席陈惠普，宣布罗少翱。宣布开会理由，略言此事去腊奉督宪示谕，我同胞应静候正式裁判，并奉示谕，不可提倡激烈，致令歹人煽惑，扰乱治安，以故数月以来，未有提议。今静候已久，忍无可忍，迫得通请同胞筹议云云。众皆愤激。次宣布各外埠华侨函电。再次宣布葡领前次诬蔑各界照会，暨督宪驳复原文。主席提议，佛山船员踢毙华人何与听，当时船中搭客咸动公愤，港商冯爵臣、谭少圃，省商张鎏基、禅商杨和佳，皆殷实商人，仗义告发，切实指证，并投本会，请为宣布中外，钦佩热诚。乃葡领事照会，一则曰假爱国之人，一则曰不合例之自治会，一则曰报馆应严办，一则曰证人应【受】罚，一则曰明明系自治会贿嘱，肆口谩骂，野蛮无理，稍有人格者不为，葡领竟不自顾其名誉，并不惜损害他人之名誉，尤复蔑视我政府，长置此事于不理。迭接外埠函电交催，实已忍无可忍，究如何办理，请公议。座间以次起言，各抒己见，多属激烈。主席乃起言：此事中外所愤者，尤葡领诬蔑我同胞之举为最。第一级办法，当先解决此问题，但彼以无理来，我不应以无理往，可否由本会先行函诘葡领，以种种诬蔑之处，果何所据，请其答复。如葡领自知失言，即可宣布同胞，彼此共谅，即行禀请督宪照会英、葡，速开正式裁判。诸公以为如何？众决议限其三日答复，如不答复，再开大会，合筹办法。遂茶会而散。

《时报》，宣统元年五月初八日（1909年6月25日）

广东自治会为佛山轮船命案及澳门勘界事大会议详情①

十二日，自治会为佛山轮船命案、澳门勘界事开大会议。一点钟，先由胡心澄、陈惠普、吴冠廷、谭少圃等次第演说，力言葡领无理，及葡人种种侵占澳地之强横。时到者人如山海，全体愤激，掌声震瓦。至两点半钟摇铃开会，公推陈仲夔、陈惠普主席，罗少翱宣布。一宣布诘问葡领事公函（经见前报）。

（一）议佛山轮船命案，当时奴路夏如何苛待，如何踢毙，该船主如何疏忽，如何庇纵，均经指证确凿，公论昭然。乃葡领事延搁不理，又复任意诬蔑，藉势横行，含血喷人，不知自爱。迭经函诘，均无词以答，彼固自悔其失言。现在是非大明，该领事辨无可辨，应如何筹办，以伸公理，请妥议。众议葡领凭空诬蔑，彼既自知失言，应再函告该领事，如再逾限仍无词以答，显系理屈词穷，届时应将此事宣布中外，联电政府，不公认葡领人格，以伸公理而雪奇冤。

---

① 原标题为"广东自治会大会议详情"，兹拟标题"广东自治会为佛山轮船命案及澳门勘界事大会议详情"。

（二）议嫖赌吸烟为人民自治应行干涉之事，澳门为赌盗烟花聚会之所，前经各同胞各以家法约束子弟，不许潜往嫖赌吸烟，自损人格。现在勘界在即，尤恐葡人任意殴辱，应如何防范，请公议。众议禁往嫖赌，固为目前急务，现在勘界在即，交涉未定，葡人辱打华人之事时有所闻，应即多派传单，多派演说员，备公函分往各乡演说，各以个人自治能力，一律实行。

（三）议葡人租我澳门，旧界具在，历安无异，本无界之可言。且自葡人租地通商以来，向未立约，至光绪十三年冬所订通商和约，因葡人有侵越澳界之事，故订明彼此会勘，另立专条，原指勘明旧界而设。乃葡人既侵越于未订约之先，复侵占于订约之后，种种无理，中外皆知。本会前经函电中外合筹，迭接复音，均以认定旧界为主义，土地为国民财产之所寄，尺寸不得轻借与人。现在勘界有期，各同胞均应实力坚持，共负责任。香山杨耀堂起言：应电中外合力坚持，并派人先向内地各埠，联盖图章。如葡人不服公理，强占土地，则彼先自背约，我国民自不得不自守门户，免与往来。全体举手赞成，随举定关佐田、陈寿侬等担任分赴各乡镇演说。议毕，众请关佐田再行演说，极力激劝，鼓掌之声不绝。至四点半钟，茶会而散。

《时报》，宣统元年五月十九日（1909年7月6日）

广东自治会念四日开大会议详情

昨二十四日，粤商自治会为请招集新军回营，及沙基新涌船牌事，开大会议，各界到者极为踊跃。一点钟，先由各行商登坛演说，痛陈此次军警冲突，以寻常细故，为该协统所贻误，以至一标砲、工、辎七营新军无辜受累。并力言新军皆良家子弟，而初时应征，原为热心爱国而来，自入营以还，对于商民，从无骚扰。此次走避各处，亦未取民间一草一木，宁饿死不忍累民，乡人到处欢迎，足征清白。今竟全行遣散，复交地方官管束三年，惨蒙大辱，致令新军回籍，一生无面目见人，窃恐天下军人闻而灰冷，殊非朝廷速练成镇之本意等语。演至新军逃难惨状，坐中多有泣下者。至两点钟开会，公推王卲南主席，先宣布维持新军前途请议传单。土丝行梁少伯起言：新军大半良家子弟，且受教育，况军警原属一家，即如各学堂学生暑假年假时，彼此学生口角，如果该校长、教员出而镇压，自可无事。今以阋墙小故，遽架以革命反叛大题，摧残军政。军心一失，各镇将无可用之兵，我等商民尚何所倚。亟当合力要求，以维大局。油行杨辉严起言：三十六镇成军在即，今既不能不征兵，与其再征新兵，多糜饷项，何如此素练之军，较易收效。且多一番挫折，即增一番阅历，此七营新军经此苦心，志劳勋骨，前途远大，必能保全名誉，以报国家，招集回营，想亦大宪所心许。众议维持新军前途，系为国家撑持大局，国民保卫治安起见，自应全体要求，禀请督宪暨军谘处、陆军部，俯准办理，以慰新军而消隐患。随宣布为沙基新涌船牌事请议传单，米行、豆行、油行、丝行暨沙基上下街各代表，次第起述沙基新涌向有新涌委员管理，所有船牌向由我国地方官发给，不取分文各情，并交出光绪年间华商所发印牌照宣布（另录）。众议沙面系属租借，原无海权，自沙面成立以来，我国特设新涌，委员管理涌内一切事务。历年疏濬新涌，皆由善后局提款，涌内船艇，向由我国地方官印发。现在粤海权由我税司及水巡警一律稽核轮号发牌，新涌艇户何能两歧。今各艇又复收取外人牌照，受人所愚，此等所为，要皆华官放任，前沙基大营劣弁办事糊涂，有以致之，想非英法政府之所许。应即联请督宪，早日与英、法领事官和平交涉，据理声明，自下年起，所有船牌，应概由华官办理，以昭公道，而免两歧。议毕，茶会而散。

另牌照原文二纸。

统带楚军永字营兼督辕卫队亲军捷字营、留粤记名简放总兵陈，为给发牌照事。照得新涌内湾泊艇只，现奉大宪饬查，无论华洋所雇，一体给发牌照，俾易稽核等因。仰该铺户务将自雇常行艇男妇丁口若干，注明年岁，呈送来营请领，以凭查验。其领给牌照，不准收取分毫，该保家亦不得藉保勒索，致干重究。兹据铺禀，称有常行艇一只，除准给牌费外，该艇如有窝匪窝娼，容留闲杂人等歇宿，及不法情事，定将该艇查封，并提该保家究办。须至牌者。一艇户□□，共男□□丁，女□□丁。光绪二十四年五月初十日给。

广州协镇府李、南海县正堂裴，为给发牌事。照得沙面新涌内湾泊艇只，无论华洋所雇，照章一体照发牌照，以资稽核。今查某某铺有常行船艇一只，除编登簿及存查外，合就给照，为此照给该艇户收执。嗣后如有窝匪窝娼，容留闲杂人等歇宿，及不法情事，定将该艇查封，并提保家究办。凡领此照，不得花费分文，如有人需索，许指名控究。须至牌者。船户某年某岁，共男某丁女某口。光绪二十六年七月初十日给此牌照，有广协、南海两印，并洋官印，又有洋文签字。①

《时报》，宣统二年二月初四日、初六日（1910年3月14日、16日）

粤商自治会集议禁赌之详情

初四日，华林寺粤商自治会为禁赌事特开大会，港、佛代表暨省中各界均踊跃莅会。先由宏仁演说社李芳楼、廖冠英、吴韶九、李少朋、陈惠普等登台演说，痛陈赌博之害亟应严禁，并力言立宪国民无不负担重税，以谋人群幸福等语。一点钟摇铃开议，公推陈惠普暨佛山代表陈蔼人主席。先由李芳楼宣布香港侨商代表李煜堂、何藻云、陈仁山公函，又佛山商会霍子常、林恩海等公函，又各埠函电及请议传单毕，李少擎言：度支部泽公深明宪政，应电诘泽公，试问文明各国，有政府力主开赌，国民极力主禁，而政府可反舆论者否？主席言：本省行政经费，禁赌后诚有不敷，然目下已有盐款二百万，牌照捐若归本行自办，每年又可得二百万，而本年预备进支尚有余款，如再不足，即由酒行自行酌订章程，担负凑合，则本省行政经费自可无虞。如虑一时不能应支，即由大清、交通拨垫，如此则可立刻禁绝，何必筹抵赌饷，乃允禁绝。今当照港、佛大众之同意，联电政府立禁，以免激成暴动。众皆鼓掌赞成。苏乐山请将电文宣布，即日发电。廖杰臣言：我人民既有办法，政府如不禁赌，是政府对我粤人不住，我粤

---

① 以下为"为维持新军前途及沙基新涌船牌事请议传单"，此处不录，见"传单"类。

人民当自由禁绝。

（一）凡其赌者，人人得而诛之，担夫、工役概行抵制，各行均不与交易。

（二）逾期不改业，凡见承赌者，必饱以老拳。

（三）限年内一律改业，如至宣统三年犹有开赌，人民实行驱逐出境。

座中有谓须立拆赌馆者，立拆赌商大屋者，鼓掌之声如雷。主席摇铃，劝各守文明，并宣布大众愿签名打电者举手，众皆举手。随将电文宣读再三，全座无不鼓掌。计签名联电者，除港、佛不计外，共四百五十二人。①

五、传　单

商界力争西江捕权之传单

公启者。西江缉捕，系我国主权。去年省梧西南轮船被劫，外人欲行干涉，经前督岑宫保拒绝。近因盗劫洋旗小轮，外人竟向外务部要求西江缉捕权，交税务司管理。外部不商允张督，不体察商情，遽将兵柄授之外人。此风一开，长江一带，及各省内河，皆非我有。由水而陆，国可立亡。今不力争，他日吾人之田园、屋宇、生命、财产，皆所不保。事关大局，不能漠视。业于十四日在戒烟总会集议，决定合力电争。兹再定期十六日为第二期集议，十八日为第三期集议，（乃）〔仍〕假座华林寺戒烟总会，届时务恳同胞早临。切盼之至。

《中国日报》，丁未年十月十七日（1907年11月22日）

---

① 以下照录电文，兹略去，编入"电文"类。

粤省自治会第一次劝勿暴动传单

查兵柄为我国主权，外部授权外人，中外诧为卖国。粤人财命所系，昨经众商设会，誓死抗争，妥定章程，协助政界整顿缉捕，以善其后；从速选派侦探队，密探匪踪，随时禀请痛剿。□奉督宪面谕前因，凡我粤人，均当认定保守国权宗旨，万众一心，文明对待，切勿稍有暴动，以免多生枝节，至祷至盼。此布。粤省自治会代表陈章甫、陈惠普等谨布。[①]

《中国日报》，丁未年十月廿一日（1907年11月26日）

粤商自治会第六期会议传单

切启者。昨阅香港《士篾报》，载英国于本礼拜一日，派出鱼雷船四艘，灭鱼雷船三艘，小兵轮二艘，驶赴西江，其是否干预捕权，尚难臆断。凡我商民，切宜坐观动静，万勿稍有暴动，致为所藉口。惟该船游弋所至，难保不酿出意外之事，本会举行地方自治，亟应妥筹文明对待之策，以善其后。兹定期十一月初二日，在华林寺内本自治会开特别大会，届期务请绅商学界各同胞踊跃莅会，至盼至祷。此布。

《中外日报》，光绪三十三年十一月初十日（1907年12月14日）

---

① 录自"商界联赴督辕请争西江缉捕权情形"报道，标题为编者所加。

粤商自治会第七期会议传单

切启者。西江捕权，我粤同胞协力挽救，现在英轮尚未退出，西匪警告又复纷传，时事艰危，亟当共筹对外治内之策，以图自立。兹定期初八日公请各界同胞开大会议，凡我粤人，幸勿稍自放弃为祷。此布。

《中外日报》，光绪三十三年十一月十五日（1907年12月19日）

粤商自治会第八期集议传单

切启者。月来洋轮游弋西江，迭经本会普劝粤人戒勿暴动，并禀奉督宪给示，由本会刊传单十万纸，派员沿江宣布，以免滋事。惟日来纷纷函告，以洋轮骚扰，商民怨怒，诚恐群情积愤，演出文明抵制之事，殊于中外商家大有阻碍。昨第七期会议，经决定人民交涉办法，并一面禀请督宪速派魏京卿验船，俾沿江小轮早日尽复龙旗，以免搜扰。兹定于星期，仍假座戒烟总会开大会议，共筹办法，并宣布天津四乡巡警章程，联络沿江各乡村实行自治，以固吾国。星期务请绅商学各界同胞踊跃惠临为盼。此布。粤省自治会谨布。

《中国日报》，丁未年十一月十二日（1907年12月16日）

粤省自治会第九期会议传单

切启者。英人攘夺西江捕权一事，为两粤生死问题，前经电告海外各埠同胞，共图挽救。十三午，东洋商学界公举代表员李自明、邱树人、黄庆翰、苏绍章四君经已抵省，到会面述海外同胞对于此事热诚义愤，特派员从诸父老兄弟，极力筹商抵抗之法，嘱代告两粤同胞，务祈不分畛域，统于十五日到自治会，俾得宣布宗旨，共商办法。并接梧州粤东会馆函约厚集资本，创立航业公司，即置轮专走西江，以图挽救。据称梧州一日已集股十余万，凡我同胞，均应尽力襄助。昨第八期会议，经决定十五日开大会议，届期务请绅商、慈善各界同胞踊跃莅会，至盼至祷。此布。

《中外日报》，光绪三十三年十一月二十日（1907年12月24日）

粤商自治会第十期会议传单

西江缉捕，昨经督宪订章，分段遍布水军，严密巡缉。查内河匪党巢穴，多在沿岸村庄，只设水军，犹是治标之法。前第八期会议四乡巡警章程，派员分布，据回称，沿江商民莫不拭目以俟，只以地方文武未能切实提倡，是以猝难举办。兹定期廿一日开大会议，并禀请督宪速办水师，派员验船，及通饬勒限举办四乡巡警各禀稿，务请绅商学界踊跃莅会为祷。

《申报》，光绪三十三年十一月廿五日（1907年12月29日）

粤商自治会因办邮船会社函告各行商

公启者。昨廿一日本会第十期会议，研究邮船会社切实招股办法，经广西代表苏君提议，以力争捕权决议各条，均已陆续举办，惟最良效果，以举办邮船会社挽回利权为最要。招股之法，应请七十二行商从速担任，因中外同胞，只信仰七十二行商办事。弟等代表回粤，时候无多，至迟年底须返覆命。此次举办邮船会社，梧州各行商已踊跃认股，尤为横滨各商家所最切望。如蒙七十二行商出任招股，横滨、神户、大阪各华商，尽可认股一百万云云。经众公认，即日在座经已签名认定上海帮、疋头行、四川帮、药材行、石叨帮、玉器行、米埠行、油行、豆行、土丝行、烟丝行、布行等十二行，连日复经杉行、帐联行、缨帽行、安南帮各行商担任此事，为争回利权第一要着。外埠华侨，盼望甚殷，梧州、肇庆、西南、佛山各行商，均已踊跃集股。中外粤商，关怀桑梓，人认一股，其数已逾千万。日本邮船会社，以六百万资本，不十数载，其商务已遍太平洋。东西江为两粤命脉，尤当各尽义务，同襄盛举，以副中外同胞之望。为此函请贵行，刻日切实担任招股，并举定义务员，随时共筹办法，至感至盼。专此，敬请钧安，惟照不备。粤商自治会同人公启。

《中国日报》，丁未年十一月廿六日（1907年12月30日）

自治会第十三期大会议传单

公启者。两粤商办轮船有限公司招股章程，经十二期会议妥订，并经七十二行商陆续举定义务员，担任办事。昨接梧州商会函称，刻日公举代表，来省筹议。此次举办轮船公司，实为中国行驶外洋航业之起点，华商势力布满环球，共挽利权，当较招商局尤有把握。现在所订章程，务当统筹兼顾，认定商办宗旨，免滋流弊。兹定期本月初七日，开十三期大会议，再将招股收股及各章程重集议决，刊布实行，届期务请七十二行商暨各界同胞，踊跃莅会为盼。此布。

《中外日报》，光绪三十三年十二月十二日（1908年1月15日）

粤商自治会第十五期会议传单

公启者。挽救主权，自以自置轮船，行驶内河外洋，为惟一主义。目前急务，尤以举办水陆警察、各华轮尽复龙旗为要着。月来督宪严密布置，不遗余力，昨复奏请免解赔款一百一十八万，整顿庶政，并将善后局及补抽局一切商船规费豁免。现已派定魏京卿，札饬机器制造毕业生张都司斌元，会同验船。如有苛虐，随时由各商【禀】魏京卿秉公核定。是龙旗权利，已较洋旗优胜，各商船自可尽复龙旗。此后如有为难情形，无不可共筹办法。兹定期廿二日二点钟，邀请香港热心船务诸公莅会筹议，届期务恳各同胞暨七十二行同人踊跃为盼。此布。

《中国日报》，丁未年十二月廿二日（1908年1月25日）

粤商自治会第十六期会议传单

公启者。本会去腊十四、十五期会议,经会同日本、梧州各代表,妥订轮船招股章程,定期正月初八日开办,并电请政府,准如张督所奏,减解赔款一百一十八万,整顿东西江水陆缉捕。粤匪遍地,非举办乡警,置轮行驶,则外人干涉无有已时。昨并接智梨国意机忌埠华侨函,所述工党虐待我华人情形,闻之下泪。凡我同人,均应为海内外同胞,设法挽救。兹定期初八、初九、初十,连日开大会议,公请七十二行商,暨海内外各界同胞,届期连日莅会,妥筹办理,是所切祷。

《中外日报》,光绪三十四年正月十三日(1908年2月14日)

自治会派员分赴各埠设立分局招收轮船股银传单

公启者。轮船集股事宜,经十六期决议,应照各外埠华侨来函,由七十二行同人,签名联合各埠华商,切实担任。昨初九日,同人决议,定于初十日,通请七十二行同人,先行遣员往佛山、西南、肇庆各处,再行遣员一赴安南、暹罗、南洋各埠,一赴上(洋)〔海〕、日本、檀香山、旧金山各埠,凡华商聚会之区,均设分局收股。务请各同人暨各界同胞惠临为盼。此布。①

《中外日报》,光绪三十四年正月十七日(1908年2月18日)

---

① 录自"广东自治会十七期紧要议案"内,标题为编者所加。

粤东自治会为辰丸案集议传单

公启者。日本二辰丸船私运军火，在我领海起卸，并未请领我国拱北关准单，葡官又未请给关单，遽以马交仔兵轮拖梁就利船，在我海面转驳军火，伤害治安。按照中日通商条约第五条，应将船货充公，并应将日、葡两国在我领海种种不法之行为，宣布中外。澳门葡兵只二百名，今运枪二千余枝，弹四万，显系接济匪党，日、葡两国官竟给凭，准其运送，有意伤害中国和平，其不法者一。日辰丸船藉口有日、葡文凭，不请给中国关照，损辱我国主权，其不法者二。日辰丸此次由日本开行，指明直到香港太古洋行运煤，订立合同载明，非遇不得已危险，不得驶往别处，何以日、葡私许其运军火往澳门？该船主布告，谓日辰丸船食水甚深，万不能驶入澳门，故在中国海面起卸。是各枪弹置在船面，显欲私在该处卸驳，即行潜回香港无疑，其不法者三。两粤乱匪徧地，视接济军火为我国最危险之事，久为香港政府所公认。当日我缉私兵轮见日辰丸开舱起卸军火，葡轮拖船前往转驳，按照条约捕获扣留，讯明充公，日人逾期抗不会讯，其不法者四。当日辰丸已开舱起卸军火，被我海关缉私兵轮禁止，葡兵屡强逼转驳，势将开仗，即商允日辰丸主下旗，转换龙旗，免在日旗下开战，损辱友邦。乃日人不敦友谊，不守公法，反逼我国谢罪、放船、购械，种种不法之行为，我政府不能据理力争，无怪中外商民骂为甘心卖国。日人违背公法，无所逃于天地之间。顾亭林先生有言：天下兴亡，匹夫有责。时艰日亟，若不合力抵抗，此后公然济匪，乱党横行，我国民各有性命身家，亟速切筹最后对待之策。至所有军火，皆由我华人串同葡人私运济匪，此等华人情同叛逆，应即调查其人姓名、籍贯，除由本会禀请严办外，应令各家族以家法处治其叛逆不孝之罪，以绝后患，而保中外之和平。兹定期十六日恭请绅商、学报、慈善暨各界同胞开大会议。此布。①

《中外日报》，光绪三十四年二月念三日（1908年3月25日）

二辰丸释放后自治会集议传单

日辰丸私运军火案，按照关章，应将船货充公，铁案如山。岂有当场捉获之物，可以释放、赔钱、谢过之理？乃日人自知理屈，以张督刚正，抗不会讯，横以强权，要挟逼我放船。外部畏葸无能，忍心误国，谬徇其请，竟饬粤督于十七日放船。此后条约、关章，都成废纸。私运济匪，乱贼横行，我国民性命身家固不能保，万一扰及中外商务，各国又将藉口，割地赔偿，言之可为痛心。本会昨十七日，各同胞不期而会者万余人，声势汹汹，怒不可遏，经本会力劝，以我国贫弱，只宜坚忍齐心，万不可暴动，贻人口实。众复纷纷以日人无理太甚，政府腐败，我国民团体不可不坚，请定期十八日大会，议放船之日为国耻纪念日，并切实调查日人输入工商品，实行我国民文明对待之义务，嘱速布告。除传单劝止暴动外，特此布闻。②

《中外日报》，光绪三十四年二月念六日（1908年3月28日）

---

① 录自"记粤东自治会为辰丸案集议详情"内，原标题"自治会传单"，此标题为编者所加。
② 录自"粤人对于释放二辰丸之义愤"报道内，标题为编者所加。

自治会调查日货传单

公启者。此次日本二辰丸私运军火案,全国蒙耻,同胞悲愤,誓死昭雪。连日迭接各处来函,日凡数百起,大旨皆愤外务部之误国,恨日人之强横,誓死联盟,共图自立。咸以日本输入工商品最多,我国民既知羞耻,应速详查日本货物,凡遇该物为我国所无者,宜留心仿效;为我国所有而未精者,宜设法改良等语,与本会调查日货,改良工艺宗旨相符。用特函请贵行商,刻日详细列表,分别注明,交由本会宣布,俾我同胞咸得以改良工艺,振兴商务,即所以昭雪国耻者,亦在于是。至买卖系个人自由,文明各国断无强人买卖之理,我同胞各宜共守文明规则,切勿干涉他人买卖,致失我国民文明人格,是为至要。此布。

《中外日报》,光绪三十四年二月念九日(1908年3月31日)

自治会劝弗暴动传单(节录)

二辰丸事发表后,我同胞人人痛愤,特于十八日开国耻纪念大会,泣血同盟,决定用文明对待之策。是日各街坊皆挂白志痛,此后惟有万众一心,坚持第一次会议第六条办法,将本会调查日本输入工商品,各尽个人文明,自由对待。如有见利忘义,甘犯不韪者,我同胞定当互相劝诫,随时激励其国耻之心。如其人始终怙恶不悛,则直是行同禽兽,不齿人类,原可置之不屑教诲之列,切不可因此激成暴动,以致妨碍治安。且我国现值微弱,各同胞只宜忍辱负重,以待事机之至。若愤激过度,授人口实,势必藉端要索,损失益多。快一时之意,贻无穷之累，甚非今日开国耻纪念会之本旨也。我同胞其切记。

《申报》，光绪三十四年三月初一日（1908年4月1日）

自治会二十五日大会议传单

切启者。此次二辰丸案，日人辱我主权，使我同胞蒙大辱，政府如此，我国民何以为家？现在预备立宪，凡我国民，皆有担负国家义务。前既泣血同盟，昭雪国耻，亟应宣布宗旨，共筹文明对待，振兴工艺，以期国势日强，国耻早雪。兹定期二十五日开大会议，恭请绅商、学报、慈善、农工各界同胞，莅会筹议。此布。

《时报》，光绪三十四年三月初二日（1908年4月2日）

自治会第四次劝止暴动传单

切启者。辰丸私运军火一案，袁世凯蔑弃约章，全国蒙耻，人怀义愤，具见爱国热诚。现我同胞忍辱图强，共守文明规则，更见国民程度，日益进步，屏绝浮嚣。昨经提议，目前机关，切勿误中外人苦肉计，或致为人藉口，全体赞成。阅报，载有日人连日沿街叫卖日货，各为其国，热心可嘉，我同胞尤当恪守买卖自由规则，切勿不知羞耻，反以冷语嘲笑，致被藉口，谓我国民有暴动行为，碍我同胞名誉，是所切祷。此布。

《申报》，光绪三十四年三月十二日（1908年4月12日）

粤东自治会开大会议传单

公启者。此次辰丸私运军火，各箱面皆书明澳门广和号收入，其为汉奸私运济匪无疑，乃日、葡竟以国家势力，包庇走私。连旬中西各报，无不主持公论，足见文明世界，公道在人。现在国步艰难，外交失败，我同胞各以国民一份子，同怀义愤，出于个人热诚。诗曰：人而无耻，不死何俟。语曰：知耻近乎勇。此固我朝廷数年来预备立宪之所期于国民者也。何期文明进步，固若是其速耶！立宪者，官与民共负国家责任之谓也。方今外交、内政，丛脞日多，速开国会，使天下臣民共负责任，以挽危局，固朝廷所日暮期之者。昨接上海预备立宪公会来函，亦亟亟以改良土货、请开国会相期许。立宪公会，为东南领袖，会长郑廉访，热心爱国，久经民政部立案，予以提倡立宪之权。我粤前经议决，联合全国，要求民选议院。郑廉访对于此事，筹之已熟，上海交通尤便，可否即请郑廉访，从速组织立宪期成会，函电各省，定期各举代表赴沪，议决联同入京，为切挚之请求。并一面振兴实业，改良土货，以立富强之根本。兹定期十一日两点钟，恭请全省绅商、学报、慈善、农工各界同胞，齐集开大会议。此布。

《中外日报》，光绪三十四年三月十九日（1908年4月19日）

自治会第五次劝止暴动传单

（上略）连日访闻有日人在海幢寺及各处地方，纷纷演说，声称彼此同文同种及诋毁国朝，意欲离散人心，破坏团体，激成暴动，惹起祸端。想系日人爱国深心，自知与我大失感情，故由个人热心，行此反间之计，其心十分苦楚。我同胞当以日人为法，彼此各为其国，只宜我做我事，切不可自忘羞耻，为其所愚，更不宜聚众环观，从旁讥笑，致彼藉口暴动，实行其苦肉计，以害我人民，是为至要。

《中外日报》，光绪三十四年三月念五日（1908年4月25日）

自治会开大会议传单

公启者。我国地不加辟，物不加殖，虽无外患，已有人满之忧。现在外侮纷乘，内匪徧地，非振兴实业于下，兴复海军于上，断不足以图存。本会开办以来，迭经禀办四乡警察，以清内匪，倡办轮船工艺，中外同胞，共兴大利。昨经全体议决，函电上海郑廉访、汤京卿，速设立宪期成会，联合各省，要求速开国会，以为国权发动之机关，即以讲国民完全之幸福。连旬迭接同胞函认海军捐，以为实行立宪之代价，为数甚多。我国华侨，无国家兵轮保护，惨苦无依，亟应筹助海军，以维商务。现接刘鸣伯观察函，奉西抚电嘱，提议贺县西湾煤矿，准归粤商永远承办，官力保护，并优给利权，均于国计民生大有关系。兹定期廿五日，恭请海内同胞开大会议。此布。

《中外日报》，光绪三十四年四月初三日（1908年5月2日）

自治会开大会议之布告

公启者。前经众议决,通请各行速将土货改良,以收实效。连旬迭接饮料行、石湾缸瓦行、江西瓷业公司及各工界献议,均拟以旧制改造外货;昨海味行复提议振兴渔业,具见商智发达,程度日高。此外各行,当必闻风兴起。兹定期初三日通请各界同胞莅会,筹议振兴工艺暨自治范围一切应行调查之事。此布。

《中外日报》,光绪三十四年四月初十日(1908年5月9日)

自治会提议国会传单

公启者。前经议决,由国民担任海军捐,以为要求国会之代价。查政府现筹海军开办费不过千万,昨期宣布上海预备立宪公会函称,已决定设立国会研究所,筹订国会之次序,定至短之期限,作为草案,联同各省阅定,上书办理,最为切实。连旬函认海军捐者日益加多,海外华侨尤为热心爱国,似应指定海军开办费一项,速加认定,函请立宪公费再行缩短期限,俾国会可望速成。此外各行改良土货,并请应共同研究。兹定期初十日开大会议。此布。

《申报》,光绪三十四年四月十六日(1908年5月15日)

粤商自治会为救灾公所劝

　　公启切启者。此次东西北江水同时暴涨，广、肇、韶、惠一片汪洋，其受灾至惨者尤以英德、清远、三水、四会、花县、南海各属为最，水势猛急，猝不及防，冲缺基围，淹没村庄，各处居民或全家尽毙，或半被漂风，丧失财命，不可胜记，饥民遍地，无家可归，真令闻者伤心，见者流泪。连旬善堂、商会、行商同人已设立救灾公所，极力散赈，惟灾深地广，来日方长。现正荒年，又遭大水，早禾浸没，难望有收。平粜为全粤民食所关，赈济尤目前救灾急务。此外，修造房屋，使有所归，修复基园，保全晚稻，在在皆关紧要。所望仁人君子节衣缩食，踊跃捐资，勉为其难，不分畛域，随时将助赈款项送交救灾公所，俾得源源接济。祷仰盼切。此布。粤商自治会谨启。

《大公报》，光绪三十四年六月十八日（1908年7月16日）

自治会会议传单

　　公启者。现据广西大湟江代表来省，请为代禀督宪，酌留东勇，以遏西乱。并据广西思旺墟阆埠代表投诉抢墟掳勒各情，又龙江土丝行代表投诉被匪白日拦河抢劫，又救灾公所散赈专员查覆南雄恶耀、水练苛抽、劣绅抢谷实情，均应妥筹办法。至火柴一项，日用所需，市面所销，孰为改良。土货省垣多有仿造东洋纸花、纸灯笼者，并应分别宣布，代为表扬。兹定期某日二点钟，恭请阖省同胞开大会议。此布。

《中外日报》，光绪三十四年八月十二日（1908年9月7日）

粤省自治会会议渔业传单

公启者。渔业为莫大利权，前经议决，责成海味、咸鱼、鲜鱼各行，联合七十二行倡办，并举定海味行张君道生、黎君勉之代表赴沪调查。连日迭接行商来函，均以此事万难再缓，嘱即订章，以凭各担股份，刻期举办等语。查东西各国，渔业日益发达，其公司股票，无不涨至四五百倍、六七百倍者。江浙渔业，开办未久，每股十元，现已涨至八十余元。江浙公司原集股本三十万，我粤海利尤富，以完全之办法计，配轮两艘，连电灯、罩网各费，约九万，如置轮十号，配成五队，集股八十万，已足推广而有余。此事关系海权，尤为目前大利，现在同胞责望，亟应切实筹商。兹定期十八日两点钟，公请七十二行同人暨各同胞开大会议，公决招股办法。此布。

《中外日报》，光绪三十四年八月廿三日（1908年9月18日）

广东自治会定期会议谘议局事

公启者。我国尊崇孔子，迭奉谕旨，通饬实行。本年八月二十七日为孔子二千四百五十九年纪念，查东西各国，凡遇纪念日，无不举国悬旗，休业相庆。我国朝野上下，无人不在孔教之中，频年各学堂皆遵奉谕旨，于是日休业举行，凡我同胞，均当一体庆祝。昨接预备立宪公会函，录江苏谘议局调查会通告一书，以本年六月二十四日奉上谕，各省谘议局限一年成立，初选举之期在正月十五，复选举之期在三月十五。先时不知预备，临时必致仓皇，应请各处自行预备，补助官力，以应朝旨。吾士民躬逢特典，骤获参政之权，仰答圣明，各宜自勉等语，自应切实举行。此外一切应行调查事宜，均应得详细布告。兹定期二十二日两点钟，通请各同胞开大会议。此布。

《时报》，光绪三十四年九月初一日（1908年9月25日）

广东选举谘议局议员办法

粤省自治会刊派公启云：今天下渴望立宪矣。上书请愿，各省士民，奔走骇汗，非欲达国会目的乎？国会不开，监督政府之总机关未备，则地方自治不能发达，而各省谘议局，亦同虚设，斯固然矣。然不得其上思其次，得其次，其上焉者，亦将于旦暮取偿。是谘议局议员之选举，又乌可须臾缓耶？本年六月二十四日奉上谕，各省谘议局限一年成立，其每年常会以九月初一开始，至十月十一止。其选举议员章程，初选举之期在正月十五，复选举之期在三月十五。朝旨严切，固明明授我以参政权矣，而官民寂然，熟视无睹，抑又何也？转瞬春来，一年之期，又将错过，延误之罪，咎将谁属？查钦定谘议局选举章程，广东以选举议员九十一名为定额，其办法先由各厅州县，查明该地方绅商士民，凡年二十五岁以上，合选举资格之一者，造具选举人名册，申报于该府直隶厅州，汇申于督抚，即由督抚按照全省选举人名总数，视得数多寡，即将议员定额，分配于各府直隶厅州。该府、该直隶厅州，照定额加十倍，分配于各厅州县，即由各厅州县监督，召集该地方人民举行初次选举，如额选定，申报于该府直隶厅州，汇报于督抚。即由各府直隶厅州，召集初选当选人，再行复选，照定额选定，申报于督抚，分咨京师资政院、民政部立案。即由督抚召集各府直隶厅州选定各议员，齐集于省城谘议局，行开会仪式，而该省谘议局，于是乎成立。所有该省应兴应革各事，即由各议员议决，呈由督抚施行。是各府厅州县所举之人，即各府厅州县人民之代表人也；吾粤议员九十一人，即全粤人民之代表人也。为国家图富强，为人群谋幸福，其事綦重。而初选举由各厅州县，复选举由各府厅直隶州，尤我阖省官绅商民，人人皆有密切之关系者也。夫宪政之行，官与民同负责任，然我国官制未改，州县之大，责之亲民者之一身，事恒不理。

选举事属烦琐，地方官纵非玩视，实亦有所不暇。及今预备之，以辅助官长之不逮，此固吾士民之责，无可旁贷者也。本会不敢自弃，用特遵照钦定章程，开列今日应办各事，及选举议员办法，广为布告。另刊印选举人名册草簿式，贡之左右，以期各府厅州县各同胞，仿照簿式，从速调查填计，陈请地方官办理正册，俾吾粤谘议局得以如期成立。吾士民躬逢盛典，骤膺参政之权，当无不闻而色喜者。若以此为多事，甘自放弃，则非本会之所敢知矣。

《时报》，光绪三十四年九月初七日（1908年10月1日）

广东自治会布告组织谘议局应办事宜

现粤省自治会刊有布告，分致各城乡善堂、公局及各地方团体云：本年六月廿四日，宪政编查馆王大臣奏进谘议局章程并选举章程，奉上谕各省限文到之日起，于一年内一律办齐。今已相距两月有余，各省已奉文者不少，官民寂然，尚无举动。要知谘议局初选举之期在正月十五，复选举之期在三月十五，先时不知预备，临事必致仓皇，谕旨严切，延缓之罪，谁敢担承？同人等合议设一调查部，一面呈询官长有无文到，一面通告各处自行预备，补助官力，以应朝旨。吾士民躬逢特典，骤获参政之权，仰答圣明，各宜自勉。谨开今日应办事宜如左：

（一）谘议局起手第一义，当由各州县造具选举人名册。此册本由官长调查监造，其调查时仍赖士民分投助理。今日徒以各省距京有远近，各州县距省又有远近，奉文之日参差不同，彼此观望，遂一无举动。同人恐官民转瞬将受违旨之咎，是以相约先自行调查，印成选举人名册草簿，照钦定章程开载明晰，呈送地方官，以便誊入正册。（草簿样另张附）

（二）谘议局系创举，州县衙门无例可援，办事诸多迟缓。同人公呈督宪，吁请札催各属吾士民之在里者，各宜陈请地方官，照钦定章程，速核明选举草簿，【办】理正册，以明吾士民并无因循贻误官长之过。

《时报》，光绪三十四年九月初九日（1908年10月3日）

粤省自治会为香港风潮会议传单

切启者。阅报载香港及外洋各埠，自九月以来，群情激烈，割耳斗殴之事，时有所闻。昨西报载，初八、九连日香港华人因日本人谣传中国南省定货者多，日人狂喜，造出鱼灯、兽灯，皆有头无尾者；又制就日本灯笼万余个，以为巡游街道之用，其灯笼大书"克服中国"字样，以至华人闻之，大生恶感，至有抢掷日货之事出等语。查年来我国民进步甚速，举动文明，久为中外所称许。西报所载日人纵有其事，我华人只可忍辱负重，毅力坚持，万不宜过于奋激，致有愚野之行为。现香港已安靖如常，共守文明规则。惟闻此等激烈之徒，已离港他适，不难纷集省城，又生滋扰，致碍治安，凡我同胞亟应预为防范。昨接梁君伯辉等交来织造公司章程，系为改良土货起见，自应广为宣布。此外凡有振兴实业、维持商业之举，我同胞均应悉心研究，共挽利权。兹定日通请各同胞开大会议。粤省自治会谨布。

《中外日报》，光绪三十四年十月十九日（1908年11月12日）

自治会劝戒暴动传单

切启者。连日各西报载，传闻日本人造出有头无尾之鱼灯、兽灯，及写"克服中国"灯笼巡游街道，以至香港华人激成暴动。查日本人最能联结团体，热心爱国，此等所为必非日本政府及日本上流社会之所许。纵有此事，我国民只宜坚心忍辱，毅力自持，万不可扰乱治安，贻人口实。粤省民气素号开通，举动文明，名誉卓著，此等暴动之事，自可信其必无。惟闻香港激烈之徒纷纷他适，万一潜来省地，藉口抢扰，其害何可胜言，亟应广为劝戒。现在冬防吃惊，商务尤应维持，自此传单之后，各人家铺户、渡船，主客均益各自检点，密为防范，共保治安。如有丧尽天良，破坏团体，贻人口实，激成暴动者，应惟各铺户、各渡船是问。本会有维持商务、保全治安之旨，用特苦口苦心，总期各同胞爱国爱群，共享和平幸福，以仰副朝廷预备立宪之至义。此布。

《申报》，光绪三十四年十月二十日（1908 年 11 月 13 日）

粤商自治会因葡领诬捏事开大会议传单

公启者。佛山船员踢毙华人搭客一案，昨报载葡领事照会，种种庇凶、谩骂、轻薄、刁横，甚至诬捏贿嘱证人，实有玷本会名誉，即有玷我粤人全体名誉，亟应合筹昭雪。兹定期初八日一点钟，通请阖省同胞莅会开大会议。此布。

《时报》，光绪三十四年十二月十四日（1909 年 1 月 5 日）

广东自治会开大会议传单

公启者。本会设立之初,系照天津自治会章程变通办理,现在京师宪政编查馆王大臣业经编定城镇乡自治会章程,亟应广为宣布。查地方自治,以调查户籍、山川、水道、疆界经纬为入手办法,粤省华洋交错,租界、海线均应切实调查。现奉谕旨,特派划界大臣会同葡官办理澳门划界,此事关系重要。去年二辰丸轮船私运军火,驶泊我珠江西口大沙沥洋,洋面显系我国内河,经我海关监督张制帅派员缉获,葡人竟冒称领海,日人又妄称公海。我督帅张尚书抗争最力,卒为甘心卖国之袁世凯丧辱主权,以至去年二月十七日有鸣二十一响炮谢过、放船、购械、赔款之大耻,遗恨至今。现闻划界大臣将已抵粤,凡我国民均应惩前毖后,负担责任,调查一切,以尽地方自治之义务。至振兴土货,年来卓著成效,本年尤应加意讲求。除函电中外,公同筹议,毅力坚持外,兹定期本月十七日两点钟开特别大会议,此人人有责,凡属我同胞,届期均请莅会,共持爱国主义,切实通筹,是所切望。此布。

《时报》,宣统元年二月廿一日(1909年3月12日)

广东自治会关于澳门划界事之布告

自治会昨据香山代表交来澳门地图并张【中】堂督粤时与葡人交涉奏案,摘要布告如下:

(一)划清界限,应分水界、陆界。何谓陆界?东枕山,西南滨海,是为澳。其原有之三巴门、水坑门、新开门，旧址具在，志书可考。彼所营砲路兵门，均属格外侵占，应于立约时坚持围墙为界，不使尺寸有踰。何谓水界？公法载地主有管辖水界之权，以砲码能及之处为止，若两国土地毗连，中隔小河，以中流为界。此系指各国自有之地及所得者而言，澳门系中国之地，其租借时，葡人只能管辖所住之陆界，其余海权全为我国所有，只可准其船只往来，不得援引公法，并管辖水界。

（二）水界仍是中国所有，自无水界之可分。陆界至旧有围墙为止。葡人于同治初年将围墙拆卸，希图灭迹，然墙可拆而旧址终不可毁，将来约有成议，似应由粤省督抚臣就近派员，会同葡使亲往覆勘，详查旧址，公同立界，俾免影射踰越。

《时报》，宣统元年二月廿六日（1909年3月17日）

自治会廿七日开大会议传单

公启者。葡人租我澳地，旧址具在，原无界之可分。此事关系主权，所有证据，本会已调查明确，珍重存记，以备随时留证。至葡人托词干预，及种种图占之证据，尤应调查布告。昨接爪哇十二属华侨代表函，称荷人欲收华侨为殖民，实比美国苛待华工尤为惨毒，若不援救，华侨恐将灭种等语，并寄来国民捐助海军会简章，力嘱设法提倡，以为帝国海军保护侨民之补助。亟应公同筹议，设法挽救，以安华侨。我国海军未复，内而领土、领海，外而侨商财命，未能保护周详。现在朝廷兴复海军，已有成议。东西各国海陆军费，皆由国民担任，踊跃图成，诚以立宪国民，既得参议政权，即有负担国家之义务，海军经费，尤应切实通筹。兹定期廿七日两点钟通请各同胞开大会议。此布。

《时报》，宣统元年闰二月初一日（1909年3月23日）

广州自治会开大会议传单

公启者。澳门勘界及整顿大东沙岛事,前经决定办法,布告中外,合力坚持。现在高大臣经已抵粤,所有香山县属山川水道、澳门旧界及葡人种种强暴无理、弃约横行之确据,均经切实调查,由合省绅商决定同一方针,商请督宪暨高大臣主持,并函电外务部、同乡京官、中外各埠同胞,合筹办理。查本月初三日,七十二行商报译澳门葡报驳本会书,自称葡人未尝背约,而其所指谓旧城墙为地界,而城墙外曾建有炮台,并谓从前葡人曾有居于城墙外者,以此为言,直同儿戏。至光绪三十三年龙田村因勒买不遂,放火焚烧,毁灭各坟,投骨于海,凶横暴戾,中外皆知,葡报乃云系因疫症焚毁,其所掘坟骨系葬义地,并非投海,尤为自欺欺人,足以代表葡人之弃约。此等无赖,自可一笑置之。现我政府已握定方针,与葡人交涉,本会实行地方自治,兴利除害,责有难辞。我粤自葡租澳门,专以窝匪聚赌,招集流娼,私运军火,偷运洋烟为事,以致粤省盗贼遍地,成为赌国,贻害地方。现在朝廷预备立宪,注重选举人格,凡我国民,皆当束躬自爱,对于本国均应抵制,实行戒赌、戒嫖、戒烟,尤不得潜往澳门嫖赌吸烟,窝匪为盗。如有此等人格,一经调查员查悉,当革去其公民权利,以儆将来。此事亟当妥议。现在各属调查员调查选举人格,系为将来领取选举票投筒公举议员,维持地方公益起见,各省绅商均极踊跃,粤人填报尤当恐后争先,第恐或未周知,尚多遗漏,应如何广为布告之处,亦应妥筹。至大东沙岛确为我国领土,日人已无异议。惟日人西泽以私人毁我庙宇,逐我渔船,采取该岛物产,夺我权利,应令赔偿损失;尤应锐志整顿,推广渔业,以保主权,均请通筹办理。兹定期初八日两点钟,通请各界同胞莅会开大会议。此布。自治会同人谨布。

《时报》,宣统元年三月十五日(1909年5月4日)

广东自治会因佛山轮船命案事开大会议传单

公启者。佛山轮船〈案〉命案一事，前奉督宪示谕，我同胞遵谕，静候正式裁判。讵葡领事既诬蔑我同胞，迭经督宪照会，催促会讯，又一味延搁，殊失友邦之谊。查领事在居留国，均应主持公理，共保和平，乃葡领事于佛山轮船命案，一则诬蔑本会贿嘱证人，一则声言惩办报界，一则谓华人为假爱国之人，蔑视全群，肆口漫骂。我同胞名誉所关，数月以来，忍无可忍，亟应再行诘问葡领事，请其答复，以平公愤。兹定期本月二十九日一点钟，通请同胞开大会议。此布。自治会谨布。

《时报》，宣统元年五月初八日（1909年6月22日）

自治会会议传单

公启者。佛山轮船命案，当时华人搭客被该船葡人更夫奴路夏残暴殴踢毙命，众目共睹，经同船搭客冯、谭、杨、张四君指控，会讯在案。讵葡领事既不秉公讯断，复任意诬蔑，迭经张前督宪驳复，并经本会迭次函诘，均置弗恤，中外共愤。月来迭接小吕宋及各埠华侨函，称以此次因葡人殴踢华客，酿成命案，义愤同伸。现太古洋行迭函，愿将佛山船主革退，赔补尸亲洋银三千二百元，再由办房加补尸亲银二千元，共赔补五千二百元；并将葡人更夫残忍苛待、暴殴搭客情形，禀请集讯，行内概不复用葡人；并标明自后各船优待华人搭客，不得再有踢打苛虐之事，具见太古洋行笃念交谊。现在案悬日久，可否邀同尸亲，即由中英商民与太古洋行一方面和平了结。其葡领种种诬蔑，野蛮无理，自当合力对待，以伸公理等语。查中英商民向敦睦谊，此次因葡人在太古受职，殴毙搭客，致动公愤，殊非中英商民之所愿。据函各节，是奴路夏殴毙搭客之罪状已白，太古洋行之友谊克敦，亟应分别筹议。现接振兴实业会社股东、欠户、司事等函述各情，德商礼和洋行因欠货项，尚未核实数目，亦未禀由德领事照会地方官，既无公证人，又未报知警局，擅入城内，将该铺底货物暗串开投，实属蔑视国权，摧残商务。本会有维持商业之责，尤应聚众筹商。兹定期本月（六月）二十日两点钟，通请各界同胞开大会议。此布。自治会谨布。

《大公报》，宣统元年七月十二日（1909年8月27日）

广东自治会请商民如常开市传单

窃启者。日昨新军与巡警交哄，彼此意气不平，绝无扰害商民之意。连日闭城，以免军警再有互斗，系属和平调处之妙用，并无他事。初三日经大宪办理已妥，东门外各新军已如常驻扎，遵守军律，滋事之少数新军亦已平服，大局安全。连日老新城东南关、西关、河南各处商民，均如常贺年，照常交易。诚恐闲杂人等藉端滋扰，有碍治安，本会昨经议决，招集粤商团队三百名，分巡弹压，劝散闲人，并请各街坊如常添派商勇，妥为守护，现已完全无事，各行商如常开市。我同胞深明大义，统希互相劝诫，切勿稍有误会为盼。此贺新禧。粤商自治会谨启。

《时报》，宣统二年正月十四日（1910年2月23日）

为维持新军前途及沙基新涌船牌事请议传单

公启者。昨除夕、元旦，连日军警冲突，各新军对于绅商士庶并未扰及一粟一丝，只以前后数天该协统、标统各官长不出而调处，再三误会，遂酿成以不忍睹、不忍言之惨剧。今是非已白，新军人格经此番磨折，名誉日增，玉汝于成，未始非磨砺英雄之一助。现在预备立宪，人人有参议政权，即人人有当兵义务。天下因疑致误之事十常八九，原不独此次为然。凡我军民，须念大局艰危，国破即是家亡，官民原为一体，万不可因官长一时之误，遂灰同胞爱国之心，此后应征，益当踊跃。至粤省成镇在即，新军各营练之有素，此次因二标一二人与巡警口角，辗转误会，以致一标及砲、工、辎营全行遣散。各新军爱惜名誉，归途痛哭，无面目归见江东。高尚军人，弃之何忍。查粤省新军只十一营，开办数年，其一切征兵费、长官费、购置费、教练费、薪饷费不下千数百万，皆吾民脂膏；所有征兵，皆吾人子弟，几经死亡，而后得此数千之数。合七营兵士，无辜受累，复被遣散，其防勇之搬卖军物，焚毁营房，所损失犹小；其废弃此练习有素、不扰商民之七营士兵，顿使成镇无期，吾民供纳之千数百万资财归于乌有，所损失尤巨。我人民有纳税之义务，亟应公筹办法，据理力争。昨阅报章，沙面工部局又仍去年习套，抽收沙基一带船钞等语。本会以事关交涉，当即前往查询，讵各艇无知，皆已纷纷缴纳。此等艇户向来愚昧，原不足怪，深恐下年又复如是，则积非成是，后患无穷。查各船编号给牌，原为稽查歹人，保卫公安起见，现在粤省海权已有税司管理，水巡昼夜梭巡，万分严密，大小船亦经编号给牌，其所图保公安者已备。亟应妥筹办法，禀请督宪，根据法理与英、法两国文明交涉，彼此商妥，早日由沙面工部局移交各艇号数，由华商管理，以睦友谊而保公安。兹定期本月二十四日两点钟，公请各界同胞开大会议，通筹办法。

此布。①

《时报》，宣统二年二月初六日（1910年3月16日）

自治会宣布回籍新军截遣传单

公启者。昨奉督练公所来函，略以遣送散兵回籍原限十五日止截，嗣经通融展限，自十六日起又为收留遣送。今为时逾旬月之久，虽查考兵籍，未投到者尚有其人，然事经一月，想于离营之后，早已自回乡里。兹拟定于本月底概行止截，不再收留，亦不再遣。或有因病重留省医院诊治者，亦限于月内开列姓名，送由公所为之预备护照川资，俾其病愈之日返里等因。合亟传单布告，除因病留院医者，由各医院列名详报外，其为乡人挽留，或在亲友处调医，及为亲友招待，尚未挂号者，均请于日内投到，领凭回籍。至所有前于离营之后，早已自回乡里者，既已平安回籍，归见父兄，现在期限甚迫，其中是非已白，回籍者概从优待，永不追究，自毋庸再行来省，至多一番之遣送。至各新军回籍后，各宜益加砥砺，共保令名。天下兴亡，匹夫有责，各新军尤当以大局为重，万不可因此磨折，稍灰爱国之热诚。国家优礼军人，断无刻薄寡恩，陷诸人以不义之理。各新军爱惜名誉，当毋烦本会之赘言矣。

《顺天时报》，宣统二年二月十六日（1910年3月26日）

---

① 此篇录自"广东自治会廿四日开大会议详情（续）"，原无标题，此标题为编者所加。

各公团布告酒捐暂行停办传单

公启者。前因酒米行布告，阖行为康济公司揽承酒捐事，各店以生计艰难，拟于八月相率闭业等语，以故远近谣传，酒米行将有罢市之举动。昨经方便医院等通函各宪，请为设法调停，以维大局。昨奉道府宪函开，康济公司酒捐一事，现奉藩宪面谕，已奉督宪批示，暂从缓办，嘱即传知酒米行一体查照，勿为浮言所惑等因。奉此，是康济公司八月初一开抽之期，已奉督宪批示暂停，应请酒米行同人，务以民食为重，照常安业。此外，各同胞幸勿轻听谣言，谓米行有罢市之举，致多误会，是为至要。此布。粤商自治会、自治研究社、十善堂院、平粜公所、商务总会同启。

《时报》，宣统二年八月初九日（1910年9月12日）

六、章　程

粤商自治会章程（第一次草稿）

参照天津自治章程拟

一、粤商自治会依广东省之区域为区域，凡居住于本省之中国人，遵章守例、担负义务，皆得享受权利。

二、凡有关本省地方自治事宜，得依程序自行议订，禀请本省总督批准，布告于众，由布告日起，三十日后一律遵守。

三、议事会：凡下列事项得议定之，交董事会执行。

（甲）国人关于地方利弊、整理治安、维持风化之条陈（并得派员调查之）。

（乙）国人申述其困苦，不能上达于地方官之事。

（丙）调处民事两造之争执。

（丁）对于地方官所办理有应质问及地方官谘询之事，得议定后上书陈明及解答之。

（戊）下级各城市镇乡之自治团体及巡警章则之修订、成立、取消。

（己）本省内防乱、消患机关、团体之筹议、改良、撤销。

（庚）本省商务、建造工程、教育、水利、慈善、卫生、交通、市场监查费等之筹议、改良等方法。

（申）〔辛〕本省地方财政之预算、决算，公款之利息、筹议、存储、动用。

（壬）本自治会及议事会本身或董事会被人指摘之事，得研究讨论，提议处理办法。

（癸）不在上项之规定，地方官交议之事。

四、议事会议员三十人，用复选法选举。凡居住于本省内，年满廿五岁，有正当职业者，有选举权；凡曾办学务或地方公益有二千元以上之商业或产业，或代管五千元营业资本之商号，高等小学毕业曾经出仕，或有科名，或曾游学外国，品学兼优者，有被选举权。

选举章则另定。

五、董事会：执行议事会送交之议决事项，并禀报于地方官及公布于国人。

董事会设正会长一人，地方官任之；副会长一人，由议事会于自治会会员中选举之。当选之副会长已是议员，应辞去议员席，专任副会长。董事十一人，副会长在内。

六、正会长有代表自治会对外、对内签押文件、监督董事会会务、查核办理事件人员勤怠之权。副会长辅助正会长办理应办之事，分配事务，付签文件。凡公正绅商各界有声望者，皆得为董事会名誉董事。

七、干事会：干事七至九人，由议员、董事各选举半数，单数之一员由董事选出。设干事长一员，由副董事长于干事中指定之。

八、经费由议事会拟议筹集办法，禀准执行，筹集方法以拨提地方公款、公产出息为主。

九、自治会得筹设自治研究所、班，招收学员，筹设劝业银行、实业改良会所等等，禀准开办。

十、本章程得随时修改，禀准行之。

李荔皋、余少山：《粤商自治会与粤商维持公安会》，《广州文史资料》第七辑，中国人民政治协商会议广东省广州市委员会文史资料研究委员会1963年，第29—30页

天津自治会章程要义（节录）

粤商自治会谨将天津自治章程节录要义布告。

一、区　域

凡自治会须先定区域制度。

一、住　民

凡住于境内之本国人，遵章守例，皆得享有权利，负担义务。

一、条　例

凡关于地方自治事宜，皆得自定条例，由议事会议定，禀请本省总督批准，并布告于众，布告后三十日一律遵守。

一、议事会

凡自治会先举议员三十人为议事会，均用复选举法。选举定后，会内一切应

议之事，皆由议事会议决。其范围如左：

议事会得受人民关于地方利弊、整顿盗贼、维持风化之条陈，酌量批准议行，或批驳之。

议事会得代人民申述其困苦不能上达之事于地方官。

议事会得调处民事两造之争议。

议会事得随时派员调查地方盗贼、地方利弊及各处风俗，上条陈于地方官。

议事会对于地方官所办之事，得随时上书质问，地方官应即解答之。

议事会得应地方官之谘询、访问，申述其意见。

议事会得将地方巡警之创设、改良事商请该管官署酌办，该管官署委任地方自办，则由议事会议决，交董事会接办之。

议事会得随时议设下级各城镇乡村之自治团体。

议事会得随时将地方一切消患防乱之机关，筹议其整（项）〔顿〕、改良及其方法。

议事会得随时将地方商务、工程建造、水利、教育、救灾恤难、卫生洁净、市场监察费等类筹议改良及其方法。

议事会得将地方上人款筹议清厘及筹集事。

议事会得将地方经费筹议预算、决算。

议事会得将地方公款、公产及利息筹议存储及动用事。

议事会得将董事会被人指摘之事议决其处分。

议事会得将所有议决之事交由董事会办理。

一、选　举

凡选举议事会议员均用复选举法。

凡住境内之本国人，年二十五岁以上，有业之男子，不仰地方公款赒恤者，能自写姓名、年岁、职业、住址者，皆有选举权。

凡曾办学务，或办地方公益事务者，有二千元以上之商业或产业，或代东家营业至五千元以上者，高等小学及相同以上之学堂毕业者，曾经出仕或得科名，或在庠，或曾游历外国，品学兼优者，皆有被选资格。

凡举议员时，先由发起人公推一人为选举课长，派专员分区经理（天津自治会以区域内人口划分八区），先一月布告，定期选举，由课长颁发执照格式。各区凡有选举权及被选资格者，各按照颁发格式填注，限期汇交课长，由课长分别造具选举人名册，先期给与选举、印票各一纸。其有被选资格，亦由课长造册，先期标帖布告，届期各人凭票各写所举被选名册内一人之姓名投筒。开筒后，每区先取最多数者四人，共三十二人，再由课长合计各区所余之票，以最多数者合取一百零三人，共得一百三十五人，是为第一次选举。其第二次复选举法，由一百三十五人齐集互举（辞者以前次所举前列者补上），每人各写三十人投筒，开筒后，先取每区占最多数者一人，共八人，再以投筒最多数者合选二十二人，共三十人为议员。复选举定后，定期议事会，举行开会式，再由三十人齐集互举，每【票】举一人，以最多数者为议长，次为副议长，余二十八人为议员。

一、董事会

天津自治草案，董事会共十员。会长一员，以地方官任之；副会长一员，由议事会每票举一人投筒，以多数举定；会员八员，由议事会每票举八人投筒，以多数举定。其有议员被选为副会长、会员者，得辞议员职，就董事之职。议员缺额，即由前复【选】举前列者补上。董事会执行议事会议决之事，及照章应办各事，并其它自治团体商办之事，代表自治团体诉讼之事。会长系地方官，为本会代表，签押文件，有稽查权、提议权，而不在议决之数。副会长掌理会中事务，分配会员职任，掌管文件、钤记，会同会长签押文件，及开会布告，选用会计、书记及其它员役。会员依副会长之分配，掌理会中各事。凡曾办学务，或办地方公益事务之公正绅商，皆为董事、名誉会员，随时得到会参议，而无议决权。

一、干　事

凡干事无定员，随时由议事会分常任干事、临时干事两种议定员额，由议事会就议员中选举一半，由董事会就有被选资格者之中选举一半。如系单数，即由董事会多举一人。举定后，由副会长指定会员一人为干事长。

一、经 费

自治开办经费，先用筹捐法筹集公款，及提拨地方公款、公产之出息为经费，不足则由议事会议决，或征收住民会费，惟征收会费，每人不得过一元外。如可另行筹集，则不必征收住民会费，此条参用本会议案。

一、内 容

自治会成立后，应先设研究所、宣讲所、图书所、印务所（或设日报）、调查部、财政部（或另集股开办劝业银行，以凭劝办农工商各实业）。其余应设者尚多，俟开办后，随时推广添设。此条参用各国自治章程。

右各节均由天津自治草案节录，举其大略，或参以各国自治章程，细按之，与大清商律大同小异。盖凡自治机关，皆宪法内应有之义，天津自治草案多采用日本自治定章，而略为拊束，幼稚时代，固当如是。本会详细草章，容俟调查各地方自治章程，参酌粤省商务情形，再行会同同人草订。李戒欺附志。粤省自治会谨布。

粤商自治会编印《粤商自治会函件初编》（光绪三十四年）

粤商自治会草订西江沿岸四乡巡警章程十二条

第一条　划区域

西江沿海一带，暂定斜迤西至梧州分为六段，每一段设一局，每一局约划分数区。第一局毗连省城，交通灵便，应定为正局。其各局内所辖区域，约以三千烟户左右为一区。

第二条　挑巡警

村乡大小不同，地方贫富不一。殷富之区，按五十户挑巡警一名；穷僻之区，按百户挑巡警一名。责成村董，在各本村挑选保充，以年力强壮、粗识字义者为合格，吸食洋烟、素不安分及曾当官役者，概不准充。每名每月应给工食，亦系斟酌地方情形，由村董核定，多在七八元，少在四五元不等。该段应就各处公局、社学、乡约、公所、会馆、书院、街坊、行头向有之经费，及各村乡墟市之更练经费、冬防经费、庙尝，及酌提祠堂蒸尝并迎神赛会演戏一切无益之费，一律改为巡警经费。及开办时军衣、器械，一切杂费，均在此开支。其款由各处缴交，责成附近殷实当押管理，不经官吏之手，按季将出入数目榜示各村乡，以昭信实。如再有不敷，设法就地筹措。

第三条　教功课

巡警挑齐后，由巡官定一区，择适中之地，按月调集区内巡警，讲授警察各法及操练各法。各巡警早来晚归，仍可照料本村事务，限两个月毕业。以后每一星期调集一次，既可周知各乡匪踪，复可择其心地明白、功课能解、操法合度者，拔为巡长。以下按其程度，定其等次、工食。初募时，不妨略少留有余地，以便分等加增，俾示鼓舞。

第四条　查户口

每一区内所管村乡，不论土著、客籍、教民，或学堂，或庙宇，均须挨户编号注册，注明某户第几号，家长姓名、年岁，系何生业，有无地亩、房屋，男几丁，女几口。客籍者注明年月，来自何处。区中各住户如有迁移及婚丧生死等事，本处巡警随时查报更正，按季列表，每年秋后覆查一次。

第五条　重巡逻

乡间巡警办法与城市不同，既无人多轮流站岗，其功用以巡逻为重。应先责成各村乡，将村内私路一概堵塞，不准贪图捷径，私自来往。每村乡只留东西南北十字闸门出入，夜间无论何人由此乡至彼乡，须向警兵挂号，领凭携灯，无凭无灯火者，不准出入警局。另有定式巡逻表，值班巡警携以巡行，行至某村，即由某村盖用戳记。巡逻应行留意者，曰违警，曰现行保护，曰预行保护，细目如下：

违警。一、牧放牲畜，践蹈青苗者；二、负担未熟禾稼，形似偷窃者；三、牵马、牛绕走小道，形似偷窃者；四、怀藏引火物，欲行放火者；五、酗酒滋事，沿街肆横者；六、游僧恶道，恃强讹索者；七、地棍土豪，欺压良民者；八、开场行和聚赌者；九、男女同行，形似拐逃者；十、携带凶器，势欲行凶者；十一、有藏匿铜铁丝，形似偷窃电线者；十二、恃强斗殴，不听解劝者；十三、聚集多人，结党成群者；十四、神色仓皇，行迹可疑者。以上妨害治安，违犯者立时盘诘，扭局惩诫。十五、符咒治病骗钱者；十六、沿街招贴，售卖春药者；十七、歌唱淫词、戏曲者；十八、【售卖】春宫图画、洋片及淫词曲本者；十九、假装医卜星相骗钱者；二十、卖不熟或腐烂果物，有碍卫生者。以上有伤风化，有妨卫生，见即禁止，不服者送局讯究。

现行保护。一、幼童稚女失迷者，问明姓名、住处，近者送归，远者交局，送信候领。不能说出姓名，查询村人。二、妇女怀愤投水投井，欲寻自尽者，善言劝慰，送交家长。三、因病倒卧路旁不能行动者，设法觅汤水饮之，能走者扶送回家，不能走者集夫抬送。因醉倒能行走者，查看明白，赶与家人送信，或扶持送回。

预行保护。一、成熟禾稼堆集场圃者，随时加意保护，如有偷窃，送局讯办；二、坟围树木查见有人砍锯时，须问是否本主家人，偷窃者送局究办；三、道旁树木随时查看，不令损伤，有偷窃者跟究；四、各处电杆随时查看，如有损伤，报局知照该管官修理，偷窃者究治；五、各处学堂及学生过往者，随时保护，不准阻扰；六、文武官员因公过往者，随时保护，如有问讯，详细禀白；七、外国人传教、游历过境者，加意保护，不准愚民围观，购买食物，不准抬价；八、各处教堂无论大小，及教堂施医所，均应一律保护；九、解送官库银及解罪犯过境者，加意保护，设遇犯人有途中逃脱者，相应帮同擒拿；十、凡民间遇有婚丧大故者，均应保护，不准乞丐任意讹索；十一、桥梁渡口处随时查看，以防危险；十二、停泊船只处随时保护。

第六条　慎防查

巡官、巡弁、巡长、巡兵，平日应各留意，无论内区、外区及远近村庄，设有暗中设坛习拳，暨妖言惑众，谋为不轨者，容留从前漏网著名巨盗者，开炉私铸、销毁制钱者，一闻消息，迅即访拿，解送该局，审实给赏。隐匿不报者，罪及邻佑，邻佑举发者赏。

第七条　防灾害

遇有失慎起火者，官弁督同巡警协力拨救。凡有妨害卫生一切者，均宜设法预防，如清理街道、疏通沟渠、栽种树木等事，务须善言劝导，总期一律洁净，免传疫气。

第八条　维风化

官绅均应平时留意，闻有不敬尊长及忤逆不孝者，考察邻佑，责令随时举发，立即拿解总局，从严惩办，并将首先举发之邻佑奖励，邻佑隐匿不报者究治。

第九条　联董绅

凡董绅来局及官弁因公到各村，均须互相优礼。凡有关于地方之事，小则立时商同举办，大则禀局批行。凡有一切商董事件，均应和颜悦色，推诚布公，不准稍有官气。

第十条　备器械

巡警昼夜巡逻，须有枪械，方足自卫。如遇抢劫重案，盗贼拒捕时，准其巡警放枪抵御，平时无故不准放枪。各村富户如有存枪者，皆可捐出，由巡官验明，列号发册，注明系某家之枪，暂归公用，或由村董设法筹款购置，由巡官禀局，给照购买。

第十一条　定权限

有妨害治安，干犯违警者，警官可以讯办。即行政警察应有之权，如命盗、户婚、田土，案情重大者，仍归地方官管理，本属地方固有之权，如事出仓卒，迫不及待时，若捕凶拿贼，搜赃检证之类，警官亦应力任其责，以补助地方官之不及。

第十二条　明赏罚

无论官绅、弁兵，果能办事勤慎者，有成效随时记功，三功为一大功，积大功至三次之多，或三年无【事】故者，由局分别请奖。拿获重案者随时请奖，懒惰者分别记过，三过为一大过，积至三大过者撤究。另有功过表。

右各条系仿照天津四乡巡警章程，参以西江沿海各地方情形，及各同胞献议组织而成，其详细办法，仍应斟酌各城市村乡情形，因地因时变通办理，以期推行尽善。此布。粤商自治会草订。

粤商自治会编印《粤商自治会函件初编》（光绪三十四年）

邮船会社有限公司招股章程

一、本社照股份有限公司办法，定名为两广邮船会社有限公司，股份收齐，即呈报邮传部立案，农工商部注册，遵照商律开办。

二、本会社股本，专为置轮行驶内河及外洋各商埠，兼办保险燕梳而设，不得移作他用。

三、本会社总局设在广州省城，分局设在梧州，其香港、佛山、江门、河口各代理处，俟设立后登报布告。

四、本会社以粤省七十二行商、梧州各行商，该行自认百股以上，招股五千股以上者，为创办招股人。

五、本会社总共股本一千万元，招股份二百万股，每股五元，限一次交足，以为从速配置大小轮船之用。

六、本会社即由省、梧总分号为收股银处所，收银时，即发股票及息折。

七、创办招股行商公司成立后，退归股东之地位，并声明永远不取红利，其办【公】费用，到时由众股东公议拨送。

八、凡中外各（阜）〔埠〕商会、会馆、善堂、公所，及殷实商号担任招股，每招足一万股，将股银汇交到总分局，即由总分局送回招股费用银二百元。以此类推，自认一万股以上者照送，不满一万股免议。

九、所收股银，一律以双龙毫为本位，每员七二兑，九九五平核取，不加汇费。其有以银纸、纹银、大员附股者，均照时价补回银水，将来派息，亦一律平色。

十、定期明年戊申二月初一日起，开收股银，三月初一以后，至满额截收之日交股者，为普通股。

十一、本会社专集华股，不收洋人股份，如有原系中国人而兼有外籍者，既经附股者，本会社只认其为中国人，不得牵引外籍与本会交涉，亦不得将股份售予外国人。若犯此章，即将其股份充公注销，其票折亦作废纸。

十二、本会社为挽回利权、接济中外商务起见开办，每年周息一分算，此外所有溢利，分作二十成计，以一成为办事人花红，以一成为优先股花红，以四成为公积，以十四成按股均分。

十三、定期明年三月十五日为众股东寻常例会之期，届时齐集已交股银之股东，公举董事五人，查账二人，均照自治章程，用复选举法选举。第一次由众股东投筒，每票举一人，以得股数最多者，选取三十人。再齐集被选三十人，投筒互举，每人每票各举三人，以得数最多者五人为董事，次二人为查账。以后每年一律另行选举，均照前复举办法，前任者再被举，方得续任。既予以办事人同享红利，仍照天津议会定章，不支薪水，其办公费用，届期由众股东决议。

十四、本会社每年由董事五人，随时延聘中外著名熟悉船务者一人，常川驻局，经理各事。本会社大小各轮一切事务，悉照轮船普通例，随时订章办理。

十五、未尽事宜，随时由众股东订立章程，公同遵守。

《中国日报》，丁未年十二月初三日（1908年1月6日）

七、集　议

商界会议力争西江缉捕主权

昨十四日，全省商民假座华林寺内戒烟总会地方，集议力争西江缉捕一事。莅会者数百人，公推黄诏平主席。至一句钟，由陈惠普等次第演说毕，主席黄诏平起言：西江缉捕，关系全粤安危，鄙意以为必须联结团体，毅力争回。惟办之之法，以整顿水师，严惩关卡起手，诸君以为然否？旋由罗少翱宣布宗旨。至五句钟始行散会。

《中国日报》，丁未年十月十六日（1907年11月21日）

商界联赴督辕请争西江缉捕权情形

外人索西江缉捕权，连日绅商学界发电北京政府力争。昨十八日，阖省商民代表陈基建等，联赴督辕具禀争回西江缉捕自办。张督即饬巡捕官立传各该代表陈基建、陈章甫、李鉴诚等入见，将所递呈词披阅，饬候批示。随由张督面谕，西江缉捕并无授权外人之理，众商热心爱国，联结团体，提倡自治，力保主权，深堪嘉尚。粤省江防辽远，盗贼太多，望地方绅商，联络各乡村，务将匪党清除，帮助官力之不及。盗风稍息，则缉捕较易。既据众商公禀，自当电请政府坚拒。惟须劝谕阖省商民，切勿暴动，以免多生枝节云云。商界即已刊派传单。①

《中国日报》，丁未年十月廿一日（1907年11月26日）

自治会第三次集议递禀详情

十八日，粤商自治会第三期集议西江事宜，到者数千人。两点钟摇铃开会，仍推黄君诏平主席，提议请众签名入禀。众议仍用陈惠普、陈章甫两君领衔，有愿附名者请自签名，计先一日已签名千余人，是日添入更众。于是公举代表八人，除禀首两陈外，为李戒欺、赖燕山、麦吉甫、郭仙舟、林子祥、李亦如六君。各商出会场后，沿路铺户均知为西江捕权一事入禀督辕，有赶赴同去者。是时人山人海，自城西以至老城等处，途为之塞。三点钟各商到督署，张安帅延陈等入见。安帅言：此事关系国权，诸君如此热心，自当竭力争回，惟望诸君传语众商，切勿暴动，以免生出枝节。陈惠普对以各商必不暴动，现商等设会自治，以图挽救，特具禀帅宪，乞为照办。并言商等连日在戒烟总会集议，众商举商等八人亲叩宪辕，迫切请命，乞即电奏挽救。督宪言：诸君可谓爱国兄弟，弟亦当为民请命。李戒欺旋言：必请帅宪截留洋税，整顿水陆各师。督宪言：此事颇难办到，惟西江一带，沿海二千余里，以言整顿，须诸君及各乡绅耆帮忙办理清乡，乃易得手。众商唯唯告退，督宪仍嘱劝各切勿暴动。旋各商出，至门外宣布宪意，数千人欢呼拍掌而去。

《申报》，光绪三十三年十月二十六日（1907年12月1日）

---

① 见"传单"类"粤省自治会第一次劝勿暴动传单"。

粤人对于释放二辰丸之义愤

十六日，粤商自治会为二辰丸案会议，商民已蜂拥赴督辕禀求挽救。十七，各商闻有李水提已奉到督札，转奉部电，准于是日九点钟前往将船释放，并鸣炮道谢等语，纷赴该会，一片喧闹。该会恐致暴动，急邀张崧云宣布张督之为难情形，及劝切勿暴动之意。众力责该会不速集议。旋有某商等次第演说，谓须刊传单，邀请各界莅会，定期开国耻大纪念，以求昭雪。又有言日恃强权，我有公理，务须振发民气，各任义务，随地自由演说，实行文明对待之法。又有提倡召集营办日货各商，组织工艺，保存国粹。种种不一，至暮始散。旋由自治会定刊传单，布告十八日集议。①

及十八日侵晨，即有多人赴会，催促布置，纷纷议论，以会名国耻，必须有所标示，即饬办事购白布一幅，长丈余，阔五、六尺，大书"国耻大纪念"五字；又购白布两条，横挂其下，以示哀痛。布置未及，而人已充塞会场，甚至天街瓦面，攀援几满，不能容足。既而全座哗愤，语不能辨，忽有哭声起人丛中，众皆肃听，则会员陈惠普及诸行商也。遂相继登座演说，各誓死以雪国耻，语语沉痛，未毕，即举座悲愤，声震屋壁。

随有小童年若十岁者登台，且叫且哭，略谓吾中国人向有血性，我广东人更有血性，只因团体不结，意见未除，人各一心，故为外族欺侮。今日诸君同心协力，举行文明对待之策，幸勿如从前抵制美货故事。言之至再，约有四分钟之久。

既而十七甫玉成公司洋货店张君镜洲登座布告，愿以该店之日货全数缴呈该会，当堂烧毁，以为文明对待之先导。众齐鼓掌。无何，梧州商会董何君恒斋又登座演说，愿表同情，语绝悲愤。何君连日狂呼，声嘶力竭，几不能成语，而众

---

① 以下为传单内容，此处不录，见"传单"类"二辰丸释放后自治会集议传单"。

犹请其详伸彼说。

是时会中诸办事人，已将横额及白布妥挂，书记又将勉词及誓词各文预备，乃布告开议，即举陈惠普主席。人太拥挤，仅于议台上作议席，主席及各办事人以次立台上，书记则盘坐其侧，俯首录事。是时各人皆有一种凄惨之色，环列数万人，各皆含泪酸辛，如听哀启。（未完）

《中外日报》，光绪三十四年二月念六日（1908年3月28日）

国耻纪念会开会情形

二辰丸案，十七日粤人闻外务部已饬鸣炮谢过、放船购械，全体蜂拥至自治会，立请开国耻大纪念会，已登前报。十八日，全体商民纷纷赴会，午刻即集数十万，会内已无容足地，渐次附近各街，亦均拥塞，殆以数十万【计】。会内分数处，次第演说者凡二十余人，莫不力言中国危亡，日人欺藐之惨【痛】，放声大哭者，并痛骂外部某尚书误国殃民，使我国民蒙此大辱，宜联合各省电政府请旨，将某罢斥，以谢天下。一点钟开会，先以白布书"国耻大纪念"五字悬挂，堂中遍挂白布。陈惠普先宣布开会宗旨，略言：我国今日蒙此大辱，务祈四万万之同胞留此纪念，铭心刻骨，各以文明对待，共图自强，务祈扬我国威，雪我国耻而后已，万不可有野蛮举动，致误大局。全体鼓掌。次宣勉词。次主席言：此事普天同愤，今日我同胞愿当众发誓者举手。全体皆举。乃选读誓词三（编）〔遍〕。次议电中外各埠，速开国耻纪念同盟会。众力请电政府请旨，将某罢斥，以谢国民。并电河南某氏家族，以家法治其不忠不孝之罪。随草拟电文宣布，众皆鼓掌。是日大会，虽人山人海，而会场肃穆，皆守文明规则。至三点钟拍照摇铃散会，众仍不动。旋由某某君复登台演说，放声大哭，力言国事危急，我国民若不自立，旦夕亡国灭种，同归于尽。今日同胞宜立死心以求存，方能有济。众皆感泣，愿签名决死，立请纸笔签名。某君又谓，须许各街皆描"国耻纪念"白字，众举手，乃各出门外签名。忽有言议台花布为东洋货，提议焚毁，众皆赞成。遂取【花】布出门外焚烧，一时或脱帽，或脱衫，悉投诸火，不可胜数。

《时报》，光绪三十四年二月廿六日（1908年3月28日）

粤人对于二辰丸之感情

粤省自二辰丸案了结后，人心异常鼓噪，而官商颇形融洽。会有某水提以各处盗贼如毛，私运军火之事层见迭出，非多置战舰，不足以资防缉，拟提倡海军捐，专为添置广东战舰之用，现已与自治会商董商办。各商激于日人此次之强硬，亦极赞成斯举，不久当可布告中外矣。

二辰丸案了结后之第三日，适为星期，有法政学堂教员日本人某者，因徒步到城西华林寺游览，不知自治会适设在该寺之内，是日各商民因愤激之余，到会要求开议者数千人，正在哗愤之际，见该教员到会，误为侦探，群举手示意，使之退出。该教员亦不知各商民用意，仍徘徊不去，众怒益甚。后有某警兵恐酿事端，特扶该教员出寺外，并送之返学堂，具告以故，该教员始知其由。

外务部对于二辰丸一案，只知放船赔礼，以为了此一节，责任已完，其如何赔偿该款若干，一概推归粤省经理。外间传说，谓日使索赔二、三十万，然现在督院尚无此项明文，因此款既由粤省与日领定夺，必俟该二辰丸到港之后，与各货主交割清楚，看其货价有无起跌及须补置与否，乃能与粤督商赔偿数目，是以现未定议。至谓李水提有参革消息，亦属传闻之误。

粤商自治会因日轮释放，迭开国耻纪念大会。十九日，各商以赴爱育堂商办平粜，暂停会议。惟早饭前后，即有千数百人，纷集会内，各自讨论。既而愈聚愈众，与十八日开会时无异。各人以未见会员布告开议，纷纷诘问，又问实行文明对待之法，究应如何著手，须速筹商等语。各办事人乃告以今日议办平粜，必须另日邀商。斯时人数既多，又以余愤未息，大有拔剑斫柱之势。适众中有戴呦帽者，群指以为日货，坚请脱下烧毁，该人乃笑予之。既而，众纷纷检查座中之衣服、鞋帽、烟仔各件，互相指摘，于是人丛中见有无数烟仔、呦帽各相抛掷门外天阶下，又纷纷将抛掷之物件烧毁。会内办事人当以务坚团体，切勿溢出界线为劝，各皆静听。既而互相劝勉，来来往往，连绵不绝。办事人遂书一红条张贴会前，声明议办平粜，暂停演说，并令办事人站立门口，逢人宣布，来者乃不复入，至四点钟始尽散去。

迨二十日，众又纷往，人数迄未少减。是日为自治会内原设之戒烟总会星期会议，人既挤拥，各会员均不能入，只得以电话告知，饬令改期再议。哄动之中，又有责自治会不能尽义务者。既而来一西装者，众疑为外人侦探，怒目相视，幸各人熟闻切勿暴动之语，又互相劝戒，得免滋闹。是日亦嘈杂，敷点钟之久，始各散去云云。

念一日下午，粤商自治会接梧州来电云：粤商自治会鉴：辰丸案结，咸动公愤，文明对待，极表同情，办法候覆。梧州国民义务所。马。

粤商自治会昨接到一日本人须藤来函，自署由香港鸿安栈寄，标题为"与广东自治会求其反省之书"，内多恐吓之词，并以日俄战争及日法协约、日俄协约各事，为保全中国领土，以此自德。其函通体用汉文，叙次颇不明瞭，但昧其注意，极怵于我粤人提倡国耻纪念日，谓令其国闻之，生恶感情。又谓排彼之工商品，足使其一部份之国民陷穷困等语。本报以其文法歧异，是以不录，惟略撮其要点，以见彼之所谓害，即我之所谓利，而使我国民知所注意耳。

《中外日报》，光绪三十四年二月念九日（1908年3月31日）

佛山续开国耻大会详情

廿七日，佛山各商在广福医院开国耻纪念后，该镇商会董事庞仲眉、霍少牧、霍子常、魏康侯诸君以是日赴会人物多商场中人，而附近工场、农作之流尚少到会，即由商会招待来宾，决定是晚在祖庙戏台再行演说。旋由诸办事人请众莅会，七点钟各商董及来宾联队而至，男女杂沓，少长咸集，后至者几无插足处。无何，摇铃开演，众皆肃穆。主席霍子常君对众宣言曰：吾佛续开国耻大会，蒙省城自治会诸君辱临，鄙人忝为主席，先有一言贡献。吾佛素以忠义名乡，然既称忠义，则其对于国事，自不能出以漠视，愿同胞联结团体，知国耻之名义，以徐图昭雪云云。

旋请各会员演说。于是罗少翱先登坛，又详述二辰丸事始末及自治会之组织，其注意则趋重会合农工商众，讲求实业，为自立根据，众皆感悦。次为何恒斋演说忍辱图强，誓以一死。次为陈章甫演说，以日本爱国故事征引一番，勉众仿效，一语一泪，满座愤激。次为陈柱朝演说国与身家关系，公益即是私图。一启口间，有驳之者，陈君乃徐徐解释为国即自为之义，而十数万人乃同声喝好。次为陈惠普演说，主席先对众言，声叙陈姓名。陈既出座，反复叙述文明对待之策，约有半时。次为郭仙舟演说，劝勿暴动，以免为外人所计算，众均静听。次为郭东白演说，警辟之论，杂以诙谐，演说最久，听无倦容。次至张子洲君，一启口即对众言曰：鄙人有一言，诸君愿闻否？众曰：愿。张曰：吾佛仰慕省城自治会诸君热心公益，窃以为吾佛亦有自治能力，诸君公认吾佛开自治会否乎？众大声赞成。张乃将自治名义及关于立宪之前途略为叙述，众极欣喜。既而靳荣甫君又推论其说，时已十下钟，众无一人散者。商会各董以来宾日夜立演台上，恐过疲劳，坚请散会。靳君遂以散会告众，并决定另日设立自治会，再行招集，欢声雷动。既而众仍未散，李君秩之（梧州商会代表）又继演说，勉励在会诸人永结团体，全座拍掌，乃摇铃散会。是时场中尚无紊乱，徐俟各会员下场，次第而散，盖自有会以来，从未有如此次之秩序者。

《中外日报》，光绪三十四年三月十一日（1908年4月11日）

广东自治会大集议详情

自治会于初六日开会，各界到者益形挤拥。先由关佐田登坛演说，继之者为李少擎、张崧云、陈柱朝、陈复生，自作国耻纪念歌五首，大声歌之，闻者感动。至两点钟开会，公推麦晓屏、卢辅臣主席，宣布议案四条，五点钟始摇铃散会。

《中外日报》，光绪三十四年三月十二日（1908年4月12日）

自治会又定期开会

自治会昨接上海预备立宪公会来函，极力赞成要求政府速开国会，现已定期十一日开会，并电请在沪各员组织立宪期成会，并分电各省代表，以期宪政之实行。现已刊刻传单，邀请各界莅会矣。

《申报》，光绪三十四年三月十五日（1908年4月15日）

自治会又定期大集议

自治会连日接中外各处投函,大旨皆注意改良土货,捐助海军,及条陈开采煤矿,制造火柴,并详论各海味无资养质,且多霉变,大碍卫生等事。闻已刊布传单,定期十八日大会议云。

《中外日报》,光绪三十四年三月念五日(1908年4月25日)

粤垣自治会求开国会

自治会于廿二日开大会集议,群以开国会一事,现在政府既无定意,我国民当极力要求,至达目的为止。随由各会员发一长电,呈京师都察院代奏,大意以统一行政,破除省界,提振自治,则民乐输将,惟不能不先从开国会入手,俄、日之强以此。方今滇乱藏危,东事又亟,若不速定时日,大局愈难收拾。国会一开,千万军费,崇朝可集,言之若妄,请杀生等以谢天下云云。

《中外日报》,光绪三十四年四月念八日(1908年5月27日)

粤人为张督移节事大会议详情

十六日，粤商自治会为张督移节事开大会议，到者极众，公推陈惠普主席，黄漱礼宣布。先演说开会理由，并力陈张督宪德政，鼓掌之声不绝。陈公甫起言：两粤交涉最繁，张督治粤，历能收复主权，伸张民气。现在勘界在即，遽闻移节，四民无依。应即联电政府，极力挽留。全座欢呼鼓掌。岑家礼起言：陈君之议，系粤人私衷，南洋关系重大，朝廷统筹全局，以张督宪为东南锁钥，非两粤所可私。时局日亟，当以国家为念，似毋庸令政府为难。众议挽留既属不合，而我张督宪莅粤以来，革除船捐苛例，平反鸡春冈冤案，收复西江捕权，革除验船司苛例，革除南雄州水练苛例，奏定减解赔款，奏拨巨款救灾，奏免平粜米石厘税，销除党祸，保护华侨，凡遇内政外交，无不力持大体，德政实难尽举。移节日当合全省士庶，亲往恭送，并联同立碑铸像，以纪功德。主席提议粤人为张督宪立碑铸像出于至诚，并非溢美，应请自治研究社诸绅领袖，合四民竭诚办理。并请自治研究社公推各位隆重（距）〔巨〕公主任，如有中外同胞踊跃集资赞成此事者，均应向研究社商同举行，以昭公论而为一致。全体鼓掌赞成。随议定所有恭送一切礼节，并如何择地先行立碑各节，下日约同救灾公所、慈善会，联同往商研究社公同办理云。

《时报》，宣统元年五月廿四日（1909年7月11日）

粤商自治研究所开幕纪事

日前为华林寺内自治会设立粤商自治研究所开幕之期,是日莅会者千数百人,政界因赴黄埔欢迎洵邸,均委员代表莅会,省中各行商、商会、善堂、报界、学会及各善团,暨各州县城镇乡、各地方自治研究社、研究所、商会、戒烟会、善堂公所、演说会,并香港自治研究社、孔圣会等一百二十余处,举派代表赴会。安乐水房报效汽水廿四打。两点钟摇铃开会,公推臬宪代表伍申之、警道代表谈云笙正主席,所长杜贡石、教员叶竞生副主席,罗少翱、谭恒甫宣布。先宣布臬宪、警道复函,随宣布开会理由,略谓:中国地大物博,开化最早,古号文物之邦,固天之长子也。自欧美维新而后,我国墨守旧法,夜郎自太,以兵战,以商战,以学战,以农工战,屡战皆北。今日赔款,明日割地,几于无以自存。迨日胜强俄,我国朝野上下,乃恍然于专制政体之不能复立地球之上,乃亟亟预备立宪,讲求地方自治。故先朝宣布立宪期限清单内载,第一年即颁布城镇乡地方自治章程;又虑人民程度之不足也,第二年饬筹办地方自治,设立自治研究所,以八个月毕业;默计第三年自治毕业生已一律毕业,则城镇乡地方自治会可以遍立矣,故第三年则曰各府厅州县地方自治一律粗具规模。夫北洋新政,久为各省模范,天津自治会成立,距今已第四年。时事艰难,我国民能自治,固朝廷之所愿。今立宪期已届第二年矣,奏定自治议事会、董事会章程,并奏定自治研究所章程,颁发已久矣,而举世梦梦,若罔闻知。间有一二实行者,朝野且以为多事,甚或多方倾陷,冀以阻挠其自治之进行。呜呼!其爱国耶,抑亡国之贱种耶?黄钟委弃,瓦釜雷鸣,此则人民幼稚,教育未普及之咎,无足怪者也。人心未死,天下事尚或可为,有以诱之,使进于道,俾普通社会恍然于国家义务,官与民同负责任,以为推行宪政之机关。此本所设立之宗旨,固可为世告者。伏查奏定研究所章程,研究所为养成自治人格而设,凡有选民资格者,皆应入所听讲,以期自治之实行。转瞬八阅月毕业给凭,人格固高,而合个人自治,以成社会自治,举办公益,参议政权,明年各城镇乡地方会可以计日遍立,联同胞为一体,合中外为一家,我国富强,企足可立。此尤本所之所冀望于我四万万同胞而馨香祝之者。龙旗光耀,良用殷然云云。次宣读臬宪、警道训词,各界代表次第起读祝词。该所答词毕,随宣布所内职员名表。杜所长起,谦让数言,互相勉励。次叶教员演说自治关系大要,洋洋千言,掌声不绝。次杜所长再言:鄙人与同事等现任谘议局广东自治研究社所教务,该所额限每县数人,本所科学自与官办无异。惟商办须谋普及,其有商业或有不能到所听讲者,由本所另行刊录讲义,按名分发。至毕业时考试,亦照此办理,作为校外生,方能普及。现本所当另聘常川主理演讲两员,俟商定演讲时间、开课日期,然后宣布云云。众皆欢悦,茶会而散。

《顺天时报》,宣统元年八月廿六日(1909年10月9日)

广东自治会斥梁敦彦详情

《中华新报》云,上月十四日自治会为东三省危急,及嘉应冤狱事,开大会议。番禺□深乡人并以洋商枪伤乡人事,投请维持。兹将议东三省一节录左。

梁少伯主席,罗少翱宣布。

一宣布两湖书院马、汤、徐、杨、沈诸先生来电,并本会奉电请议传单。关玉池提议,去年上海汤蛰仙、张季直诸时贤因苏杭甬铁路事,联电劾斥邹、陶诸人,足令奸邪夺魄。此次梁敦彦秘密卖国,全国蒙耻,乡贤马季立先生等提议劾梁,并不认为粤人,免辱桑梓,足见吾粤大有人在。现应即联电政府,请罢梁敦彦,以谢天下。并电中外,合筹对待,以雪奇耻。并将详情电复旅鄂诸乡贤,请其再电北京,以声其罪。吴绣明和议,全体举手赞成。随拟电文(知)〔如〕左:

致北京军机处电

北京军机大臣钧鉴：敝会奉武昌两湖书院马贞榆、汤金铸、徐嵘、杨其观、沈恂先生电开东三省危急，梁敦彦甘心卖国，罪大恶极，请公议参劾，并不认为粤人等由。先帝谕旨，庶政公诸舆论，东省为国家根本，东亡国亡，外部秘密卖国，中外哗然。乞罢梁敦彦以谢天下。忍死待命。自治会董陈基建等暨全体粤人叩。

布告外埠同胞电

昨接旅鄂同乡马贞榆先生等电开东三省危急，梁敦彦甘心卖国，罪大恶极，请公议参劾，并不认为粤人。请众公决实行，请合力对付，共雪奇耻。自治会陈基建等。寒。

复旅鄂粤绅电

武昌两湖书院马、汤、徐、杨、沈诸先生鉴：梁敦彦秘密卖国，全国蒙耻，罪大恶极，诚如电示。即日大会，决电枢垣罢梁，以谢天下。并电中外，永不认为粤人。乞再电京，以声其罪。自治会公复。

《汉口中西报》，己酉九月初四日（1909年10月17日）

广东自治会大会议详情

法兵五千确已入屯龙州

昨初二日，自治会为广西留穗同人函告法兵已屯龙州事，开大会议，到者人山人海。十二点钟，先由苏天锡、沈孝则、梁佩如、甘炽南、谭民三、何庶咸、陈惠普、伍公泽、郑亦刚、陈宏甫诸君次第演说，均以大局危亡，瓜分在即，并痛陈我国社会腐败，自取灭亡情形，声泪俱下。全座肃立，悲愤莫名。直演至三点钟始摇铃开会。公推陈惠普主席，罗少翱宣布，左秋山书记。一宣布桂林复电并本会请议传单。黄燿山起言：小弟籍隶南宁宣化县，迭接家信，亦只言法兵五千已入龙州，在讲武学堂屯驻，并未有入屯南宁消息。桂抚言屯扈一说，系属连类而及，亦是实情。法人野心，祸端已见，两粤唇齿，务请诸公熟筹。主席起言：敝省各界今日集议，正为此事，自当休戚与共，约【筹】通挽接之策。言次痛陈中日新约及西省近事，即实行瓜分之渐，并力言亡国灭种之惨状，痛哭流涕，座中多泣下者。杜贡石起解释瓜分之说，略言年前德人先以黄祸危词耸动各国，遂力倡以兵力瓜分主义。庚子之役，德人主张实行，美国向来反议，乃倡开放中国门户主义。英、日列强赞成其说，遂认定各国势力范围，各以敏捷手段，夺取我国路权、航权、税务、矿务、商务等一切权利，以握中国之财政。是为均势主义，实为无形瓜分，法兵之不遽入南宁者亦以此。并历指龙州边军腐败情形，劝大众须审度时势，忍辱图强，勿有叫嚣暴动之举，至误大局。鼓掌之声不绝。梁君佩如提议，除军学界注重兵操外，宜速遍办工艺场，并组织工商体育会各习兵操。谭君民三改议，宜联请各省谘议局妥议，联请政府催促各省遍设四乡巡警，整顿民间团练，互相为用，以充国力。叶君夏声再改议，此事无庸倚赖政府，民团系我国民俗习惯，奏定自治章程内凡关于地方习惯，向由绅商办理，与地方治安无碍者，自治会董皆得举办。今当速行自治，方有办法。惟兹事体大，容当详细妥议，未可遽尔解决。全座皆鼓掌。黎起卓提议，诸公伟论，均属切要，鄙见宜派员先往各乡，详为演说，随时组织，一面于腊月由省中举行大运动会，以振起尚武之精神，尤为急务。李戒欺和议，众皆鼓掌赞成。众以黎君起卓年前曾与同人举办运动会，最为熟手，且运动会系逐年应行续办之事，议举黎君草定会章，下期集议公决。

《厦门日报》，宣统元年十月十二日（1909年11月24日）

广东人为《民吁报》不平

粤商自（法）〔治〕会廿七日开特别大会，第二件提议沪道封《民吁报》事，先期传单略谓：昨接南洋、日本各埠华侨来函，以报纸所以通消息，灵心思，摘发他人之隐情诡计，警告全国，使知豫防。我国地广人稠，当此人心否塞，危在旦夕之时，全恃报纸以为耳目。日本各报，日日鄙笑中国，诋骂中国，我国未尝干涉而封禁之。乃上海道蔡乃煌，仰承日人鼻息，不以报律裁判，遽将《民吁报》封闭，背律，失国体，丧主权，实为世界之豺狼，中国之饕餮，卖国虐民，罄竹不足以书其罪。应请声明其罪，削其祖籍，广告天下，并设法维持报馆，以期久存，幸甚，幸甚等语。查宪法以集会自由、信教自由、言论自由、出版自由为纲要，东西政府对于报馆无不力与维持。我国已定宪法大纲，重申报律，其所以维持报务者甚至。况列强虎视，气民萌动，全赖报馆为舆论之总机关。蔡乃煌身为中国之官，当知时局，乃不以报律裁判，遽封《民吁报》，实属蔑弃法律，辜负朝廷。据函各情，均应筹商办法云云。及会场内宣读华侨请保全《民吁报》来函毕，黄雨佳言：《民吁报》之封，蔡伯浩实为人愚弄，其受愚之隙，因蔡素以摧残民气为惯技，故为所利用。现蔡为世唾骂，想亦悔之。今先责以大义，如不知改，当布告削除粤籍，以儆将来。众议蔡乃煌卖报卖国，蹂躏人群，是殆不可以理喻，应即联电痛责。如《民吁报》终不撤封再对待，并刻日发公电如左：

上海时报、神州报转各报转蔡公伯浩鉴：律无封报，公受愚弄。【遽】封《民吁》，蔑法辱权，遗臭万世。中外请削公籍，诛公罪。清议所在，公将奈何？自治会。

《厦门日报》，宣统元年十一月初六日（1909年12月18日）

广东人再电斥梁敦彦

【粤】商自治会日前传单略云：公启者。昨接武昌徐公嵘、杨公其观等来函，以前因东三省事，主权失败，大势岌岌，实外部尚书梁敦彦之罪。梁系广东人，不愿桑梓有此败类，当一面电请宣暴其恶，不认为广东人，一面电请同乡京官参劾。讵梁敦彦恨之刺骨，由外部致函鄂督，请从严办。务望同心同力，为国锄奸，俾中外同胞，知梁敦彦陷害毒计，为立宪时代所不容，以伸公理等由。查我国积弱，交涉失败，逼于强权，是岂当局之所愿。旅鄂同乡，力持大义，联电参劾，梁敦彦果以国事为重，将惭憾不遑，乃竟以私害公，嘱由外部侍郎，联函鄂督，将马、汤、徐、杨、沈五人严办，实属私心自用，上负国家。据函前由，亟应广为宣布等语。（附武昌原函如下，略）廿七日遂开特别大会议，各界莅会者异常拥挤，五局桂巡官多派巡士齐站立，警道派区侦探员监视。两点钟摇铃开议，公推郭仙州主席。宣布员宣读武昌来函毕，全体皆愤极。主席言：来函嘱将梁敦彦衔恨谋陷之事电告中外，究应如何办法。众议梁敦彦为外交大员，外部交涉日亟，不知培养元气，反以私意图陷正人，当为文明政府所不容，应将此事电告各埠，联电政府，罢梁以谢天下。随拟电文如右：

卖国贼梁敦彦因旅鄂徐嵘、（梁）〔杨〕其观诸公前电削籍参劾，函鄂严办，殊昧大体。正人死不足惜，如危局何？请联电政府，罢梁以谢天下。自治会。

《厦门日报》，宣统元年十一月初六日（1909年12月18日）

粤省自治会欢迎美洲代表

　　上月三十日，粤省自治会柬邀各界开会，欢迎美洲代表博士罗君。一点钟时，各绅商到者已满座，其工界短衣者均婉却，旋经众请，令派人员在门外演说，遂不入座。二点钟时，美洲联合会代表罗博士莅会，绅商起迎入座。罗君即言门外多众，可邀入，各商以无座位对，罗君言不妨，乃邀众入，后到者至不能容。罗博士大喜，即登坛演说，略谓：鄙人代表美洲亲爱联合会赴各国演说，今日得与中国多众亲近，为各处所无，万分喜悦。此会由美国大学同志发起，拟联合世界万国成一亲爱会，以保全人类相亲相爱之幸福为宗旨。所到各处演说，人人均极欢喜，觉得甚有趣味。今日信得大众，亦必欢喜。鄙人起程来华时，闻得我国工界，以美洲生齿日繁，欲禁绝华人，不许到美。我同志以华人程度日进，应同享人类幸福，特派人演说，并联全体签名，请美总统将限制华人到美苛例删除（全体鼓掌），将来务使万国人群无不相亲相爱，永息争端，方达目的。次详解人类亲爱，由家庭父子、兄弟、夫妇，而学堂师生、朋友，及人与人一切交接之感情。而一乡一国君民，以及世界万国人群，皆如兄弟姊妹之相亲相爱，乃是孩儿初生同具之真诚，人类本然之天性，大众应该如是。再三演说，无不一译一鼓掌，直演至三点四十分钟始毕。众起谢罗君盛意，罗君谦谢揖让，旋即辞回沙面。

　　《顺天时报》，宣统三年四月十六日（1911年5月14日）

八、其 它

粤商自治会宣布温灏卖国电文

近据粤商自治会宣布，声言温灏卖国，侦得其由港致当道电，有谓近日绅商学界力争西江捕权，万一争回自办，盗贼依然，恐西邻之责言尤甚，主权之损失愈巨。不若聘用外人，分布各轮船，督师训练，尚可收楚材晋用之效。又谓自南宋以来，士大夫多务虚名，反受实祸，职道断不敢随声附和云。果尔，则违众独异，真可谓别有肺肠矣。

《时报》，光绪三十三年十月廿八日（1907年12月3日）

陈基建传案申斥

外部以粤商第四次电文有祸患之来，大部实制造之等语，某尚书阅之忽然大怒，谓偶办一事，尚未了结，绅民辄发电诘责，成何事体，特电饬张督，将领衔之人陈基建等严拿究办。张安帅接部电后，不以拿办为然，仅札行南海县，将陈基建等传案申斥，以了此事。

《申报》，光绪三十三年十一月廿五日（1907年12月29日）

订购《公民必读》

粤省自治会商董,现以郑苏龛所著《公民必读》一书①,于自治前途极有关系,经专函到沪,订购千本,以便粤人购读。昨复具禀督院,请通饬各府州县,转谕地方绅士及各公团地方认购,以为自治之研究。

《中外日报》,光绪三十四年正月十八日(1908年2月19日)

论粤商自治会有政治上之特识敬告我全国民

观粤商自治会发布议案,研究政治,扩充实业,在吾国各行省中,可谓最有自治之能力者矣。吾国内政不修,致召外侮,地非一省,事非一端,安然受之者已历有年。至近年而外界潮流,挟排山倒海之势力,而倾注于东亚,无不以我国为其到达之目的地。会日俄协约立而朝鲜亡,日法协约成而安南墟,我国民始翻然觉悟,【知】巩固国家,乃国民之责任,非可专倚赖政府者也。旷观欧美列邦之国家,其得立足于今日国际竞争之地位者,皆由国民之能力造成之。国民之能力至如何程度而止,即造成如何程度之国家,故英、美、德、法同为世界强国,虽其组织之方法,原因于历史,各有不同,而无不由于国民之能力造成之则一也。

中国国家位居亚洲之东大陆以上,方舆广有四百二十余万方里,人民富有四

---

① 《公民必读》系孟昭常所著,郑孝胥为作序言。

亿五千余万，海岸线之延长，炭铁矿之丰富，其国民又非绝无能力者。观五千年之历史，可以知其国民之盈虚消长，惟胁迫于专制政体之下已久，而国民之能力无由发展，遂不能与全球之国民角胜负。今朝廷已知专制政体之不能竞争于世界，宣布预备立宪，诏饬各省自治，其欲藉国民之能力，以扶助国家之安危，与世界立宪国家之宗旨无异。我国民此时犹不乘机发展其能力，以尽救我祖国危急之义务，适为政府一二阻挠立宪者所藉口，谓国民之程度不足，尚无立宪之希望，即可证其程度之不足以言立宪，是直以波兰、犹太之国民自居矣。虽然，幸而我国民犹不至为凉血动物也。试觇宣布预备立宪后之国民，与未宣布预备立宪前之国民，吾国民对于国家之观念何若？如苏杭甬拒款问题、赎回晋矿问题、西江警权问题、辰丸问题，国民对于以上之数问题，皆引为切肤之痛、莫大之辱，争输财产，以挽回国权。国民能如此热心政治，引国家之任为己任者，此即宣布预备立宪以来两年内之效果也。在未宣布预备立宪以前，国民之对于国家，无论为内政，为外交，其视国家政务，若秦越之毫不相关，几见有如此热诚者乎？故吾谓中国国民，固非绝对无能力者。国家欲改行立宪政治，组织世界最完全政体之国家，国民必能起而相应。且其欲巩固国权，冀为世界强国之国民，以视国家本身之欲改革尤切，郁久必发，自然之理。谁谓中国国民无参政权之资格，而可以永久终古耶？观于粤商自治会之能力，而益可以信。

粤省于半载内，发生二重要问题，其被刺激也尤甚。至结果，惟西江警权问题，虽不满意，亦如苏杭甬问题、晋矿问题相等，尚能差强人意。至辰丸问题，全遭失败，尤为国民所痛心疾首，至开国耻会以为纪念，士女云集者数千人。嗟乎！越之沼吴，德之胜法，其誓雪国耻之纪念，亦不是过也。粤省士女而具有此爱国热诚之民气，于中国前途，大有希望。惟环处于强邻之中，慑服于专制政府之下，痛定思痛，不得已而出此文明抵制之消极手段，不如积极而从事政治之根本解决。彼邻国之所以强，能用强迫恫吓手段，以解决辰丸问题者，即在有责任之政府。（辰丸事起，适在日本开设国会期内，彼议员责问外部大臣所负外交上之责任，词气严厉，彼外部大臣穷于应付，故用强迫恫吓手段以解决之。）夫政府对于议院负责任，即有监督政府之国会机关是也。无国会之监督机关，即不得谓之实行立宪，无论从事实业，从事教育，从事军备，从事地方自治，无国会皆不能解决之。国会为根本上之改革，国会开而他种之改革势如破竹，皆根本上之改革，非皮相之改革。要求开设国会之举，东京留学界已先导之，湖南又继行之，风闻江、浙与汴省又将踵起，是开设国会已为吾国民视如布帛粟菽，人生需要之不可缺者。据本馆连日专电所载，知粤省绅商士民，已由消极的进而为积极的，从事根本上之问题，议请上海预备立宪公会组织国会期成会，分电各省代表赴会预议，联合赴京，请求速开国会。按：预备立宪公会，皆各省寓沪绅商、热心立宪者所组织而成，无日不希望实行立宪，决非空言预备可比，意必能如粤商之所请，极力赞成，联合各省，以成此举，而于中国之前途有厚望焉。

《中外日报》，光绪三十四年三月十四日（1908年4月14日）

粤商争求设立民议院

粤省自治会自提议要求开设民议院以来，粤人均极表同情，并谓如政府准如所请，则虽毁家纾难，亦所不惜。故于海军捐一事，自治会月前仅提议一次，而日来香港及四乡各商，纷纷函请该会认真招集。各函有先认捐款，或数千，或万金不等者，惟声明须俟民议院有着落时，方能照交。

《中外日报》，光绪三十四年三月念九日（1908年4月29日）

广州自治会陈列自造物品

四月二十四日《捷报》云：广州自治会已将华人自造之火柴、玻璃、灯罩、刷帚、漆器、文具等物陈列，令人观览，以代日货。且又有在场演说，鼓励制造者。又将留东粤省留学生来函请抵制日货者，当众宣读。当时并捐得的款，拟将该函印刷分布。闻不日又将举行第二陈列各项自造物品云。

《中外日报》，光绪三十四年四月廿五日（1908年5月24日）

粤督查覆自治会并无嚣张举动

某巨绅自被人攻讦后，转疑黄某富绅之友某某所为，且疑黄某为主动，遂事事与之反对。适省垣有自治会出现，屡次集议，均极踊跃，黄又曾捐助会中经费，某大不谓然，竟于月前致函北京某军机，力言自治会如何嚣张，就中均黄一人主持，若不解散，恐酿事端云云。某军机据以密询粤督，张安帅查悉自治会所办各事，皆系维持大局，保存国体，并无嚣张举动，当即据实答覆。

《中外日报》，光绪三十四年四月念八日（1908年5月27日）

有人欲破坏粤省自治会

粤省自治会前闻有人阴谋解散之消息，各行商咸以此会为襄办公益之地，且无与人相忤，初不之信。近悉督院果接北京密函，饬查会内人员，大意以自治两字，朝廷既有预备立宪之诏，万无勒令解散之理，惟主持会内诸人，纷纷有人控告，亟应查明核办云云。后复开列陈某、李某等数人之姓名。督院接函后，密商洋务局某君，言此数人究何举动，某君详告之。既而札府查覆，闻覆文中言陈、李等数人，系向来历办方便医院、述善善堂，十数年来，凡地方公益，无事不挺身直赴。前年西乱，该员亲赴西省赈济，冒乱赴难。近办戒烟会、治疫所，又集股办工艺轮船，皆为地方谋大利。此次力争西江捕权及二辰丸案，不过激于义愤，虽不无过激之处，要之皆爱国之士。朝廷尚须加以奖励，万不可误听谣言，以陷善类。闻督院已据情函复北京，有谓此事为路中人所诬陷，以陈、李皆路中人所反对，而诸人开办轮船会社，又谓有碍粤路开收二期股银故也。然此系揣测之词，恐不足信。

《中外日报》，光绪三十四年五月初四日（1908年6月2日）

自治会几遭解散

广东自治会平日对于社会重要事件，无不极力维持，向为粤人所倚重。在前西江捕权及二辰丸案，皆由该会固结团体，因之颇遭外人嫌忌。前月香港暴动风潮，某某两国遂指为系该会所主动，照请大吏查办。现张督复准外部来电，以日使照称，南省抵制风潮，系由粤商自治会发起鼓动，请予查禁等情。准此，务希查明照办，将该会设法解散，以杜藉口云云。张督接电亦深谅该会出于爱国热诚，未便摧折民气，只传谕该会董等，嗣后不宜过于激烈，凡事须审慎出之，以免致滋口实。

《大公报》，光绪三十四年十二月十一日（1909年1月21日）

粤省自治会研究佛山号船员踢毙搭客事件

佛山号船员踢毙搭客事件,经英领事两次会讯,尚未断结,反欲卸责,而委其审讯于葡官。该领事之用心,亦云苦矣。领事者,以保护该国商业为唯一之职务,揆诸人情,吾甚谅该领事之用心。虽然,用心虽巧,岂遂能委其责耶!

英领事之卸责,其计甚工,要亦出于保护其本国商业之见。盖该国商轮,有踢杀搭客之事,于该国航业名誉、实利均有影响,故该领事不愿将凶手定罪,以实其案。然使纵凶偏袒,又虑激动公愤,致起杯葛,于商业更蒙损害,左右思维,竟无善法,不得已而欲委其审讯【于】葡官。吾甚惊该领事之苦心,吾甚嘉该领事能尽职于本国,虽然,岂遂能委其责耶!吾请根据法理,以论斯事。

(一)本案之研究。

搭客之死,据海关西医,指为有病。赤十字会及南海均经验得伤痕,故或有坚恃为全无因病,只受伤至死。是皆执一之论,以余等推究斯案,病或有之,而其所以死之原因,则由于被踢。既抱病在先,而益加以殴踢,何得不死。便果无病,则虽受踢,其死不致如是之速。死由于(蹋)〔踢〕,故可决为被踢致死。病而复踢之,凶手之凶,更形其酷。于是该凶手罪名,可决为殴打创伤至死。在欧西各国,裁判确定,均依证据,然则欲定本案,必取本案之证据。证据为何?吾试检提之。

(甲)证人之供据。

冯、谭、杨、张四君,与被杀之搭客,素不相识,而目睹其横遭毒手,仗义指证,于会讯时既明白指攻,证其被踢,以至于死。冯、杨等诸君,果何怨于该凶,而证以杀人之罪,使非众目共睹,其被踢至死,何至同动公愤。冯、杨等四君之证,非诬可决也,此其一。

(乙)尸身之伤据。

前据南海县勘验,尸身确有伤痕,且确因足踢。十字会亦验得伤据。使只因心病，伤痕果何自来耶？以此参合证人所供，踢杀之证据，益不诬矣，此其二。

有上二证据，虽极力为该凶辩护，亦终无可脱卸。吾平心论事，绝不过为诛求，断以谋杀故杀，只决为殴打创伤至死之罪，想该凶闻之，纵坚口不认，而心必服余等判断之公。然则该凶与该船主之责任应如何？吾侪请再论之。

（二）殴杀搭客与船员之责任。

（甲）海商法上之责任，该船主不能不负担。夫船泊之管理属于船主，依各国通例，凡海员有加损害于他人时，船主无弗怠于监督之确据，不能不任赔偿之责。例如，该船员或损害搭客衣物时，该搭客可要求赔偿损害。倘该船员或不能自任赔偿，则赔偿之责任，应在船主，谓夫船主有监督管理之权也。衣物之损害，尚不能卸责，况乎生命之重，该船主其能置身于事外乎？使当时船主或见其逞凶毒踢，曾方为阻止，是有监督不怠之确证，赔偿之责，或可不负担。今该船主既庇纵于平时，复袒护于事后，法律何在？该船主决不能卸责。

（乙）刑法上之责任，该凶手不能不负担。前既言该凶手之罪，为殴打创伤至死无疑，夫杀人者抵罪，各国均有科罚之明条。该凶在英轮犯事，自应遵照英律办理，岂能任逃法网，令死者含冤莫白。倘证据确实，尚故为袒庇，则吾人今后有搭载该国商轮者，生命财产，危险堪忧。伤痕之至死与不能至死，虽各执一词，而该凶之既经殴踢，则确实有据。吾试问：船员有殴打搭客之例否？故无论如何，必与死者申冤然后已。该凶手既有得之罪，必有其服罪之时，不能枉纵，从可决也。

秉以是观，吾人对于本案，有正当之要求者二事：（甲）该凶手应科以殴打至死之罪；（乙）该船主应任损害赔偿之责。此正当之要求，我政府与吾人均有提出于该国领事之责。虽然，据英领事前日之审讯，非欲卸其专责，而委诸葡人耶？其实决无可推卸，吾且说其理由。

（三）本案裁判与英领事之权责。

考国际公法，凡外国商船，在于领海国者，无享有治外法权之原则。然其中主义不一，在英国主义，则凡碇泊或通过其领海内者，应在其国法权之下，此由一千八百七十八年英国领水法权条例规载。在佛国主义，则凡关于船泊内部之规律，领海国不干涉之，而船员间之纷议等，委诸其船泊所属国之领事裁判。若夫船泊有（彭）〔影〕响及于外界，如与船员以外有关系，或违反领海国规则，及有其他紊乱港内之平和秩序等事，如有犯杀人等之重罪时，领海国得干涉之。前经一千八百九十四年之国际法协会决议，各国均采用此主义以为原则。由是观之，凡船泊有杀人等重大事件，无论取何主义，领海国均有干涉之权。是则我国政府，应干涉其事。然因于中外条约关系，凡该国犯罪者，不能不与该国领事裁判。今该领事竟欲卸责，则宜先放弃其特别权利，如是我国可提取凶手，由我国会同英、葡领事审判。然吾知该国领事，必不敢放弃其条约所得之权利，至召失职之责，故该领事终无委卸之理。若谓该犯为葡人，宜归葡国审讯，是止就凶手一方之责任言之，亦是近理。惟是案之担负责任者，不止凶手一人，而尤在船主。设该船雇有未与中国通商约定之人为船员，此时果归谁审判，或其船员中杀人，但确知其为该船员，而未知为谁氏，则此时之告发，舍该船主而谁？又或其船籍属英国，而船主为美人，凶手为葡人，吾试问此时审判之权，应由何国专承其责？吾恐船籍所属之国，决不能不负担。夫领事裁判之性质，权利多于义务，吾甚愿该国能将此权利放弃，而我国收回。若单就此案委于葡官审讯，吾试问该船主亦由葡官审讯否耶？吾恐该领事必无词以答。此案除由英领事会同中、葡两国审判以外，与其专委于葡，不如遂归其权于我国，情理较顺，该领事其果允否耶？吾揣该领事必不允归其裁判于我，是则其决不得委卸明矣。虽然，该领事既有委卸之心，若必令其裁判，恐或偏庇之弊。假令其裁判不公，吾人应以何者为后备之策耶？是不可不先事而豫防之。

（四）设裁不公，吾人有应得之对待。

吾人果以何者为后备之策，吾试筹之。吾人姑设想其裁判不公，吾人不可不先定其对待之法。吾从政府与人民两方思索之，其最正当而最合理者，决有四事：

（甲）政府有拒认该领事之权。通例，凡领事有害驻在国之利益及安宁秩序等重要之事者，可由中央政府通告其本国，拒否其在留，令该国召还之，（召）〔另〕派员接任。此国际法上所公许者也。倘该领事〈时〉庇犯杀人指有确证，尚卸委不问，紊乱我国安宁，莫此为甚。苟不严加拒绝，将他国亦援例以杀人，视我国民之生命鸿毛不若，斯祸何堪设想。我政府之拒认该领事，固有辞矣。此其一。

（乙）政府有拒绝该公司船员入国之权。于国际法上，虽不能全部拒外人入国,而基于或条件,则有可拒否其一部之人民入国之权。经一千八百九十二年于芝离夫国际法协会会期议决,得拒否外人入国之例,其条件有九,其第一条云违反入国规则,又以诈欺入国境内者;第三条云入港之际罹恶疫者;第五条云在本国经判决有刑事宣告者;第六条云于其自国未受刑事宣告,而对于公安之重罪,有干与煽动者;第八条云于在留国中,对于其国之国家国民或君主,以文书加诽毁、侮辱、攻击等事者。今该公司船员,动辄杀人,违反入国规则,莫此为甚。夫罹恶疫者惧其传染,妨害公众生命,与恶疫等。彼犯罪于其本国或害公安者,尚可拒斥,谓夫彼能于自国犯罪,将来便可于我国犯罪故也,况乎其现犯杀人之罪者;且以文书毁侮,尚能拒斥,况乎其有殴毙生命之事实者。然则为防护公安之故,适用此核例以拒该公司船员之入国,亦理之当然者也。此其二。

(丙)事主有控告于总领事及公使之权。以上二项,属政府对待之法,其能行与否,权不自我操。若夫控告于总领事及公使之权,以达其申冤之目的,是则事主所应有事也。此其三。

(丁)我国民有不搭该踢商船之正当防卫。夫正当防卫,各国法律所公许,盖人莫不有生命财产之关系,倘自无防卫之权,则危险孰甚。故他人对我财产生命有加损害时,吾人为正当防卫,而杀该凶,在法律上亦全无责任。倘该国商船,常以杀人为事,而领事又不能秉公裁判,吾人为防卫生命之故,有不敢搭载该轮船之理由。就令该国领事,为保护其本国航业故,照会我政府,使强迫我人民,我政府亦可拒否其照会,据理以复之。其辞曰:搭载船泊,属个人自由,吾政府无强迫我人民以搭载贵国轮船之理。人民为防卫生命之故,吾不敢干涉,使人民谓我驱之于险。我人民亦可应之曰:吾本甚欲搭载该国轮船,惟吾畏死,故不敢。吾想该国必无辞以答。然则此正当防卫,揆诸公理公法,绝无违背者也。此其四。

假令裁判果不公时,依上四项,以对待斯事,合理合法,断不至失败。吾愿我政府、我同胞,始终坚持;尤愿诸君平心静气,戒止暴动,遵据法律,以求达其目的。鄙人等是所愿望。再有何高明以教我。

《渤海日报》,宣统元年闰二月二十七日、二十九日、三月初一日、初二日(1909年4月17日、19日、20日、21日)

自治会初八日安抚逃兵情形

昨初八日，自治会大集同志，分途前往各乡，宣布宪意，安抚逃兵。闻陈惠普、陈仲鲁、郭振武、黄焕庭等，亲到寺背底、播基村、洗村、石排各乡访查。据洗村人云，当时有新军数十名到来，并无军火，亦有无衣服者。众皆怜之，有洗某力任招待，多备旧衣，安备食宿，后赠资令去，旋在田执枪数支。有新军火夫罗世江，罗定人，上工仅四天，在营忽闻有大兵来，不知何故，慌忙逃往洗村，遇耕菜园洗某招待，送其回乡。播基村、石排亦有数十人逃至，乡人为之转换衣服，扮农人装，各赠二三元，令其逃生。又有乡人询取名片，云当代为引导，所到各处，乡人谈论此事，皆为不平云。又关玉珊、苏天锡等由车渡往东浦、新造、【各】乡，数日方返。闻陈惠普等再约多人，于初九早分往龙眼洞及大北上客家村、元下田、磨刀坑、太和寺等处访查，同时戒烟【社】胡瑞峰亦往沙河上各村庄查询。据各土人云，连日各村均安然无事，各新军始终未取过丝毫物件，即菜蔬食物亦无取过，人格高尚，真属难得。并备述当日逃兵，乡人悯其无辜，情殷招待，各兵反恐我辈株连，食后即行远去云云。谈次为之呼冤不置。

《时报》，宣统二年正月十七日（1910年2月26日）

广东自治会初二日讲学纪盛

初二及初四、五日，自治会设坛讲学，绅商、学报、慈善各界连袂偕来，座无隙地。夏殿撰同龢与法政各教员向、古、叶诸先生莅会,警务公所各员及各局官佐偕到保护。两点钟,先请向蓬兰先生宣布讲学宗旨,并畅言儒佛相通,及中国学佛者五派,辟佛者二派,后力言佛教与国家之关系,语皆精妙,听者动容。次请月宾和尚登坛演说般若波罗密多心经,发挥佛理,字字透亮。至四点钟散会。是日演讲皆用官音,到者多以未尽领会为憾。

《时报》,宣统二年四月初十日(1910年5月18日)

九、附　录

《粤商自治会函件初编》序

近来各国战具日精一日,势均力敌,互相保守,亦互相畏惧,莫敢为戎首,而干戈亦几几乎息矣。于是争战之点,由战地而移商场。优而胜,则国富民裕;劣而败,则国困民蹙。一国之谋士骁将,渐且投身于商界,而商场遂为人才之聚点,国家要政,其主权者且就而谘商之。说者谓,西国重商,中国轻商,自昔已然,不能同者。岂知乾嘉以前,西国商人等于齐民,无足比数;稍能自立者,皆不欲与市侩伍,贵介子弟更无论矣。何昔贱而今贵,乃若斯之甚乎?夫商者,农工之枢纽也。塞野时代,出产不富,制造不多,所谓商人,不过通有无、粟易布而已。迨文明进步,出产丰富,器用繁多,万国交通,因利生利,而商人居中控御,骎骎乎握一国之财政权,而农工之有大销场,政界之有大举动,遂悉唯商人是赖。此时虽欲不尊重之也,不可得矣。是以观其国商人地位之尊卑,即可以知其国文野之程度,岂有中外之异,今昔之殊哉!迩者,吾国政府之一二明公,地方之三五贤吏,渐知商人为国家重要人物,稍稍敬礼而赞助之。吾商人之有志者,亦不甘居人后以自暴弃,如此次对于西江捕权,其一端也。今日英舰已退矣，捕权已收回矣，不佞承诸同人之嘱，编辑其中来往函件，藉资研究，内容分为电文、公事、函牍、章程四种，其文字多出于有名巨公及一代志士之手。电文简括，包举一切，尤编中之最特色者，其文可传，其事尤可传，阅者慎勿作寻常案牍观也。戊申正月南海关百康。

《粤商自治会函件初编》例言

一、是编初拟分电文、公事、函牍、议案、传单五门，旋以议案、传单文太长冗，且前已见诸报纸，恐重耗阅者目力，故阙之。

一、是编纯是尺牍体裁，编末虽附有自治及巡警章程，不过因往来函牍中有讨论及者，故录之以备参考。至于本会研究自治理法、办事规则章程，另本辑录。

一、各处惠赠教言，本会只录同宗旨者。其有方针虽异，而热诚可敬者，仍择录之。至来稿文字，不轻改易，以存真相。

第五编　直省谘议局议员联合会

一、直省谘议局议员联合会第一届会议

1. 章　则

直省谘议局议员联合会章程

第一章　总　纲

第一条　本会以各省谘议局遣派之议员以组织之。

第二条　本会开会时，各省谘议局皆应遣派本局议员到会，但由谘议局选出之资政院议员，各本局亦得遣派之。

第三条　各省谘议局选出资政院议员，未经各本局遣派者，亦得请其加入为

本会会员。

第四条　各省谘议局议员非经谘议局派遣而愿与会者，本会认为参议员，得就特设席发表意见，但不列表决之数。

第五条　本会每年六月在北京开会一次。

第六条　本会开会之期以二十日为限，但得延长至十日以内。

第七条　本会以开会之日为成立，闭会之日为终止。

第八条　本会议事之范围如左：（一）各省谘议局共通利害之事；（二）资政院提案预备之事；（三）关于本会章程及其它各种规则之事。

第九条　本会议案既经决议后，各省谘议局应取一致之行动。

第十条　本会就各省谘议局中公推一省或二省谘议局，主任关于会议一切应办事件。

第二章　会　议

第十一条　本会会议于各省谘议局遣派之议员齐集后开之，但至六月初十以后若到会议员已达十二省以上，得以公决即行开会。

第十二条　本会开会时，由到会之议员互选主席一人，副主席一人。

第十三条　议事之整理及会场之秩序主席司之，主席有事故不能到会时，副主席代之。

第十四条　本会会议设议事日表及议事录，皆公布之。

第十五条　本会会议议决之法用多数决，从人数不从省分。

第十六条　本会会议设旁听席。

第十七条　议事规则别设专条定之。

第三章　主任谘议局

第十八条　主任谘议局应办之事项如左：

（一）通信主任凡通告、召集、汇齐议案、公布事件等属之。

（二）庶务主任凡不属前项所列，而系开会时一切应办之事属之。

第十九条　通信主任应于每年二月初十以前，将本届开会应办之事件，先行拟定，详载理由、办法，分别列表通告各省谘议局。

第二十条　通信主任为前条之通告时，应酌定复信到达日期，请各省谘议局各将所提议事件照式誊写，按期寄齐，以便汇集。

第二十一条　通信主任得各省谘议局复信后，应于四月初十日以前，将所征集之议案统列详表，并开会通告书，更通告各省谘议局。其路程较远省分，通信期限不在第九条、第十条及本条第一项范围之内，仍以不误开会期为准。

第二十二条　除前三条所列外，凡开会前其它应行通告之事，及常时本会对外应有之行动，皆通信主任任之。

第二十三条　开会时通信主任应将所有经办事件交由主席报告之。

第二十四条　会议之场所及其它关于开会应行设备之事务，庶务主任任之。

第二十五条　开会时应组织临时办事处，由庶务主任任之。

第二十六条　开会时一切庶务，庶务主任商同主席办理。

第二十七条　关于本会会计之事，庶务主任掌之。庶务主任应于每年闭会后一个月以内，将本届全会期一切收支出入款目详列清册，先行报告各省谘议局，俟次年开会时仍应交由主席报告之。通信部一切用费由庶务主任拨给，并入庶务部报告之。

第二十八条　凡本会之文件，由通信主任保存，但关于会计册籍及置备之物件，庶务主任保存之。

第二十九条　临时办事务办事规则别定之。

第四章　各省谘议局

第三十条　各省谘议局遣派议员到会时，应由各本局出具委任函电，以为代表各该本局之据。

第三十一条　各省谘议局应按照第十九条、第二十条所定预备议案，如期缴集主任谘议局及如期派员到会会议。但有临时欲提出议案者，虽未经先期缴集，仍得由其遣派之议员提出之。

第三十二条　各省谘议局有因不得已事故不及派员到会者，得将提议之事件寄交主任谘议局，汇列于本届议案中，开会时提出之。

第五章 经　费

第三十三条　本会经费各省谘议局分任之，但到会议员之旅费由各该本局自备。

第三十四条　前条分任之额以闭会结算后平均分配为准，但主任谘议局应预拟额数，通告各谘议局，以便先期缴集备用。

第六章 附　条

第三十五条　本章程以本会成立时正式议决为实行期。

第三十六条　本章程所有未尽事宜，于开会时议决修改之。

《直省谘议局议员联合会报告书》，京师京华印书局1910年铅印本，第1—3页

直省谘议局联合会议事规则

第一条　本规则依联合会章程第十七条之规定，所有会议一切事宜，与会各员均应遵守之。

第二条　本会开会时以午后一点钟至五点钟为率，但因事件之繁简得临时伸缩之。

第三条　本会开会会员定数，须达现在会场所在地之会员过半数以上。

第四条　开会日用抽签法定会议各员之议席。议席抽签定后，续到之会员以原定各议席之次为其议席；续到者有数人时，于原定各议席外，以其次数掣签定之。

第五条　开会日用无记名投票法，就到会会员中分次选举正、副主席各一人，以得票【多】者为当选。

第六条　正、副主席选定后，续选审查员九人，用无记名连记投票法，以得票多者当选。审查员互选审查长一人。审查规则由审查员自定之。

第七条　本会议案分为三种：（一）联合会共同提出之议案，（二）各省谘议局提出之议案，（三）到会会员临时提出之议案。

第八条　联合会共同提出之议案由主席拟定议题，于开会日宣告，得到会议员三分之二之赞成，即定为议题。会员赞成之表示，依会议议决之方法行之。

第九条　联合会共同提出之议案，俟决定议题后，由到会会员公推起草员，每一议题起草员不得过二人以上。前项议案起草员亦得由会员自行担任，但须经到会会员多数之承认，其员数仍从前项制限。

第十条　联合会共同提出之议案，除起草员外，各会员对于各该议题如有意见，得以书面述送于各该起草员。

第十一条　议案起草员脱稿后，誊具正本送交主席，由主席交办事处油印，分配各会员。起草员提出草案正本，自担任起草之日起，至多不得过五日。

第十二条　各省谘议局提出之议案，及到会会员临时提出之议案，除油印分配各会员外，应由主席分交各审查员审查之。

第十三条　审查员审查各省谘议局议案，应作成报告书送交主席，由主席交办事处油印，分配各会员。审查员审查议案之报告，自交付审查之日起，每一案以三日为限，但有须特别定其期限时，得会场公决之。

第十四条　本会会议由主席先期拟定议事日表，油印通知各会员。

第十五条　本会议场秩序，正主席整理之，正主席不能莅行职务时，副主席代之。

第十六条　本会会议，会员发言者须就演席，但陈述极简单之意见不在此限。

第十七条　会员欲就演席发言者，须起立报名。同时有二人以上报名发言时，由主席定其发言之先后。

第十八条　本会会议以到会会员过半数取决，其取决方法以起立与否分别之；可否同数，取决于主席。

第十九条　本会会议事项，遇不能以起立之方法取决时，得由主席询到会会员之意见，或径由主席宣布，用记名投票法取决，票数相同时，照前条之规定。

第二十条　本会议决各案，在本届开会期内，如到会会员三分之二以上提出异议者，得行覆议。覆议议决之方法，照前二条办理。

第二十一条　本会会议不禁旁听，但有到会会员三分之一以上之提议，经公决后，亦可禁止旁听。

第二十二条　本会议决各案，应向资政院陈请者，由各省谘议局联名陈请于资政院，其联名次第，从省分先后之惯例。

第二十三条　本会议决事件，凡属各省谘议局所共同者，由本会通知各省谘议局，应取共同一致之行动。

第二十四条　本会会议议决各事件，由本会编印记录，分发各省谘议局。

第二十五条　本会会议应遵守之禁例，一依谘议局章程各条之规定。

第二十六条　本会开会期中所有一切布置、记录各事项，由办事处掌之。

第二十七条　本规则以第一次开会议决之日为施行期，遇有不适用时，得于每年开会期中，由会员提议修改。

《直省谘议局议员联合会报告书》，京师京华印书局1910年铅印本，第4—6页

直省谘议局联合会临时办事处办事规则

第一条　本会依章程第二十五条，设临时办事处，由庶务主任谘议局于开会期一月内组织成立，就会场所在地方布置一切事宜。

第二条　临时办事处设置左之职员：（一）文牍科二人，（二）庶务科一人。

第三条　文牍科之职务如左：（一）收发议案，（二）起草函电，（三）保存文件，（四）其它应归文牍办理之件。

第四条　庶务科之职务如左：（一）定会议及办事之场所，（二）雇用司役，（三）管理印刷，（四）其它一切应行布置之事。

第五条　文牍、庶务各职员于本会开会期中一切职务，商承主席办理。

第六条　本会会议时，所有记载、缮写各事项，由文牍科担任。会场记录于会议之当日下午九点钟以前，得由发言会员检阅订误。

第七条　本会会计事件由庶务科担任。

第八条　文牍、庶务两科，得酌量事务之繁简聘用人员。

第九条　本规则未尽事宜，照本会章程及其它规则办理。

《直省谘议局议员联合会报告书》，京师京华印书局1910年铅印本，第7页

2. 会员及办事处职员

直省谘议局议员联合会会员表

姓　名	字　号	籍　贯	职　业
阎凤阁	瑞庭	直隶	谘议局议长
王振垚	古愚	同上	谘议局副议长
谷芝瑞	霭堂	同上	同上
张凤瑞	祝生	同上	谘议局议员
于邦华	泽远	同上	资政院议员
陈树楷	缓珊	同上	同上
孙洪伊	伯兰	同上	谘议局议员
高俊澎	静涛	同上	同上
王法勤	励斋	同上	同上
孟　森	莼孙	江苏	谘议局书记长
杨廷栋	翼之	同上	资政院议员
雷　奋	继兴	同上	同上
孟昭常	庸生	同上	同上
方　还	惟一	同上	同上
高炳麟	文伯	安徽	谘议局议员
汪龙光	勉斋	江西	资政院议员
沈钧儒	恒山	浙江	谘议局议员
刘崇佑	崧生	福建	谘议局副议长
椿　安	筱庵	同上	谘议局议员

续表

姓 名	字 号	籍 贯	职 业
康 咏	步涯	同上	资政院议员
陈寿崇	祝尧	广东	谘议局议员
吴赐龄	荫久	广西	资政院议员
蒙 经	民伟	同上	谘议局议员
朱景辉	右强	同上	同上
古济勋	仿之	同上	同上
张光炜	莲仙	贵州	同上
张之霖	泽生	云南	资政院议员
蒲殿俊	伯英	四川	谘议局议长
李文熙	缉庵	同上	资政院议员
郭策勋	静存	同上	同上
张 政	子忠	同上	同上
高凌霄	石芝	同上	同上
左学谦	益斋	湖南	谘议局议员
曹作弼	槐生	同上	同上
罗 杰	峙云	同上	资政院议员
席 绶	资生	同上	同上
汤化龙	季五	湖北	谘议局议长
张国溶	海若	同上	谘议局副议长
陈登山	芷皋	同上	谘议局议员
胡 坪	荷汀	陕西	同上
梁善济	伯祥	山西	谘议局议长
李 素	位斋	同上	资政院议员
王佩箴	敬铭	河南	谘议局议员
杨治清	靖侯	同上	同上
朱承恩	紫庭	山东	同上
周树标	健龙	同上	同上
蒋鸿斌	均儒	同上	资政院议员
孙百斛	鼎臣	奉天	谘议局副议长
福 裕	海楼	吉林	谘议局议员
战殿臣	邻乡	黑龙江	同上

《直省谘议局议员联合会报告书》，京师京华印书局1910年铅印本，第8—10页

直省谘议局议员联合会正副主席及审查员表

正主席	汤化龙	审查员	刘崇佑
副主席	蒲殿俊	审查员	吴（锡）〔赐〕龄
审查长	孟　森	审查员	汪龙光
审查员	孙洪伊	审查员	杨廷栋
审查员	王法勤	审查员	雷　奋
审查员	周树标		

《直省谘议局议员联合会报告书》，京师京华印书局1910年铅印本，第11页

直省谘议局议员联合会办事处职员表

任务	姓名	字	籍贯
庶务主任谘议局派遣员	张凤瑞	祝昇	直隶
	高俊滂	静涛	同上
文牍科员	孙焕纶	药痴	同上
	靳鸿辞	霞邨	同上
庶务科员	陈鸿翔	羽丰	同上
书记员	陈　善	绍棨	江苏
	孙希宪	小亭	直隶

《直省谘议局议员联合会报告书》，京师京华印书局1910年铅印本，第12页

3. 议案及通告

直省谘议局议员联合会议案汇表

案　由	提出者	交出本会日期	本会交议日期	议决结果
预计地方自治经费厘定地方税界限应请开国会提议案	江苏谘议局	七月初二日	七月初十日	通告各省照办
变盐法提议案	江苏谘议局	同上	同上	与川案合并，由原提议省分合并起草
议订全国盐法提议案	四川谘议局	同上	同上	同上
照约速订裁厘加税提议案	江苏谘议局	同上	同上	由本会陈请资政院
停止学堂奖励提议案	山西谘议局	十一日	十三日	归并福建案
全国禁烟提议案	同上	同上	同上	合并他案另行起草
请停止统税实行禁烟提议案	同上	同上	同上	同上
请变通谘议局章程提议案	同上	同上	同上	同上
变通谘议局章程更正官定解释提议案	河南谘议局	六月二十九日	同上	同上
谘议局章程应行解释条件提议案	奉天谘议局	七月初五日	同上	同上
划清地方自治经费界限提议案	同上	同上	同上	由该省谘议局自提

续表

案　由	提出者	交出本会日期	本会交议日期	议决结果
税法改革提议案	安徽谘议局	初八日	十六日	由本会通知各省
改定官制提议案	同上	同上	同上	并入本会案
修改度支部酌加试办税契章程提议案	同上	同上	同上	由各省谘议局提议
盐法改良提议案	同上	同上	同上	合并他案
新币制办法改正提议案	同上	同上	同上	缓议
请停止学堂奖励明定学位以正教育宗旨提议案	福建谘议局	十二日	同上	由本会陈请资政院
请速开国会提议案	本会委任起草员张国溶	十五日	十八日	同上
请速订官制提前施行提议案	本会委任起草员孟昭常、杨廷栋	同上	同上	同上
请开国会公呈	安徽谘议局	初八日	同上	缴还原提议局
请按新币制速定丁漕划一征收方法提议案	同上	初八日	初八日	缓议
谘议局章程变通诠释提议案	会员高炳麟	十二日	同上	合并他案
请变通谘议局章程提议案	会员张光炜	同上	同上	同上
陈请修改结社集会律提议案	本会委任起草员汤化龙	二十日	二十一日	由本会陈请资政院
请准各州县丁漕实征实解并划定州县公费提议案	江西谘议局	十八日	同上	缓议
请设租税整理局整理租税提议案	同上	同上	同上	同上
谘议局预算议决权提议案	同上	同上	同上	合并他案

续表

案　由	提出者	交出本会日期	本会交议日期	议决结果
直省衙门局所卷宗应请登报公布提议案	会员王龙光	十四日	同上	缓议
陈请解决谘议局办理困难情形提议案	本会委任起草员刘崇佑、汤化龙	二十三日	二十四日	由本会陈请资政院
五省协商疏江案	湖北谘议局	初八日	同上	由本会通告关系五省协商
划定中央地方权限提议案	山东谘议局	二十日	同上	缓议
陈请建议官定公布法令条例提议案	本会委任起草员孟昭常、张国溶	二十四日	二十七日	由本会陈请资政院
请删改资政院章程第二十三条第二项建议案	会员沈钧儒	二十一日	同上	缓议
商办铁路非经国会协赞后不得收为官有议案	同上	二十二日	同上	由本会陈请资政院
对于城乡地方自治经费附捐提议案	同上	同上	同上	通告各省谘议局
请申明资政院立法范围提议案	本会委任起草员张国溶	二十四日	二十八日	由本会陈请资政院
请组织责任内阁提议案	本会委任起草员雷奋	二十五日	同上	合并官制案
请宪政编查馆根据章程确定权限解释提议案	本会委任起草员蒲殿俊	二十五日	同上	由本会陈请资政院
陈请更正谘议局文书体式提议案	本会委任起草员沈钧儒	二十六日	同上	同上
谘议局章程应行增删修改提议案	会员王振垚	二十四日	同上	可决
官吏久住提议案	山东谘议局	二十日	同上	缓议

续表

案由	提出者	交出本会日期	本会交议日期	议决结果
各省商办铁路公举检查员提议案	同上	同上	同上	同上
盐务改良提议案	同上	同上	同上	因与前决案宗旨冲突未议
速定中葡界务提议案	会员陈寿崇	同上	同上	仍归原省确实调查
各省谘议局一律办理要件通告书各省法令公布规则附	本会委任起草员刘崇佑	同上	同上	通告各省谘议局
不开国会不纳新租税通告书	本会起草	同上	同上	同上

《直省谘议局议员联合会报告书》，京师京华印书局 1910 年铅印本，第 13—14 页

直省谘议局议员联合会审查报告

七月十二日上午开审查会，审查议案四件，内有两件应并为一件者，共成报告三条，呈请大会公决。

一件豫计地方自治经费厘定地方税界限应请开国会案。

查原案因自治章程而筹及经费，因经费而筹及税法，而以速开国会为根本的解决。以通州一处例全国一千七百余州县，以地方自治一项例其他筹备各事，其言深切著明，可为各省筹备宪政之标准。本审查会以为厘定〈订〉自治根源之税法，非经国会协赞不可，此不过要求速开国会理由之一，似不能独立成一议题。拟由联合会将全案通告各省谘议局，依此标准实地调查，以为将来商榷国家税、地方税章程之地。至于地方自治费，应与国家行政费统筹并计，且地方税以

国家税为比例，不宜先订地方税章程，而后订国家税章程。此为别一问题，应否另提议案，统候公决。

一件照约速定裁厘加税案。

原案由审查员同意赞成，拟请大会公决。

一件改订盐法案。

查本案为四川、江苏分别提出，察其所列大纲，俱主张就场征税，破除引地，此为今日改订盐法之主要办法。此项议题自应认为成立，惟两案稍有异同，类属事实问题。如江苏议案以设厂聚制为实行就场征税之方法，四川议案却未提及是否可援照办理，抑另有他说。其余收税、定价、缉私、裁官等问题，两案所言亦有详略之分，似宜斟酌画一，合为一案，再用各省谘议局名义陈请于资政院。今原案既由四川、江苏同时提出，其于事实上研究必较审查员为多，应否即交原提案省分会员商明将两案并合之处，统候公决。

七月十五日审查会审查各件报告如左：

一件停止学堂奖励两案。

用福建案为本，添入余意一条，言除学堂奖励之外，所有考试、保举、报效等倖门，俟文官考试章程本年颁布后，即一律停止，以维停止奖励之实力。

一件禁烟两案。

推梁君善济、刘君崇佑重行合并起草，再行提出。

一件关于谘议局章程解释及改正共八案。

凡关改正者无庸提议，凡关解释者并入汤、刘两君起草之案，参照去取。其大意即关改正者，亦视能入解释范围，由起草员采入。万不能入解释范围，必须以改正论者，不复采取。

一件盐法之案。

皖案决定俟户口清查以后再议，现图急救之法，仍由蜀、苏两省起草员会为同一之办法，将两案合并修正，再行提出。

十八日审查会已审查者三件，报告如左：

一件本会主张。

现在正催促速定官制、不代拟官制中条件，本案一项应供本会起草员之恭照二、三两项所指应注意之各点，既不代拟条件，即不能从此次会期内发生效力，应俟政府官制案发表时，本会如有反对之意见，再将此案参考。

一件盐法改良案。

前已并他省同类之案审查，业经报告。

一件税法改革案。

前一条所开办法甲项非税法之关系，乃议员不认多担义务之关系，议会向人民自负责任，似无庸列入改革事项。乙项正定征收期日，似与征收之轻重及征收法之良窳关系尚浅，亦不能遽以改革论。丙项由乙项递嬗而生，无从提出另决。丁项原案已称有待而后有入手之方法，似本非今日所议及。又后一条裁厘案已经提案议决。

二十日上午审查会审查各件报告如左：

一件厘定币制案。

本会以为，币制至今日不能不定，然紊乱在前，又乏金融之实力，一切危险皆在意中，无万全之法，可以逸胜于部定之则例。各省人民惟有视其可以辅助之处随时辅助，应加监督之处随时监督，共冒危险，以冀划一币制有实行之期。拟无庸于部定则例之外，提出另有主张之议案。

一件速定官制案。

本会以为此案议题应添"提前实行"四字，即理由书中亦应添第三层理由等，说明提前实行之故。又其办法四条，本会以为第一条末句"恭候钦定施行"六字无庸列入条文。第二、第三条为政府内部之周折，在议会无庸承认，均当节去。其下应增一条京外官制如何，各定实行期限，即为完备。

二十二日审查会审查事件报告如左：

一件对于契税章程之提议案。

（一）对于部章第十条之办法甲条，据浙江成案，并与新币制合符，经浙抚奏定确可依据，宜请大会公决，作为议案。乙条、丙条标准不定，宜取币制则例为标准，以本年四月十六日库平价值折合银圆或制钱，以定契载之价，再以每两库平收契税若干，则用浙江成案为标准，亦与新币制本来相合。

（二）对于部章第二条之办法典税一层，上年各省谘议局本多绝对不认者，现如仍主张前议，则理由甚长，终可坚执，似无庸自出草率办法。若于争执未定之际，似可参照江苏行政长官答覆文，将典产分典与押为二，不过户者为押，无庸纳税；过户者为典，乃在应税之列，以此暂资仿行。至绝对不认典税，自为改正中央法律之另一问题，似不必入本案提议。

（三）对于部章第十三条之办法，契税之中央、行省及地方为三级分配。现在国家税、地方税之分别，方待国家制定，契税一项之性质究属国家，或属地方，将来必有明文。以意为之分配，是否于制定税法之分例相合，似当缓议。本年预算止及地方行政经费之岁出，而不及其岁入，则款之所从来，原可不问。必予分配，实于行省及地方均无实利。应俟颁布地方税章程时，再取本案此条参照，决其应否提议。

七月二十六日，为报告事。二十五日准办事处通知，审查长孟君森请假返苏，所有审查未经完竣各案，亟应就研究会中公同审查，以期迅速等语。兹由到会会员公同审查，具述意见，分案条举，是否有当，敬候公决。

一件陈请资政院提议请开国会案。

本案本会极为赞成，拟请如原议提出。

一件陈请修改结社集会律案。

本案本会极为赞成，拟请如原议提出。

一件直省衙门局所卷宗应请登报公布案。

本案为调查困难，须将各衙门局所卷宗择要公布，用意甚善。惟各省行政署局卷宗浩繁，每一事沿革起讫，循环无端，概行登报，事实难行；摘尤登录，亦苦无可著手。若为议员调查计，本会已有请由局派员亲往调抄卷宗之陈请，如得解决，即无此窒碍。此后法令公布，本会亦经令具议案，本案似无庸由本会提出。

一件请设租税整理局整理租税案。

本案整理租税，诚为今日紧要之举，惟国会未开，无监督政府之机关，求其设局整理租税，未受其利，必先受其害，度支部之清理财政处横制各省以自肥，盖可见矣。本案拟请暂不提出。

一件请准各州县丁漕实征实解并划定州县公费案。

查丁漕实征实解，俟币制颁行后，自必然之势。至定州县公费一节，各省业已奏办者不少，惟其所定数目是否正当，只好俟本年预算案交出后再行提议，刻下不必在本会提出。

一件请按新币制速定丁漕划一征收方法案。

本案因新币制尚未施行，暂以旧龙元折合完纳。丁漕谋征收划一，用意甚善，惟各省偏僻州县多不行使洋元，断难一律办理。应由各本省相度情势，照章自行提议，似毋庸在本会提出。

一件谘议局预算议决权提议案。

本案以本省全体预算均归谘议局议决，自系为扩充范围起见，惟中国行省尚有国家行政一部分，谘议局所得议决者仍应以地方行政为准。但今年度支部预算册式所定范围太小，理宜切实讨议。现行提出此案者尚有各起，应俟合并议决。

一件划（请）〔清〕地方自治经费界限案。

本案应由各省谘议局各酌本省情形分别提议，似无庸在本会提出。

一件谘议局章程变通诠释案（高君炳麟提出），一件请变通谘议局章程案（张君光炜提出）。

右两案本会已另提议，大致率以采入，其余细目应请自提出于本省谘议局，业经会场报告，毋庸在本会提议。

一件五省疏江案。

本案为长江五省共同利害问题，五省协力同办，本会无不赞成。惟应如何办法，应由五省谘议局自行协商定夺，似无庸由本会提出。

一件请开国会公呈。

此件业经安徽谘议局特派员高君炳麟报告，系由谘议局呈出于皖抚送供本会参考者，应毋庸审查，合行缴还。

《直省谘议局议员联合会报告书》，京师京华印书局1910年铅印本，第15—19页

陈请申明资政院范围议案

本会委任起草员张国溶提出

为陈请申明资政院范围，以确立议院基础事。窃今海内外人民奔走号呼，旦夕请求开设议院者，诚以立宪之国，必确定议决机关，而后执行者乃有所守。资政院非议院之组织，即不能有议院之精神，惧将为各省之谘议局决议者终无效力，公布者多难实行，卒之有议决机关与无议决机关等。故立议决之机关，必先完全之组织也。屡奉圣训，国会开设无缩短之期，而以资政院为议院之基础。议员等经过困难，虽云已事，深维资政院之范围有不能不为贵院陈请者。

伏读先朝明诏及去年七月初八日上谕，均以资政院为上下议院之始基，钦定资政院章程第一条即声明取决公论，预立上下议院基础之宗旨，是无论开设国会将来缩短与否，而今年资政院开院，即为我国确定立宪之根据，可断言也。立宪国家虽分三权，实只议决、执行二事。议院为立法机关，专司议决一切，司法、行政两机关，专司执行。今资政院得为议院与否，资政院议决事件五项，得如各国议院权限与否，姑不具论。恭读本年五月二十一日谕旨，一则曰参预立法，再则曰议院基础，三则曰议院精神，是资政院虽非国会，而实具有完全立法性质。

查广义之法律，包含法律、命令二种，而议决之事实，盖兼具有参预及承诺二种。我国预备立宪以来，编订法律，颁行法令，皆在系有议决之机关，前徒未分，推行多阻。贵院为参与立法之地，即具有事后承诺之权，必如此而始得为议院基础，始可振议院精神者。征之先后谕旨，不得不请申明范围者一也。

再查改设宪政编查馆原案，宪政编查馆系仿各国政府附设法制局之制，冀纯一法制，而付议院议决。其原奏内称，臣馆职司编制，应一面调查各国宪法成例，拟订草案；一面于各部院、各省等订各项法制，悉心参考，渐谋统一方法，俟资政院设立后，随时将臣馆核定之稿送由院中陆续议决。盖一司编纂，一司赞定，庶政府尽提议法案之责，而国民有参与议决之权，立宪之基将由此以巩固等语。光绪三十三年七月十六日业已奉旨依议。是议院未开以前，人人误会宪政编查馆为立法机关者。资政院既开，宪政编查馆之地位主司编纂，资政院之地位责在赞定，不待言也。资政院赞定之范围，以宪政编查馆所编纂之范围为范围，不待言也。今资政院章程第十四条三、四两项，虽为具体之列举，然四项但书指明宪法不在此限，则宪法以外之法律，均须资政院之赞定可知。实具有抽象意思，国家何事不经法制，即何一不经资政院赞定。国会未开，专恃贵院为完全统一之计画，征之宪政编查馆原案，不得不请申明范围者又一也。

各省谘议局议决本省单行章程规则载在定章，去年开局，已往之单行法督抚既未提出，现定之单行法又多不经谘议局通过，议员等受毛举细故之讥，行政官无完全遵守之则，影响所届，怒然共忧。贵院为全国议决之枢机，为将来议院之根本，若不预行申明范围，而仍犯毛举细故之嫌，全国人心将何所恃。议员等希望国家不避越俎，以为参政权之起点实系乎立法权之范围，为此联合会陈请贵院申明范围，以确立议院基础。须至陈请者。

《国民公报》，宣统二年九月初五日、初六日、初七日（1910年10月7日、8日、9日）

谘议局联合会陈请资政院提议请速开国会提议案

为陈请提议请速开国会以救国亡事。

窃直省谘议局议员去年联合上书，请愿速开国会，未蒙圣允。今年各省绅商、教育、政治各团体，以至海外各侨商，云集乌号，相率而继续请愿。圣明不察，仍守宣统八年开立国会之成命。海内外人士奔走呼号，终持国会不开，国亡不救之见，又将准备上书矣。议员等详究此事，深维将来外患内忧，日易月异，将死未死，不敢缄默。其国会不可不开之理由，关于宪政上，法律上，教育上，实业上，种种方面，为前二次请愿所先陈，可不复殚述。谨就本年五月二十一日谕旨，参之数月以来人心时局，见闻所及，披沥陈之。

伏读五月二十一日谕旨，仍谆谆训以九年立宪者，主要有四：曰宪政筹备未完全，曰人民程度未画一，曰资政院为议院基础，曰议院不能参预一切。前三者第二次请愿书已反复言之，而圣训仍云然者，自系出于郑重立宪之深心。然议员等犹有说焉。

所谓筹备宪政者，非指立宪政治则已，如系立宪政治，必先定立宪政体，而后政治乃得以理。立宪政体虽根原于三权分立，然司法、行政两机关，无论国家政体如何，此作用均不可少。若无国会，则无立法机关，即亦无所谓预备立宪。然使立法机关不独立，而宪政无以筹备完全，则国会永远不开，亦不妨留此政体。乃今观之，中国现情所谓审判、巡警、教育、自治诸大端，或椎轮伊始，或初设维艰，虽朝廷按期责效，而空文具报，诚如圣训所谓未完全。夫此数大端者，非立宪所始有事，乃至预备立宪而竟不能举，则无完全法律以俾之执行，而又无完全法律定之监督机关以迫之执行也。然此犹曰财政支绌，执行匪易也。筹备原单，编订法律章程，各省定限自治，为立宪初基，何以每届颁布年限必于十二月上奏？官制为行政根本，何以去年应行厘订者，至今日尚待起草？此其故匪由于人才之不足，必由于改革之碍难。虽夫无完全法定独立机关，而编定法规延缓窒碍如此，又何惮而不早设完全立法机关？故议员等以为，筹备宪政未完全，由于立宪政体未确定，立宪政体非速开国会不可也。

若谓人民程度未画一，必俟诸九年，则此九年中必筹一完全划画一之方法。今筹备清单只期人民多数识字而止，以此推之，后此六年并未颁定人民有如何之程度。且欲增进程度，必赖完全教育，今日教育根本困难，诸多问题均待解决，非萃人民全体之知识以解决之，则人民程度永无增进之日。况所谓程度者，果以何为标准？若必人皆圣贤，则古今中外无此历史。若谓人民系对于官吏而言，今日人民程度不及官吏，以此为画一之准则，必人人皆达于今日官吏之程度而后谓画一，则必使全国非官吏者人人皆有官场之习气，而后可谓之人民有程度，朝廷又何乐而有此在朝在野不能完全筹备之全国人民。若谓人民系立宪国所谓对于君主者而言，包含官吏于内，在位在野均未画一，则莫若合全国之人民，选举其优者以与闻国是。议员等以为，专制之国，仅恃一二圣贤，立宪之国，则尚普遍之知识。因在野人民程度之未画一，而选举就全体人民中选举其优者以与闻国是，此代议制之所由来也。因在朝人民程度之未画一，而选举其优者，畀之以代议之权，而实行其监督行政之事，此代议制监督政府之所由昉也。又况国会不开，教育不能发达，人民永无增进程度之日。故议员等以为，非速开国会不可也。

若谓资政院为议院基础，实又不然。无论其性质，其组织，绝不相似也。以法制言，议院为独立机关，而资政院不然；以效力言，议院议决之案经君主裁可，大臣副署而实行，而资政院不然；以责任言，议院议决案对于负责任者为内阁，而资政院不然。资政院以不能独立之故，而丧失其议决之效力，于此而负其责任者，惟吾皇上一人为全国怨毒之府。大臣善用其趋避之术，而以国家大难多方诿卸于一人之躬，律以善则归君，过则归臣之古训，容或不然，而按之立宪精神，尤允无一当者也。故议员等以为，资政院与议院居于反对之极端，实非基础之预备，欲预备立宪基础，非速开国会不可也。

至谓议院不能参预一切，此尤壅蔽圣聪之言。立宪国虽具三种机关，实只议决、执行两大部分事。执行机关为司法，为行政，议决机关只有议会。以议会立法言之，则除日本钦定宪法外，无论何项法典暨其它法律，无一不经议会议决而成，各国皆然，历史具在也。以议会参预一切言之，则如议决预算案，如事后承诺，如质问上奏，弹劾受理，东西各国，此项参预权莫不畀之于议院。此外如军政、外交，虽有为君主之特权者，然欧西各国亦多有经议会协赞者。盖议院而不能参预一切，则议决权内之一大部分将无所属，而议决之执行终亦必以无监督故而失其效力。我皇上不欲守先皇帝之遗诏预备立宪则已，如欲立宪，宜速开国会，选全国之优于聪明才力者，与之议决全国一切大计，不宜听信少数壅蔽之言，割裂议决之事项，枝枝节节而筹备之，以为议院于立宪无大关系，国会不必速开也。

议员等以为，筹备一切，非速开国会不可。

议员等窃见数月以来，人心惶惑，如赤子之无依。道路传语，愈谓朝廷以筹备之空名，掩天下耳目，而实行其专制之政。关怀国是者相与咨嗟流涕，谓朝廷迟一日立宪，中国早一日丧亡，或议抗租，或反对新加税，以极愚违法之为，冀圣明之一悟。此虽因误会而生违议，亦我皇上实行立宪之心，尚未昭然大明于天下也。又其黠者，主张革命暗杀之流，传染浸淫，日益以甚，暴裂横决，匪所敢言。此辈岂尽无良？而其言既不见信，又无地以相容，不得已变爱国之余忱，为戕贼之手段，虽穷搜尽杀，势不可尽。诚毅然即开国会，以国家一切大计公之人民，其优者既得有所凭藉，以发纾其所怀抱，其显然违犯者，为一般舆论所不容，则亦渐焉相率变其违法之举动，而融洽于范围之中。故议员等以为，正人心非速开国会不可也。

夫一国之政体，由一国之历史而成，而一国之政策，因一国之时势、地理而异。专制之政体至今日而何以划除殆尽，立宪之政体各国何以有君立、民立之不同，联邦列州之组织又何异于单独国，此类均必有特别之事实存在也。全球交通，优胜劣败，大圣不世出，故必选全国人民之优者以谋定一国之大计，决定进行之方针，东西各国大概然也。中国当筹备立宪之初，荦荦大者均未计及，集上下臣工纷纭于挂一漏万，如所谓数十宪政者，而筹备尚不能举，亦可见少数人之聪明才力其不能拨乱而反之正，彰彰明已。证以中国之历史、之时势、之地理，今日国家大计进行政策何在，草野未能深晓，而中央集权即中央集钱之说，已喧传于内外人士之口。此种政策且无论其臧否，而事实发生，已有不可解决之问题。

夫一国政事，均视财力为弛张，大而国家，小而地方，其道一也。今日中国财政之支绌，经各省监理财政官之报告，暨各省督抚之预算，现势既已如斯，以云节流，而裁减之法寄之何人？以云开源，则开拓之策为之何所？国家税、地方税何自而分？预算案、决算案关于国家者何自而定？关于各省者以何为范围？各部分立，向无统一之机关，一部员司，岂具万有之能力？各国以财政为国家命脉，因防少数专横之弊，相率而采用代议制度。中国亦以为代议制之必可行也，而必欲得此少数者之结果决定一切之后，而始用代议士。过此以往，富于地藏者，既不能为源源之取求，而流通于地面者，日减一日，百举既废，万国均觇。内而封疆大吏束手待（弊）〔毙〕，其极也将以兆疆域分裂之祸；外而强邻环伺，要挟多端，其极也不至于实行监督财政不止。然则，不开国会集全国人民之聪明才力以速解决国家大计，日目危机，不为中国历代末年之割据，则埃及、波兰、印度、高丽之续耳。议员等匪丧心病狂者，而讵忍语此，然而势之所趋，固虽欲掩饰之而太息于无从也。而反对立宪者，则将以财政支绌为破坏宪政之理由，此如病者已极危险，尚有一法几希挽回，庸医不知此法之谓何也，主张不药而坐视之死，此其至愚极陋，岂待明者而后觉哉！今日之外患内忧，逆计如此，长此纷纷，变象胡底？故欲救国，非亟开国会不可也。

议员等为各省谋幸福，守局章之范围，以国家将亡，地方何在，同筹共计，以为舍速开国会一策，无以为立宪之计画，即无以拯国家之覆亡。国会开洵不足以竟其功而臻郅治，然振衣必挈其纲，谋国必其有本，舍立宪之根本而曰筹备宪政，而筹备复不能完全，且其势亦必不能臻于完全，则所谓竟全功而臻郅治者，议院不开，允不足以致之。诚非开国会，确立立法机关，俾责任有所专归，执行不敢粉饰，按期责效，或可渐臻上理。时至今日，存亡之机，间不容发，愚者一得，鸟鸣也哀。道不定，罪可无逭。应请提议速开国会，以救国亡。须至陈请书者。

《申报》，宣统二年八月初六日至初七日（1910年9月9日至10日）

代表团提交谘议局联合会议案

拟请不开国会，限制民选资政院议员不得承认新租税，各省谘议局议员同时辞职案。

国于地球上，不言宪政则已，一言宪政，则权利义务不容有毫发轻重于其间。此世界之公理，先进各国莫不恪守斯义，独吾国不然。此代表等所为奔走呼号，旦夕亟亟于速开国会也。乃自入都以来，已数阅月，两次请愿，仍无效果。而其间风云瞬息万变，时局阽危，日迫一日，英、俄荡摇西藏，法兵侵入滇边，俄兵深入库伦，德人增兵青岛，葡舰占领横琴，英人进兵西藏。近复有日俄协约出现于世人眼帘之上，以二三年平和协商条文，而取我祖宗发祥数万万方里之地，且进而窥我长城以南、黄河以北之领土，此真旷古未有之奇局，为世界侵略史上别开生面，而足供世人之研究者也。然此犹曰外患也，若夫广东有新兵之变，广西有革党之变，湖南有饥民之变，山西有交、文之变，东省有马贼之变，山东有莱阳之变，安徽有宿州之变，新疆有回民之变，蒙古有边藩之变，以及湘、鄂、皖、粤、江、浙相继告灾，乱事接踵，一波未平，一波又起。吾国今日譬诸燕雀处堂，亡无日矣，火炎昆冈，玉石俱焚，一旦祸发，虽在亲贵，岂能幸免？政府诸公苟有肺肠，宜何如震动，佫恭联合朝野上下，力图挽救。乃环顾盈廷之上，豺狼当道，狐狸塞途，内外大小臣工，凡百举动，无不假新政以朘民肥私。吾民有义务而无权利，朝廷专制之毒，迄于今日至矣，尽矣，无以加矣。代表等受父老委托之重，棉力薄材，弗克胜任。贵会结合法团，信用大著，对于斯义谅表同情，一经公决，必能发生效力。谨陈二条件如左：

一、限制民选资政院议员，不得承认新租税，以消灭政府假立宪之威焰也。西人有言：不出代议士，不纳租税。今资政院之终结，在于恭候圣裁，其去法治国议院性质，何啻霄壤。资政院议员断不能与西人所谓代议士相提并论，而谘议局与督抚有异议时，其权力仅能达于资政院而止，则谘议局议员尤无代议士之价值可知。吾人若循文明国之先例，国会不开，即停纳一切租税，亦属正当之办法。今虽不忍遽为已甚，而国民既未有监督财政之权利，自应不任增重负担之义务。拟请限制民选资政院议员，此次资政院开院后，对于政府提出增加租税之案，不得议决。（各省督抚奏陈预算案内，一切收入款项必多隐漏，并须检查其隐漏之数，作为新租税论，不准督抚私自征收。）倘不顾公理，冒昧议决，一般国民，誓不承认。民选资政院议员为贵会各谘议局所选出，即不啻为贵会所组织，贵会有训戒监督之权，即有为民请命之责。代表等所以要求贵会者，此其一。

一、各省谘议局议员同时辞职，以破除假立宪之狡狯也。谘议局地位，与各国联邦议会微有不同。然既不设议事会，即无执行之权，自不能作地方议事会看待。查谘议局章程第二十二条，谘议局议定可行事件，呈候督抚公布施行，是谘议局为一省立法机关，督抚为一省行政机关，国家法律，早已认定。自经编查馆深文解释，节节缩小，已同赘瘤。而督抚施虐于民，又往往多方笼络谘议局，使负责任。于是人民怨毒不加于官府，转以谘议局为集矢之的。若国会不开，上不能直达于君主，下适以取恶于人民，实为万分危险。拟请本年谘议局常年会，即以请愿速开国会为第一议案，呈请督抚代奏。若不允代奏，全团议员同时辞职，尚可告无罪于父老兄弟。代表等或同为议员，或主持各界，均有密切之关系，即不能不熟察进退之先机。代表等所以要求贵会者，又其一。

以上二项，对于政府一方面，为略清义务之界线；对于人民一方面，为争回权力之动机。若经贵会可决施行，吾人要求国会之举，必有一番活动也。

夫文明各国请求国会，鲜有不喋血以争，掷多数头颅而后博得者，盖要求之手段愈烈，则国会之价值愈高。彼固深明优胜劣败之公例，非实行立宪不足以图存，非先开国会不足言立宪，故人人视为身家性命而拼死以求。如前二项云云，不过小试其端，犹是文明之对待也。是否有当，伏冀公决。谨提议。

《中外日报》，宣统二年七月廿四日至廿五日（1910年8月28日至29日）

各省谘议局应一律办理事件通告书

敬通告者。自去年九月各省谘议局成立以来，政权初属人民，始有与闻政事之机关，立宪前途之希望在此，吾民政治能力之实验亦在此。议员者，人民之代表也，居代表之地，必求能尽代表之责，而责任与权限，实常相为比例。去岁至今已一年，各局成绩之可举者殆鲜，推原其故，上之政府初无尊重议会之心，下之国民各无拥护议会之力，徒恃此百十议员虚悬于中，而使之徒手以搏也。虽然，议会权限之根据在法律，法律之不备者，则以先例补充之，且如吾国之各省谘议局，更有连鸡并栖、利害互及之势。局章六十二条，（牢）〔荦〕（牢）〔荦〕大端，固已隐括。虽几经宪政编查馆事后解释之剥削，而法律真意所在与其明定者，究不能概予抹弃也。我各省人士果能本其已得之权限，而加以一年以来之经验，合大众之心思才力，谋一完备健全之办法，行动一致，毋或参差，保已有之成规，为后来之先例，以一局与一省督抚抗，则谘议局之势常绌，合各局与各省督抚抗，固不必终见其绌也。鉴于往昔，以图来兹，谘议局亦何尝不可为哉！本会据会章第八条讨论谘议局共通利害之事，其应要求于政府者，既以各局名义上书陈请矣，兹就各局内部之行动，当一律办理，而无待外求者数事，谨为我同志君子列举之。

一曰谋立法权巩固之法。谘议局为本省立法机关，局章第二十一条第六、七两款已明定之。他如凡在本局议决权限内之事，欲其事之施行，则莫不有施行之法，是亦立法也。各省未有谘议局，则本省立法之权限督抚专之；既设谘议局，则所有督抚可以耑决之事，即莫不受谘议局之参与，不得自由用舍也。今日宪政初举，专制之余焰未消，官吏无顺受参与之习惯，人民无尊重权利之思想，加以从来旧有之规章，（巷）〔卷〕宗积叠，莫可究诘，是非定一公布方法，使之具一定之形式，为一定之颁布，以为清源塞流之计，则议决者自议决，执行者自执行，离奇错出，必无归束之处，谘议局虽立法犹不立法也。兹拟法令公布规则若干条，旧有者藉以清厘，新出者获所拘束，种类必分所以，祛其混杂之弊，期日必定所以，绝其延置之途，凡为谘议局立法权根本计也。愿我各局于今年开会间同时提出之件，得批准施行不止，此一事也。

二曰谋预算全完全之法，岁计出入之盈绌。施政轻重缓急之方针，用途之糜滥与搏节，人民负担力之如何，莫不于预算决之。预算者，实为议会之根本权限，议会所以代表民意，顾全民力，并以谋国家之发达者，即在此。局章第二十一条第二款，曰议决本省岁出入预算事件；光绪三十四年宪政编查馆通咨各省文，曰三十六年编定预算案，交谘议局议决；又曰交谘议局议决预算事件，应以各本省之地方办事用费为限，国家行政费不在其内。是一年该馆奏核度支部奏清理财政章程第十四条，有国家行政及地方行政之别。然则谘议局今年应有本省预算之议决，而所谓本省者即地方办事，实即指地方行政也。日来道路传闻，颇有度支部以今年尚在试办期内，资政院、谘议局之开会不必提出预算之言，其违背谕旨，蔑视定章，轻侮议会之态，实为至极。一年可缓则后此以往无不可缓矣，一事可缓则其他各事亦无不可缓矣。此议果行，则我各省局不可不有以争之，此就今年预算之有无言也。又所谓国家行政与地方行政者，究当如何分划，始为正确之标准，度支部预算表册所列地方行政经费通常及临时门之各类，果足以包括不漏乎？夫欲知国家行政与地方行政之别，当以吾国各行省之地位决之，省之政府有督抚，于是省之议会有谘议局。宪政编查馆奏复于式枚折，曰中国之部臣、疆臣显分内外，地方行政可由督抚主持命令，此定督抚之地位也；曰中国久已分省而治，督抚实立于一省最高之地位，督抚权限既视各国地方行政长官为较广，则辅助行政机关之权限自应与之相称，而不能仅据各国之上级自治以为准则，此言谘议局之地位也。凡此皆其申明奏陈谘议局章程原折所谓谘议局为地方自治与中央集权之枢纽之意,而吾人所当谨守而勿失者也。吾人非欲扩张地方行政之范围,但以谘议局与督抚为对待,则凡地方性质之由督抚主持命令者,谘议局即应与议之,亦即应预算之。不然其事明明属于地方行政,今强以入之国家行政之内,中央议会可言而苦于其见闻之不及,谘议局又知之而苦于不能言,殊非国家设立议会之本旨,我各局亦不可不有以争之。此就今年预算之范围言也。谘议局预算之范围,其先决问题应自谘议局之全体权限始,本会已别定呈稿,用各局名义争之于宪政编查馆。愿我各局共守此旨,终始坚持而毋或息。至若预算之有无,则奏定局章之可以显背与否,皆惟此是视。设传闻之言而确,则尤愿我各局之必为以全力争,宁无谘议局,而不可仍有无预算之谘议局,此又一事也。

　　三曰谋监督权周密之法。议会本为监督政府之机关,以广义言,则凡立法、预算,莫非监督之具,然政府若轻蔑我立法、预算之权限,及有种种违背法令举动,则将何以继之?于是有质问,于是有弹劾。质问者,事前之监督也;弹劾者,事后之监督也。局章第二十六条定质问之权,第二十七条、第二十八条定弹劾之权。二十八条按语有"自应立予纠举"一语,则此种权限虽在开会中,常驻议员亦可行之无疑。而第二十六条、第二十七条亦只泛言谘议局,并不指定开会中之谘议局,由此而推,则官绅可弹劾,督抚决无不可弹劾,弹劾权可用,则质问权决无不可用。故是二者以常驻议员之协议应得行之,是为局章中特定之权限,不得以第十二条所定相牵连也。且就事实言之,谘议局开会期中为议事之时,而督抚批准后施行其所议之事,则常在闭会以后。经批准之议案之果否施行,及其不行,或虽行而同时有性质相反之行为,国家既设此常驻议员,则常驻议员即应监察之;有疑则问,问而知其无正当之理由,则弹劾。议决案之不至成为空言者,赖有此耳。又如议决案之外,虽属国家行政,而非本局议决之事,督抚及所属官吏有为非法之举动,不合中央议会议决之旨,或中央政府颁布之旨者,其事既可随时而生,则其监督之法,即不能不随时而有也。自去岁闭会以来,质问及弹劾二事,各局中已屡有行者,兹经本会公意,以为各局应一律于常时行使之,以谋监督之周密,此其第三事也。

　　四曰申明法律,以固议员地位之保障。议会者议员之积也,欲议会之无负其名,必先求议员之能尽其职。议员之职在建言,建言之善者,则惟正直。正直者，不阿之谓也。议员而不正直，或有所为而不能正直，则议会之基础覆。故国家既严其资格，以付之选举之公，更必有保障之法规，以释其瞻顾。立宪局章第五条定得〈各〉【为】议员之资格也，第六条至第八条定不得为议员者也，第五十八条至第六十条定应加惩罚之事项，其重者遂使之丧失议员之资格也。第五条所定如当选后始经发现其无此资格，或发生其失此资格之事，及第六条至第八条所定当选后始经发现或发生其有此情事者，是皆为议员资格根本之消灭，而致失其议员之地位。凡此者，盖以事实之结果，而间接不能为议员者也。至若第五十八条至第六十条所定，则为对于议员所加之惩罚，惟议员乃能生此情节，亦惟谘议局乃能使之除名，此外之人不得与焉。法文具在，章章可考也。夫除名之权专在谘议局者，谘议局应确保之，固不能容官吏侵越之余地；即其因事实之结果而致失其议员资格者，事实之判断虽不必专在谘议局，而既曰事实，则必有确证，且经确定之判决乃可，亦断不得加以浑括之语，遽以为事实之定案。且谘议局虽不必判断其事实，而承认之权固自有之，故虽属事实之问题，督抚得行撤销，然仍应将其事实真相知照谘议局，谘议局审查明确，分别承认与否而定该议员资格之去留，是亦法律尊重议会，不使议员地位有意外之危险，冀能达其所谓直抒己见、不挠不屈之目的，而当然有此解释者也。今者督抚撤革议员之事业已屡见，其事实之如何姑不具论，然履霜坚冰，其渐可惧，深愿我各局留意之。害群之马固不可容，而其去之也，要必有切实共见之罪状，且必备应有之手续，否则弊之所极，将有听长官之一语而倾议会之根基者矣。他如互选资政院议员经督抚选定，宪政编查馆复闽督电谓选定以票数多寡为准，若有不合格者，再以次多数之人递推。此不合格云者，其标准究安在，故当督抚选定时，谘议局应呈请申明，以求合立法之本旨。此虽非本届所有事，然我各局所当留意者也。夫无保障，是无议员矣；无议员，且无议会矣。谘议局不能存左袒议员之心，而不能不尽保护议员之责，此其第四事也。

凡此四者，本会研究所及，金谓事必议其大，而枝节者无所用，特审择而存留之，以为一得之贡，惟贵局采之。夫求权限之完全者，即所以为担负责任之地也。谘议局能完全担负其责任，则国家设立谘议局之本意乃以不背。当此民气未伸，而复摧折交至之日，非有协同一致之举，不足示舆论之力，以保存吾民既得之微权。贵局诸君子其亦联袂而起乎！本会敢援会章第九条及议事规则第二十三条之规定，谨以议决者通告如右。伏惟鉴察而执引之。直省谘议局联合会启。起草员刘崇佑提出。

各省法令公布规则草案

第一章　总　则

第一条　凡本省各种单行章程规则及其他属于谘议局议决施行之件，自总督巡抚批准之日起，十日内应照本规则所定公布之。

第二条　凡本省行政官因行政权范围内所发布之命令，总督巡抚或其他该管官厅，应照本规则所定公布之。

第三条　凡本省旧有由总督巡抚颁行之章程规则，及各属通详立案、永远遵行之件，现在尚有效力者，总督、巡抚应于宣统三年六月末日以前，照本规则所定，悉行追加公布。

前〔次〕〔条〕应行追加公布之件，各有变更时，照第一条第一项第二条所定办理。

第四条　应照本规则所定公布之法令，若不公布，或不如法令公布，人民无遵章之义务。

前条应行追加公布之件，若期限已过，仍未公布者，概作为废止。

第五条　凡法令自公布之日起算，十日后发生效力，但有特定其施行期日者不在此限。

第二章　公布格式

第六条　凡公布法令，应记载公布之年月日，由该管官吏署列衔名。

前项公布之年月日不得倒填或预填。

第七条　凡公布法令，应分别为谘议局议决经总督、巡抚批准，或系行政官关于行政权范围内所发之命令，区划种类记载之。

第三章　公布方法

第八条　凡公布，应先登官报，再行揭示。官报每日发行一次。

第九条　官报登载后三日内，应由该管官厅揭示，以揭示之日为公布之日。其在省城外各府厅州县，以官报到达后三日内揭示之。

第十条　凡由省城发递官报至外府厅州县，均交邮政局照挂号信件递寄，无须由该管上级官厅行知。官报到达各府厅州县日数，以附则定之。

第十一条　官报听人民购阅，其行政局署及谘议局、自治会皆应颁予一份。

第十二条　省城及府厅州县应建立揭示亭，凡有揭示之件，皆就揭示亭揭示之，但因周知之便，于揭示亭以外，应酌量城厢乡镇地方更行揭示。揭示亭省城应在督抚署或藩署前建立，各府厅州县应在巡道或府厅州县署前建立。

第四章　附　则

第十三条　本规则以总督、巡抚批准之日起为实行之期。

第十四条　本省各府厅州县之官报到达期限如左：府日，县日。（凡无直辖之府者不必用府）

《各省议员联合会通告书》，群化印书局1910年铅印本，第1—7页

公决豫筹对待今年谘议局预算之法

（一）督抚不交预算案之对待方法。

应照常开议，一方诘问督抚（不拘回答如何），同时电资政院，要求确实速

覆。如系先期奉旨不交，则各局应于九月初三日以内互电通知，定初四日各局皆电资政院力争，以必得为止。如必不得请，则同时停议要求。

（二）预算内容如但有出入总表，而无分表之对待方法。

例如，有教育费总数目，而无如学堂用费分数目。应同时交还督抚，一面电资政院请更正，仍互相电知。如必不得请，照前条办理。

（三）预算案如但有岁出经费，而无岁入款目之对待方法。

应照第二条办理。

（四）预算案之岁入类如不分别国家税、地方税，仅以一部分之岁入作为地方行政费交议之对待方法。

此种预算案可以承认，但会议时不必拘守其所指定岁入数目之范围，而将岁出各经费削减，应减则减，应增则增。有不足时应要求增拨，或就预算总册内指款请拨，如督抚不准，则电知资政院争之，候其判断。

（五）参考总册时，如发现支出款目有不适当者之对待方法。

应电资政院请拨回地方行政支用。

（六）于预算案以外遇有谘议局认为应归地方行政而督抚列入总册作为国家行政者，或并不列总册者，应要求督抚添入预算案，一并交议。不得请则电达资政院判断照办。

《各省议员联合会通告书》，群化印书局1910年铅印本，第1页

对于城乡地方自治经费附捐之意见

办理城镇乡地方自治，各省均有成绩。其早者如江苏，各属既已成立，度迟者宣统三年以内，亦必一律成立。顾初次成立，所需经费必多。按照自治章程，所称公益捐二种，一附捐，二特捐。但就纸片研究，有此二种规定，经费宜无不足矣。然起视吾国民穷财尽之现象，省省皆然，使各自治团体成立，首先即从此

际着手，斯为困难，必又从同。闻度支部今年预算，惟于岁出分国家行政、地方行政两表，岁入则止一表，不分国家、地方。然则地方固无入款也。无入而独有所事，则其成立后之情形有可逆揣者，将必出于三途。其一，地方本有公款，或办学务，或办慈善事业，皆有指定，无可分割。官府征收之捐税，其附加者亦已甚多，无可再增，则姑保持一不办事之主义，以相与委蛇而已。又其一，任意支配一切公款，消灭甲事，以与乙事，离析两资，以附益戊（已）〔己〕。议论纷拏，究其实在，但有争款。又其一，就旧有之附加各捐而益扩充之，或创立特种名目。官制未改，吏胥犹存，力不足则假其威以行之，细若牛毛，繁于茧丝，势豪横目，穷檐饮泣。凡此三弊，皆将不免。呜呼！度支部不任整理财政之责，委之督抚；督抚又不任也，责之州县。吾国向来情形确乎如此。今则又有一下级地方自治以承其乏，一般人民于自治之义未明瞭也，苦痛既深，荧惑将见，移其平日受于官吏之积毒，盲发以求一逞，其见端于各省者，已微有闻矣。目想神州祸机遍地，以自治之良规，成酿乱之初阶，虽欲不谓之政府之罪，其可得乎？政府不顾政体，不顾税则，并不顾国本之将因杌陧，拘执于九年筹备之成案，为此刻版政事，补弊救偏，都无所计，栋折榱崩，同为覆压，吾侪国民宁不自惧？就钧儒个人私见，别无他法，惟有请将各省向来岁入各款确系附加税性质者还之地方，悉充自治经费，以冀少纾一日之祸。伏乞赞同，即由各省谘议局详确调查，如在本局列款，提作议案，庶几主张者多，效力可厚。浙江谘议局议员沈钧儒谨议。

《各省议员联合会通告书》，群化印书局1910年铅印本，第1页

4. 记事录

联合会第一次会员记事录

七月初八日，直省谘议局议员联合会第一次会议，到会会员二十七人。

一钟开会。

杨君廷栋言：须章程通过方能定主席，今章程尚未通过，仍应推一假定主席。此各章程系汤君化龙起草及修改，可否推为临时主席。全体起立赞成。

汤君化龙就席宣布章程，言本章程加入资政院议员为会员，系公同讨论加入者，其余各条大概与原案无甚出入。遂逐条选读。

第一章第一条至第八条均通过。

第九条：

阎君凤阁言：公推一二省主任恐难担任。

刘君崇佑言：此事久后诚不免有变迁，但可以前一年推定，自无妨碍。去岁主张会设北京，实仰望直隶省谘议局。此条遂通过。

第十条通过。

阎君凤阁言：一致之行动甚难实行，恐各省无关系之议案，未便均由直局代呈。

刘君言：联合会之宗旨即取一致之行动，此句不可去。

刘君又言：第八条第一项自然可以一致，第二项可以分别性质，事实上可以酌量。又问：此会单为资政院提案否？

主席言：资政院议案由联合会议决后应提出资政院者，由本会直接陈请；其由各省自办者，则通告各省。

阎君凤阁言：联合会能否径呈议案到资政院？

刘君崇佑言：此则不能行，仍须用谘议局联名，联合会不过取大众同意，较有势力耳。

张君凤瑞言：关于一致行动句，甚有滞碍，宜加入关于一二省之利害者不在此例。

杨君廷栋言：关于一致行动句须看得圆活，有以同作事为一致者，有以同不作事为一致者，若加入例外字样，便与第八条第一（次）〔款〕冲突。

阎君凤阁言：一致之义，如照广义，得许自由则可；倘照狭义，或其势不能一致，反致有背章程。

杨君廷栋言：此事可待开议后，能一致行动则议决，不能一致行动自可否决，此时无庸过虑。

主席言：不能取一致行动，似无庸开联合会。至于能否一致，会议时自可酌量。

阎君凤阁言：不一致不合联合会宗旨，一致则难保无利害相反之发生。

杨君廷栋言：可于一致行动下，加已决案取一致行动，未决案须公同酌量，不能一致者可不赞成。

刘君崇佑言：一致者，不反对之意，非必皆要实行也。

吴君赐龄言：一致行动绝对不能反对，此后一切事必少数服从多数。如关于二省以上利害之事，他省赞成者如居多数，则少数之省分自应从众。

李君文熙言：今日讨论章程乃法律上事，非事实上事，如诸君于章程无疑义，即可表决。

主席言：可将第九条与第十条变更位次，不用更改原章。赞成者请起立。起立者十七人。

第二章第十一条，十省以上不及半数，改为十二省以上，遂通过。

张君凤瑞言：六月天气太热，可否提前开会。

刘君崇佑言：六月之期诚为不善，然事实上非到六月不及集会，是则无可如何。

阎君凤阁言：可否推至七月？

蒲君殿俊言：贵州、四川等远省不能赶回本省开通常会，恐不能迟。此条通过。

第十二、十三两条通过。

第十四条：

阎君凤阁言：速记录无甚关系，可不必要。

刘君崇佑言：速记录可不公布，然不可不有。

主席言：速记录可否以"记录"二字浑括。多数赞成，乃通过。

第十五条通过。

刘君崇佑言：不宜从省分，以从人数为合。众赞成。

第三章第十八条通过。

第十九条通信部改为通信主任。

第二十条：

张君光炜言：按期寄齐，四月初十日以前贵州不能办到。

杨君廷栋言：此言甚是。可于第二十条下加第二项，凡路程较远之省分，通信期限不在前三条范围之内，仍以不误开会日期为准。

第二十一条至第二十五条均通过。

第二十六条改开会时一切庶务由庶务主任商承主席办理。

第二十七条开会之"开"字误，改"闭"字。二十八条"事"字改"时"字。二十九条、三十条均通过。

第四章第三十、三十一条均通过。

第三十二条删去"路远或其他"五字。

第五章第三十四、五两条通过。

张君光炜言：会费无一定，省分有肥瘠，此事亦须讨论。

刘君崇佑言：此会用费有数，似未便分多寡。

第三十四条通过。

第六章第三十五、六两条均通过。

刘君崇佑言：时间可贵，议事细则及办事规则请举各章大意报告可也。

主席报告议事规则第一条至第十五条。通过。

刘君崇佑言：会场发言时须先报告主席，又不得同时发言。

汤君言：会员发言时，须先称名报告主席，如两人欲同时发言，由主席指定先后，赞成者请起立。起立者二十人。

第十六条至第二十条均通过。

第二十一条：

张君凤瑞言：现时应取大同主意，请划除省分之惯例。

刘君崇佑言：仍以照惯例为便。

张君凤瑞言：联名注重领衔，似首名担负较重。

刘君崇佑言：此可无虑。各省谘议局议员所上资政院议案与向来官署呈禀不同，资政院如不以为然，不过否决而已，此事不成问题。

张君凤瑞言：事事皆推直省领衔，行政官目光即注于直省，可否改为某省关系，即由某省领衔。

杨君廷栋言：一省所不愿之事，而多数省分公同议决，强不愿者担任之，力行之，诚无此理。然此可不虑。凡提议案如为某省之所注重，资政院询及，可以仍函问该原议之省分如何对答，亦可径向资政院就近说明。

阎君凤阁言：将来呈资政院议案应否用直省谘议局关防。

杨君廷栋言：本会议案仍归原省实行，无须用直省谘议局关防。倘有全国关系之事，我国惯例，自以居首者领衔钤印。

汪君龙光言：如其事直省或有难以领衔之处，可由各省分别由本局为一致之进行。

刘君崇佑言：可于条文加"亦得临时推定"六字，但直省须允假用关防。

主席即请加入"亦得临时推定"六字，此条遂通过。

第二十二、三、四条均通过。

第二十五、六两条通过。

汪君龙光言：倘章程、规则通过后，或有提出意见者，能否加入。

蒲君殿俊言：今日已通过，如后有意见，可作为随时修改。

主席宣布办事规则，第一条漏"前"字，应补入。第二至第五条均通过。

张君光炜言：第六条会场记录于当日下午九点钟以前检阅订误，恐不及。

刘君崇佑言：不宜太迟，仍以原订为是。遂通过。

第七、八、九三条均通过。

全体会员提议投票公举正副主席及审查员。

第一次用无记名单记法先举主席。

先举正主席，二十七人投票。

汤化龙十九票，杨廷栋三票，蒲殿俊三票，孙洪伊二票，共二十七票。汤君化龙当选。

次举副主席，二十七人投票。

蒲殿俊十一票，杨廷栋六票，刘崇佑六票，孙洪伊四票，共二十七票。蒲君殿俊当选。

次举审查员九人，二十七人投票。

孙洪伊二十五票，杨廷栋二十二票，刘崇佑二十票，雷奋十七票，周树标十六票，汪龙光十一票，吴赐龄十票，孟森十票，王法勤十票。以上九人均当选。

正主席发言：明日休会一天，准于初十日午后一句钟，仍到石桥别业开会。

主席又言：本会各会员务于每日辰九句钟到办事处公同研究议案。

六钟半摇铃散会。

旁听人贵州教育会国会请愿代表蔡君岳于闭会后向会员力陈此次联合会不宜注重法律，一方面遇事研究宜单注重政治，一方面务求此会成为吾国统系机关，而植民党之基础。辞气激昂，阖座鼓掌。

刘君崇佑起立，述本会宗旨答之。语毕，乃一律退场。

《直省谘议局议员联合会报告书》，京师京华印书局1910年铅印本，第20—25页

联合会第二次会员记事录

七月初十日，第二次会议，到会会员三十二人。

一时三十五分，主席摇铃开会。

主席选读本日议事日表：

第一签定议席。

第二主席宣言。

第三报告到会会员省分及人数。

第四报告各省谘议局委任会员函电。

第五报告本会应提议案议题。

第六定起草员。

第七预计地方自治经费、厘定地方税界限应请开国会提议案（江苏谘议局提出）。

第八变盐法提议案（江苏谘议局提出）。

第九改定全国盐法提议案（四川谘议局提出）。

第十照约速定裁厘加税提议案（江苏谘议局提出）。

抽签定议员座次。

主席宣言：直省谘议局议员联合会肇端于去冬十一月，而成立于今夏七月，其中经过之历史，同人率躬亲其事者，无待赘述。今所欲言者，则联合会所以发生之原因，及其性质、地位与其宗旨而已。

自各省谘议局成立，我国民乃得运用其参与政治之能力，同时即发生一不能尽发挥其政治能力之大憾。盖我国家无统系之政治久矣，政府持矛盾之政策，各省自为风气，淆乱错杂，不可纪极。谘议局议决事件限于本省，而本省之应兴应革者，率属于政治问题，动辄牵及于全国，少亦及于数省以上。谘议局之议案而及于全国，或及于数省以上，即有逾越权限之嫌。虽各就本省之一隅而筹之，以其事之互相关连，督抚无可得而施行。即一省行之，必不能必各省之一致，其卒亦决归于无效。故谘议局开局已及一年，而各省中之能解决政治问题者无一焉。以谘议局不能解决政治问题，必求得一解决政治问题之机关，而国会未开，此解决政治问题之机关国家既靳予我民，乃不能不自相结合，自相讨究，以为解决政治问题之总汇。此谘议局联合会发生之第一因也。

钦定谘议局章程大端本极完善，其权限范围本以本省为其范围。本省范围之解释，除督抚奉行中央之法律外，凡属督抚之自动者，为督抚权力之所动，即为谘议局权限之所及，标准本至明也。自宪政馆憯于仇视谘议局者之多口，乃不惜背钦定之章而下无理之解释，每一解释出，去原章之意愈远，而谘议局之权限乃愈削；削之愈甚，谘议局之地位益不确实，其议决者全无政治上之效用，浸与旧日官立局所之坐縻廪食、毫不事事者无以别。此以命令变更法律之结果。缚之使然，徒口争之而无如何，则必别出其途以发挥我士夫政治上之能力。此谘议局议员联合会发起之第二因也。

谘议局议员联合会随国会请愿而并发，国会请愿有常设机关，谘议局联合会乃不设常任之机关者，国会请愿为对于政府之要求，谘议局联合会为各省议员之自由结合。对于政府之要求，非达其要求之目的，应有不能解散之团体；议员之自由结合，抱同一之目的，其结合纯可以自主，但有常年结合之定期，其实力之进行则在各自运用其谘议局之能力，原不必立一赘瘤之常设机关。此本会所以离国会请愿代表团而独立为政论之集会，不为政论之结社。会章第六条所谓本会以开会之日为成立，闭会之日为终止者，正以表明其为集会之性质，非结社之性质也。

各省谘议局为法定机关，立于法定地位，谘议局联合会为议员之自由结合，其地位即非法定之地位。以理论之，法定地位，其效力必强；非法定地位，其效力必较弱。然以今日无法治之中国，语其现势，立于法定地位之团体，其效力必不能优于非法定地位之团体。盖所谓法定者，谓其权限范围皆有法律之规定，而一机关之权限运用，必与围绕于四旁之机关相关联。围绕于四旁之机关皆凌乱无纪，以一法定机关参与其中，势且为围绕于四旁之机关牵掣而不能动，虽以法定之故，不能推倒，使即归于消灭，其去消灭也，盖亦无几。谘议局成立以后，开会议决之案，一入行政长官之手，可以束高阁而不顾，处谘议局者，虽秃笔焦舌以争之，终不能不有无可如何之叹，其效力盖可睹也。联合会之地位虽不在法定之数，而为法律所认许之政论集会，其地位正不患其不固。以现时政治之败坏，政府东涂西抹，盖如盲瞽之待相。联合会聚各省之议员，为共同之研究，其所讨论者，非各省谘议局共同之利害，即为全国政治之问题。以共同利害研究所得，归而整理谘议局之内部；以全国政治之大问题，上之于资政院，以达于我政府。得请于资政院，即可以收间接扶掖政府之实益；不得于资政院，亦可以共同一致之实力，扶掖谘议局之进行。所谓进退必得一当，绰然有自由行动之余地，断未有行之而无效者也。

由斯以谈，联合会之宗旨，盖不外求巩固各省谘议局之地位，成有统系之政治团体。其起因之所在，即其宗旨之所寄。与斯会者，破除省界，交换智识，并志一力，以谋全国政治之发展，而务充各本省谘议局之实力，中国前途实系于此。彼东西各国之大政党，恒以其势力左右全国，今虽不能遽至，亦未尝不可以为之造端。学山至山，学海至海，斯本会同人所当共勉者也。

主席宣布各省会员莅会人数及省份，计已到十九省会员三十六人。随宣言浙江已有电至，大约委任之员不久可到。

又宣布办事处已经接到各省委任莅会会员函电共二十省。

汪君龙光起言该省有电来，惟未曾带到。

主席言：今日本会议提四案，请大家讨论可否作为议案。（一）请速开国会案。（众拍手）（二）请组织责任内阁案。（三）请速定官制提前施行案。（四）谘议局章程解释疑（议）〔义〕解决案。

刘君崇佑言：请开国会应无不赞成，请主席令公众表决，然后推起草员。

张君国溶言：速开国会为二十二省共同之行动，当第二次奉旨后，湖北议有三种办法：（一）亟进请愿；（二）由谘议局呈请督抚代奏；（三）由各厅州县组织请愿同志会呈请代奏。本会为二十二省所联合，自应首先提出。

主席请公众起立表决。全体起立。

主席请张国（镕）〔溶〕君担任起草员。（众拍手）

主席言：责任内阁与请开国会本属一事，但既作两案，仍须另推一起草员。

刘君崇佑言：此案应否由谘议局议员联名请资政院上奏。

主席言：资政院瞬即开院，自应有此一请。

汪君龙光言：责任内阁政府讳言，我等又不言，何贵有此一会，请与国会一并请愿。

张君光炜起言：赞成汪说。

蒲君殿俊言：责任内阁较国会尤为当务之急，同人早经讨论，请即决定进行请愿。

主席请表决。起立者三十一人。

起草员推雷君奋。（众拍手）

雷君奋起言：委任不敢辞，惟入手办法，应请讨论，或请资政院议员提议，或由谘议局提议，办法决定，方可起草。

主席言：此两法自应讨论。

梁君善济言：宜由谘议局提议。

张君凤瑞言：此案既经公众赞成，可请双方并用，一面由谘议局提议，一面请资政院提议。

张君国（镕）〔溶〕言：对于资政院提议较为确实。

汪君龙光言：联合会名义似不可用。据鄙见有三办法：（一）各省谘议局合请；（二）请资政院议员提出；（三）由各省分请。而鄙见尤以第三说为宜。

主席言：据诸君所言，则可分为三种：（一）交由谘议局选出资政院议员提议；（二）由各谘议局提议陈请资政院；（三）直省谘议局合请于资政院。

雷君奋言：三层均不必（题）〔提〕，只有一个办法。我等既开一联合会，必取全体之名（议）〔义〕，似不必问资政院与本局照办与否，我联合会总以一致进行为是。

主席言：雷君言甚是，大家如赞成，请起立表决。起立者三十一人。

主席言：速定官制提前施行议案赞成者请起立。全体起立。

主席言：此案繁难，拟推孟君昭常、杨君廷栋为起草员。（众拍手）

杨君廷栋言：现颁之行政纲目，据鄙人看，缺点甚多。本会此次提议，是否即请其从速厘定，颁布施行，抑或于其纲目有所质问，请公众讨论，再行起草。

主席言：此事须详加研究，恐非当场所能决。

主席言：谘议局章程解释应否作为议题。众皆起立表决，起草员推刘君崇佑。（众鼓掌）

刘君崇佑起言：请加入汤君化龙。（众拍掌）

刘君崇佑言：此案以解释疑义解决为名，起草宜从解释入手，不涉于更改章程之范围。

主席言：刘君说是。

张君国（镕）〔溶〕言：起草员不过拟稿，至于若何定议，似必须全体公同研究，方得正当理由。

主席言：前次开会曾声明，请诸君每日上午九钟到魁和参局，赴议案研究会，即取公同讨论之义，至起草员不过请一人秉笔而已。

张君国（镕）〔溶〕言：议案有须先行研究，得多数同意，然后起草者，请注意。

刘君言：诸君如有意见，务望向起草人一谈，或约定某日研究某事，非万不得已，总宜到场。

雷君奋言：各省提出议案，经本会议决，是否直省共同办理，抑听各议局分办。

汪君龙光言：二十二省同办一事，必推直省为首，窃不谓然，不如分办为是。如必合办，是侵夺谘议局之权限而成一总谘议局矣，何如分办之殊途同归也。

张君国（镕）〔溶〕言：联合会发生有两重要问题，一为各谘议局权限范围所不能议者，一为融合各省畛域之见。汪君言骤观似觉有理，然敢断其必无何等效力。

主席言：此乃会章问题，修改会章今日尚说不到。

又言：今日推定起草员四案交出后，是否须交审查。

刘君崇佑言：宜交审查，如会场讨论众无异议者，即可不交。

主席言：凡议案交审查，以为然者请起立。全体起立。

主席报告江苏谘议局提出之预计地方自治经费、厘定地方税界限应请开国会案，变盐法议案，四川谘议局提出之厘定全国盐法案，江苏谘议局提出之照约速定裁厘加税案。

杨君廷栋起述江苏谘议局提议预计地方自治经费、厘定地方税界限应请速开国会案之意见及理由，大旨如议案中语。

又言：此案交联合会者，江苏颇希望各省均照江苏通州办法，各核定一出入预算表，上之政府，使政府无所藉口。

主席言：开会之日务望如期必到，此事何等重大，无论如何总以到会为是，必不得已，请预先知照办事处。

刘君崇佑言：我等系为何事，岂容无故不到会场。即万不得已，请于开会日十二钟前到主席处告假。开会时由主席报告到会人数及不到会人数，俾众周知。（众鼓掌）

刘君崇佑又言：主席立而不坐，未免太劳，此后请设座。每于开会之际，会场如有不守规律者，请主席实行指挥，我辈断无不服从之理。

主席约十三日午后一钟仍在原处开会。

四钟半，主席摇铃散会。

《直省谘议局议员联合会报告书》，京师京华印书局1910年铅印本，第26—32页

联合会第三次会员记事录

七月十三日，联合会第三次会议，到会会员三十二人。

一时摇铃开会。

主席宣读议事日表：

第一，豫计地方自治经费、厘订地方税界限应请开国会提议案（审查员报告）；第二，变盐法提议案（审查员报告）；第三，改订全国盐法提议案（审查员报告）；第四，照约速定裁厘加税提议案（审查员报告）；第五，停止学堂奖励提议案（山西谘议局提出）；第六，全国禁烟提议案（山西谘议局提出）；第七，请停止统税实行禁烟提议案（山西谘议局提出）；第八，请变通谘议局章程提议案（山西谘议局提出）；第九，变通谘议局章程，更正官定解释提议案（河南谘议局提出）；第十，谘议局局章应行解释条件提议案（奉天谘议局提出）；第十一，划清地方自治经费界限提议案（奉天谘议局提出）。

主席报告到会人数及告假人数，并报告直隶谘议局选出资政院议员于君邦华已经本会请其到会。

主席请审查员报告审查案四件。

（一）豫计地方自治经费、厘订地方税界限应请开国会案。

雷君奋就演席言：该案由地方自治想到自治经费，由自治经费想到地方税，由地方税想到开国会，其言深切著明，于事实上、理论上均属圆满。但本审查会以为，该案系国会问题，非地方税问题；且自治经费不过为请开国会之

一条件，又系仅就通州一隅，未尝合算全国，原案应不能成立。本审查会对于该案报告者有三：（1）应与国会案并为一题；（2）由本会通知各省谘议局依此案为标准，实地调查；（3）地方税以国家税为标准，不宜先单行提议，应另立议题。

主席言：赞成此案不成立者请起立。全体起立。

张君凤瑞起立言：自治问题虽为请开国会之一，然目前各省自治已著手进行，其困难首在经费，本会应筹一正当办法，原案似不宜取消。

雷君奋起立言：报告意思并非反对原案，因自治经费不过请开国会之一，如果政府允我即开国会，则自治一层不患无一完善办法。若不就其大者立言，先以琐屑之自治经费渎之，未免使政府有所藉口。近时内外臣工率以新政经费浩大，筹备维艰，以为其延误宪政之藉口，我辈断不再助张其焰。总之，此案之不成立，并非绝对取消一面，通告各省使依此标准实地调查，实是正当办法。

张君凤瑞言：此说固善，然地方自治有关宪政，仍宜统筹；且各省风气不同，一隅亦不可以例全国，究以提出研究为是。

刘君崇佑言：审查会因江苏此案目的在请开国会，故有合并之报告。至于自治问题，各省不同固然，此次通州所厘订者有许多条件均为各省所不可缺，就其不可缺者而损益之，似亦可以例于全国。

张君国溶言：此案案外之意请另议。

主席言：此案不成立已经表决，至自治经费一层，应另行研究。

（二）变盐法案。

（三）改订全国盐法案。

杨君廷栋就演席报告，此番交付审查之盐案有二，一川一苏，其大旨均不外破除引地与就场征税两层。因痛陈中国盐法之弊，与引地之无理由，主张两案合并一起，仍由原提议省分商同起草。

刘君崇佑言：盐法案不只此两省，安徽尚有，当如何办法。

梁君善济言：此案山西亦曾提出，一因就场征税繁难不易办，二因官吏阻挠，故未能成立。

张君国溶言：梁君所言甚是，然第一问题欲解决，须先讲求立法，有法有人，事无不能办。至于第二层已成为普通问题，试问现在何事官吏不阻挠。愚意以为，安徽盐案俟印出时须特别讨论一次，将来不论产盐省分须参酌，即销盐省分亦须公同商酌，然后再行起草。

高君炳麟言：安徽无主张，亦是就场征税，因恐集股不易，故另筹一拟销办法。

主席言：张君国溶所主张，赞成者请起立。起立者三十一人。

主席言：盐案合并起草后，应否再付审查。

刘君崇佑言：审查本为慎重起见，如果研究时大家意见相同，即可不必审查。

高君炳麟言：议案数省相同，如有已审查后尚有续到未经审查者，应如何办法。

刘君崇佑言：续到议案如果前者胜于后，可不必提；如后胜于前，可照本会规则，得三分之二以上之同意，再行发议。

主席言：以刘君之说为然者，请起立表决。全体起立。

（四）照约速定裁厘加税案。

孟君森就演席言：此案本审查会极为赞成，其利弊已不外条件中所言，无俟再述，可请大家公决。

杨君廷栋言：此问题以裁厘为主，加税为辅。中国现在正讲求实业，实业不能发达之故，其原因皆困于厘金，而厘金除饱于官吏、胥役之外，国家所得本无几。即以政体论，厘金实在当裁之列。政府不裁，我辈要求之固甚正当，理由亦极圆满。

蒲君殿俊言：杨君所论，愚见甚赞成。此案资政院亦经提议，不过彼言对外必加税方能裁厘，倒果为因耳。

刘君崇佑言：加税对外是外务部之事，我辈不必管。

主席言：裁厘加税案，裁厘为整顿内政之事，裁之即足以藏事，无所谓办法。原案于应裁之理由甚明，案既成立，即可作为定案，毋庸开第三读会。大家如赞成，请起立。全体起立。

主席言：今日因限于时刻，以下七案可否暂不讨论，径付审查。

蒲君殿俊言：可。

刘君崇佑言：按章，凡有议案，均须经大家讨论，然后再付审查。今日既限于时间，可作为特别从权办法。

刘君崇佑言：山西学堂奖励案与福建案略有同异，可一并审查。

主席言：闽案今日始到，尚未油印。

张君国溶【言】：关于谘议局章程案，可否并交前起草员，并稍展期限。

蒲君殿俊言：甚好。

刘君崇佑言：此议甚是。不过此两案不同，前皆属解释性质，此则须改章甚多，请讨论。

杨君廷栋言：谘议局章程本无大疵，不过宪政编查馆愈解愈谬，故当共同解决。至于更改章程，非从根本上解决不可，不从根本上解决，不得轻议更张。

主席言：此事颇繁难，请诸君明十四日早八钟到研究会议此案，十五日早八时再议盐案。

杨君廷栋言：本会会期太促，可否请酌定时期，停止会员提出之议案。

主席言：由本会委任起草者不能刻限停止，若由会员单独意思提出者可停止。请酌定期限十五日停止如何？

刘君崇佑言：鄙见请于闭会前一礼拜停止。

汪君龙光言：限至二十日为适宜。

杨君廷栋言：停止并非拒绝，因为凡有一议案，经过手续极繁难，故不得不尔。

张君凤瑞言：如有意见与从前意见相同者，可于十五前先告知，其余可用二十日期。

主席请众表决，全体赞成。

主席言：本会需款甚多，从前均由直省垫办，颇属拮据，请每省先交一百元，于三日送办事处。

刘君崇佑言：此事甚有关系，如交到后请主席宣布。

主席言：本会应讨论者尚有二事：（一）闭会后各省酌留会员在京，与资政院议员接洽；（二）资政院开会时，各省谘议局派员旁听。

刘君崇佑极力主张闭会后，各省酌留会员在京，并往资政院旁听。

杨君廷栋言：此事可作成意见书另行提出，不必先讨论。

主席定期十六日开第四次会议。

三时十五分摇铃散会。

《直省谘议局议员联合会报告书》，京师京华印书局 1910 年铅印本，第 33—37 页

联合会第四次会员记事录

七月十六日，第四次会议，到会会员三十人。

二时摇铃开会。（因天雨会员到稍迟。）

主席宣布到会人数，请假人数，及议事日表如左：

第一，报告本会提出议题；第二，改定官制提议案（安徽谘议局提出）；第三，税法改革提议案（安徽谘议局提出）；第四，修改度支部酌加契税试办章程提议案（安徽谘议局提出）；第五，盐法改良提议案（安徽谘议局提出）；第六，新币制办法改正案（安徽谘议局提出）；第七，请停止学堂奖励明定学位以正教育宗旨提议案（福建谘议局提出）。

主席言：今日议事日表，第一本会提出议题有二：修改集会结社律。此律最不适于政党之发生，其中如政治结社不准过一百人，政论结社不准过二百人，又学堂教员不许为社员、会员等，此均他国所无，为我所独有者。循是不改，则我国政党必无出现之日，即立宪永无收效之期。如大家以此题为然，请起立表决。众起立。

刘君崇佑起立言：汤君化龙于此事最有研究，可公推为起草员。众赞成。

主席言：二题是法令公布法，提议在研究会，曾经公众赞成。

刘君崇佑言：此题是对于督抚提出，抑对于资政院提出。

主席言：此可请公众讨论。

王君振垚言：鄙人今日初行到会，于前议各案皆未了了，惟此次所言公布法是否指各省单行章程由谘议局要求督抚办理，抑就中央对于全国而言。

刘君崇佑言：谘议局范围太狭，应提出于资政院。

李君文熙言：资政院是否为立法机关尚不能定，此可缓议。

张君国溶言：当初宪政编查馆初立时，奏折有云：凡有立法，一切均由该馆暂行拟定，俟资政院开院后即交付于该院。准此，则资政院为立法机关无疑。

孟君昭常言：此案当先由各省公议一法令公布法，呈之于资政院，再由该院提出于政府，以布告天下，较省自为政者似占优势。

王君振垚言：去岁各省议案多未实行，问之于督抚，则曰已札行各属；问之于各属，则茫然不知为何事。此皆由公布法未定之故。鄙意此次中央公布法固甚紧要，然目下未能猝颁，且或有不适于各省单行之用，拟关于谘议局议案中专设此一条，以为各省要求督抚办理之具。

主席言：孟君言系另作议案。

梁君善济言：孟君言甚是。

主席言：大家赞成此议题请起立。全体起立。

主席言：应请公举起草员。

张君国溶言：可请孟君昭常。

孟君昭常言：此案起草有程度问题，可先讨论。

主席言：诚然，起草时须再讨论。

孟君昭常言：请加入张君国溶起草。众赞成。

主席言：昨日审查案请审查长报告。

孟君森就演席报告：第一件停止学堂奖励案。此案有二，一山西，一福建。山西所提者立议较高，恐难达目的，故本审查会拟用福建案为本，加入山西余意，似较妥协。【第】二件禁烟两案，一全国禁烟，一停止统税。此案拟并为一题，由刘君崇佑、梁君善济起草，再行提出。三谘议局章程解释案，有八大宗旨，不外二端，一关于解释章程者，一关于改正章程者。改正章程本审查会非不赞成，不（遇）〔过〕枝枝节节之改正无甚关系，似不如解释之为愈，故本审查会仍主张解释疑（议）〔义〕，由从前起草员汤、刘二君斟酌采择。【第】四件盐法案，安徽提出者。此议须俟调查户口后方能实行，似缓而难，拟仍由蜀、苏两省会员公同起草，再行提出。

刘君崇佑言：本议员担任谘议局章程解释案起草员，曾声明只就解释范围主论，今又由审查长交到关于此案者甚多，则范围自当扩充。兹拟意见，以为应解决者〈省〉数条：（1）官定解释不合者；（2）官定解释不明晓者；（3）章程不完备有疑义者。请大众讨论。

张君国溶言：既以解释为范围，则不必牵涉改正在内。

王君振垚言：纯用解释系抽象的，此外编查馆致各省电于章程不合之处甚多，应用何法消纳在内。

主席言：因此次所交案中关于改正者甚多，故须讨论。

张君国溶言：此案非谘议局能否存在之问题，乃章程是否完备之问题，可无须改正。

主席言：赞成不改正者请起立。起立者二十七人。

梁君善济言：禁烟案蒙公推起草员，拟先将宗旨报告一次。此案部章本系分年分省办起，全国未能划一。现在禁烟本应分两种，一土药，一洋药，然洋药之输入与否，视土药之能否禁绝为定。今年万国禁烟会曾有如中国真能提前禁绝，该会必请英政府禁止洋药输入等语，可见此事不难于对外，而难于对内。各省现在关于禁烟一事有已经禁绝的，有尚未实行的，有仍分年递减的，参差不一，而以甘肃为最敷衍，不但未减，而且骤增。度支部统税一项，今年甘肃一省可收一百二十万。使长此不问，他省效尤，后患何堪设想。故本会员所主张者：（一）一律禁绝。各省自今年八月起，至明年一律净尽。（二）禁止邻土输入。各省既已禁种，则所存之土，产烟省必多，不产省分必少，少则价必昂，多者必思有以输出之。若预示禁止，以杜其贪利之心，则于禁种前途，亦有大关系。因此两层，又生出二问题：（1）统税问题，度支部所以犹疑未裁者，因各省究未禁绝也。如实行禁绝，则统税必难存在，此问题无甚关系。（2）洋药问题，我既实行禁绝，则洋药一层，大可从容与之交涉。不过此交涉期中所谓犹豫期间，我们不能不少吃亏。然我们现在所期者，系去害问题，非争利问题。况我国向来吃亏事甚多，则此区区者亦在所不惜，故此问题亦易解决。至于办法，则已禁省分再持之一二年必可肃清，未禁省分如果官绅合力，亦日易为。且各省自治已均成立，大可委任，使相辅助，亦断无不收效之理。诸君以为如何？

主席言：梁君此意，大家赞成，请表决。全体起立。

主席言：今日应交审查案，一为改订官制案，系安徽提出，请高君炳麟报告，以便讨论。

高君炳麟就演席言：官制事所关甚重，敝省所提议者不过一意见书，是否仍请大家公决。此意见书中要义有三：（1）不速订官制则内外均不负责任，为害甚大；（2）改定官制时稍不慎，必滋流弊，故言其所宜注意者数事；（3）即厘定时之大纲大致如此。请诸君公裁。

汪君龙光言：敝省昨有议案到来，亦系关于官制者，然内容切极复杂。鄙意拟不为提出，可请凡关于官制议案，统由本会起草，余均消纳在内。

刘君崇佑言：江西既有议案，如交到办事处，必为发布。至内容可付审查后再议。

汪君龙光言：此案若直代政府起草，恐甚繁难，鄙意总以催政府自订为是。

王君振垚言：政府自光绪三十三年已有不完全之官制草案，而此次《行政纲目》又已颁布，错累尤多，鄙意不如直代之起草为是。

张君光炜言：起草办不到，仍请政府提前施行为是。

主席言：此事可先付审查再讨论。

主席言：第二交审查议题为税法改革案。此案内容：（1）地租改正；（2）裁撤厘金。请公众讨论。

刘君崇佑言：裁厘已经议过，地租改正非一二语所能了，请先付审查。

汪君龙光言：有友人寄到一意见书，亦关于税法者，可否当场散布。

主席言：如交办事处，此无须散。

主席言：契税试办章程请高君报告。

高君炳麟就演席言：现在契税由三分加至六分六，由六分六加至九分，然新章所有一切火耗经费等项，均由此内扣除，则虽日益加重，然仍有体恤小民之意存乎其中，似可承认。但其章程内有不合者数条：（1）以银折钱按照现办章程办理，此层民间受害甚大；（2）典价向照卖价之半，而税额则照三分之二，太不公平；（3）截留地方款项各省不同，拟定办法系按三级，中央为一级，省会为一级，地方为一级，每级通持三分折。报告者如此。

张君凤瑞言：贵省典税从何时始有？

高君炳麟言：早有。

孙君百斛言：奉省系新添。

蒲君殿俊言：四川亦新添。

张君凤瑞言：买契税重而不重，鄙省亦经提出议案，可以承认。至典当税契，原奏本为防偷漏起见，并未报部。从此番新章颁布时始，一并添入。据本会员意见，此种契税与小民生活有滞碍者甚多，请公众主张取消。

张君国溶言：一次续会无须详细讨论，先付审查。

主席言：盐法案已归合并，可无须讨论。至新币制办法改正案，鄙意以为不如作为质问案，盖此项关于财政学理者至为繁赜，苟于财政学理稍不完全，则所成议案必至贻误大局。本联合会对于此事似宜慎重。

刘君崇佑言：可先付审查。

主席言：吉林谘议局有一节略，内共八款，似不能成一议题，而此八款第一至七皆本会所已经提议，可消纳合并。又报告现在办事处收到各省款项，计六省洋七百元。

又预定十八日第五次会期。

四时摇铃散会。

《直省谘议局议员联合会报告书》，京师京华印书局 1910 年铅印本，第 38—42 页

联合会第五次会员记事录

七月十八日，第五次会议，到会会员二十五人。

二时振铃开会。

主席报告本日请假人数，宣读议事日表毕，言今日议案由本会委任起草者二件，由各省提出者四件，均应交付审查，然诸君如有意见，亦可先讨论。

第一，请速开国会提议案（本会委任起草员张国溶提出）；第二，请速定官制提前施行提议案（本会委任起草员孟昭常、杨廷栋提出）；第三，请开国会公

呈（安徽谘议局提出）；第四，请按新币制速定丁漕划一征收方法提议案（安徽谘议局提出）；第五，谘议局章程变通诠释提议案（会员高炳麟提出）；第六，请变通谘议局章程提议案（会员张光炜提出）。

刘崇佑君言：开国会公呈与丁漕划一两案均皖省提出，请高君报告。

高炳麟君就演席言：敝省请开国会一呈系对于本省抚台请其上奏者，提出于本会不过供参考之用。至于丁漕，流弊甚多。就币制而论，已有本洋、鹰洋、龙洋之种种参差，小民殊多不便。现在新币未颁，龙洋故可以代新币，敝省主持通用龙洋，以期划一。

王振垚言：一律用龙洋固好，然龙洋系旧币，旧币现正在收回之期，若即以代新币，则旧币之价格愈高，将来必有两种法币之现象出，而新币转为旧币所驱逐，此为经济学之公例不能免。况新制虽定七钱二分，然其实价只六钱四分八厘，国家未定按何价使用，今若以龙洋代新币，将按其名价使用，则各国无此办法；若按其实价使用，则旧币之纯量与新币之纯量不等，将以何者为标准。此当新旧币交替之时，所不敢遽倡此议者也。

张国溶言：此问题非先从根本上解决不可，欲从根本上解决，非先问资政院是否立法机关不可。

刘崇佑言：说到根本一层，我们会期已经过半，尚未议及，甚为可愧。现在资政院极不完全，然我们是很盼他完全的。将来一切立法须经过资政院与否，此层务须注重；至于编查馆，我辈只可认为内阁之一法制局。

张国溶言：此不过申明成案，恐将来编查馆对于资政院不将原奏提出，而资政院又不知过问，则殊于前途有滞碍。再，官制一层，鄙意很赞成，然对于现在之编查馆，可请他赶紧将此案提出于资政院方好。

孟昭常言：张、刘两公意思，鄙人也曾想到，不过申明原奏一层可不必要求，而官制亦无交资政院一说。据鄙见总是催他速定、速议、速颁布方是。

王振垚言：诸君所谓根本二字，本会员甚赞成。我们局章既不完全，后来馆电尤不完全，因独力不能指争，所以有联合会之设。而近来所提议案，大半皆枝枝节节，为资政院预备材料，于谘议局无甚关系。现在会期已经过半，此宜急提新案，从根本上著想。

主席言：请编查馆照原奏办理一层，湖北有议案，不日当可提出。官制一层要求提出于资政院，恐办不到。至于不先有官制，而后有官规，断无此理，所以请他赶紧提前颁布。若如何办法，仍待审查。币制之说高、王两君均有理由，仍须先付审查再议。第五案为高君提出，请报告。

高炳麟就演席报告，不外意见书中所云。

刘崇佑言：高君所云第一件常驻议员覆议之权极难办到。馆电所主张不能覆议者，谓不能以少数变更多数，亦甚有理由。然既不能主张覆议，则须另有对待之法，于是有主张订札明、札复期限，然订札复期限事实上能作到与否，亦一困难。崇佑对于此事颇费研究，然终无一至当办法。

张国溶言：督抚交局覆议一层，甚无根据。各国议会无复议之事，督抚对于谘议局得交复议，是以立宪之名，行此专制之实，非废去督抚交复议之权，此问题终难解决。

刘崇佑言：覆议一说各国地方会有之，省会断无有者。现在主张不覆议固甚有关系，然覆议删去应如何办法，很须讨论。

王振垚言：各国无所谓覆议，是指国会对政府而言，至于省谘议局性质，不过如各国之府县会，既设常驻议员，再不准覆议，试问留此十余人或数十人者将何用？且常驻议员系议员全体公举，委任覆议系驳长官之意见，并非违反原案之意思，有何不可？

刘崇佑言：常驻应否覆议，此别一问题。至认谘议局为府县会，本会员决不赞成。常驻议员外国有所谓州会者即有之，皆有特定机务，无委任覆议之意思。

王振垚言：府县会者，不过用他作阶级上之比例，以外国府县会而上即直接政府，无再高机关，中国省会亦然。至于其权限范围之不同，夫人而知，不待再辨。本会员所以主张覆议者，亦以不覆议有许多困难，且覆议亦于法理无违背也。

张国溶言：此问题能争回与否未可知，争回而有弊与否亦未可知，且有所争者，对编查馆乎，抑对资政院乎。总之，我们只当问覆议应有不应有，国会开后我们谘议局出于甚么地位就是了。

张光炜言：覆议是最当争的。

主席言：此问题很有趣味，张、刘两君之说，鄙意甚赞成。大家主张覆议，论法理乎，抑论事实乎？以法理论，则议员可以谓代表国民，常驻议员不能谓之代表全体议员；以事实论，则常驻议员如有变更多数议员意见时，众议员反对将如何。

刘崇佑言：覆议是否可有条件令众议员赞成。

张君光炜言：譬如我有一议案，已经议会通过，即成公共之意见，焉有再反对之理。

刘崇佑言：不反对固然，然事往往有从前未见到，既经提出，而驳斥者甚有理由，斯时常驻不能不赞成，当如何？

梁善济言：此亦好解决。遇有此等事时，可用河南议案通函取决方法。

刘崇佑言：用局函取决，反于会议之原则。盖会议者，谓其辩论于一堂，可以得真理所在。若隔地通函，殊失议会之本旨。

高炳麟言：解释章程议题已经起草，可俟后再议。

王振垚言：解释必限于章程以内，章程无常驻议员不准复议之文，将从何处解释？

刘崇佑：严格解释，章程实不准覆议。

左学谦言：覆议一层无须议及。

张光炜言：覆议必须争。

张国溶言：据法理言，常驻议员不能代表全体议员，如能代表则可不要会员。

梁善济言：请主席表决。

主席言：此事极有兴味，极有关系，既系付审查之件，可先无须表决。今日第六题为张君光炜〈言〉提出，请报告。

张光炜就演席言：此数条是敝省谘议局根本的解决。因略述议案中之意。

左学谦言：张君所言系指贵州一隅，可不提出于联合会。

主席言：广西来电，为抚台反覆已经公布禁烟案，诸君想已见，应否覆电。

蒙经起立报告广西禁烟案之起原及所以发电之故。

刘崇佑言：无论何等议案，既经公布，断无可以任意翻复之理，请照此意覆电。

王振垚、张凤瑞均起立赞成。

刘崇佑言：敝省曾有一事，可与此事相参酌，请报知大家。五月间局中接警道公文，是将所订警察章程请局中参酌。其章程多杂取违警律，随意增减。敝局复函拒绝，理由有三：（一）大清违警律不能擅为增减；（二）章程系补警律之不足，不可与违警律相重复；（三）单行章程系已决之案，须以督抚之名交局议，不能以当道之名提出议案。因与此事微有相同，故略为报告。

主席言：此事只有覆电一方法，他无疑义，不必讨论。

主席言：代表团交来一案，因事关重大，故未列入议事日表。因略述议案中意。

张国溶言：此事后一层恐办不到，无须作为议案，前一层可通告各民选议员。

张凤瑞言：我们正主张请开国会，此是不准开以后之办法，可缓议。

张国溶言：开国会与否是我们生活问题，不允开就应有对待之法，万难从缓。

刘崇佑言：我们对于此事可想好方法。如此案第一层，资政院民选议员不承诺新租税，恐是非不法；第二谘议局议员辞职，消极之要挟，实为自杀之道，本会员殊不赞成。

王法勤言：代表团因无他善法，故不得已用此一著。

张凤瑞言：此是实行的问题，非陈请的问题。

主席言：此件可付审查再议。

下次会定期于二十一日。

四时半振铃散会。

《直省谘议局议员联合会报告书》，京师京华印书局 1910 年铅印本，第 43—47 页

联合会第六次会员记事录

七月二十一日，第六次会议，到会会员二十五人。

一时主席振铃开会。

主席报告告假人数并宣读议事日表：

第一，请速定官制提前施行提议案（审查员报告）；第二，改定官制提议案（审查员报告）；第三，税法改革提议案（审查员报告）；第四，新币制办法改正提议案（审查员报告）；第五，陈请修改结社集会律提议案（本会委任起草员汤化龙提出）；第六，请准各州县丁漕实征实解并划定州县公费提议案（江西谘议局提出）；第七，请设租税整理局整理租税提议案（江西谘议局提出）；第八，谘议局预算议决权提议案（江西谘议局提出）；第九，直省衙门局所卷宗应请登报公布提议案（会员汪龙光提出）。

孟君森就演席报告，大致与报告书中同。

主席言：皖省提出之官制案原有条件，本会提出者则否，但就催促速订实行立意。原草有四条，审查会又删二条。请讨论。

张君国溶起言：官制案是否须由国会通过，今国会未开，研究颇为困难。起草由宪政编查馆必不完全，吾辈代起草固好，然皖案第二、三次不能为彼蓝本。鄙见先不提出，俟官制草案颁布后，再对之批评方好。至皖案大旨与本会相同，审查会主张合并添入，提前施行甚为赞成。

王君振垚言：审查报告鄙人甚赞成，惟详于内官，略于外官，稍差；以文论，亦有一二段稍平复之处，不可不注意。

高君炳麟起云：官制系君主大权，碍难代定，本会不定细目甚好。敝省意见书第二、三项亦为备参考，原注重者为第一条。现大会主张提前施行，甚佩服。

主席云：官制君主大权，不能代订细目，本会但主大纲，吸收皖案，表同意者请起立。起立者二十一人。

主席云：此案文字、办法均须修正，拟请孟君森为此案修正员何如？众皆赞成。

主席云：第三税法改革案请审查长报告。

孟君森就演席报告，大致与报告书相同。

高君炳麟云：敝省提议案，实以丁漕之弊，到今已极，全国一致，民均受累，非一省之力所能改革。可否请大众筹一完全方法，以苏其困。

孟君森云：改税法之语，改征收方法耶？抑改定税法耶？

高君炳麟云：以征收法为救急之计，改定税法为永久之计。

孟君森云：征收法各省不同，调查清楚恐不易。

高君炳麟云：诚然，然鄙意是注重第二义。

孟君森云：去年江苏谘议局提议无效，惟组织此机关长养人民能力可也。

高君炳麟云：江苏已公布，江西亦有案，可否请联合会请之资政院。

汪君龙光云：丁漕为东南大害，钱价一项，中饱甚多。币制关系甚要，吾辈甚望新币制之实行。

主席云：彼自另为一案，与此案无涉。

张君国溶云：今日于人民对于国家之关系，只此租税之一点。以今日租税之弊，诚不可不改。然有一先决问题，即国会问题是也。国会未开，言改正租税，今日之官场谁敢信之？但改正租税，须先正租税之系统，我辈于此事尚少研究。设使国会即开，提出此案，我辈即无把握。鄙意租税改正案暂不提出于资政院，而以为各省谘议局共同调查研究之问题，求得完全之解决方法，以为开会时提出议案之准备。

王君振垚言：九年筹备案本有厘订地方税、国家税一条，今吾辈请改革税法，是否不认此条，抑就此条请其作速厘订，此不可不研究。张君言暂不提出，鄙意甚为赞成。

主席云：税法〈交〉改正案裁厘加税一层已经另提议案，惟地租问题为本案之关键，但此问题关系极重大。皖案补救偏弊，意在水深火热，补救一分，即得一分利益，立意甚善。惟补偏救弊，各省皆可自为，本会宜从根本解决。张君言暂不提于资政院，而以为各省调查研究之问题，求得根本解决，预备国会开时提案改正，最为有理。赞成张君说者请起立。起立者二十人。

主席云：地租改正案极正大，将来国会开时必要提出，此种困难问题，各省谘议局应负共同调查研究之责。

张君国溶云：我联合会讨论之案，对外提出于资政院，对内自应归各省谘议局研究。

刘君崇佑云：对内之案应通告各省，前次已议决地租改正案不过为通告一种，可归入通告一类。

主席云：第四币制改正案请审查长报告。

孟君森就演席报告，大致与报告书相同。

高君炳麟云：币制望其实行，审查长所说之危险诚然，但部定则例矛盾甚多，若待将来再议修改，恐人民已受大害，补救无及。

张君国溶云：皖意是币制施行法，不是反对新币制。币制为度支部所定，未必即能通行，应大家研究。

孟君森云：研究未为不可，然金融甚乏，须问中国现银能收回否？旧币能收回否？

王君振垚云：此案鄙人不赞成。（成）〔度〕支部不难于行新币，而难于处置旧币。若如此案照市价使用之说，则不惟旧币对旧币有市价，即旧币对新币亦有市价。旧币对新币既有市价，而新主币独立之价格复何能定，且纳租税亦安能用市价乎？此时处置旧币之法，惟有仿照日本改革台湾币制时，将一切旧币化分之，即其所有之纯量，与新币之纯量，定一比价，不准移易；一面仿各国，令人民自由铸造，而大清银行只准代铸，不准谋利，如此然后可以渐渐收回，而不至妨碍新主币。舍此固别无善法也。

孟君森云：度支部币制，有欲收回，有欲自由铸造，未至收回之期，何事比较。

张君国溶云：币制乃国家生活问题，必有法规，然度支部法规未必即能完善。我辈对于部定则例须审核之，如有滞碍，请彼先行改正。若知而不言，安用吾辈。不然必生大币制问题。在日本数十年始能办好，可为前鉴。倘待将来，悔之晚矣，所以总要质问。

张君凤瑞云：币制当于人民市肆受何利害研究方可，此与地租不同。预料有弊而不问，此大不可。鄙见以为皖案甚完全，仍然不可消灭。

谷君芝瑞云：此问题须于两方面研究，一于国家财政有妨碍否，一于人民生活有妨碍否。

孟君森云：危险在所不免，日本亦然。收旧纸币，又借公债为之，中国此问题尚未发出，此危险不能不预为之防。

王君振垚云：此事既巨，必须细研，时日有限，恐未能即时解决。如吾党有精于货币学者，不妨于闭会后著为论说，分头研究。

主席云：此案张君国溶主预先研究，对于则例质问。审查长报告以俟施行后随时补救，暂不提议。赞成审查报告者请起立。起立者十三人。

主席云：请愿代表团提议案一件未列议事日表，请审查长报告。

孟君森就演席照报告书报告。

汪君龙光云：此事代表团以九年期太缓，主张九月，对资政院提出。明年二月再大举，每县须万人以上。此激烈之举动若在九月，正丁各谘议局开会期间，恐人数少，拟延至十月再举。按此情形，已有困难，今日为计，只问今年九、十月有此举动否，如有再行研究。总之各团体皆有辅助义务，而谘议局终负大责任，有倡首之义务。今公同商准，归即可预备一切。惟各地各团体于第一问题均不知痛痒，第二问题又碍难行。此事还求大家研究，如任九年，则亦已矣；否则牺牲一切，亦所不惜。请大家研究。

张君国溶云：代表团甚偏劳，能和平办则更好。然今日请愿，仅恃文字已为最下乘，若再下则不可言矣。今以鄙见，人数、时日、手段均不能限制，然按报告，第一太泛滥。观今现象，无加赋之名而有其实，人民俱在不知不觉，用不认新税字虽无大效力，亦可固结人心。第二审查以为然，鄙意可修改。总之，但有十二三省不承认新税，则政府亦无可如何。吾联合会原抱请愿同一之宗旨，今应以开国会与否为问题，鄙人极赞成审查的意思。

康君咏云：但不承认新租税无效，必另拟办法方好。

王君振垚云：鄙意甚赞成早开国会，窃意非破釜沉舟不能得。不出代议士，不认租税一语发生英国，以纳税者为平民，而僧侣贵族则否也。但今日中国无此事实，而各地方自治机关又未完全，若以此语为请求国会之前提，恐办不到，不如另筹急进办法。

主席云：以英国之例，论代表团交来之案，似不能破。盖代表团交来之案，非不承认租税，乃要求资政院民选议员不承认新加租税也。

刘君崇佑云：我为审查员中之一，会中所主张甚赞成。鄙意于国家方面，不论有无效力，只问我辈主张否，不问彼准否。前在上海主张请愿国会，明知无效，吾亦为之，但尽我义务而已。故第一层不承认新租税，虽使终归无效，不可不主持。惟第二层，不开国会，谘议局议员同时辞职，鄙人甚不赞成。北京向无政治团体，有之自请愿与联合会始，我等尤应固结联合，以为民党基础，不可自弃谘议局，是我国民之根据，不可先行破坏。

张君光炜云：非开国会不能救亡，如激烈可开，莫如照代表团所主张。

张君凤瑞云：此论与审查冲突。鄙意以为，如用破坏手段，则从第二说；如取和平手段，则用请求。

张君国溶云：所以不认新租税，正以要求之也。鄙意所以赞成审查第一条者，中国人民不知有国会，而却苦租税，以不认新租税为请求国会之手段，藉此可以使人民有国会之观念，且不开国会不认新租税，开国会必承认之矣。先播此种影响于一般国民，开国会后欲加新税，亦较易著手。

张君凤瑞云：不承认新租税为不法行为，若行此手段，是先自求破坏也。

主席云：今所争执者，一在误认不认新租税为不法行为，二在误认要求民选议员为运动人民反对租税，三则以此手段之终无效果。鄙意有效果与否，实不必计。惟不认新租税，非不法行为，盖永不加赋早有圣训，宪法大纲亦有非经新定法律，赋税止仍旧完纳之文。不开国会不认新税，正恪遵圣训及宪法大纲也。且以此通知各民选议员不承认新租税，非鼓动一般国民反抗新租税，故惧以非法自取破坏者，皆过虑也。

王君振垚云：本朝永不加赋之语，盖谓田赋也，非谓新租税。中国自庚子而后，所加新租税之种类何限，若以圣训为前提，则此应改为不承认新田赋，不能泛言新租税，但此亦无甚关系也。

张君光炜云：无论为非法与否，须画一进行方法。

刘君崇佑云：能画一进行方法甚好。

主席云：以审查为然者请起立。

谷君芝瑞云：此事不宜轻易表决，请延会。

刘君崇佑云：此事请暂停止，俟明日开谈话会。

主席云：谈话会明日一时开于魁和参局，二十四日开会再议。

主席云：第五修改集会结社律案为本会委任化龙起草，所有修改理由具详原案，候付审查后再议。

主席言：第六至第九各案均江西谘议局提出，请汪君龙光报告。

汪君龙光就演席历述第六至第九案提出之理由，大意与原案相同。

主席云：此数案均应交付审查。

主席报告二十四日会议。

五时半主席振铃散会。

《直省谘议局议员联合会报告书》，京师京华印书局1910年铅印本，第48—54页

联合会第七次会员记事录

七月二十四日，第七次会议，到会会员二十二人。

资政院议员湖南罗君杰新到会与议。

直隶谘议局议员锡、吕、乐、文四君来会入特别席。

一钟摇铃开会。

主席报告告假人数，审查长孟君森请假返苏，并读议事日表如左：

第一，修改度支部酌加税契试办章程提议案（审查员报告）；第二，请速定官制提前施行修正案（修正委员孟森提出）；第三，陈请解决谘议局办理困难情形提议案（起草员刘崇佑、汤化龙提出）；第四，全国禁烟修正案（修正委员梁善济、刘崇佑提出）；第五，五省协商疏江提议案（湖北谘议局提出）；第六，划定中央地方权限提议案（山东谘议局提出）；第七，《国民公报》第一次报告。

主席言：第一案审查长告假归，不能报告，请刘君崇佑代报。

刘君崇佑言：审查意见具于报告书，已分布阅看，无须再为报告。

高君炳麟言：鄙人对于审查无甚异议。

李君素言：报告书中所谓过户意义如何？

高君炳麟言：过户为典权利转移，不过户为押权利不转移。江苏有典、当税之分别，故有过户与否之区别。

张君凤瑞言：典不过割，过割则地主权全无。

王君振垚言：南省过户似即北省之所谓过粮，与卖无异，若典则无所谓过户。

刘君崇佑言：审查以过户即典。

汪君龙光言：指产借人之钱为押。

主席言：此问题不在分典、押之名，而在税契与否。以过户、不过户为典、押之分，即为税契、不税契之别。查度支部定典、当皆收税契，妨巧漏之弊害及典、押之户不少，报告书故分典、押为二，意在不过户即不税契，非徒务分其名也。

刘君崇佑言：报告书第三款因国家税、地方税未分清，审查之意暂作罢论。

高君炳麟言：税契之事各省情形虽不同，以性质论应作地方税。

刘君崇佑言：国家税、地方税为极大问题，可缓议。

张君凤瑞言：第二款今决议否？

刘君崇佑言：此款尚须修改。

王君振垚言：第一款两与元折合，旧币未经收回，通用旧币则旧币抬高市价，新币势必破坏，仍本会员前者之说，各省旧币种类不一，又将生挑踢银元之弊。且乡僻多无银元，不能随取即是，鄙见不若用第三款直接完纳法较为便利。

张君国溶言：税契折银折钱，皆系币制未定，救弊补偏之法。旧币既认可通行，则认为通币。币制既定从根本改，则税契先不能用两计算。若原价仍用两，税契虽折洋折钱，终多纠葛，鄙意不当。此补置之策，由本会提出。

主席言：第三款审查原意本不提出，惟第一、二两款审查报告主张修改后再提出，而张君以为补置之策不必提出，亦有理由。赞成不提出者请起立表决。起立者十二人。

汪君龙光言：提议此案为其与丁漕有关系，似不宜作废。

张君凤瑞言：丁漕、契税各省去年多有提议者，似不能作废。

刘君崇佑言：各省可各自为补救之，不必用联合会名（议）〔义〕。

主席云：本案所谓不由本会提出者，谓不以联合会之名义提出，非即作为废也。其各省自酌情形，挽救积弊，尽可自行提议。

主席言：第二速定官制提前施行修正案为孟君森所修正，是否可用，请讨论。

张君国溶言：今资政院未开，官制未确定，彼草案成否未可，必陈请速订施行，实不可缓。惟修正文字颇多不合鄙意，宜再斟酌。

刘君崇佑言：此文前数行似有默认筹备之意，与请速开国会意有冲突否？

张君国溶言：此案之重要为后三条，甚当讨论。我辈请其提前施行，以编查馆之筹备已逾时也。

刘君崇佑言：依张君所言，吾辈修正当更如何，请言其法。

张君国溶言：编查馆官制案匿而不现，吾辈请其提前施行，即为催其发布。

张君凤瑞言：此案内所定时期少有冲突之处。

刘君崇佑言：既如此，请赶速指定修正员，以便修正。

主席言：此原案不过官制提前实行，修改之文后两条可不要。今但以提前实行为要素，如以为然者，请起立表决。起立者二十人。

主席提第三谘议局办理困难情形案，并演说本案大意，且云今日各省关此议案均已带来，以资研究。

王君振垚言：各案重复者不少，鄙人有一案，略可包括诸案，已付印，尚未出。

刘君崇佑言：此案起草员系鄙人与汤君，而主稿者则汤君，鄙人特参与意见耳。前此原定议题系谘议局章程解释疑义之解决案，后因提出关于谘议局各事者甚多，乃后于正式会经张君国溶声明，题目应改为"办理困难"四字。所有关于此类之提案，统归起草员斟酌采取，择其大者言之，其细者可由各局自提，不必由联合会提出。经公决，故此案今日改为此题目。又在研究会讨论各案之去取，经公决，为应只就案中所指四项立言，其他不必阑入，故其他皆未经采用。此起草之情形也。谨报告，候公决。

刘君又言：关于预算案，四川蒲君已有拟稿，按谘议局章程驳其解释之不当，语极透（撤）〔澈〕，请即以各局名义呈请政府如何，请大家研究。

雷君奋言：各省提议此问题案甚多，今但问承认此案之四项否，再问其他。

主席言：今日但问此四题目大家承认否。

刘君崇佑言：谘议局对外有此四方法，其他还有可讨论者否？

王君振垚言：此四条虽不能包括，而持论固甚正当，且其体裁以上编查馆为宜，本会员拟提一案上资政院。

主席言：此四条议决再议其他，承认者请起立。全体均起立。

主席言：第四全国禁烟修正案，请讨论。

刘君崇佑言：此案系鄙人与梁君起草，文中所谓禁种、禁运办法，皆会场已经通过者，今但就措语上可用否决之。

主席言：赞成案文者请起立表决。起立者二十一人。

主席言：第五五省协商疏江案，请张君代报告。

张君国溶代报告书之内容，并言提于联合会之意。

张君凤瑞、王君振垚均赞成提议于本会。

主席言：大家既赞成提议于本会，请即交审查。

主席言：第六中央地方权限提议案，并云本案提议员未出席，应代报告案中大旨。

王君振垚、刘君崇佑并言题目极正大，而文之内容公举督抚事甚不合，可不付审查。

张君国溶言：鄙意亦与王、刘二君同，以为不必审查。

主席言：赞成不交审查者请起立。全体起立。

主席言：审查孟君森告假，事关重要，应否添员襄办，请酌议。

刘君崇佑言：审查事务繁重，亟应添员补缺，鄙意请蒲君殿俊补之。众赞成。

主席言：鄙意各审查员明日十一时聚会魁和参局，公举审查长。众赞成。

主席言：前次代表团交议不开国会不认新租税及谘议局辞职二问题骤未解决，今亟宜议决之。

刘君崇佑言：原议所谓新租税者，果何所指？

主席言：新租税自易知，从前所未有而新增者即是。

左君学谦言：议员辞职事实决难办到。

主席询问：前日研究会中研究之结果〈结果〉如何？

张君国溶言：第一代表团交议不认新租税，研究会以为不惟资政院民选议员不宜承认，即谘议局议员亦应。不认新租税，必生冲突，固生冲突，必至解散，所谓全体辞职，实则全体解散，此一定之事实也。当时研究会中以为此事可行。

张君凤瑞言：不承新租税，势至上压下迫，自然辞职。

左君学谦言：辞职必办不到，必到解散方好。

张君国溶言：从种种方面研究，辞职事亦甚危险。

吴君赐龄言：议员辞职若办不到，殊负代表团之期望。

刘君崇佑言：今万不可但讲理论，不讲方法。

主席言：第一问题解决，第二问题今未解决，可暂延会。其第七题《国民公报》报告亦俟下次开会再议。因定二十七日开会，时五钟半，振铃散会。

《直省谘议局议员联合会报告书》，京师京华印书局1910年铅印本，第55—59页

联合会第八次会员记事录

七月二十七日，第八次会议，到会会员三十四人。

一时摇铃开会。

主席报告告假人数，宣读议事日表如左：

第一，请速开国会提议案（审查员报告）；第二，陈请修改结社集会律提议案（审查员报告）；第三，直省衙门署所卷宗请登报公布提议案（审查员报告）；第四，请设租税整理局整理租税提议案（审查员报告）；第五，请各州县丁漕实征实办并划定州县公费案（审查员报告）；第六，请按新币制速定丁漕划一征收方法提议案（审查员报告）；第七，谘议局预算议决权提议案（审查员报告）；第八，划清地方自治经费提议案（审查员报告）；第九，五省疏江提议案（审查

员报告）；第十，拟请亟变盐法就场征税破除引地修正案（修正委员蒲殿俊、孟昭常提出）；第十一，陈请建议速定公布法令（修）〔条〕例提议案（本会委任起草员孟昭常、张国溶提出）；第十二，请删《资政院章程》第二十三条二项建议案（会员沈钧儒提出）；第十三，国会未开以前不得收商办铁道为官有提议案（会员沈钧儒提出）；第十四，对于城乡地方自治经费附捐意见书（会员沈钧儒提出）。

主席言：表内议案自一至九为审查报告之件，因审查长孟君森请假归苏，审查各案系就研究会中代之审查。鄙人昨亦曾到研究会躬与审查之事，应代为报告。第一题为请开国会案，系委任张君国溶起草，研究会中审查原案并无异议，是否尚须讨论，请公决。

刘君崇佑言：此案宗旨单一，无可讨论，文字之修饰不必讨论。

主席言：赞成本案成立者请起立表决。全体起立。

主席言：第二修改结社集会律案系本会委任鄙人起草。论原律条文，可改之处甚多，惟不过文字之訾谬，虽为改正，无关宏旨，故仅就限制教员不得为政治结社、政论集会之会员及限制政治结社一百人、政论集会二百人，请其删去，以其妨害政党发生甚大也。审查此案佥无异议，应否再行讨论。

张君国溶言：此案去政党发生之障碍，甚为紧要，文字亦复妥协，鄙意应即作为成立。

主席言：赞成此案成立者请起立表决。起立者三十人。

主席言：第三直省衙门署所卷宗请登报公布案，此案为祛议员调查事件之困难，立意甚善，惟卷宗登报应起自何日，是否应须别择，原案未计，办法极为繁难。昨日审查之意见，以为不必提出，请同人讨论。

刘君崇佑言：卷宗登报，有此言则易，办到则甚难，况议员亲钞卷宗，本会另有议案，此案可不提出。

张君国溶言：卷宗尽数登报，中外无此办法。若择要登之，今后发生之文件，尚可设法整顿官报，令其照办；若从前之文卷，何者当登，何者不当登，议员断不便往各署局亲检之。鄙意各省谘议局宜自想调查方法，不必提出专案。

王君振垚言：因调查卷宗困难，始有此问题，然卷宗与法令不同，无所谓公布，不能强人以必行登报。且案中言由督抚选登，如何能办到，此案可不提出。

至言调查困难，亦视吾人之能力何如，不能强各省以尽同也。

主席言：王君言甚是，赞成不提出者请起立表决。全体起立。

主席言：第四请设租税整理局整理租税案，此案为补偏救弊之计，用心良苦。惟今日租税紊乱，应为根本之改革；欲为根本之改革，须我辈先就各项租税切实分任调查，正其统系，厘其性质，方能着手。仅为一二补救之举，似非本会所宜提出，此昨日审查之意见也。究竟应否提出，请同人讨论。

蒲君殿俊言：整理租税有许多方面办不好，度支部整理财政已有成样，可以不提。

高君炳麟言：整理租税与人民有绝大关系，我可不定方法，请政府急速改正。

蒲君殿俊言：如此可另为一题，不提出此案。

孟君昭常言：租税积弊，若各省设法补救，或可稍有裨益；若根本整理，今办不到。

高君炳麟言：此事各省受害皆同，即如"浮收抑勒"四字，各省尚争之无效，有何裨益。试问部饬督抚酌中定价，可信其为民乎？

张君国溶言：此节不必论。整理租税原属妄举，根本改革必在开国会之后。鄙见莫如各省调查各省之租税，汇报本会，以为研究之预备，待国会开时，提出议案可也。

王君振垚言：租税必求根本改革，此为不刊之论。日本松方侯厘订租税至六七年之久始能就绪，其经营苦心，昭昭可见。今吾人但言整理，而于根本大计并未能举出有案与无案，且即求其整理，又何必请其设局，此为越俎代庖之计，殆不可行也。

主席言：赞成不提出者请起立表决。全体起立。

主席言：第五丁漕实征实解并划定州县公费案，请讨论。

王君振垚言：此案办之甚难，实征实解原属旧例，即有所请，当道亦无不允。然不过照例一纸空文，有何裨益。至各省州县公费，已定者已十余省，似不必再提案催办。推各省所定数目，有过滥者，是在各省谘议局监察之而已。

张君国溶言：试问租税须改良否，如不改良，则实征实解之说终不能办到。

蒲君殿俊言：此案似仿四川经征局办法，四川经征局之害民已不堪言，尚欲为之推波助澜乎？此案鄙人主不提出。

孙君洪伊言：实征实解必俟新币实行，计两、计钱、计分、计厘之习尽去始能之。此习不去，铢之折合，则不实解者多矣。凡征收租税，自州县至藩司，无一无弊。然如此案办法实征实解，愈办愈坏。公费已为过去历史，毋庸再议。我辈所当提议者，惟请速定官俸耳。此案鄙人亦不主提出。

主席言：赞成不提出此案者请起立表决。全体起立。

主席言：第六请按新币制速定丁漕划一征收方法案，此案以现行龙元折元，新币完纳丁漕，自为划一征收起见，是否可行，请讨论。

刘君崇佑言：无洋元处，强其以洋元完纳，亦为大害。

高君炳麟言：方法如未完善，或第请早定征收划一之办法，而不加条议，其法不良。再起而驳议之。

孙君洪伊言：鄙人对于此问题生一种感（融）〔触〕。各省铸造龙洋亦既有年，而偏僻之地无龙元者甚多，将来新币发行，能否应社会之需用，实不敢必。若其不足，必至全国恐慌，甚为危险。

王君振尧言：新币为良币，旧币为恶币，恶币驱逐良币，为各国经济社会通例。若旧币按市价折合，则新币颁行，必为旧币所逐。

孙君洪伊言：新币制极赞成，惟办理手续不善，则甚危险。

主席言：此为丁漕用新币折合征收问题，非解决币制问题。此案原意为折合征收，以防浮收之（币）〔弊〕，昨日审查之意，以为丁漕用两钱分厘之制不改，而以银元折合，实不足以杜浮收之弊。益以一元五角折银一两，使丁漕若有两而无零，则折合甚易，但现时丁漕银常多带零。若至几钱几分几厘，则折合必同辅（弊）〔币〕。用辅币而其零若仍不恰当，即生浮收之币。且折两、折钱使社会心理永不能忘记两之习惯，于施行新币即有密接之滞碍，故非为根本之解决，此案不必提出。赞成此说请起立表决。起立者三十三人。

主席言：第七谘议局预算议决权案，请王君振尧报告。

王君振尧报告：此案大意甚是。盖度支部所定预算表册，谘议局预算权既以地方行政为范围，则除国家直接行政外，均属地方行政，其经费自应归局预算。而度支部所颁册式，归地方范围者寥寥无几。原案欲扩张权限，自是正办，惟欲并将国家行政经费亦纳于谘议局议决之列，势固有所不能，不如另提案议争。

刘君崇佑言：除国家行政费外，皆属地方行政费，言之颇足动听，但不知可以分别条举，使吾人一释其疑乎？

王君振垚言：国家行政事务为时所迫，言之甚难。

刘君崇佑言：督抚权限所到，即谘议局权限所到，然督抚无一定权限，究竟以如何为标准。

张君国溶言：此问题解决不难，但解督抚所为为何，为何地位，则谘议局地位自明，而此问题即解决。但此案更逸出范围之外，鄙意不必提出。

孙君洪伊言：以督抚权限所至为谘议局范围甚是，但得度支部预算册一查，除中央行政外，即可定某种属地方行政。

刘君崇佑言：界限不清，终不能提出。

主席言：赞成不提出此案者请起立。起立者三十人。

主席言：今年各省预算系属试办，预计困难情形，应图共同进行方法，明日早八时请同人到魁和参局公议。

主席言：第八划清地方自治经费案，此案应由各谘议局自行提议，毋庸在本会提出。原提案者为奉天谘议局，据孙君百斛云，该省提出此案，亦不过藉供参考，似不必表决。

主席言：第九疏江案请刘君报告。

刘君崇佑言：此案为五省利害问题，应请五省协商办理，不必由本会提出。

张君国溶言：审查之文殊不甚妥，吾国原为二十二省所作成，吾联合会有国会性质，如报告书立言五省之事由五省自办，本会不必置议，将来国会开时，若事关数省者，将亦置之不问乎？此措词之误也。

孙君洪伊言：以黄河作此例，请中央措款者，自归国会协议；若由各地方措款者，归地方会协议。今但问疏江之举，是否请国家担任款项耳。

张君国溶言：此案由本会提出本不易，吾为文字故反对审查。

高君炳麟言：此案原无把握，可不提出。

谷君芝瑞言：可先通告各省，明年再议。

主席言：赞成谷君之说者请起立表决。全体尽起。

主席言：第十亟变盐法，就场征税，破除引地修正案，请蒲君报告。

蒲君殿俊报告，略与案意相同。

主席言：以此修正案为可用者请起立表决。未起者三人。

主席言：第十一陈请速定公布法令案，请起草员报告。

孟君昭常报告书之大意与原案同。

刘君崇佑言：到达日数颇有不当，现在日数尚不能定。

孟君昭常言：如此可不定日数。

王君振垚言：各国公布法有传达、揭示、登报三种。传达法者，每一新法令出，地方官誊写之，以传达于其各部下也；揭示法者，揭法律于人民辐辏之地，而公示之也。官报登载法，近世各国多用之，以为法律公布之定式。今吾国阅报之人尚少，而官报又无法定公式，若纯用此法，恐效力反小。且外国府县直接政府，故可由中央直达；今吾国州县而上，尚有督抚司道数层，向例州县以奉上宪札文方为凭信，若由中央直达，恐反启州县以漠视之渐。鄙意不如官界仍用传达法，对于一般之人民则用揭示法，要严定其发行及到达之时日，而官报登载则以补二者之所不及。倘官家有稽延之时，则使人可执官报以质问之。此则据我国现今之情形而酌定之也。

孟君昭常言：既登官报必有效，再有揭示使人民周知，无须更用传达法。

谷君芝瑞言：传达一事仍不可少。

刘君崇佑言：传达旧习，由中央而督抚，而道府州县，层累而下，甚为迟延。既用官报主义，无庸更用传达法。

孟君昭常言：执传达之说者，以正式公文传达为有责任耳，不知有到达日数，则有一定邮政局负其责任。

张君凤瑞言：此案应付审查。

主席言：此案应特别审查，拟请王君振垚、谷君芝瑞、蒲君殿俊、刘君崇佑为特别审查员。大众赞成。

主席言：第十二请删资政院章程第二十三条二项案，因起草员沈君病不在场，请刘君代为报告。

刘君崇佑代报告原书大意，且云此问题颇小，以鄙人之意见似可不提出。

蒲君殿俊言：要改此项章程，仅就一方面而立论，可不提出。

主席言：资政院章程根本既多不合，若欲修改，非从根本改正不可，枝枝节节而改之，于实际毫无所补。鄙意亦赞成不提出，诸君赞成不提出者请起立表决。起立者三十一人。

主席言：第十四国会未开以前不得收商办铁道为官有案，此亦系沈君钧儒提出，请径讨论。

张君国溶言：铁道应为国有否，此问题今尚未定。国会未开，不得收商办铁道，国会既开，遂可收以为国有乎？以此为主张请开国会之理由，颇觉不当。

王君振垚言：此案可不提出，提之则国会既开以后，铁路即应收为官有乎？

刘君崇佑言：此案不可不提，今但论国会未开以前不可收商办铁路，开国会后再论其他，正有余地。

张君国溶言：如提出，题目宜修改。

谷君芝瑞言：此题目可改为商办铁道非经国会协赞不得收为官有，按此新题目再请沈君起稿。

主席言：赞成新题目另起稿者请起立表决。全体均起。

主席言：第十四题对于城镇乡自治经费附捐意见书，此亦为沈君钧儒提出。此为各省谘议局自行办理之事，似宜由本会通告各省谘议局一律办理，诸君以为如何？

刘君崇佑言：此事自应办理，同人想无反对者。

主席询问众意如何，众无异议。宣布由本会通告各省谘议局。

六钟半摇铃散会。

《直省谘议局议员联合会报告书》，京师京华印书局1910年铅印本，第60—67页

联合会第九次会员记事录

七月二十八日，第九次会议，到会会员二十三人。二时开会。

主席报告告假人数，并选读议事日表：

第一，请申明资政院立法范围提议案（本会委任起草员张国溶提出）；第二，请组织责任内阁提议案（本会委任起草员雷奋提出）；第三，请宪政馆根据章程确定权限解释提议案（本会委任起草员蒲殿俊提出）；第四，陈请更正谘议局文书体式提议案（本会委任起草员沈钧儒提出）；第五，谘议局章程应行增删修改提议案（会员王振垚提出）；第六，官吏久任提议案（山东谘议局提出）；第七，各省商办铁路公举检查员提议案（山东谘议局提出）；第八，盐务改良提议案（山东谘议局提出）；第九，速定中葡界限提议案（会员陈寿崇提出）；第十，各省谘议局应一律办理事件通告书（各省应提法令公布规则附）（本会委任起草员刘崇佑提出）。

主席言：第一题系本会委任起草员张国溶君提出，请报告。

张君国溶起言：此案湖北谘议局本拟提出于资政院，因议案研究会决议此案应作本会议题，嘱鄙人起草，故将原案增删提出。因述议案中大旨。

主席言：此案是否付审查，抑当场表决。

梁君善济言：此不必付审查，张君此案鄙人绝对赞成。

主席言：资政院章程，一切法律只能修正，不能编订，似与此案抵触，请讨论。

张君国溶言：各国法典多不由议会编定，惟必由议会议决。

刘君崇佑言：各国法典少由议会编订，系原于事实，并非不准议会编订也。良以此事重大，非政府之力不可故耳。我若草，就事后承诺权立言，似与章程不背。

沈君钧儒言：我辈以国会期望资政院，如立法权不完备，须与力争。此案与章程无所谓违背，不付审查鄙人极赞成。

主席言：以赞成此案成立，不付审查，请起立表决。全体起立。

主席言：第二案系本会委任起草员雷君奋提出，刻雷已南旋，此案是否付审查，抑当场讨论。

王君振垚言：此案第三条，有议院议决案须由内阁认可，始由内阁上奏，各国恐不尽然，请讨论。

沈君钧儒言：此案似不甚妥，可先付审查。

刘君崇佑言：解散内阁系政治问题，非法律问题，此案第三理由牵入院章，殊不合。

王君振垚言：此案只言理由，不言办法，是否为本会从前之主张。

主席言：是从前主张。

刘君崇佑言：鄙意此案可请沈君钧儒修正。

主席言：甚好。如赞成沈君修正者，请起立。全体表决。

王君振垚言：此案与速定官制案合并如何？

张君国溶言：官制案本包括内阁在内，然现在责任内阁亟宜速设，鄙人意我辈一面上书编查馆，一面提出资政院如何？

刘君崇佑言：此案非编查馆权限内之事，不如提出于资政院。

张君国溶言：不然则用全体名义递呈都察院。

刘君崇佑言：此却可行。

王君振垚言：如呈都察院代奏，则此案须增改。

沈君钧儒言：仍以专上资政院为是。

主席言：沈君之说鄙人赞同。

张君国溶言：提出于资政院未必即有效果，何妨先行提出，请政府早为预备。

主席言：似此则可双方提出，先上编查馆，后上资政院。

孙君洪伊言：上编查馆不如上都察院。

王君振垚言：此说甚是。

主席言：如此则先上都察院，后上资政院。

梁君善济云：本会各案向资政院提出者甚多，恐资政院一例漠然视之，此种特别办法鄙人赞成。

沈君钧儒言：我们不过对资政院上条陈，多亦何害？鄙意可不必多此一举，盖都察院中人实无此担当也。

汪君龙光言：上都察院与否须先讨论，此种文字恐不行。

刘君崇佑言：此不过手续，无关紧要，请先后修正。

主席言：一切可俟修正后再议。

主席言：第三题系本会委任起草员蒲殿俊提出者，文字甚佳，可当场表决，无须交付审查。

王君振垚言：案中言地方行政专限于实业、巡警、学务三项，自系据清理财政章程而言，其实度支部所颁地方行政经费册式不止此三项，恐当须改正。

刘君崇佑言：部颁表册本不止此三项，原案似稍遗漏，可请原起草人增改。且案中所云第一解亦无甚著落，可否一并请其斟酌。

主席言：是否先行表决？

刘君崇佑言：修正后再决。

主席言：第四案沈君钧儒起草，请报告。

沈君均儒起言：此案敝省曾经提过，因本会委任起草员与之相同，故略为增减提出。因述案内大意云云。

王君振垚言：此案甚好。然只为争公文体式一事，似可付于谘议局应行争议全案内为一条件，无须另提。

刘君崇佑言：此系咨文，不在章程内，须另提。且馆电原有试行一年之说，宜速行提出。

王君振垚言：关于谘议局应争之事，凡咨文及电文皆在内，不尽在章程，似可合并为一全案。

主席言：此案根据馆电试行一年，再议删改，原文甚佳，请大家起立表决。全体起立。

主席言：第五题系王君振垚提出，请报告。

王君振垚言：鄙人此案与主席历陈谘议局困难情形及公文体式案有一、二条相同，不过彼两案系拟上宪政编查馆，鄙人此案则系作为资政院议案者。因避烦琐，并各案为一题，凡九条。因报告案中大概情形。

主席言：此案理由极长，非当场所能研究，可先付审查。

主席言：第六系官吏久任案，此题为山东谘议局提出。

刘君崇佑言：本会既提出速订官制案，则此案可不提出。

张君凤瑞言：此案仍可提出。

张君国溶言：提出固然可，然似此挂一漏万，国溶绝不赞成。

主席言：此不过官规之一种，现既催速定官制，同时又提出此案，未免微有冲突。

刘君崇佑言：如提出一订完全官规案，鄙人赞成，若只此一项，鄙人绝不赞成。

蒋君鸿斌言：既已有官制案，则敝省此案可不提出。

主席言：赞成不提出者请起立。起立者十七人。

主席言：第七案请蒋君鸿斌报告。

蒋君鸿斌起立报告案中大意。

刘君崇佑言：铁路公司中本有检查员，又有董事会，如谘议局再举检查，未免重复。且董事会与检查员均由股东公举，似较局中所派一二人为优。且路既检查，则矿务亦须检查，推之各项实业，无不如此，未免太繁难。此案可不提出。

孙君洪伊言：此案命意所在，恐系指津浦铁路局言。津浦路线本系官府与地方合办性质，现在已出之路，每里所需近四万金，自来未有如此糜费者。其余用人、行政等项，腐败已达极点。山东所言，未必非有鉴于此路而言，鄙人所见如此，与大家报告报告。

主席言：就特别一路而言尚可，若以概全国铁路则恐不合。谘议局所举检查员，公司能否承认，此一问题。且实业等类不止路政，若概去检查，此事万难做到。

张君国溶言：此案于法律上太无根据，一则铁路公司谘议局无故干涉，于公司有阻碍；二则谘议局系议决机关，非执行机关，检查系执行事项，尤于局章不合。

孟君昭常言：此即隐指津浦铁路，可函知四省合商，不必提于联合会。

主席言：如赞成不提出者，请起立表决。全体起立。

主席言：第八系山东谘议局提出之盐法案，本会前已议决，主张就场征税，破除引地，而此案则主张官卖，与本会所议反对，可不再讨论。

刘君崇佑言：前案既已成立，此案自然无效。

主席言：第九系中葡界务，陈君寿崇提出者。

张君凤瑞言：此案关系交涉，事不容缓，第陈请资政院恐不相宜。

张君国溶言：此案极重大，而案中所拟四条极其简单，未免稍差。

主席言：此案宜先通知原提议人，请其修正，并报告一切，再行讨论。

主席言：第十案系刘君崇佑起草，请报告。

刘君崇佑言：此通告书中请诸君讨论者：（一）书内四条是否妥协，（二）

文字是否合宜。至法令公布规则，尚有一对中央政府提出者，明日交出。此篇所附者可先交审查，不必讨论。

主席言：既如此，则请专就文字上讨论。

梁君善济言：仍以讨论规则为是。

王君振垚言：此书及规则是上资政院立案，抑各于本局自行提出。

主席言：各于本局提出之用。

主席言：今日本当闭会，因重要议案未决者甚多，可否再延会几日。

刘君崇佑言：再延会二日如何？

主席言：大家均有处事，碍难久留，如赞成延会二日者请起立。全体表决。

主席言：停止学堂奖励案前经本会议决用福建案为本，加入山西余意，现审查长南旋，应由审查员中共推一人为修正员，鄙意拟请孙君洪伊任此役如何？

孙君洪伊言：此案何妨即用闽案，不加增改。

主席请众表决。全体赞成。

主席宣布三十日开会。

六时散会。

《直省谘议局议员联合会报告书》，京师京华印书局1910年铅印本，第68—73页

联合会第十次会员记事录

七月三十日，第十次会议，到会会员二十九人。

湖北常驻议员陈君登山来与议。

一钟主席摇铃开会，宣读议事日表如左：

第一，请组织责任内阁修正案（修正委员沈钧儒提出）；第二，陈请建议速定公布【命】令条例提议案（审查员报告）；第三，各省应提法令公布规则提议

案（审查员报告）；第四，请根据章程确定权限解释修正案（修正委员蒲殿俊提出）；第五，谘议局章程应行增删修改提议案（审查员报告）；第六，商办铁路非经国会协赞不得为官有修正案（修正委员沈钧儒提出）；第七，速定中葡界约修正案（修正委员陈崇祖提出）；第八，《国民公报》第一次报告。

主席言：第一案系沈君提出，今沈君未到，可少待之。《国民公报》第一次报告为前次会议未决之件，似可提前讨论。《国民公报》发起于第一次国会请愿之时，现已出版，究竟原章应改定否。若认为本会所办，则本会应负其义务，今须讨论决定。

刘君崇佑言：鄙人亦《国民公报》组织之一分子，请向诸君报告。去岁到沪，各谘议局代表因种种问题，发生办报之说。到京以后，渐次定局，各省担任经费者计十三省，江苏、广东担任最巨，江苏任常年费一千元。尔时崇佑所主张者为办旬报，章程起草崇佑任之。崇佑归闽后，接代表团通知，始改办日报。此次到京，始知尚未出版，询其原因，实以经费尚未交足之故。此报关系本会前途之重，同人所共知，若使消灭，以后无论何事，皆不能办，岂不可惜。今宜先决经费问题，使基本巩固为是。

张君凤瑞言：刘君报告甚详，担任法办法均当研究，且当研究一永久法。此报若以为由本会组织，本会担任之；若以为由代表团组织，本会当为辅助。

张君国溶言：此问题当先论主体。试问主体发起者为何人？而发起者为代表团，代表团为谘议局人，鄙意自宜以各省谘议局为主体。至报费之亏折与否，全视报章之销路，销路畅则登告白必多，登告白多则经费不忧不足。且《国民公报》原定印字机器两副亦可以营业，所得为其辅助，故经费问题只问本年之能否维持，明年以后即可以收入资周转。今且先决章程是否可用。

主席查取简章。

张君凤瑞言：简章必须研究之处即在担任筹款一条，今先将此条议定，他项即易讨论。

谷君芝瑞言：先定主体，主体既定，再论其他。

王君振垚言：欲定主体，须先定《国民公报》之性质。《国民公报》之性质因要求国会而设，现今请愿同志会非尽限于谘议局一部分之人，故欲定主体，宜就其大处定之。若专限于谘议局，恐《国民公报》之范围转小，而负责任者无几也。

主席言：以代表团为主体，同志会终有消灭之时，彼时公报主体安托。

刘君崇佑言：今日无论代表团方面如何，但论我会如何对待。

谷君芝瑞言：此事张君海若所言甚善。此报今已出版，但观今岁年底如何，万无久担之势。

刘君崇佑言：此事但究其与我会有利否，有害否，则此问题即行解决，无须凭空理论。

椿君安言：今不论主体，论主体则推诿。

汪君龙光言：有主体方能进行。谘议局为固定的款，虽不能出公账，亦可由议长联络各团体筹之，总想一永久办法为是。

张君凤瑞言：若照原章办理，将各省已担任之款交齐，似可敷用。

张君国溶言：此事一方面为经济问题，一方为主体问题。所谓主体，非吾数人为主，乃吾辈为其主动者。

刘君崇佑言：今但问经济能担任否，能担则可为之主体，不能担则否。

张君国溶言：我辈将现在算至年终不足之款大家担任后再行研究。

张君凤瑞言：现今至年终尚须钱几何，应有预算。

张君国溶言：就预算表观之，尚须一万元之谱。

刘君崇佑言：目前宜算到明年六月为止，到彼时由明年联合协议，惟各省担任之款或有不足，或不能如期交付，致报馆生危险之虞之时，应许常驻干事有自由限动之余地，总以不使《国民公报》四字消灭为第一义。

主席言：同人所讨论者无一不主张由本会维持该报，本会负（惟）〔维〕持之责任，自有担任经费之义务。同人所虑者为经费缺乏时报馆或至消灭，故但使可以维持公报之成立，常任干事可以有自由活动之权，质言之，即遇经费不足时，常任干事得自由募捐，或招股以济其用，总以使《国民公报》四字不消灭为目的。同人之意是否如此，若如此，请起立表决。全体起立。

主席言：报馆既由本会担任，照章应举干事。

张君凤瑞言：干事资格如何。

主席言：能住京而能干其事者方可为干事，可投票公举。投票毕，开票，孙君洪伊得票二十四张，孟君昭常得票二张，刘君崇佑、主席各得票一张，孙君洪伊得票最多当选。

汪君龙光言：薪金亦必当议。

孙君洪伊言：鄙人今被举，窃有一言，干事为联合会所举，立于报馆之外，对于联合会当负义务，不得有薪金。

主席言：大家以为宜有薪水，不可辞。薪水之数每月三十金，赞成者请起立。起立者二十八人。

张君国溶言：厚待干事即厚待联合会，然款交不到，干事薪金将如何？

罗君杰言：去年鄙人尝提议各谘议局将公费百分之三或百分之五划出，寄交充之。

刘君崇佑言：罗君所言极是。谘议局正项决难动用，总由议长及常驻议员身上筹之。鄙人前此曾与敝省议长谈即如此，议长甚赞成。闽省今年已筹出千余元，明年即赓续照办。

主席言：未认款省分今日可认款。

汪君龙光言：江西谘议局认五百元，且云得本省信可认九百元。

张君之霖言：云南谘议局认五百元。

汪君龙光言：本会通信各省谘议局当有效力。

刘君崇佑言：已交款省分能否增加？

主席言：此自由，各局之热心似不能相强。今日至过六钟，此问题已结，他议题更难讨论，明日延会一日如何。众赞成。

六钟半摇铃散会。

《直省谘议局议员联合会报告书》，京师京华印书局1910年铅印本，第74—77页

联合会第十一次会员记事录

八月初一日，联合会第十一次开会，到会会员二十人。

二时摇铃开会。

主席言：今日所议均系继续昨日未议完各件。第一为组织责任内阁修正案，据修正员沈君在办事处报告，该案无可更易，惟拟删去第三条。伊现已旋浙，不能当场报告，究竟此案如何，沈说可否成立，请讨论。

刘君崇佑言：此案题目甚大，原案文字既极薄弱，而修正员又去其一，恐更简单。

孙君洪伊言：此案本会提出，本意原为资政院开院后无一适当机关与之对待，对于君主恐伤君主尊严，对于现政府则一盘散沙，无人任责。本会拟题之始，原拟请资政院开院之始，由议员提出此质问案，起草员未能领悟，故文字不完善。

主席言：初意本如孙君所言，雷君既误会，沈君又未加改正，故至如此。

孙君洪伊言：此文与原意大相径庭。

主席言：此案如此，是否废弃，拟另（相）〔想〕办法。

孙君洪伊言：可再行修改。

左君学谦言：责任内阁系与国会对待，国会未开，此案可不提。

张君国溶言：责任内阁在官制中最关重要，可否将此案与从前官制案合并。

王君振垚言：此本宜合并，鄙人前会曾经提及此，在官制案中可作为第一条件。

刘君崇佑言：两案合并可请王君振垚起草。众赞成。

主席言：第二法令公布案系刘君崇佑修正，请报告。

刘君崇佑报告原案大意。

王君振垚言：此系中央政府公布法，恐案中所言太简单。

刘君崇佑言：此案本会员本主张用成文法，因孟昭常君主张此系备宪政编查馆采择，故少略。

张君国溶言：此案总以作一完全成文法，上之宪政编查馆，请其采择为是。

李君文熙言：此可不用成文法。

王君振垚言：若用成文法，此案不合体裁；若用不成文法，则可痛陈法令不公布之积弊，与现在各国官报公布之利益，纯说理由，不必代定规则。且原案条件中生效日期采用十日，未审果何所据。

张君之霖言：王君意甚是。

张君凤瑞言：此案总以上资政院为是，先上宪政编查馆恐无大效。

刘君崇佑言：此案系主张法令登载官报，以揭示补其不逮，实为今日所必要。不如此则法令生效力之期不明晓，法令永无施行之日。

孙君洪伊言：法令取官报法，再由谘议局补助代之宣布。

刘君崇佑言：谘议局非行政机关，不能补助宣布法令。

李君文熙言：此案可以如王君说，只说理由取何主义，不必细讲。

王君振垚言：各国自用官报法，将从前各种公布法均不采用。现此案既主张官报，又用揭示，是知官报之效力不能普及。鄙意以为，应加入公文传达一法，方为稳固。

主席言：王君主加传达主义，有何理由。公文传达与官报登布两法本不相容，传达法必先达督抚，再转各官厅，与法令须直接及于人民之原理不合。至本案兼主张揭示者，因现在人民程度，官报必难普及，不得不用此迁就之法。更添入公文传达一层，似无可取。

王君振垚言：我国督抚一级为各国所无，公布经过此级并无不合法理处。本会员因向来官报无法定之公式，人民习惯又多视官报如平常，故拟用传达法补助。若果将官报规定明白，可保其生直接效力，则本会员固绝对的赞成也。

李君文熙言：官报、传达不能并行。

孙君洪伊言：官报主义本均赞成，不过恐官报无实效，故有保存传达法者。而传达法用，则官报更不能生效力，故目下只好定一官报公布法，将原案文字略加修正。

主席言：赞成原案稍加修正者请起立。起立者十五人。

主席言：各省法令公布规则请刘君报告。

刘君崇佑言：此案本与前案相关连，从前曾经报告。因力言官报登载与揭示之种种利益，大（至）〔致〕不外通告书中所云。

左君学谦言：此事可无须讨论，各省情形不同，尽可变通。

张君国溶言：此不能不讨论。本会既取一致行动，不先解决，将来如何行动。

王君振垚言：若取一致行动，须俟全案表决后方可。

刘君崇佑言：此非一成不易者，各省斟酌情形，尽可变通，不过此系为各省谘议局中共通利益起见，大致总不能异。

王君振垚言：此案第四条有应行追加公布之件，若限期已过仍未公布者概作为废止等语，若有由中央颁布之法令，如田房税契等事，本不在督抚权限内者，应如何办理，恐一概作为废止不能行也。

刘君崇佑言：此系专指地方行政而言，如不明瞭，可酌加数字。

主席言：此可请大家议决，然后通告各省，再酌量情形变通。赞成者请起立。全体通过。

主席言：第四请根据章程确定权限解释修正案，系蒲君殿俊修正。此案原已议决，因文字与现行制少有抵触，故请其修正。现已一律改正，与原议不背，应毋庸再行表决即为成立。

主席言：第五谘议局章程应行增删修改提议案，系王君振垚提出，请王君报告之。

刘君崇佑言：此案所提有与从前议决重复者，应如何。

王君振垚言：前之有案如汤、蒲两公提出，均系上宪政编查馆者，至沈君之公文体式案，又纯似对于浙抚提出者，与鄙人提案性质不同。

主席言：蒲案系上编查馆后决议，对于资政院亦可改用原文呈上，鄙人与沈君所起草者则均拟提出于资政院，早经会议取决。

孙君洪伊言：无论呈馆呈院，均须一致，王君案理由甚好，请逐条讨论。

王君振垚言：汤君案以体裁论，应上编查馆，鄙人所提案应上资政院，前会早已声明。至其重复者只有一二条，鄙人以为凡于谘议局事，应成一完全议案，不宜枝节为之，似可采其理由较长者取用。

主席言：王君此案鄙人（与）〔于〕组织上略有（拟）〔疑〕问：（1）法

律、命令区分之大纲能否合于理论；（2）公布法系单行法，何以混入章程；（3）既请定批答期限，又主张常驻议员覆议，似觉略有冲突。

王君振垚言：法律指章程而言，命令指咨文及电示而言，有何不合理论。但以组织而言，本会员并拟将题目另行改定，不止此小小分类，此在本案中不成为问题。至公布一条，本以章程中有呈候公布施行事件，故以论及，有何混入之有。若谓既定批答期限，便不应常驻议员覆议，然则督抚果能按期限批答，而批答后果能于闭会前议完，绝无与于常驻议员之事乎？此观本案中所主张之理由便可明白，不惟无所冲突，且能使相济相成也。

左君学谦言：第一条、二条蒲君案似可包括。

张君凤瑞言：小不可以包大，少不可以包多，此案大而蒲案小，此案多而蒲案少，蒲案不能包此案。

张君国溶言：此似可归并蒲案。

王君振垚言：蒲案系单就职权一事为抽象的，此案系就谘议局各事项为具体的，如何能以归并？

刘君崇佑言：地方自治会经费谘议局本不能与议，何以王君亦牵入其中？

王君振垚言：谘议局本为省会，与各国府县制不同，部章始终未认省为自治之一级，此系就有自治而言，若各州县自治费自归各州县议决，本局又何从与议也。

刘君崇佑言：文中明言奏定自治无章程，现在奏定自治章程只有府厅州县、城镇乡两种，王君之意与文实有歧义。

张君国溶言：认谘议局为自治，于法理、事实均不合。

王君振垚言：谘议局本为省会，省会不能为自治，乃有何说。

主席言：王君此案，所有预算范围著意在除其性质纯属国家行政经费外数句，然不能无疑义。试问除国家行政外应有几种是地方行政经费？

王君振垚言：此层系因现在地方税、国家税未划清，若用列举，恐政府反有所藉口，故取该括。

孙君洪伊言：此条第二、三层无可讨论，第一层恐非先定官制统系与将国家、地方税分清不可。

主席言：鄙人对于预算问题深颇有完全之议案，如王君案所云，蒲君案渐可该括。

王君振垚言：请细看蒲君案，伊系专抱本省二字泛论谘议局之权限而言，此系预算议决权专案，并不能包括。

李君文熙言：此案可否交资政院民选议员在准备会中提出，此时会期太长，人有倦意，似可不讨论。

张君国溶言：此案若另提，甚为赞成，然须研究内容，能列举条件方可；如仍取该括，则不如仍用蒲案。

王君振垚言：列举甚好，但部定范围甚狭，故本案不取列举主义，以留力争地步。

左君学谦言：预算权限不能列举，可以归并蒲案。

王君振垚言：蒲案本泛论职权，不专为预算作案，若归并之，则此会期中便无预算案。若能将此案提出成一独立案，鄙人固甚赞成。

主席言：此案可缓论，明日再议。

张君凤瑞报告办事处庶务部出入款项。

刘君崇佑提议明年庶务主任仍推直隶，通信主任拟推湖北。众赞成。

主席言：本届会期所有议决各案托直隶谘议局代呈资政院，其报告书则由办事处刊发印刷，限五百部。每省分致报告书十册，会员各一册，余存本会。众赞成。

主席宣告明日延会一日。

七时半散会。

《直省谘议局议员联合会报告书》，京师京华印书局1910年铅印本，第78—83页

联合会第十二次会员记事录

八月初二日，直省谘议局议员联合会第十二次开会，到会会员十五人。

二时开会。

主席汤化龙因要事请假,公推陈君登山为临时代理主席。

主席报告今日系继续讨论昨日未议竟各案,第一系关于谘议局章程增删修改案。

谷君芝瑞言:此案可逐条讨论。

王君振垚言:鄙人此案第一条已经自行删去,可勿庸议。第二条系关于预算事项:(一)因谘议局原章议决本省岁出入事件范围本极广大,嗣部颁预算册式将各项经费多归入国家行政,而于册后别标地方行政经费一门归谘议局议决,此一门中又应归地方而不归地方者甚多。现在部中范围太大,而局中范围极小,故急须请其确定。(二)预算事项先由督抚报部,再由部中核毕交谘议局议决,江西议案曾驳其非,鄙人极赞成,故推演其义而著为专条。(三)预算有岁入无岁出,适足为督抚作弊之地,故鄙人极不主张。请大家详细讨论。

孙君洪伊言:王君意见本会员极赞成,惟须另提一案方好。

王君振垚言:另提一案自佳。

谷君芝瑞言:另起草无此功夫,此案虽不完全,然有终胜于无,不如即将原案提出。

高君炳麟言:关于局章,各省之案甚多,本会合并起草,所草之案多有不满意者,如王君之案,鄙人极赞成。据鄙见,不如将从前汤、刘所有者与此合并,前所无者另提。

谷君芝瑞请主席表决。

孙君洪伊言:何妨先将前后两案逐条比较一次。

高君炳麟言:预算可另提一案,如能有大文章更好,否则用此。

主席言:赞成此案独立者请起立。起立者四人。

谷君芝瑞言:大家既不赞成独立,则必系主张照旧,仍请讨论。

孙君洪伊言:此案是一定存在的,而王君此文并未将预算列举,将来必须另作,应先讨论一标准。

谷君芝瑞言:局章之标准即为标准。

主席言:第三次公断法,请讨论。

谷君芝瑞言:此不过质问的意思,闭会在即,总以从前通过为是。

主席请表决。起立者六人。书记起，质此案是否作为可决。

张君凤瑞言：现据在座人数，已过半即作为可决。

谷君芝瑞言：第四已有前案，可删去。

主席言：第五次批答期限，请讨论。

左君学谦言：此案从前已有，可将七日期限加入。

主席言：赞成加期限者请起立。起立者七人。

谷君芝瑞言：第六延长会期，大家是否赞成。

高君炳麟言：赞成。

主席请表决。起立者九人。

主席言：馆电系少数人所发布，不能认为命令，原案强分法律、命令为二，似可删。

王君振垚言：可删去。

谷君芝瑞言：公文式想无可讨论，请大家赞成。众可决。

谷君芝瑞言：第八项是覆议问题，请讨论。

张君凤瑞言：此案从前曾议决。

高君炳麟言：此议编查馆考察宪政员到皖时伊允回馆主持。

李君文熙言：覆议一事甚赞成。

高君炳麟言：覆议系旧案，并非另提新案，与鄙意甚合。

主席请表决。起立者十一人。

谷君芝瑞言：第九条大家赞成否？众云赞成。

张君凤瑞言：可合并。

蒋君鸿斌言：此案合并，既不可用汤、刘二君，又不可用王君，应请陈登山君修理。众赞成。

主席言：中（蒲）〔葡〕界务案已由陈君修正，应如何讨论。大家均赞成取消。

主席言：国会代表团交来函一件，系因时局危迫，同人拟提前请愿，于十月各局闭会后，各选代表来京。请诸君讨论。

谷君芝瑞言：现在外患既迫，而政府现在似又稍有动机，若待明年，必缓不济急，此议本会员极力赞成。

主席请表决。全体起立。

孙君洪伊言：现尚有对大家报告者，代表团此时公议日内先上政府一书，九月再对资政院上一书，如此两者皆无效，再请各谘议局闭会后一齐来京，不过期限请公定。

谷君芝瑞言：十一月初一如何？

大家赞成。

谷君芝瑞言：本会各种议案已一律议毕，陈主席可归告汤主席，定一日期作为正式闭会。

主席言可。

六时半振铃闭会。

《直省谘议局议员联合会报告书》，京师京华印书局1910年铅印本，第84—86页

联合会第十三次会员记事录

八月初四日，第十三次会议，到会会员二十四人。

资政院议员江苏方君还来与议。

一钟摇铃开会。

主席云：今日闭会应讨论会中善后一切事宜。议案可决者，或有冲突，如何处置。明年本会应如何办理，请诸君讨论。

刘君崇佑云：鄙人与主席前次告假，未出议场，所有议案是否全数议决？

张君凤瑞云：请临时主席报告。

陈君登山报告前次开议人苦无多，所有议题亦未全行议毕。

刘君崇佑云：请定中葡界约案及对付预算办法两问题最重要，是否议决？

谷君芝瑞云：未议。

主席云：预算对付方法既未议，应先讨论。此对待方法业已油印，想皆阅过。惟原稿五条外，孟君昭常尚增加一条，为第六条，未经印出，与前数条皆共同一致之行为。大家议一一定办法，亦本会之结果。请孟君报告。

孟君昭常报告所增之第六条云：于预算案以外，遇有谘议局认为应归地方行政，而督抚列入总册作为国家行政者，或并不列总册者，应要求督抚添入预算一案，一并交议，不得请电达资政院判断照办。

张君凤瑞云：现在资政院将开，如不急求对待方法，以后恐晚。

刘君崇佑云：度支部所定章程，各省预算先交部核，系对待督抚，非对待谘议局。与谘议局无妨，我即不必过问。

主席云：交预算之手续别为一问题，今日所研究者，不交出或交出不完全，种种对待问题，大概所拟六条方法已备。赞成者请起立表决。起立者二十二人。

张君凤瑞云：预算案督抚不交出，如不早设法，将来能办到否？

主席云：预算案不交，今日尚无明文，不过我辈所预想如何先能对于政府设办法。

张君凤瑞云：预算案不交出，宜先催之；倘不先催，事实上恐有贻误。

李君文熙云：我辈但想督抚交案对待方法如何，不交对待方法如何，先时毋庸遽向政府要求。

席君绶云：事实发生，恐其迟误，故于事实发生之前，先设对待之方法。若早向政府言不交则如何对付，政府今日本无不交预算之文，岂非无理取闹。

张君凤瑞云：若以为有害，可另为问题。

主席云：此均出于问题之外。

主席云：中葡界约修正案修正委员陈君寿崇已返粤，可否提出讨论？

孟君昭常云：陈君修正此案只就原案略加改正，意思安在。

刘君崇佑云：此问题甚重大，草草通过恐不得当。

谷君芝瑞云：此问题甚重大，今且闭会，可暂不提。

刘君崇佑云：此问题可通告广东谘议局详细调查，调查后起具完全议案，再行通告各谘议局研究办理。

主席云：此案重大，刘君所言甚善，可请广东谘议局详细调查通告再办，如此则重大问题不致有误，亦不致抛荒。赞成者请起立表决。全体起立。

主席云：谘议局章程应行增删修改案是否通过？

陈君登山报告前日议此案时业经可决。

刘君崇佑云：前日解决案与前此各案有冲突者否？

谷君芝瑞云：前日议决之案，为前案所无有者，用后案补助。

刘君崇佑云：常驻议员覆议，前第某次会议时否决，而此案可决，一会期中语言意思互相矛盾，实难赞成，且公断必定方式，尤为反对。

主席云：公断必定方式，误在以英国会之可以为裁判所比中国谘议局，于法理不合。至云谘议局有公断而无和解，于事实不合，鄙人亦不赞成。

刘君崇佑云：谘议局非裁判所，无强制之权力，安能独用公断而无和解。

张君凤瑞云：王君原意不如此，请略为解释。其意非欲以谘议局为裁判所，乃因困难而为质问也。

刘君崇佑云：公断手续，章程本有明定。

孟君昭常云：公断归于议决，议决方式本不待请定，谘议局章程已有。

谷君芝瑞云：公断手续、方式本无定章。

刘君崇佑云：奏定自治章程已定明，可取阅也。

谷君芝瑞云：毋论其未有，即有之，亦不足为据，非再请定不可。

主席云：公断原非绝无问题，惟其方式、手续原可以议事细则定之，似可不必请定。且据张君凤瑞之言，拟以此质问，则原文亦不甚合。

陈君登山云：前日原有文字不妥改正之议。

左君学谦云：今日正式闭会，原期完全美满，文字可用者仍之，不可用者修正之。

陈君登山云：前日所议即是如此。

蒋君鸿斌云：请仍照前议请陈君修正起草。

席君绶云：关于各省利害，必须和衷共济，仍用此题目另行起草如何？

蒋君鸿斌云：此案可由陈君自由修正。

主席云：如此亦可。众无异言。

主席云：今日闭会，请诸君讨论明年本会如何。

高君炳麟云：今即闭会，请主席将各案整理。

主席云：鄙人自应任其事，然事实上实不能留京。

谷君芝瑞云：主席既不能留，请委数人担任。

主席云：请陈君登山到办事处主任。众无异言。

谷君芝瑞云：通信部既轮办，庶务亦当轮流办理，否则久必生弊。

主席云：此事前已提过，明年庶务主任仍归直隶。

刘君崇佑云：同人明年会期来京，如赁一所大房院，大家同住一处，就近商酌一切，意见自然相同。

张君凤瑞云：能近会场更好。众无异言。

主席云：如此可速通告。

刘君崇佑云：吾辈各照章按时通信、覆信方好。

张君凤瑞云：庶务部事办结，即交通信部收发为宜。

主席云：收发应归庶务部。

张君凤瑞云：此后各件交于何处？

主席云：交直隶谘议局。

张君凤瑞云：各议决案上于资政院用如何格式？

主席云：待资政院议事细则出后再查照办理。

谷君芝瑞云：上书是否由直隶谘议局？

主席云：还求直隶任之。

张君凤瑞云：款项除开支外，其余归何处收存？

主席云：亦归直隶谘议局收存。

谷君芝瑞云：各省未交款项应由何处催交？

主席云：此时由联合会函催，办事处撤销后由主任部催促。

高君炳麟云：所有提议各案，各省均寄一份，今查何以未寄？

主席云：从前议案印出者多有用尽，以后者尚可检寄。

高君炳麟云：请补印。

主席云：补印须多用人，甚不易办。

六钟振铃闭会。

《直省谘议局议员联合会报告书》，京师京华印书局1910年铅印本，第87—90页

二、直省谘议局议员联合会第二届会议

1. 举定代表入京

鄂谘议局已举定联合会代表

湖北谘议局汤议长化龙前经黑抚电调其襄办垦务，已见前报。顷闻汤君以谘议局联合会开会在即，不愿前往，特电复往辞云：黑龙江抚帅钧鉴：蒙奏调并两次电召，均未奉复，方惧疏谬，又得卢君电促，惭感万分。地方事本难办，究不忍遽去，区区之心，当邀原宥，容图后报云云。并闻届时联合会开会，湖北已举定汤君及胡君子笏为代表矣。

《国民公报》，宣统三年三月十二日（1911年4月13日）

广西谘议局举定联合会代表

广西谘议局来电云：《国民公报》转同志会：议长甘、议员蒙即行入都，并举吴君赐龄同代表。桂局叩。联合会关系吾国前途至为重大，愿各省继鄂、桂两省而起也。

《国民公报》，宣统三年三月十六日（1911年4月14日）

福建谘议局举定联合会代表

福州来电云：《国民公报》转同志会：月底崇佑偕高君同行，请豫备。崇佑者，刘君崧生之名，素为民党骁将，今偕其议长高君登鲤同行入都，可为联合会前途贺。

《国民公报》，宣统三年三月十九日（1911年4月17日）

宁晋谘议局举定联合会代表

各省谘议局代表以四月朔会于京师，现闻宁局举定杨君廷栋，晋局举定梁君善济，并闻宁局议长张君謇亦将入都，然不专为联合会事。张君素负重望，一般志士颇希望其来都也。

《国民公报》，宣统三年三月二十二日（1911年4月20日）

联合会进行种种

各省谘议局联合会由湖北谘议局电约各省同时赴会，该局正议长汤化龙、副议长张国溶等,正拟俟二十、二十一、二等日俟该省预算成立后即行入京,趁四月初一日联合会开幕,二十日忽接直隶谘议局来电,略谓:千六百万磅外债闻已签押,应如何补救,望覆。联合开会在即,贵局主任通信,望速电各局,豫筹一切云云。汤君以事势急迫,一面提议会草大纲三条,一面即分电各局,令速集京。武汉各团体闻之,将各举代表遣行云。

《国民公报》,宣统三年三月二十六日(1911年4月24日)

紧要启示

敬启者。直省谘议局联合会议定就北京前门外李铁拐斜街中间路北《国民公报》馆后进为事务所,凡代表诸公抵京,请将尊衔、贵寓知会该馆,以便存记通告,切祷。庶务部主任顺直谘议局谨启。

《国民公报》,宣统三年三月二十八日(1911年4月26日)

蜀豫谘议局举定代表

各省谘议局代表议定开联合会,以四月朔会于京师。现闻四川谘议局已举定萧君湘,该局议长蒲君殿俊亦有来都之信。河南谘议局已举定方君贞。萧君早已起程,方君则于二十八日北上云。又直隶谘议局因国家外交失败,自由借债,贻害人民，拟于开联合会时提议补救方法云。

《国民公报》，宣统三年三月二十八日（1911年4月26日）

联合会代表纷纷入京

各省谘议局联合会现湖南又派定谭、周两君，已于前日起程赴京，有电致联合会矣。河南谘议局方君贞已于前日抵京，现寓光州馆。并闻湖北谘议局代表汤、张、胡三君，于昨日乘京汉火车抵京云。

《国民公报》，宣统三年四月初二日（1911年4月30日）

议长入京再志

各省谘议局联合会代表纷纷入京，已详前报。顷吉林谘议局议长庆君康亦已来京，议员何君印川不日即到。又陕西谘议局副议长李君桐轩，及湖南谘议局议长谭君延闿均已抵京矣。

《国民公报》，宣统三年四月初三日（1911年5月1日）

联合会口舌耳后援则在国民

　　各省谘议局因国事危急，开谘议局联合会，议定救亡大计。鄂谘议局议长汤君化龙于前月三十日北上预议。武汉各团体以汤君牺牲一切，为民请命，其心之诚，其责之重，非寻常代表可比，除开送别大会外，并决于是日齐赴车站送之。汤君闻此消息，特致函各团体辞谢，其文如下：敬启者。鄙人此次承乏赴都，辱承公饯，已不敢当。昨阅传单，将于大智门车栈整队送行，尤深惶悚。窃谘议局联合会上年已经成立，原非创举，此次研究救亡问题，亦系北京同志会及江苏谘议局张议长发起，各省谘议局所赞成。究竟将来所求遂否，纯视全国人之毅力，联合会中人不过为国民之口舌，并无特别能力，鄙人又不过为联合会中之一分子。惟天下兴亡，匹夫有责，力虽绵薄，不敢不勉。诸君爱国精神夙所钦仰，似不必在此形式也。送行之举，务祈作罢。长途万里，各自努力云云。

《国民公报》，宣统三年四月初七日（1911年5月5日）

江西谘议局之电

　　江西谘议局来电云：《国民公报》转联合会鉴：敝局代表议长谢、议员郭已于初二日赴都。赣局。印。

《国民公报》，宣统三年四月初八日（1911年5月6日）

广东暂不派联合会代表

前谘议局联合会电催广东派员赴京,顷接其覆电云:粤乱初平,正筹善后,局事纷忙,未克举人到京。请即开议,勿待。所有议决案希示云云。

《国民公报》,宣统三年四月初八日(1911年5月6日)

联合会代表云集

直省谘议局联合会代表陆续抵京,迭志本报。兹闻吉林谘议局副议长何君印川、广西谘议局议长甘君德蕃、常驻议员蒙君经,均于昨日抵京。奉天谘议局函告联合会,已推定副议长袁君金铠、议员曾君有严、刘君兴甲莅会,日内成行云。

《国民公报》,宣统三年四月初十日(1911年5月8日)

谘议局联合会已到会员录

阎凤阁(瑞庭)　　直隶谘议局议长　　崇文门内船板胡同义兴局

王振垚（古愚）	直隶谘议局副议长	松筠庵后院
梁庭华（子春）	直隶谘议局议议员	西河沿平安客栈
王邦屏（辅三）	直隶谘议局议议员	西河沿平安客栈
张汝桐（韵樵）	直隶谘议局议议员	西河沿平安客栈
丁宗铎（孟邻）	直隶谘议局议议员	西河沿平安客栈
孙洪伊（伯兰）	直隶谘议局议议员	李铁拐斜街国民公报馆
汤化龙（季五）	湖北谘议局议长	李铁拐斜街国民公报馆
陈登山（芷皋）	湖北谘议局议员	李铁拐斜街国民公报馆
郑万瞻（云衢）	湖北谘议【局】议员	棉花上六条中书郑宅
谭延闿（组庵）	湖南谘议局议长	张相公庙街法部左宅
周煃埏（汝霖）	湖南谘议局议员	张相公庙街法部左宅
庆　康（锡侯）	吉林谘议局议长	南锣鼓巷福祥寺胡同本宅
萧　湘（秋恕）	四川谘议局副议长	永光寺中街路西民政部曾寓
方　贞（幹周）	河南谘议局副议长	米市胡同光州会馆
李良才（桐轩）	山西谘议局副议长	骡马市高陞店
梁善济（伯强）	山西谘议局议长	西河沿代郡馆
李　素（位斋）	山西资政院议员	国民公报馆
李文熙（缉庵）	四川资政院议员	西河沿五斗齐
窦以珏（子瑾）	安徽谘议局副议长	顺直门外东太凭街云宅
吴赐龄（荫久）	广西资政院议员	国民公报馆
武支康（焜南）	安徽谘议局常驻议员	排子胡同凤阳会馆
甘德蕃	广西谘议局议长	
蒙　经	广西谘议局议员	
何印川	吉林谘议局议员	

《国民公报》，宣统三年四月十一日（1911年5月9日）

联合会员之委任

云南谘议局原举副议长段宇清驰赴联合会,因路远不能即到,特电该省在京资政院议员顾视高、张之霖代表。兹探录其原电如下:云南资政院议员顾、张两君鉴:轨路远,期促,宇清恐难赶及,联合会议案请代表。滇局叩。

《国民公报》,宣统三年五月初一日(1911年5月28日)

2. 代表集议情形

直省谘议局联合会提前

直省谘议局联合会定章六月来京开会,兹探悉各局议长以联衔电请军机处、资政院决定救亡大计,并召集资政院开临时会均无效果,因电约各议长提前来都开联合会,共筹救亡自立方法。顷北京同志会接到联合会主任之鄂局来函,照录如下:北京同志会鉴:四月朔开联合会,已通电各局。除知会顺直谘议局布置一切外,都中事宜仍请贵会代为预备云云。

《国民公报》,宣统三年三月初九日(1911年4月7日)

反对大借外债之通电

直隶谘议局以度、邮两部此次大借外债,损失利权甚巨,实为亡国之媒,谘议局有代表舆论之责,有监督财政之权,今部臣输入如此巨债,不令国民预闻,若不速筹对付方法,后患不堪设想,特电致鄂局,征集意见,以便协力进行。兹将两局来往电文录下:

湖北谘议局鉴:千六百万磅外债闻已签押,如何补救,望覆。联合开会在即,贵局主任通信,望速电各局,豫筹一切。直局叩。

鄂局覆电:直隶谘议局:外债属存亡问题,应在联合会筹对付法。各局覆电,均准四月朔到京,望早布置。鄂。

《国民公报》,宣统三年三月三十日(1911 年 4 月 28 日)

直省谘议局联合会谈话会纪事

昨日午后一时,直省谘议局联合会在达智桥松筠庵开谈话会,到会者已十省会员二十一人,多系正、副议长。首由直局议长阎君报告。该局为庶务部主任,现书记、会计各员均已聘定,办事处及会场拟即用松筠庵,请公决。众赞成。阎君又请推定主席,鄂局议长汤君云:俟数日后各省到会过半数,然后正式票举,此刻只好暂推假定主席。阎君先推汤君化龙,众赞成。嗣鄂、豫、蜀、晋、直各正、副议长互相讨论此次会议事件,以简单重大、切实可行为主旨,大致略同,遂散会。

《国民公报》，宣统三年四月初六日（1911年5月4日）

蜀谘议局提议各事

四川谘议局因各省联合会开会在即，提议数事，电致该省李议员辑庵、萧议员秋恕转联合会云：时促道远，议案不及邮寄，谨陈大端，乞共主持：（一）请院开临时会，解决外交、预算及各省局异议问题；（二）催促速编宪法，交院协赞；（三）局章解释之权应归院有，不认宪政馆武断；（四）各省裁防营款即作乡镇警费，变通乡镇警章，寓兵于警，辅以民团，就款广额，以厚国防；（五）法部新章以年半养成法官，徒为冗官位置，破坏司法前途，堕落法政教育，应力争更定，以学法政三年以上毕业者为惟一条件，再加半年养成。余续详。蜀局。庚。

《国民公报》，宣统三年四月十一日（1911年5月9日）

谘议局联合会开成立会

谘议局联合会昨发通告书云：查本会章程第十二条，到会会员已达十二省以上，得以公决即行开会等语。现在各省特派员到京者已过十二省，自应遵章公决开会。兹定于本月十四日午后一钟，在达智桥松筠庵开成立会，举定主席，决定宗旨云云。

《国民公报》，宣统三年四月十三日（1911年5月11日）

联合会开幕纪事

直省谘议局联合会昨日午后一时在前门外松筠庵开成立会，到会者四十人。首由通信【部】主任〈部〉湖北谘议局代表汤君化龙报告开会词，次选举主席、副主席，次选举审查员，次签定席次，并公决本日午后一时，在本会事务所开谈话会，讨论进行方法。其当选各员如下：（一）主席谭延闿（湖南谘议局议长），（二）副主席王振垚（直隶谘议局副议长），（三）审查员九人：汤化龙（湖北谘议局议长）、方贞（河南谘议局副议长）、谢远涵（江西谘议局议长）、李文熙（资政院议员）、刘崇佑（福建谘议局副议长）、孙洪伊（直隶谘议局议员）、梁善济（山西谘议局议长）、萧湘（四川谘议局副议长）、罗杰（资政院议员）。

《国民公报》，宣统三年四月十五日（1911年5月13日）

联合会之风云梦

各省谘议局联合会，连日开秘密会议，禁止旁听。本社设法侦察，查得其种种近事如下：

（一）宗旨之决定。原定宗旨，反对阁制及借款，现因借款业经签押，又复由上谕指定用途，所议不承认借款一层，碍难办到，只有监督其用途之一法。然国务大臣倘遽以全负责任之言来相答覆，则监督一层，又成虚语，无裨事实。为今之计，须从根本上之解决，仍从内阁入手。于是有主张推翻内阁者，有主张只推倒庆邸一人者，意见纷歧，莫衷一是。嗣仍以推倒庆邸一人付表决，多数赞成，遂通过。

（二）起草员之选定。推倒庆邸之议，既经通过，十五日公决，推举起草员，汤君化龙当选。

（三）稿件之审查。汤君连日拟稿，已于十八日告成，提出会场公阅。有谓其过于激烈者，有谓其所据理由不甚圆满者，遂付审查员审查。

（四）雷奋之被摒。十五日雷君奋因病未到会场，十六日到会，所提理由极主和平，赞成者少，人皆谓雷为盛等运动云。

（五）经费之筹措。该会经费异常支绌，将来通告各省文电费及其他各费，无从指出。有主张向各省商学界劝捐者，汤君化龙谓此事决难办到，不如【以】会员中个人名义，向商号借贷。多数赞成。现正向某银行筹借云。

（六）会长之推定。该会会长一席，有推汤君化龙者，汤君固辞，力举谭君延闿自代。谭君对于会事极热心，而学问、资望亦深，遂经众议，推定谭君云。

（七）会员之加入。张君謇不日因某事来京，会员闻知，议俟其抵京后，请令入会，并议举为代表云。

（八）会员之出京。刘崇佑君此次主张一切，皆可实行，不料十四日忽接家中来电，云其太夫人逝世，遂于（其）〔十〕五日出京矣。

（九）辞职之未允。江苏会员，原为此会之发起人，现因该省谘议局解决，遂在会场辞职，会中各员皆不赞成辞职之说，遂罢。

（十）审查之缺望。此次孙洪伊被举审查员，众望不甚符洽，直省会员某君对之颇不满意，缘孙前在天津有混混儿之徽号也。

《民立报》，辛亥四月廿四日（1911年5月22日）

联合会拟议之效果

昨二十二、三两日，直省谘议局联合会均于午后一时在松筠庵开谈话会。是日提议民兵办法，其对于政府正式要求之呈稿，经已公推张君国溶起草。而关于各省共同遵守之契约，及共同筹办之大纲，不可不详为规定。当即讨论多时，公决推孙君洪伊、吴君赐龄、牟君琳、王君振垚起草。次日提议要求政府呈稿，先由张君国溶报告起草主旨，旋由大众讨论，多谓字句尚须斟酌，公决付审查会审查后再议。主席又将直隶、四川、山西等省提出之议题逐一报告，公决择其重要者由原提议之省提出议案，其余俟主席汇列议事日表，再决定议题之应否成立。郑君万瞻起言：此次我等皆抱救亡目的而来，若仅向都察院要求代奏，殊非救亡办法。公决单提出阁制、民兵、外债、参预宪法四大问题，请到会各正、副议长即以谘议局议长资格，分投向政府直接谈判。闻日内缮【就】说〈就〉帖，即便实行云。

《国民公报》，宣统三年四月二十四日（1911 年 5 月 22 日）

组织政党之先声

直隶谘议局联合会诸君连日提议组织政党，前已推人起草，以联合会到会之会员为发起人，刻闻政纲草案已经成稿，大致以培养民力，注重地方为主，并闻除联合会会员外，尚多知名之士云。

《国民公报》，宣统三年四月二十八日（1911 年 5 月 26 日）

联合会之双力演进

直省谘议局联合会以会期迫促，即令照章延会十日，亦觉时光有限，前日曾公决就会员中公拟六人，代表全体向总、协理大臣、各部国务大臣及次官直接谈判，一面开会研究议案。闻廿八日各省代表遍历七处，曾见过外部曹侍郎，谈及亲贵总理及筹办民兵两事。曹说话极为圆滑。又见过世伯轩中堂，世开口先问：总谘议局设在上海么？众答未设。随谈亲贵总理一层，世亦赞成云云。又廿八、九两日开会研究民兵议案，审查报告，争辩甚力，现仍推张君国溶另行起草。昨日各代表又往谒诸大老，详情容访明续登。

《国民公报》，宣统三年五月初二日（1911 年 5 月 29 日）

联合会重要之议题

直省谘议局联合会昨日下午一时在松筠庵开正式会，重要问题凡三：（一）内阁问题。以前讨论甚久，众意此次既举代表与当道直接谈判，此项呈稿语意应归一贯，仍公推汤君化龙起草。（二）协赞宪法问题。由起草员萧君湘报告，全体赞成。议事日表议题讨论已终，张君国溶复提出禁烟问题，以为英美国民对于中国禁烟热潮最剧，此次中英条约，英国民极力反对政府，而我国民反噤若寒蝉。联合会会员为各省代表之代表，若不提出此重大问题，对于外国人民真堪愧死。且去年联合会禁烟案已由资政院提议通过，限本年内一律禁绝，准诸此次发表条约，窒碍甚多。谓洋药停运视乎中国禁种之净尽，且某省禁种净尽，洋药即不输入某省，似此分别办理，未始非督促各省厉行禁烟之方法。然而，中国各省有绝对不种烟者，有已奏报禁绝者；不种烟省分洋药是否即行停运，禁种告净省分是否尚待调查；如待调查，则调查犹豫之期，即为洋药输入之期；如调查尚有一二地亩种烟，即行拔去，是否即为停运之据。种种含糊规定，实质不外乎为洋药辟销场。且所谓逐渐停运，均以箱计，前此条约疏漏，至减箱之后改成大箱，实在输入洋药，较未减之数尤多，此事烟土各店皆能确凿言之。是此项条约实行，生中国禁烟一大阻力，非人民宣告不承认，必不获禁烟之好结果。经众讨论，分两层办法，一各省实行禁烟办法另案详议，一提出不承认文件，推张君国溶起草云。

《国民公报》，宣统三年五月初三日（1911年5月30日）

联合会要见王爷

直省谘议局联合会，连日在松筠庵会议，提出三大问题，向政府要求：一、协赞宪法；二、更订阁制，皇族不得充任内阁大臣；三、编练民兵。并举定起草【员】，缮具公呈，请都察院代（表）〔奏〕。郑君万瞻谓：吾辈原抱救亡目的而来，须筹一种达目的之办法，若仅由都察院代奏一纸公呈，究其结果不过落得一道著不准行之上谕，于实际上究有何补？众拍手。因决议由到会之各省议长、副议长，分日赴肃、涛、朗、洵各邸府第，陈说一切理由，并请其极力主持，以符立宪之实。刻闻该议长等已定全体先谒肃、涛各邸，最后再谒庆邸，以庆近时见客，如人数过三，即屏而不见，故必俟各邸将其来意达到时，再行公举三人前往进谒云。

《民立报》，辛亥五月初三日（1911年5月30日）

联合会建议之第一着

昨日谘议局联合会汤君化龙、高君登鲤、谭君延闿到都察院，请代奏阁制、民兵二呈，当即谒见台长，将公呈递入，随又便服至院，督催其代奏。闻其呈中之内容，于阁制则主张亲贵不宜任总理大臣，于民兵则主张以备补兵为征兵之预备，又普设体育会以提倡尚武精神，补助军事教育云。

《国民公报》，宣统三年五月十一日（1911年6月7日）

直省谘议局联合会往来电报汇记

直省谘议局联合会日前电致上海、汉口各商团联合会云：上海、汉口商团联合会转各界公鉴：本会议决内阁总理请不用皇族充当，增练预备兵以救危局两案，已呈都察院请代奏云云。昨接上海覆电云：北京直省谘议局联合会公鉴：电悉。遵即遍知各界。上海全国商团联合会叩。汉口覆电云：北京直省谘议局联合会公鉴：前电计达。接真电，当转知各界，为贵会后援。汉口商团联合会公叩。

《国民公报》，宣统三年五月十二日（1911年6月8日）

联合会提议审计院

现在浙江谘议局提出设立审计院议案于联合会，略谓：修改筹备宪政清单于宣统始设立审计院，殆以今年尚无预算，故缓至明年，不知预算已经公布，若无监督机关以随其后，难保无侵蚀之虞。况此次外债之发生，在修改清单之后，故审计院又当与时变通，是以陈请提前设立审计院。闻联合会已交付审查矣。

《国民公报》，宣统三年五月十三日（1911年6月9日）

都察院代奏联合会呈

谘议局联合会呈请代奏亲贵不宜任总理大臣，都察院已于昨日代递。闻未递之前，台长曾谒见庆邸，请示办法。庆邸谓：余甚赞成此说，此折应当代奏。故昨日庆邸等递封奏二件，或谓系辞职之折，不知确否。

《国民公报》，宣统三年五月十五日（1911年6月11日）

联合会之监督借债

谘议局联合会因政府滥借外债,贻误国家,曾屡次提议请宣示借债之方针及监督用债之方法。现闻已由该会会员汤君化龙、王君振垚提出质问借债办法一案,大致根据历次上谕,质问其币制如何整顿,实业如何振兴,铁道以何方法建筑,始不虚糜债项。又该会会员谢君远涵亦提出外债质问书,其所要求者有四项:(一)宜详列用款项目于资政院及有关系之谘议局;(二)宜令资政院特派议员及有关系谘议局之特派议员,得入该官署查察用项;(三)宜令资政院及各省谘议局特举议员参与审计院借款事项;(四)宜尊重议会弹劾之权云云。

《国民公报》,宣统三年五月十六日(1911年6月12日)

联合会进行种种

谘议局联合会于昨日又呈请都察院代奏,闻系关于质问借债方针及请废最近中英禁烟条款二事。都察院已允为代递矣。

联合会以内阁、豫备兵二奏,经都察院代奏之后寂无声响,恐其留中不发,特于昨日发电各省督抚及驻在各国公使,请其联电政府,力为援助。

日前沪、汉各团体因反对亲贵内阁一事,致电谘议局联合会,劝令勿馁。该会现以内阁、豫备兵两案已由都察院代奏,即日发电报告各团体。原电录左:

其一

上海商团、汉口各团联合会鉴:内阁、预备兵两案已上奏。议局联合会。

其二

各省谘议局鉴：内阁总理不宜用皇族，广练预备兵以救危急，两案已上奏。联合会。

《国民公报》，宣统三年五月十七日（1911年6月13日）

联合会暂行休会

直省谘议局联合会昨日开会，因前呈请都察院代奏四案关系重大，尚未解决，以后不提议案，暂行休会，等专候奏案着落，再议进行办法，已全体一致决议云。

《国民公报》，宣统三年五月十八日（1911年6月14日）

联合会之续议奏争

各省谘议局联合会因前日奏陈两案竟被留中，故于昨日在松筠庵续议办法。其一致之意见，主持从速再递一折，重申前奏，并质问何以留中不发之原因。倘犹无效果，则再筹他法云。

《国民公报》，宣统三年五月二十一日（1911年6月17日）

联合会之后援

各省谘议局联合会前奏陈皇族不得组织内阁与加练备补兵两折后，竟被留中，各省代表愤甚，已联络多人，协筹办法，以为后劲。兹得顺直谘议局致内阁电文一通录后。

内阁王爷、中堂钧鉴：联合会呈递阁制、民兵二案关系甚重，薄海臣民翘首待命，是否可行，请速降明谕为祷。

《国民公报》，宣统三年五月二十一日（1911年6月17日）

联合会代奏案之搁部

各省谘议局联合会于本月初十日呈请都察院代奏两折，迄今未奉明谕。顷得确实消息，其增练备补兵一案已由阁钞交陆军部核议，该部员司谓部定原案系以陆军对外，民警对内，规画甚详。今日无论如何，我陆军部体面万不可失。如准练备补兵，是陆军不可恃也。他人可以攻击，本部万不可自贬。且原折筹款系指截旷而言，殊不知截旷银两久归中饱，今欲提出，碍难做到。不如权且搁下，不置可否，以保陆军部之名誉，否则覆议必驳，又结怨于国民也。堂官大以为然，故此案并非留中，实搁部云。

《国民公报》，宣统三年五月二十四日（1911年6月20日）

联合会监督外交

滇督李经羲，日前有电来京，请将片马交涉从速解决。当经内阁会议，连商数日，迄未议决，乃交外务部饬具说帖。不料外部诸公，生来媚骨，主张延宕者居半，主张退让者居半。覆呈到阁，阁臣仍无定见。直省谘议局联合会闻之大惧，以为若主退让，英人得寸进尺，则川藏、云南不旋踵即变其颜色；若主延宕，则英人必更进兵高丽贡山，求达其侵占之目的，其结果仍不外退让政策。外务部似此甘心卖国，阁臣似此软弱昏暗，国族之亡，翘足可待。日昨在松筠庵公决，具呈质问政府对于此件交涉，究竟如何办结，并一面电知各省谘议局，迅速向政府电争，勿得用外部亡国之政策云。

《民立报》，辛亥五月廿四日（1911年6月20日）

中国尚有民气

谘议局联合会提出阁制、民兵两案上奏之后，至今渺无消息。联合会虽已决定继续进行，仍恃各省谘议局为后盾。兹闻前日四川、湖南、山东、安徽四省谘议局，因顺直谘议局电问内阁之后仍无声响，遂由各省谘议局发电内阁，请速降明谕，以安人心。并电致联合会，请即坚持勿懈，赓续请求，以达到目的为止。闻联合会现已另拟呈稿，准于明日到〈部〉都察院呈递，如仍无消息，则决国会请愿之法以对待之。刻已发电通告各省矣。

《国民公报》，宣统三年五月二十四日（1911年6月20日）

联合会之后盾

各省谘议局对于联合会呈请阁制、民兵二案，希望明降谕旨，甚为激切，除顺直谘议局电报已见本报外，兹探悉各省续到电报如下：

（一）四川谘议局致内阁电云：联合会呈请察院代奏阁制、民兵二案，实为救亡良策，请启沃宸衷，明降谕旨，以维大局而慰人心云云。

（二）湖南谘议局致内阁电：联合会所奏阁制、民兵二案，实为扶危定倾良策，请速降谕旨，以安人心云云。

（三）山东谘议局及教育、农、商各会致内阁电云：联合会所奏阁制、民兵二案未奉谕旨，人心惶惑，请速行代奏，明白宣示天下，以慰众望云云。立。

《汉口中西报》，辛亥五月二十六日（1911年6月22日）

联合会之后劲

谘议局联合会于今日再赴都察院呈请代奏明降谕旨另简大员组织内阁事。闻台长张英麟先不欲收呈，颇误解皇族不能组织内阁之理由，后经各代表辩明，始允收受。至能否代奏,尚不可知云。

《国民公报》,宣统三年五月二十五日(1911年6月21日)

联合会之余勇

谘议局联合会以呈请代奏皇室不可充当内阁等案,折上留中后,在松筠庵会议,到者甚众。急烈派主张不必再行呈请,只将政府不可与言情形布告天下。和平派主张人民对于政府当忠告不已,再行呈请政府明白宣示裁决可否,如政府再不理,是政府故意反对舆论,我辈不负政府,政府实负人民矣。公决再行呈请都察院代奏,并相约暂不出京云。

《民立报》,辛亥五月廿七日(1911年6月23日)

联合会之争界文章

联合会为片马界务关系大局安危,呈请外务部主持重勘,以固边防而安人心。经会员顾君视高、张君之霖、李君增、段君宇清四人起草,呈中主持重勘之证据与理由凡六:(一)狼㺄羊窝尚有道光年间段土弁其光所立石幢。(二)甘稗、茨竹、派赖各地,世为腾越属,有兵部札覆为凭。光绪二十六年英人烧杀我茨竹、派赖之民,大吏与英领交涉,经认查实赔偿,档案可稽。(三)外务原案,北段界限自尖高山起,至扒拉大山脉尽处为界,思梅开江以西我所有瓯脱地全失,然既有成约,尚可屈狥乎?(四)石道鸿韵所拟界线,已割永腾上游边境之半，然当时烈敦照覆石道，有虽经盖印，不过明此图之真伪，不能为议定之凭等语。又称于大亚口北甘稗等地作为永租，议租银一千五百元，又酬我大塘、抚夷四千元。是彼虽狡，亦租主权在我。（五）疆界既未确定，即不能实行占领，乃英人违约越境，毁我学堂，掠我民人，此而不争，复何立国。（六）光绪二十六年，英外部照覆我薛使有云：缅甸曾经管江东之地，直至恩抚开江及迈立开两江汇流之处，是滇缅界限断自北纬二十五度三十五分之尖高山，即稍有迁就，兼可照外部原线斟酌。而（画）〔呈〕稿末有云：内阁甫告成立，开宗明义，即有退让租界领土之失。以证据确（鉴）〔凿〕，公理可凭之事，惕于兵危，甘蹈胶、大、（盛）〔威〕海之覆辙。其因此而前之租借各地不能收回者患犹小，因此而致后之租无可租、借无可借，使我不能不租、不得不借者，患更大。存亡安危，胥系乎此之语。该呈已准于六月初一日呈外务部云。

《汉口中西报》，辛亥六月初六日（1911年7月1日）

联合会暂行闭会

联合会近因片马交涉一折，日内即可呈院，其余各项手续及各项议案，均已告竣，已于二十九日暂行正式闭会，所有议员暂不出京。

《汉口中西报》，辛亥六月初五日（1911年6月30日）

联合会最后之呼吁

昨谘议局联合会致各督抚及各公使一函，对于亲贵内阁一事颇中肯要，兹将原文录下：

敬启者。自近年宣示立宪，诏开国会以来，薄海臣民欲保持皇室之尊严，希望内阁已非一日。乃者钦奉明谕，颁布阁制，万众轩（渠）〔集〕，争以先睹为快。惟是总理大臣仍充以皇族，揆之臣民爱戴皇室之意，尚有未合。东西立宪君主，所以神圣不可侵犯者，以有内阁为之责任也。内阁既负责任者，则若有不负责任之处，势必受人民之攻讦，甲仆乙起，各国已数见不鲜。今以皇族充当总理，则攻讦内阁即攻讦皇族，万一因皇族而牵及君主，势必举神圣不可侵犯之义尽失，而于立宪之原则乃大相背。连日以来，海内人士私忧窃叹，以为创制之初，稍一不慎，所以关系于国家前途者，至深且巨。议员等受父老之諈诿，来都会议，际此重大问题，欲嘿不能。昨已将此中利害痛哭上陈，而待罪旬余，未奉明谕。现正拟再行渎请，不知后效何如。我公焦劳国事，瑰才远识，久为海内所钦依。谨将原稿奉上，倘能俛采刍言，详明入告，则所以造福于国家者，当无量数。逖听下风，不胜迫切屏营之至。（新）

《汉口中西报》，辛亥庚戌六月初十日（1911年7月5日）

3. 议案与通告

谘议局联合会呈都察院代奏皇族不宜充内阁总理大臣折

为内阁宜实负责任，总理宜不任懿亲，请实行内阁官制章程，另简大员组织，以固国本而尊皇基，恭请代奏，仰祈圣鉴事。

窃本年四月初十日，颁布内阁官制，同日奉朱谕：庆亲王奕劻著授为内阁总理大臣等因。钦此。仰见我皇上统一政权，实行宪政之至意，钦佩莫名。查内阁为代君主负责任之机关，总理大臣为内阁全体责任之总汇，故君主立宪国，内阁大臣任命于君主，实体之组织，纯系于总理大臣。总理大臣有组织内阁之权能，负完全无缺之责任。责任之所集，功罪之所归，即国家安危之所系。立宪国家重内阁之组织，尤重总理大臣之任命，其最要之公例，在不令组织内阁之总理，归于亲贵尊严之皇族。此非薄待皇族，谓其无组织内阁之能力，实皇族内阁与君主立宪政体，有不能相容之性质，势不得不然也。谈君主立宪政体者，类无不知君主神圣不可侵犯之语。君主立于神圣不可侵犯之地位，密隶于君主之皇族，亦即立于特别不可动摇之地位。内阁之地位，则可动摇而更新者也，立于君主之下，以受议会之监督。有政策之冲突，即发生推倒之事实。组织内阁之总理大臣，于君主无亲族之关系，倒一内阁，不过倒一某总理内阁，君主毫不受其影响。组织内阁之总理大臣，为密隶于君主之皇族，倒一内阁，即为倒一皇族内阁。皇族缘内阁而推倒，使臣民之心理，忘皇族之尊严，君主之神圣，必有不能永保之虑。恭读钦定宪法大纲，君主神圣不可侵犯列为专条。新内阁官制十九条，绝无组织内阁必以皇族总理之规定，盖亦守君主立宪国之公例。而第一次内阁总理，适为亲贵之庆王。庆王内阁既成，对于皇上担负责任，使不可以推倒，于设立阁制之真意何？使其可以推倒，于我皇上神圣之体统何？此某某等所以熟思深虑，不能不披沥呼吁者也。

或谓庆王内阁，不过暂行试办，原非以此开皇族内阁之例。某某等亦知，暂行内阁不至成为经制，然朝廷不组织内阁则已，既已组织内阁，须具内阁之真相，似不可有暂行试办之制度。盖试办者，必成绩之良否不可知，姑为筹画试行，以定进止。设内阁以定政治之方针，保行政之统一，但当期成绩之优良，决无可暂行尝试之理。以皇族内阁先为尝试，在皇族既为亵尊，政治之前途，尤有举棋不定之隐虑。庆亲王受命之始，两次恳辞，请收回成命，另简贤能，一则曰速谤疾颠，惧负非常之任寄；再则曰唯至圣能无我，咸知朝廷用舍之公，诚不欲开皇族内阁之端，以负皇上者负天下臣民之望。所以为皇上计，为皇族计者，至深且远，非仅自为退让计也。且皇族仅不为组织内阁之总理，不患无自展所长之地。皇室经费，亲贵各有定给，法律上、政治上之特例，均不同于一班之臣民，安富尊荣，当然受中外之尊敬，原无取乎当政争之枢纽，以自陷于危途。且若以皇族总理开希冀之门，万一内部生争竞之萌，尤非国家前途之福。某等若非有爱于皇上，有爱于皇族，但求得良内阁以得良政治，其或不良，任议会、内阁之冲突，组织内阁之总理为皇族与否，皆可不问。惟以吾君主之国体，皇族密系于君主，君主密系于国家，今冲突之发生属于皇族，国家之根本不固，亦无善良政治之可言。【某等】具爱国之天良，不能不望我皇上之预杜其渐也。夫古者宰相率不任亲贵，本朝旧制，亲王不入军机。伏读仁宗睿皇帝有（自）〔旨〕：本朝设立军机以来，向无诸王在军机处行走。正月初间，因军机处事务较繁，是以暂令成亲王永瑆入值办事，但究与国家定制未符，成亲王永瑆著毋庸在军机处行走等因。钦此。当时之军机，尚无负一切政治责任之明规，尚严亲王之限制；今日之内阁，责任重于军机，组织内阁之总理大臣，更不可不循限制之旧矩。伏愿皇上为国家计久远，鉴立宪之通例，守祖宗之经制，俯念阁制为国本所系，取销暂行章程，于皇族外另简大臣，充当组织内阁之总理，责任明而政本以立，皇室固而国祚益昌，天下幸甚。某等愚忠所发，不敢不言。所有请代奏实行内阁官制，另简大臣组织各情，伏乞皇上圣鉴。谨呈。

《国风报》，第二年第十二号，宣统三年五月初一日（1911年5月28日）

联合会呈请代奏明降谕旨另简大臣组织内阁稿

为皇族组织内阁，反君主立宪之公例，失臣民立宪之希望，仍请明降谕旨，另行简员组织，以重宪政而固国本，恭请据情代奏事。

窃议员等前以总理大臣为组织内阁之主体，不宜以皇族充任，呈请代奏，请取消内阁暂行章程，另简大臣组织，未奉明旨。刍荛之言，不足以动天听，惴惴待罪，罔知所措。伏念议员等伏阙请愿，以达国民之公意，既不得邀俯察，何敢再行渎请。惟议员等爱我国家，爱我皇上，惧愚诚之未至，使人民对于政府，生希望断绝之感，实非国家前途之福，不避斧钺，谨再为我皇上缕陈之。

君主不负责任，皇族不掌政权，为君主立宪国唯一之原则。世界各国，苟号称立宪，即无一不求与此原则相吻合。今中国之改设内阁，变旧内阁之官制，而另定官制，改军机处之旧名，而更定新名，其为实行宪政特设之机关，固天下臣民所共见。而第一次组织内阁之总理，适与立宪国之原则相违反，各国舆论，屡肆讥评，国内人民，尤为惶悚。夫自先朝颁布立宪之诏，天下喁喁望宪政久矣。请国会之早开，以求实行宪政也，责军机之不负责任，亦以求实行宪政也。天下臣民求实行宪政之心，日积日高，希望政府之心，即日益日炽。挟最高最炽之希望，乃一睹新发布之内阁总理，即为东西各立宪国未有之创例。方疑朝廷于立宪之旨，有根本取消之意，希望之隐，变为疑阻。政府之信用一失，宪政之进行益难，未识朝廷何以处之。

内阁之责任，显于弹劾，终于惩戒。考各国内阁大臣惩戒之例，若英内阁之曾受弹劾而宣死刑，意内阁之曾受弹劾而致流放，唯其非皇族也，故于国家大本，无所动摇。今吾国以皇族当冲，惩戒之则有碍亲亲之谊，不惩戒则全国人民又集怨于君主之一身，实大变之所伏。此虽杞人之过虑，然既为历史之所有，不能保事实之必无。万一此种事实发生，未识朝廷何以处之。

内阁总理大臣，任命于君主以组织内阁，故责任联带，实以总理为中心。其能联带负责任之原因，必在总理大臣与各部大臣，为同一政治方针之党派。君主无偏无党，操黜陟之权以临之，故元首超然，而大权益固。若以皇族总理，组织内阁大权之行使，欲为懿亲留余地，必生进退为难之现象。即乾纲长振，不至生此现象，而皇族悬内阁之希冀，国中党派将有拥戴皇族。倘此外之政党，再有拥戴皇族者，则因党派之竞争，而启箕豆之忧。倘此外之政党所拥戴者，而非皇族耶，则因党派之竞争，而启阶级之争。万一此种事实发生，未识朝廷何以处之。

四月十二日庆亲王奕劻奏内阁总理大臣断难胜任，仍恳收回成命一折，奉上谕：倘至数月以后，精力实有难胜，彼时再候谕旨等因。钦此。恭绎圣训，亦知庆亲王内阁，原出于暂时之权宜。然既开皇族内阁之端，即易启臣民之误会，第二次总理仍将为皇族之风说，渐传播于人口。虽属盲瞽之言，决非朝廷之意，而以前次议员等呈请代奏，未奉明谕，实为误会之大因。且既设内阁，而奏尚留中，即为内阁辅弼无状。盖内阁责任，缘署名而生，署名则责在大臣，留中则内阁大臣有不负责任之实据，而以责任纯归于皇上。既设内阁，重之以同负责任之明旨，署名与留中，断无并存之理。内阁成立以后，奏折留中者凡数见，此天下臣民所以益不信内阁，而妄测朝廷之意旨也。议员等人都以来，闻诸朝士大夫，多谓皇族组织内阁，原非朝廷本意，实有万不得已之苦衷。果如所言，真有不得已之苦衷，正当明布丝纶，期与臣民共见，不宜以焦劳独贻君父。

议员等抱忠君爱国之隐，为披肝沥胆之词，仍请皇上明发上谕，于皇族外另简大臣，组织责任内阁，以符君主立宪之公例，以餍臣民立宪之希望。不胜悚惶待命之至。伏乞代奏。谨呈。

《国风报》，第二年第十三号，宣统三年五月十一日（1911年6月7日）

陈请提议实行内阁官制另简大臣组织责任内阁案

宣统三年五月二十六日提出、二十八日通过

为陈请事。本年四月初十日颁布内阁官制，同日奉朱谕：庆亲王奕劻着授为内阁总理大臣。钦此。窃维内阁总理大臣为组织内阁之主体，东西各君主立宪国总理受命于君主，而辟引各国务大臣，以组织联责之内阁，故内阁为某人之总理，即称为某总理之内阁。中国第一次内阁发布以庆亲王充总理，无论各国务大臣是否为庆亲王所组织，而既以亲王为组织之主体，实以皇族当政治之中枢，与立宪国内阁之形神两相矛盾。谘议局等曾呈都察院代奏，请取消暂行内阁章程，另简大臣组织，未奉明谕。兹当钧院开会之际，谨再为钧院陈之。

君主立宪国，君主握统治之大权，内阁负政治之责任，皇族立特别之地位，绝不涉于政治之范围。盖政治随时而革新，操政治枢要之机关，即随【时】而生更迭。东西各国之内阁，无数年不易之事实。当新旧交易之际，以政策之冲突，舆论之攻击，议会之弹劾，交集于一的，推倒内阁而促其新运。惟皇族不与于内阁之列，君主听舆论以行其黜陟，退一内阁，更组织一内阁，大权仍操于君主，而不为众怨之所归。否则，皇族当内阁之冲，内阁与皇族相联，攻击内阁即及于皇族。徇舆论以惩戒之，则有伤笃亲之谊；拂舆论而纵容之，又易启骄盈之渐。群黎百姓对于皇族生政治之恶感，即对于君主必渐减其爱戴之至诚。因倒内阁而发倒皇族之一萌，国本动摇，君主宪政体必有岌岌不保之惧。葡萄牙以累世君主国而一旦变为共和，其前鉴也。吾国政体，定为君主立宪，先朝圣训，薄海周知。新内阁定制之初，即当为君主政体谋巩固之计。恭读钦定内阁官制，有内阁对于皇帝担负责任之文，盖与先朝钦定宪法大纲所谓君上神圣不可侵犯之义相发明，而暂行组织内阁之大臣独以皇族充选。谘议局等亦知暂行内阁不至成为经制，而既开皇族内阁之先例，于君主立宪政体即发生破坏之动机。且本朝祖制，亲王不假事权。嘉庆年间，仪亲王曾总理部务，以启事而罢；成亲王曾在军机处行走，以与国家定制未符而罢。文宗显皇帝因定郡王载铨于召对时与尚书陈孚恩语言辨论，特旨议处。圣祖、神宗亲亲之盛德，体国之远谟，与东西各国宪制之精神实相符合。新内阁之组织委诸皇族，亦非皇上厉行宪政、绍述先德之本意。谘议局等为各省人民之代表，希望完全之宪政，不能不希望完全之内阁。使内阁能举宪政之实，措国家于磐石之安，天下臣民均受其赐。若以皇族内阁之故，或启国体更易之大变，前途所届，思之寒心。谘议局等爱我国家，爱我皇上，爱我皇族，所以一再呼吁而不能已也。钧院为国会之基础，必得有责任之内阁，始得发挥钧院之能力。去年开院之始，曾以责任不明，弹劾军机大臣，实为根本上之解决。今新内阁之成立能负责任与否，即钧院之效力能发生与否之大关键。以立宪之原理论，皇上不可以负责任，皇族内阁即无可负责任之理；内阁不负责任，钧院之效力即无能发生之理。事关国家大计，宪政大本，度亦钧院所必争。用敢恭录原呈，陈请提议实行内阁官制，于皇族外另简大臣组织责任内阁，议决请旨施行。须至陈请者。

吴剑杰主编：《湖北谘议局文献资料汇编》，武汉大学出版社1991年版，第672—673页

直省谘议局联合会呈都察院代奏增练备补兵为征兵预备文

呈为时局阽危，拟请直省各厅州县一律增练备补兵，以为征兵之预备，据情代奏事。

窃维今日世界大势，非武装不足底和平，故各国军制，多采用国民皆兵主义。我国旧习尚文，有事则仓卒募军，事后则设团防卫。承平日久，军备又驰，办团之弊，防营之窳，为一般所通诟。发逆底平，迭遭大故，乃议裁防营，练陆军，定额三十六镇，竭全国之财，数年之力，止成二十一镇，而征兵之制，且有所惩而不敢实行。比年以来，风云日亟，内讧外患，遝至纷来，团防既废，乡巡

未兴，续备无军，而防营又未可遽撤，日日在恐慌时代之中，人人有覆巢危卵之惧。即使三十六镇同时成立，而以中国幅员广袤，一旦有警，征调甲地，则乙地空虚。幸或无事，而以招募来者，势不能为退伍计。糜无穷之脂膏，养此有限之兵卒，而又不足以强国，况各镇尚难完成，其危险更何堪设想。故为根本计，非实行征兵不可。然实行征兵，必先确查户口。近年调查一端，风潮迭起，疆吏粉饰册报，可以为考查之成绩，实不足为征兵之根据。再事确查，尤需时日，此一难也。定制，常备兵三年退为续备，又三年退为后备，四年退为平民。经营一军，历十年之久。就一镇论之，循环递练，必历九年，始成三镇，实得弁目兵丁三万余人。苟值承平无事之时，尚可从容遍置，今则列强思逞，人心动摇，蹉跎蹉跎，恐不及征兵而国已不救，此二难也。每镇经费约需百二十万，益以战事预备金，为百七十万。现有陆军经费，较他项为最多，今欲赶练各镇，期如原额，所需经费，至为浩繁。将取之于民间，而连年灾歉，已不能支；将取之于外债，而借款练兵，殊非长策。况如所云三十六镇，幸即成立，犹不免兵单势薄之虞，而即此定额，尚难办到，设再迁延，何以为国，此三难也。征兵既难遽实行，国防果安所可恃？为今之计，宜有一急则治标之法，使国家增饷不多，增兵无限，器械充足，练一兵即收一兵之用，则惟有直省各厅州县，一律增练备补兵，以为征兵之预备，而后可以救国家之危亡。敢披沥肝胆，为我皇上陈之。

夫所谓急则治标，为征兵之预备者，第一，须有多额之兵。欲练多额之兵，莫如取民兵之意，而变通练军之法。定制常备训练，期限三年，为时甚久，而常备军设有备补兵，胥有名无实。今拟裁撤备补兵，改练预备兵，仍用备补之名，以为常备之补充，并作为留守兵。第二，须为土著有业之兵。今拟练备补兵，就直省各厅州县繁盛城镇编列，则应由各厅州县会同自治团体选择，故必其确系土著，确有职业者可知。第三，须有统一之教练及编制。定制常备兵期满回籍，列为续备，听其自谋生业。每州县有续备兵百人，即派驻弁管辖，每年调操，如有缉捕弹压要事，准各地方官会同该驻弁，酌量调用。今拟参用此法，每厅州县派遣驻弁前往，镇管标区，会同各地方官编练。小县先练一队，中县、大县酌加，即以该驻弁担任管教，依队分排，轮班教练，暇日仍听自营执业。练成之后，择尤提充常备现役，其余发给凭照回籍，列为续备及后备。第四，须缩短训练时间。今拟练备补兵，期以六个月练成，其列为续备及后备者，期亦如之。练成之后，续编续练。第五，须明定饷数。备补兵既轮班教练，则每名给饷，可仿续备军例，月给银一两。若有缉捕弹压，或征调各事，始给全饷，事平仍复其旧。第六，须备多数之军械。续备军制，各府州应按各属兵数，预先请领枪械及号衣等件。今拟略仿其制，先尽各省存储旧枪，拨给厅州县练用。一面暂向外国多购新机关枪、新式枪、新式山野炮，及造子弹机器，自行赶造子弹；一面扩充兵工厂，添购新机，改造最新式之枪，以为取不穷、用不竭之计。如此则常备不足而有以应征，续备无兵而可资留守。所谓增饷不多，增兵无限，器械充足，练一兵即收一兵之用者。准此筹练，则三难可免，而四利兴焉。夫征兵之所以难遽实行者，一由于征兵之不确实，二由于人民不知当兵之义务。今直省各厅州县增练备补兵，由各牧令会同自治团体选送，则无土著、职业不确实之虞。循环编练，逐次选送，调查户口之事实，已因之而厘然，一旦实行征兵，则不待另行调查，而已有著手之方。且人人必知有自卫，而后可以防国家。今就地练兵，而晓之以国家大义，则爱国之思想可生，而人民对于当兵，乃视为应行之义务，而非为月饷权利而来，则兵乃始尽可用，而何有于逃匿，而何有于滋扰，其利一也。军制以国民皆兵为最优，则实行征兵，又安可缓。今不为实行征兵之议者，则尤以国势濒危，迫不及待，为一大原因。诚增练备补兵，以六个月为期，而可补充常备，而可列为续备及后备，以三年训练原期计之，所练兵数可增六倍，以直省各厅州县统计之，所增兵数殆相千万。以最短之时期，得最多之兵额，无招募之烦，而收民兵之用，其利二也。练军必筹费，故各镇难遽成立。今拟练备补兵，而用续备饷制，则但提常备军裁旷银两，及议裁备补兵饷银外，稍有添筹，即敷挹注。以一镇练兵之费，可练无数倍之兵，其利三也。迩者腹内边徼，时虞不靖，外人藉词恫喝，调兵调舰，辄不崇朝而集。我国兵备既单，各省大吏明知防营之不足恃，不得不留此形式之兵勇，以为镇摄守卫之资。而为地方筹画者，又主复团练、乡勇之旧。夫团练、乡勇，昔日本以之中兴，而或虑其滋弊者，则以无军事上之纪律，而少实力之教练。防营无用而不可裁，又虚糜此浩大之款。今练备补兵，一方面为国防，一方面为留守，取乡团之义，而得多数预备之兵。将来兵实渐充，防营可以次裁撤，移兹巨款扩充军备，计无有善于此者，其利四也。

议员等熟察各省之情形，深维国家之大局，以为今日国家，不敢讳言覆亡，而救亡之政策，舍增练备补兵外，均有缓不济急之忧。用敢合词吁请，饬下军谘府、陆军部,电商各省督抚、各镇统制,详定直省各厅州县增练备补兵办法,克日实行,以救危局,无任战慄屏营之至。伏乞代奏。谨呈。

《时报》,宣统三年五月二十日、廿一日、廿六日(1911年6月16日、17日、22日)

谘议局联合会宣告全国书

本会委任起草员张国溶提出

敬启者。议员等学识浅薄,谬以故乡父老,选与议席。比年以来,代抒言论,靡补大局,内惭滋深。迩者时局濒危,国会未开,海内喁喁,望治孔亟。各省议局,远虑深忧,本年四月开议局联合会于北京,兼以全国之人民,议定救亡之大计。佥以为欲救国亡,先定政策,欲定政策,先定政体。君主立宪国之所以有内阁者,为执行政策之总机关,对于国会代君主负责任者也。中国而不为君主立宪则已,如定君主立宪政体,必有责任内阁;内阁而不负责任则已,如负责任,则不宜有皇族内阁。盖专制政体,以一人负全国之责,故政治上所生之影响,其美恶常及于君主一人之身。而立宪国之君主,则以不可侵犯、不负责任为原则。君主处于神圣不可侵犯之地位,则密隶君主之皇族,亦即立于特别不可动摇之地位。君主退处于不负责任之地,而以责任负之内阁,则内阁实处于完全负责之地位,而不可以内阁之动摇,侵及于君主之神圣。内阁立于君主之下,以受国会之监督,有政策之冲突,即有推倒之事实。内阁而为皇族,万一皇族将因其地位特别之故,自认为不可动摇,则良美之政治,或不可常期。若任其推倒,则一般人民之怨望,因内阁而及于皇族,因忘皇族之尊严,而于君主之神圣,将有不能永保之虑。影响所暨,将与君主立宪政体之原则相背驰,而国家一切良美之政治,几无有完全成立之希望。此固吾父老之所为杞忧,而各议局之所共虑也。议员等重膺各议局之推任,甫入都门,适值内阁官制发表。试办之初,即开一皇族内阁先例，诚如诸君子所虑及。迩者政策发表，又不足以定国是而餍人心。屡开会议，惧负诸君子之期望，思维凡百政治，必有一全完自出之地，根本之解决未定，则枝节之补救徒劳，故议以完全内阁为第一议题，以为内阁组织完全，则不患无完全之政策。谨于月日，呈由都察院代奏，请饬阁臣宣布政策，附上请废禁烟条件一折。先后奏折，俱闻留中，报纸交讥。自维无状，谨于月日，又呈请都察院代奏。伏阙待罪，迄至今日，仍未明降纶音。议员等自愧悃诚未至，不能见信君父，惟为我父老作喉舌，绵力所及，只如此数。辜负望治之深心，又无呼吁之余地，不得不以诸父老之所言者，返而报告于诸父老，冀垂察焉。

议员等窃以为诸父老所希望者，欲得良善政治，以救国家危亡。本此心理，以生希望新内阁成立，新政策发生，则转危为安，转亡为存，可以翘首俟也。乃观于近日之新政策，则适与所希望者相左。谨举其荦荦大者。

（一）借债政策。主张借债政策者，谓不借外债则中国必亡，反对者则曰借债必速亡。夫东西各国，其国富强者，其国债亦必多，借债固非亡国政策也。但以借债救国亡，必先视其国财政之现状如何，又必视借债之合乎公例与否。今中国财政现状困难之原因，实生于紊乱，税法无统系，机关未完全，则整紊乱洵为先决问题。乃不谋清理紊乱之办法，而欲借巨款之输入，以苏目前之困难，输入愈多，紊乱愈甚，兴业无期，偿还失恃，欲不为埃及、波斯之续，殆不可得也。借债公例，本无担保之必要，中国信用久失，借债必有抵押。今不求所以致信用之途，而仍以任便指押，为借债之券，不计偿还之力，是否足以相应。今日岁出超超充额，一旦骤增，他日罗掘之方，苦无所措，目前之抵押物，欲免将来之断送品，盖不可得也。在主张借债政策者，必曰英、美、德、法四国银行一千万镑，将以抵制日、俄之攫我远东，然何以自解于日本横滨银行一千万元。且己国之财政，曾无解理紊乱之方，而以借债为抵制他国之计，前拒狼而后揖虎，虽至愚鲁，必不出此下策。又况川粤汉铁路借款，则又力拒民款以输入外债，四国之于东南主权，亦将如日、俄之于远东，又何以自解于抵制他国之计画也。两次合同，根本损失，而主张借债者，又另议币制顾问之要约，以巧避监督之名；藉聘四国以外之工程师，以迴护其卖路之实。司马心迹，路人皆知，而谓借债以救国亡，其复谁信？然则今日借债政策，较之未有新内阁以前之政策，为何如也？

（一）改定币制政策。主张此项政策者，以借债为计画，然此项借债，将为购置币材之用耶？按国中人口之比例，需铸实币若干，需用币材若干，流通于中国之生银若干，银园若干，各有详细调查比较，当采用自由铸造之法，以实值换实值，吸收国中之银货，而以外债补其不足。今于法制则不采自由铸造，而以外债为基本，此何说也？将为大清银行准备金之用耶？大清银行之组织，纯反乎银行之原则，迩年以来，败相毕露，改革实为先决之问题。而所谓准备金者，亦必有一定成数，今将以外债为准备金，而未见银行改良之方，并未确定准备之数，又何理也？将以收回旧币之用耶？国中旧币之恶孽，无逾于铜元之充牣，非不加贴补，尽数收回，必终至乱币制之统系，而蹙国民之生计。筹拟旧币办法大旨，不外暂准照市价行用，按年限制，随时设法收回，最后之解决，归于体察事情，酌斟办理。准此办法，能保并行不害于主币，收回不累及国民乎？则例颁行一载，施行瞬将届期，而于币制根本问题，曾未见有详晰之解决，而第定一借债改定之政策。然则今日改定币制政策，与未有新内阁以前之政策，为何如也？

（一）兴业政策。主张兴业政策者，以东三省工业为计画，而借外债以施行。夫生产之借债，与不生产之借债，其利害自迥不相同。然而政策者，系全国之政策；实业政策者，系全国农工商之政策。中国实业之凋凌，日甚一日，种种辅助之机关，如公司，如银行，旋起旋灭，既无法律之保障，而执法者又不适用法律。今欲振兴实业，先必解决根本问题：第一，先确定完全之法律。应如何保护，如何补助，准他国之法理，按中国之情形，从速厘订颁布。第二，先定完全之政策。统计全国实业，何者应为国家专利，何者应听国民经营，国有实业应从何处何业著手，民间营业应如何监督救济，非统筹全局，成竹在胸，则生产之率，不能相当。今内地实业主权，半抵押操于外人之手，曾不一为顾虑，悬一振兴实业之名，而实只及于东省。东三省之生计，种种在外人掌握之中，曾不一为顾虑，悬一振兴实业之名，而实只言及东省工业。工业之范围亦广，办法亦伙，资本几何，先营何业，曾无详晰之表示，而第一抄借债抵制之政策。近日且闻有主张矿产国有政策，以议续举巨债之实者，国法不问，国权不问，国民不问。然则今日兴业政策，较之未有新内阁以前之政策，为何如也？

（一）铁路国有政策。主张此项政策者，亦不外借入外债，收回商办之计画。其借债也，不外乎抵押；其收回也，不外【乎】压制。夫欲定铁路国有政策，第一必有完全之区划。通一国内应办之铁路，干路几何，枝路几何，何者为政事上铁路,何者为商事上铁路,干路是否一律禁止民办,政事铁路是否不应民办,民办铁路是否防碍国家行政主权,已归国有之铁路是否办有成绩,种种根本问不能决,则不能区划。第二必有精密之布置。德相谋交通之统一,历八年始议买收。比则先画官设干线,历十七年而始定。日本之买收国内铁路也,隐令商民以收回之股金,为南满振殖之事业,是以他政策为主目的,而以铁路国有政策济之也。奥国始则奖励私设,继且补助子金,后且以国有铁路,取半费卖与人民,是因国有政策不及民有也。各国之先例具在,按之中国内情,应如何妥为布置。第三必有收回之能力。今纵无区划,无布置,而国家财政整理之后,实有余力以为收回之资本,则克期收回,亦不得谓非政策。乃商民奉旨经年,咸晓然于交通要政之必需,铁路营业之利益,群策群力,冀睹商办之成功,或已开车,或待赶筑,或按年输股。是商力虽绵薄,尚以自己之资本,为铁路之主人。今骤反成命,改归国有,退还民股,而国有之主人翁,乃乞借于他之四国,弃自己之实力,引外人以抵制百姓,不问全国铁路之计画,不采各国国有之办法,率然请命,以遂其私。甚且以守商办成命者为违制,援用格杀勿论之条,诬一切摊股为派捐,博休养民力之誉。夫前之商办,今之国有,朝廷反汗,实以借债为前提。小民保全营业,系遵前旨,非作奸犯科可比,拟以格杀勿论,与草菅人命者,有以异乎?立宪公例,人民以负担为原则,为增进幸福计,原不应沾煦煦孑孑之仁义。即谓民力竭蹷,则国内之滥捐苛税,屈指难终,何不取其甚者而亟除之。今夺民生业,而文之曰体念民艰,是一方面以恶税收吸人民之脂膏,一方面又绝其生活之路也。立宪国人民权利义务,固应尔乎?新内阁负全国之责,而有轻率之(暴)〔举〕动,然则铁路国有政策,较之未有新内阁以前之政策,为何如也?

(一)禁烟政策。主张禁烟政策者,以从速禁革,提前办理为前提。似此项政策,不为无见。然而资政院去年议决案,非以今年十二月,为各省一律禁绝之期乎?新刑律明年施行,非列举种烟、运烟、吃烟各罪乎?外务部讵未知之耶?今观其与英使续订禁烟条件,则仍以七年为原则,仍以每年减运五千一百箱为原则。其于禁运也,则一以绝种为断,一以土药禁运为准,虽有分省办理之名,而归结于考查认可,显有确据。若故使中国种绝、运绝之后,尚留此犹豫期间,以为印药畅销之地者。且禁种不禁运,则来源不绝,而禁吸无功。禁运土药,不能同时禁运印药,则印药居奇,而禁运、禁种,将致于无效,此必至之数也。其烟税也,则以每百斤箱加至三百五十税为率,而以消除印药大宗贸易之于各项限制,征收各项税捐,破除各口岸留难之事,若故予中国以赞助禁烟之名,而收自由贸易之实者。非惟我国民不认此条,即彼国民亦不直之,即第三国民力争之,而新内阁第一政策,乃有此废弛烟禁之反动。然则禁烟政策,较之未有新内阁以前之政策,为何如也?

(一)外交政策。主张外交政策者,不外延宕与退让两途。近如片马交涉,喧传海内,滇督争持于上,绅民呼吁于下,国内人士,咸愤不平,外部迄未提出严重抗议,与英交涉。乃者交由阁议说帖,仍不外延宕退让之法。夫今日片马交涉,实由延宕所致。滇缅续约,本有查明情形,再定界限等语,乘机不决,遂有革道石鸿诏与英领事烈敦会勘之语。外部既知石道之误,而自光绪三十一年至今,不援石道与烈敦误议之图说,速事另勘,酿成此辱。以延宕败于前者,乃欲以延宕持之于后,此何心理也?至若退让,则必仍照烈敦原议,高丽贡山将不保,英人从此沟通川藏,直踞长江上游。英人得利,法人继起,自余各国,亦必欲有以逞其所欲,何地非片马,何国非英人?大陆茫茫,瓜分在目,兴言及此,实可痛心。而外部至以就范不易为词,而阁议亦迄未见有如何之办法。且也北京各国使馆驻兵,大反各国公理,该项条约以今年七月为期,如三月以前不通知,则承认接续之事实,外部诸人亦无有议及此者。种种失败,笔不堪书,过此以往,犹如曩日。然则今日外交政策,较之未有新内阁以前之政策,为何如也?

纵观以上各政策,与我人民所希望转危为安,转亡为存者,适成一相反之比例。我人民希望立宪,至于今日,国会之开,尚待后年,内外官制,迄未定议。方以为立宪尚不可期,乃君主立宪国之最重要、最高级之机关,竟巍然出现于四千年来专制政体之中国。内阁官制十九条,姑无论其完全与否,而第二条有国务大臣辅弼皇帝担负责任之规定,第三条有内阁总理大臣定政治之方针,保持行政之统一之规定,是中国竟立宪矣,是政府竟负责矣,而新内阁新政策之发生乃如此。人民希望宪政之心日益高,政府所持之政策,乃日见其不可恃。昔日政府不可恃,(独)〔犹〕以不负责任为巧避攻击之地,今日之内阁,规定其责任矣,而政策仍不可恃。呜呼!吾人民欲得良美政治,以救国亡,幸而睹新内阁,而新内阁若此,吾人民之希望绝矣。议员等一再呼号请命而不得,而救亡之策穷矣。中国前途,旦暮不保。阁制既定,责有攸归。今日之新内阁,而果实行担负责任也,则议员等以为吾人民希望内阁之心,正有加而无已也。而或者谓,此数政策有发于内阁官制未颁以前者,有发于内阁总、协理大臣辞职之际者,内阁将持此以为不负责任之地。不知四月初六日借款上谕,署【名】者为军机〈名〉大臣奕劻、毓朗、那桐、徐世昌;十一日铁路借款上谕,署名者为奕劻、那桐、徐世昌、载泽、〈假〉盛宣怀。除毓、盛外,后之内阁总、协理大臣,即前之军机大臣,事属相承,策本一贯,是第一次借债政策,即新内阁之政策也。总、协理大臣虽经辞职,而已遵旨到阁办事,照章署名,不得以总理再辞职,协理未谢恩,而以十一日所发禁烟、铁路国有、铁路借债各政策,为总、协理卸其责。且各部尚书,均为内阁国务大臣,既各照章署名,实有联带责任,更不得藉此为不负责任地也。或者又谓,阁制并未实行,今日内阁不过为暂行办事之内阁,恐无完全负责之希望。不知内阁为一国行政之总机关,断不可以一日暂行,使全国行政计画,出于姑且尝试之举。暂行章程,在理宜速取消也。且暂行章程,虽有变通之处,而内阁第三、第四各条之规定,固无以易之,不得以其暂行而取消阁制规定之责任。然则今日新内阁欲不负责而不能矣。今日新内阁,既据阁制而应负完全之责任,今日内阁之政策,犹是以前政府之政策,甚且推翻以前政府之政策,昔日政府不可恃,今日内阁果可恃乎?去年资政院弹劾军机,犹可以不负责任为词,今日阁制既明定担负责任,资政院常会时,内阁尚能以不负责任对付资政院乎?今日之内阁,虽一新其名称,而组织内阁之人,则犹是昔日之军机。以素不负责任之人,一易其名,即能变而完全负责任乎?今日内阁已发表之政策如此,未发表之政策,不卜可知。迨至资政院开院时,能保无去年弹劾之事乎?弹劾军机,去年已无效,以预备议会之资政院,而弹劾内阁,能否收法律上之效果乎?如仍无效,将解散资政院乎?则今日之内阁,实为皇族内阁,保无因资政院之解散,而一般人民之怨望,因内阁而及于皇族,因皇族而侵及于神圣之君主乎?如弹劾而有效也,则必重新组织内阁,内阁可推倒,皇族可以推倒乎?推倒皇族内阁,仍为皇族内阁,万一不幸,又有推倒之事,皇族特别不可动摇之地位安在乎?皇族特别不可动摇之地位既不能确定,而皇族实密隶于君主,君主神圣不可侵犯之原则,尚能保其永防无碍乎?

是故欲救中国之亡,必得良美之政治;欲得良美政治,必得完全内阁;欲得完全内阁,必求不反乎责任内阁之原则。君主立宪国,皇族不能充当内阁。我国阁制，本无内阁必用皇族之规定，诚以内阁者，全国行政之所汇归，而人民希望之所集的也。内阁而有其不可动摇，则政策之进步不可期。内阁而为皇族，则内阁几有不可动摇之质，如是则名为内阁，实则军机；名为立宪，实则为专制矣。是故内阁者，可以动摇者也；皇族者，不可动摇者也。皇族组织内阁，则内阁不得动摇，是无内阁也。内阁仍可动摇，是无皇族也。无皇族则君主危，无内阁则国家危。疆场多故，时不再来。我故乡父老望治之深心，议员等愧无以报命，谨就救亡根本大计，具陈一二，望我父老恕议员等能力之薄弱，引天下为己任，希望之心，永无断绝，则中国庶有豸乎？

《国风报》，第二年第十四号，宣统三年五月二十一日（1911 年 6 月 17 日）

谘议局联合会请饬阁臣宣布借债政策呈都察院代奏文

为新借巨债，关系国家存亡大计，请饬阁臣宣布政策，以释群疑而定责任，恭请据情代奏事。

窃本年四月初六日奉上谕：近来国家财政竭蹶，由于币制不一；民生困苦，由于实业不兴。朝廷洞鉴于此，不得已饬部特借英、美、德、法四国银行一千万镑，日本横滨银行一千万元，专备改定币制、振兴实业，以及推广铁路之用。该管衙门自应竭力撙节，不得移作别用，并著随时造具表册呈览，以副朝廷实事求是之意。钦此。四月二十二日钦奉谕旨：邮传部会奏粤汉铁路接议英、德、美、法各银行借款合同磋商定议缮单呈览并请旨签字盖印一折，著邮传大臣签字，余依议。钦此。恭读两次上谕，一发于内阁官制未颁以前，一发于内阁官制既颁之后，然第一次上谕署名者为军机大臣奕劻、毓朗、那桐、徐世昌，第二次上谕署名者为奕劻、那桐、徐世昌、载泽、〈假〉盛宣怀。除毓朗、盛宣怀外，后之内阁总、协理大臣，即前之军机大臣。事本相承，诸臣既始终主持，即当始终担负责任，断无因军机变为内阁，责任即行中断之理。议员等对于暂行试办之内阁，曾呈请代奏另派大臣组织，原期实臻政治之统一，责任之确定。惟暂行阁制未取销以前，国家政治上之责任，不可一日无所寄，而借债政策，关系国家存亡大计，一日无确当之解决，即国家大计，日陷于尵嵬之危境。此议员等所以仓皇呼吁，不能遽息也。近日中国之贫窭达于极点，借债以谋救济，诚属万不得已之举。然借债之公例，必政府与国民均有用债之能力，而后可利用之以为救时之药，否则饮鸩自毙，势必不救。埃及、波斯之覆辙，稍知历史者皆能言之。故立宪各国慎举国债，必经国会之议决。先朝钦定资政院章程，亦以议决公债之职权，畀诸资政院；不经资政院议决而起之国债，遵先朝之法律，原应归于无效。惟合同既已签押，事实再难更变。大臣违法，属资政院弹劾之范围，议员等请姑舍法律之论争，所急求明白宣示者，为关系存亡之借款政策。此次借债政策，恭绎谕旨，明定为改定币制、振兴实业及推广铁路之用。改定币制、振兴实业、推广铁路，为政策之标题，决不可即认为政策之条件。在诸臣本此政策而借巨债，必先有精密之计画，断无漫无成竹，冒然一试之理。就改定币制言，此项借款将为购置币材之用，即按国中人口之比例，需铸实币若干，需用币材若干，流通于国中之生银若干，银圆若干，阁臣曾有详悉之调查比较乎？有详悉之调查比较，当采自由铸造之法，以实值换实值，吸收国中之银货，而以外债济其不足。今于法制则不采自由铸造，而以外债为（础）〔基〕本，此何说也？将为大清银行准备金之用耶？大清银行之组织，纯戾于银行之原则，迩年以来，败相毕露，救正改革，实为先决之问题。而所谓准备金者，亦必有一定之成数，阁臣曾于银行改良之法，准备金之确数，有精详之计虑乎？将为收回旧币之用耶？国中旧币之恶蘖，无逾铜元之充斥，自非用不加贴补、尽数收回之法，必终乱币制之统系，而蹙国民之生计。阁臣于处置筹拟旧币办法，亦当略陈梗概，大旨所在，不外暂准照价行用，按年限制，随时设（治）〔法〕收回，最后之解决，归于体察事情，斟酌办理。以何方法能使并行不害于主币，收回不累及国民，阁臣曾有确实之把握乎？则例颁布一载，施行瞬将届期，币制根本问题之待决者不知凡几，计之已熟，而后敢树借债改定之政策。此不能不求宣示者一也。

振兴实业，尽人皆知为要政。此次借债条款，指定东三省之工业。东三省之工业，以何者为重要，东三省重要之工业，须若干之资本而后能兴办，而后能推广，必有以总计而区划之。振兴实业之要件，必有种种辅助之机关，中央银行之外，必有赖于国民银行，银行之外，必有赖于股份懋迁公司，阁臣能为有条理之布置否？实业之发达，必恃有完备之法律，以为之监督保障。内地各种已举之实业，旋起旋灭，非法律不备，即用法不善，有以蹙其性命。欲移植发荣于边省，阁臣能为保障监督之实计否？此不能不要求宣示者又一也。

借债修路，阁臣既借上谕以定为一种政策，然政策非仅以铁路国有一语遂足以了之也。中国幅员之广，铁路何以必须国有；铁路何以摈斥民款，而纯借外债以收回之；外债之数，能否尽举国中之干路；修筑国中之干路，应以何路为先著。路款之预算，路材之取给，路师之分配，非有成算在胸，安敢毅然取销累年之成案，夺商民已得之权利。救中国之贫困，借债造路，自以生计之铁路为先，尤必经营铁路以外之事业，以求本息之有著。四国六百万镑之借款，指定之粤汉铁路，固可列于生计铁路之数；川汉铁路，已不能纯谓之生计铁路；此外干路，属于政治者较多。借日本之一千万元，未指定为何路之用。（通）〔逆〕计大势，生产与不生产之比较，必不足以相抵。而铁路以外之实业，腹地凋敝已极，民力涸竭无余，沥沥为润。以外债造铁路，终必以铁路受外债之害，路未成而本息已无所出，将何法以治之？官办铁路，夙称弊薮。京奉铁路，【每里三万余两；沪宁铁路，每里五万余两；津浦铁路】，尚不止此。是以有穷之借款，供无穷之挥霍，将何术以弭之？此不能不要求宣示者又一也。

现时中国外债已达十万万两以上，罄全国十年之岁入，毫不用于他途，犹不足为偿还凤逋之用，况本年预算，政费之用，不足超七千万，计臣已穷于罗掘，人民已穷于负担，重以新债骤增，诚不知所以偿还之计。不问所以偿还而姑救目前之急，偿还期至，保不借债还债，出于附水附涂之下策乎？涂附既穷，保不乱增恶税以自绝税源，终至债权国攫抵押物之主权乎？恭读四月初六日上谕，有"该管衙门自应极力撙节，不得移作别用，并著随时造具表册呈览"。及四月十九日上谕，有"着度支部将内外各衙门应造全国预算，及借款用法各项表册，分别严催，克期办妥，一俟九月开常年会，即交该院议决，毋稍延误"云。皇上慎重借债，兢兢业业之意，朝野内外，感激莫名。然以皇上圣明，日理万机，表册繁多，断难一一稽核其真伪。审计院之设置，尚须俟诸明年，资政院之决算，亦必穷于钩考，非更筹严密监督之法，必无以副皇上实事求是之盛心。而财政顾问、币制顾问之电传，方喧播于东西之报纸，设其不谬，则国内之监督，且均无所用，纯至于受外人监督；况大宗外债，（运）〔骤〕输入于内地，银价之涨落，物值之低昂，贸易正负之差异，皆将增而生绝大之变动。久困涸辙之社会，亦或以骤增消费，生蒸蒸蕃庶之幻象。外资竭则幻象灭，反动力之发现，其困且百倍于旧时。前途种种之危险，消弭于未然之策，又均不能不要求其宣示者也。

阁臣因负责任为圣训之所明示，无政策而借债，是以负皇上者负国家，非阁臣之所可言。有政策即当宣布其政策之所在，以定责任之所归。大计攸关，存亡一发，薄海士庶，危疑交并。拟请皇上饬下内阁，〈收回于〉【将】此项政策施行补助详细之计画，明白宣示，以释疑虑，而利推行。伏乞据情代奏。

《时报》，宣统三年五月廿四日（1911年6月20日）

谘议局联合会请废禁烟条件呈稿

为禁烟约条件，防碍甚多，拟请旨饬下阁臣，力主人道主义，协商英使，永废此项条件，俾我国得自由禁烟，以迅去民毒而符公理，呈请代奏事。

窃维禁烟内政也，他国无可干涉之理；去毒人道也，全球无可违反之理。我国内政不明，始以烧烟之举，酿成外交问题，弱我人种，荼我生灵。虽我国人民自甘鸩毒，实亦英国不以人道主义待我中国之所致也。文明进化，公理日彰，朝廷悬禁于上，小民相约于下，数年以来，国民咸争自洗涤。去年资政院议决案，以本年十二月为一律禁净之期。新刑律第二十一章，列载吸烟、运烟、种烟各犯罪。查修正筹备清单内载，宣统四年实行新刑律，是朝廷立法行政，早决定为今年禁烟净尽，海内外人士咸举手加额，以为中国五十年来烟毒，从此可以扫除。乃本年四月初十日，外务部与英国公使续订禁约条件，使我国议决之政策，新颁之刑律，将同归于无效。在外务部再四蹉商，其中必有为难情形，为国民所共谅。然某等求之全国舆论，禁烟前途，实有莫大之防碍。按之人道主义，则英使所订此项条件，尤不应有存立之期。用敢不避忌讳，披沥肝胆，为我皇上陈之。

夫贸易自由，万国之公例，亦通商之原则。无论何种货物，断无限年必定额输入之理，况鸦片为各文明国所通恶。我国未禁以前，每年入口尚有盈绌之不同，乃内地则禁烟期限实行缩短，而印药则准其定额递减。夫递减虽为美名，而定额则已确数。始谋之不臧，已为一般所引恨，乃屈指年内禁绝之期，而续订条件仍以七年递减为原则，仍以每年递减五千一百箱为原则，且明订中国每年减种，当以英国每年减运之数为比例。是英国政府，本旨为赞成中国禁烟者，而其结果反因定额之输入，开吸烟之源泉，甚且以洋药之居奇，难保无土药之私种，此其防碍于禁烟前途者，为何如也。禁烟功令，分种、运、吸三项。近年厉行禁令，首在吸，而种次之，然舆论所趋，则咸以为首宜禁运，次宜禁种。譬之荒年，积谷无多，倘无来源，必将饿毙。故一律禁运，则向不种烟地方，将无烟可食；种烟地方，禁运出口，则销路顿塞，不待禁种而已相率改植，此势之固然者也。续订条件第二条，印药禁运以中国绝种为断，第三条则又【以】土药禁运为准，虽有分省办理之名，而一则曰显有确据，再则曰就地考查，两面认可，若故留此犹豫期间，伺土药之缺乏，以为洋药畅销之地者。且言明广州、上海为最后结束，若故留此两大口岸，以为畅输之地者。查英国联合基督教禁烟大会所刊中国实行禁烟之铁证，中国禁种已十去八九，此次实情得之中国各省旅居西人之报告，计三百余函。中国禁烟之真相，成效昭然，正宜及时弃止前约，听我国自由禁烟，而此次条件之结果，既不能同时并禁，且于禁绝之后，犹留此犹豫期间，以为洋药片面之销场。土药可以禁绝，而洋药尚未禁运，供给不绝，则禁吸徒劳，是其结果与赞助中国禁烟之本旨，适得其反。循此而行，则我国禁烟内政，将以之动摇。且英国派员来华，应与以一切便宜，而我国派员往印，则仍不得干预，此其防碍于禁烟之主权者，又何如也。

各国税率，以重征入口为通例，以发达国货为原则。鸦片系属毒物，不能与百货同观。据公理言之，英政府宜早严禁印药运往我国，方合人道主义。今纵不肯自禁，则我国任用如何方法禁止印药入口，英政府亦即不能过问，此人道主义之原则应尔也。乃英政府且订一每年输入之定数；其于税捐也，始则曰加征厘税稍缓续商，今则以每百斤箱加至三百五十两税，为赞助中国之名，而以消除印药大宗贸易之各项限制，及征收各项税捐立即消除，为自由贸易之实。从此一税之后，任往中国各口，毫无留难，则所谓赞助禁烟者安在？况考查认可之犹豫期内，得一自由贸易之全权，以为任便运输之余地，原此项条件，将毋取我国历年寓禁于征之根本而取消之。英政府而果专为贸易经济起见也，则即此三年之中，烟价陡涨，所得已十二兆镑，按之十年递减，其总入款约十七兆镑者，亏短已属无几，而此次所订条件之结果，反较前约之禁运尤宽。谓为讲人道，据公理，其谁信之？则按之人道主义，此项续订条件，为属当然取销者一也。

近年以来，我国人民咸知鸦片流毒，奔走呼救，所在实多。美之人士，尤具爱我热诚，实力赞助，上书英政府，请其永废烟约。即英之国民，亦知此事不合人道，组织国耻会，赞助中国禁烟。英议院赞成者，至四百余人。前届试办期满，英国民亦屡次上书政府，要求废约，甚且为反对之言，且屡致函我国民，允许极力赞助。是英国民尚知以人道主义匡救政府，而英政府不惜力争，得此项条件。我外务部知之，而绌于国势，争之不能得。我国民知之，纷电部求之而不应。按之前途，若有烟禁废弛之虞；准此公理，犹有人道灭绝之憾。某等知而不言，是不以人道自处以处我国人民也，是始终承认英国不以人道主义待我中国人也，未来之患，尤不忍言。公理自在，人道未亡。烟毒为世界所不容，禁烟为中国之内政，自由禁止本系我国主权，印药、土药同属禁物，只有要求英国协力禁运之必要，断无限年定额输入之办法，则此项条件尤应当永远废止者也。

议员等自各省来，熟知民隐。人民程度虽远不及英美，而人道尚未澌灭，厉行禁烟之热忱，尤为一般之特色，咸不承认此次续订之条件，且谓此项条件适订立于新内阁设立时，内阁大臣署名，为负政治上之责任，今第一政策即为妨碍禁烟之条件，将来政治殆已可知，而人民希望良美政治之思因之而沮丧。烟禁不行，民害无已，议员等为各省代表，不能不代达舆论。为此合词呼吁，请旨饬下阁臣，据情由外务部与英使协商，永废烟约。嗣后印药、土药一体按期禁运，不使资政院之议论成为具文，不使新刑律之实行失其效力，俾我国自由禁烟，以符英国政府赞助中国禁烟之本旨，庶民毒净去而国基植立。无任战慄屏营之至。伏乞代奏。谨呈。

《时报》，宣统三年五月廿七日、廿八日（1911年6月23日、24日）

为内阁案续行请愿通告各团体书

谘议局联合会 稿

敬启者。议员等膺父老之付托,开联合会于京师,以国势阽危,非改良政治,不足以图存,非改良政府,即无改良政治之希望。今日种种之恶政治,皆我政府之所铸造。我父老思之,迩年以来,朘削我民之脂膏,以蹙我民之生命者,谁之咎?割让我国之土地,以饱外国之馋吻者,谁之咎?委弃海外之侨商,任屠戮呼吁而不顾者,谁之咎?盖举吾国民,无老无幼,无男无妇,无不举首蹙额于我政府,而我迩年之政府,则世界各立宪国未有之皇族政府也,则我国初祖制所未有之皇族政府也。惟为皇族政府,其地位足以蔽塞圣聪,其势力足以左右内外臣工,我民即有至苦至痛之隐情,不能叩九阍而诉之。故皇族政府之阶级不废,无所谓改良政府,亦即无立宪之可言。乃者朝廷实行立宪政治,新设内阁,父老喁喁望治,方冀循立宪之通例,不复以皇族掌握政权,而官制发布之初,组织内阁之大臣仍属诸皇族。议员等伏阙呼吁,一再呈请,六月初十日奉上谕:都察院代奏直省谘议局议员呈请另行组织内阁一折,黜陟百司系君上大权,载在先朝钦定宪法大纲,并注明议员不得干预。兹值预备立宪之时,凡我君民上下,何得稍出乎大纲范围之外。乃该议员等一再陈请,议论渐近嚣张,若不亟为申明,将来恐滋流弊。朝廷用人,审时度势,一秉大公,尔臣民均当懔遵钦定宪法大纲,不得率行干请,以符君主立宪之本旨。钦此。伏查谕旨经内阁大臣之署名,即应归内阁大臣负其责任。此次内阁大臣署名之谕旨,舍皇族应否组织内阁而不言,惟以宪法大纲君上大权自为藏身之地。其所引之宪法大纲君上大权,又与议员等之所请求毫不相涉,则我内阁大臣之蒙蔽宸聪,辅弼无状,议员等所不敢不详为辨析也。

第一,内阁大臣署名之上谕,谓黜陟百司系君上大权,载在先朝钦定大纲,并注明议员不得干预。兹值预备立宪之时,凡我君民上下,何得稍出乎大纲范围之外。窃思黜陟百司之权，操诸君上，此自臣民所认同。惟议员等请不以皇族组织内阁，乃立法之原理问题，机关组织之原则问题，非用人问题也。准立宪国之通例，行政官不得兼任司法官，外国归化人于若干年内，不得任国务大臣。一机关之组织，类有特定之限制，以贯澈立法之精神。皇族之不任内阁大臣，亦立宪国所特定之限制。盖欲使内阁机关为完全负责任之机关，不得不使皇族立于内阁之外。皇族立于内阁之外，实无黜陟之可言。申言之，即凡所谓黜陟者，必其人在法律上可以组织某种机关，合则陟之，不合则黜之。是用人之问题，而非机关之问题也。若其人在立法上绝对不可以组织某种机关，无所谓黜，即无所谓陟，是纯为机关之问题，于其人之黜陟无与也。宪法大纲不云乎，君上神圣尊严不可侵犯。君上何以不可侵犯？因有大臣代负责任故。大臣代负责任，何以不影响于君主？因大臣对于君主但有任命之关系，无亲族之关系故。东西君主立宪国限制皇族不入内阁之法理，全在保持君上之神圣尊严。我宪法大纲既列君上神圣尊严不可侵犯为专条，依论理之范围，应有皇族不入内阁之解释，故请皇族不组织内阁，非惟不出乎宪法大纲之外，实恪遵宪法大纲而后有此举也。且所谓干预君上黜陟之大权者，必对于大臣个人之贤否，强君主之黜之陟之也。请皇族不组织内阁，谓皇族自为一团体，立于特别之地位，不得与于国务大臣之列，以当攻击之冲；非谓皇族之贤者当陟，否者当黜，断断于皇族中之个人而评骘之也。议员等两次呈文，均请于皇族外，另简大臣，组织内阁。所谓除皇族外者，皆对于皇族团而言之，于皇族中之个人，未尝加丝毫之臧否。天下有对于个人不加臧否，而谓之干预黜陟大权耶？宪法大纲中附议院法纲领，一行政大臣如有违法情事，议院只可指实弹劾，其用舍之权操之君上，不得干预朝廷黜陟之权，与宪法大纲中设官制禄及黜陟百司之权一条互相发明。议院之弹劾大臣，与君上之黜陟大权，犹并行而不相碍。议员等之请愿并非弹劾，而谓之干预君上黜陟大权耶？阁臣不能言内阁必用皇族组织之理，欲巧借宪法大纲以掩一时之耳目，而不自知其逸于宪法大纲之外，此不敢不详为辨析者一也。

第二，内阁大臣署名之上谕，谓朝廷用人，审时度势，一秉大公，尔臣民均当懔遵钦定宪法大纲，不得率行干请，以符君主立宪之本旨。朝廷用人之必秉大公焉，天下臣民所希望，审时度势，亦进退人才之妙用。然无论时事如何，有绝对不能通融者，即皇族之充当内阁大臣是也。盖皇族密迩于君主，开一皇族内阁之例，因亲贵而授以国务，无以明朝廷大公之心迹。且内阁而充以皇族，推倒内阁即有推倒皇族之嫌，则内阁又以皇族之故，将有不能适应时势之更迭，故君主国无不有皇族。且既定为立宪政体，即无一不划皇族于内阁之外，皇族不组织内阁者，实君主立宪国最著之本旨也。而内阁大臣署名之上谕，云议员等不得率行干请，以符君主立宪之本旨。夫皇族唯君主国有之，民主国无是也。皇族不入内阁之问题，唯君主立宪国有之，民主立宪国无是也。革命党与立宪党宗旨之差异，全在破坏君主政体与巩固君主政体之一点。惟欲破坏君主政体，方期铲除君主制度，皇族更非其所问。惟欲巩固君主政体，期君主之永保其神圣，即不得不望皇族之永保其安荣。议员等之请不以皇族组织内阁，使皇族不立于政治之中枢，以招天下臣民之尤怨。皇族不为臣民之怨府，皇上乃能永为神圣之保持。怀挟斯旨，吁定经制，为爱皇族否耶？为爱皇上否耶？爱皇上因而爱皇族，爱皇族即以爱皇上。此为欲破坏君主立宪政体耶，抑正巩固君主立宪政体耶？议员等惟求符君主立宪之本旨，而后有此次之请求。方以无此请求，即不符君主立宪之本旨，即无以表示我臣民爱戴君主立宪之至诚，而阁臣乃以为与君主立宪之本旨不符，假上谕以申儆之，则议员等之所惶惑不解者也。夫君主立宪政体定自先朝圣训，煌煌庶政，公诸舆论，既为立宪，而禁臣民为政治之干请，犹得曰庶政公诸舆论耶？犹得曰符君主立宪之本旨耶？此不敢不详为辨析者又一也。

总之，议员等之所请求者，为不以皇族组织内阁。皇族以外，无论满汉蒙回藏之五族，但属中国臣民，合于为国务大臣之资格者，皆得邀帝心之简，在本宪法大纲之精义，以求符君主立宪之本旨，议员等之所（目）〔自〕信仰，抑亦我父老之所共信也。内阁大臣署名之上谕，于皇族内阁不置一词，则现内阁之自为庇护，不以立宪之公理启沃我皇（土）〔上〕，又借我皇上之明谕，以冀缄天下人之口，非独议员等之所深谕，抑亦我父老之所共谕也。夫立宪国之君主，以不负责任、不可侵犯为原则，内阁之组织，属于君主之懿亲，是于君主不负责任、不可侵犯外，加一不负责任、不可侵犯之内阁。以地位之尊严论，不啻一国之中，有二君主；以政治之责任论，不啻一国之中，全无政府。一国之中有二君主，不可以为国；一国之中全无政府，尤不可以为国。现内阁自固其地位，使我国家于世界立宪国家不能占一地位，先朝之确定立宪政体，人民之希望立宪政治，自有现内阁而破坏断绝尽矣。此可为太息痛哭者也。自今以往，内阁因皇族而益固，于世界立宪国外，树一不可动摇之内阁，任政治之腐败，民生之困扼，我人民惟当俯首帖耳，而不能一指摘，一攻击。指摘内阁，即指摘皇族也；攻击内阁，即攻击皇族也；指摘、攻击皇族，即嫌于指摘、攻击皇上也。自今以往，我人民无复可谈政治改良之一日，谈及政治改良，即冒触内阁，直接冒触皇上。是皇上之神圣尊严，与我臣民之言论自由，同载于宪法大纲者，其势且两不相容。日日言立宪，宪政重要机关之内阁，首与宪政之原则背道而驰。乌呼，其何望矣！议员等自愧能力薄弱，愚诚未至，不足以动天听，然欲得健全之政府，以改良政治，救中国之危局，区区之隐，始终罔间。读此次内阁大臣署名之上谕，亦未敢遽存绝望之想。上谕固云，我君民上下，何得出乎大纲范围之外，我臣民恪遵宪法大纲之要求，朝廷即当恪守宪法大纲，以为制度之改善，此绎上谕之意而可知也。上谕又云，朝廷用人，审时度势，一秉大公，则朝廷之视皇族内阁，为暂时之计，而终以大公为归可知也。上谕又云，尔臣民无得率行干请，盖当暂行制度之时，疑吾民求之太急，故有率行干请之语。庆亲王内阁，本有数月以后再候谕旨之明谕，稍俟数月，遵宪法大纲之大义，本君主立宪之本旨，再为请命，其必不以为率行干请，又可知也。议员等窃体斯意，再励愚忱，定于八月内来京续行请愿，尤冀我海内外各团体，同时派员来京，伏质帝阍，竭诚呼吁。倘邀皇上之俯鉴，另改内阁之组织，吾民得完全之内阁，可以求政治之改良，皇族不当政治之中枢，君主立宪政体愈益巩固，国利民福，岂有暨焉！敬布区区，伏维公察。直省谘议局议员联合会谨启。

《时报》，宣统三年闰六月初二日、初三日、初四日（1911年7月27日、28日、29日）

三、直省谘议局议员联合会相关评论

直省谘议局议员联合会报告书序

　　庚戌秋七月，直省谘议局议员联合会开第一次会于北京。既竣事，则刺取会期中经过事实及记录文件，辑为报告书，而序其端曰：悲夫！政党之名之不见于中国历史也，盖四千余年于兹矣。无政党，故人民政治之思想不能启其秘钥；无政党，故政府政治之得失不能为之监督，为之后援；无政党，故瑰奇磊落之士，虽或抱政治上之宏识大愿，无所凭藉，以为发挥运用之根据。蜷局沁悗，以成今日上下皆窳之世局，此吾人之所极疢心而无能自讳者也。然试一究所以无政党之故，其原因虽不可以一端指，而专制政体之不足以发生政党，则实为其最大之原因。天挨大运，由专制而蜕于立宪，首设直省谘议局，以为筹备宪政之先河。我国民既得以参政权运用于谘议局，乃进而求圆满运用之地，于是有国会请愿之举。不得于国会，则自进而为直省谘议局议员联合会之谋。盖政治思想如弩牙，有其拨之，不可遏之也。方联合会同人之集于京师也，朝野上下视线争集于一目的，以为是吾国政党之嚆矢。平心而论，联合会之视政党，盖犹不足以为麒麟之楦，无其实而冒其名，同人之所不敢出也。顾天下之以政党目联合会者，则既争飨以美名，彼非有胸而无心，而翕然同声以相和，意联合会之于政党，亦或必有一二之相似。求一二相似之点，其东西各国政党之党会乎？东西各国政党之有党会也，准备国会之交绥，而先为之地也，故党会开会之期，恒在国会开会之前。散处党员之不便征集者，各出代表以发表其政见。联合会会员之代表各谘议局，其形式正复相类，而预备资政院议案之一部，又适类于各国党会之准备。国会之交绥不克求之，瞥其类似之外形，加以政党之美名，亦固其所。呜呼！吾国人历世不见政党，遇类似者而即以美名加之，所谓去国之夫，见似人而喜者，其情亦至可悯矣。然而，似者真之蜕，螟蛉之子殪而逢蜾蠃，祝之曰"类我，类我"，久则肖之。今日之似，即以胎他日之真，抑亦吾同人之所不敢不勉者也。夫政党之真精神则必有正焉。以共同之利害，为共同继续之结合，乃必有一定之政纲约党员之心理，交赴于一的。使政纲不立，党员之心理怀一人一地为单位，其结合不可以一瞬，易时必生分裂之机。以吾各行省之不利于交通，此界彼疆久印于士夫之脑，联合会之倡始无纤毫之势力。能挈各省而从同，其结合之精神，不可谓不富。顾政纲之所植，或未足以定一般之准绳，党员怀一人一地为单位之嫌，惧不克尽免，维持改进，挈似政党者而即于真，来日方长，斯又不能不挟大望以策其后也。湖北蕲水汤化龙。

《直省谘议局议员联合会会报告书》，京师京华印书局1910年铅印本，第1—2页

对于谘议局连合会开会地方之意见书

星

呜呼！人心之猜忌，时局之倾危，未有甚于今日者也。吾国仁人志士苟欲联结团体，匡救国事，必先祛除畛域之成见，一心以监督中央政府为宗旨，挟成城之志，或可以行之而有效。若当发起之始，互存意见，各便私图，此亦一是非，彼亦一是非，无论组织机关之必不完备也，即完备矣，而办事之人心不一，终无望有能达目的之一日。近日各界因是而破坏公益者，何可胜道，矧所希望者，为重大之事情也哉。呜呼！谘议局诸君，曷不憬然悟也。

按：日前国会请愿代表发起各省谘议局连合会，拟择京师为开会之地，惟各省来电多有主张在沪者，代表欲与辩驳，又恐各省固执，届时难开。记者曰：有是哉？各省议员之偏见也。大凡吾人办国家大事，当先问其主义何若，归宿何

若，而后可以定趋向之方针。连合会之设，其果因何而发起乎？为国会也。开国会之事其果与何者交涉乎？为政府也。国会虽为各省之国会，而政府则为京师之政府；政府既为京师之政府，即请愿当为京师之请愿；请愿既为京师之请愿，即连合当为京师之连合；连合既为京师之连合，即开会当为京师之开会。此理甚明，无可疑者。

而或者谓，开会一事，是研究的性质，非实行的性质，何必沾沾于京师。然吾闻去岁请愿不行以来，各议员代表之逗遛都下者，政府方欲驱逐之以为快。嗣因强权干涉，恐失人望，不得已设一谘议局新律，谓议员不得擅离局所，思以是为取缔代表之方。今若无端以连合会开会之理由，齐弃京师，集于沪上，是不待政府之驱逐我，而我自行驱逐之，不特遂政府忌刻之私，窃恐举国之耳目，将由此而益疏；举国之人心，亦由此而益懈。他日请愿无效，其咎不在代表之势孤力弱，而转患势不孤力不弱，而开连合会者之心不齐，有以致此弊也。

然则各省谘议局之持是说，果何为也哉？吾知之矣。大抵上海一埠，为水道交通之境，商务发达之区，风气开通，人才辐辏，凡各界之襄办事业，开会演说者，莫不于此托足焉。况以吾国地势而论，则与京师相近者，不过鲁、直、晋、豫与远东毗连之三数省份耳，外此则东南各省暨粤、桂边境之区，推而至南洋外埠，经由之道皆与上海接壤，其往来视京师为较便，故各省欲以是为连合开会之所也亦宜。惟是务远图者不计近功，谋大事者不拘小见，明知其与国会请愿之主义、之归宿有种种窒碍难行之处，顾犹狃于目前，不顾大局，则是名连合，而实不联合，毋宁少此一举之为愈矣。是则记者所不能已于言者，此耳。

闻请愿代表之主持意见也，一则便于考察中央举动，二则可联络资政院议员，三则使枢府得观国民程度。吾谓三者皆按切时势之论，而尤以程度一说为国会准否之第一机关也。目下政府行事大都严守秘密，思藉是为对待国民之妙策。盖中央举动，吾国人之不敢过问也久矣。顾往者之放弃责任，犹可言也；当此要求国会之秋，倘仍视个人之与国家漠然如秦越人之相视肥瘠，则其所恃以为请愿者，亦概可知。惟是吾既欲纠察情形，而以今日之上下相疑，则虽京师之地，闻见易周，尚恐彼始终挟秘密之主义以愚人，而于事仍虞其无济，况复舍其近而求诸远乎？此开会之不能在沪上者一也。

此次请开国会，虽出于举国人民之意见，究其在事出力者，不过区区之数十议员耳。须知至重极大之事，而冀以少数人担任之，政府之不疑且忌也几何？是故欲厚其力，而要其成，非集合大多数有力之人不可，即连合会之开会，亦不过欲厚其力而已。然试问，沪上一隅，所谓大多数有力之人者安在也？况谘议局为下议院之基础，而资政院实上议院之先声，既有下议院以开其先，不可无上议院以盾其后。律以东西立宪国民办事之公例，诚有不容偏废者。此开会之不能在沪上者二也。

夫此两者皆就国民对于政府一方面言之也，若就政府对于国民一方面而言，则必使彼疑且忌者，能解决国民程度不足之问题，而后国会有实行之希望。吾而不欲积诚以相感也则已，苟思以区区之心感格政府，计惟有一举一动，俾常接于耳目之地，庶轻我者释然于心，仇我者无所藉口，一旦以全体之名义要求于下，自不难势如破竹。彼顽固者即甚不愿，或亦鉴于国民程度之不能反抗，而不惜委曲以从之。念及此而国会之成败胥系于是，更不徒为在京、在沪之孰者便、孰者不便计也。谘议局诸君尚未可以决欤！

抑记者更有一言为诸君正告焉。近年吾国繁盛之区，以沪上为最，而人情浮薄，风俗奢靡，有志之士，一入其境，其始非不热心公益，而风气之渐染，往往疲于奔竞送迎之时间，不免有初而鲜终。盖习俗移人，贤者不免。往岁请愿代表到沪，以朋旧周旋之故，互相酬酢，而各界之造谣生事，已有令人不忍闻者。夫记者亦何敢以谤言相诋，但人情望之愈奢，则责之愈厚。设在沪上开会，斯时日用应酬之顷，或有一二不修私德，势且予人以口实，而人格不及之影响，其患乃不可胜言。如谓人心风俗之坏，京师亦与沪上相同，不知在京则耳目较近，检束较严。然则即使开会一端不拘于地，吾犹以为在京愈于在沪也，矧国会期成会发起于京者已久，有此连合会以相为砥砺，相为联络，其收效不更捷乎？吾愿提倡国会者，勿以斯言为河汉也可。

《中外日报》，宣统二年三月二十日（1910年4月29日）

论联合会宜讲求完全进行之法

无论世间何事业，苟欲力行奏效，非积多数人联合成一体，则有难以进取者。今中国各直省谘议局遣派议员，相与组织联合会以图进行，具见爱国热心，发于真诚。所订联合会章程，现已宣布矣。凡同人等绝无有异志，其运动之敏快，其方法之公明，其目的之正大，不禁令人赞叹不置也。然该会题首曰"直省谘议局议员联合会"，一见其名，似谘议局议员，以个人之资格相会同者。迨进察其内容，其第一条则云，本会以各省谘议局遣派之议员组织之；又第四条云，各省谘议局议员，非经谘议局遣派而愿与会者，本会认为参议员，得就特设席发表意见，但不列表决之数。由此观之，该联合会以谘议局各遣派议员组织而成。则是各直省谘议局议员等，虽同为议员也，而不经谘议局之遣派者，有参与会议之权，而无议决之权也。而且该会之名，虽以议员联合会著称，实则谘议局之联合会也。又进而思之，夫既为谘议局之联合会矣，则其会员等即为谘议局之代表员无疑，并且该会所议决之事项，出自直省谘议局全体之意见，则各直省谘议局全体，即有遵奉该议决诸事之义务无疑。究极事实，果能行此而不稍怠若该会者，可谓特别一种之立法机关也。而其势力之大，其影响之广，真不堪以设想。但现在该会势力尚未隆盛也，影响尚未广远也，直省各谘议局中，或有未遣派议员者，或虽已遣派，不甚注重其人者。盖该会自兴创办之议，未逾数月，筹画尚莫能完备耳。如今者，果能联合各谘议局以厚积势力，俾各谘议局速行遣派其议员中之老成练达、堪胜代表之重任者数人，而此代表议员时常在京，调查诸般紧要问题，上向政府进说其意见，下对国民同胞指示其方针，届期资政院开院，与资政院互选议员相联络，互相讨论时事，以一其趋向，同其赓调，先使互选议员在资政院内占有大势力，然后令资政院举其全院之决议事项，迫实行于政府，以是于革新事宜，显著成绩，自可想而知也。本报对兹，甚祝该会之成立，而冀其发达焉。然亦有可忧虑者，不敢不直陈于当前。

一则曰各省谘议局者，即各省之地方议会也。夫地方议会之职务，以议地方之民政为要，犹不可超权限而议国家之政治。若以地方议会而容喙于国家大事，此端一启，则州县城镇之小议会，亦将开容喙于国政、省政之机，其弊殊难以枚举。所以，禁止地方议会之联合，不使其讨论时务而议国政者，各立宪国之通则也。今中国议会之经验尚浅，故于地方议会干与国政之弊，未之深知，竟冒然而无所顾虑焉。该会势力设已发达，而政府或举以上所说禁止之，未可知也。所忧者此其一。

二则曰该会在资政院外，与院内之互选议员相联络，声气互应，表里相援，最可希望之事也。然万一院内之互选议员等，与院外该会代表员，意见竟至不相符，而互选议员自以为在院内独立，义不受他人之干涉，对于院外该会员而拒绝之；而院外该会员，则以为互选议员虽在资政院内，必须遵守谘议局之议然后可，两两对持，势不相下，阻碍宪政之进行也大矣。是则所忧虑者二。

窃为之筹思，方今之时，欲弭消此可忧虑之患，因而求永远发达之道，使宪政借该会之助，以与时进行，另有一手段在，曰不用谘议局议员之名目，不限资政院议员之种类，不假代表各省之声称，即会同议员绅商士民等，凡有志之人，政论相合，主义相符者，相与组织政党之一事云尔。盖政党之事，原因主义政见而成，必网罗国民各阶级志士，以作兴国家之各般舆论。政府也，资政院也，皆可与之相对待，而立宪之真正机关，始可见其运用矣。或曰：直省谘议局联合会，正所以预备组织政党也。曰：果然，本报又何敢多言哉？亦惟祷祝该会之将来发达而已，于中国立宪前途，实大有所裨补，敢窃持论及之。

《顺天时报》，宣统二年七月十四日（1910年8月18日）

余所希望于直省谘议局联合会者

思 农 投稿

空谷闻跫然之足音则喜,吾居吾国闻联合则喜,况其为搢绅先生之联合,况其为全国代表搢绅先生之联合。呜呼!天实有灵,不墟吾国,乃于此沈冥寥绝之秋,而有此神圣优美之社会出也。

吾思之,吾重思之,世之救国者之言,莫不曰责任内阁急,国会急也。吾尤以为聚集今日朝野上下物望所归、深达事体之人,同心协力,一以改革政府,一以制造舆论为尤急。此政党之说也。吾重哀吾国今日时势尚不容有伟大政党之发生,吾兹望有一种政界之潮流有以为之先导,此潮流愿诸公汲引之也。吾重哀吾国开明团体,志气议论有余,而魄力道德不足,故朝揭橥而夕闭户者踵相接。顾吾思之,吾重思之,今吾人但能将转瞬可以幻现之灭亡惨影,日日悬在心目中,则有何种感情不能化?何种意见不能除?何种阶级不能泯?今外人心中,方将以吾全国之事,各于其势力范围内为其本国之事,吾奈何于同舟遇风,顷刻可以倾覆之日,而画南北、分疆界也?故畛域界限既除,而后国事乃有可论。吾固望联合会之无之,而且深信其无者也。

官,今舆论所同嫉者也,凡败坏隳落吾国事,牺牲吾人民者,实惟官尸之,故舆论之集矢于彼族诚当。然若必以民选议员为一种农民、地主或富豪或学界或舆论界之代表,而一意与官为反对,凡官之所为务屏斥之,官之所陈诉务阁置之,则未免失之偏。故一方面代表民意,一方面更须以国家主义为此会之纲领所在,则联合会之所应有事也。凡攻政府务须攻其急处,而急处非局外所知也,故须联络行政衙门所选出之议员,与夫大人先生之实能念吾国家者图之。凡唱议政策,献替可否,必须择其可行者。然其能行与否,则非平日有调查政务会合种种人研究之,分科焉,讨论焉,决定焉不可。资政院者,宗室、蒙古王公、诸行政衙门与夫诸省代表所丛集之地也。今若能组织一全体政务会,蒙古人则言蒙古,各省则言各省，行政衙门人员则言诸行政衙门，务使得政治实相、民生疾苦所在，而后建言立策，不为空谈。资政院之筹备会，具体实未为备也，而此全体之政务会，吾滋望联合会为之中坚也。

一哄之市，必立之平；一族族聚，必立之长。英之政务，非决于君主也，非决于议会也，实决于议员会中有多数议员之政党；亦非必决于其党全体也，实决于其首领及三四辅佐诸人。故最共和之理想，实以最专制之制度行之。今联合会各省物望所在，断无容三四人专制之理，但必须择其尤为众望所归者，而听命焉，而后不至如散沙，如道谋。吾初非联合会中人，而此意甚愿联合党之诸公省察之也。

《时报》，宣统二年七月廿四日（1910年8月28日）

对于谘议局联合会之希望

选

谘议局联合会已闭会矣。会期不过二十日，所议决重大之议案已有数十起，记者于此不能不服诸君之心精力果。虽然，今日时局迫矣，政府无可属望，所望者唯民党之活动耳，而诸君者又铸造民党之模型也。故无论今日之资政院、谘议局，及将来之国会，皆将于诸君是赖。诸君而果自懔其责任之重，纵横扫荡，以开民党活动之先声与？抑自甘于沈寂暗淡，仅一会议毕，乃责与其亡。其亡系于苞桑，今日中国之存亡，系于诸君矣。用敢述其所希望于诸君者，以为诸君告。

资政院者，以互选议员为中坚者也；而互选议员，又皆各省谘议局所选出；然则即谓为诸君所举出之代表，亦无不可。今资政院行将开院，所谓王公世爵及纳税多额议员，人既稀少，议论必无力；其足与互选议员立于反对之壁垒者，唯部院司员及硕学通儒两项议员。彼其人者，初非国民之代表，而政府之代表也，故其议论必偏于政府。而代表民意以与政党坚持者，仅此互选议员而已。互选议员而胜，则资政院不至尽失议院之面目，即民党之气得以少伸。虽然，为互选议员之后援者，非他人，即今日联合会诸君也。考联合会之内容，对于互选议员，似取拘束主义（如国会不开，不得承认新加租税之类），而其拘束力之强弱与否，视其后援力之强弱与否以为衡。如今年不提出预算，政府不早开国会，互选议员所以应付之者如何？谘议局所以策其后援，以应付互选议员者如何？凡此皆宜筹一专一之办法，俾互选议员与联合会息息相通。此其希望于联合会者一。

政党者，议院之先河也。今吾中国议院之形式毕具，而无政党以训练之。聚群盲于一室，鲜有不偾事者，矧地方党派太多，则国家涉于纷裂。今日吾人方就一省之事而研究讨论之，恐渐成异日之地方党派，适以破坏国家之统一。故地方党派者，偏于一省之利害问题，而国家党派者，注重全国之共通问题，二者之性质之既不同，而其作用亦异也。今之联合会者，则颇具国家党派之雏形，而脱离地方党派之习惯者也。吾国人士向以交通隔绝之故，其眼光所注仅及于一省而止，一省以外非所计及也。故将来开设国会之时，必有以一省之小问题而纷呶不休者。以二十二行省之大，使仅注重于一省，而置全国之利害于不顾，则合之适以离之矣。故吾人之所主张于国会未开之先，必有一类似政党者，以铸之型而作之，则俾其沈浸钻研于其中者既久，则将来国会一开，旗帜鲜明，庶不蹈小党林立之嫌，而启国家分裂之渐。若今日之联合会，则适合于此种政党之作用，推而广之，引而伸之，俾翘然有以自异于众，为一有主义、有纲领之政团，吾可断其全国之党派，皆将屈伏于其下矣。此希望于联合会者二。

呜呼！吾之希望于联合会者不止此，而其大要则毋过是。比年以来，吾国生气垂尽矣。国愈危，势愈急，而士夫之沈溺酖迷者愈甚。其一二天良未泯，不忍扬波掇醨者，则相与感时抚事，仰天呜呜，以寄其胸中抑郁不平之气，以为吾侪生不逢辰，宁速死耳，安能俛首低眉于斯世，求所建白。于是，朝野上下无一稍有组织之团体，无一稍有力量之言论，国是纷呶，莫知所届，曾无一人焉为之匡正者。呜呼！循是不变，岂特政府亡我，外人亡我，即我国民亦有自亡之道矣。乃于国脉垂斩，人心垂死之际，忽有谘议局联合会之发生，萃二十一行省人之聪明材力，以研究国家对内对外之政策，俾政府有严师，资政院有畏友。虽初次结合，容有未尽满足者，而七日于菟，气已食牛，经此次之锻炼淬（厉）〔砺〕，吾知后日基础之巩固，声光之发越，举于此会基之。勉矣，诸君！余之希望，宁有涯乎！

《申报》，宣统二年八月十八日（1910年9月21日）

论全国议员联合会宜速成立

自有爱国志士，倡立宪之私议，于是全国人心，群相鼓舞，以致感动政府诸公，起而猛省之。自有全国热心之人，见政府首鼠观望，不能决议筹备立宪事，于是各省举代表来京，上书请开国会，以耸动夫朝廷。德宗景皇帝慨然下明诏，定期九年开议院，于议院未开以前，拟订逐年筹备各项事宜，届时即行颁布钦定宪法，并颁布召集议员之诏，谓凡我臣民，皆应淬（厉）〔砺〕精神，赞成郅治。大哉，圣谟！中外有心人，其谁不颂之！

现在第二年筹备期内，各省一律开办谘议局，所有选举议员等，即代表各省舆论，以指陈地方应兴应革之利弊，而筹计地方治安，维国势于巩固。是则议院虽未开，而民选议院之基础，盖已肇于斯矣。然今者各省谘议局行将闭会，而京师资政院选举议员章程，已由资政院会同军机大臣奏请施行，转瞬召集资政院议员，举行开院之期又将到，虽曰尚待明年，亦相去不远也。有心人时切关怀，固未尝斯须忘之。吾侪尤加意鼓舞，不敢以稍忽。而况各省为谘议局议员者，负责既重，又以代表舆论之故，相与筹计地方治安事，并力保维国家大势，其思议之奋发，又必鼓舞于不容已。一则因时事之日迫也，一则因政治思想日进月异，自不能以稍退。故近闻直隶、江苏两省绅民，拟联络各省，要请速开国会后，其商定入手办法，于谘议局闭会后，每省酌选数人，齐集上海，开全国议员联合会。现已布告各省谘议局，皆翕然应允。此可见中国之志士，非无政治思想也。其能力之所以不足者，以阅历少，而困于专制者深。当道者不假之事权，则无如何耳；骤与以议事之权，而漫然杂陈，原不足为诸志士咎。本社已尝持论及之，谓利益之所获良多，而且全国议员，若真能齐集开联合会，则凡事皆持公论，不能各执其偏私，以相与滋扰，视在各该省谘议局开会时，相差远甚。况乎其明定宗旨，专以求达速开国会之目的为务，不使惹起民气嚣张之恶感。如是以要求政府，其为政府谋也，亦不可谓不忠。

当此之时，世界各国，非立宪不能以自存，以专制者而与立宪相比较，优绌之形，不待辨而知。中国亦知借鉴，迅速为之决议。其能实行立宪否，虽未敢预定，而廿二省有志之士，则群注意于此，罔或敢自暇自逸，因循苟且，与人以口实。就令外洋各列强视之，亦不敢相轻。特官民不相洽，朝野自相为难，始与人以可乘之隙耳。今而志士各朋辈，既确定其目的所在，或曰速开国会也，或曰实行立宪也，夫道一而已矣，能不自为难。无论欧美各列强，其谁敢侮我者？

左氏传有云：人无衅焉，妖不自作；人弃常，则有衅，故有妖。以现今时势观之，不可想见乎？虽然，中国各志士，固早有思患预防者。亚东和平全局，日本既为之竭力保持，吾想中国诸人，苟非肉食者流，断不能以漠视。窃默想数年来，自立宪私议起于中国，民气因之而鼓舞，不禁祝之于其后。

《顺天时报》，宣统元年十月二十日（1910年12月2日）

欢迎联合会并商榷其宗旨

四月朔，各省谘议局代表会于京师，决定救亡大计。其条议之方法，进行之秩序，皆各代表之责。记者所不能已于言者，则谓此会宜先决定宗旨。不避愚陋，敢为诸君告焉。

一曰毋再依赖政府也。今年之会与去年之会大异。去年之会，资政院未开，豫算未议决，一切宪政上之动机方在萌芽。譬犹孩提，其保抱而护持之者，冀其长养发育，得至成立也。今则政治上之动机，俱已闭室，所谓内阁云者，国会云者，一切宪政云者，在他国皆为政治之具，而在吾国则为介乱之媒。政府反对宪政之心理，既已昭著于天下，而犹时与涂附焉，以冀蒙民之耳目；而人民亦以无精神、无意识之行动，相为桴应。遇有外交诘责，朝野上下跳踯焉，惊骇焉，欲捧一握之土，以塞孟津之口，卒之口不得塞，而溃且益甚。行尸走肉之政府，图免责于一时，即恣其淫欲之逸乐；无精神、无意识之国民，于跳踯、惊骇者以外，无他事事。久之政府之气惰，传及吾民，则跳踯、惊骇且息矣。全国之人皇皇，不知命在何时，而卒莫知安身立命之策。朝立内阁，而内阁之成效未收，先树一政治上无穷之荆棘；夕设国会，而国会之前车可鉴，徒拥一立法上无谓之虚名。举凡十年以来，志士仁人之所拼命以争，策士政客之所苦口以道，徒为今日政府涂附之资，而添异日政治上无数之蛇足而已。去年代表诸君不尝为资政院豫备议案乎？竭数十日之心血口舌，不足邀政府之一盼。若诘问政府，谓其不以立宪国政府自待，吾知政府必振振有词曰：吾非立宪政府。若诋呵政府，谓其破坏宪政，吾知政府必且大乐，以为吾固不知有所谓宪政，安知所谓破坏。质言之，今日之政府，除行尸走肉、骄汰淫乐以外，不知天地间有何等事业。疾厉以待之，则受之以虚洞；安详以竢之，则扪之若无物。孔子所谓不可与言而与之言者，前日人民上条陈于政府之类也。若徒执其条陈政策，以为吾要求已到，义务已尽，行与不行责在政府，谅以天下自任之诸君子，必不出此。吾所谓不依赖政府者此也。

二曰宜勉为社会之中坚也。一国之风气，造端于少数之人，而此少数之人，必有其中坚焉。此中坚者之帜既张，俨有富贵不移，死生以之之概，则社会之少数人，被此风感化，咸思自奋。多数人者，耳听少数人，目视少数人，以中坚转移少数，以少数转移多数，蔑不济矣。今中国者，天地晦冥，贤人退隐。其高据夫势要，沉湎于利禄者，固无一事一节之足矜，即其号称社会之中流，能转移社会风气，而洗濯混沌之乾坤者，亦颓然自放，无复立于社会以外，超渡社会之思想。其人者，能不加入于势要利禄之一途，已为难能可贵。若责以自辟草莱，自树壁垒，以与旧社会对抗，勉为新社会之中坚，不掩耳而走，则咋舌而悼，以为泛泛颓流，其何能济。乌乎！此中国政治所以日即于黑暗，社会所以日流于污浊，虽有拔出超海、旋乾转坤之雄，无所施其技俩。夫一国盛衰兴亡之关键，不在一国之政治，而在一国之心理；不在一国之心理，而在一国之风气。政治者，心理所反映，而心理者，又风气所养成。如举国以得官为荣，则求官者必日炽；

举国以军人为贵，则尚武者必日多。社会至其妙不可思议之事，往往以一二人之心理，造成全社会之风气，而渐渍于全社会人之心理。当其屹然自守，穷无复之之时，几疑天地厄我，社会窘我，永无与天地、社会为缘之日。而孰知其屹然自守，穷无复之之结果，乃至使天地改观，社会易色。水之积也不厚，则其负大舟也无力。微风起于萍末，其积也，足以啸号山谷，震动百族。今联合会诸君，其在社会上，或以名德著，或以学识称，或其资产财力足以表见于社会。凡此者，允为社会所信仰，其一举一动，皆足为社会之楷模者也。各地方各造成一种社会，各各以其社会之优点，与各地方相钩连，则举中国之大为一社会，举中国之事业为一社会之事业，何求而不得，何欲而不成。而其所以陶融化合此社会者，则联合会实握其机。联合会之诸君子，乌可以不自勉乎！

三曰宜养成国民独立之风气也。吾国国民困于专制者既久，丧失其独立之性格，霸者因得挟持之，泰然为所欲为。是故不至天灾人变迭起相乘之时，必不挺然自谋改革。经一次改革，而元气凋丧，嚣然丧其乐生之心。渐次规复，以图小康，不数十年或百年，而大乱仍作。试读吾国之历史，有一不重演此种法式者乎？而溯其因，则国民倚赖之性太深，不经惩创，无人图改革，改革渐就，又谋休息也。今大难滔天，百鬼狰狞于前，猛兽角逐于后，乃人民之所以待之者，则除倚赖政府之外，无第二法。维新变法政府事也，立宪政府事也，国会亦政府事也。以要求请愿为不二之法门，以诏命恩颁为莫大之雨露。政府曰可者可之，政府曰否者否之，即欲不否，亦无法以强政府之可。其始政府未尝不姑投民意，偿以一二事，久之而政府畏心去，久之而政府怠心生，又久之而政府侮心慢心环生迭起，于是蹂躏凌辱，一唯其意。谘议局作如是观，资政院作如是观，一切宪政皆可作如是观。酝酿孕育，乃构成一天灾人变迭起相会之机会，改革之机动矣。而所以乘此改革之机者，吾仍惧重蹈历史上之覆辙，而莫可救药也。自倡言立宪以来，朝廷之涣汗大号者，亦既数数，然国民识立宪二字之意义者几人？国民之优秀者，以立宪二字，奔走鼓吹于民间者几人？然则立宪二字，殆属政府之专卖，有政府事业而无社会事业，此立宪之所以无成，一切资政院、国会皆成虚器也。今大梦将醒，人人知政府之不可恃，谋所以自立救亡之策。联合会诸君负国民先觉之任，有代表民意之责，沟通而助长之，致力于社会事业，而暂辍其政府事业，经之营之，锲而不舍。吾知登高一呼者，众山响应，立宪之业，不崇朝而集。吾非谓政府不当监督，立宪不当要求，特监督者必有其据，非乌合可以集事，要求者则时已过，非屡用可以救亡。上审天变，下察人情，我民苟非奋然起者，殆长为人奴而已矣。联合会诸君子必有契于斯言也。

呜呼！往者不可复，来者犹可追。我国民运动宪政之失败史，亦既累累盈篇，诸君慎之，毋令此神圣武勇之国民，终于失败，永世不能自拔也。

《国民公报》，宣统三年四月初九日、初十日、十一日（1911年5月7日、8日、9日）

论国民宜为谘议局联合会之后盾

孤　愤

湘鄂谘议局议长谭延闿、汤化龙等，入京开第二次谘议局联合会，其所提出要求政府有三事：一协赞宪法，一改订阁制，一广练民兵。此三事皆为国民与政府竞争之一大问题，前二事则为对内之竞争，后一事则预备将来对外之竞争。以欧洲过去之历史而论，则国民先有能力以对付腐败之政府，然后可以对付列强。故自十八世纪以至十九世纪之上半期，欧洲之纷乱，实欧洲国民对内竞争之胜利也。今日吾国外患既逼，与欧洲当时之情形不同，则外患似急于内患。然而内患不除，则外患终无自而弭，故今日救中国，宜先除内患，而后及于外患。夫内患之名目，亦至不一矣。在政府一方面，则曰革党遍地，伏莽堪虞，非先除此内患，不足以长保富贵。吾能除此内患，纵有外患，仍不失为朝鲜之华族也。在国民一方面，则曰预备立宪数年，编纂宪法，不许国民参与末议，致有种种非常可怪之特权，发见于宪法大纲中。又新内阁甫一成立，而参与国务大臣者，皇族中居大半多数焉。非先除此内患，不足以保政治之平等。倘萃我国民之能力，与政府决一胜负，则外患不戢而自弭也。以同一内患之名目，而自政府与国民之心理视之，乃因之而异。然则对内之竞争，其为今日所必不可逃之公例乎？夫对内之竞争，实一惊心动魄、最可恐怖之事也，幸而以文书口舌竞争，不幸则以强硬竞争。倘政府而知悟焉，则文书口舌可以奏效也，然而吾敢断言政府之必不知悟也，则计惟有以强硬从事。夫未经一度之强硬，以屈服政府，纵令知悟，其所畀于吾民者，亦不过狙公饲狙，朝三暮四之技俩而已。不观夫数年前之颁布立宪大诰乎？其曰大权操自朝廷，庶政公诸舆论者，当时岂不令国民额手称庆？乃何以比年以来，政治现象，愈变而愈离奇。其解释大权操自朝廷之一语也，不以裁可之狭义解释之，而以裁夺之广义解释之，是君权仍无限制也。君权既无限制，于是狡猾之阁臣，遂得委过于君主，演出种种专制之余毒。似此现象，而谓吾民能腐心以听其所为乎？不能听其所为，则惟有万众一心，以与之力争而已。今日吾国民须知，此次联合会之代表，由谘议局所公举而来，而谘议局之议员，则又为各省人士之所公举而来。各省人士既信仰谘议局议员，谘议局议员又信仰代表，倘能以谘议局为各代表之后盾，以各省人士为谘议局之后盾，则何坚不可破，何功不可成。然则此次代表所提出之质问案，实为国民对于政府之宣战书，固未可以寻常之质问案一例视之也。微闻联合会诸公，近又有欲组织政党之说。夫组织政党一事，非猝尔可成，且政治结社集会律尚未改订，则我虽欲组织政党，易为政府所忌。彼得挟其前数年所颁布之政治结社不得过百人之律以绳我，又何如合全国人为一党，堂堂正正，与政府开最后之谈判也。呜呼！洪流溃洞，来日大难。非记者好为过激之言，第默察时势，非经一度之竞争，国事实无从解决者。我国民其倘有意乎？愿毋自馁。

《时报》，宣统三年五月初六日（1911年6月2日）

谘议局联合会奏皇族不宜充内阁总理折书后

惜诵

亲贵秉政之局，莫盛于两晋六朝，至隋唐而其焰遂熸，（讫）〔迄〕今千有余年矣。乃不意变法改制之秋，而忽有死灰复燃之势，斯【真】极政治上之怪现象，而为志士仁人所腐心太息者。顷读谘议局联合会呈请代奏一疏，于阁制之关系国本，皇族之不可委以非常之任，深切详明，意挚而词婉。朝廷而果有实行宪政之思，固不当弃菲葑以下体矣。虽然，吾读此疏而知其衷实有未敢尽言者，则试请借箸而纵言之。

吾国民亦知亲贵内阁之制，为金世宗政策之变相也哉？溯军机处设立之初，汉大臣固未尝获参预政权，不过为最高之书记官已耳。自沈文定、李高阳外，盖莫非伴食中书者。洎调和满汉之议起，而畴昔疑制猜防之意，不能复行于改弦易辙之时。虽然，在政府之处心积虑，何尝一日而忘畛域之见哉！顾对于昔日之诏书，又不能自言之而自背之，乃为此移步换形之法，以行其莫四朝三之术，举天下之大政，而悉付诸二三亲贵之手。此即不言轩满轻汉，而满族势力之巩固，乃终古无虑其下移。吾故曰：今日之贵族内阁，固金世宗政策之进化者耳。

谕旨以今日阁制为暂行之法，而许庆邸于数月后引退，议者皆以为此语不过涂饰国民之耳目，而深识政界真相者，固知其决非欺人之词。盖庆邸之在今日，实有五日京兆之势耳。庆邸虽亦暗庸无识，然犹生长贫窭，稍识人情物理，固差胜一般纨绔之俦。数月后庆邸果遵旨引退，则必有人焉起而与之代兴者，行见政界之光怪陆离，更倍蓰于今日之现象耳。昔文宗之初升遐也，有议请两宫垂帘，而以恭亲王入政府者，军机大臣侍郎杜翰引祖制力争，乃已。班退，肃顺竖拇指以奖杜曰：杜老三真名臣子也。由今思之，杜翰之言虽出于附和肃顺之私，而其言则未可厚非。今日衮衮诸公，欲求一杜翰其人者，而不可得矣。大臣不争而小臣争之，草野之谠言，讵足以奏回天之伟绩哉？

且今之天潢贵胄，其孜孜焉奋身于政界者，岂惟是为功名声誉计乎？某邸当国行十载矣，官吏之丑献，年例之冰炭，其搜刮自民间，而输入于内府者，累累若若，岂巧历所能计算。群从昆季，固莫不心焉羡之。设想吾一日与彼代兴，则黄标紫标之充盈，宫室妻妾之美富，何遽让彼老以独雄耶！职是之故，而骧首信眉于政界者，遂无非银潢玉牒之英。然而，项庄佩剑，意在沛公，识者早有以观其微矣。有来自辇下者，为言庆邸实不愿【担】负此重任，而当阁制未发表时，亲贵之有权力者，争视代总理一席为奇货，而不欲以让人，暗潮之竞斗方烈，故特举庆邸以为之排难解纷耳。数月之后，则优胜劣败之势，自将显然暴露，可以致和平之结果矣。此以知朝旨之许庆邸以数月后引退者，诚有自来也。噫嘻，循是以往，小将为三桓七穆之争，大或酿晋室八王之祸，而强邻之注意外交者，又从而施其捭阖纵横之伎俩，以抑扬操纵于期间，则瓜分之惨剧，遂一成而无可挽救也已。

由前之说，专属于满汉种族之问题，其为立宪之阻力也尚微，有贤者起，不难破拘墟之旧见，以宏大公无我之规。由后之说，则其磐据于心理者，既深固而不易动摇，而其因缘旁及于外交者，则又不啻为虎作伥，使强邻不劳一矢，而坐收渔人之利。此其为祸之烈，岂仅区区种族问题，所可同日而语者耶！不幸而此两害者，吾今日皆自蹈之。记者之言，何足为一时轻重，然失今不言，则栋折榱崩，侨将压焉，虽大声疾呼，而亦无及也矣。愿贤王之公听并观，深察国民不可明言之隐痛，而毋以留中不复为已事也。天下幸甚。

《时报》，宣统三年五月廿二日（1911年6月18日）

谘议局联合会第二次呈奏之希望

直省谘议局联合会对皇族内阁第二次公呈，由都察院发还改易触犯忌讳之语，闻将于日内代奏。乌乎！自联合会奏案留中，各省士民已绝望于我政府矣，乃今第二次公呈，尚得邀都察【院】之再递，是绝望之中，尚有一线之希望也。记者敢就此一线之希望，以忠告我政府。

国家最大之不幸，莫甚于革命。革命者，非政府之独罹于祸，人民之牺牲生命财产，感受种种之苦痛，恒至于不可思议。而当其机之既动，往往明知牺牲生命及财产，亦甘冒大险，以求一逞忿。心之所积，戾气乘之，所谓日暮途远，倒行逆施，而不暇择也。横揽各国革命之历史，其始也，人民因政府之无状，竭忱呼吁，以希望其改革；继则希望之心，变为绝望；终则深怒积怨，而不欲与之并世。至于一国之民，深怒积怨于政府而不欲与之并世，则革命之势已成。其怒之也，举国若狂，公然行之，而无所容其秘密；其应之也，举国若历一朝一夕，可以推倒国家根本之政体。迨泛滥而不可收拾，则彼此相斫，糜烂涂炭。虽有大英雄者出，缔造一新国家，而元气之斲伤，已不可以数计。乌乎！吾念革命，吾股慄，吾心悸，吾甚不愿吾政府之逼吾民至于此极也。

直省谘议局联合会第一议案，为反对皇族内阁，所以代表吾民，希望政府之心理也。不欲以皇族组织内阁，实不欲以皇族当臣民怨府，〈政界〉【侵】及于君主之神圣。故反对皇族内阁之根本要义，一言以（敝）〔蔽〕，曰求巩固君主立宪政体而已。君主立宪政体者，革命党之处心积虑，日夜求有以破坏之者也。而联合会诸君，抱巩固君主立宪政体之心，以求完全负责之内阁，可见吾国民爱戴君主之心理，尚占全国最大多数。而对于皇族内阁，反对皇族内阁不避嫌怨，尤足见吾国【民】希望政府之出于至诚。政府诸公乎，苟为国家根本计，启沃皇上，以徇吾民之请，吾国民感朝廷之大德，公等亦受国家万年有造之赐。若仍蔽塞圣聪，任吾民之百呼而不一应，是恶国家（报）〔根〕本之巩固，为欲破坏君主立宪之革党驱鱼驱爵，公等之罪，通于天矣。今联合会诸君，因奏案中方议退告，国民希望之心已渐绝望矣。还问政府诸公，有一事足以系吾民之望否耶？甲省抵制借债，则曰格杀勿论；乙省不信用国家银行，则曰格杀勿论。吾国民已知公等之心迹，怨公詈公，欲甘心于公等者，不崇朝而遍天下矣。乌乎！公等其念之哉！

《汉口中西报》，辛亥庚戌六月十一日（1911年7月6日）

第六编　其它立宪团体

一、宪政公会

东京中国宪政讲习会意见书

　　国家必思独立，人类皆争自存，断未有以数千年之祖国，数百兆之同胞，而可任其覆亡灭绝者也。我中国自甲午一败，情见势绌，其所以未亡者，特由国际政局之牵掣，并非我有可以自存之道。在昔日犹为侵略、保存两主义相冲突之时代，在今日则皆以同一之方法，着着进行。日英同盟，英俄协约，日法协约，其政策之所在，既为世界所共认，我祖国至今日，盖已在灭亡实行之中。我同胞将来其为奴隶乎？其为饿莩乎？往后之世界，殆无复我辈立足之地矣。

　　孰亡我中国？曰政府亡之也。夫物必先腐也，而后虫生之；国必自亡也，而后人灭之。以今日之政府，冥顽不灵，贪饕无耻，其在闭关自守之时，尚有陆沈之祸，况其在国际竞争剧烈之秋乎？政府何以敢亡我中国也？曰无责任故也。夫专制国之政府，为统治权行使惟一之机关，国计民生于焉托命，其责任之巨大，虽有贤哲，犹恐陨坠，乃今日之政府，滥充高位，放弃职守，超然于权限之外，游行于利禄之中，以言责任，彼固不知为何物也。近二十年来之政局，外交之失败，内政之紊乱，武力之萎缩，财政之烦苛，杀戮之横滥，黜陟之失当，在文明各国，无一事莫非内阁生死之问题，而我中国土地数割，国权屡失，内乱频兴，彼之禄位如故，权势如故，吾民竟无可以过问之地，唯以最可宝贵之生命财产，供其利禄之牺牲，彼亦视为当然，无所顾惜。凡此种种之痛心，政府何以敢于不负责任也？曰无民选议院以监督之也。夫政府有执行政务之义务，国会有监督政府之权利，故立宪各国之政府，一言失当，反对之声立起；一事失宜，弹劾之书即上。此立宪各国，所以有责任内阁，而无放弃政府也。我堂堂国民，其国家思想发达之早，政治能力进步之速，固远在各国人民之上，乃当民权发达之二十世纪，竟无一参预国政之机关，而惟以个人之生死，祖国之存亡，付之无责任之人之手，以听其鱼肉俎醢，而莫敢谁何。此则本会同人所为腐心泣血，而愿与我汉满蒙回苗藏四万万同胞，同声一哭者也。

夫维持国家之生存者，在上为政府，在下为国民，文明各国已成通例，顾我中国则独不然。其政体则专制也，其政策则放弃也。惟放弃故不使国家有振兴之希望，惟专制故不使人民有容喙之余地，亦若创此特别之新法，以供将来亡国史上研究之材料者。我国人民犹希望其振兴国势，抵抗列强，以维持千钧一发之危局，宁可得耶？呜呼！我国民如不欲中国之存在也则已，如欲其存在也，则非改造责任政府不可；欲改造责任政府，则非立民选议院不可。夫立宪者必兴，专制者必亡，世界之公例也，我中国何可以不选择最良之政体，以为自存之基础。担负国事，参预政权，公民之天职也，我国民又何可以不改造最良之政府，以为自有之保障。然而，有强迫政府立宪之国民，无自行立宪之政府，历史更具在，往迹昭然。况我今日腐败放弃之政府，其不适于立宪政体下之生存，亦彼之所自觉，其必出死力以与吾国民抗，以保全其权势利禄，固骑虎之势所不得不尔者也。盖彼所谓预备立宪者，不过搪塞外人之耳目而已，岂真计及国家之利害哉！不然则立宪已耳，又何为以预备为迟延之计；即着手预备可也，又何以自诏旨颁布以来，一事不举，一政不施，而惟以贪饕倾轧、争权纳贿相逐于庙堂之上，则其绝望亦可知矣。故我国民决不可守消极之态度，而立于受动之地位，坐待他人之以政权授我也。夫宪法之结果，以国民之血争来者则有效，以政府之墨草就者则无功。我国民试一翻列国之宪法，其一字之间，实洒有无穷爱国之热泪；其一句之中，实含有无穷自由之碧血，决未有以一纸之虚文，即可以收强国之效果者也。本会同志有鉴于此，誓天泣血，奋励无前，实愿与薄海同胞互相提挈，以一腔之热血，为宪政之先驱。至于轻事暴动，以招外患而酿内乱，则势所不敢为。然之死靡他，与专制、放弃之政府正式要求，亦义所不忍辞。我汉满蒙回苗藏四万万同胞，其各矢热诚，共发宏愿，以期宪政之实行，救祖国于垂亡之日，拯同胞于水火之中，此则本会同人所祷祀以求者也。凡我兄弟，邦人诸友，自由之幸福不可无，文明之潮流不可遏，天赋之人权不可弃，国民之天职不可忘，祖宗之国土不可失，子孙之生存不可忽。凡吾国舍生负气之伦，其咸引为己责，勿令政府放弃对于吾侪之义务，而吾侪复放弃对于国家之义务也，则吾汉满蒙回苗藏四万万同胞幸甚。

《大同报》第四号，光绪三十三年十月五日（1907年11月10日）

记东京宪政讲习会集会事

阳历十一月初五日（即九月三十日），东京宪政讲习会为拒款问题，开会员大会于清风亭，到会者约七十余人。先宣布开会大旨，次述江浙铁路过去、现在之情形，又次演说江浙铁路之失败不过一端之误，论其根本，皆由于根本之不立，无责任之政府之过。推论善后之策，当以鼓吹舆论，设立国会，为入手方法。内中有提议拒外人方法者，众以事属讲习问题，当择日从容研究。或又以此属于政府之责任，此问【题】我辈绝对不能承认，不必代为解释。于是众议决拟电力争，并联合江浙人催开国会。其余议论大抵推阐无责任政府之失当，设法改良救国云。当场拟决之两电文如下：

军机处、外务部王大臣钧鉴：苏杭甬路借款事，违谕旨，翻部案，拂舆情，置责任于何地。恳速撤销，并开国会。宪政讲习会会员公叩。

苏浙路公司暨拒款公会鉴：外部违旨背案，勒借外债，有此不负责任之政府，非亡国不止。乞坚拒，并乘民愤，联合各团体请开国会，监督政府，不独路权可保，全国幸甚。详函另布。宪政讲习会公上。

《中外日报》，光绪三十三年十月初十日（1907年11月15日）

湘省宪政讲习所成立

湘省宪政讲习所系由杨君晳子、谭君祖庵、龙君莫溪、胡君子静等所组织，赁定湘潭师范学堂房屋，于去年腊十六日开办。定章隔一二日或二三日讲演一次，苴所听讲者均可彼此辩难，以期研究有得，为异日地方自治之预备云。（敏）

《申报》，光绪三十四年正月初九日（1908年2月10日）

宪政公会会员致粤商自治会电文

顷探得旅豫宪政公会会员闻粤商自治会将联络各省要求开民选议院，特致长电赞成其事。略云：内政一日不理，外交一日不胜。前事已矣，来日大难，救亡非开国会不可。湘省人民业已要求，豫、浙、赣亦图继起，粤不宜后，愿速起共维大局云云。

《时报》，光绪三十四年三月十四日（1908年4月14日）

宪政公会之设置

杨度等前在东京组织之宪政公会会员，现均陆续回国，特遵宪政编查馆所订之政治结社专律，向民政部禀请在京设立宪政公会会所，已于初二日由部批准，初三日择地于烂漫胡同莲花寺内设立事务所，公推熊范舆为总事务员，组织一切。兹将外城总厅照会该会原文录左：查立宪之国，基于政党之组织，为合群之进行，上以巩固国权，下以团结民志，异出同源，地球一例。贵京堂等于光绪三十三年十一月将宪政讲习会扩张宪政公会，热心毅力，无任钦佩。除电部存案，并饬右分厅妥为保护外，相应照会云云。闻在京乡人拟于湖南省设立宪政分会，以杨钦易、曾琦二人为事务员。其他上海、河南、安徽、天津等处，不日亦将设立分会。

《申报》，光绪三十四年六月初十日（1908年7月8日）

宪政公会之评议会

宪政公会已经民政部批准，已志本报。兹闻该公会之人均集事务所开评议会，议定章程，并选举总办、副总办、常务员，及设立各支部办法。现正预备一切,不日将开催矣。

《顺天时报》,光绪三十四年六月初十日(1908年7月8日)

宪政公会宣言书

宪政公会已经设立,兹得该会之宣言书云:人类无日不求生存,国家无日不有竞争,优者愈胜,劣者愈败,未有日趋退步而不遭淘汰者。今中国国势阽危,民生疾苦,至此极矣。然政府酣嬉于上,国民醉梦于下,各营营于私利,无谋国之真心。举国如此,而倖国之不亡,则英美德日,亦无必存之理。成败在人,非有天命,言念及此,为之愤然。激烈之徒,慨累卵之危,求一日之逞,其心欲以救亡,其事反以召乱。使果实行革命,则满蒙回藏同时解体,四千年之祖国,将自此而陆沈,吾党同人未敢出此。然世界各国,无不立宪制、伸民权者,吾民四万万,乃皆蜷伏于专制政体之下,生命财产日在倒悬,而政府优游不负责任,人民昏昧,亦不求所以自治之方。虽朝廷预备立宪,下诏有年,然举国上下,无肯实行。国事如兹,自何能救,吾党于此,亦所痛心。平日研究讲习既有时日,用特团合运动,以冀开国会,布宪法,建设责任政府,消专制之威,免暴动之祸,实行君主立宪制度,上安皇室,下起民权,使吾国自危而之安,自亡而之存,合满汉蒙回苗藏诸同胞,以与列强争雄于世界,则吾党救国之责,庶以稍偿。凡我兄弟,邦人诸友,其各奋起,共矢斯言。

《顺天时报》,光绪三十四年六月十一日(1908年7月9日)

论宪政公会之创立

今使与政府当道者语曰：举世皆言立宪，立宪者善乎，抑专制善乎？当道者必谓：专制则积弱，不若立宪之能自强也。于是更语之曰：立宪既善矣，曷不改良政体，尽变其专制之法，而实行立宪乎？当道者则谓：民之智识未开，其资格尚待陶铸，必俟陶铸国民之资格已成，而后决定实行立宪事。非官府所欲专制也，民不足用耳。异乎！当道之不知自反，而徒责之国民云。然则国之已改行立宪者不必论矣，时而初拟宪政之实行，犹可委任官府，专恃其提倡乎？将利用夫民乎？真知立宪之益者曰：民固大可用也，而其愤发之气，有为之志，必待民自知觉，方足以任事，官府正不得阻挠之。前此数年间，中国之民，有通达世故，谓非实行宪政，不足以自救者，遑云与列强争衡哉！或借报章立论，以唤醒诸同胞；或游说当路，申明其意见，欲使政府中及早改图，勿至临渴而掘井。其人诚识时务之俊杰也，惜所入不合耳。然按之实际，均属个人之运动，不能达其目的也宜。未有结大团体，能组织一政社，联合同胞中同志之人，以倡实行立宪之主义者，谁与鼓舞舆论，游说当路乎？若曰有之，则自宪政公会始，是正可为中国前途贺。

且宪政公会员等，皆深明立宪主义，欲与列强争衡者。其保国民之念诚重矣，而提倡急开国会之议，先以之鼓吹湘、鄂诸同胞，使其人咸知奋进取于不容已，谁则敢假公以济私。由湘、鄂推之各直省，凡有爱国思想，奋愿维持大局者，皆在本省会议，举代表员晋京，挟策以干时，上书当道者，请愿速开国会，以动政府之意，非仅忠于自为谋也。其为政界之转关在此，识见何如其卓，奔走何如其劳。然起视中国政府，其对于政党政社，犹存忌避之陋习，而未能豁然全除，不可谓非缺憾也。迄今集于辇下，不畏万目之视，不虑万耳之听，不避万手之指，公然组织一政社，猝敢颁发宣言书，使朝野闻知，得从事于大道，而开国民预备实施宪政之先声。其进步肇基于斯，意之刚决也，气之忠勇也，闻风而起者，读其宣言书，真能使顽夫廉，懦夫有立志，而可蔑视之乎？说者谓中国积弱至此，不筹自强之策，何以致中兴。革命出则召内乱，守旧固则弊愈甚，徒事专制无当也。为顾全大局计，除实行宪政无他道，而究之以君主立宪政体为宜。苟能实行改良，尽变先朝之制度，创始责任内阁，而定宪法之基，君与民遵守成宪，共纳范围中，不敢踰其矩；政府立于中央，一切听国会决定，不敢行其私。帝室至尊也，以立宪而居神圣难犯之地，不至被动摇于政界。今此下民，或敢侮予。国民程度日进，受保障于宪法，而乐生命财产之安全，官吏不得侵夺之。其在政府者，上致下泽，时而与列强起交涉，正可赖国民敌忾之气，以作之后援，折其冲而御其侮，由是内政、外交，两无所贻误。群情各适其愿，满汉犹或反目乎？惟满汉之界除，则合群之势倍增，而爱国之念重，因之振兴实业，以大辟其利源，若制造工艺，何难渐次发达乎？富国也，强兵也，一转瞬间事耳，要非立宪不足语于斯。善夫！宪政公会者，其注重眼目，拟别具和平手段，由笔舌运用之，变专制之贻害于国计民生者，特取法列强，创为可喜可贺之立宪政体，以策夫长治久安。是真不愧为提倡立宪之领袖矣，而谁其能阻挠之哉！

　　虽然，夫曰实行宪政，在列邦习以为常，在中国则政体之大变革也。曰组织一政党，尤中国政界之所创闻也。今日之中国，虽曰风气渐开矣，政有转机矣，改良政体无难也，然历阅官民界，囿于专制之困，而甘心守旧者犹多，其势力之厚，殆不可侮也。就实在情形论之，维新党之势力，大抵著于表面上，仅恃报章演说等，以大为之鼓动，势力虽似称雄，而基础未之固，根本未之立。如有大势力者，出而干涉之，向之一击，则顿挫立形，谁则如之何？反之，守旧党势力在于内者，其轻重奚若也？夫在内之势力潜伏，其形体不易呈露，其根柢牢不可拔，虽曰消化者已久，杳不知其所在。而【一】旦有机可乘，即勃然振兴，出其死力，以与新党争，其孰消孰长也夫何疑？彼为宪政公会员者，可不预为防备，妥帖布置乎？若布置未妥，而破坏者群起攻之，良足令人心灰也。讵可乘一时之风潮，而作轻浮之行，自鸣得意之状哉！大凡天下人，有志者事竟成，虽改行立宪，为国家之大事，亦在乎持之有恒而已。敢窃为宪政公会祝。

《顺天时报》，光绪三十四年六月十三日（1908 年 7 月 11 日）

北京宪政公会章程

宪政公会设立详情迭志前报，兹将各项章程录左：

本会章程

第一条　本会宗旨在于确定君主立宪政体。

第二条　凡中国男子有本会会员之一介绍者，可为本会会员。

第三条　本会得于各地设立支部。

第四条　本会设总裁一人，副总裁一人，主持会务。

第五条　本会设常务员，无定数，以总理会务，由各支部干事长随时会推。

第六条　本会设常务员长一人，由常务员于常务员中推举。

第七条　本会章程及其他一切章程规则有应修改者，得由总裁、副总裁、常务员长同时与常务员及各支部干事长商酌修改之。

支部章程

第一条　支部设干事长一人，以评议员长兼之。如干事长因事不能任职，或往他处时，得于本支部内各干事及评议员中推举一人为代理，惟须得总裁或常务员长之认可。

第二条　支部设置评议无定数，于会员中公选之，由评议员互选评议员长一人，评议员长亦得随时于会员中推举评议员。

第三条　支部应设各项干事以任会务，随时由评议员会集议，即由评议员长于评议员中推举兼任。

第四条　支部得随时于各地开讲习会、研究所及调查编辑等事。

会员规则

第一条　会员应宣扬本会之【宗】旨，吸收同志，以求本会之发达。

第二条　会员入会时，其籍贯、年龄、身份、职业、住所及通信处，皆应详告本会支部，以便登载各册。

第三条　会员住所及通信处有【迁】移时，应随时告知本会各地所在支部。

第四条　会员非【解】会除名，不得发表与本会宗旨相违之言论。

第五条　会员关于政治改良问题及见为本会有应尽之义务时，对于本部或支部有发言权。

《申报》，光绪三十四年六月二十日（1908年7月18日）

宪政公会之人物

京函云：宪政公会所有职任人员，已由群众举妥。兹特分列于下：

干事部：干事长一人，沈钧儒。书记员二人，熊范舆、乌泽声。会记员一人，陆鸿逵。庶务员一人，郑言。

评议部员：评议长沈钧儒。评议员熊范舆、袁思亮、杨度、恒钧、陆鸿逵、范之杰、乌泽声、黄敦恎、杨德麟、刘（鼐）〔鼐〕和、颜楷、季龙图、康士铎、郑言、狄楼海。

《现世史》第六号，光绪三十四年八月初一日（1908年8月27日）

宪政公会欢迎各省国会请愿代表演说

今日之会，乃宪政公会欢迎各省国会请愿之代表诸君。开设国会乃宪政公会现今最大之目的，而诸君适以要求此事而来，得于京师相聚于一堂，实非偶然之集合。今鄙人代表全体会员，向诸君致其欢迎之意。以今日时局论之，可欢之点有三。

凡一国之强弱，皆以国民政治思想之强弱为标准，今世界各国之能以帝国主义协以谋我者，亦由其国民政治思想发达之故。能治其内，所以能【御】其外。中国数千年来，国民以冷静为主，故【一】与各国相见，遇国民之竞争，而即摧败也。夫国民有无政治思想，以何者为表见？则以有无参政权为表见。国民有无参政权，以何者为表见？则以有无议会为表见。有议会国之人民，其有参政权，有政治思想，已不（符）〔待〕言。无议会国之人民反是。我中国数千年冷静之国民，至今日而忽然风起云涌，要求开设议会，此响彼应，全国竞起，是实政治思想发达之征，可谓国民之进步。而诸君之运动、联合各代表数千数万之人民，以联名请愿群集北京，此为中国自有历史以来第一次之事业。诸君热心国事，提倡国民之功不可磨灭，此其可欢者一。

凡一国国民之行动，未有不影响于政府者。一年以来，国民运动甚急，故近数月中，政府亦知立宪要义，在使人民与闻政治。既欲使人民与闻政治，即不可无与闻政治之机关，因此于开设国会一事，亦认为宪政首当筹及者。故有六月二十四日上谕，令宪政编查馆、资政院，将著议各件迅奏，即行颁布国会年限。闻此【次】上谕出后，议者多疑为政府故出难题，藉为延宕之计。是则出于误解。以鄙人所知者言之，除非因国民运动过激，反动力生，欲速反缓之外，当可望于月中，以最短之时日，将开设国会年限颁示天下。此事六大军机合力主持，而贤明皇族如肃邸、泽公、伦贝子等，皆极赞成，而尤以庆邸、张、袁两公主张最力，故能有此。以前时比现在，不能不谓我政府之进步。然政府之进步，仍由于国民之进步，而国民之进步，仍由于诸君提倡之力，是其可欢者二。

各国立宪之初，多由于人民逼迫，乃至流血革命，而后成之。即以各君主立宪国而论，英国一千六百四十二年之役，一千六百六十年之役，一千六百八十八年之役，英京伦敦是何气象。普鲁士三月之变，普京柏林是何气象。日本号为极和平之立宪，然人民要求国会数千百起，而后政府乃定明治三十四年开设国会之年限，当时日本东京又是何等气象。乃今我中国不然。诸君之入京请愿者，方未至京，而著议国会年限之上谕已出。然而国会年限又尚未定，此时谓政府已有所与不可，谓国民已有所得不可，乃在欲与未与、欲得未得之顷，演成最奇之现象。窥政府之意，似以为立宪者，国民之事业，不宜上下两不相应，特留此人民要求之余隙，而后从而颁布之，愈以显朝廷视民如伤，有求必应乎？然而，当此时会，实为上之所与，即为下之所求，两方之志意相同，彼此接触，恰成此君民一致之效。夫议会之为物，亦不过达上下之情，求全国中上下一心，以对外侮而已。而今者议会未开，已有上下一心之美，则将来皇室之安全，人民之乐利，宪政之美满，国势之强盛，可以预决。使果于此机会中，即可雍容以成立宪，则此等立宪之法，为地球各国之所无，将来于世界立宪史上，当以中国居第一之位置，岂非至美之事。今事势果能如此与否不敢知，然适有此机会，诸君于此机会中恰为身当其事之人，其为光荣，岂复有限？是其可欢者三。

虽然，以国民之进步，与政府之进步，而成此古今无比之机会，是固然矣。惟是此等机会，以言可宝，则至可宝，以言可危，亦至可危。若忽有阻力之横来，则欲与未与、可以即与者，亦可变为不与；欲得未得、可以即得者，亦可变为不得。虽世界之大势所趋，全国之民情所向，无可抵抗之理，他日者上终必与，下终必得，然机会可惜，时不易得，使上下之感情一伤，则和平之局面难保，上而为朝廷之不幸，下而为国民之不幸矣。天下事动力愈大，阻力亦愈大。今日之事，难点尚多，愿诸君勿视为圆满进行之时，而视为危疑振憾之时。鄙人之意，但求国是早定一日，即中国早强一日。政府中如有主持者，国民不必与之争功；政府中有不主持者，国民不必与之斗很。总宜以强毅与和平出之，求事之早成而已。当此欲与未与、欲得未得之机会中，不可有倖成之懈心，亦不必有绝望之愤举，仍当从容整暇以成之，故鄙人敢以"强毅和平"

四字一贡献于诸君。

《申报》，光绪三十四年七月廿二日（1908年8月18日）

宪政公会常务员长杨度布告宪政公会文

呜呼！吾党诸君子。（目）〔自〕此以后，中国国势必日危，外交必日困，主权必日损，铁路、矿山必日失，外债、赔款必日增。外人浸假借守路等之名目，而代握我兵权矣；浸假借关税等之基础，而代我理财政矣；浸假谓我司法不整，而代我司裁判矣；浸假谓我行政不理，而代我立内阁矣；浸假谓我外交不顺，仿埃及、朝鲜之事，而咎及我皇统矣。各国已行之例，皆将于我行之，一变我为永久中立之国，再变我为共同保护之国，至奇极幻，有必非今日所能梦见者。戊戌至今，不过十年耳，其中变故几何？此后十年之中，变故又当几何？波涛振动，风雨飘摇，前路茫茫，罔知所届，不知何年何月，乃变故发生之时。然欲求中国不亡，又必非现今政体所能有济。今世各国，其内政久已整齐，其实力亦已充足，而后协以谋我。即令我国今日宪政已成，上下一心，专谋对外，然推广教育，提倡实业，扩张军备，已非筹之十年，不能遽与列国相见，国势或存或亡，尚难妄必。亡羊补牢，已恨其晚，何况于各国内力既充、专事外取之际，而我犹汲汲内政，以为十年后对外之地乎？此鄙人所以外观世界大势，内察本国舆情，不禁为之流涕而长叹者也。

是以一、二年来，鄙人力主速开国会，以救危亡。同志之士，协力同心，呼号奔走，致使社会风从，庙堂倾听，实诸君子之力也。惟以鄙人不德，未能见谅于人，致朝贵力拒于上，各派纷乘于下，人民呼求，宫廷烦虑。今年夏秋之际，新旧之说，满汉之说，君权民权之说，急进缓进之说，一时俱齐，风潮大起，阻力横生。鄙人以一身受数面之嫌疑，当各派之冲击，方与同志诸君子以孤忠大节相勉，不望事之【有成】也。幸以两宫明圣，政府公忠，遂有八月朔日一谕，得将无年限、无办法之空言预备立宪,变为有年限、有办法之实行预备立宪。其所颁钦定宪法大纲及预备事宜年表,鄙人虽未尝参与一字,且于其时更申三年之说,作表列说,以冀其行;然而事有难言,议有难一,政府中如张、袁两公,向皆未主九年,至此时几并九年不可得,皆极兢兢然虑之,则鄙人三年之说,亦实强政府以难行,宜其无效也。平心而论,世界各国凡以激烈改革者,宪政必可立成,凡以和平改革者,宪政必有年限,此各国之通例。以日本与欧美各国相比,即可知之。然而,中国国民致力之苦,国会约期之长,皆尚不如日本。使非国势过危,人民未必遽以为憾。徒以大局之危,朝不保夕,九年期限虽速亦迟,必以十年谋内,以十年对外,二十年后中国之有无,未可知也。所以吾人于此,忧虑反深。今欲更有所谋,以求进步,则上而谕旨惶惶,岂宜违反,下而人民实力,亦未易言。且谘议局、资政院、地方自治等,皆人民议政之机关,使国民实力奉行,未始不能监察行政。数年之后,内政稍理而外患愈深,国势之益危,民气之可用,皆必为全国上下所知。苟有和平适当之机,上可以安皇室,下可以利人民,则朝廷既许立宪,迟早皆同。谓其必有成心,宁迟无速,立宪政体不可早成,凡在臣下,亦不宜以此等见解推测圣明。吾党将来责任方重,此时但宜奉扬谕旨,引导人民恪遵分年预备之单,而为确立基础之法,不宜以空言为重,以实事为轻,见目前之近情,遗天下之大计。惟于议政之机关,引国民之进步,即为实行曩日宗旨而已。

至于此次所颁钦定宪法大纲,君权颇重,各地报纸已肆讥评。若自鄙人论之,则以为以君主大权制钦定宪法,实于今日中国国势为最宜。何以言之?我国以满、汉、蒙、回、藏五族立国,满、汉必当混合,自无可言;若蒙、回、藏三者,则全恃本朝二百余年之积威以镇抚而羁縻之。今因外势所迫,已有附人叛我之心,若蒙入于俄,藏入于英,则德、法、日本等亦必不能坐视,将取汉土而瓜分之,中国最危之事,莫过于此。使非仍以君主大权统一之,则必不能使国本安宁,天威赫濯,一尊永定,各族归心。即以内部各行省论,地广而人众,外重而内轻,亦宜使君权稍尊,以谋统一。加以我国封建久废,无废藩之贵族挟其世有土地、人民之威信以调和君民二级之间,而近年满、汉感情挑拨殊甚,吾人念怀君国,时有隐忧。故以中国情形与各〈国〉立宪【国】相比,各国仅以宪法为民权之保障者,中国则兼以宪法为君权之保障,而除钦定宪法以外,别无可以保障君主大权之物。此亦我国势之独奇，谋国者不能不于此三致其意者也。吾党当知君权不能统一，则全国必致瓜分，蒙、藏朝叛，则满、汉夕离，为机至危，不可不察。鄙人所念念不忘者，但恐九年期远，不能更成钦定宪法，于国于君两不利耳。但使宪政能早成，君权能统一，即为国之大幸。至于君民权限偏轻偏重，非此时国事之所急，人民不宜于此过争也。

吾人发一谋举一事，须以通筹全局之心，而为预定百年之计。若其不揣国情，轻发大难，侥幸于不可致之功，尝试乎不可行之策，聊博一时之俗誉，必成千古之罪人。吾党素矢孤忠，义不当出，君民之隔间，满汉之猜疑，不可丝毫存于心曲。鄙人虽不肖，然亦备承诸君子之督诲，且吾党同志皆以爱国为怀，岂敢以阿世附私之辞，渎吾群彦，特因欲决大疑，不敢稍存顾忌。惟愿与吾同党诸君子，本最初救国之怀，负天下安危之责，无以一时之毁誉得失，易其往昔之宗旨而已矣。

《申报》，光绪三十四年十月初十日（1908年11月3日）

各省谘议局聘请宪政公会员

各省谘议局以地方自治办法全以慎择会员为入手，故各省督抚现聘请京师宪政会员甚多。兹将其已经聘用之员名揭列于下：湖广总督陈夔龙聘薛大可，湖南巡抚岑春蓂聘陆鸿逵，浙江巡抚曾韫聘沈钧儒，山东巡抚袁树勋聘方表、黄敦怿，东三省总督徐世昌聘杨德麟，直隶天津谘议局聘分省即用知州熊范舆。

《申报》，光绪三十四年十二月初四日（1908年12月26日）

宪政公会常务员长杨度与各地宪政公会会员书

敬启者。近以昊天不吊，大行太皇太后、大行皇帝于一日之内先后升遐。变故非常，环球震动，薄海臣庶，因骇生惧，因惧生疑，遂使浮议大兴，人心惶惑。日本东京学界，见闻较远，风说尤多，乃致布檄飞函，谓大行太皇太后及大行皇帝之丧，乃摄政王之所弑，并谓庆、肃、伦、张、袁、铁诸人分党谋逆，以邀定策之功；又谓大行皇帝以十四日崩，大行太皇太后以二十日崩，皆因皇位争夺，秘不发丧。其所宣布，有宪政公会等名目，谓宪政已无可望，唯有作乱称兵。鄙人观之，不胜骇诧。默念吾党宗旨坚定，专以宪政为归，决不至惑于流言，轻举若是。或者新有此会，为吾所未知，否则煽乱之徒，捏名影射，以为自遁嫁祸之地耳。然远道迢遥，情形睽隔，危疑之地，不可不防。

鄙人一介小臣，于宫禁之情形、政府之谋议，皆不足以与闻秘密赞襄，唯据所闻见，则与谣说大殊。大行皇帝当夏秋之间，即以病势渐深，停止讲讲。鄙人每问讲官，时相嗟叹。闻九月中两宫召见军机之顷，大行皇帝自言："此身病已难支，恐已不能尽孝，皇太后万寿在迩，势必不能行礼，何以为人子乎！言已，母子君臣皆泣。及十月初十日，大行太皇太后万寿之期，鄙人亲见大行皇帝在仪鸾殿侧扶掖升舆，跬步艰难，圣容憔悴，是日竟未率领群臣行礼。鄙人方与同官伫立宫门，相为悲叹，不意越一日而有罢朝之事。考其原故，闻十二日乃以大行太皇太后有疾之故，十三日乃以大行皇帝有疾之故。庆邸本拟于此二日中出赴东陵请训，因而未行。此时，京师人心已多疑惧。然十四日，两宫又复临朝，庆邸仍赴东陵，人心稍慰。不意自十六日后，又复罢朝，闻大行太皇太后卧病仪鸾殿，大行皇帝卧病于瀛台，彼此不能相视，军机不能入宫，唯御医向军机言，两宫病皆至危，不敢担此责任。又闻内务府人密述，大行皇帝向内务麻大臣言："朕已不能尽孝，然皇太后病劳亦不知如何，正为可虑耳！"又闻军机处因首领在外，莫敢主张，已飞骑促庆邸速归矣。庆邸于二十日午前乘火车至京，是日午后，即闻入内率各军机请起于仪鸾殿。大行太皇太后宸衷独断，遂有立摄政王及今上皇帝入宫两谕。摄政王叩首固辞，几于流血，未蒙谕允。于是，军机述旨于瀛台，大行皇帝慰劳庆邸，即命如旨遵行。并闻今皇太后传谕庆邸，谓大行皇帝见所拟旨，面有喜色，且言如此甚佳。闻次日晨御医出，言大行皇帝鼻动而腹起，症已不治矣。至午后酉刻而遗诏以出，军机于是夕复请起于仪鸾殿，遂定君位。是时，大行太皇太后精神犹旺，故懿旨有"秉承予之训示"之文。乃以衰暮悲伤，病益增剧，至次日始以国事全付于摄政王，而降"予病危笃，恐将不起"之旨。午后三时，驾亦崩矣。

鄙人尽据传闻，所知虽略，然皇族、内务府、军机处以及诸朝贵所述皆同，若使事有可疑，岂遂全无窃议？乃浮议不起于朝而起于野，不起于国内而起于国外，其为无根之说已可不辨而明。且摄政王言行如此，以泰伯之德，居周公之位，仁圣贤明，而反诬以弑逆。本朝制度，宫府隔绝，权位相牵，实无能容此种权奸之地。廷臣际兹大变，同心共济，得使官府又安，而反诬以谋逆。

夫子不可以弑父，臣不可以弑君，此等大义，谁不知之！若果有若者，鄙人虽不才，亦传檄讨贼之人也。而今乃事实全乖，且当此国家危疑震动、不亡如线之秋，不逞之徒偏欲凭空造言，乘机煽乱，不知于国事又有何益？或者疑此后宪政真无可望，故持为此倡乱之谋，则不知今摄政王非他，即前军机大臣手订九年年限之人也。贤明恭逊如此，岂能于所自作者而自反之？况大行皇帝之遗诏在先，今上皇帝之谕旨在后，宪政规模毫无反汗乎！然九年之年限太长，向非鄙人所主，后来事变，诚未可知。唯以宪政大义而论，则立宪者国民之事，我国民自今以前，果唯是日坐望大行太皇太后、大行皇帝之立宪，而以为无国民之责任乎？自今以后，亦唯是日坐望摄政王之立宪，而以为无国民之责任乎？若其如此，则鄙人诚为中国宪政前途哭也。否则，全国国民恪遵屡次诏旨，蜂起云涌，促宪政之实行，但就其本省谋，使谘议局速成，人民参政机关早立，则此后步步进行，万事皆有基础，宪政虽欲不成，乌有可得乎？鄙人以为，真以宪政为唯一宗旨者，其方法在此，而不在彼耳。此次国遭大丧，而能朝野安堵，实亦由于八月朔日一谕颁布立宪年限之力为多。若此时全国风潮犹若夏间要求国会之顷，加以大丧迭至，宵小乘机，则大局之危，何堪设想！今得幸免此厄，虽非吾党所致，固亦与有荣施，自宜谋秩序之维持，图宪政之进步。诸君晓然此义既久，其为浮词煽惑，非鄙人之所忧。然会员至众，亦难保其中无一二人焉，识力稍弱，偶尔随同；且宪政分会名目，嫌疑影射，足使吾党全体陷于至危。故不得不取所闻见，据实报闻，以一同人之所观听，唯垂鉴而亮察之，本会幸甚。

《顺天时报》，光绪三十四年十二月十五日、十六日（1909年1月6日、7日）

二、宪政研究会

宪政研究会第一次大会纪事

自七月十三日宣布立宪之诏下，薄海内外，喁喁望治，庆贺之会，欢祝之电，日有所闻，不可胜记。其意似皆以其为已立宪而庆贺之、欢祝之，非有所预备也，有之自宪政研究会始。该会发起于七月杪，成立于十月初，昨日特开大会于沪北之颐园，会员凡百五十二人，来宾四十余人。午后一时开会，雷继兴君宣布宗旨。次来宾郑苏龛京卿演说。次投票选举职员，因目下会员不多，会长、副会长暂时虚左，惟投票公举正副总干事及评议员。最多数者马湘伯君，五十六票，为正总干事。雷继兴君，五十一票，为副总干事。夏颂莱、陈景韩、沈信卿、袁观澜、李平书、白振民、黄纫之、龚子英、王培荪、王引才、林康侯、祁冕庭、狄楚青、戢元丞、穆抒斋、俞仲还等为评议员。迨傍晚六时始行散会。

记者曰：余观夫今日斯会，不禁有感焉。夫我国人素不敢谈政治者也，今且开会讨论矣；我国人于事素鲜研究者也，今且研究预备之事矣；我国人素以无秩序闻者也，今日之会，人数及二百，时将半日，会场秩序未尝稍紊也；我国人素以无团体闻者也，今日之会殆皆同宗旨、同心意未尝稍异也。呜呼！吾国他日之雄飞，其于斯会嚆矢之矣。

然窃有为在会诸君进者。吾国之败坏至是，岂尽政治不善是咎哉，毋亦国民之愚昧、弱病有以致之也。吾愿诸君于研究宪政之余，更求所以化愚昧、起弱病者，则吾国今日之现象虽不堪问，而他日之勃兴可计日待也。不然则授孺子以利刃，导盲者临深渊，适以毙之而已。呜呼！不可不慎也。

附：来宾郑苏龛京卿演说

自颁布立宪上谕以后，应诏而起者莫先于宪政研究会，若非贵会发起诸公于立宪之学预备有素，何能敏捷如此。今日贵会既已出现于世界，知会中诸君皆有担荷中国进步之志趣，孝胥不学，窃以二端责望于贵会，以答诸君见邀之美意。

一曰发明知识。从前中国仅有苟安之知识而已，一变而为排外之知识，再变而为变法之知识。然因排外、变法两端演出无数恶剧，遂将国家运命推入极危险之地位。今欲出此危险，必须有知识更高者从旁指点，使身处危险之人猛有悔悟，亦增长其救危履险之知识，以保国家之运命，然后可以有挽回之一日。

一曰提倡实行。近年以来，全国风气不得谓之不开，然所开者议论理想而已，按之实行，毫无进步。惟无实行之心得，故其议论理想往往坠入毫厘千里、似是而非之境界。今欲为立宪之预备，则国民之行为、思想必令依于法律，处处脚踏实地，绝非纵轶四出，游骚无归之比。将来地方自治办事需人，果能练就无数之实行家，然后可望有自治之一日。孝胥所望于贵会者止此，愿诸君子勉之。

《申报》，光绪三十二年十月廿五日（1906年12月10日）

宪政研究会暂定章程

第一章 命 名

第一条 本会定名宪政研究会，俟国家实行立宪，即改为宪政会。

第二章 会 所

第二条　本会总会暂设上海，各省城市酌量设立分会（分会章程他日再订），将来总会移至京师，即以上海为总分会。

第三章 宗 旨

第三条　我国现已颁布预备立宪之上谕，本会务求尽国民参预政事之天职，应在预备期内考查政俗，研究得失，以俟实行立宪后，代表国民赞助政府，总期开诚心，布公道，合群策群力，共谋所以利国便民。此为本会一定之宗旨，必当徹始徹终，以力行之。

第四章 事 业

第四条　本会应办之事，略列如下：

（一）调查。吾国地大物博，各省风俗不同，非详细调查，无以为立法、行政之准备，故本会以此为入手工夫。

（二）讨论。凡百政事，各有利害得失，苟非合众讲求，无以定从违之标准，故本会对于国家所有重要问题，必当博考古今中外之沿革及其学理，而按切今日本国时势，平心参酌，以求得妥善办法。或集会磋磨，或寄书商榷，因人因地，各从其宜。

（三）著译。本会为代表舆论之机关，亦负开发民智之责任，故本会同人识力所及，或撰述以表政见，或迻译以资常识，自当附设一出版部，以贡所得于国民，但一切言论，必以公正和平为主。

（四）演说。凡属有利无弊之公共事宜，或由本会提倡，或经本会赞成，本会当选派妥员，四出演说，以期鼓舞人心，共乐其成。惟择言必慎，务以发挥正义，不碍国家之治安，不扰国际之平和为主。

（五）条陈政见。本会于国家大计、地方公益，如有所见，经总会或职员会决议者，得陈当道，以备采择。

（六）赞助善举。无论何人兴创善举，本会核与宗旨不背者，自当乐为赞成，更就力之所及，竭诚相助。

（七）提倡学务。我国立宪，自以实力兴学，养成立宪国民之资格为急，故本会于学务，尤必加意提倡，以副国家普及教育之至意。

（八）振兴实业。整理财政为我国今日之要图，而欲整理财政，非振兴全国之实业，无以为功。况我地大物博，久为外人所垂涎，苟非急起直追，将不足自存于生计竞争之世，故本会于此愿致力焉。

以上乃略举大端，此外如有应办之事，得随时集议举行。

第五章 会 员

第五条 凡本国人合于本会宗旨者，均得入会为会员。

第六条 本会会员分为三种：（甲）普通会员，（乙）特别会员，（丙）名誉会员。

第七条 甲种会员以交纳入会费三元，又每年缴足会费二元者充之。乙种会员以除照甲种会员纳费外，并能特捐经费百元以上者充之。丙种会员由众人公举有名望、学问之人，而得其承允者充之，不需会费；如蒙捐助，尤纫高义。

第八条 欲入本会为甲、乙两种会员，须照下列各款办理，惟丙种会员不在此例。

（一）须有本会会员介绍。

（二）将姓名、籍贯、职业、年岁等项填入本会入会约书，并签名画押于上。

（三）将约书及入会费交到本会，本会审查后即当填发会员证券。

第九条 有下开各款之一者，不得为本会会员：

（一）入外国籍者。

（二）吸鸦片烟者。

（三）年未满二十岁者。

（四）品行不端，声名狼藉者。

（五）曾以私罪受国家之刑罚者。

第十条 凡会员遇有学问上之疑义，得函问本会，本会同人当讨论答覆。如尚有未明之处，更当代为就正于会外之通人。

第十一条 本会将会员名籍每年编印一次，凡属会员各给一册。

第六章 职 任

第十二条 本会设置下列各员分任会事：

（一）会长一人。（事属初办，暂且虚左，以俟他日补行公举。）

（二）会董若干人。（同上）

（三）评议员若干员。（俟本会成立后，第一次大会时议定员额，再行公举。）

（四）总干事一人，对内则总持庶务，对外则代表全体。

（五）副总干事一人，辅佐总干事，总干事有事时，则为代理一切。

（六）稽查员若干人，查核账目，并开会时维持会场秩序。

（七）书记员若干人，掌收发文件。

（八）会计员一人，掌出纳款项。

（九）交际员若干人，掌接待宾客之事。

（十）编辑员若干人。

（十一）调查员若干人。

（十二）演说员若干人。

（十三）庶务员若干人，掌整理会所，采办器物。

（十四）特任员若干人。

以上均由会员中公举选充，称为本会职员。此外另设顾问员若干人，得聘请会外人充当。

第十三条 总干事、副总干事、稽查员由公众举定，一年一任，满期后如再被举，仍得续任。

第十四条 书记员以下，总干事有权任用、开除，其员额、任期及薪水，由总干事酌定之。

第十五条 各员无论受薪水与否，一经就职，均当认真视事。其有不称职者，若有三人过外之会员为之举发，稽查员以上则当开会员总会，书记员以下则当开职员会（既有评议员则由评议员），审核其事，而定去留。

第七章 会　计

第十六条　本会经费以会【费】、捐款费及其所出之利息筹措之。

第十七条　本会入会费三元只收一次，当于入会时清缴之。至会费则每年两元，均由本会发给收条为据。

第十八条　凡捐助本会经费者，由本会发奉谢帖，并为登报，以扬高谊。惟本会并不颁发捐册，向人募捐，合并声明，以防流弊。

第十九条　本会收到会费、捐款过百元以外，即为存放殷实银号生息。

第二十条　凡动支款项在五百元以内者，总干事专主之；五百元以外者，由职员会定之；千元以外，则当开会员总会决之。

第廿一条　本会每年将收支数目汇刊征信录一册，分致各会员考核，以昭大信。

第八章　议　事

第廿二条　本会每年开会员总会一次，每月开职员会一次（将来每三个月开评议员会一次），是为例会。遇有要事，须从速议决，不及待至开例会时者，可随时另开特别会。会员总会以会员全体组织之，职员会以第十二条所列各员组织之。

第廿三条　凡开会员例会及特别会，均由总干事将应议之事预先传告，并为订定日期、地方，先期一月登报通知。惟开特别会时，得将通知期限酌量减少。

第廿四条　会员有因道远，或有事不能赴会者，得委人或寄书自表其所见，本会当将其所可否，加入于赞成反对者之数。惟职员会则各员除有要事外，均须到会，不得援此为例。

第廿五条　凡开会暂以总干事主席，总干事有事，则副总干事代之。

第廿六条　本会所有议事详细章程，将来按照通行法例再为酌定。

第廿七条　本会开会时，由书记员将详细情形载入议事录，存于会所，以备查考。更或择其大要，报告各会员。

第九章　附　则

第廿八条　本会现当草创，一切规模暂从粗略，拟在上海适中之地，租一合宜之室，将内容区划如下：（一）议事处，（二）藏书处，（三）办事处，（四）会客处，（五）游息处。

第廿九条　本会拟出一会报，每月一册，其章程另议。

第三十条　本会初设，经费未裕，故各职员之中，除书记员、庶务员外，其余均不支领薪水。

以上系简明章程，嗣后得随时公同修改，惟以不出本章所定之范围为限。至于各种施行细则，当于开第一次会议时公定之。

《宪政杂志》，第一卷第一期，光绪三十二年十一月朔日（1906年12月30日）

宪政研究会纪事

廿四日下午

宪政研究会借颐园开第一次正式大会，首宣布宗旨（会员雷继兴君），次来宾演说（郑苏龛京卿），次会员演说（戢元丞君、马湘伯君），次公举职员。

第一次举总副干事，当选者马良、雷奋。

第二次举评议员，当选者夏清贻、沈恩孚、陈外、李钟珏、白作霖、狄葆贤、王纳善、祁祖鎏、袁希涛、林祖潜、龙杰、戢翼翚、黄炎培、穆湘瑶、俞复、王植善。

十月廿七日

第一次职员会。到会者穆杼斋、雷继兴、夏颂来、祁冕庭、沈信卿、狄楚青、陈景韩、王引才、龚子英、袁观澜、林康侯、白振民、戢元丞、黄韧之、俞仲还、王培荪。

提议事件：（一）修改章程。删第四条（六）（七）（八）三项。第十二条第三项改定如下：评议员每会员十人中举一人，俟会员较多再定额数，下加"代表会员评议会务"。删第十二条（六）（九）（十一）（十二）（十四）等项。第十四条改正如下：书记员以下由总干事推举，经评议员会认可，其任期及薪水由评议员会酌定。删第十五条、第十七条、第十九条。

（二）推举职员如下：包朗生担任书记，林康侯担任会计（评议员），龚子英担任庶务（评议员），陈景韩担任编辑主任（评议员）。

（三）议决书记、会计、庶务不兼评议员，编辑主任仍兼评议员。

（四）公推夏颂来君为职员会章程起草员。

十一月初三日

第二次职员会。到会者马湘伯、龚子英、雷继兴、陈景韩、祁冕庭、王引才、林康侯、包朗生、穆杼斋、戢元丞、沈信卿、袁观澜、夏颂来、俞仲还、黄韧之。

提议事件：（一）副总干事报告上期所举之职员有二人为评议员，当以次多数补入，但下有三人同数，请众公决。总干事提议以先入会者先补，众赞成。遂以罗孝高、吴怀疚两君补入评议员。（二）夏颂来君提议定期讲演会，又提议议事簿、会员意见簿、会员讨论会。公推夏颂来、陈景韩、戢元丞三人草定讲演会及会员讨论会章程。

十一月廿八日

第三次职员会。到会者马湘伯、狄楚青、夏颂来、袁观澜、雷继兴、沈信卿、白振民、龚子英、陈景韩、祁冕庭、黄韧之。

提议事件：（一）议决职员会章程，即以夏颂来君所拟之评议会规则修改成之。

（二）议决陈景韩君所拟之会员讨论会章程。

职员会规则

（一）职员会以会章第十二条各项职员组织之。（如须专由评议员决议者，但开评议员会。）开会时以总干事员主席，总干事有事不到，以副总干事员主席。

（二）职员于每月第一星期一之下午七时至八时为常会期，如遇重要事件，得开临时会。

（三）所议如有二义以上，由到会职员多数决议。如遇全数，主席者得加一权以决之。

（四）职员会须有职员三分之一以上方可开议，议决后即录登议事录施行，未到者不得异议，亦不得临时委托代表。

（五）会员如有意见，可书入提议录，或缮具意见书，交事务所，以备开职员会时择要提议。

（六）议事录常存事务所，会员得随时到所取阅。

（七）会员如于职员会决定事件有所反对，须有十人以上之联署，致书总干事员，得于开会时再议。惟仍如前决者，以后不得再提议。

（八）本规则非有职员三分之一以上之同意，不得提议修改。

会员讨论会简则

一、会所。本会事务所。

二、会期。每星期三晚七时至九时。

三、讨论会。讨论员由本会会员中能自行研究下开各项学问者集合而成。至会期，依次各将研究所得者讲演，以期互换智识。

四、研究种类。（一）学识上之研究。学识上之研究共分四纲：（甲）行政，（乙）法律，（丙）财政，（丁）交涉。（二）时事上之研究。凡国家及社会上出一重大问题时，各会员当即各自研究，俟会期时发表其意见，互相讨论，以定本会对于问题之方针。

五、研究资料。本会事务所内，现已备有各种关于法政之译本书及东文书、各杂志、各日报等，每日上午自九时至十一时，下午二时至五时，均可到会观看。会员以为有用，而本会未备之书，亦可指名由本会购置备用。

六、讨论员资格。凡本会会员，自信能研究上开一种学问，愿入讨论会者，即签名通告本会，惟通告书上须注明自任研究何项学问，以备存记。

附设讲演会简则

一、会所。本会事务所。

二、会期。每星期二、五、日晚七时至八时。

三、讲员。由会员自愿担任，无定员，以次轮讲。

四、听讲员。以七十人为限，分三种如下，均不收费。甲、本会会员；乙、本会会员所介绍之非会员；丙、非会员而有妥实保证，经本会之认可者。以上均先向本会报名，领取听讲券，尽先报名者，额满存记备补。听讲券不记姓名而编号，三次不到，券即作废另补。

《宪政杂志》第一卷第二期，光绪三十二年十二月望日（1907年1月28日）

宪政研究会会员名单（第一次）

名	号	通信处
白作霖	振民	澄衷学堂
张毓英	继斋	申报馆
吴　馨	怀久	务本女学校
沈恩孚	信卿	龙门师范学校
袁希涛	观澜	龙门师范学校
王纳善	引才	城内道前药局弄
王植善	培荪	南洋中学

祁祖鎏	冕庭	西门外浙江路紫薇弄
龙　杰	子英	珊家园金业公立初等商业学堂
黄炎培	韧之	广明师范学堂
陈　容	处素	广明师范学堂
包公毅	朗生	时报馆
吴前枢	叔蕴	南方报馆
张葆元	蕴和	南方报馆
林祖澘	康侯	图书公司
狄葆贤	楚青	时报馆
冯翼年	挺之	时报馆
罗　普	孝高	时报馆
雷　奋	继兴	时报馆
陈　外	景韩	时报馆
杨志洵	景苏	北京商部商务官报局
姚明辉	孟埙	龙门师范学校
夏清贻	颂来	开明书店
张景良	师石	四马路文明书局编译所
狄葆丰	南士	时报馆
史家修	良才	女子蚕业学堂
张相文	蔚西	四马路文明编译所转
韦以黼	文伯	龙门师范附属小学校
杨保恒	月如	龙门师范附属小学校
王维祺	季贞	城内道前药局弄
黄守孚	允之	锡金公所码头北甘肃路图书集成公司编辑所
黄庆澜	涵之	新马路三育学堂
汤振常	济沧	务本女学校
沈鸿庆	叔逵	徐家汇高等实业学堂
管　圻	封千	城内敬业学堂
程履祥	鲤祥	时报馆

沈祖绵	飚民	务本女学校
廖廉能	邵闲	北四川路北首宜乐里第五号
马良湘	伯上	海法兰西银行朱子尧转
黄继曾	公续	英大马路德裕里
李钟珏	平书	新马路女子中西医学堂
戢翼翚	元丞	北京东城灯市口乾鱼胡同外务部戢寓
丁士杰	俊侯	北四川路北首宜乐里第五号
张通典	伯纯	芜湖皖江中学堂

《宪政杂志》第一卷第一期,光绪三十二年十一月朔日(1906年12月30日)

宪政研究会会员名单(第二次)

名	号	通信处
杨天骥	千里	务本女学校
顾鸣岐	韵梧	徐家汇高等实业学堂顾群君转
钟寅寿	晋珊	北四川路宜乐里第五号度支部廖宅
唐汝谦	益吾	文明编译所
俞 复	仲还	文明编译所
胡洪骓	绍之	南市大关桥南瑞兴泰茶庄
林文栋	质斋	城内梅溪弄
杨士照	白民	城东女学
潘澄鉴	君毅	城东女学
张在恭	益三	城内蓬莱路梅溪学堂
王 霖	雨亭	法界三洋泾桥德裕和衣庄
赵锡宝	楚惟	南市江海大关丰裕官银号

王　震	一亭	五马路黄浦滩大阪公司
朱葆康	少屏	西门外健行公学
张方中	惟一	大马路苏省铁路公司
窦以藩	价人	十六铺盐码头徐海实业公司
陆尔奎	炜士	新马路胜业里
张志鹤	伯初	广明学堂
金槑基	松岑	苏州同里镇通川公立学堂
黄世械	朴人	大东门内南洋中学
许其荣	咏霓	酱园弄江苏教育总会
周　钺	铁生	大南门外镒昌当
丁宝书	芸轩	四马路文明书局编译所
杨鼎复	子侊	锡金公所锡金旅学
宋　璆	廷衡	虹口敏惠里同善学堂
黄世祚	虞孙	徐家汇高等实业学堂
叶　逵	鸿英	小东门外台湾路源昌号
钱铭铨	选青	大东门内元丰当
王　伦	实仑	南市盐码头徐海实业公司
王建善	立才	大东门内南洋中学
夏廷献	霆轩	白克路寰球中国学生会
徐灿璜	遂初	宜兴宜荆学务公所
潘　湛	荔生	宜兴西珠巷
龚清汦	澧澄	南市敦仁里大丰钱庄黄任生转
陆祖超	燕侯	南市敦仁里大丰钱庄黄任生转
龚翼之	苣孙	新衙门北和康里五弄二十九号
莫锡纶	子经	南市总工程局
顾履桂	馨一	小南门外永盛和米行
沈懋昭	缦云	南市信成银行
王蕴登	步瀛	二洋泾桥天一公司
毛经畴	子坚	城内四牌楼

钱　江	镜漪	锡金公所码头北甘肃路集成图书公司编译所
唐金诰	诏华	锡金公所码头北甘肃路集成图书公司编译所
黄守恒	许臣	锡金公所码头北甘肃路集成图书公司编译所
许志毅	子年	白克路修德里三弄六百六十九号
程炳熙	芝严	白克路修德里三弄六百六十九号
吴廷璜	叔厘	南市同益里南字四号
张焕斗	逸槎	城内蓬莱路梅溪弄
倪思九	锡畴	苏州阊门内仁和钱庄
曹仲选	遵之	淮安府城内天主堂巷北
顾彦聪	聪生	木渎镇殷家弄
黄炳辰	星阶	南市自来水公司
刘宝慈	少楠	新马路昌寿里八十一号
蔡俊镛	韵笙	苏州阊门外渡僧桥下塘诚泰茶行
单庆铭	村渔	南门外南区分办处
杨　逸	东山	南市总工程局
苏本炎	筠尚	小东门外洋行街德发洋行
祝秉纲	心渊	苏州城内悬桥巷
范熙庸	通甫	四马路开明书店
吴振寰	镜清	盆汤弄北协大轮船局
严师孟	亚邹	十六铺集水街长和轮局转
孙寿昌	惺叔	南市花衣街施家弄鼎昌钱庄
沈　均	硕庵	珊家园延庆里三和公司
胡尔霖	雨人	新马路中等商业学堂
李培锷	恢伯	美租界美华路乐群书局
夏　鼎	侠三	松江西门外学界俱乐部
范　祎	子美	新马路昌寿里四十四号
虞辉祖	含章	四马路科学仪器馆
管尚平	成甫	西门外南浙江路祁冕庭君转
穆湘瑶	杼斋	南门外芦席街南区分办处

沈宗郯	仲弢	溧阳北门内荷花塘
马敬培	厚之	溧阳北门外甓桥镇
王维泰	柳生	制造局兵工学堂
邹登泰	闻磬	珊家园金业学堂
张继良	双南	新马路图书公司编辑所
陆费逵	伯鸿	四马路惠福里昌明公司
黄国瑞	辑虞	大东门内南洋中学
吴本善	讷士	苏州葑门内南仓桥
刘桢霖	孝实	时报馆
郁怀智	屏翰	南市总工程局
费 鼎	水如	三马路画锦里洋布公所
严保成	练如	商务印书馆小学速成师范
高凤池	翰卿	商务印书馆
夏瑞芳	粹方	商务印书馆
王楚书	希玉	新马路新安里
章继华		新马路新安里
顾 植	冰一	哈尔滨傅家甸东方晓报
邵闻泰	仲辉	陕西省城高等学堂
戴思恭	伯寅	新马路三育小学校
陶 炜		派克路清华里对弄三十六号
朱世增	渊士	酱园弄江苏教育总会
朱润霖	望云	二洋泾桥绢丝公司账房
陶庆治	吉斋	新闸大王庙
方宾穆	燮尹	西门外宁康里
宋宝祁	慕伊	青浦县城内
钱允祥	芝庭	南区学校
朱庭禄	星六	吴淞两等小学堂
施恩溥	雨亭	新闸路寿康里周公馆
杨新洸	毅甫	泗泾镇

胡国樑	莘人	文明书局编译所
顾绍濂	莲伯	西门外生安里五号
石承宣	子夫	图书公司编辑所
夏曰璈	琅云	龙门师范学校
陆成熙	缉安	昆山陈墓镇
王慕陶	侃叔	比利时清国公使馆
吴家振	碏生	小南门南区学校
周震华	凤鸣	四马路吉羊楼
顾 民	翔冰	新马路广明学校
吴前楣	伯庚	松江西门外阔街
丁冕英	宗彝	南通州师范学堂
陈瀚清	灏泉	苏州路盛泾里
何世模	范之	麦根路四十四号
夏允麐	昕葊	松江清华女学校
马晋羲	惕吾	南通州师范学校
张持恭	子谦	大东门外义兴丝线庄
徐 珂	仲可	新署后和康里三弄十七号
沈善保	和甫	乌镇南栅
姚寿同	颂南	美界钱业公所西首九百八十七号
郑孝胥	苏戡	虹口谦吉里四百八十一号
章邦直	希瑗	大生纱厂账房
管祥麟	趾卿	郑家木桥广生油厂
谢葆钧	宰平	松江府中学堂
黄应桂	粟香	松江西门外长桥西大街
殷恭壬	佩六	黎里夏家桥堍
袁 远	穆庵	松江府中学堂
冯学棻	仰山	南京路崇实商学会
汪海龄	鹤汀	大马路德文报馆
倪 淦	文卿	三马路逢源里

余宗谦	积臣	新闸路安顺里
钱在明	松乔	三马路逢源里勤大洋纱号
李华熹	时生	三马路朝宗坊伦章造纸分局转
黄端履	芳墅	朱泾镇
储南强	铸侬	宜荆学务公所
余　沅	芷江	西门内廿二铺小学校
蔡光照	叔明	大马路德裕里黄公馆内
张世雄	溯桥	珊家园金业学堂
黄世濂	徹侯	珊家园金业学堂
金泳榴	剑花	申报馆
杨廷栋	翼之	
孙乃洛	耳山	
姚锡康	燕赓	
李岳瑞	孟符	
鲍凤翰	味纯	望平街宝源祥徐公馆内
闻宗潞	冠尘	徐家汇震旦学院
陶　逊	宾南	广东卫边街督练公所
李家鏊	兰舟	新马路昌寿里一千七百三十一号
褚士俊	仲篪	道前街天灯弄农业学堂
于允葆	巽言	松江西门外锦昌纸店
宋应庠	少沐	同上
宣时雨	紫冶	海宁路福寿里四十五号
方远达	聪甫	南昌华陀庙侧公益报支店
饶汝庸	翼儒	南昌华陀庙侧公益报支店
瞿　钺	绍伊	英租界四川路六十八号公顺垫记
顾锡建	立人	松江华娄高等小学堂
胡琪二	梅二	马路兴隆里

《宪政杂志》第一卷第二期，光绪三十二年十二月望日（1907年1月28日）

三、湖北宪政筹备会

鄂省组织宪政筹备会

湖北绅学两界,刻发起组织一宪政筹备会,于二十三日午时,假大贡院开第一次会议。到会者一百余人,公推张君国溶为临时会长,首先登台演说本会之宗旨。次由纠仪刘凤璋、李步青二君提议本会机关之组织,及义务之分担,并议决选举本会章程起草员。当选定陈松如、王梅村、周西庚、李联芳四君承乏,并举毕君惠康为书记,张君宅安为会计,其余总协理、调查员等职员,俟章程脱稿后,再投票公决云。

《中外日报》,宣统元年闰二月初一日（1909年3月22日）

湖北宪政筹备会成立会情形

本月二十日,湖北宪政筹备会开成立会于教育总会之议场,莅会者都八十人。十二时开会,公推张君国溶为临时主席,述开会词。次宣布草章,当场公决议若干条。选举职员,议选举分二次,第一次选举正、副会长,第二次选举书记、庶务、会计、编辑各职员,均用单记名无记名投票法。

第一次选举会长。定章正一人,副一人,当选者为左:正会长姚晋圻,二十三票;副会长李哲明,二十二票。

第二次选举书记、庶务、会计、编辑各职员。定章书记二人，庶务二人，会计二人，编辑四人。公议选举分四项，一次举行以五票以上为当选，比较票额多寡，定当选之次第。其以一人当两项之选者，比较两项之票数，存票数之多者，而消灭其少者。两项票数相同，则以职名载在定章之前后决定之。开票后当选者如左：

书记二人：汤化龙，十九票；余德元，五票。张君国溶得七票，因选举编辑得十票，合依公议选举方法，比较多数，书记当选应行消灭。

庶务二人：张仁静，十票；李国镛，十票。候补庶务一人：郭肇明，八票。

编辑四人：张国溶，十票；陈武，九票；夏寿康，八票；李步青，七票。汤君化龙得十票，因选举书记得十九票，合依公议选举方法，比较多数，编辑当选应行消灭。

会计二人：时象晋五票，张君仁静得五票，因选举庶务得十票，合依公议选举方法，比较多数，会计当选应行消灭。其余均不满五票，计会计不足额一人，用决选法开列票数较多之黄训典（四票）、吕逵先（四票）、胡柏年（四票），指名投票。投票后当选者如左：吕逵先，十三票。候补会计二人：胡柏年，十票；黄训典，六票。

选举毕已达四时，由临时主席宣布闭会。

《顺天时报》，宣统元年四月初四日（1909 年 5 月 22 日）

湖北宪政筹备会成立

鄂省绅商学界夏太史寿康等组织之宪政筹备会，刻已选举职员，于日前开成立会。昨特将会章呈请督辕立案，并恳刊发钤记。当奉陈小帅批云：来牍阅悉。恭照迭次钦奉上谕，实行预备立宪事，头绪殷繁，期程严切，全赖官绅上下，戮力同心，共谋社会之安全，以副朝廷之德意，庶几交相辅益，事不愆期。本部堂忝列疆圻，责任綦重，所有第一届、第二届应行筹备事项，节经严饬所属，依限次第举办。现由贵绅等联合群力，创设宪政筹备会，公拟章程，举定正、副会长及会中各职员，按照预备立宪期限清单，逐年提前筹备一切事宜，宗旨光明，组织完密，遵循秩序，切实进行，其裨助官力之处甚多，良深佩慰。自应照准立案，并候饬北善后局刊呈湖北宪政筹备会钤记，另文照送贵会开用，以昭信守。

《时报》，宣统元年五月十二日（1909年6月29日）

湖北官界近闻录

湖北宪政筹备会经张太史国溶等组织成立，已经禀院，立饬由善后局刊给木质钤记一颗，已于月之初三日开用。兹案因张太史由直、宁调查谘议局型式回省，以本会第一届应行筹备事件，以预备议员为首着，所有调查、议案、编辑担任方法，应开临时大会酌定。爰于十二日午假教育会议场提议预备议案。

《时报》，宣统元年五月十九日（1909年7月6日）

湖北宪政筹备会设立会所开用钤记

湖北宪政筹备会开成立会，选举正、副会长及各职员呈请立案一节，已志本报。督宪对于此举极为赞成，已饬善后局刊刻湖北宪政筹备钤记一颗，照送到会。公议即就谘议局筹办处设立会所，已于初三日开职员大会，并将开用钤记日期呈报督院，移行各局署查照。从此基础既定，进行不懈，诚本省前途之幸福。

《顺天时报》，宣统元年五月廿一日（1909年7月8日）

鄂绅请宣布川汉借款合同

鄂境川汉铁路借款一事，经张中堂极力磋商，将次定议。兹闻湖北宪政筹备会诸绅夏太史寿康等，昨已联名公呈督院、学司两署，请专电政府，将合同底稿先交宪政筹备会研究，俟公众认可，再行签字。原文录左：

湖北宪政筹备会咨督、学两院文：为咨呈事。窃川汉铁路工巨费重，非筹借外款，难期兴办。去年钦奉上谕，命张中堂为督办，筹议借款兴修，刻闻已大致就绪。惟是借款一事，中外人士几于谈虎色变，主权之得丧，利害之倚伏，皆系于共订之合同。从前订立合同，政府类守秘密，一再失败，口实累累。今朝廷方以立宪厉臣民，庶政均公诸舆论，川汉铁路于鄂人利害关系切身，借款合同承诺、否认之权，未敢任意抛弃。拟请贵督部堂、贵学司转请张中堂，将川汉铁路借款合同发下敝会悉心研究。但使无害主权，无损大利，决不肯以气矜浮骄之故习，与当道为难。若有一得刍荛，亦不敢不贡献前途，藉资采择。为此咨呈贵督部堂，请烦察核施行见覆。

督批：来牍阅悉。查川汉铁路借款合同系归督办大臣主持，俟奏定签字后自必宣布。此复。抄由批送。

《申报》，宣统元年六月廿六日（1909年8月11日）

湖北宪政筹备会上张枢相公电

北京张中堂钧鉴：鄂境铁路借款，闻已大致就绪，其中委曲艰难，鄂中早已深悉，同声感戴。惟从前争归鄂办之时，曾【经】屡询刍荛，鄂人呈请中堂督办，亦以事必下问，情意可以相通。乃合同定议已久，鄂中尚无所闻，殊非中堂爱鄂之初心。伏恳遵庶政公诸舆论之旨，将合同底稿交鄂督发下，否则即或奏定，鄂人亦不认此未经公认之合同也。湖北宪政筹备会、武汉商务总会同叩。

《顺天时报》，宣统元年七月初三日（1909年8月18日）

湖北宪政筹备会致北京同乡官公电

为铁路借款事

北京江汉学堂转湖北京同乡京官鉴：鄂境铁路借款底稿迄未宣示，人心惶惑。已呈请小帅转祈张中堂交稿到鄂，公同研究。就近要求，全鄂翘首。武昌商会、宪政筹备会叩。

《顺天时报》，宣统元年七月十四日（1909年8月29日）

宪政筹备会拟举行立宪周年纪念会上督宪呈

为拟举行立宪周年纪念日祝典，呈明办法，并请通饬祇遵，以广皇仁而励宪政事。

窃自去年八月初一日孝钦显皇后、德宗景皇帝发布预备立宪明诏，去数千年专制之习，予亿兆人参政之权，功茂百王，德在万禩，薄海内外，感激涕零。于时发起祝典者，滥觞于沪上之士夫，南洋华侨接武骈起，风声所播，陬澨倾忱。转临今〈今〉年，即届八月，岁一周矣。龙驭上宾，扳髯莫及，既抱鼎湖之痛，益深衔感之思，尊亲至诚，触时愈剧。本会实缘宪政而起，句萌所至，数典难忘，从星移物换之秋，作饮水思源之思，拟借记念之祝典，略表涓滴之微忱。顾维立宪记念，非本会所敢私，关系新政前途，亦属重巨。盖中国人民不耳【立】宪久矣，近虽以朝廷之鼓舞，政府之提倡，士绅之劝导，智识才及于中流以上，中流以下犹是锢聪塞明之积习。欲输立宪之知识，不得不示以立宪之辉荣，语以立宪之精神；不如重示以立宪之形式，令徙木则秦法遂行，趋焚舟则越人忘死。感人之道，萌蘖细微，由形式而生精神，通应捷于影响，以立宪祝典，提梦梦而使觉。耳目新，则心思一振，名词熟，则实理自明，宪政施行或可收乘机利导之效。此为普及人民立宪之知识，励行新政计者一也。立宪国民在知爱国，爱国之隐发为忠君。中国自古以忠爱为立教之大宗，顾国家之公理未明，蚩蚩黎氓类皆置君国于度外，前事无可讳也。立宪新制发布未久，人民君国之关系关键，虽贝机轴尚停，以立宪祝典，拨劲弩之牙，率土普天，感念先帝，爱戴新皇之心，必逐年而愈挚。盖发立宪之新命，为先帝之特恩，缵立宪之旧绪，为新皇之重任。立宪之祝典，岁一举行，感先帝者望新皇。先帝之感无穷期，新皇【之】望无已日。感望并交，忠爱蓬生，国民对于国家，决不敢自弃其责任。此为牖迪人民忠爱之热忱，励行新政计者又一也。本会抱此宗旨，于昨十八日函约同官宪政研究会、教育总会、汉口商务总会、武昌商务总会，各举代表，开会协议，均表同情。当经拟定办法，于本年八月初一日，举行立宪周年祝典，张国旗，悬黄灯，大书"记念立宪"，以为表识。野人芹曝，知无裨【于】圣德，王言纶綍，期弗諠于永世。伏维大公祖大人提倡宪政不遗余力，时才一稔，百度更新，属隶骈缏，钦仰莫状。次举行立宪祝典，葵藿下悃，谅必乐与成全。所有拟定办法是否有当，伏乞批示祗遵。如蒙俯允，除由各会自行传知办理外，并请通饬各文武衙门、军营局所，一律于八月初一日张灯悬旗，同深庆祝，以资表率，而（庆）〔广〕皇仁。再，此呈系由宪政筹备会主稿，合并声明。谨呈。

《汉口中西报》，己酉七月十五日（1909年8月30日）

鄂省举办立宪纪念会

湖北同官宪政研究会、教育会、武汉两总商会、宪政筹备会诸职员，日前在宪政筹备会事务所开谈话会，以本年八月初一日为德宗景皇帝颁布预备立宪明诏纪念日，公议发起立宪周年纪念祝典。办法如下：

一、立宪纪念日祝典发起之宗旨在导扬圣德，期立宪思想普及于民人。

二、由五大会公呈举行立宪纪念日祝典办法于督宪，并请通饬各署局处所，届日同深庆祝。

三、由五大会公函巡警道，请饬武汉各商民居户，届日同举祝典。

四、由同官宪政研究会传知官界，武汉商会传知商界，教育会传知学界，宪政筹备会传知绅界，届日一律举行祝典。

五、由五大会公函司令处，请传知军界，届日一律举行祝典。

六、祝典式宜张灯悬旗，灯用黄色，书"立宪纪念"四红字。

七、五大会届庆祝日，各于该会事务开演说会。

《大公报》，宣统元年八月初九日（1909年9月22日）

湖北请愿国会同志会成立纪事

　　湖北绅商学界日前举定黄炳言、余德元二君为第二次国会请愿代表，刻日入京，随同各省代表赓续上请愿书，一面组织同志会，以为进行之机关。兹于十二日在粮道街宪政筹备会内开成立大会，各界到者约六百人，并由警务公所照章派员二人，至场监视。是日二点钟时开会，秩序极为整齐。当由众人公推武昌总商会总理吕君逵先为临时主席，首先报告开会宗旨。次由张绅国溶报告同志会简章（简章另录于后）。报告毕，众无异言，乃投票选举职员。当选定吕君逵先为干事长，汤君化龙、张君国溶为书记，闵豸、夏寿康二君为候补书记，陈传理、殷尔夷二君为会计员，张燮森、陈福先二君为候补会计员，李国镛、邢宗煊二君为庶务员，罗永锦、张云祥二君为候补庶务员。选举职员竣事，即筹划进行方法，至日暮时始散。兹将同志会简章列下：

　　第一条　本会为请愿速开国会同志会之支部，联合同志以请求政府速开国会为宗旨。

　　第二条　本会暂以粮道街宪政筹备会为事务所。

　　第三条　凡籍隶湖北，或寄居流寓湖北，及在外省之湖北人，表同情于本会者，皆得为本会会员。

　　第四条　凡表同情于本会者，除由本会会员一人之介绍外，其径函表示者，亦得为本会会员，但须详载姓名、年岁、籍贯、住址、职业。

　　第五条　凡为本会会员者，须纳入会金二元。

　　第六条　本会置干事长一员，干事员六员，分任书记、会计各项事务。

　　第七条　本会经费除由发起人分担定数外，其余经费由全体会员随时筹措。

　　第八条　本会以国会成立之日为消灭之期。

　　《时报》，宣统二年四月十九日（1910年5月27日）

宪政会筹备移民经费

鄂省本年水灾，统计二十余州县，饥民有三百余万之多。当道前拟移送黑龙江一带开垦，已经谘议局议准照办，惟每名川资至少总需八十元，此项经费所计不资。刻闻已由宪政筹备会特别筹措，俟筹措就绪，即当饬由各灾区选送，以副植民政策。

《汉口中西报》，己酉十一月初二日（1909年12月14日）

宪政筹备会纪事一

湖北宪政筹备会招考公立自治研究所早见报端，兹闻正会长双太守以现在报名甚形踊跃，已达三千余名，特会商各职员，拟于初九、十等日，假筹办处附设之自治研究所讲堂，分别考试，以定去取，而便授课。（配乙）

《汉口中西报》，己酉九月初三日（1909年10月16日）

宪政筹备会纪事二

宪政筹备会组织公立自治研究所,为造就地方自治人才起见,所有各门功课均与筹办处附设之自治研究所无异,惟教员既由各职员担任义务,所有编授讲义,碍难另行出版。昨由会长双太守函商筹办处总办周观察云,饬印刷所赶印讲义三百分,以便临时讲授,而归划一。(配乙)

《汉口中西报》,己酉九月初三日(1909年10月16日)

宪政筹备会纪事一

宪政筹备会职员黄君炳言等,日前致东三省总督周树模电,略称今岁鄂省水灾过重,饥民甚夥,决非一二次赈粜所能救其万一者。东省地大物博,人口密度亦低,可否将饥民移植东省开垦,以本应移民救桑梓云云。昨奉覆电,大致谓:东省荒地甚敞,鄂省饥民过多,就食为两得之计。惟被移饥民,既属赤身无着,一旦到处,一切房产、农器、衣履,在在需银。现在东省款项支绌,万难当此巨支。惟可暂移千人,俟先到者安居后,再行陆续就移。每人到时,由东省支给置屋器银八十两,沿途路费东省概不承认。且东省异常寒苦,非皮服万难卒岁,今冬亦不能耕作,明春方可开垦,迁移期限当在明春二三月间,庶不至游手无业,徒滋纷扰。并云现已谕饬该处绅民,组织开垦公司多处,以免临时茫无依据云

云。至宪政筹备会如何筹办，容俟续登。（配丙）

《汉口中西报》，己酉十一月初三日（1909年12月15日）

宪政筹备会纪事二

宪政筹备会组织之公立自治研究所，业已取准学员三百名，示期于日前二十九日填具保结愿书。会长双松如太守以该所招考时正值优拔场考生麕集之际，难免无枪替等弊，日前特亲自到会检查一切。除核对相片外，并各楷书覆试卷文一段，以凭核对文理笔记，而杜假冒。闻届时仓皇失措之学员颇多云。（配乙）

《汉口中西报》，己酉十一月初三日（1909年12月15日）

宪政筹备会牌示一

照得正取各学员：前月二十九日未经填写愿书保结者，准于本月初五日早八点钟起，三点钟止，携带相片，邀同切实保人前来本会，一律补填。如届时仍不到者，即依备取名次轮补，仰各学员一体知悉，切勿自误。特示。（隐丙）

《汉口中西报》，己酉十一月初三日（1909年12月15日）

宪政筹备会牌示二

照得各员禀请补试一节,已早宣示截止,碍难准行。所有备取,如正额缺出,应轮次挨补,勿须赘言。至于禀请旁听者,本会因讲堂狭窄,故难收容。特示。(隐丙)

《汉口中西报》,己酉十一月初三日(1909年12月15日)

湖北宪政筹备会职员一览表

职守	姓名	职衔
正会长	姚晋圻	法部主事
副会长	李哲明	前翰林院侍讲
书记员	张国溶	翰林院编修
书记员	汤化龙	法部主事
书记员	黄炳言	法政科举人
书记员	张知本	优贡
书记员	许光棣	附生
编辑员	夏寿康	翰林院编修
又	李步青	候选中书科中书
又	余德元	廪生
又	陈　武	举人

会计员	吕逵先	候选中书科中书
又	时象晋	候选教谕
庶务员	李国镛	江苏补用县丞
又	张仁静	候选知县
又	郭肇明	廪生

《汉口中西报》，己酉十一月十五日（1909年12月27日）

湖北宪政筹备会会员一览表

姓名	次篆	籍贯	职衔职守
刘 楫	锡侯	广济县	
邱 昰	品山	黄冈县	
沈曾祺	寿荪	黄冈县	
王保和	伯声	孝感县	
王明海	云帆	江陵县	高等巡警学堂监学教习
李国镛			见职员表
朱炳元	肇蔼	宜都县	附生陆军特别小学堂教员
徐荣廷	笃伦	江夏县	五品衔、经商
张同辉	春亭	江夏县	
傅廷春	华甫		候选训导
雷豫钊	德卿	蒲圻县	
左树瑛	惕庵	应山县	岁贡生、候选训导、商业学堂教员
吕逵先			见职员表
许光棣			见职员表
朱 标	幼槎	咸宁县	江西候补知县

易奉乾	雪晴	应城县	附生、两湖学堂教员
张　鼎	和笙	江夏县	汉口商会裁判
毛叔丹	树堂	咸宁县	葆和祥洋纱号
冯　寅	林生	夏口厅	法部收发所八品录事
邓凤喈	清源	咸宁县	向贸洋行自办茶麻
张国溶			见职员表
李步青			见职员表
胡瑞林	子笏	江陵县	花翎同知衔学务公所统计员
黄训典	瀚臣	咸宁县	存记道、折货钱业
姚晋圻			见职员表
傅廷彝	汉亭	沔阳州	教习
陈　范	毅瞻	黄陂县	优贡、北路学堂教员
余德元			见职员表
陈传理	文圃	汉川县	教员
李　琦	素轩	汉川县	
陈必□	子遐	公安县	附生
王式玉	均石	安陆县	
张锡龄	敬亭	汉川县	附贡、东路高等小学堂教员
齐　贤	相琴	汉阳县	
汤化龙			见职员表
余信芳	介眉	孝感县	县丞
闵　矛	伯獬	应山县	廪生、文普通教员
朱启烈	幼庭	监利县	中等工业学堂监督
阮毓崧	次扶	黄安县	议员
胡柏年	经廷	沔阳州	候选主事、议员
夏寿康			见职员表
黄兆兰	绣珊	蒲圻县	候选直隶州判
郭肇明			见职员表
张继业	绳孙	郧县	附生、工业教员讲习所监督

汪步杨	寄农	江夏县	
陈　武			见职员表
俞登瀛	定九	汉阳县	
黄炳言			见职员表
时象晋			见职员表
王先庚	毅孚	武昌县	附生、工业中学堂监学
万声扬	定武	江夏县	
蔡文会	辅卿	咸宁县	同泰参号
黄凤云	少楣	罗田县	
冯开潽	哲夫	南漳县	教员
余延泽	海珊	郧县	四川试用知县、办兴国炭山湾煤矿商局
张仁静			见职员表
邢宗煌	式环	黄梅县	候选教职湖北自治研究所所长兼教员
石桂森	郁章	咸宁县	增贡生
张永祥	子麟	江夏县	五品衔候选知县、恒兴钱庄
李哲明			见职员表
余钟秀	调生	武昌县	留学日本法政大学法律专门部毕业生
邓　篯	寿彭	江陵县	五品衔两淮试用盐经历、自治研究所教员
严维坤	伯融	武昌县	附生、日本早稻田大学专门部政治经济科毕业、汉阳府选举襄理员
扬文澜	波晴	安陆县	黄州府教授、谘议局议员
孟继旦	复心	武昌县	法政科举人、教员
张知本			见职员表
张瑞基	培田	房县	己酉科优贡、湖北高等巡警学堂监学

李世勋	竺民	沔阳州	内阁中书、汉口商业学堂教员
皮鹤龄	剑农	枝江县	附生
黄文兰			见职员表
叶世濂	东川	汉阳县	花翎盐运使衔候选道、万泰公钱庄
叶承林	植生	汉阳县	同知衔江苏试用知县

《汉口中西报》，己酉十一月十六日、十七日（1909年12月28日、29日）

宪政筹备会订期会议移民事

敬启者。本会前因本省迭遭水灾，饥民充斥，倡量移灾民赴黑龙江垦荒之议，历次电商江抚周中（承）〔丞〕，已邀允可。当经会长会同谘议局议长，商请护督试办。顷续接江抚电催，并云田屋牛具均经齐备，促速移民前往，翘首回电等因。本会理应决定办法，一面覆电江抚，一面会同谘议局，催请护督实行。特定于本月初九日午后一句钟，在本会开职员会筹商一切，届时务希早临为盼。此启。宪政筹备会书记谨具。

《汉口中西报》，庚戌正月初九日（1910年2月18日）

鄂省国会请愿之后援

湖北宪政筹备会昨上军机处电云：北京军机处王爷、中堂大人钧鉴：国会不开，救危无善策。迭经各省各团体公举代表上书请愿，计达钧鉴。立宪诏下，预备已及三年，成绩毫无。民生日蹙，颠连困苦，呼吁无门。总厥原因，在无国会。茕茕黎庶，朝不保夕，悠悠六年，急何能待。伏恳哀鉴民隐，代吁天听，即开国会，立沛纶音，大局前途，关系重巨。谨冒死泣血上陈。鄂宪政筹备会李哲明、姚晋圻叩。文。

《申报》，宣统二年五月二十日（1910年6月26日）

宪政筹备会经费之难支

湖北宪政筹备会组织于谘议局成立后，设立自治研究所，招学员若干，微见成效。惟经济专赖善后局公款及他捐助。刻届两学期正考毕业，尚欲另开法政学堂，适值公私交困，经济异常恐慌，岌岌难支矣。

《国民公报》，宣统二年九月十五日（1910年10月17日）

鄂人争路之函电

武汉各团体于十六日致内阁及邮传部、度支部电：鄂境商办川粤汉铁路，上年二月十四日奉部批准其设立公司自办，并蒙湖广督院奏咨成立公司日期。现正力策进行，顷闻邮传部仍指粤汉铁路借款，鄂人决不承认。湖北商办铁路公司、铁路协会、谘议局、武汉商会、教育会、宪政筹备会公叩。

《申报》，宣统三年四月廿五日（1911年5月23日）

四、八旗宪政会

八旗宪政会亦责难政府矣

日前八旗宪政会仍假振华学校筹议进行方法，并将上星期议定质问变通旗制处之稿当众朗读，众皆许可，即举定荫德智领衔，决定于本月二十日上书，签名者约三四百人，是日到会者约有百人。复由文耀君演说本会成立之理由，及将来进行之方法，首宜广约同志，通力合作，众皆赞成。兹将原稿探录如下：

窃维宪政瞬将成立，八旗制度终必当改，八旗生计终必当筹，此固时势之所迫，亦事理之必然。钧处自设立以来，八旗人士莫不引领而望，拭目以观，以为八旗五百万生灵既托诸钧处之手，予生则生，予死则死，千钧一发，所系匪轻。乃两年以来，未见有所设施，亦未见有所计议。某等早欲有所陈言，特以彼时国会期限尚未确定，恐以此八旗问题致生扞格，而阻宪政之进行，是以徘徊审慎，欲言而止者再。今者国会成立既定以宣统五年，是则八旗制度既不容与宪政并存，八旗生计亦必及早筹措。钧处既负其责于前，自必策应于后，八旗制度是否当改，八旗生计是否当筹，宣统五年前之旗人如何，宣统五年后之旗人又如何，粮饷是否即时裁撤，畛域是否即时化除，八旗人士生死所系，待命之殷，有如大旱望雨。中堂、贝子、公爷大人公忠体国，重视旗务，谅不忍使此五百万生灵濒于死域。待至大势所趋，不得不裁，不得不撤，终将以不了了之，是岂朝廷意之所在，亦岂钧处心之所安。某等不揣冒昧，谨敢代表八旗有众，即乞宣示宗旨，筹议办法，使八旗人士咸晓然于利害存亡之关，摧其依赖之心，长其自强之气，人心既安，大局以固，八旗何幸如之。即无宗旨，即无办法，亦必昭示有众，俾其各谋生路，早日散处，免致临渴掘井，自贻伊戚。钧处当俯念八旗困苦，幸勿弃之如粪土，视之如草芥，而颠连无告，以至于死也。冒昧上陈，敬候宣示宗旨、办法，以安人心。不胜迫切待命之至。

又闻八旗宪政会得政府确实消息，拟以十年旗饷作押，借外债九千万两，建筑铁路一道，即将股票分给旗人，俟十年后旗人以此可为产业。八旗宪政会诸人以不必十年之久，即一年不放饷，旗人已有减种之惨。政府出此，是图简单办法，而于旗人生死置之而不问，本会同人不能认可，刻已派人至各军机宅第，痛陈利害，并表明一般旗人绝不承认此种办法云。

《申报》，宣统二年十月廿七日（1910年11月28日）

八旗宪政会公启

启者。我旗人二百年来生息于兵制之下，经济之能力丧失已尽，依赖之性质习染益深，所恃以糊口者，惟区区粮饷。然生齿日蕃，粮饷有限，积久而情见势绌。迨至今日，乃僬然不可终朝，非大加昭苏，将无以持其后矣。乃者朝廷以筹备宪政之故，特设变通旗制处，与旗人为更始，此诚我五百万同胞千古一时之会，出死入生之机也。而两年以来，旗制处既一事未办，一筹不展，而持以因循，我同胞亦以冷静之态度待之，忽若不关痛痒，遂致坐失时机。天下可惜之事，孰逾于此。夫以生死之关百年长久之计，我不自谋而恃人代我为谋，其计已左，其结果尚可问乎？自今以往，我同胞惟有群起自谋，立于原动之地，取此一大问题剖析之，审查之，若者宜兴，若者宜革，若者宜急，若者宜缓，皆与以解决，而见诸实行。上之请愿于官府，下之忠告于同胞，以一致之进行，促双方之猛醒，则庶几朝廷融和满汉之盛举，可觇诸实现，我同胞亦有以自立自存，而完其立宪国民之资焉。同人等不揣鄙陋，爰组织八旗宪政会，以立其机关。惟事关宪政之前途，自身之利害，凡我同胞，皆责无旁贷，敢乞惠临本会，共襄大计，俾底于成。时哉不可失，今日为我旗人最后之五分钟也。起！起！我八旗同胞。

鄙等敬执鞭以待。

附：简章

一、本会以变通旗制，筹划八旗生计，使可为完全立宪国民为宗旨。
二、凡旗人表同情于本会宗旨者，皆可为本会会员或赞成员。
三、凡非旗人表同情于本会宗旨者，皆可为本会名誉赞成员。
四、凡欲为本会会员及赞成员者，可开列旗佐、台衔、住址，投交本会。
五、本会定于十一月初十日准午刻开成立大会。
六、本会暂假朝阳门内南小街方家园振华学校为会所。

《国民公报》，宣统二年十一月初一日（1910年12月2日）

旗人一线之希望

自八旗宪政会质问变通旗制处以来，旗人颇有动意。除纷纷入该会为会员外，刻为顺直谘议局议员吉君静怀、乐君绥卿拟连合同志继续上书质问。复有资政院议员崇君芳亦拟具说帖，质问变通旗制处云。

《国民公报》，宣统二年十一月初三日（1910年12月4日）

八旗子弟力争生计之集会

八旗宪政会初十日又开大会于朝阳门内方家园振华学堂。是日到者二千余人,那相及乌侍郎皆派代表到会,允为尽力。请愿代表孙洪伊、陈登山诸君亦到。其他报界、学界、政界、军界到者甚众。变通旗制处特派恩咏春、吴襄之两提调到会。至午后一时振铃开会,首由文君时权报告开会宗旨。次会员及赞成员演说。次由本会会员宣布本会章程及草案后,遂分布签名券,选举职员。次主任文君时权演说,大旨谓宪政将次第实行,旗制不能不变,欲变通旗制,不可不筹生计。现在旗人生计日窘,其筹画生计办法,自本会言之,宜分二种,一对内,一对外。对内宜设法筹款,兴实业与教育,使之有自谋生计之能力。对外为上书于变通旗制处,及各行政官厅,使之进行筹画。其旗饷一节,须要求政府不可遽裁。次由恒君十丰演说历来对于八旗问题,主张保守及改革二派互相对待之误解,痛论八旗生计之窘,由于八旗制度,因制度之束缚,遂致将政治能力、军事能力全失。欲求此后旗人生存,须改其以官兵为业之痼习,以从事于实业等语。次由春君志仙演说八旗制度对于宪政问题、满汉问题之种种妨碍,并言此时八旗与皇室之关系,亦以改革为归宿。次又由隆君厚田演说五洲无论何种民族,不能以依赖求生存,八旗制度以依赖为生活之制度也,此后无论如何,必须改革。欲图生存,宜以自立为主,使人人能自立,以八旗宪政会为根本,结成强固团体,组成政党,以为将来在国会中监督政府,促其改革之根本。不然一盘散沙,虽有材智,亦无所用。故须以八旗宪政会为政党,以多数监督政府,将来八旗始有希望。望八旗父兄以宪政会为一己身家性命之事,则八旗之幸也。次由孙君伯兰演说国家至于今日,不宜再分满汉,并力陈筹画八旗生计之策,甚为周到剀切。次遂由变通旗制处特派员恩君华演说,解释立宪自立宪,八旗自八旗,不必以立宪即裁旗为虑。又谓立宪则举国皆兵,八旗兵制即纳之于征兵制度中。又谓朝廷立宪为全国谋安全,不能谓立宪后独危及八旗,遂代表报告变通旗制处大臣之宗旨。宗旨维何?曰请诸位放心,本大臣主张不能因开国会,遽裁旗人,亦不能冷视八旗,令八旗之自消自灭云云。演毕,报告会章,遂选举正副会长文耀、恒均二人,复选评议员及各科主任而散。

《申报》,宣统二年十一月廿四日(1910年12月25日)

八旗人士之活动

前日八旗宪政会开经常会，干事到者二十余人，会员到者五十余人。二点开会，首由会长文君耀报告自上月初十开大会后一切情形，次由副会长恒君石峰朗读呈稿，众赞成，遂定于十二日由众干事赴都察院呈递。议毕即散会。并闻该会自开办以来，所费已逾二百余元，虽由诸干事员捐助，而议决之件因款项支绌，不能实行者尚有数事。呜呼！该会为五百万旗人谋生活，而旗人之有势力者竟漠而视之，不为援助，良可悲也。

《国民公报》，宣统二年十二月初十日（1911年1月10日）

八旗呈递都察院之公呈

八旗宪政会前于经常会内决议公呈都察院代奏八旗困苦情形，以及入手各项办法，当举会长文耀领衔，计共签名者二千余人，遂于十四日呈递，都察院允于十七日入奏云。

《国民公报》，宣统二年十二月十五日（1911年1月15日）

八旗宪政会进行办法

日昨（十八日），八旗宪政会开干事会议，定进行方法：（一）三月间特开全体大会，（二）拟于资政院递议案，（三）对于变通旗制处呈递改革制度及筹划生计条陈，（四）派员游说各王大臣为本会之援助。以上四条，会员有何意见，于一星期内径投函会长文君时泉处，以便开大会时发表云。

《国民公报》，宣统三年二月二十日（1911年3月20日）

八旗宪政会大会纪事

八旗宪政会昨日一点钟特开大会，到会者三百余人，由春君治先宣布开会宗旨，次吉君静怀演说，复由会长文君时泉说明移垦利益，并报告该会办法及奉天旗务处办法。存君履信、文君时泉、文君子龙、景君春泉宣布条陈草案，多君士园报告该会进行办法。演说未终，忽然台下大乱，会员中有吉林驻防正兰旗汉军人成君英者，将左手中指刺破寸许，以血书"大家旗人，公心不同，自拆骨肉"十二字。会长文君时泉止众归座。成君演说，大意旗人无团体，不能同心，将来到决灭时代，再要想同心合力，诚恐无此机矣。众会员鼓掌如雷，一时痛哭流涕者甚多。复由文君时泉报告成君旗佐、姓名，语甚激烈，并表决书稿后移垦事件。众赞成，即宣布散会。时已五点半矣。

《国民公报》，宣统三年四月十七日（1911年5月15日）

八旗宪政会移垦特别募捐启

敬启者。同舟遇风，虽胡越之人，必起而维持之；孺子陷溺，虽行路之人，必思所以援引之。矧我中国之同胞哉！矧我中国同胞中最亲近之旗民哉！我旗民自从龙入关以来，服当兵之义务，仰粮饷于国家，至今日而时局大变，生口日繁，旗制不能不变通，即生计不能不筹画。使当此时而不为之所，若中国犹是如此也，旗民必〈日民必〉日有死亡之忧；设中国偶有不测也，旗民必更有灭绝之虑。夫大厦既倾，未闻有一椽之能独存者；全树既枯，未闻有一枝之能独活者。多数旗民果邻于死亡灭绝之域，而少数而犹得安富尊荣焉，无是理也。数年来，朝廷轸念旗民，屡降计口授田之谕，而东省一带，地旷人稀，日俄两国争相注目，根本一摇，大局斯坏，此全国人士群以殖边为救国之要图，而移旗开垦则尤为一举两得之计也。允若是，则保旗民即以保东省，保东省即以保全国，事半功倍，今日之要务概莫过于此矣。去年蒙东督锡清帅奏请试办，拟先召旗丁三千户，暂就安图县内酌拨地亩，分起迁移，牛具房粮尽由官备，业奉朱批允准。朝廷之为旗民计者可谓至矣。以故本会前与奉天旗务处总办重君锡侯议妥，由我京旗首先遣送百户，俾资提倡，而扩生计。然迁往之时，一切补助之需，不能不赖我同胞共谋之。按每户以五人计，每人路费以十元计，加以购买机器诸费用，至少须八千元。伏祈大人君子，上以全朝廷之德意，下以顾同胞之艰难，解囊相助，成此盛举。盖今日之中国，一同舟遇风之时势也；今日之旗民，一孺子陷溺之情状也。我最亲近之同胞，其忍不维恳而援引之乎？此本会之所以昕夕祝祷者尔。八旗宪政会公启。

本会筹备事项如左：

一、初期送百户，每户以五名口计算。

一、每名口由本会筹给川资签费十元，共需款五千元。

一、拟聘优于学识、长于农事者一人，随至垦地，充任监督，每月送薪水五十元,以一年为任期,共需银六百元。

一、拟购开垦机器二架,约需银二千五百元。

以上共需银七千六百元。

一、所有零用各费,概由本会开支。大慈善家如欲捐助,请速交本会会计处,扯取收据,即在《国民公报》及京师公报宣布,以昭信守。如三日后不见报,可径投函本会评议部质问。

一、此项特别捐募有成,即招集愿往屯垦之苦同胞,届时再行开会,研究遣送详细办法。

一、倘集款无【多】,迟至八月底,仍将诸大善士之捐款奉还。

奉天旗务处筹备事项如左:

一、拨地。每户二百亩,多一壮丁,另加地百亩。

一、房舍。每户拨房二大间。

一、牲畜。每户耕牛二只。

一、器具。耕具全副,犁【牛】套索一,套登台一,铁锹一,铁锅一,条席一,罩里一,饭碗五,木盆一,口袋一,水桶,铁斧一,窗纸二十张,菜刀一,水瓢一,铁勺一,锅盖一,饭棹一,小梢一,炕二,风门一,簸箕一,镐头一,木仓一。

一、籽粮。每户发小米、高粮各四石,元豆一石,谷数子、包米各五斗,咸盐六十斤,菜子、木柴若干斤。

一、各户由盛京赴垦地一切食用,均由该【旗】务处备办。

《国民公报》,宣统三年五月初八日(1911年6月4日)

八旗宪政会章程

第一章　总　纲

一、本会以发达旗人之经济能力，并增长其政治知识，使可为完全立宪之国民为宗旨。

二、本会应研究之问题，大别分为三项：（一）变通八旗制度，（二）筹画旗人生计，（三）化除旗汉畛域。

第二章　办　法

一、本会以维持粮饷为筹画生计之根据，但既奉裁旗明谕，以后决不以保护粮饷为生计。

二、本会议决事件，应上书于管理旗务官厅，务期见诸实行。

三、对于一般旗人发布有力之言论，或派员游说，或设所讲演，以促起其自立之心。

四、对于各省驻防切实调查，实地联络，以便厚集势力，而谋划一之进行。

五、筹设生产机关，以补助官力之不足。

六、筹设言论机关，以便广征意见，而灵通本会之消息。

第三章　职　员

一、本会常置职员如左：

会长一员，副会长一员。评议员二十员。编辑科主任一员，干事四员。书记科主任一员，干事四员。调查科主任一员，干事四员。交际科主任一员，干事四员。会计科主任一员，干事四员。庶务科主任一员，干事四员。

二、会长、副会长、评议员及各科主任均由全体会员投票公举或推举。

三、各科干事由各科主任于会员中自由选任。

四、各科事体繁重之时，主任得临时添任干事。

五、本会职员每届周年改选一次，再被选得连任。

第四章　会员及赞成员

一、凡旗人年在十八岁以上，表同情于本会宗旨，皆得为本会会员或赞成员。

二、凡非旗人表同情于本会宗旨者，得为本会名誉赞成员。

三、本会会员皆有选举权及被选举职员之权，惟赞成员及名誉赞成员，但有选举权，无被选权。

四、凡会员、赞成员及名誉赞成员，均有担任本会经费，及尽力于本会一切事务之责。

第五章　会　议

一、本会【会议】分为三种如左：（一）大会。以全体人员组成，每二月【会议】，于会期以前宣布之。（二）常会。以正副会长、评议员、各科主任组成，每星期一次，于星期日【开会】。（三）临时会。以全体人员组成之，无定次。

二、凡遇本会事宜，由大会议决行之。

三、除大会所议事件外，均由常会议决行之。

四、遇有重要问题，由常会议决认为必要时，得开临时大会。

五、凡赞成员及名誉赞成员，如有意见，请径函达本会，并得于常会期到会发言，但不在决议之数。

六、常会期内遇有重要议案，未能议决，得于次日续议。

七、凡会员如有意见，得于常会期内到会提议。

第六章　经　费

一、本会所需经费分为二种如左：（一）经常费，为办理常会之用；（二）

临时费，为办理临时会之用。

二、本会所筹经费分为三种如左：（一）常捐，（二）临时捐，（三）特别捐。

第七章　附　则

本章程如有未尽事宜，及随时改正之处，得于常会时提议修改。

《国民公报》，宣统三年四月初五日（1911年5月3日）

五、其它团体

宪政预备会之动机

贵州大学堂同学会发起宪政预备会一则，兹闻该会暂行职员诸君任事异常努力，现正设备会中一切进行之手续，已于九月二十五日假座四川会馆开正式大会，选举职员，筹商办法，想吾黔热心志士必当闻风兴起，踊跃入会，以维持该会之长成也。

《汉口中西报》，己酉十月初九日（1909年11月21日）

贵州发起宪政预备会大会纪详

上月十六日，黔省宪政预备会同人假四川会馆，开正式大会。午前十时，该会职员预将会场一切布置停妥。十一时会员陆续到齐，十二时相继签名，随即发给会章。午后二时，由副会长萧君筑民摇铃开会。次由评议员黄君干夫报告会场秩序，及是日会场执事各员姓名。次由评议员马克明报告开会大意，并朗读抚部院暨巡警道批词。继行职员受职礼毕，由会长任君志清登台演说，略谓：上年鄙人初自京师归，屡欲于地方上创办一事，以尽一分子国民之义务，不图地僻人顽，诸多棘手，初志因之而阻。乃者时趋势迫，我岩疆僻壤之贵州，亦跃起而谋宪政之进行。适大学堂同学会诸君发起宪政预备会，鄙人极表同情，并蒙举充会长，义不容辞，惟有力从诸君子之后，以期望本会之扩张发达而已。方今朝廷预备立宪，期以九年，然上既有立宪之政府，下必有立宪之国民。惟是国民程度，必成就于政治团体，故政治团体实为立宪国民之必要。中国若不竭力集合此种团体，立宪之期，匪特九年，恐迟之九十年，而亦不生一毫之效力也。请与诸君言政治团体之界说。

一、宗旨。所谓宗旨云者，其中亦有两说：（甲）求为公党，而不使为私党，此公与私之界说也。为公益起见者为公党，为私人起见者为私党。本会以众人同意组织而成，其为公党可知。特恐持之既久，难免不有以私人之意见破坏公党，而流为私党之虞，故本会会员须认定公之宗旨。中国数千年来世风日下，大抵皆一私字为之也，上自王公政府，下至贩夫牧竖，皆溺于私之一字，愿诸君以救亡为心，力除私见。（乙）求为国家党派，而不使为地方党派，此国家与地方之界说也。国家党之目的在国家，地方党之目的在地方，故地方党派（尝）〔常〕为国家统一之障碍。本会以预备宪政为范围，故当破除地方党派之见，而求为国家党派，庶不致与国家统一之权力有所冲突。

二、方法。本会办事方法分为四部，会章所载调查、著译、演说各部，俱分诸方面，同时进行，相辅为用，缺一不可。虽然，鄙人窃有疑义焉，盖学问不足，徒恃一知半解之能，终不免挂一而漏万。著译、调查、演说诸大端，而谓可率尔操觚乎？是必先资研究，故本会必设研究部。

三、会员。本会会员所需之必要，亦有两种：（甲）会员之学问。学问之范围甚广，自不可以本会范围中所应研究者为限。总之，欲求为公党及国家党派之人物，不可不有所研究，而尤不可尽以法政、科学为务。（乙）会员之道德。会员之道德约有数端，曰诚，曰正，曰守秩序，曰重公理。本会既系政治团体，乃道德之集合，非法律之集合。法律与道德，关系至为重要，故道德之在吾人，实不可以须臾离者也。诸君于本会认定公之宗旨，实行会章办事各方法，究竟以何为据？亦曰道德而已矣。愿诸君互相勉（力）〔励〕，共赴前途。鄙人不敏，亦不敢自耽安逸云云。言已，众皆拍掌赞成。次由来宾官立法政学堂监督黄午□观察致祝词，略谓：诸君发起宪政预备【会】，鄙人〈会〉甚为赞成，又得躬逢其盛，欣忭无极。至会中宗旨及一切办法，任君言之（以）〔已〕详，毋容赘述，但愿诸君合意进行，和衷共济，将来贵州前途臻臻日上，皆会员诸君之力云云。又由黄君干夫导引各会员出至院中，排列班次，鱼贯至后院，共摄一影，以为纪念。旋又入座，茶话毕，摇铃散会。

《顺天时报》，宣统元年十一月廿八日（1910年1月9日）

闽省设立政与会之宗旨

闽省近有政与会之设立，由热心志士组织而成，其主义专以辅佐地方自治之不逮，并为谘议局机关之助。现该会职员业经投票举定，章程亦已拟就。兹将各职员名氏录下：

主理干事三人：林长民、刘崇佑、陈之麟。

评议员二十人：高登鲤、黄乃裳、林辂存、王邦怀、孟思培、卢初璜、黄士恒、萨君陆、杨展堂、林炳勋、椿安、吴曾禔、连贤基、郑祖荫、王孝缉、钟麟祥、马光桢、杨慕震、刘子达、王子懿。

干事员十人：王振先、黄展云、何秀先、陈兴年、刘道铿、张冠瀛、赵锡荣、陈遵统、刘崇伟、黄永筠。

又闻该会办事纲领：一、奉戴皇室，翼护宪政之成立。一、尊重中央官厅与地方官厅之责任。一、求自治制之发达。一、保全国权，顾重民生。一、注重财政，实行各项调查。一、联合海外华侨，振兴内地实业。一、促成交通之机关。一、企图国民教育之普及。

至内部之组织，则分四科：一、会报科。干事若干人，经理会中报务。二、调查科。干事若干人，经理会中调查事务。三、讲习科。干事若干人，经理会中讲习事务。四、演说科。干事若干人，经理会中演说事务。而每年于七月二十以后，八月二十以前，开大会一次，议定本会目的达到之方法，提出对于资政院、谘议局议案之预备，并报告前期间会务之成绩及会计决算。

《申报》，宣统元年十一月十三日（1909年12月25日）

政与会之现状

闽函云：本省于去年十月间，由省城志士组织一政党，名曰政与会，按照集会结社律之规定，已呈请咨部存案。其目的在使政治思想普及，树立将来政党之基础。现时会员已有八十余人。该会办事机关计分四科：[①]（一）讲习科。讲授政治、经济、地方自治制、教育行政等事宜，现已于本年三月初二日开讲，听讲者约五百余员。（二）调查科。现已派员调查各国立宪制度，并制定调查表及分派调查员，就近处着手，调查各事项，注重地方习惯及文明的家庭生【活】事

[①] 以下原文只列出三科，根据前条"闽省设立政与会之宗旨"，还有一科名"会报科"。

宜。（三）演说科。养成演说人员，鼓吹立宪政党事宜，故入会者陆续注册，以为立宪政党机关之准备，此中国人政治思想之发达也。

《汉口中西报》，庚戌五月初一日（1910年6月7日）

政与会宣言书

福建志士组织政与会以立政党基础，其概要已志昨报。兹将其宣言书觅录如下：

政与会者，在法律为政治上之结社，质言之，政党也。政党者，宪法政治之产物，有时亦为宪法政治之母产物云者。有宪法政治而后有政党，母云者有政党而后宪法政治乃能成其为宪政，此其说证之往昔，验之今世，卜之来兹，虽圣人复起而不吾易者也。自独裁政【治】一变而为立宪，其变之最著，重佥同之谋而已。果佥同矣，无所谓党。党者分立之义，不能佥同，则各抱持其所信以相竞。【竞】而胜，信之者众，则几于佥同；其不胜者，则自巩其城郭，乘时势以与为剥复。此又东西立宪国之所同，列举之略数万言而不能尽者。欧阳子以君子、小人区朋党，若政党则胥君子也。盖其所抱持虽殊，而以一国之正德、利用、厚生为指归则一，特涂径异耳。英儒弥勒、里伯尔诸氏至以天赋之不同为分党□基，盖保守、进取人之性天也，各以其所禀而为类聚，而党以成。宪法政治又日日以舆论之公号召天下，于是此保守、进取之两党，乃各发挥其天性，著为政见，以同于公共福祉之途，相竞相促，而国运进矣。故各国政党恒以两派分立，即有不止两派者，其大势之分合，常不越此两种之性天，而相与颉颃。英之保守、自由，美之民主、共和，尤其彰彰者。吾国宪法政治既已萌芽，国会之成立非政党无以导其先，谘议局之功绩尤非政党无以盾其后。一国之中，同此（姓）〔性〕天，同此政见之人，不以树帜者，遂无从集合人群，以发挥于政界；其异同者亦遂无有树之敌，以与相持，则国民之精神涣矣。以精神涣浸之国民，处于危亡一发之世,其将何以自存耶!本会同人有怵于此,敢以进取之精神,筑□国人之同此赋界、同此政见者,上戴皇室,下作民气,以一省为天下倡。愿大夫士庶之有以扶掖之,尤愿异己者之有以自固,以与吾党竞。异己之党亦君子人也,是则断断非欧阳氏之说所能强划之。尤不能不深辨于政党与徒党之分。徒党者不适法之党,小人之比,里伯尔氏政党论之所斥者也。子禽曰:夫【子】至〈子〉于是邦也,必闻其政,求之欤?抑与之欤?庶政公诸舆论,明诏之所锡也。不与我而求之,此至不得已之事,不得谓非欧洲诸国之不幸。以圣主之所与,进而获此参政之权,冀秉持而无所堕,则又吾东方之祥,亦本会命名之所自也。

《汉口中西报》,庚戌五月初二日(1910年6月8日)

旗人之大活动

贵胄法政学堂教员鸿君志(前报误作仁)组织政党,早见前报。刻闻该教员此举颇为该管学大臣朗贝勒所嘉许,于初三日午后二时假八旗先哲祠开成立大会。到者约百余人,均为贵胄子弟,并熙侍郎彦、锡学士钧亦到会赞成。三点开会,通过章程,定名为八旗维持宪政会。当场选举干事长,当选者为鸿君志,班君吉本副之,编辑员为铁君成。时至六时,始行散会。

又八旗高等学堂教员文君质彬、章君受卿,近畿督练处委员祥君质甫诸志士,亦于同时约集满蒙文高等学堂、八旗高等学堂诸生,在该祠内开会,会众约二百余人。首由文君质彬宣告宗旨,次章君绶卿演说,大致以激进为主义,遂定名为八旗期成公民会,通过公启,即行散会。并闻满蒙文学堂学生松君茂上血书二纸,其文曰速筹生计云。

按:八旗宪政会发生以来,即有吉君静怀、乐君绶卿开会组织团体,崇侍御芳亦拟连合同志质问变通旗制处。今复有文、章、祥诸君组织期成公民会,鸿、班诸君组织维持宪政会，闻各会宗旨大略相同。记者不胜为八旗前途贺。然区区北京一方面，而不结成一完全最有势力之团体，各树一帜，甚为非计。愿诸更进一步组织大团，庶力量较厚，易于程功乎。

《国民公报》，宣统二年十一月初五日（1910 年 12 月 6 日）

宪政研究会开会纪事

二十四日宪政研究会（即维持宪政会）借地八旗先贤祠开正式大会。到会者二百余人，一钟开会。首由主席班君吉本报告开会宗旨及进行手续，次会员肇君鸿演说，次铁君成宣布会章草案，多数赞成通过。次投票选举正、副总干事二人，评议员六人，各项干事二十六人。正总干事为班吉本，副总干事为鸿志，评议员为肇鸿、文华、铁铮、容濬、恒通、铁成。时至六钟，遂散会。

《国民公报》，宣统二年十一月二十七日（1910 年 12 月 28 日）

八旗期成公民会通告书

启者。时势日非，大局危迫，非速开国会不足以救沦亡。我八旗世受皇恩，尤当竭力以助国会之早开，而保大清帝国万世之伟业，万不可以一部分之私心，贻累全局，此我八旗应尽之责任也。我朝自入关以来，使我不得为农，不得为工，不得为商，而一驱之以入兵籍。今则生资日绌，智慧不开，将有坐以待毙之势。先帝鉴国家之危弱，下诏预备立宪，期以九年成立。忧满汉之畛域，特设变通旗制处，专为筹画八旗生计。盖九年立宪之日，即满汉融和之时，按年清单，历历可考，其法不可谓不善也。无如风云倏变，惨状忽来，九年之期，时不可待。现已明降谕旨，缩短年限，而八旗生计，安能待至八年。且变通旗制处设立二载，一策未筹，纵使八年之期不促，亦无何等措置，况时日岌岌，仅在此一二年之间为之转移乎？若仍听其因循遗误，是将亡于冥冥之中曾不自知也，不亦大可哀欤？嗟呼！二百年之生资从此消灭，五百万之种族因是沦亡。谁无父母，谁无兄弟，谁无朋友，谁无妻子，涂炭之苦，迫于燃眉，待毙之惨，临于目下。血耶泪耶，长歌无声，永哭无气。父兮母兮，胡宁忍予。知我者谓我心忧，不知我者谓我何求。悠悠苍天，此何人哉！嗟呼！我同胞其将甘于沉沦不返乎？抑将劣败不振乎？吾知吾族之血性志士，义愤男儿，睡狮猛醒，化蝶不酣，必奋然兴起，有以拯其危而救其灾。拯救之道维何？在我同胞之能力而已。能力者，非他人之所能与我，我自有之，自得之，而自伸之者也。同胞与，同胞与，吾愿其因悲生惧，因惧生动，攘臂相结，同心谋画，务以达其目的而后止，则庶几无生计之虞，而有纳税之力，与四万万同胞共享宪法上之平权，以图满汉之融和，而维国家之宪政。非然者不惟不利于八旗，抑且有碍于宪政，则全局何堪设想。八旗问题，天下所关，爰联合同志，组织团体，以求八旗生计，期成完全公民之资格，遂名曰期成公民会。仝人等自顾不才，愿与我八旗同胞共图之。

《国民公报》，宣统二年十一月二十三日（1910年12月24日）

八旗期成公民会简章

一、名　义

本会专为八旗人士期成公民而设，故名为八旗期成公民会。

二、宗　旨

本会以联络京旗及驻防同谋生计为主义，其应由变通旗制处筹画者，宜如何使之克尽责任，以符先朝筹画八旗生计、融化满汉之至意，务期必成完全公民为宗旨。

三、会　所

本会设会所于京师（暂设通信处在洒兹府关东店路东赵寓），设分会于各省驻防。

四、经　费

本会开办经费暂由发起人担任，会员概不派捐，有自愿捐助者任其乐从。

五、入　会

凡旗人表同情于本会者，皆可充会员或赞成员。非旗籍而赞成本会者，认为名誉赞成员。

附　则

凡不愿名列本会，而愿捐助本会款项，及条陈要件函达本会者，本会认可后亦推为名誉赞成员。

《国民公报》，宣统二年十一月二十三日（1910年12月24日）

旗人且欲以血改造旗制

八旗期成公民会自发起后，于上月二十四日开大会于打磨厂福寿堂，是日到者二千余人，午后一时振铃开会。首由主席章福荣报告开会宗旨，大略分为四意：（一）本会成立原因，（二）本会与八旗宪政会之不同，（三）本会宜联合各省驻防，（四）本会进行之手续。略谓：调查户口则归民政部，扩张军备则归陆军部，而融合满汉，筹旗人之生计，则归诸变通旗制处，是旗制处之任大责重，旗民之生计攸关，即宪政前途之所赖。而旗制处设立三年，一筹未展。余以为不鸣则已，一鸣惊人，乃于前次宪政会闻吴、恩二君之言，而知非催促监督，彼必不能实心任事。现拟定上书都察院，弹劾变通旗制处，此本会之宗旨也。次请流血志士松君茂登台，全体鼓掌欢迎。章君并报告流血志士振君钧因病不能到会，且谓英儒克林的尔曰：非以血洗血，不足以改造社会。请易之曰：非以血洗血，不足以改造旗制。流血者，购买幸福之代价也。今松君先以血为八旗购买幸福，吾知必有继起者，日将以刺臂断指为不足，而更继以断颈流血。然吾愿不以此血流于旗制处，即旗制处之幸福也。次由恩君厚、祥君彬、祥君俊、诚君勤、秀君山、荣君安、乌君云布相继演说，宗旨大概相同。演说毕，全体会员签名投票，选举章君德荣为正会长，萨君德贺为副会长，并推举干事，决定于初八日开会，十五日上书，遂即散会。

《申报》，宣统二年十二月初二日（1911年1月2日）

图书在版编目（CIP）数据

立宪团体／尚小明编．— 太原：山西人民出版社，2020.6

（清末立宪运动史料丛刊／胡绳武主编）

ISBN 978-7-203-10407-0

Ⅰ．①立… Ⅱ．①尚… Ⅲ．①立宪党－研究－中国－清后期 Ⅳ．①D691.2②K256.507

中国版本图书馆 CIP 数据核字（2018）第 098495 号

清末立宪运动史料丛刊·立宪团体（上、下卷）

| 主　　编：胡绳武 |
| 副 主 编：牛贯杰　戴鞍钢 |
| 编　　者：尚小明 |
| 责任编辑：史美珍 |
| 特约编辑：柳承旭 |
| 复　　审：贾　娟 |
| 终　　审：蒙莉莉 |
| 装帧设计：谢　成 |
| 出 版 者：山西出版传媒集团·山西人民出版社 |
| 地　　址：太原市建设南路 21 号 |
| 发行营销：0351-4922220　4955996　4956039　4922127（传真） |
| 天猫官网：https：∥sxrmcbs.tmall.com　电话：0351-4922159 |
| E - mail：sxskcb@163.com　发行部 |
| 　　　　　sxskcb@126.com　总编室 |
| 网　　址：www.sxskcb.com |
| 经 销 者：山西出版传媒集团·山西人民出版社 |
| 承 印 厂：山西出版传媒集团·山西人民印刷有限责任公司 |
| 开　　本：787mm×1092mm　1/16 |
| 印　　张：55 |
| 字　　数：900 千字 |
| 版　　次：2020 年 6 月　第 1 版 |
| 印　　次：2020 年 6 月　第 1 次印刷 |
| 书　　号：ISBN 978-7-203-10407-0 |
| 定　　价：342.00 元（上、下卷） |

如有印装质量问题请与本社联系调换